中华人民共和国
最高人民法院公报

（2024 年卷）

最高人民法院办公厅　编

人民法院出版社

图书在版编目（CIP）数据
中华人民共和国最高人民法院公报. 2024年卷 / 最高人民法院办公厅编. -- 北京 : 人民法院出版社, 2025. 6. -- ISBN 978-7-5109-4568-7
Ⅰ. D926.219
中国国家版本馆CIP数据核字第2025JN3004号

中华人民共和国最高人民法院公报（2024 年卷）
最高人民法院办公厅　编

责任编辑　白　鸽
出版发行　人民法院出版社
地　　址　北京市东城区东交民巷 27 号（100745）
电　　话　（010）67550662（责任编辑）　67550558（发行部查询）
65223677（读者服务部）
客 服 QQ　2092078039
网　　址　http://www.courtbook.com.cn
E－mail　courtpress@sohu.com
印　　刷　三河市国英印务有限公司
经　　销　新华书店

开　　本　787 毫米×1092 毫米　1/16
字　　数　839 千字
印　　张　34.5
版　　次　2025 年 6 月第 1 版　2025 年 6 月第 1 次印刷
书　　号　ISBN 978－7－5109－4568－7
定　　价　258.00 元

编辑说明

《中华人民共和国最高人民法院公报》（以下简称《最高人民法院公报》）是最高人民法院公开介绍我国审判工作和司法制度的重要官方文献，由最高人民法院办公厅主办，是最高人民法院公开发布重要文献、司法解释、司法文件、司法统计数据和指导性案例、裁判文书等司法信息的权威载体。作为公开向全社会介绍人民法院各类司法信息的文献资料，《最高人民法院公报》的权威性、专业性、指导性和实用性一直享有盛誉。

《最高人民法院公报》主要包括法律选登、文献、司法统计、司法解释、司法文件、任免事项、指导性案例和裁判文书选登等栏目。其中，“法律选登”主要刊载有关法律的正式文本；“文献”主要刊载最高人民法院工作报告以及有关专项报告等；“司法统计”主要刊载有关司法统计数据；“司法解释”主要刊载最高人民法院依照法定权限对各级人民法院在审判实践中如何具体适用有关法律规定所作的解释和说明（根据有关文件规定，《最高人民法院公报》刊登的司法解释文本为标准文本）；“司法文件”主要刊载最高人民法院制定下发的有关审判执行、司法改革、队伍建设等工作的各类行政性公文；“任免事项”主要刊载全国人民代表大会常务委员会关于最高人民法院审判人员的任免决定、中华人民共和国大法官任命公告；“指导性案例”主要刊载最高人民法院正式发布的指导性案例；“裁判文书选登”主要刊载最高人民法院各审判执行业务部门办理的重大典型案件的判决书、裁定书等。

《最高人民法院公报》（年鉴版）是以《最高人民法院公报》（月刊）为基础编辑出版的系列司法文献性丛书。编辑和出版《最高人民法院公报》（年鉴版），为社会各界及时查阅最高人民法院有关信息资料，全面了解人民法院的审判执行、司法改革、队伍建设、基层基础等工作情况，开辟了一个新的渠道。

《最高人民法院公报》（年鉴版）按年度汇编，每年1卷，面向社会公开出版发行。

《最高人民法院公报》（2024年卷）基本保留了2024年《最高人民法院公报》（月刊）的内容，并以法律选登、文献、司法统计、司法解释、司法文件、任免事项、指导性案例和裁判文书选登为栏目，将《最高人民法院公报》2024年全年公布的资料和文献内容重新进行了整理和归类，以便读者查阅。在重新整理文献和案例的过程中，对个别文字错误作了必要的补正。

编　者

二〇二五年五月

目　录

法律选登

司法解释

综　合

刑　事

民 商 事

行　政

执　行

文　献

任免事项

司法文件

综合

刑　事

民　商　事

行政与国家赔偿

执　行

司法统计

指导性案例

裁判文书选登

民　商　事

知 识 产 权

行　　政

执　　行

法律选登

中华人民共和国民事诉讼法

（1991 年 4 月 9 日第七届全国人民代表大会第四次会议通过　根据 2007 年 10 月 28 日第十届全国人民代表大会常务委员会第三十次会议《关于修改〈中华人民共和国民事诉讼法〉的决定》第一次修正　根据 2012 年 8 月 31 日第十一届全国人民代表大会常务委员会第二十八次会议《关于修改〈中华人民共和国民事诉讼法〉的决定》第二次修正　根据 2017 年 6 月 27 日第十二届全国人民代表大会常务委员会第二十八次会议《关于修改〈中华人民共和国民事诉讼法〉和〈中华人民共和国行政诉讼法〉的决定》第三次修正　根据 2021 年 12 月 24 日第十三届全国人民代表大会常务委员会第三十二次会议《关于修改〈中华人民共和国民事诉讼法〉的决定》第四次修正　根据 2023 年 9 月 1 日第十四届全国人民代表大会常务委员会第五次会议《关于修改〈中华人民共和国民事诉讼法〉的决定》第五次修正）

目　录

第一编 总 则

第一章 任务、适用范围和基本原则

第一条 中华人民共和国民事诉讼法以宪法为根据，结合我国民事审判工作的经验和实际情况制定。

第二条 中华人民共和国民事诉讼法的任务，是保护当事人行使诉讼权利，保证人民法院查明事实，分清是非，正确适用法律，及时审理民事案件，确认民事权利义务关系，制裁民事违法行为，保护当事人的合法权益，教育公民自觉遵守法律，维护社会秩序、经济秩序，保障社会主义建设事业顺利进行。

第三条 人民法院受理公民之间、法人之间、其他组织之间以及他们相互之间因财产关系和人身关系提起的民事诉讼，适用本法的规定。

第四条 凡在中华人民共和国领域内进行民事诉讼，必须遵守本法。

第五条 外国人、无国籍人、外国企业和组织在人民法院起诉、应诉，同中华人民共和国公民、法人和其他组织有同等的诉讼权利义务。

外国法院对中华人民共和国公民、法人和其他组织的民事诉讼权利加以限制的，中华人民共和国人民法院对该国公民、企业和组织的民事诉讼权利，实行对等原则。

第六条 民事案件的审判权由人民法院行使。

人民法院依照法律规定对民事案件独立进行审判，不受行政机关、社会团体和个人的干涉。

第七条 人民法院审理民事案件，必须以事实为根据，以法律为准绳。

第八条 民事诉讼当事人有平等的诉讼权利。人民法院审理民事案件，应当保障和便利当事人行使诉讼权利，对当事人在适用法律上一律平等。

第九条 人民法院审理民事案件，应当根据自愿和合法的原则进行调解；调解不成的，应当及时判决。

第十条 人民法院审理民事案件，依照法律规定实行合议、回避、公开审判和两审终审制度。

第十一条 各民族公民都有用本民族语言、文字进行民事诉讼的权利。

在少数民族聚居或者多民族共同居住的地区，人民法院应当用当地民族通用的语言、文字进行审理和发布法律文书。

人民法院应当对不通晓当地民族通用的语言、文字的诉讼参与人提供翻译。

第十二条 人民法院审理民事案件时，当事人有权进行辩论。

第十三条 民事诉讼应当遵循诚信原则。

当事人有权在法律规定的范围内处分自己的民事权利和诉讼权利。

第十四条 人民检察院有权对民事诉讼实行法律监督。

第十五条 机关、社会团体、企业事业单位对损害国家、集体或者个人民事权益的行为，可以支持受损害的单位或者个人向人民法院起诉。

第十六条 经当事人同意，民事诉讼活动可以通过信息网络平台在线进行。

民事诉讼活动通过信息网络平台在线进行的，与线下诉讼活动具有同等法律效力。

第十七条　民族自治地方的人民代表大会根据宪法和本法的原则，结合当地民族的具体情况，可以制定变通或者补充的规定。自治区的规定，报全国人民代表大会常务委员会批准。自治州、自治县的规定，报省或者自治区的人民代表大会常务委员会批准，并报全国人民代表大会常务委员会备案。

第二章　管　辖

第一节　级别管辖

第十八条　基层人民法院管辖第一审民事案件，但本法另有规定的除外。

第十九条　中级人民法院管辖下列第一审民事案件：

（一）重大涉外案件；

（二）在本辖区有重大影响的案件；

（三）最高人民法院确定由中级人民法院管辖的案件。

第二十条　高级人民法院管辖在本辖区有重大影响的第一审民事案件。

第二十一条　最高人民法院管辖下列第一审民事案件：

（一）在全国有重大影响的案件；

（二）认为应当由本院审理的案件。

第二节　地域管辖

第二十二条　对公民提起的民事诉讼，由被告住所地人民法院管辖；被告住所地与经常居住地不一致的，由经常居住地人民法院管辖。

对法人或者其他组织提起的民事诉讼，由被告住所地人民法院管辖。

同一诉讼的几个被告住所地、经常居住地在两个以上人民法院辖区的，各该人民法院都有管辖权。

第二十三条　下列民事诉讼，由原告住所地人民法院管辖；原告住所地与经常居住地不一致的，由原告经常居住地人民法院管辖：

（一）对不在中华人民共和国领域内居住的人提起的有关身份关系的诉讼；

（二）对下落不明或者宣告失踪的人提起的有关身份关系的诉讼；

（三）对被采取强制性教育措施的人提起的诉讼；

（四）对被监禁的人提起的诉讼。

第二十四条　因合同纠纷提起的诉讼，由被告住所地或者合同履行地人民法院管辖。

第二十五条　因保险合同纠纷提起的诉讼，由被告住所地或者保险标的物所在地人民法院管辖。

第二十六条　因票据纠纷提起的诉讼，由票据支付地或者被告住所地人民法院管辖。

第二十七条　因公司设立、确认股东资格、分配利润、解散等纠纷提起的诉讼，由公司住所地人民法院管辖。

第二十八条　因铁路、公路、水上、航空运输和联合运输合同纠纷提起的诉讼，由运输始发地、目的地或者被告住所地人民法院管辖。

第二十九条 因侵权行为提起的诉讼，由侵权行为地或者被告住所地人民法院管辖。

第三十条 因铁路、公路、水上和航空事故请求损害赔偿提起的诉讼，由事故发生地或者车辆、船舶最先到达地、航空器最先降落地或者被告住所地人民法院管辖。

第三十一条 因船舶碰撞或者其他海事损害事故请求损害赔偿提起的诉讼，由碰撞发生地、碰撞船舶最先到达地、加害船舶被扣留地或者被告住所地人民法院管辖。

第三十二条 因海难救助费用提起的诉讼，由救助地或者被救助船舶最先到达地人民法院管辖。

第三十三条 因共同海损提起的诉讼，由船舶最先到达地、共同海损理算地或者航程终止地的人民法院管辖。

第三十四条 下列案件，由本条规定的人民法院专属管辖：

（一）因不动产纠纷提起的诉讼，由不动产所在地人民法院管辖；

（二）因港口作业中发生纠纷提起的诉讼，由港口所在地人民法院管辖；

（三）因继承遗产纠纷提起的诉讼，由被继承人死亡时住所地或者主要遗产所在地人民法院管辖。

第三十五条 合同或者其他财产权益纠纷的当事人可以书面协议选择被告住所地、合同履行地、合同签订地、原告住所地、标的物所在地等与争议有实际联系的地点的人民法院管辖，但不得违反本法对级别管辖和专属管辖的规定。

第三十六条 两个以上人民法院都有管辖权的诉讼，原告可以向其中一个人民法院起诉；原告向两个以上有管辖权的人民法院起诉的，由最先立案的人民法院管辖。

第三节　移送管辖和指定管辖

第三十七条 人民法院发现受理的案件不属于本院管辖的，应当移送有管辖权的人民法院，受移送的人民法院应当受理。受移送的人民法院认为受移送的案件依照规定不属于本院管辖的，应当报请上级人民法院指定管辖，不得再自行移送。

第三十八条 有管辖权的人民法院由于特殊原因，不能行使管辖权的，由上级人民法院指定管辖。

人民法院之间因管辖权发生争议，由争议双方协商解决；协商解决不了的，报请它们的共同上级人民法院指定管辖。

第三十九条 上级人民法院有权审理下级人民法院管辖的第一审民事案件；确有必要将本院管辖的第一审民事案件交下级人民法院审理的，应当报请其上级人民法院批准。

下级人民法院对它所管辖的第一审民事案件，认为需要由上级人民法院审理的，可以报请上级人民法院审理。

第三章　审判组织

第四十条 人民法院审理第一审民事案件，由审判员、人民陪审员共同组成合议庭或者由审判员组成合议庭。合议庭的成员人数，必须是单数。

适用简易程序审理的民事案件，由审判员一人独任审理。基层人民法院审理的基本事实清楚、权利义务关系明确的第一审民事案件，可以由审判员一人适用普通程序独任审理。

人民陪审员在参加审判活动时，除法律另有规定外，与审判员有同等的权利义务。

第四十一条 人民法院审理第二审民事案件，由审判员组成合议庭。合议庭的成员人数，必须是单数。

中级人民法院对第一审适用简易程序审结或者不服裁定提起上诉的第二审民事案件，事实清楚、权利义务关系明确的，经双方当事人同意，可以由审判员一人独任审理。

发回重审的案件，原审人民法院应当按照第一审程序另行组成合议庭。

审理再审案件，原来是第一审的，按照第一审程序另行组成合议庭；原来是第二审的或者是上级人民法院提审的，按照第二审程序另行组成合议庭。

第四十二条 人民法院审理下列民事案件，不得由审判员一人独任审理：

（一）涉及国家利益、社会公共利益的案件；

（二）涉及群体性纠纷，可能影响社会稳定的案件；

（三）人民群众广泛关注或者其他社会影响较大的案件；

（四）属于新类型或者疑难复杂的案件；

（五）法律规定应当组成合议庭审理的案件；

（六）其他不宜由审判员一人独任审理的案件。

第四十三条 人民法院在审理过程中，发现案件不宜由审判员一人独任审理的，应当裁定转由合议庭审理。

当事人认为案件由审判员一人独任审理违反法律规定的，可以向人民法院提出异议。人民法院对当事人提出的异议应当审查，异议成立的，裁定转由合议庭审理；异议不成立的，裁定驳回。

第四十四条 合议庭的审判长由院长或者庭长指定审判员一人担任；院长或者庭长参加审判的，由院长或者庭长担任。

第四十五条 合议庭评议案件，实行少数服从多数的原则。评议应当制作笔录，由合议庭成员签名。评议中的不同意见，必须如实记入笔录。

第四十六条 审判人员应当依法秉公办案。

审判人员不得接受当事人及其诉讼代理人请客送礼。

审判人员有贪污受贿，徇私舞弊，枉法裁判行为的，应当追究法律责任；构成犯罪的，依法追究刑事责任。

第四章 回 避

第四十七条 审判人员有下列情形之一的，应当自行回避，当事人有权用口头或者书面方式申请他们回避：

（一）是本案当事人或者当事人、诉讼代理人近亲属的；

（二）与本案有利害关系的；

（三）与本案当事人、诉讼代理人有其他关系，可能影响对案件公正审理的。

审判人员接受当事人、诉讼代理人请客送礼，或者违反规定会见当事人、诉讼代理人的，当事人有权要求他们回避。

审判人员有前款规定的行为的，应当依法追究法律责任。

前三款规定，适用于法官助理、书记员、司法技术人员、翻译人员、鉴定人、勘验人。

第四十八条 当事人提出回避申请，应当说明理由，在案件开始审理时提出；回避事由在案件开始审理后知道的，也可以在法庭辩论终结前提出。

被申请回避的人员在人民法院作出是否回避的决定前，应当暂停参与本案的工作，但案件需要采取紧急措施的除外。

第四十九条 院长担任审判长或者独任审判员时的回避，由审判委员会决定；审判人员的回避，由院长决定；其他人员的回避，由审判长或者独任审判员决定。

第五十条 人民法院对当事人提出的回避申请，应当在申请提出的三日内，以口头或者书面形式作出决定。申请人对决定不服的，可以在接到决定时申请复议一次。复议期间，被申请回避的人员，不停止参与本案的工作。人民法院对复议申请，应当在三日内作出复议决定，并通知复议申请人。

第五章　诉讼参加人

第一节　当事人

第五十一条 公民、法人和其他组织可以作为民事诉讼的当事人。

法人由其法定代表人进行诉讼。其他组织由其主要负责人进行诉讼。

第五十二条 当事人有权委托代理人，提出回避申请，收集、提供证据，进行辩论，请求调解，提起上诉，申请执行。

当事人可以查阅本案有关材料，并可以复制本案有关材料和法律文书。查阅、复制本案有关材料的范围和办法由最高人民法院规定。

当事人必须依法行使诉讼权利，遵守诉讼秩序，履行发生法律效力的判决书、裁定书和调解书。

第五十三条 双方当事人可以自行和解。

第五十四条 原告可以放弃或者变更诉讼请求。被告可以承认或者反驳诉讼请求，有权提起反诉。

第五十五条 当事人一方或者双方为二人以上，其诉讼标的是共同的，或者诉讼标的是同一种类、人民法院认为可以合并审理并经当事人同意的，为共同诉讼。

共同诉讼的一方当事人对诉讼标的有共同权利义务的，其中一人的诉讼行为经其他共同诉讼人承认，对其他共同诉讼人发生效力；对诉讼标的没有共同权利义务的，其中一人的诉讼行为对其他共同诉讼人不发生效力。

第五十六条 当事人一方人数众多的共同诉讼，可以由当事人推选代表人进行诉讼。代表人的诉讼行为对其所代表的当事人发生效力，但代表人变更、放弃诉讼请求或者承认对方当事人的诉讼请求，进行和解，必须经被代表的当事人同意。

第五十七条 诉讼标的是同一种类、当事人一方人数众多在起诉时人数尚未确定的，人民法院可以发出公告，说明案件情况和诉讼请求，通知权利人在一定期间向人民法院登记。

向人民法院登记的权利人可以推选代表人进行诉讼；推选不出代表人的，人民法院可以与参加登记的权利人商定代表人。

代表人的诉讼行为对其所代表的当事人发生效力，但代表人变更、放弃诉讼请求或者承认对方当事人的诉讼请求，进行和解，必须经被代表的当事人同意。

人民法院作出的判决、裁定，对参加登记的全体权利人发生效力。未参加登记的权利人在诉讼时效期间提起诉讼的，适用该判决、裁定。

第五十八条 对污染环境、侵害众多消费者合法权益等损害社会公共利益的行为，法律规定的机关和有关组织可以向人民法院提起诉讼。

人民检察院在履行职责中发现破坏生态环境和资源保护、食品药品安全领域侵害众多消费者合法权益等损害社会公共利益的行为，在没有前款规定的机关和组织或者前款规定的机关和组织不提起诉讼的情况下，可以向人民法院提起诉讼。前款规定的机关或者组织提起诉讼的，人民检察院可以支持起诉。

第五十九条 对当事人双方的诉讼标的，第三人认为有独立请求权的，有权提起诉讼。

对当事人双方的诉讼标的，第三人虽然没有独立请求权，但案件处理结果同他有法律上的利害关系的，可以申请参加诉讼，或者由人民法院通知他参加诉讼。人民法院判决承担民事责任的第三人，有当事人的诉讼权利义务。

前两款规定的第三人，因不能归责于本人的事由未参加诉讼，但有证据证明发生法律效力的判决、裁定、调解书的部分或者全部内容错误，损害其民事权益的，可以自知道或者应当知道其民事权益受到损害之日起六个月内，向作出该判决、裁定、调解书的人民法院提起诉讼。人民法院经审理，诉讼请求成立的，应当改变或者撤销原判决、裁定、调解书；诉讼请求不成立的，驳回诉讼请求。

第二节 诉讼代理人

第六十条 无诉讼行为能力人由他的监护人作为法定代理人代为诉讼。法定代理人之间互相推诿代理责任的，由人民法院指定其中一人代为诉讼。

第六十一条 当事人、法定代理人可以委托一至二人作为诉讼代理人。

下列人员可以被委托为诉讼代理人：

（一）律师、基层法律服务工作者；

（二）当事人的近亲属或者工作人员；

（三）当事人所在社区、单位以及有关社会团体推荐的公民。

第六十二条 委托他人代为诉讼，必须向人民法院提交由委托人签名或者盖章的授权委托书。

授权委托书必须记明委托事项和权限。诉讼代理人代为承认、放弃、变更诉讼请求，进行和解，提起反诉或者上诉，必须有委托人的特别授权。

侨居在国外的中华人民共和国公民从国外寄交或者托交的授权委托书，必须经中华人民共和国驻该国的使领馆证明；没有使领馆的，由与中华人民共和国有外交关系的第三国驻该国的使领馆证明，再转由中华人民共和国驻该第三国使领馆证明，或者由当地的爱国华侨团体证明。

第六十三条 诉讼代理人的权限如果变更或者解除，当事人应当书面告知人民法院，并由人民法院通知对方当事人。

第六十四条 代理诉讼的律师和其他诉讼代理人有权调查收集证据，可以查阅本案有关材料。查阅本案有关材料的范围和办法由最高人民法院规定。

第六十五条 离婚案件有诉讼代理人的，本人除不能表达意思的以外，仍应出庭；确因特殊情况无法出庭的，必须向人民法院提交书面意见。

第六章 证 据

第六十六条 证据包括：

（一）当事人的陈述；

（二）书证；

（三）物证；

（四）视听资料；

（五）电子数据；

（六）证人证言；

（七）鉴定意见；

（八）勘验笔录。

证据必须查证属实，才能作为认定事实的根据。

第六十七条 当事人对自己提出的主张，有责任提供证据。

当事人及其诉讼代理人因客观原因不能自行收集的证据，或者人民法院认为审理案件需要的证据，人民法院应当调查收集。

人民法院应当按照法定程序，全面地、客观地审查核实证据。

第六十八条 当事人对自己提出的主张应当及时提供证据。

人民法院根据当事人的主张和案件审理情况，确定当事人应当提供的证据及其期限。当事人在该期限内提供证据确有困难的，可以向人民法院申请延长期限，人民法院根据当事人的申请适当延长。当事人逾期提供证据的，人民法院应当责令其说明理由；拒不说明理由或者理由不成立的，人民法院根据不同情形可以不予采纳该证据，或者采纳该证据但予以训诫、罚款。

第六十九条 人民法院收到当事人提交的证据材料，应当出具收据，写明证据名称、页数、份数、原件或者复印件以及收到时间等，并由经办人员签名或者盖章。

第七十条 人民法院有权向有关单位和个人调查取证，有关单位和个人不得拒绝。

人民法院对有关单位和个人提出的证明文书，应当辨别真伪，审查确定其效力。

第七十一条 证据应当在法庭上出示，并由当事人互相质证。对涉及国家秘密、商业秘密和个人隐私的证据应当保密，需要在法庭出示的，不得在公开开庭时出示。

第七十二条 经过法定程序公证证明的法律事实和文书，人民法院应当作为认定事实的根据，但有相反证据足以推翻公证证明的除外。

第七十三条 书证应当提交原件。物证应当提交原物。提交原件或者原物确有困难的，可以提交复制品、照片、副本、节录本。

提交外文书证，必须附有中文译本。

第七十四条 人民法院对视听资料，应当辨别真伪，并结合本案的其他证据，审查确定能否作为认定事实的根据。

第七十五条 凡是知道案件情况的单位和个人，都有义务出庭作证。有关单位的负责人应当支持证人作证。

不能正确表达意思的人，不能作证。

第七十六条 经人民法院通知，证人应当出庭作证。有下列情形之一的，经人民法院许可，可以通过书面证言、视听传输技术或者视听资料等方式作证：

（一）因健康原因不能出庭的；

（二）因路途遥远，交通不便不能出庭的；

（三）因自然灾害等不可抗力不能出庭的；

（四）其他有正当理由不能出庭的。

第七十七条 证人因履行出庭作证义务而支出的交通、住宿、就餐等必要费用以及误工损失，由败诉一方当事人负担。当事人申请证人作证的，由该当事人先行垫付；当事人没有申请，人民法院通知证人作证的，由人民法院先行垫付。

第七十八条 人民法院对当事人的陈述，应当结合本案的其他证据，审查确定能否作为认定事实的根据。

当事人拒绝陈述的，不影响人民法院根据证据认定案件事实。

第七十九条 当事人可以就查明事实的专门性问题向人民法院申请鉴定。当事人申请鉴定的，由双方当事人协商确定具备资格的鉴定人；协商不成的，由人民法院指定。

当事人未申请鉴定，人民法院对专门性问题认为需要鉴定的，应当委托具备资格的鉴定人进行鉴定。

第八十条 鉴定人有权了解进行鉴定所需要的案件材料，必要时可以询问当事人、证人。

鉴定人应当提出书面鉴定意见，在鉴定书上签名或者盖章。

第八十一条 当事人对鉴定意见有异议或者人民法院认为鉴定人有必要出庭的，鉴定人应当出庭作证。经人民法院通知，鉴定人拒不出庭作证的，鉴定意见不得作为认定事实的根据；支付鉴定费用的当事人可以要求返还鉴定费用。

第八十二条 当事人可以申请人民法院通知有专门知识的人出庭，就鉴定人作出的鉴定意见或者专业问题提出意见。

第八十三条 勘验物证或者现场，勘验人必须出示人民法院的证件，并邀请当地基层组织或者当事人所在单位派人参加。当事人或者当事人的成年家属应当到场，拒不到场的，不影响勘验的进行。

有关单位和个人根据人民法院的通知，有义务保护现场，协助勘验工作。

勘验人应当将勘验情况和结果制作笔录，由勘验人、当事人和被邀参加人签名或者盖章。

第八十四条 在证据可能灭失或者以后难以取得的情况下，当事人可以在诉讼过程中向人民法院申请保全证据，人民法院也可以主动采取保全措施。

因情况紧急，在证据可能灭失或者以后难以取得的情况下，利害关系人可以在提起诉讼或者申请仲裁前向证据所在地、被申请人住所地或者对案件有管辖权的人民法院申请保全证据。

证据保全的其他程序，参照适用本法第九章保全的有关规定。

第七章　期间、送达

第一节　期　间

第八十五条　期间包括法定期间和人民法院指定的期间。

期间以时、日、月、年计算。期间开始的时和日，不计算在期间内。

期间届满的最后一日是法定休假日的，以法定休假日后的第一日为期间届满的日期。

期间不包括在途时间，诉讼文书在期满前交邮的，不算过期。

第八十六条　当事人因不可抗拒的事由或者其他正当理由耽误期限的，在障碍消除后的十日内，可以申请顺延期限，是否准许，由人民法院决定。

第二节　送　达

第八十七条　送达诉讼文书必须有送达回证，由受送达人在送达回证上记明收到日期，签名或者盖章。

受送达人在送达回证上的签收日期为送达日期。

第八十八条　送达诉讼文书，应当直接送交受送达人。受送达人是公民的，本人不在交他的同住成年家属签收；受送达人是法人或者其他组织的，应当由法人的法定代表人、其他组织的主要负责人或者该法人、组织负责收件的人签收；受送达人有诉讼代理人的，可以送交其代理人签收；受送达人已向人民法院指定代收人的，送交代收人签收。

受送达人的同住成年家属，法人或者其他组织的负责收件的人，诉讼代理人或者代收人在送达回证上签收的日期为送达日期。

第八十九条　受送达人或者他的同住成年家属拒绝接收诉讼文书的，送达人可以邀请有关基层组织或者所在单位的代表到场，说明情况，在送达回证上记明拒收事由和日期，由送达人、见证人签名或者盖章，把诉讼文书留在受送达人的住所；也可以把诉讼文书留在受送达人的住所，并采用拍照、录像等方式记录送达过程，即视为送达。

第九十条　经受送达人同意，人民法院可以采用能够确认其收悉的电子方式送达诉讼文书。通过电子方式送达的判决书、裁定书、调解书，受送达人提出需要纸质文书的，人民法院应当提供。

采用前款方式送达的，以送达信息到达受送达人特定系统的日期为送达日期。

第九十一条　直接送达诉讼文书有困难的，可以委托其他人民法院代为送达，或者邮寄送达。邮寄送达的，以回执上注明的收件日期为送达日期。

第九十二条　受送达人是军人的，通过其所在部队团以上单位的政治机关转交。

第九十三条　受送达人被监禁的，通过其所在监所转交。

受送达人被采取强制性教育措施的，通过其所在强制性教育机构转交。

第九十四条　代为转交的机关、单位收到诉讼文书后，必须立即交受送达人签收，以在送达回证上的签收日期，为送达日期。

第九十五条　受送达人下落不明，或者用本节规定的其他方式无法送达的，公告送达。自发出公告之日起，经过三十日，即视为送达。

公告送达，应当在案卷中记明原因和经过。

第八章 调 解

第九十六条 人民法院审理民事案件，根据当事人自愿的原则，在事实清楚的基础上，分清是非，进行调解。

第九十七条 人民法院进行调解，可以由审判员一人主持，也可以由合议庭主持，并尽可能就地进行。

人民法院进行调解，可以用简便方式通知当事人、证人到庭。

第九十八条 人民法院进行调解，可以邀请有关单位和个人协助。被邀请的单位和个人，应当协助人民法院进行调解。

第九十九条 调解达成协议，必须双方自愿，不得强迫。调解协议的内容不得违反法律规定。

第一百条 调解达成协议，人民法院应当制作调解书。调解书应当写明诉讼请求、案件的事实和调解结果。

调解书由审判人员、书记员署名，加盖人民法院印章，送达双方当事人。

调解书经双方当事人签收后，即具有法律效力。

第一百零一条 下列案件调解达成协议，人民法院可以不制作调解书：

（一）调解和好的离婚案件；

（二）调解维持收养关系的案件；

（三）能够即时履行的案件；

（四）其他不需要制作调解书的案件。

对不需要制作调解书的协议，应当记入笔录，由双方当事人、审判人员、书记员签名或者盖章后，即具有法律效力。

第一百零二条 调解未达成协议或者调解书送达前一方反悔的，人民法院应当及时判决。

第九章 保全和先予执行

第一百零三条 人民法院对于可能因当事人一方的行为或者其他原因，使判决难以执行或者造成当事人其他损害的案件，根据对方当事人的申请，可以裁定对其财产进行保全、责令其作出一定行为或者禁止其作出一定行为；当事人没有提出申请的，人民法院在必要时也可以裁定采取保全措施。

人民法院采取保全措施，可以责令申请人提供担保，申请人不提供担保的，裁定驳回申请。

人民法院接受申请后，对情况紧急的，必须在四十八小时内作出裁定；裁定采取保全措施的，应当立即开始执行。

第一百零四条 利害关系人因情况紧急，不立即申请保全将会使其合法权益受到难以弥补的损害的，可以在提起诉讼或者申请仲裁前向被保全财产所在地、被申请人住所地或者对案件有管辖权的人民法院申请采取保全措施。申请人应当提供担保，不提供担保的，裁定驳回申请。

人民法院接受申请后，必须在四十八小时内作出裁定；裁定采取保全措施的，应当立即开始执行。

申请人在人民法院采取保全措施后三十日内不依法提起诉讼或者申请仲裁的，人民法院应当解除保全。

第一百零五条 保全限于请求的范围，或者与本案有关的财物。

第一百零六条 财产保全采取查封、扣押、冻结或者法律规定的其他方法。人民法院保全财产后，应当立即通知被保全财产的人。

财产已被查封、冻结的，不得重复查封、冻结。

第一百零七条 财产纠纷案件，被申请人提供担保的，人民法院应当裁定解除保全。

第一百零八条 申请有错误的，申请人应当赔偿被申请人因保全所遭受的损失。

第一百零九条 人民法院对下列案件，根据当事人的申请，可以裁定先予执行：

（一）追索赡养费、扶养费、抚养费、抚恤金、医疗费用的；

（二）追索劳动报酬的；

（三）因情况紧急需要先予执行的。

第一百一十条 人民法院裁定先予执行的，应当符合下列条件：

（一）当事人之间权利义务关系明确，不先予执行将严重影响申请人的生活或者生产经营的；

（二）被申请人有履行能力。

人民法院可以责令申请人提供担保，申请人不提供担保的，驳回申请。申请人败诉的，应当赔偿被申请人因先予执行遭受的财产损失。

第一百一十一条 当事人对保全或者先予执行的裁定不服的，可以申请复议一次。复议期间不停止裁定的执行。

第十章 对妨害民事诉讼的强制措施

第一百一十二条 人民法院对必须到庭的被告，经两次传票传唤，无正当理由拒不到庭的，可以拘传。

第一百一十三条 诉讼参与人和其他人应当遵守法庭规则。

人民法院对违反法庭规则的人，可以予以训诫，责令退出法庭或者予以罚款、拘留。

人民法院对哄闹、冲击法庭，侮辱、诽谤、威胁、殴打审判人员，严重扰乱法庭秩序的人，依法追究刑事责任；情节较轻的，予以罚款、拘留。

第一百一十四条 诉讼参与人或者其他人有下列行为之一的，人民法院可以根据情节轻重予以罚款、拘留；构成犯罪的，依法追究刑事责任：

（一）伪造、毁灭重要证据，妨碍人民法院审理案件的；

（二）以暴力、威胁、贿买方法阻止证人作证或者指使、贿买、胁迫他人作伪证的；

（三）隐藏、转移、变卖、毁损已被查封、扣押的财产，或者已被清点并责令其保管的财产，转移已被冻结的财产的；

（四）对司法工作人员、诉讼参加人、证人、翻译人员、鉴定人、勘验人、协助执行的人，进行侮辱、诽谤、诬陷、殴打或者打击报复的；

（五）以暴力、威胁或者其他方法阻碍司法工作人员执行职务的；

（六）拒不履行人民法院已经发生法律效力的判决、裁定的。

人民法院对有前款规定的行为之一的单位，可以对其主要负责人或者直接责任人员予以罚款、拘留；构成犯罪的，依法追究刑事责任。

第一百一十五条 当事人之间恶意串通，企图通过诉讼、调解等方式侵害国家利益、社会公共利益或者他人合法权益的，人民法院应当驳回其请求，并根据情节轻重予以罚款、拘留；构成犯罪的，依法追究刑事责任。

当事人单方捏造民事案件基本事实，向人民法院提起诉讼，企图侵害国家利益、社会公共利益或者他人合法权益的，适用前款规定。

第一百一十六条 被执行人与他人恶意串通，通过诉讼、仲裁、调解等方式逃避履行法律文书确定的义务的，人民法院应当根据情节轻重予以罚款、拘留；构成犯罪的，依法追究刑事责任。

第一百一十七条 有义务协助调查、执行的单位有下列行为之一的，人民法院除责令其履行协助义务外，并可以予以罚款：

（一）有关单位拒绝或者妨碍人民法院调查取证的；

（二）有关单位接到人民法院协助执行通知书后，拒不协助查询、扣押、冻结、划拨、变价财产的；

（三）有关单位接到人民法院协助执行通知书后，拒不协助扣留被执行人的收入、办理有关财产权证照转移手续、转交有关票证、证照或者其他财产的；

（四）其他拒绝协助执行的。

人民法院对有前款规定的行为之一的单位，可以对其主要负责人或者直接责任人员予以罚款；对仍不履行协助义务的，可以予以拘留；并可以向监察机关或者有关机关提出予以纪律处分的司法建议。

第一百一十八条 对个人的罚款金额，为人民币十万元以下。对单位的罚款金额，为人民币五万元以上一百万元以下。

拘留的期限，为十五日以下。

被拘留的人，由人民法院交公安机关看管。在拘留期间，被拘留人承认并改正错误的，人民法院可以决定提前解除拘留。

第一百一十九条 拘传、罚款、拘留必须经院长批准。

拘传应当发拘传票。

罚款、拘留应当用决定书。对决定不服的，可以向上一级人民法院申请复议一次。复议期间不停止执行。

第一百二十条 采取对妨害民事诉讼的强制措施必须由人民法院决定。任何单位和个人采取非法拘禁他人或者非法私自扣押他人财产追索债务的，应当依法追究刑事责任，或者予以拘留、罚款。

第十一章 诉讼费用

第一百二十一条 当事人进行民事诉讼，应当按照规定交纳案件受理费。财产案件除交纳案件受理费外，并按照规定交纳其他诉讼费用。

当事人交纳诉讼费用确有困难的，可以按照规定向人民法院申请缓交、减交或者免交。

收取诉讼费用的办法另行制定。

第二编　审判程序

第十二章　第一审普通程序

第一节　起诉和受理

第一百二十二条　起诉必须符合下列条件：

（一）原告是与本案有直接利害关系的公民、法人和其他组织；

（二）有明确的被告；

（三）有具体的诉讼请求和事实、理由；

（四）属于人民法院受理民事诉讼的范围和受诉人民法院管辖。

第一百二十三条　起诉应当向人民法院递交起诉状，并按照被告人数提出副本。

书写起诉状确有困难的，可以口头起诉，由人民法院记入笔录，并告知对方当事人。

第一百二十四条　起诉状应当记明下列事项：

（一）原告的姓名、性别、年龄、民族、职业、工作单位、住所、联系方式，法人或者其他组织的名称、住所和法定代表人或者主要负责人的姓名、职务、联系方式；

（二）被告的姓名、性别、工作单位、住所等信息，法人或者其他组织的名称、住所等信息；

（三）诉讼请求和所根据的事实与理由；

（四）证据和证据来源，证人姓名和住所。

第一百二十五条　当事人起诉到人民法院的民事纠纷，适宜调解的，先行调解，但当事人拒绝调解的除外。

第一百二十六条　人民法院应当保障当事人依照法律规定享有的起诉权利。对符合本法第一百二十二条的起诉，必须受理。符合起诉条件的，应当在七日内立案，并通知当事人；不符合起诉条件的，应当在七日内作出裁定书，不予受理；原告对裁定不服的，可以提起上诉。

第一百二十七条　人民法院对下列起诉，分别情形，予以处理：

（一）依照行政诉讼法的规定，属于行政诉讼受案范围的，告知原告提起行政诉讼；

（二）依照法律规定，双方当事人达成书面仲裁协议申请仲裁、不得向人民法院起诉的，告知原告向仲裁机构申请仲裁；

（三）依照法律规定，应当由其他机关处理的争议，告知原告向有关机关申请解决；

（四）对不属于本院管辖的案件，告知原告向有管辖权的人民法院起诉；

（五）对判决、裁定、调解书已经发生法律效力的案件，当事人又起诉的，告知原告申请再审，但人民法院准许撤诉的裁定除外；

（六）依照法律规定，在一定期限内不得起诉的案件，在不得起诉的期限内起诉的，不予受理；

（七）判决不准离婚和调解和好的离婚案件，判决、调解维持收养关系的案件，没有新情况、新理由，原告在六个月内又起诉的，不予受理。

第二节 审理前的准备

第一百二十八条 人民法院应当在立案之日起五日内将起诉状副本发送被告，被告应当在收到之日起十五日内提出答辩状。答辩状应当记明被告的姓名、性别、年龄、民族、职业、工作单位、住所、联系方式；法人或者其他组织的名称、住所和法定代表人或者主要负责人的姓名、职务、联系方式。人民法院应当在收到答辩状之日起五日内将答辩状副本发送原告。

被告不提出答辩状的，不影响人民法院审理。

第一百二十九条 人民法院对决定受理的案件，应当在受理案件通知书和应诉通知书中向当事人告知有关的诉讼权利义务，或者口头告知。

第一百三十条 人民法院受理案件后，当事人对管辖权有异议的，应当在提交答辩状期间提出。人民法院对当事人提出的异议，应当审查。异议成立的，裁定将案件移送有管辖权的人民法院；异议不成立的，裁定驳回。

当事人未提出管辖异议，并应诉答辩或者提出反诉的，视为受诉人民法院有管辖权，但违反级别管辖和专属管辖规定的除外。

第一百三十一条 审判人员确定后，应当在三日内告知当事人。

第一百三十二条 审判人员必须认真审核诉讼材料，调查收集必要的证据。

第一百三十三条 人民法院派出人员进行调查时，应当向被调查人出示证件。

调查笔录经被调查人校阅后，由被调查人、调查人签名或者盖章。

第一百三十四条 人民法院在必要时可以委托外地人民法院调查。

委托调查，必须提出明确的项目和要求。受委托人民法院可以主动补充调查。

受委托人民法院收到委托书后，应当在三十日内完成调查。因故不能完成的，应当在上述期限内函告委托人民法院。

第一百三十五条 必须共同进行诉讼的当事人没有参加诉讼的，人民法院应当通知其参加诉讼。

第一百三十六条 人民法院对受理的案件，分别情形，予以处理：

（一）当事人没有争议，符合督促程序规定条件的，可以转入督促程序；

（二）开庭前可以调解的，采取调解方式及时解决纠纷；

（三）根据案件情况，确定适用简易程序或者普通程序；

（四）需要开庭审理的，通过要求当事人交换证据等方式，明确争议焦点。

第三节 开庭审理

第一百三十七条 人民法院审理民事案件，除涉及国家秘密、个人隐私或者法律另有规定的以外，应当公开进行。

离婚案件，涉及商业秘密的案件，当事人申请不公开审理的，可以不公开审理。

第一百三十八条 人民法院审理民事案件，根据需要进行巡回审理，就地办案。

第一百三十九条 人民法院审理民事案件，应当在开庭三日前通知当事人和其他诉讼参与人。公开审理的，应当公告当事人姓名、案由和开庭的时间、地点。

第一百四十条 开庭审理前，书记员应当查明当事人和其他诉讼参与人是否到庭，宣布法庭纪律。

开庭审理时，由审判长或者独任审判员核对当事人，宣布案由，宣布审判人员、法官助理、书记员等的名单，告知当事人有关的诉讼权利义务，询问当事人是否提出回避申请。

第一百四十一条 法庭调查按照下列顺序进行：

（一）当事人陈述；

（二）告知证人的权利义务，证人作证，宣读未到庭的证人证言；

（三）出示书证、物证、视听资料和电子数据；

（四）宣读鉴定意见；

（五）宣读勘验笔录。

第一百四十二条 当事人在法庭上可以提出新的证据。

当事人经法庭许可，可以向证人、鉴定人、勘验人发问。

当事人要求重新进行调查、鉴定或者勘验的，是否准许，由人民法院决定。

第一百四十三条 原告增加诉讼请求，被告提出反诉，第三人提出与本案有关的诉讼请求，可以合并审理。

第一百四十四条 法庭辩论按照下列顺序进行：

（一）原告及其诉讼代理人发言；

（二）被告及其诉讼代理人答辩；

（三）第三人及其诉讼代理人发言或者答辩；

（四）互相辩论。

法庭辩论终结，由审判长或者独任审判员按照原告、被告、第三人的先后顺序征询各方最后意见。

第一百四十五条 法庭辩论终结，应当依法作出判决。判决前能够调解的，还可以进行调解，调解不成的，应当及时判决。

第一百四十六条 原告经传票传唤，无正当理由拒不到庭的，或者未经法庭许可中途退庭的，可以按撤诉处理；被告反诉的，可以缺席判决。

第一百四十七条 被告经传票传唤，无正当理由拒不到庭的，或者未经法庭许可中途退庭的，可以缺席判决。

第一百四十八条 宣判前，原告申请撤诉的，是否准许，由人民法院裁定。

人民法院裁定不准许撤诉的，原告经传票传唤，无正当理由拒不到庭的，可以缺席判决。

第一百四十九条 有下列情形之一的，可以延期开庭审理：

（一）必须到庭的当事人和其他诉讼参与人有正当理由没有到庭的；

（二）当事人临时提出回避申请的；

（三）需要通知新的证人到庭，调取新的证据，重新鉴定、勘验，或者需要补充调查的；

（四）其他应当延期的情形。

第一百五十条 书记员应当将法庭审理的全部活动记入笔录，由审判人员和书记员签名。

法庭笔录应当当庭宣读，也可以告知当事人和其他诉讼参与人当庭或者在五日内阅读。当事人和其他诉讼参与人认为对自己的陈述记录有遗漏或者差错的，有权申请补正。如果不予补正，应当将申请记录在案。

法庭笔录由当事人和其他诉讼参与人签名或者盖章。拒绝签名盖章的，记明情况附卷。

第一百五十一条 人民法院对公开审理或者不公开审理的案件，一律公开宣告判决。

当庭宣判的，应当在十日内发送判决书；定期宣判的，宣判后立即发给判决书。

宣告判决时，必须告知当事人上诉权利、上诉期限和上诉的法院。

宣告离婚判决，必须告知当事人在判决发生法律效力前不得另行结婚。

第一百五十二条 人民法院适用普通程序审理的案件，应当在立案之日起六个月内审结。有特殊情况需要延长的，经本院院长批准，可以延长六个月；还需要延长的，报请上级人民法院批准。

第四节 诉讼中止和终结

第一百五十三条 有下列情形之一的，中止诉讼：

（一）一方当事人死亡，需要等待继承人表明是否参加诉讼的；

（二）一方当事人丧失诉讼行为能力，尚未确定法定代理人的；

（三）作为一方当事人的法人或者其他组织终止，尚未确定权利义务承受人的；

（四）一方当事人因不可抗拒的事由，不能参加诉讼的；

（五）本案必须以另一案的审理结果为依据，而另一案尚未审结的；

（六）其他应当中止诉讼的情形。

中止诉讼的原因消除后，恢复诉讼。

第一百五十四条 有下列情形之一的，终结诉讼：

（一）原告死亡，没有继承人，或者继承人放弃诉讼权利的；

（二）被告死亡，没有遗产，也没有应当承担义务的人的；

（三）离婚案件一方当事人死亡的；

（四）追索赡养费、扶养费、抚养费以及解除收养关系案件的一方当事人死亡的。

第五节 判决和裁定

第一百五十五条 判决书应当写明判决结果和作出该判决的理由。判决书内容包括：

（一）案由、诉讼请求、争议的事实和理由；

（二）判决认定的事实和理由、适用的法律和理由；

（三）判决结果和诉讼费用的负担；

（四）上诉期间和上诉的法院。

判决书由审判人员、书记员署名，加盖人民法院印章。

第一百五十六条 人民法院审理案件，其中一部分事实已经清楚，可以就该部分先行判决。

第一百五十七条 裁定适用于下列范围：

（一）不予受理；
（二）对管辖权有异议的；
（三）驳回起诉；
（四）保全和先予执行；
（五）准许或者不准许撤诉；
（六）中止或者终结诉讼；
（七）补正判决书中的笔误；
（八）中止或者终结执行；
（九）撤销或者不予执行仲裁裁决；
（十）不予执行公证机关赋予强制执行效力的债权文书；
（十一）其他需要裁定解决的事项。

对前款第一项至第三项裁定，可以上诉。

裁定书应当写明裁定结果和作出该裁定的理由。裁定书由审判人员、书记员署名，加盖人民法院印章。口头裁定的，记入笔录。

第一百五十八条 最高人民法院的判决、裁定，以及依法不准上诉或者超过上诉期没有上诉的判决、裁定，是发生法律效力的判决、裁定。

第一百五十九条 公众可以查阅发生法律效力的判决书、裁定书，但涉及国家秘密、商业秘密和个人隐私的内容除外。

第十三章 简易程序

第一百六十条 基层人民法院和它派出的法庭审理事实清楚、权利义务关系明确、争议不大的简单的民事案件，适用本章规定。

基层人民法院和它派出的法庭审理前款规定以外的民事案件，当事人双方也可以约定适用简易程序。

第一百六十一条 对简单的民事案件，原告可以口头起诉。

当事人双方可以同时到基层人民法院或者它派出的法庭，请求解决纠纷。基层人民法院或者它派出的法庭可以当即审理，也可以另定日期审理。

第一百六十二条 基层人民法院和它派出的法庭审理简单的民事案件，可以用简便方式传唤当事人和证人、送达诉讼文书、审理案件，但应当保障当事人陈述意见的权利。

第一百六十三条 简单的民事案件由审判员一人独任审理，并不受本法第一百三十九条、第一百四十一条、第一百四十四条规定的限制。

第一百六十四条 人民法院适用简易程序审理案件，应当在立案之日起三个月内审结。有特殊情况需要延长的，经本院院长批准，可以延长一个月。

第一百六十五条 基层人民法院和它派出的法庭审理事实清楚、权利义务关系明确、争议不大的简单金钱给付民事案件，标的额为各省、自治区、直辖市上年度就业人员年平均工资百分之五十以下的，适用小额诉讼的程序审理，实行一审终审。

基层人民法院和它派出的法庭审理前款规定的民事案件，标的额超过各省、自治区、直辖市上年度就业人员年平均工资百分之五十但在二倍以下的，当事人双方也可以约定适用小额诉讼的程序。

第一百六十六条 人民法院审理下列民事案件，不适用小额诉讼的程序：

（一）人身关系、财产确权案件；

（二）涉外案件；

（三）需要评估、鉴定或者对诉前评估、鉴定结果有异议的案件；

（四）一方当事人下落不明的案件；

（五）当事人提出反诉的案件；

（六）其他不宜适用小额诉讼的程序审理的案件。

第一百六十七条 人民法院适用小额诉讼的程序审理案件，可以一次开庭审结并且当庭宣判。

第一百六十八条 人民法院适用小额诉讼的程序审理案件，应当在立案之日起两个月内审结。有特殊情况需要延长的，经本院院长批准，可以延长一个月。

第一百六十九条 人民法院在审理过程中，发现案件不宜适用小额诉讼的程序的，应当适用简易程序的其他规定审理或者裁定转为普通程序。

当事人认为案件适用小额诉讼的程序审理违反法律规定的，可以向人民法院提出异议。人民法院对当事人提出的异议应当审查，异议成立的，应当适用简易程序的其他规定审理或者裁定转为普通程序；异议不成立的，裁定驳回。

第一百七十条 人民法院在审理过程中，发现案件不宜适用简易程序的，裁定转为普通程序。

第十四章 第二审程序

第一百七十一条 当事人不服地方人民法院第一审判决的，有权在判决书送达之日起十五日内向上一级人民法院提起上诉。

当事人不服地方人民法院第一审裁定的，有权在裁定书送达之日起十日内向上一级人民法院提起上诉。

第一百七十二条 上诉应当递交上诉状。上诉状的内容，应当包括当事人的姓名，法人的名称及其法定代表人的姓名或者其他组织的名称及其主要负责人的姓名；原审人民法院名称、案件的编号和案由；上诉的请求和理由。

第一百七十三条 上诉状应当通过原审人民法院提出，并按照对方当事人或者代表人的人数提出副本。

当事人直接向第二审人民法院上诉的，第二审人民法院应当在五日内将上诉状移交原审人民法院。

第一百七十四条 原审人民法院收到上诉状，应当在五日内将上诉状副本送达对方当事人，对方当事人在收到之日起十五日内提出答辩状。人民法院应当在收到答辩状之日起五日内将副本送达上诉人。对方当事人不提出答辩状的，不影响人民法院审理。

原审人民法院收到上诉状、答辩状，应当在五日内连同全部案卷和证据，报送第二审人民法院。

第一百七十五条 第二审人民法院应当对上诉请求的有关事实和适用法律进行审查。

第一百七十六条 第二审人民法院对上诉案件应当开庭审理。经过阅卷、调查和询问当事人，对没有提出新的事实、证据或者理由，人民法院认为不需要开庭审理的，可以不开庭审理。

第二审人民法院审理上诉案件，可以在本院进行，也可以到案件发生地或者原审人民法院所在地进行。

第一百七十七条 第二审人民法院对上诉案件，经过审理，按照下列情形，分别处理：

（一）原判决、裁定认定事实清楚，适用法律正确的，以判决、裁定方式驳回上诉，维持原判决、裁定；

（二）原判决、裁定认定事实错误或者适用法律错误的，以判决、裁定方式依法改判、撤销或者变更；

（三）原判决认定基本事实不清的，裁定撤销原判决，发回原审人民法院重审，或者查清事实后改判；

（四）原判决遗漏当事人或者违法缺席判决等严重违反法定程序的，裁定撤销原判决，发回原审人民法院重审。

原审人民法院对发回重审的案件作出判决后，当事人提起上诉的，第二审人民法院不得再次发回重审。

第一百七十八条 第二审人民法院对不服第一审人民法院裁定的上诉案件的处理，一律使用裁定。

第一百七十九条 第二审人民法院审理上诉案件，可以进行调解。调解达成协议，应当制作调解书，由审判人员、书记员署名，加盖人民法院印章。调解书送达后，原审人民法院的判决即视为撤销。

第一百八十条 第二审人民法院判决宣告前，上诉人申请撤回上诉的，是否准许，由第二审人民法院裁定。

第一百八十一条 第二审人民法院审理上诉案件，除依照本章规定外，适用第一审普通程序。

第一百八十二条 第二审人民法院的判决、裁定，是终审的判决、裁定。

第一百八十三条 人民法院审理对判决的上诉案件，应当在第二审立案之日起三个月内审结。有特殊情况需要延长的，由本院院长批准。

人民法院审理对裁定的上诉案件，应当在第二审立案之日起三十日内作出终审裁定。

第十五章　特别程序

第一节　一般规定

第一百八十四条 人民法院审理选民资格案件、宣告失踪或者宣告死亡案件、指定遗产管理人案件、认定公民无民事行为能力或者限制民事行为能力案件、认定财产无主案件、确认调解协议案件和实现担保物权案件，适用本章规定。本章没有规定的，适用本法和其他法律的有关规定。

第一百八十五条 依照本章程序审理的案件，实行一审终审。选民资格案件或者重大、疑难的案件，由审判员组成合议庭审理；其他案件由审判员一人独任审理。

第一百八十六条 人民法院在依照本章程序审理案件的过程中，发现本案属于民事权益争议的，应当裁定终结特别程序，并告知利害关系人可以另行起诉。

第一百八十七条 人民法院适用特别程序审理的案件，应当在立案之日起三十日内或者公告期满后三十日内审结。有特殊情况需要延长的，由本院院长批准。但审理选民资格的案件除外。

第二节 选民资格案件

第一百八十八条 公民不服选举委员会对选民资格的申诉所作的处理决定，可以在选举日的五日以前向选区所在地基层人民法院起诉。

第一百八十九条 人民法院受理选民资格案件后，必须在选举日前审结。

审理时，起诉人、选举委员会的代表和有关公民必须参加。

人民法院的判决书，应当在选举日前送达选举委员会和起诉人，并通知有关公民。

第三节 宣告失踪、宣告死亡案件

第一百九十条 公民下落不明满二年，利害关系人申请宣告其失踪的，向下落不明人住所地基层人民法院提出。

申请书应当写明失踪的事实、时间和请求，并附有公安机关或者其他有关机关关于该公民下落不明的书面证明。

第一百九十一条 公民下落不明满四年，或者因意外事件下落不明满二年，或者因意外事件下落不明，经有关机关证明该公民不可能生存，利害关系人申请宣告其死亡的，向下落不明人住所地基层人民法院提出。

申请书应当写明下落不明的事实、时间和请求，并附有公安机关或者其他有关机关关于该公民下落不明的书面证明。

第一百九十二条 人民法院受理宣告失踪、宣告死亡案件后，应当发出寻找下落不明人的公告。宣告失踪的公告期间为三个月，宣告死亡的公告期间为一年。因意外事件下落不明，经有关机关证明该公民不可能生存的，宣告死亡的公告期间为三个月。

公告期间届满，人民法院应当根据被宣告失踪、宣告死亡的事实是否得到确认，作出宣告失踪、宣告死亡的判决或者驳回申请的判决。

第一百九十三条 被宣告失踪、宣告死亡的公民重新出现，经本人或者利害关系人申请，人民法院应当作出新判决，撤销原判决。

第四节 指定遗产管理人案件

第一百九十四条 对遗产管理人的确定有争议，利害关系人申请指定遗产管理人的，向被继承人死亡时住所地或者主要遗产所在地基层人民法院提出。

申请书应当写明被继承人死亡的时间、申请事由和具体请求，并附有被继承人死亡的相关证据。

第一百九十五条 人民法院受理申请后，应当审查核实，并按照有利于遗产管理的原则，判决指定遗产管理人。

第一百九十六条 被指定的遗产管理人死亡、终止、丧失民事行为能力或者存在其他无法继续履行遗产管理职责情形的，人民法院可以根据利害关系人或者本人的申请另行指定遗产管理人。

第一百九十七条 遗产管理人违反遗产管理职责，严重侵害继承人、受遗赠人或者债权人合法权益的，人民法院可以根据利害关系人的申请，撤销其遗产管理人资格，并依法指定新的遗产管理人。

第五节 认定公民无民事行为能力、限制民事行为能力案件

第一百九十八条 申请认定公民无民事行为能力或者限制民事行为能力，由利害关系人或者有关组织向该公民住所地基层人民法院提出。

申请书应当写明该公民无民事行为能力或者限制民事行为能力的事实和根据。

第一百九十九条 人民法院受理申请后，必要时应当对被请求认定为无民事行为能力或者限制民事行为能力的公民进行鉴定。申请人已提供鉴定意见的，应当对鉴定意见进行审查。

第二百条 人民法院审理认定公民无民事行为能力或者限制民事行为能力的案件，应当由该公民的近亲属为代理人，但申请人除外。近亲属互相推诿的，由人民法院指定其中一人为代理人。该公民健康情况许可的，还应当询问本人的意见。

人民法院经审理认定申请有事实根据的，判决该公民为无民事行为能力或者限制民事行为能力人；认定申请没有事实根据的，应当判决予以驳回。

第二百零一条 人民法院根据被认定为无民事行为能力人、限制民事行为能力人本人、利害关系人或者有关组织的申请，证实该公民无民事行为能力或者限制民事行为能力的原因已经消除的，应当作出新判决，撤销原判决。

第六节 认定财产无主案件

第二百零二条 申请认定财产无主，由公民、法人或者其他组织向财产所在地基层人民法院提出。申请书应当写明财产的种类、数量以及要求认定财产无主的根据。

第二百零三条 人民法院受理申请后，经审查核实，应当发出财产认领公告。公告满一年无人认领的，判决认定财产无主，收归国家或者集体所有。

第二百零四条 判决认定财产无主后，原财产所有人或者继承人出现，在民法典规定的诉讼时效期间可以对财产提出请求，人民法院审查属实后，应当作出新判决，撤销原判决。

第七节 确认调解协议案件

第二百零五条 经依法设立的调解组织调解达成调解协议，申请司法确认的，由双方当事人自调解协议生效之日起三十日内，共同向下列人民法院提出：

（一）人民法院邀请调解组织开展先行调解的，向作出邀请的人民法院提出；

（二）调解组织自行开展调解的，向当事人住所地、标的物所在地、调解组织所在地的基层人民法院提出；调解协议所涉纠纷应当由中级人民法院管辖的，向相应的中级人民法院提出。

第二百零六条 人民法院受理申请后，经审查，符合法律规定的，裁定调解协议有效，一方当事人拒绝履行或者未全部履行的，对方当事人可以向人民法院申请执行；不符合法律规定的，裁定驳回申请，当事人可以通过调解方式变更原调解协议或者达成新的调解协议，也可以向人民法院提起诉讼。

第八节 实现担保物权案件

第二百零七条 申请实现担保物权，由担保物权人以及其他有权请求实现担保物权的人依照民法典等法律，向担保财产所在地或者担保物权登记地基层人民法院提出。

第二百零八条 人民法院受理申请后，经审查，符合法律规定的，裁定拍卖、变卖担保财产，当事人依据该裁定可以向人民法院申请执行；不符合法律规定的，裁定驳回申请，当事人可以向人民法院提起诉讼。

第十六章 审判监督程序

第二百零九条 各级人民法院院长对本院已经发生法律效力的判决、裁定、调解书，发现确有错误，认为需要再审的，应当提交审判委员会讨论决定。

最高人民法院对地方各级人民法院已经发生法律效力的判决、裁定、调解书，上级人民法院对下级人民法院已经发生法律效力的判决、裁定、调解书，发现确有错误的，有权提审或者指令下级人民法院再审。

第二百一十条 当事人对已经发生法律效力的判决、裁定，认为有错误的，可以向上一级人民法院申请再审；当事人一方人数众多或者当事人双方为公民的案件，也可以向原审人民法院申请再审。当事人申请再审的，不停止判决、裁定的执行。

第二百一十一条 当事人的申请符合下列情形之一的，人民法院应当再审：

（一）有新的证据，足以推翻原判决、裁定的；

（二）原判决、裁定认定的基本事实缺乏证据证明的；

（三）原判决、裁定认定事实的主要证据是伪造的；

（四）原判决、裁定认定事实的主要证据未经质证的；

（五）对审理案件需要的主要证据，当事人因客观原因不能自行收集，书面申请人民法院调查收集，人民法院未调查收集的；

（六）原判决、裁定适用法律确有错误的；

（七）审判组织的组成不合法或者依法应当回避的审判人员没有回避的；

（八）无诉讼行为能力人未经法定代理人代为诉讼或者应当参加诉讼的当事人，因不能归责于本人或者其诉讼代理人的事由，未参加诉讼的；

（九）违反法律规定，剥夺当事人辩论权利的；

（十）未经传票传唤，缺席判决的；

（十一）原判决、裁定遗漏或者超出诉讼请求的；

（十二）据以作出原判决、裁定的法律文书被撤销或者变更的；

（十三）审判人员审理该案件时有贪污受贿，徇私舞弊，枉法裁判行为的。

第二百一十二条 当事人对已经发生法律效力的调解书，提出证据证明调解违反自愿原则或者调解协议的内容违反法律的，可以申请再审。经人民法院审查属实的，应当再审。

第二百一十三条 当事人对已经发生法律效力的解除婚姻关系的判决、调解书，不得申请再审。

第二百一十四条 当事人申请再审的，应当提交再审申请书等材料。人民法院应当自收到再审申请书之日起五日内将再审申请书副本发送对方当事人。对方当事人应当自收到再审申请书副本之日起十五日内提交书面意见；不提交书面意见的，不影响人民法院审查。人民法院可以要求申请人和对方当事人补充有关材料，询问有关事项。

第二百一十五条 人民法院应当自收到再审申请书之日起三个月内审查，符合本法规定的，裁定再审；不符合本法规定的，裁定驳回申请。有特殊情况需要延长的，由本院院长批准。

因当事人申请裁定再审的案件由中级人民法院以上的人民法院审理，但当事人依照本法第二百一十条的规定选择向基层人民法院申请再审的除外。最高人民法院、高级人民法院裁定再审的案件，由本院再审或者交其他人民法院再审，也可以交原审人民法院再审。

第二百一十六条 当事人申请再审，应当在判决、裁定发生法律效力后六个月内提出；有本法第二百一十一条第一项、第三项、第十二项、第十三项规定情形的，自知道或者应当知道之日起六个月内提出。

第二百一十七条 按照审判监督程序决定再审的案件，裁定中止原判决、裁定、调解书的执行，但追索赡养费、扶养费、抚养费、抚恤金、医疗费用、劳动报酬等案件，可以不中止执行。

第二百一十八条 人民法院按照审判监督程序再审的案件，发生法律效力的判决、裁定是由第一审法院作出的，按照第一审程序审理，所作的判决、裁定，当事人可以上诉；发生法律效力的判决、裁定是由第二审法院作出的，按照第二审程序审理，所作的判决、裁定，是发生法律效力的判决、裁定；上级人民法院按照审判监督程序提审的，按照第二审程序审理，所作的判决、裁定是发生法律效力的判决、裁定。

人民法院审理再审案件，应当另行组成合议庭。

第二百一十九条 最高人民检察院对各级人民法院已经发生法律效力的判决、裁定，上级人民检察院对下级人民法院已经发生法律效力的判决、裁定，发现有本法第二百一十一条规定情形之一的，或者发现调解书损害国家利益、社会公共利益的，应当提出抗诉。

地方各级人民检察院对同级人民法院已经发生法律效力的判决、裁定，发现有本法第二百一十一条规定情形之一的，或者发现调解书损害国家利益、社会公共利益的，可以向同级人民法院提出检察建议，并报上级人民检察院备案；也可以提请上级人民检察院向同级人民法院提出抗诉。

各级人民检察院对审判监督程序以外的其他审判程序中审判人员的违法行为，有权向同级人民法院提出检察建议。

第二百二十条 有下列情形之一的，当事人可以向人民检察院申请检察建议或者抗诉：

（一）人民法院驳回再审申请的；

（二）人民法院逾期未对再审申请作出裁定的；

（三）再审判决、裁定有明显错误的。

人民检察院对当事人的申请应当在三个月内进行审查，作出提出或者不予提出检察建议或者抗诉的决定。当事人不得再次向人民检察院申请检察建议或者抗诉。

第二百二十一条 人民检察院因履行法律监督职责提出检察建议或者抗诉的需要，可以向当事人或者案外人调查核实有关情况。

第二百二十二条 人民检察院提出抗诉的案件，接受抗诉的人民法院应当自收到抗诉书之日起三十日内作出再审的裁定；有本法第二百一十一条第一项至第五项规定情形之一的，可以交下一级人民法院再审，但经该下一级人民法院再审的除外。

第二百二十三条 人民检察院决定对人民法院的判决、裁定、调解书提出抗诉的，应当制作抗诉书。

第二百二十四条 人民检察院提出抗诉的案件，人民法院再审时，应当通知人民检察院派员出席法庭。

第十七章 督促程序

第二百二十五条 债权人请求债务人给付金钱、有价证券，符合下列条件的，可以向有管辖权的基层人民法院申请支付令：

（一）债权人与债务人没有其他债务纠纷的；

（二）支付令能够送达债务人的。

申请书应当写明请求给付金钱或者有价证券的数量和所根据的事实、证据。

第二百二十六条 债权人提出申请后，人民法院应当在五日内通知债权人是否受理。

第二百二十七条 人民法院受理申请后，经审查债权人提供的事实、证据，对债权债务关系明确、合法的，应当在受理之日起十五日内向债务人发出支付令；申请不成立的，裁定予以驳回。

债务人应当自收到支付令之日起十五日内清偿债务，或者向人民法院提出书面异议。

债务人在前款规定的期间不提出异议又不履行支付令的，债权人可以向人民法院申请执行。

第二百二十八条 人民法院收到债务人提出的书面异议后，经审查，异议成立的，应当裁定终结督促程序，支付令自行失效。

支付令失效的，转入诉讼程序，但申请支付令的一方当事人不同意提起诉讼的除外。

第十八章 公示催告程序

第二百二十九条 按照规定可以背书转让的票据持有人，因票据被盗、遗失或者灭失，可以向票据支付地的基层人民法院申请公示催告。依照法律规定可以申请公示催告的其他事项，适用本章规定。

申请人应当向人民法院递交申请书，写明票面金额、发票人、持票人、背书人等票据主要内容和申请的理由、事实。

第二百三十条 人民法院决定受理申请，应当同时通知支付人停止支付，并在三日内发出公告，催促利害关系人申报权利。公示催告的期间，由人民法院根据情况决定，但不得少于六十日。

第二百三十一条 支付人收到人民法院停止支付的通知，应当停止支付，至公示催告程序终结。

公示催告期间，转让票据权利的行为无效。

第二百三十二条 利害关系人应当在公示催告期间向人民法院申报。

人民法院收到利害关系人的申报后，应当裁定终结公示催告程序，并通知申请人和支付人。

申请人或者申报人可以向人民法院起诉。

第二百三十三条 没有人申报的，人民法院应当根据申请人的申请，作出判决，宣告票据无效。判决应当公告，并通知支付人。自判决公告之日起，申请人有权向支付人请求支付。

第二百三十四条 利害关系人因正当理由不能在判决前向人民法院申报的，自知道或者应当知道判决公告之日起一年内，可以向作出判决的人民法院起诉。

第三编 执行程序

第十九章 一般规定

第二百三十五条 发生法律效力的民事判决、裁定，以及刑事判决、裁定中的财产部分，由第一审人民法院或者与第一审人民法院同级的被执行的财产所在地人民法院执行。

法律规定由人民法院执行的其他法律文书，由被执行人住所地或者被执行的财产所在地人民法院执行。

第二百三十六条 当事人、利害关系人认为执行行为违反法律规定的，可以向负责执行的人民法院提出书面异议。当事人、利害关系人提出书面异议的，人民法院应当自收到书面异议之日起十五日内审查，理由成立的，裁定撤销或者改正；理由不成立的，裁定驳回。当事人、利害关系人对裁定不服的，可以自裁定送达之日起十日内向上一级人民法院申请复议。

第二百三十七条 人民法院自收到申请执行书之日起超过六个月未执行的，申请执行人可以向上一级人民法院申请执行。上一级人民法院经审查，可以责令原人民法院在一定期限内执行，也可以决定由本院执行或者指令其他人民法院执行。

第二百三十八条 执行过程中，案外人对执行标的提出书面异议的，人民法院应当自收到书面异议之日起十五日内审查，理由成立的，裁定中止对该标的的执行；理由不成立的，裁定驳回。案外人、当事人对裁定不服，认为原判决、裁定错误的，依照审判监督程序办理；与原判决、裁定无关的，可以自裁定送达之日起十五日内向人民法院提起诉讼。

第二百三十九条 执行工作由执行员进行。

采取强制执行措施时，执行员应当出示证件。执行完毕后，应当将执行情况制作笔录，由在场的有关人员签名或者盖章。

人民法院根据需要可以设立执行机构。

第二百四十条 被执行人或者被执行的财产在外地的，可以委托当地人民法院代为执行。受委托人民法院收到委托函件后，必须在十五日内开始执行，不得拒绝。执行完毕后，应当将执行结果及时函复委托人民法院；在三十日内如果还未执行完毕，也应当将执行情况函告委托人民法院。

受委托人民法院自收到委托函件之日起十五日内不执行的，委托人民法院可以请求受委托人民法院的上级人民法院指令受委托人民法院执行。

第二百四十一条 在执行中，双方当事人自行和解达成协议的，执行员应当将协议内容记入笔录，由双方当事人签名或者盖章。

申请执行人因受欺诈、胁迫与被执行人达成和解协议，或者当事人不履行和解协议的，人民法院可以根据当事人的申请，恢复对原生效法律文书的执行。

第二百四十二条 在执行中，被执行人向人民法院提供担保，并经申请执行人同意的，人民法院可以决定暂缓执行及暂缓执行的期限。被执行人逾期仍不履行的，人民法院有权执行被执行人的担保财产或者担保人的财产。

第二百四十三条 作为被执行人的公民死亡的，以其遗产偿还债务。作为被执行人的法人或者其他组织终止的，由其权利义务承受人履行义务。

第二百四十四条 执行完毕后，据以执行的判决、裁定和其他法律文书确有错误，被人民法院撤销的，对已被执行的财产，人民法院应当作出裁定，责令取得财产的人返还；拒不返还的，强制执行。

第二百四十五条 人民法院制作的调解书的执行，适用本编的规定。

第二百四十六条 人民检察院有权对民事执行活动实行法律监督。

第二十章 执行的申请和移送

第二百四十七条 发生法律效力的民事判决、裁定，当事人必须履行。一方拒绝履行的，对方当事人可以向人民法院申请执行，也可以由审判员移送执行员执行。

调解书和其他应当由人民法院执行的法律文书，当事人必须履行。一方拒绝履行的，对方当事人可以向人民法院申请执行。

第二百四十八条 对依法设立的仲裁机构的裁决，一方当事人不履行的，对方当事人可以向有管辖权的人民法院申请执行。受申请的人民法院应当执行。

被申请人提出证据证明仲裁裁决有下列情形之一的，经人民法院组成合议庭审查核实，裁定不予执行：

（一）当事人在合同中没有订有仲裁条款或者事后没有达成书面仲裁协议的；

（二）裁决的事项不属于仲裁协议的范围或者仲裁机构无权仲裁的；

（三）仲裁庭的组成或者仲裁的程序违反法定程序的；

（四）裁决所根据的证据是伪造的；

（五）对方当事人向仲裁机构隐瞒了足以影响公正裁决的证据的；

（六）仲裁员在仲裁该案时有贪污受贿，徇私舞弊，枉法裁决行为的。

人民法院认定执行该裁决违背社会公共利益的，裁定不予执行。

裁定书应当送达双方当事人和仲裁机构。

仲裁裁决被人民法院裁定不予执行的，当事人可以根据双方达成的书面仲裁协议重新申请仲裁，也可以向人民法院起诉。

第二百四十九条 对公证机关依法赋予强制执行效力的债权文书，一方当事人不履行的，对方当事人可以向有管辖权的人民法院申请执行，受申请的人民法院应当执行。

公证债权文书确有错误的，人民法院裁定不予执行，并将裁定书送达双方当事人和公证机关。

第二百五十条 申请执行的期间为二年。申请执行时效的中止、中断，适用法律有关诉讼时效中止、中断的规定。

前款规定的期间，从法律文书规定履行期间的最后一日起计算；法律文书规定分期履行的，从最后一期履行期限届满之日起计算；法律文书未规定履行期间的，从法律文书生效之日起计算。

第二百五十一条 执行员接到申请执行书或者移交执行书，应当向被执行人发出执行通知，并可以立即采取强制执行措施。

第二十一章 执行措施

第二百五十二条 被执行人未按执行通知履行法律文书确定的义务，应当报告当前以及收到执行通知之日前一年的财产情况。被执行人拒绝报告或者虚假报告的，人民法院可以根据情节轻重对被执行人或者其法定代理人、有关单位的主要负责人或者直接责任人员予以罚款、拘留。

第二百五十三条 被执行人未按执行通知履行法律文书确定的义务，人民法院有权向有关单位查询被执行人的存款、债券、股票、基金份额等财产情况。人民法院有权根据不同情形扣押、冻结、划拨、变价被执行人的财产。人民法院查询、扣押、冻结、划拨、变价的财产不得超出被执行人应当履行义务的范围。

人民法院决定扣押、冻结、划拨、变价财产，应当作出裁定，并发出协助执行通知书，有关单位必须办理。

第二百五十四条 被执行人未按执行通知履行法律文书确定的义务，人民法院有权扣留、提取被执行人应当履行义务部分的收入。但应当保留被执行人及其所扶养家属的生活必需费用。

人民法院扣留、提取收入时，应当作出裁定，并发出协助执行通知书，被执行人所在单位、银行、信用合作社和其他有储蓄业务的单位必须办理。

第二百五十五条 被执行人未按执行通知履行法律文书确定的义务，人民法院有权查封、扣押、冻结、拍卖、变卖被执行人应当履行义务部分的财产。但应当保留被执行人及其所扶养家属的生活必需品。

采取前款措施，人民法院应当作出裁定。

第二百五十六条 人民法院查封、扣押财产时，被执行人是公民的，应当通知被执行人或者他的成年家属到场；被执行人是法人或者其他组织的，应当通知其法定代表人或者主要负责人到场。拒不到场的，不影响执行。被执行人是公民的，其工作单位或者财产所在地的基层组织应当派人参加。

对被查封、扣押的财产，执行员必须造具清单，由在场人签名或者盖章后，交被执行人一份。被执行人是公民的，也可以交他的成年家属一份。

第二百五十七条 被查封的财产，执行员可以指定被执行人负责保管。因被执行人的过错造成的损失，由被执行人承担。

第二百五十八条 财产被查封、扣押后，执行员应当责令被执行人在指定期间履行法律文书确定的义务。被执行人逾期不履行的，人民法院应当拍卖被查封、扣押的财产；不适于拍卖或者当事人双方同意不进行拍卖的，人民法院可以委托有关单位变卖或者自行变卖。国家禁止自由买卖的物品，交有关单位按照国家规定的价格收购。

第二百五十九条 被执行人不履行法律文书确定的义务，并隐匿财产的，人民法院有权发出搜查令，对被执行人及其住所或者财产隐匿地进行搜查。

采取前款措施，由院长签发搜查令。

第二百六十条 法律文书指定交付的财物或者票证，由执行员传唤双方当事人当面交付，或者由执行员转交，并由被交付人签收。

有关单位持有该项财物或者票证的，应当根据人民法院的协助执行通知书转交，并由被交付人签收。

有关公民持有该项财物或者票证的，人民法院通知其交出。拒不交出的，强制执行。

第二百六十一条 强制迁出房屋或者强制退出土地，由院长签发公告，责令被执行人在指定期间履行。被执行人逾期不履行的，由执行员强制执行。

强制执行时，被执行人是公民的，应当通知被执行人或者他的成年家属到场；被执行人是法人或者其他组织的，应当通知其法定代表人或者主要负责人到场。拒不到场的，不影响执行。被执行人是公民的，其工作单位或者房屋、土地所在地的基层组织应当派人参加。执行员应当将强制执行情况记入笔录，由在场人签名或者盖章。

强制迁出房屋被搬出的财物，由人民法院派人运至指定处所，交给被执行人。被执行人是公民的，也可以交给他的成年家属。因拒绝接收而造成的损失，由被执行人承担。

第二百六十二条 在执行中，需要办理有关财产权证照转移手续的，人民法院可以向有关单位发出协助执行通知书，有关单位必须办理。

第二百六十三条 对判决、裁定和其他法律文书指定的行为，被执行人未按执行通知履行的，人民法院可以强制执行或者委托有关单位或者其他人完成，费用由被执行人承担。

第二百六十四条 被执行人未按判决、裁定和其他法律文书指定的期间履行给付金钱义务的，应当加倍支付迟延履行期间的债务利息。被执行人未按判决、裁定和其他法律文书指定的期间履行其他义务的，应当支付迟延履行金。

第二百六十五条 人民法院采取本法第二百五十三条、第二百五十四条、第二百五十五条规定的执行措施后，被执行人仍不能偿还债务的，应当继续履行义务。债权人发现被执行人有其他财产的，可以随时请求人民法院执行。

第二百六十六条 被执行人不履行法律文书确定的义务的，人民法院可以对其采取或者通知有关单位协助采取限制出境，在征信系统记录、通过媒体公布不履行义务信息以及法律规定的其他措施。

第二十二章 执行中止和终结

第二百六十七条 有下列情形之一的，人民法院应当裁定中止执行：

（一）申请人表示可以延期执行的；

（二）案外人对执行标的提出确有理由的异议的；

（三）作为一方当事人的公民死亡，需要等待继承人继承权利或者承担义务的；

（四）作为一方当事人的法人或者其他组织终止，尚未确定权利义务承受人的；

（五）人民法院认为应当中止执行的其他情形。

中止的情形消失后，恢复执行。

第二百六十八条 有下列情形之一的，人民法院裁定终结执行：

（一）申请人撤销申请的；

（二）据以执行的法律文书被撤销的；

（三）作为被执行人的公民死亡，无遗产可供执行，又无义务承担人的；

（四）追索赡养费、扶养费、抚养费案件的权利人死亡的；

（五）作为被执行人的公民因生活困难无力偿还借款，无收入来源，又丧失劳动能力的；

（六）人民法院认为应当终结执行的其他情形。

第二百六十九条 中止和终结执行的裁定，送达当事人后立即生效。

第四编 涉外民事诉讼程序的特别规定

第二十三章 一般原则

第二百七十条 在中华人民共和国领域内进行涉外民事诉讼，适用本编规定。本编没有规定的，适用本法其他有关规定。

第二百七十一条 中华人民共和国缔结或者参加的国际条约同本法有不同规定的，适用该国际条约的规定，但中华人民共和国声明保留的条款除外。

第二百七十二条 对享有外交特权与豁免的外国人、外国组织或者国际组织提起的民事诉讼，应当依照中华人民共和国有关法律和中华人民共和国缔结或者参加的国际条约的规定办理。

第二百七十三条 人民法院审理涉外民事案件，应当使用中华人民共和国通用的语言、文字。当事人要求提供翻译的，可以提供，费用由当事人承担。

第二百七十四条 外国人、无国籍人、外国企业和组织在人民法院起诉、应诉，需要委托律师代理诉讼的，必须委托中华人民共和国的律师。

第二百七十五条 在中华人民共和国领域内没有住所的外国人、无国籍人、外国企业和组织委托中华人民共和国律师或者其他人代理诉讼，从中华人民共和国领域外寄交或者托交的授权委托书，应当经所在国公证机关证明，并经中华人民共和国驻该国使领馆认证，或者履行中华人民共和国与该所在国订立的有关条约中规定的证明手续后，才具有效力。

第二十四章 管 辖

第二百七十六条 因涉外民事纠纷，对在中华人民共和国领域内没有住所的被告提起除身份关系以外的诉讼，如果合同签订地、合同履行地、诉讼标的物所在地、可供扣押财产所在地、侵权行为地、代表机构住所地位于中华人民共和国领域内的，可以由合同签订地、合同履行地、诉讼标的物所在地、可供扣押财产所在地、侵权行为地、代表机构住所地人民法院管辖。

除前款规定外，涉外民事纠纷与中华人民共和国存在其他适当联系的，可以由人民法院管辖。

第二百七十七条 涉外民事纠纷的当事人书面协议选择人民法院管辖的，可以由人民法院管辖。

第二百七十八条 当事人未提出管辖异议，并应诉答辩或者提出反诉的，视为人民法院有管辖权。

第二百七十九条 下列民事案件，由人民法院专属管辖：

（一）因在中华人民共和国领域内设立的法人或者其他组织的设立、解散、清算，以及该法人或者其他组织作出的决议的效力等纠纷提起的诉讼；

（二）因与在中华人民共和国领域内审查授予的知识产权的有效性有关的纠纷提起的诉讼；

（三）因在中华人民共和国领域内履行中外合资经营企业合同、中外合作经营企业合同、中外合作勘探开发自然资源合同发生纠纷提起的诉讼。

第二百八十条 当事人之间的同一纠纷，一方当事人向外国法院起诉，另一方当事人向人民法院起诉，或者一方当事人既向外国法院起诉，又向人民法院起诉，人民法院依照本法有管辖权的，可以受理。当事人订立排他性管辖协议选择外国法院管辖且不违反本法对专属管辖的规定，不涉及中华人民共和国主权、安全或者社会公共利益的，人民法院可以裁定不予受理；已经受理的，裁定驳回起诉。

第二百八十一条 人民法院依据前条规定受理案件后，当事人以外国法院已经先于人民法院受理为由，书面申请人民法院中止诉讼的，人民法院可以裁定中止诉讼，但是存在下列情形之一的除外：

（一）当事人协议选择人民法院管辖，或者纠纷属于人民法院专属管辖；

（二）由人民法院审理明显更为方便。

外国法院未采取必要措施审理案件，或者未在合理期限内审结的，依当事人的书面申请，人民法院应当恢复诉讼。

外国法院作出的发生法律效力的判决、裁定，已经被人民法院全部或者部分承认，当事人对已经获得承认的部分又向人民法院起诉的，裁定不予受理；已经受理的，裁定驳回起诉。

第二百八十二条 人民法院受理的涉外民事案件，被告提出管辖异议，且同时有下列情形的，可以裁定驳回起诉，告知原告向更为方便的外国法院提起诉讼：

（一）案件争议的基本事实不是发生在中华人民共和国领域内，人民法院审理案件和当事人参加诉讼均明显不方便；

（二）当事人之间不存在选择人民法院管辖的协议；

（三）案件不属于人民法院专属管辖；

（四）案件不涉及中华人民共和国主权、安全或者社会公共利益；

（五）外国法院审理案件更为方便。

裁定驳回起诉后，外国法院对纠纷拒绝行使管辖权，或者未采取必要措施审理案件，或者未在合理期限内审结，当事人又向人民法院起诉的，人民法院应当受理。

第二十五章 送达、调查取证、期间

第二百八十三条 人民法院对在中华人民共和国领域内没有住所的当事人送达诉讼文书，可以采用下列方式：

（一）依照受送达人所在国与中华人民共和国缔结或者共同参加的国际条约中规定的方式送达；

（二）通过外交途径送达；

（三）对具有中华人民共和国国籍的受送达人，可以委托中华人民共和国驻受送达人所在国的使领馆代为送达；

（四）向受送达人在本案中委托的诉讼代理人送达；

（五）向受送达人在中华人民共和国领域内设立的独资企业、代表机构、分支机构或者有权接受送达的业务代办人送达；

（六）受送达人为外国人、无国籍人，其在中华人民共和国领域内设立的法人或者其他组织担任法定代表人或者主要负责人，且与该法人或者其他组织为共同被告的，向该法人或者其他组织送达；

（七）受送达人为外国法人或者其他组织，其法定代表人或者主要负责人在中华人民共和国领域内的，向其法定代表人或者主要负责人送达；

（八）受送达人所在国的法律允许邮寄送达的，可以邮寄送达，自邮寄之日起满三个月，送达回证没有退回，但根据各种情况足以认定已经送达的，期间届满之日视为送达；

（九）采用能够确认受送达人收悉的电子方式送达，但是受送达人所在国法律禁止的除外；

（十）以受送达人同意的其他方式送达，但是受送达人所在国法律禁止的除外。

不能用上述方式送达的，公告送达，自发出公告之日起，经过六十日，即视为送达。

第二百八十四条 当事人申请人民法院调查收集的证据位于中华人民共和国领域外，人民法院可以依照证据所在国与中华人民共和国缔结或者共同参加的国际条约中规定的方式，或者通过外交途径调查收集。

在所在国法律不禁止的情况下，人民法院可以采用下列方式调查收集：

（一）对具有中华人民共和国国籍的当事人、证人，可以委托中华人民共和国驻当事人、证人所在国的使领馆代为取证；

（二）经双方当事人同意，通过即时通讯工具取证；

（三）以双方当事人同意的其他方式取证。

第二百八十五条 被告在中华人民共和国领域内没有住所的，人民法院应当将起诉状副本送达被告，并通知被告在收到起诉状副本后三十日内提出答辩状。被告申请延期的，是否准许，由人民法院决定。

第二百八十六条 在中华人民共和国领域内没有住所的当事人，不服第一审人民法院判决、裁定的，有权在判决书、裁定书送达之日起三十日内提起上诉。被上诉人在收到上诉状副本后，应当在三十日内提出答辩状。当事人不能在法定期间提起上诉或者提出答辩状，申请延期的，是否准许，由人民法院决定。

第二百八十七条 人民法院审理涉外民事案件的期间，不受本法第一百五十二条、第一百八十三条规定的限制。

第二十六章 仲 裁

第二百八十八条 涉外经济贸易、运输和海事中发生的纠纷，当事人在合同中订有仲裁条款或者事后达成书面仲裁协议，提交中华人民共和国涉外仲裁机构或者其他仲裁机构仲裁的，当事人不得向人民法院起诉。

当事人在合同中没有订有仲裁条款或者事后没有达成书面仲裁协议的，可以向人民法院起诉。

第二百八十九条 当事人申请采取保全的，中华人民共和国的涉外仲裁机构应当将当事人的申请，提交被申请人住所地或者财产所在地的中级人民法院裁定。

第二百九十条 经中华人民共和国涉外仲裁机构裁决的，当事人不得向人民法院起诉。一方当事人不履行仲裁裁决的，对方当事人可以向被申请人住所地或者财产所在地的中级人民法院申请执行。

第二百九十一条 对中华人民共和国涉外仲裁机构作出的裁决，被申请人提出证据证明仲裁裁决有下列情形之一的，经人民法院组成合议庭审查核实，裁定不予执行：

（一）当事人在合同中没有订有仲裁条款或者事后没有达成书面仲裁协议的；

（二）被申请人没有得到指定仲裁员或者进行仲裁程序的通知，或者由于其他不属于被申请人负责的原因未能陈述意见的；

（三）仲裁庭的组成或者仲裁的程序与仲裁规则不符的；

（四）裁决的事项不属于仲裁协议的范围或者仲裁机构无权仲裁的。

人民法院认定执行该裁决违背社会公共利益的，裁定不予执行。

第二百九十二条 仲裁裁决被人民法院裁定不予执行的，当事人可以根据双方达成的书面仲裁协议重新申请仲裁，也可以向人民法院起诉。

第二十七章 司法协助

第二百九十三条 根据中华人民共和国缔结或者参加的国际条约，或者按照互惠原则，人民法院和外国法院可以相互请求，代为送达文书、调查取证以及进行其他诉讼行为。

外国法院请求协助的事项有损于中华人民共和国的主权、安全或者社会公共利益的，人民法院不予执行。

第二百九十四条 请求和提供司法协助，应当依照中华人民共和国缔结或者参加的国际条约所规定的途径进行；没有条约关系的，通过外交途径进行。

外国驻中华人民共和国的使领馆可以向该国公民送达文书和调查取证，但不得违反中华人民共和国的法律，并不得采取强制措施。

除前款规定的情况外，未经中华人民共和国主管机关准许，任何外国机关或者个人不得在中华人民共和国领域内送达文书、调查取证。

第二百九十五条 外国法院请求人民法院提供司法协助的请求书及其所附文件，应当附有中文译本或者国际条约规定的其他文字文本。

人民法院请求外国法院提供司法协助的请求书及其所附文件，应当附有该国文字译本或者国际条约规定的其他文字文本。

第二百九十六条 人民法院提供司法协助，依照中华人民共和国法律规定的程序进行。外国法院请求采用特殊方式的，也可以按照其请求的特殊方式进行，但请求采用的特殊方式不得违反中华人民共和国法律。

第二百九十七条 人民法院作出的发生法律效力的判决、裁定，如果被执行人或者其财产不在中华人民共和国领域内，当事人请求执行的，可以由当事人直接向有管辖权的外国法院申请承认和执行，也可以由人民法院依照中华人民共和国缔结或者参加的国际条约的规定，或者按照互惠原则，请求外国法院承认和执行。

在中华人民共和国领域内依法作出的发生法律效力的仲裁裁决，当事人请求执行的，如果被执行人或者其财产不在中华人民共和国领域内，当事人可以直接向有管辖权的外国法院申请承认和执行。

第二百九十八条 外国法院作出的发生法律效力的判决、裁定，需要人民法院承认和执行的，可以由当事人直接向有管辖权的中级人民法院申请承认和执行，也可以由外国法院依照该国与中华人民共和国缔结或者参加的国际条约的规定，或者按照互惠原则，请求人民法院承认和执行。

第二百九十九条 人民法院对申请或者请求承认和执行的外国法院作出的发生法律效力的判决、裁定，依照中华人民共和国缔结或者参加的国际条约，或者按照互惠原则进行审查后，认为不违反中华人民共和国法律的基本原则且不损害国家主权、安全、社会公共利益的，裁定承认其效力；需要执行的，发出执行令，依照本法的有关规定执行。

第三百条 对申请或者请求承认和执行的外国法院作出的发生法律效力的判决、裁定，人民法院经审查，有下列情形之一的，裁定不予承认和执行：

（一）依据本法第三百零一条的规定，外国法院对案件无管辖权；

（二）被申请人未得到合法传唤或者虽经合法传唤但未获得合理的陈述、辩论机会，或者无诉讼行为能力的当事人未得到适当代理；

（三）判决、裁定是通过欺诈方式取得；

（四）人民法院已对同一纠纷作出判决、裁定，或者已经承认第三国法院对同一纠纷作出的判决、裁定；

（五）违反中华人民共和国法律的基本原则或者损害国家主权、安全、社会公共利益。

第三百零一条 有下列情形之一的，人民法院应当认定该外国法院对案件无管辖权：

（一）外国法院依照其法律对案件没有管辖权，或者虽然依照其法律有管辖权但与案件所涉纠纷无适当联系；

（二）违反本法对专属管辖的规定；

（三）违反当事人排他性选择法院管辖的协议。

第三百零二条 当事人向人民法院申请承认和执行外国法院作出的发生法律效力的判决、裁定，该判决、裁定涉及的纠纷与人民法院正在审理的纠纷属于同一纠纷的，人民法院可以裁定中止诉讼。

外国法院作出的发生法律效力的判决、裁定不符合本法规定的承认条件的，人民法院裁定不予承认和执行，并恢复已经中止的诉讼；符合本法规定的承认条件的，人民法院裁定承认其效力；需要执行的，发出执行令，依照本法的有关规定执行；对已经中止的诉讼，裁定驳回起诉。

第三百零三条 当事人对承认和执行或者不予承认和执行的裁定不服的，可以自裁定送达之日起十日内向上一级人民法院申请复议。

第三百零四条 在中华人民共和国领域外作出的发生法律效力的仲裁裁决，需要人民法院承认和执行的，当事人可以直接向被执行人住所地或者其财产所在地的中级人民法院申请。被执行人住所地或者其财产不在中华人民共和国领域内的，当事人可以向申请人住所地或者与裁决的纠纷有适当联系的地点的中级人民法院申请。人民法院应当依照中华人民共和国缔结或者参加的国际条约，或者按照互惠原则办理。

第三百零五条 涉及外国国家的民事诉讼，适用中华人民共和国有关外国国家豁免的法律规定；有关法律没有规定的，适用本法。

第三百零六条 本法自公布之日起施行，《中华人民共和国民事诉讼法（试行）》同时废止。

中华人民共和国刑法修正案（十二）

（2023年12月29日第十四届全国人民代表大会常务委员会第七次会议通过）

一、在刑法第一百六十五条中增加一款作为第二款，将该条修改为：“国有公司、企业的董事、监事、高级管理人员，利用职务便利，自己经营或者为他人经营与其所任职公司、企业同类的营业，获取非法利益，数额巨大的，处三年以下有期徒刑或者拘役，并处或者单处罚金；数额特别巨大的，处三年以上七年以下有期徒刑，并处罚金。

“其他公司、企业的董事、监事、高级管理人员违反法律、行政法规规定，实施前款行为，致使公司、企业利益遭受重大损失的，依照前款的规定处罚。”

二、在刑法第一百六十六条中增加一款作为第二款，将该条修改为：“国有公司、企业、事业单位的工作人员，利用职务便利，有下列情形之一，致使国家利益遭受重大损失的，处三年以下有期徒刑或者拘役，并处或者单处罚金；致使国家利益遭受特别重大损失的，处三年以上七年以下有期徒刑，并处罚金：

“（一）将本单位的盈利业务交由自己的亲友进行经营的；

“（二）以明显高于市场的价格从自己的亲友经营管理的单位采购商品、接受服务或者以明显低于市场的价格向自己的亲友经营管理的单位销售商品、提供服务的；

“（三）从自己的亲友经营管理的单位采购、接受不合格商品、服务的。

“其他公司、企业的工作人员违反法律、行政法规规定，实施前款行为，致使公司、企业利益遭受重大损失的，依照前款的规定处罚。”

三、在刑法第一百六十九条中增加一款作为第二款，将该条修改为：“国有公司、企业或者其上级主管部门直接负责的主管人员，徇私舞弊，将国有资产低价折股或者低价出售，致使国家利益遭受重大损失的，处三年以下有期徒刑或者拘役；致使国家利益遭受特别重大损失的，处三年以上七年以下有期徒刑。

“其他公司、企业直接负责的主管人员，徇私舞弊，将公司、企业资产低价折股或者低价出售，致使公司、企业利益遭受重大损失的，依照前款的规定处罚。”

四、将刑法第三百八十七条第一款修改为：“国家机关、国有公司、企业、事业单位、人民团体，索取、非法收受他人财物，为他人谋取利益，情节严重的，对单位判处罚金，并对其直接负责的主管人员和其他直接责任人员，处三年以下有期徒刑或者拘役；情节特别严重的，处三年以上十年以下有期徒刑。”

五、将刑法第三百九十条修改为：“对犯行贿罪的，处三年以下有期徒刑或者拘役，并处罚金；因行贿谋取不正当利益，情节严重的，或者使国家利益遭受重大损失的，处三年以上十年以下有期徒刑，并处罚金；情节特别严重的，或者使国家利益遭受特别重大损失的，处十年以上有期徒刑或者无期徒刑，并处罚金或者没收财产。

“有下列情形之一的，从重处罚：

“（一）多次行贿或者向多人行贿的；

“（二）国家工作人员行贿的；

“（三）在国家重点工程、重大项目中行贿的；

“（四）为谋取职务、职级晋升、调整行贿的；

“（五）对监察、行政执法、司法工作人员行贿的；

“（六）在生态环境、财政金融、安全生产、食品药品、防灾救灾、社会保障、教育、医疗等领域行贿，实施违法犯罪活动的；

“（七）将违法所得用于行贿的。

“行贿人在被追诉前主动交待行贿行为的，可以从轻或者减轻处罚。其中，犯罪较轻的，对调查突破、侦破重大案件起关键作用的，或者有重大立功表现的，可以减轻或者免除处罚。”

六、将刑法第三百九十一条第一款修改为：“为谋取不正当利益，给予国家机关、国有公司、企业、事业单位、人民团体以财物的，或者在经济往来中，违反国家规定，给予各种名义的回扣、手续费的，处三年以下有期徒刑或者拘役，并处罚金；情节严重的，处三年以上七年以下有期徒刑，并处罚金。”

七、将刑法第三百九十三条修改为：“单位为谋取不正当利益而行贿，或者违反国家规定，给予国家工作人员以回扣、手续费，情节严重的，对单位判处罚金，并对其直接负责的主管人员和其他直接责任人员，处三年以下有期徒刑或者拘役，并处罚金；情节特别严重的，处三年以上十年以下有期徒刑，并处罚金。因行贿取得的违法所得归个人所有的，依照本法第三百八十九条、第三百九十条的规定定罪处罚。”

八、本修正案自 2024 年 3 月 1 日起施行。

中华人民共和国公司法

（1993年12月29日第八届全国人民代表大会常务委员会第五次会议通过　根据1999年12月25日第九届全国人民代表大会常务委员会第十三次会议《关于修改〈中华人民共和国公司法〉的决定》第一次修正　根据2004年8月28日第十届全国人民代表大会常务委员会第十一次会议《关于修改〈中华人民共和国公司法〉的决定》第二次修正　2005年10月27日第十届全国人民代表大会常务委员会第十八次会议第一次修订　根据2013年12月28日第十二届全国人民代表大会常务委员会第六次会议《关于修改〈中华人民共和国海洋环境保护法〉等七部法律的决定》第三次修正　根据2018年10月26日第十三届全国人民代表大会常务委员会第六次会议《关于修改〈中华人民共和国公司法〉的决定》第四次修正　2023年12月29日第十四届全国人民代表大会常务委员会第七次会议第二次修订）

目　录

第一章　总　则

第一条　为了规范公司的组织和行为，保护公司、股东、职工和债权人的合法权益，完善中国特色现代企业制度，弘扬企业家精神，维护社会经济秩序，促进社会主义市场经济的发展，根据宪法，制定本法。

第二条　本法所称公司，是指依照本法在中华人民共和国境内设立的有限责任公司和股份有限公司。

第三条　公司是企业法人，有独立的法人财产，享有法人财产权。公司以其全部财产对公司的债务承担责任。

公司的合法权益受法律保护，不受侵犯。

第四条　有限责任公司的股东以其认缴的出资额为限对公司承担责任；股份有限公司的股东以其认购的股份为限对公司承担责任。

公司股东对公司依法享有资产收益、参与重大决策和选择管理者等权利。

第五条　设立公司应当依法制定公司章程。公司章程对公司、股东、董事、监事、高级管理人员具有约束力。

第六条　公司应当有自己的名称。公司名称应当符合国家有关规定。

公司的名称权受法律保护。

第七条　依照本法设立的有限责任公司，应当在公司名称中标明有限责任公司或者有限公司字样。

依照本法设立的股份有限公司，应当在公司名称中标明股份有限公司或者股份公司字样。

第八条　公司以其主要办事机构所在地为住所。

第九条　公司的经营范围由公司章程规定。公司可以修改公司章程，变更经营范围。

公司的经营范围中属于法律、行政法规规定须经批准的项目，应当依法经过批准。

第十条　公司的法定代表人按照公司章程的规定，由代表公司执行公司事务的董事或者经理担任。

担任法定代表人的董事或者经理辞任的，视为同时辞去法定代表人。

法定代表人辞任的，公司应当在法定代表人辞任之日起三十日内确定新的法定代表人。

第十一条　法定代表人以公司名义从事的民事活动，其法律后果由公司承受。

公司章程或者股东会对法定代表人职权的限制，不得对抗善意相对人。

法定代表人因执行职务造成他人损害的，由公司承担民事责任。公司承担民事责任后，依照法律或者公司章程的规定，可以向有过错的法定代表人追偿。

第十二条 有限责任公司变更为股份有限公司，应当符合本法规定的股份有限公司的条件。股份有限公司变更为有限责任公司，应当符合本法规定的有限责任公司的条件。

有限责任公司变更为股份有限公司的，或者股份有限公司变更为有限责任公司的，公司变更前的债权、债务由变更后的公司承继。

第十三条 公司可以设立子公司。子公司具有法人资格，依法独立承担民事责任。

公司可以设立分公司。分公司不具有法人资格，其民事责任由公司承担。

第十四条 公司可以向其他企业投资。

法律规定公司不得成为对所投资企业的债务承担连带责任的出资人的，从其规定。

第十五条 公司向其他企业投资或者为他人提供担保，按照公司章程的规定，由董事会或者股东会决议；公司章程对投资或者担保的总额及单项投资或者担保的数额有限额规定的，不得超过规定的限额。

公司为公司股东或者实际控制人提供担保的，应当经股东会决议。

前款规定的股东或者受前款规定的实际控制人支配的股东，不得参加前款规定事项的表决。该项表决由出席会议的其他股东所持表决权的过半数通过。

第十六条 公司应当保护职工的合法权益，依法与职工签订劳动合同，参加社会保险，加强劳动保护，实现安全生产。

公司应当采用多种形式，加强公司职工的职业教育和岗位培训，提高职工素质。

第十七条 公司职工依照《中华人民共和国工会法》组织工会，开展工会活动，维护职工合法权益。公司应当为本公司工会提供必要的活动条件。公司工会代表职工就职工的劳动报酬、工作时间、休息休假、劳动安全卫生和保险福利等事项依法与公司签订集体合同。

公司依照宪法和有关法律的规定，建立健全以职工代表大会为基本形式的民主管理制度，通过职工代表大会或者其他形式，实行民主管理。

公司研究决定改制、解散、申请破产以及经营方面的重大问题、制定重要的规章制度时，应当听取公司工会的意见，并通过职工代表大会或者其他形式听取职工的意见和建议。

第十八条 在公司中，根据中国共产党章程的规定，设立中国共产党的组织，开展党的活动。公司应当为党组织的活动提供必要条件。

第十九条 公司从事经营活动，应当遵守法律法规，遵守社会公德、商业道德，诚实守信，接受政府和社会公众的监督。

第二十条 公司从事经营活动，应当充分考虑公司职工、消费者等利益相关者的利益以及生态环境保护等社会公共利益，承担社会责任。

国家鼓励公司参与社会公益活动，公布社会责任报告。

第二十一条 公司股东应当遵守法律、行政法规和公司章程，依法行使股东权利，不得滥用股东权利损害公司或者其他股东的利益。

公司股东滥用股东权利给公司或者其他股东造成损失的，应当承担赔偿责任。

第二十二条 公司的控股股东、实际控制人、董事、监事、高级管理人员不得利用关联关系损害公司利益。

违反前款规定，给公司造成损失的，应当承担赔偿责任。

第二十三条 公司股东滥用公司法人独立地位和股东有限责任，逃避债务，严重损害公司债权人利益的，应当对公司债务承担连带责任。

股东利用其控制的两个以上公司实施前款规定行为的，各公司应当对任一公司的债务承担连带责任。

只有一个股东的公司，股东不能证明公司财产独立于股东自己的财产的，应当对公司债务承担连带责任。

第二十四条 公司股东会、董事会、监事会召开会议和表决可以采用电子通信方式，公司章程另有规定的除外。

第二十五条 公司股东会、董事会的决议内容违反法律、行政法规的无效。

第二十六条 公司股东会、董事会的会议召集程序、表决方式违反法律、行政法规或者公司章程，或者决议内容违反公司章程的，股东自决议作出之日起六十日内，可以请求人民法院撤销。但是，股东会、董事会的会议召集程序或者表决方式仅有轻微瑕疵，对决议未产生实质影响的除外。

未被通知参加股东会会议的股东自知道或者应当知道股东会决议作出之日起六十日内，可以请求人民法院撤销；自决议作出之日起一年内没有行使撤销权的，撤销权消灭。

第二十七条 有下列情形之一的，公司股东会、董事会的决议不成立：

（一）未召开股东会、董事会会议作出决议；

（二）股东会、董事会会议未对决议事项进行表决；

（三）出席会议的人数或者所持表决权数未达到本法或者公司章程规定的人数或者所持表决权数；

（四）同意决议事项的人数或者所持表决权数未达到本法或者公司章程规定的人数或者所持表决权数。

第二十八条 公司股东会、董事会决议被人民法院宣告无效、撤销或者确认不成立的，公司应当向公司登记机关申请撤销根据该决议已办理的登记。

股东会、董事会决议被人民法院宣告无效、撤销或者确认不成立的，公司根据该决议与善意相对人形成的民事法律关系不受影响。

第二章　公司登记

第二十九条 设立公司，应当依法向公司登记机关申请设立登记。

法律、行政法规规定设立公司必须报经批准的，应当在公司登记前依法办理批准手续。

第三十条 申请设立公司，应当提交设立登记申请书、公司章程等文件，提交的相关材料应当真实、合法和有效。

申请材料不齐全或者不符合法定形式的，公司登记机关应当一次性告知需要补正的材料。

第三十一条 申请设立公司，符合本法规定的设立条件的，由公司登记机关分别登记为有限责任公司或者股份有限公司；不符合本法规定的设立条件的，不得登记为有限责任公司或者股份有限公司。

第三十二条 公司登记事项包括：

（一）名称；

（二）住所；

（三）注册资本；

（四）经营范围；

（五）法定代表人的姓名；

（六）有限责任公司股东、股份有限公司发起人的姓名或者名称。

公司登记机关应当将前款规定的公司登记事项通过国家企业信用信息公示系统向社会公示。

第三十三条 依法设立的公司，由公司登记机关发给公司营业执照。公司营业执照签发日期为公司成立日期。

公司营业执照应当载明公司的名称、住所、注册资本、经营范围、法定代表人姓名等事项。

公司登记机关可以发给电子营业执照。电子营业执照与纸质营业执照具有同等法律效力。

第三十四条 公司登记事项发生变更的，应当依法办理变更登记。

公司登记事项未经登记或者未经变更登记，不得对抗善意相对人。

第三十五条 公司申请变更登记，应当向公司登记机关提交公司法定代表人签署的变更登记申请书、依法作出的变更决议或者决定等文件。

公司变更登记事项涉及修改公司章程的，应当提交修改后的公司章程。

公司变更法定代表人的，变更登记申请书由变更后的法定代表人签署。

第三十六条 公司营业执照记载的事项发生变更的，公司办理变更登记后，由公司登记机关换发营业执照。

第三十七条 公司因解散、被宣告破产或者其他法定事由需要终止的，应当依法向公司登记机关申请注销登记，由公司登记机关公告公司终止。

第三十八条 公司设立分公司，应当向公司登记机关申请登记，领取营业执照。

第三十九条 虚报注册资本、提交虚假材料或者采取其他欺诈手段隐瞒重要事实取得公司设立登记的，公司登记机关应当依照法律、行政法规的规定予以撤销。

第四十条 公司应当按照规定通过国家企业信用信息公示系统公示下列事项：

（一）有限责任公司股东认缴和实缴的出资额、出资方式和出资日期，股份有限公司发起人认购的股份数；

（二）有限责任公司股东、股份有限公司发起人的股权、股份变更信息；

（三）行政许可取得、变更、注销等信息；

（四）法律、行政法规规定的其他信息。

公司应当确保前款公示信息真实、准确、完整。

第四十一条 公司登记机关应当优化公司登记办理流程，提高公司登记效率，加强信息化建设，推行网上办理等便捷方式，提升公司登记便利化水平。

国务院市场监督管理部门根据本法和有关法律、行政法规的规定，制定公司登记注册的具体办法。

第三章 有限责任公司的设立和组织机构

第一节 设 立

第四十二条 有限责任公司由一个以上五十个以下股东出资设立。

第四十三条 有限责任公司设立时的股东可以签订设立协议，明确各自在公司设立过程中的权利和义务。

第四十四条 有限责任公司设立时的股东为设立公司从事的民事活动，其法律后果由公司承受。

公司未成立的，其法律后果由公司设立时的股东承受；设立时的股东为二人以上的，享有连带债权，承担连带债务。

设立时的股东为设立公司以自己的名义从事民事活动产生的民事责任，第三人有权选择请求公司或者公司设立时的股东承担。

设立时的股东因履行公司设立职责造成他人损害的，公司或者无过错的股东承担赔偿责任后，可以向有过错的股东追偿。

第四十五条 设立有限责任公司，应当由股东共同制定公司章程。

第四十六条 有限责任公司章程应当载明下列事项：

（一）公司名称和住所；

（二）公司经营范围；

（三）公司注册资本；

（四）股东的姓名或者名称；

（五）股东的出资额、出资方式和出资日期；

（六）公司的机构及其产生办法、职权、议事规则；

（七）公司法定代表人的产生、变更办法；

（八）股东会认为需要规定的其他事项。

股东应当在公司章程上签名或者盖章。

第四十七条 有限责任公司的注册资本为在公司登记机关登记的全体股东认缴的出资额。全体股东认缴的出资额由股东按照公司章程的规定自公司成立之日起五年内缴足。

法律、行政法规以及国务院决定对有限责任公司注册资本实缴、注册资本最低限额、股东出资期限另有规定的，从其规定。

第四十八条 股东可以用货币出资，也可以用实物、知识产权、土地使用权、股权、债权等可以用货币估价并可以依法转让的非货币财产作价出资；但是，法律、行政法规规定不得作为出资的财产除外。

对作为出资的非货币财产应当评估作价，核实财产，不得高估或者低估作价。法律、行政法规对评估作价有规定的，从其规定。

第四十九条 股东应当按期足额缴纳公司章程规定的各自所认缴的出资额。

股东以货币出资的，应当将货币出资足额存入有限责任公司在银行开设的账户；以非货币财产出资的，应当依法办理其财产权的转移手续。

股东未按期足额缴纳出资的，除应当向公司足额缴纳外，还应当对给公司造成的损失承担赔偿责任。

第五十条　有限责任公司设立时，股东未按照公司章程规定实际缴纳出资，或者实际出资的非货币财产的实际价额显著低于所认缴的出资额的，设立时的其他股东与该股东在出资不足的范围内承担连带责任。

第五十一条　有限责任公司成立后，董事会应当对股东的出资情况进行核查，发现股东未按期足额缴纳公司章程规定的出资的，应当由公司向该股东发出书面催缴书，催缴出资。

未及时履行前款规定的义务，给公司造成损失的，负有责任的董事应当承担赔偿责任。

第五十二条　股东未按照公司章程规定的出资日期缴纳出资，公司依照前条第一款规定发出书面催缴书催缴出资的，可以载明缴纳出资的宽限期；宽限期自公司发出催缴书之日起，不得少于六十日。宽限期届满，股东仍未履行出资义务的，公司经董事会决议可以向该股东发出失权通知，通知应当以书面形式发出。自通知发出之日起，该股东丧失其未缴纳出资的股权。

依照前款规定丧失的股权应当依法转让，或者相应减少注册资本并注销该股权；六个月内未转让或者注销的，由公司其他股东按照其出资比例足额缴纳相应出资。

股东对失权有异议的，应当自接到失权通知之日起三十日内，向人民法院提起诉讼。

第五十三条　公司成立后，股东不得抽逃出资。

违反前款规定的，股东应当返还抽逃的出资；给公司造成损失的，负有责任的董事、监事、高级管理人员应当与该股东承担连带赔偿责任。

第五十四条　公司不能清偿到期债务的，公司或者已到期债权的债权人有权要求已认缴出资但未届出资期限的股东提前缴纳出资。

第五十五条　有限责任公司成立后，应当向股东签发出资证明书，记载下列事项：

（一）公司名称；

（二）公司成立日期；

（三）公司注册资本；

（四）股东的姓名或者名称、认缴和实缴的出资额、出资方式和出资日期；

（五）出资证明书的编号和核发日期。

出资证明书由法定代表人签名，并由公司盖章。

第五十六条　有限责任公司应当置备股东名册，记载下列事项：

（一）股东的姓名或者名称及住所；

（二）股东认缴和实缴的出资额、出资方式和出资日期；

（三）出资证明书编号；

（四）取得和丧失股东资格的日期。

记载于股东名册的股东，可以依股东名册主张行使股东权利。

第五十七条　股东有权查阅、复制公司章程、股东名册、股东会会议记录、董事会会议决议、监事会会议决议和财务会计报告。

股东可以要求查阅公司会计账簿、会计凭证。股东要求查阅公司会计账簿、会计凭证的，应当向公司提出书面请求，说明目的。公司有合理根据认为股东查阅会计账簿、会计凭证有不正当目的，可能损害公司合法利益的，可以拒绝提供查阅，并应当自股东提出书面请求之日起十五日内书面答复股东并说明理由。公司拒绝提供查阅的，股东可以向人民法院提起诉讼。

股东查阅前款规定的材料，可以委托会计师事务所、律师事务所等中介机构进行。

股东及其委托的会计师事务所、律师事务所等中介机构查阅、复制有关材料，应当遵守有关保护国家秘密、商业秘密、个人隐私、个人信息等法律、行政法规的规定。

股东要求查阅、复制公司全资子公司相关材料的，适用前四款的规定。

第二节　组织机构

第五十八条　有限责任公司股东会由全体股东组成。股东会是公司的权力机构，依照本法行使职权。

第五十九条　股东会行使下列职权：

（一）选举和更换董事、监事，决定有关董事、监事的报酬事项；

（二）审议批准董事会的报告；

（三）审议批准监事会的报告；

（四）审议批准公司的利润分配方案和弥补亏损方案；

（五）对公司增加或者减少注册资本作出决议；

（六）对发行公司债券作出决议；

（七）对公司合并、分立、解散、清算或者变更公司形式作出决议；

（八）修改公司章程；

（九）公司章程规定的其他职权。

股东会可以授权董事会对发行公司债券作出决议。

对本条第一款所列事项股东以书面形式一致表示同意的，可以不召开股东会会议，直接作出决定，并由全体股东在决定文件上签名或者盖章。

第六十条　只有一个股东的有限责任公司不设股东会。股东作出前条第一款所列事项的决定时，应当采用书面形式，并由股东签名或者盖章后置备于公司。

第六十一条　首次股东会会议由出资最多的股东召集和主持，依照本法规定行使职权。

第六十二条　股东会会议分为定期会议和临时会议。

定期会议应当按照公司章程的规定按时召开。代表十分之一以上表决权的股东、三分之一以上的董事或者监事会提议召开临时会议的，应当召开临时会议。

第六十三条　股东会会议由董事会召集，董事长主持；董事长不能履行职务或者不履行职务的，由副董事长主持；副董事长不能履行职务或者不履行职务的，由过半数的董事共同推举一名董事主持。

董事会不能履行或者不履行召集股东会会议职责的，由监事会召集和主持；监事会不召集和主持的，代表十分之一以上表决权的股东可以自行召集和主持。

第六十四条　召开股东会会议，应当于会议召开十五日前通知全体股东；但是，公司章程另有规定或者全体股东另有约定的除外。

股东会应当对所议事项的决定作成会议记录，出席会议的股东应当在会议记录上签名或者盖章。

第六十五条　股东会会议由股东按照出资比例行使表决权；但是，公司章程另有规定的除外。

第六十六条 股东会的议事方式和表决程序，除本法有规定的外，由公司章程规定。

股东会作出决议，应当经代表过半数表决权的股东通过。

股东会作出修改公司章程、增加或者减少注册资本的决议，以及公司合并、分立、解散或者变更公司形式的决议，应当经代表三分之二以上表决权的股东通过。

第六十七条 有限责任公司设董事会，本法第七十五条另有规定的除外。

董事会行使下列职权：

（一）召集股东会会议，并向股东会报告工作；

（二）执行股东会的决议；

（三）决定公司的经营计划和投资方案；

（四）制订公司的利润分配方案和弥补亏损方案；

（五）制订公司增加或者减少注册资本以及发行公司债券的方案；

（六）制订公司合并、分立、解散或者变更公司形式的方案；

（七）决定公司内部管理机构的设置；

（八）决定聘任或者解聘公司经理及其报酬事项，并根据经理的提名决定聘任或者解聘公司副经理、财务负责人及其报酬事项；

（九）制定公司的基本管理制度；

（十）公司章程规定或者股东会授予的其他职权。

公司章程对董事会职权的限制不得对抗善意相对人。

第六十八条 有限责任公司董事会成员为三人以上，其成员中可以有公司职工代表。职工人数三百人以上的有限责任公司，除依法设监事会并有公司职工代表的外，其董事会成员中应当有公司职工代表。董事会中的职工代表由公司职工通过职工代表大会、职工大会或者其他形式民主选举产生。

董事会设董事长一人，可以设副董事长。董事长、副董事长的产生办法由公司章程规定。

第六十九条 有限责任公司可以按照公司章程的规定在董事会中设置由董事组成的审计委员会，行使本法规定的监事会的职权，不设监事会或者监事。公司董事会成员中的职工代表可以成为审计委员会成员。

第七十条 董事任期由公司章程规定，但每届任期不得超过三年。董事任期届满，连选可以连任。

董事任期届满未及时改选，或者董事在任期内辞任导致董事会成员低于法定人数的，在改选出的董事就任前，原董事仍应当依照法律、行政法规和公司章程的规定，履行董事职务。

董事辞任的，应当以书面形式通知公司，公司收到通知之日辞任生效，但存在前款规定情形的，董事应当继续履行职务。

第七十一条 股东会可以决议解任董事，决议作出之日解任生效。

无正当理由，在任期届满前解任董事的，该董事可以要求公司予以赔偿。

第七十二条 董事会会议由董事长召集和主持；董事长不能履行职务或者不履行职务

的，由副董事长召集和主持；副董事长不能履行职务或者不履行职务的，由过半数的董事共同推举一名董事召集和主持。

第七十三条 董事会的议事方式和表决程序，除本法有规定的外，由公司章程规定。

董事会会议应当有过半数的董事出席方可举行。董事会作出决议，应当经全体董事的过半数通过。

董事会决议的表决，应当一人一票。

董事会应当对所议事项的决定作成会议记录，出席会议的董事应当在会议记录上签名。

第七十四条 有限责任公司可以设经理，由董事会决定聘任或者解聘。

经理对董事会负责，根据公司章程的规定或者董事会的授权行使职权。经理列席董事会会议。

第七十五条 规模较小或者股东人数较少的有限责任公司，可以不设董事会，设一名董事，行使本法规定的董事会的职权。该董事可以兼任公司经理。

第七十六条 有限责任公司设监事会，本法第六十九条、第八十三条另有规定的除外。

监事会成员为三人以上。监事会成员应当包括股东代表和适当比例的公司职工代表，其中职工代表的比例不得低于三分之一，具体比例由公司章程规定。监事会中的职工代表由公司职工通过职工代表大会、职工大会或者其他形式民主选举产生。

监事会设主席一人，由全体监事过半数选举产生。监事会主席召集和主持监事会会议；监事会主席不能履行职务或者不履行职务的，由过半数的监事共同推举一名监事召集和主持监事会会议。

董事、高级管理人员不得兼任监事。

第七十七条 监事的任期每届为三年。监事任期届满，连选可以连任。

监事任期届满未及时改选，或者监事在任期内辞任导致监事会成员低于法定人数的，在改选出的监事就任前，原监事仍应当依照法律、行政法规和公司章程的规定，履行监事职务。

第七十八条 监事会行使下列职权：

（一）检查公司财务；

（二）对董事、高级管理人员执行职务的行为进行监督，对违反法律、行政法规、公司章程或者股东会决议的董事、高级管理人员提出解任的建议；

（三）当董事、高级管理人员的行为损害公司的利益时，要求董事、高级管理人员予以纠正；

（四）提议召开临时股东会会议，在董事会不履行本法规定的召集和主持股东会会议职责时召集和主持股东会会议；

（五）向股东会会议提出提案；

（六）依照本法第一百八十九条的规定，对董事、高级管理人员提起诉讼；

（七）公司章程规定的其他职权。

第七十九条 监事可以列席董事会会议，并对董事会决议事项提出质询或者建议。

监事会发现公司经营情况异常，可以进行调查；必要时，可以聘请会计师事务所等协助其工作，费用由公司承担。

第八十条 监事会可以要求董事、高级管理人员提交执行职务的报告。

董事、高级管理人员应当如实向监事会提供有关情况和资料，不得妨碍监事会或者监事行使职权。

第八十一条 监事会每年度至少召开一次会议，监事可以提议召开临时监事会会议。

监事会的议事方式和表决程序，除本法有规定的外，由公司章程规定。

监事会决议应当经全体监事的过半数通过。

监事会决议的表决，应当一人一票。

监事会应当对所议事项的决定作成会议记录，出席会议的监事应当在会议记录上签名。

第八十二条 监事会行使职权所必需的费用，由公司承担。

第八十三条 规模较小或者股东人数较少的有限责任公司，可以不设监事会，设一名监事，行使本法规定的监事会的职权；经全体股东一致同意，也可以不设监事。

第四章 有限责任公司的股权转让

第八十四条 有限责任公司的股东之间可以相互转让其全部或者部分股权。

股东向股东以外的人转让股权的，应当将股权转让的数量、价格、支付方式和期限等事项书面通知其他股东，其他股东在同等条件下有优先购买权。股东自接到书面通知之日起三十日内未答复的，视为放弃优先购买权。两个以上股东行使优先购买权的，协商确定各自的购买比例；协商不成的，按照转让时各自的出资比例行使优先购买权。

公司章程对股权转让另有规定的，从其规定。

第八十五条 人民法院依照法律规定的强制执行程序转让股东的股权时，应当通知公司及全体股东，其他股东在同等条件下有优先购买权。其他股东自人民法院通知之日起满二十日不行使优先购买权的，视为放弃优先购买权。

第八十六条 股东转让股权的，应当书面通知公司，请求变更股东名册；需要办理变更登记的，并请求公司向公司登记机关办理变更登记。公司拒绝或者在合理期限内不予答复的，转让人、受让人可以依法向人民法院提起诉讼。

股权转让的，受让人自记载于股东名册时起可以向公司主张行使股东权利。

第八十七条 依照本法转让股权后，公司应当及时注销原股东的出资证明书，向新股东签发出资证明书，并相应修改公司章程和股东名册中有关股东及其出资额的记载。对公司章程的该项修改不需再由股东会表决。

第八十八条 股东转让已认缴出资但未届出资期限的股权的，由受让人承担缴纳该出资的义务；受让人未按期足额缴纳出资的，转让人对受让人未按期缴纳的出资承担补充责任。

未按照公司章程规定的出资日期缴纳出资或者作为出资的非货币财产的实际价额显著低于所认缴的出资额的股东转让股权的，转让人与受让人在出资不足的范围内承担连带责任；受让人不知道且不应当知道存在上述情形的，由转让人承担责任。

第八十九条 有下列情形之一的，对股东会该项决议投反对票的股东可以请求公司按照合理的价格收购其股权：

（一）公司连续五年不向股东分配利润，而公司该五年连续盈利，并且符合本法规定的分配利润条件；

（二）公司合并、分立、转让主要财产；

（三）公司章程规定的营业期限届满或者章程规定的其他解散事由出现，股东会通过决议修改章程使公司存续。

自股东会决议作出之日起六十日内，股东与公司不能达成股权收购协议的，股东可以自股东会决议作出之日起九十日内向人民法院提起诉讼。

公司的控股股东滥用股东权利，严重损害公司或者其他股东利益的，其他股东有权请求公司按照合理的价格收购其股权。

公司因本条第一款、第三款规定的情形收购的本公司股权，应当在六个月内依法转让或者注销。

第九十条 自然人股东死亡后，其合法继承人可以继承股东资格；但是，公司章程另有规定的除外。

第五章 股份有限公司的设立和组织机构

第一节 设 立

第九十一条 设立股份有限公司，可以采取发起设立或者募集设立的方式。

发起设立，是指由发起人认购设立公司时应发行的全部股份而设立公司。

募集设立，是指由发起人认购设立公司时应发行股份的一部分，其余股份向特定对象募集或者向社会公开募集而设立公司。

第九十二条 设立股份有限公司，应当有一人以上二百人以下为发起人，其中应当有半数以上的发起人在中华人民共和国境内有住所。

第九十三条 股份有限公司发起人承担公司筹办事务。

发起人应当签订发起人协议，明确各自在公司设立过程中的权利和义务。

第九十四条 设立股份有限公司，应当由发起人共同制订公司章程。

第九十五条 股份有限公司章程应当载明下列事项：

（一）公司名称和住所；

（二）公司经营范围；

（三）公司设立方式；

（四）公司注册资本、已发行的股份数和设立时发行的股份数，面额股的每股金额；

（五）发行类别股的，每一类别股的股份数及其权利和义务；

（六）发起人的姓名或者名称、认购的股份数、出资方式；

（七）董事会的组成、职权和议事规则；

（八）公司法定代表人的产生、变更办法；

（九）监事会的组成、职权和议事规则；

（十）公司利润分配办法；

（十一）公司的解散事由与清算办法；

（十二）公司的通知和公告办法；

（十三）股东会认为需要规定的其他事项。

第九十六条 股份有限公司的注册资本为在公司登记机关登记的已发行股份的股本总

额。在发起人认购的股份缴足前，不得向他人募集股份。

法律、行政法规以及国务院决定对股份有限公司注册资本最低限额另有规定的，从其规定。

第九十七条 以发起设立方式设立股份有限公司的，发起人应当认足公司章程规定的公司设立时应发行的股份。

以募集设立方式设立股份有限公司的，发起人认购的股份不得少于公司章程规定的公司设立时应发行股份总数的百分之三十五；但是，法律、行政法规另有规定的，从其规定。

第九十八条 发起人应当在公司成立前按照其认购的股份全额缴纳股款。

发起人的出资，适用本法第四十八条、第四十九条第二款关于有限责任公司股东出资的规定。

第九十九条 发起人不按照其认购的股份缴纳股款，或者作为出资的非货币财产的实际价额显著低于所认购的股份的，其他发起人与该发起人在出资不足的范围内承担连带责任。

第一百条 发起人向社会公开募集股份，应当公告招股说明书，并制作认股书。认股书应当载明本法第一百五十四条第二款、第三款所列事项，由认股人填写认购的股份数、金额、住所，并签名或者盖章。认股人应当按照所认购股份足额缴纳股款。

第一百零一条 向社会公开募集股份的股款缴足后，应当经依法设立的验资机构验资并出具证明。

第一百零二条 股份有限公司应当制作股东名册并置备于公司。股东名册应当记载下列事项：

（一）股东的姓名或者名称及住所；

（二）各股东所认购的股份种类及股份数；

（三）发行纸面形式的股票的，股票的编号；

（四）各股东取得股份的日期。

第一百零三条 募集设立股份有限公司的发起人应当自公司设立时应发行股份的股款缴足之日起三十日内召开公司成立大会。发起人应当在成立大会召开十五日前将会议日期通知各认股人或者予以公告。成立大会应当有持有表决权过半数的认股人出席，方可举行。

以发起设立方式设立股份有限公司成立大会的召开和表决程序由公司章程或者发起人协议规定。

第一百零四条 公司成立大会行使下列职权：

（一）审议发起人关于公司筹办情况的报告；

（二）通过公司章程；

（三）选举董事、监事；

（四）对公司的设立费用进行审核；

（五）对发起人非货币财产出资的作价进行审核；

（六）发生不可抗力或者经营条件发生重大变化直接影响公司设立的，可以作出不设立公司的决议。

成立大会对前款所列事项作出决议，应当经出席会议的认股人所持表决权过半数通过。

第一百零五条 公司设立时应发行的股份未募足，或者发行股份的股款缴足后，发起人在三十日内未召开成立大会的，认股人可以按照所缴股款并加算银行同期存款利息，要求发起人返还。

发起人、认股人缴纳股款或者交付非货币财产出资后，除未按期募足股份、发起人未按期召开成立大会或者成立大会决议不设立公司的情形外，不得抽回其股本。

第一百零六条 董事会应当授权代表，于公司成立大会结束后三十日内向公司登记机关申请设立登记。

第一百零七条 本法第四十四条、第四十九条第三款、第五十一条、第五十二条、第五十三条的规定，适用于股份有限公司。

第一百零八条 有限责任公司变更为股份有限公司时，折合的实收股本总额不得高于公司净资产额。有限责任公司变更为股份有限公司，为增加注册资本公开发行股份时，应当依法办理。

第一百零九条 股份有限公司应当将公司章程、股东名册、股东会会议记录、董事会会议记录、监事会会议记录、财务会计报告、债券持有人名册置备于本公司。

第一百一十条 股东有权查阅、复制公司章程、股东名册、股东会会议记录、董事会会议决议、监事会会议决议、财务会计报告，对公司的经营提出建议或者质询。

连续一百八十日以上单独或者合计持有公司百分之三以上股份的股东要求查阅公司的会计账簿、会计凭证的，适用本法第五十七条第二款、第三款、第四款的规定。公司章程对持股比例有较低规定的，从其规定。

股东要求查阅、复制公司全资子公司相关材料的，适用前两款的规定。

上市公司股东查阅、复制相关材料的，应当遵守《中华人民共和国证券法》等法律、行政法规的规定。

第二节 股东会

第一百一十一条 股份有限公司股东会由全体股东组成。股东会是公司的权力机构，依照本法行使职权。

第一百一十二条 本法第五十九条第一款、第二款关于有限责任公司股东会职权的规定，适用于股份有限公司股东会。

本法第六十条关于只有一个股东的有限责任公司不设股东会的规定，适用于只有一个股东的股份有限公司。

第一百一十三条 股东会应当每年召开一次年会。有下列情形之一的，应当在两个月内召开临时股东会会议：

（一）董事人数不足本法规定人数或者公司章程所定人数的三分之二时；

（二）公司未弥补的亏损达股本总额三分之一时；

（三）单独或者合计持有公司百分之十以上股份的股东请求时；

（四）董事会认为必要时；

（五）监事会提议召开时；

（六）公司章程规定的其他情形。

第一百一十四条 股东会会议由董事会召集，董事长主持；董事长不能履行职务或者不履行职务的，由副董事长主持；副董事长不能履行职务或者不履行职务的，由过半数的董事共同推举一名董事主持。

董事会不能履行或者不履行召集股东会会议职责的，监事会应当及时召集和主持；监事会不召集和主持的，连续九十日以上单独或者合计持有公司百分之十以上股份的股东可以自行召集和主持。

单独或者合计持有公司百分之十以上股份的股东请求召开临时股东会会议的，董事会、监事会应当在收到请求之日起十日内作出是否召开临时股东会会议的决定，并书面答复股东。

第一百一十五条　召开股东会会议，应当将会议召开的时间、地点和审议的事项于会议召开二十日前通知各股东；临时股东会会议应当于会议召开十五日前通知各股东。

单独或者合计持有公司百分之一以上股份的股东，可以在股东会会议召开十日前提出临时提案并书面提交董事会。临时提案应当有明确议题和具体决议事项。董事会应当在收到提案后二日内通知其他股东，并将该临时提案提交股东会审议；但临时提案违反法律、行政法规或者公司章程的规定，或者不属于股东会职权范围的除外。公司不得提高提出临时提案股东的持股比例。

公开发行股份的公司，应当以公告方式作出前两款规定的通知。

股东会不得对通知中未列明的事项作出决议。

第一百一十六条　股东出席股东会会议，所持每一股份有一表决权，类别股股东除外。公司持有的本公司股份没有表决权。

股东会作出决议，应当经出席会议的股东所持表决权过半数通过。

股东会作出修改公司章程、增加或者减少注册资本的决议，以及公司合并、分立、解散或者变更公司形式的决议，应当经出席会议的股东所持表决权的三分之二以上通过。

第一百一十七条　股东会选举董事、监事，可以按照公司章程的规定或者股东会的决议，实行累积投票制。

本法所称累积投票制，是指股东会选举董事或者监事时，每一股份拥有与应选董事或者监事人数相同的表决权，股东拥有的表决权可以集中使用。

第一百一十八条　股东委托代理人出席股东会会议的，应当明确代理人代理的事项、权限和期限；代理人应当向公司提交股东授权委托书，并在授权范围内行使表决权。

第一百一十九条　股东会应当对所议事项的决定作成会议记录，主持人、出席会议的董事应当在会议记录上签名。会议记录应当与出席股东的签名册及代理出席的委托书一并保存。

第三节　董事会、经理

第一百二十条　股份有限公司设董事会，本法第一百二十八条另有规定的除外。

本法第六十七条、第六十八条第一款、第七十条、第七十一条的规定，适用于股份有限公司。

第一百二十一条　股份有限公司可以按照公司章程的规定在董事会中设置由董事组成的审计委员会，行使本法规定的监事会的职权，不设监事会或者监事。

审计委员会成员为三名以上，过半数成员不得在公司担任除董事以外的其他职务，且不得与公司存在任何可能影响其独立客观判断的关系。公司董事会成员中的职工代表可以成为审计委员会成员。

审计委员会作出决议，应当经审计委员会成员的过半数通过。

审计委员会决议的表决，应当一人一票。

审计委员会的议事方式和表决程序，除本法有规定的外，由公司章程规定。

公司可以按照公司章程的规定在董事会中设置其他委员会。

第一百二十二条 董事会设董事长一人，可以设副董事长。董事长和副董事长由董事会以全体董事的过半数选举产生。

董事长召集和主持董事会会议，检查董事会决议的实施情况。副董事长协助董事长工作，董事长不能履行职务或者不履行职务的，由副董事长履行职务；副董事长不能履行职务或者不履行职务的，由过半数的董事共同推举一名董事履行职务。

第一百二十三条 董事会每年度至少召开两次会议，每次会议应当于会议召开十日前通知全体董事和监事。

代表十分之一以上表决权的股东、三分之一以上董事或者监事会，可以提议召开临时董事会会议。董事长应当自接到提议后十日内，召集和主持董事会会议。

董事会召开临时会议，可以另定召集董事会的通知方式和通知时限。

第一百二十四条 董事会会议应当有过半数的董事出席方可举行。董事会作出决议，应当经全体董事的过半数通过。

董事会决议的表决，应当一人一票。

董事会应当对所议事项的决定作成会议记录，出席会议的董事应当在会议记录上签名。

第一百二十五条 董事会会议，应当由董事本人出席；董事因故不能出席，可以书面委托其他董事代为出席，委托书应当载明授权范围。

董事应当对董事会的决议承担责任。董事会的决议违反法律、行政法规或者公司章程、股东会决议，给公司造成严重损失的，参与决议的董事对公司负赔偿责任；经证明在表决时曾表明异议并记载于会议记录的，该董事可以免除责任。

第一百二十六条 股份有限公司设经理，由董事会决定聘任或者解聘。

经理对董事会负责，根据公司章程的规定或者董事会的授权行使职权。经理列席董事会会议。

第一百二十七条 公司董事会可以决定由董事会成员兼任经理。

第一百二十八条 规模较小或者股东人数较少的股份有限公司，可以不设董事会，设一名董事，行使本法规定的董事会的职权。该董事可以兼任公司经理。

第一百二十九条 公司应当定期向股东披露董事、监事、高级管理人员从公司获得报酬的情况。

第四节 监事会

第一百三十条 股份有限公司设监事会，本法第一百二十一条第一款、第一百三十三条另有规定的除外。

监事会成员为三人以上。监事会成员应当包括股东代表和适当比例的公司职工代表，其中职工代表的比例不得低于三分之一，具体比例由公司章程规定。监事会中的职工代表由公司职工通过职工代表大会、职工大会或者其他形式民主选举产生。

监事会设主席一人，可以设副主席。监事会主席和副主席由全体监事过半数选举产生。监事会主席召集和主持监事会会议；监事会主席不能履行职务或者不履行职务的，由监事会副主席召集和主持监事会会议；监事会副主席不能履行职务或者不履行职务的，由过半数的监事共同推举一名监事召集和主持监事会会议。

董事、高级管理人员不得兼任监事。

本法第七十七条关于有限责任公司监事任期的规定，适用于股份有限公司监事。

第一百三十一条 本法第七十八条至第八十条的规定，适用于股份有限公司监事会。

监事会行使职权所必需的费用，由公司承担。

第一百三十二条 监事会每六个月至少召开一次会议。监事可以提议召开临时监事会会议。

监事会的议事方式和表决程序，除本法有规定的外，由公司章程规定。

监事会决议应当经全体监事的过半数通过。

监事会决议的表决，应当一人一票。

监事会应当对所议事项的决定作成会议记录，出席会议的监事应当在会议记录上签名。

第一百三十三条 规模较小或者股东人数较少的股份有限公司，可以不设监事会，设一名监事，行使本法规定的监事会的职权。

第五节 上市公司组织机构的特别规定

第一百三十四条 本法所称上市公司，是指其股票在证券交易所上市交易的股份有限公司。

第一百三十五条 上市公司在一年内购买、出售重大资产或者向他人提供担保的金额超过公司资产总额百分之三十的，应当由股东会作出决议，并经出席会议的股东所持表决权的三分之二以上通过。

第一百三十六条 上市公司设独立董事，具体管理办法由国务院证券监督管理机构规定。

上市公司的公司章程除载明本法第九十五条规定的事项外，还应当依照法律、行政法规的规定载明董事会专门委员会的组成、职权以及董事、监事、高级管理人员薪酬考核机制等事项。

第一百三十七条 上市公司在董事会中设置审计委员会的，董事会对下列事项作出决议前应当经审计委员会全体成员过半数通过：

（一）聘用、解聘承办公司审计业务的会计师事务所；

（二）聘任、解聘财务负责人；

（三）披露财务会计报告；

（四）国务院证券监督管理机构规定的其他事项。

第一百三十八条 上市公司设董事会秘书，负责公司股东会和董事会会议的筹备、文件保管以及公司股东资料的管理，办理信息披露事务等事宜。

第一百三十九条 上市公司董事与董事会会议决议事项所涉及的企业或者个人有关联关系的，该董事应当及时向董事会书面报告。有关联关系的董事不得对该项决议行使表决权，也不得代理其他董事行使表决权。该董事会会议由过半数的无关联关系董事出席即可举行，董事会会议所作决议须经无关联关系董事过半数通过。出席董事会会议的无关联关系董事人数不足三人的，应当将该事项提交上市公司股东会审议。

第一百四十条 上市公司应当依法披露股东、实际控制人的信息，相关信息应当真实、准确、完整。

禁止违反法律、行政法规的规定代持上市公司股票。

第一百四十一条 上市公司控股子公司不得取得该上市公司的股份。

上市公司控股子公司因公司合并、质权行使等原因持有上市公司股份的，不得行使所持股份对应的表决权，并应当及时处分相关上市公司股份。

第六章 股份有限公司的股份发行和转让

第一节 股份发行

第一百四十二条 公司的资本划分为股份。公司的全部股份，根据公司章程的规定择一采用面额股或者无面额股。采用面额股的，每一股的金额相等。

公司可以根据公司章程的规定将已发行的面额股全部转换为无面额股或者将无面额股全部转换为面额股。

采用无面额股的，应当将发行股份所得股款的二分之一以上计入注册资本。

第一百四十三条 股份的发行，实行公平、公正的原则，同类别的每一股份应当具有同等权利。

同次发行的同类别股份，每股的发行条件和价格应当相同；认购人所认购的股份，每股应当支付相同价额。

第一百四十四条 公司可以按照公司章程的规定发行下列与普通股权利不同的类别股：

（一）优先或者劣后分配利润或者剩余财产的股份；

（二）每一股的表决权数多于或者少于普通股的股份；

（三）转让须经公司同意等转让受限的股份；

（四）国务院规定的其他类别股。

公开发行股份的公司不得发行前款第二项、第三项规定的类别股；公开发行前已发行的除外。

公司发行本条第一款第二项规定的类别股的，对于监事或者审计委员会成员的选举和更换，类别股与普通股每一股的表决权数相同。

第一百四十五条 发行类别股的公司，应当在公司章程中载明以下事项：

（一）类别股分配利润或者剩余财产的顺序；

（二）类别股的表决权数；

（三）类别股的转让限制；

（四）保护中小股东权益的措施；

（五）股东会认为需要规定的其他事项。

第一百四十六条 发行类别股的公司，有本法第一百一十六条第三款规定的事项等可能影响类别股股东权利的，除应当依照第一百一十六条第三款的规定经股东会决议外，还应当经出席类别股股东会议的股东所持表决权的三分之二以上通过。

公司章程可以对需经类别股股东会议决议的其他事项作出规定。

第一百四十七条 公司的股份采取股票的形式。股票是公司签发的证明股东所持股份的凭证。

公司发行的股票，应当为记名股票。

第一百四十八条 面额股股票的发行价格可以按票面金额，也可以超过票面金额，但不得低于票面金额。

第一百四十九条 股票采用纸面形式或者国务院证券监督管理机构规定的其他形式。

股票采用纸面形式的，应当载明下列主要事项：

（一）公司名称；

（二）公司成立日期或者股票发行的时间；

（三）股票种类、票面金额及代表的股份数，发行无面额股的，股票代表的股份数。

股票采用纸面形式的，还应当载明股票的编号，由法定代表人签名，公司盖章。

发起人股票采用纸面形式的，应当标明发起人股票字样。

第一百五十条 股份有限公司成立后，即向股东正式交付股票。公司成立前不得向股东交付股票。

第一百五十一条 公司发行新股，股东会应当对下列事项作出决议：

（一）新股种类及数额；

（二）新股发行价格；

（三）新股发行的起止日期；

（四）向原有股东发行新股的种类及数额；

（五）发行无面额股的，新股发行所得股款计入注册资本的金额。

公司发行新股，可以根据公司经营情况和财务状况，确定其作价方案。

第一百五十二条 公司章程或者股东会可以授权董事会在三年内决定发行不超过已发行股份百分之五十的股份。但以非货币财产作价出资的应当经股东会决议。

董事会依照前款规定决定发行股份导致公司注册资本、已发行股份数发生变化的，对公司章程该项记载事项的修改不需再由股东会表决。

第一百五十三条 公司章程或者股东会授权董事会决定发行新股的，董事会决议应当经全体董事三分之二以上通过。

第一百五十四条 公司向社会公开募集股份，应当经国务院证券监督管理机构注册，公告招股说明书。

招股说明书应当附有公司章程，并载明下列事项：

（一）发行的股份总数；

（二）面额股的票面金额和发行价格或者无面额股的发行价格；

（三）募集资金的用途；

（四）认股人的权利和义务；

（五）股份种类及其权利和义务；

（六）本次募股的起止日期及逾期未募足时认股人可以撤回所认股份的说明。

公司设立时发行股份的，还应当载明发起人认购的股份数。

第一百五十五条 公司向社会公开募集股份，应当由依法设立的证券公司承销，签订承销协议。

第一百五十六条 公司向社会公开募集股份，应当同银行签订代收股款协议。

代收股款的银行应当按照协议代收和保存股款，向缴纳股款的认股人出具收款单据，并负有向有关部门出具收款证明的义务。

公司发行股份募足股款后，应予公告。

第二节 股份转让

第一百五十七条 股份有限公司的股东持有的股份可以向其他股东转让，也可以向股东以外的人转让；公司章程对股份转让有限制的，其转让按照公司章程的规定进行。

第一百五十八条 股东转让其股份，应当在依法设立的证券交易场所进行或者按照国务院规定的其他方式进行。

第一百五十九条 股票的转让，由股东以背书方式或者法律、行政法规规定的其他方式进行；转让后由公司将受让人的姓名或者名称及住所记载于股东名册。

股东会会议召开前二十日内或者公司决定分配股利的基准日前五日内，不得变更股东名册。法律、行政法规或者国务院证券监督管理机构对上市公司股东名册变更另有规定的，从其规定。

第一百六十条 公司公开发行股份前已发行的股份，自公司股票在证券交易所上市交易之日起一年内不得转让。法律、行政法规或者国务院证券监督管理机构对上市公司的股东、实际控制人转让其所持有的本公司股份另有规定的，从其规定。

公司董事、监事、高级管理人员应当向公司申报所持有的本公司的股份及其变动情况，在就任时确定的任职期间每年转让的股份不得超过其所持有本公司股份总数的百分之二十五；所持本公司股份自公司股票上市交易之日起一年内不得转让。上述人员离职后半年内，不得转让其所持有的本公司股份。公司章程可以对公司董事、监事、高级管理人员转让其所持有的本公司股份作出其他限制性规定。

股份在法律、行政法规规定的限制转让期限内出质的，质权人不得在限制转让期限内行使质权。

第一百六十一条 有下列情形之一的，对股东会该项决议投反对票的股东可以请求公司按照合理的价格收购其股份，公开发行股份的公司除外：

（一）公司连续五年不向股东分配利润，而公司该五年连续盈利，并且符合本法规定的分配利润条件；

（二）公司转让主要财产；

（三）公司章程规定的营业期限届满或者章程规定的其他解散事由出现，股东会通过决议修改章程使公司存续。

自股东会决议作出之日起六十日内，股东与公司不能达成股份收购协议的，股东可以自股东会决议作出之日起九十日内向人民法院提起诉讼。

公司因本条第一款规定的情形收购的本公司股份，应当在六个月内依法转让或者注销。

第一百六十二条 公司不得收购本公司股份。但是，有下列情形之一的除外：

（一）减少公司注册资本；

（二）与持有本公司股份的其他公司合并；

（三）将股份用于员工持股计划或者股权激励；

（四）股东因对股东会作出的公司合并、分立决议持异议，要求公司收购其股份；

（五）将股份用于转换公司发行的可转换为股票的公司债券；

（六）上市公司为维护公司价值及股东权益所必需。

公司因前款第一项、第二项规定的情形收购本公司股份的，应当经股东会决议；公司因前款第三项、第五项、第六项规定的情形收购本公司股份的，可以按照公司章程或者股东会的授权，经三分之二以上董事出席的董事会会议决议。

公司依照本条第一款规定收购本公司股份后，属于第一项情形的，应当自收购之日起十日内注销；属于第二项、第四项情形的，应当在六个月内转让或者注销；属于第三项、第五项、第六项情形的，公司合计持有的本公司股份数不得超过本公司已发行股份总数的百分之十，并应当在三年内转让或者注销。

上市公司收购本公司股份的，应当依照《中华人民共和国证券法》的规定履行信息披露义务。上市公司因本条第一款第三项、第五项、第六项规定的情形收购本公司股份的，应当通过公开的集中交易方式进行。

公司不得接受本公司的股份作为质权的标的。

第一百六十三条　公司不得为他人取得本公司或者其母公司的股份提供赠与、借款、担保以及其他财务资助，公司实施员工持股计划的除外。

为公司利益，经股东会决议，或者董事会按照公司章程或者股东会的授权作出决议，公司可以为他人取得本公司或者其母公司的股份提供财务资助，但财务资助的累计总额不得超过已发行股本总额的百分之十。董事会作出决议应当经全体董事的三分之二以上通过。

违反前两款规定，给公司造成损失的，负有责任的董事、监事、高级管理人员应当承担赔偿责任。

第一百六十四条　股票被盗、遗失或者灭失，股东可以依照《中华人民共和国民事诉讼法》规定的公示催告程序，请求人民法院宣告该股票失效。人民法院宣告该股票失效后，股东可以向公司申请补发股票。

第一百六十五条　上市公司的股票，依照有关法律、行政法规及证券交易所交易规则上市交易。

第一百六十六条　上市公司应当依照法律、行政法规的规定披露相关信息。

第一百六十七条　自然人股东死亡后，其合法继承人可以继承股东资格；但是，股份转让受限的股份有限公司的章程另有规定的除外。

第七章　国家出资公司组织机构的特别规定

第一百六十八条　国家出资公司的组织机构，适用本章规定；本章没有规定的，适用本法其他规定。

本法所称国家出资公司，是指国家出资的国有独资公司、国有资本控股公司，包括国家出资的有限责任公司、股份有限公司。

第一百六十九条　国家出资公司，由国务院或者地方人民政府分别代表国家依法履行出资人职责，享有出资人权益。国务院或者地方人民政府可以授权国有资产监督管理机构或者其他部门、机构代表本级人民政府对国家出资公司履行出资人职责。

代表本级人民政府履行出资人职责的机构、部门，以下统称为履行出资人职责的机构。

第一百七十条 国家出资公司中中国共产党的组织，按照中国共产党章程的规定发挥领导作用，研究讨论公司重大经营管理事项，支持公司的组织机构依法行使职权。

第一百七十一条 国有独资公司章程由履行出资人职责的机构制定。

第一百七十二条 国有独资公司不设股东会，由履行出资人职责的机构行使股东会职权。履行出资人职责的机构可以授权公司董事会行使股东会的部分职权，但公司章程的制定和修改，公司的合并、分立、解散、申请破产，增加或者减少注册资本，分配利润，应当由履行出资人职责的机构决定。

第一百七十三条 国有独资公司的董事会依照本法规定行使职权。

国有独资公司的董事会成员中，应当过半数为外部董事，并应当有公司职工代表。

董事会成员由履行出资人职责的机构委派；但是，董事会成员中的职工代表由公司职工代表大会选举产生。

董事会设董事长一人，可以设副董事长。董事长、副董事长由履行出资人职责的机构从董事会成员中指定。

第一百七十四条 国有独资公司的经理由董事会聘任或者解聘。

经履行出资人职责的机构同意，董事会成员可以兼任经理。

第一百七十五条 国有独资公司的董事、高级管理人员，未经履行出资人职责的机构同意，不得在其他有限责任公司、股份有限公司或者其他经济组织兼职。

第一百七十六条 国有独资公司在董事会中设置由董事组成的审计委员会行使本法规定的监事会职权的，不设监事会或者监事。

第一百七十七条 国家出资公司应当依法建立健全内部监督管理和风险控制制度，加强内部合规管理。

第八章 公司董事、监事、高级管理人员的资格和义务

第一百七十八条 有下列情形之一的，不得担任公司的董事、监事、高级管理人员：

（一）无民事行为能力或者限制民事行为能力；

（二）因贪污、贿赂、侵占财产、挪用财产或者破坏社会主义市场经济秩序，被判处刑罚，或者因犯罪被剥夺政治权利，执行期满未逾五年，被宣告缓刑的，自缓刑考验期满之日起未逾二年；

（三）担任破产清算的公司、企业的董事或者厂长、经理，对该公司、企业的破产负有个人责任的，自该公司、企业破产清算完结之日起未逾三年；

（四）担任因违法被吊销营业执照、责令关闭的公司、企业的法定代表人，并负有个人责任的，自该公司、企业被吊销营业执照、责令关闭之日起未逾三年；

（五）个人因所负数额较大债务到期未清偿被人民法院列为失信被执行人。

违反前款规定选举、委派董事、监事或者聘任高级管理人员的，该选举、委派或者聘任无效。

董事、监事、高级管理人员在任职期间出现本条第一款所列情形的，公司应当解除其职务。

第一百七十九条 董事、监事、高级管理人员应当遵守法律、行政法规和公司章程。

第一百八十条 董事、监事、高级管理人员对公司负有忠实义务，应当采取措施避免自身利益与公司利益冲突，不得利用职权牟取不正当利益。

董事、监事、高级管理人员对公司负有勤勉义务，执行职务应当为公司的最大利益尽到管理者通常应有的合理注意。

公司的控股股东、实际控制人不担任公司董事但实际执行公司事务的，适用前两款规定。

第一百八十一条 董事、监事、高级管理人员不得有下列行为：

（一）侵占公司财产、挪用公司资金；

（二）将公司资金以其个人名义或者以其他个人名义开立账户存储；

（三）利用职权贿赂或者收受其他非法收入；

（四）接受他人与公司交易的佣金归为己有；

（五）擅自披露公司秘密；

（六）违反对公司忠实义务的其他行为。

第一百八十二条 董事、监事、高级管理人员，直接或者间接与本公司订立合同或者进行交易，应当就与订立合同或者进行交易有关的事项向董事会或者股东会报告，并按照公司章程的规定经董事会或者股东会决议通过。

董事、监事、高级管理人员的近亲属，董事、监事、高级管理人员或者其近亲属直接或者间接控制的企业，以及与董事、监事、高级管理人员有其他关联关系的关联人，与公司订立合同或者进行交易，适用前款规定。

第一百八十三条 董事、监事、高级管理人员，不得利用职务便利为自己或者他人谋取属于公司的商业机会。但是，有下列情形之一的除外：

（一）向董事会或者股东会报告，并按照公司章程的规定经董事会或者股东会决议通过；

（二）根据法律、行政法规或者公司章程的规定，公司不能利用该商业机会。

第一百八十四条 董事、监事、高级管理人员未向董事会或者股东会报告，并按照公司章程的规定经董事会或者股东会决议通过，不得自营或者为他人经营与其任职公司同类的业务。

第一百八十五条 董事会对本法第一百八十二条至第一百八十四条规定的事项决议时，关联董事不得参与表决，其表决权不计入表决权总数。出席董事会会议的无关联关系董事人数不足三人的，应当将该事项提交股东会审议。

第一百八十六条 董事、监事、高级管理人员违反本法第一百八十一条至第一百八十四条规定所得的收入应当归公司所有。

第一百八十七条 股东会要求董事、监事、高级管理人员列席会议的，董事、监事、高级管理人员应当列席并接受股东的质询。

第一百八十八条 董事、监事、高级管理人员执行职务违反法律、行政法规或者公司章程的规定，给公司造成损失的，应当承担赔偿责任。

第一百八十九条 董事、高级管理人员有前条规定的情形的，有限责任公司的股东、股份有限公司连续一百八十日以上单独或者合计持有公司百分之一以上股份的股东，可以书面请求监事会向人民法院提起诉讼；监事有前条规定的情形的，前述股东可以书面请求董事会向人民法院提起诉讼。

监事会或者董事会收到前款规定的股东书面请求后拒绝提起诉讼，或者自收到请求之日起三十日内未提起诉讼，或者情况紧急、不立即提起诉讼将会使公司利益受到难以弥补的损害的，前款规定的股东有权为公司利益以自己的名义直接向人民法院提起诉讼。

他人侵犯公司合法权益，给公司造成损失的，本条第一款规定的股东可以依照前两款的规定向人民法院提起诉讼。

公司全资子公司的董事、监事、高级管理人员有前条规定情形，或者他人侵犯公司全资子公司合法权益造成损失的，有限责任公司的股东、股份有限公司连续一百八十日以上单独或者合计持有公司百分之一以上股份的股东，可以依照前三款规定书面请求全资子公司的监事会、董事会向人民法院提起诉讼或者以自己的名义直接向人民法院提起诉讼。

第一百九十条 董事、高级管理人员违反法律、行政法规或者公司章程的规定，损害股东利益的，股东可以向人民法院提起诉讼。

第一百九十一条 董事、高级管理人员执行职务，给他人造成损害的，公司应当承担赔偿责任；董事、高级管理人员存在故意或者重大过失的，也应当承担赔偿责任。

第一百九十二条 公司的控股股东、实际控制人指示董事、高级管理人员从事损害公司或者股东利益的行为的，与该董事、高级管理人员承担连带责任。

第一百九十三条 公司可以在董事任职期间为董事因执行公司职务承担的赔偿责任投保责任保险。

公司为董事投保责任保险或者续保后，董事会应当向股东会报告责任保险的投保金额、承保范围及保险费率等内容。

第九章 公司债券

第一百九十四条 本法所称公司债券，是指公司发行的约定按期还本付息的有价证券。

公司债券可以公开发行，也可以非公开发行。

公司债券的发行和交易应当符合《中华人民共和国证券法》等法律、行政法规的规定。

第一百九十五条 公开发行公司债券，应当经国务院证券监督管理机构注册，公告公司债券募集办法。

公司债券募集办法应当载明下列主要事项：

（一）公司名称；

（二）债券募集资金的用途；

（三）债券总额和债券的票面金额；

（四）债券利率的确定方式；

（五）还本付息的期限和方式；

（六）债券担保情况；

（七）债券的发行价格、发行的起止日期；

（八）公司净资产额；

（九）已发行的尚未到期的公司债券总额；

（十）公司债券的承销机构。

第一百九十六条 公司以纸面形式发行公司债券的，应当在债券上载明公司名称、债券票面金额、利率、偿还期限等事项，并由法定代表人签名，公司盖章。

第一百九十七条 公司债券应当为记名债券。

第一百九十八条 公司发行公司债券应当置备公司债券持有人名册。

发行公司债券的，应当在公司债券持有人名册上载明下列事项：

（一）债券持有人的姓名或者名称及住所；

（二）债券持有人取得债券的日期及债券的编号；

（三）债券总额，债券的票面金额、利率、还本付息的期限和方式；

（四）债券的发行日期。

第一百九十九条 公司债券的登记结算机构应当建立债券登记、存管、付息、兑付等相关制度。

第二百条 公司债券可以转让，转让价格由转让人与受让人约定。

公司债券的转让应当符合法律、行政法规的规定。

第二百零一条 公司债券由债券持有人以背书方式或者法律、行政法规规定的其他方式转让；转让后由公司将受让人的姓名或者名称及住所记载于公司债券持有人名册。

第二百零二条 股份有限公司经股东会决议，或者经公司章程、股东会授权由董事会决议，可以发行可转换为股票的公司债券，并规定具体的转换办法。上市公司发行可转换为股票的公司债券，应当经国务院证券监督管理机构注册。

发行可转换为股票的公司债券，应当在债券上标明可转换公司债券字样，并在公司债券持有人名册上载明可转换公司债券的数额。

第二百零三条 发行可转换为股票的公司债券的，公司应当按照其转换办法向债券持有人换发股票，但债券持有人对转换股票或者不转换股票有选择权。法律、行政法规另有规定的除外。

第二百零四条 公开发行公司债券的，应当为同期债券持有人设立债券持有人会议，并在债券募集办法中对债券持有人会议的召集程序、会议规则和其他重要事项作出规定。债券持有人会议可以对与债券持有人有利害关系的事项作出决议。

除公司债券募集办法另有约定外，债券持有人会议决议对同期全体债券持有人发生效力。

第二百零五条 公开发行公司债券的，发行人应当为债券持有人聘请债券受托管理人，由其为债券持有人办理受领清偿、债权保全、与债券相关的诉讼以及参与债务人破产程序等事项。

第二百零六条 债券受托管理人应当勤勉尽责，公正履行受托管理职责，不得损害债券持有人利益。

受托管理人与债券持有人存在利益冲突可能损害债券持有人利益的，债券持有人会议可以决议变更债券受托管理人。

债券受托管理人违反法律、行政法规或者债券持有人会议决议，损害债券持有人利益的，应当承担赔偿责任。

第十章 公司财务、会计

第二百零七条 公司应当依照法律、行政法规和国务院财政部门的规定建立本公司的财务、会计制度。

第二百零八条 公司应当在每一会计年度终了时编制财务会计报告，并依法经会计师事务所审计。

财务会计报告应当依照法律、行政法规和国务院财政部门的规定制作。

第二百零九条 有限责任公司应当按照公司章程规定的期限将财务会计报告送交各股东。

股份有限公司的财务会计报告应当在召开股东会年会的二十日前置备于本公司，供股东查阅；公开发行股份的股份有限公司应当公告其财务会计报告。

第二百一十条 公司分配当年税后利润时，应当提取利润的百分之十列入公司法定公积金。公司法定公积金累计额为公司注册资本的百分之五十以上的，可以不再提取。

公司的法定公积金不足以弥补以前年度亏损的，在依照前款规定提取法定公积金之前，应当先用当年利润弥补亏损。

公司从税后利润中提取法定公积金后，经股东会决议，还可以从税后利润中提取任意公积金。

公司弥补亏损和提取公积金后所余税后利润，有限责任公司按照股东实缴的出资比例分配利润，全体股东约定不按照出资比例分配利润的除外；股份有限公司按照股东所持有的股份比例分配利润，公司章程另有规定的除外。

公司持有的本公司股份不得分配利润。

第二百一十一条 公司违反本法规定向股东分配利润的，股东应当将违反规定分配的利润退还公司；给公司造成损失的，股东及负有责任的董事、监事、高级管理人员应当承担赔偿责任。

第二百一十二条 股东会作出分配利润的决议的，董事会应当在股东会决议作出之日起六个月内进行分配。

第二百一十三条 公司以超过股票票面金额的发行价格发行股份所得的溢价款、发行无面额股所得股款未计入注册资本的金额以及国务院财政部门规定列入资本公积金的其他项目，应当列为公司资本公积金。

第二百一十四条 公司的公积金用于弥补公司的亏损、扩大公司生产经营或者转为增加公司注册资本。

公积金弥补公司亏损，应当先使用任意公积金和法定公积金；仍不能弥补的，可以按照规定使用资本公积金。

法定公积金转为增加注册资本时，所留存的该项公积金不得少于转增前公司注册资本的百分之二十五。

第二百一十五条 公司聘用、解聘承办公司审计业务的会计师事务所，按照公司章程的规定，由股东会、董事会或者监事会决定。

公司股东会、董事会或者监事会就解聘会计师事务所进行表决时，应当允许会计师事务所陈述意见。

第二百一十六条 公司应当向聘用的会计师事务所提供真实、完整的会计凭证、会计账簿、财务会计报告及其他会计资料，不得拒绝、隐匿、谎报。

第二百一十七条 公司除法定的会计账簿外，不得另立会计账簿。

对公司资金，不得以任何个人名义开立账户存储。

第十一章　公司合并、分立、增资、减资

第二百一十八条 公司合并可以采取吸收合并或者新设合并。

一个公司吸收其他公司为吸收合并，被吸收的公司解散。两个以上公司合并设立一个新的公司为新设合并，合并各方解散。

第二百一十九条 公司与其持股百分之九十以上的公司合并，被合并的公司不需经股东会决议，但应当通知其他股东，其他股东有权请求公司按照合理的价格收购其股权或者股份。

公司合并支付的价款不超过本公司净资产百分之十的，可以不经股东会决议；但是，公司章程另有规定的除外。

公司依照前两款规定合并不经股东会决议的，应当经董事会决议。

第二百二十条 公司合并，应当由合并各方签订合并协议，并编制资产负债表及财产清单。公司应当自作出合并决议之日起十日内通知债权人，并于三十日内在报纸上或者国家企业信用信息公示系统公告。债权人自接到通知之日起三十日内，未接到通知的自公告之日起四十五日内，可以要求公司清偿债务或者提供相应的担保。

第二百二十一条 公司合并时，合并各方的债权、债务，应当由合并后存续的公司或者新设的公司承继。

第二百二十二条 公司分立，其财产作相应的分割。

公司分立，应当编制资产负债表及财产清单。公司应当自作出分立决议之日起十日内通知债权人，并于三十日内在报纸上或者国家企业信用信息公示系统公告。

第二百二十三条 公司分立前的债务由分立后的公司承担连带责任。但是，公司在分立前与债权人就债务清偿达成的书面协议另有约定的除外。

第二百二十四条 公司减少注册资本，应当编制资产负债表及财产清单。

公司应当自股东会作出减少注册资本决议之日起十日内通知债权人，并于三十日内在报纸上或者国家企业信用信息公示系统公告。债权人自接到通知之日起三十日内，未接到通知的自公告之日起四十五日内，有权要求公司清偿债务或者提供相应的担保。

公司减少注册资本，应当按照股东出资或者持有股份的比例相应减少出资额或者股份，法律另有规定、有限责任公司全体股东另有约定或者股份有限公司章程另有规定的除外。

第二百二十五条 公司依照本法第二百一十四条第二款的规定弥补亏损后，仍有亏损的，可以减少注册资本弥补亏损。减少注册资本弥补亏损的，公司不得向股东分配，也不得

免除股东缴纳出资或者股款的义务。

依照前款规定减少注册资本的，不适用前条第二款的规定，但应当自股东会作出减少注册资本决议之日起三十日内在报纸上或者国家企业信用信息公示系统公告。

公司依照前两款的规定减少注册资本后，在法定公积金和任意公积金累计额达到公司注册资本百分之五十前，不得分配利润。

第二百二十六条 违反本法规定减少注册资本的，股东应当退还其收到的资金，减免股东出资的应当恢复原状；给公司造成损失的，股东及负有责任的董事、监事、高级管理人员应当承担赔偿责任。

第二百二十七条 有限责任公司增加注册资本时，股东在同等条件下有权优先按照实缴的出资比例认缴出资。但是，全体股东约定不按照出资比例优先认缴出资的除外。

股份有限公司为增加注册资本发行新股时，股东不享有优先认购权，公司章程另有规定或者股东会决议决定股东享有优先认购权的除外。

第二百二十八条 有限责任公司增加注册资本时，股东认缴新增资本的出资，依照本法设立有限责任公司缴纳出资的有关规定执行。

股份有限公司为增加注册资本发行新股时，股东认购新股，依照本法设立股份有限公司缴纳股款的有关规定执行。

第十二章 公司解散和清算

第二百二十九条 公司因下列原因解散：

（一）公司章程规定的营业期限届满或者公司章程规定的其他解散事由出现；

（二）股东会决议解散；

（三）因公司合并或者分立需要解散；

（四）依法被吊销营业执照、责令关闭或者被撤销；

（五）人民法院依照本法第二百三十一条的规定予以解散。

公司出现前款规定的解散事由，应当在十日内将解散事由通过国家企业信用信息公示系统予以公示。

第二百三十条 公司有前条第一款第一项、第二项情形，且尚未向股东分配财产的，可以通过修改公司章程或者经股东会决议而存续。

依照前款规定修改公司章程或者经股东会决议，有限责任公司须经持有三分之二以上表决权的股东通过，股份有限公司须经出席股东会会议的股东所持表决权的三分之二以上通过。

第二百三十一条 公司经营管理发生严重困难，继续存续会使股东利益受到重大损失，通过其他途径不能解决的，持有公司百分之十以上表决权的股东，可以请求人民法院解散公司。

第二百三十二条 公司因本法第二百二十九条第一款第一项、第二项、第四项、第五项规定而解散的，应当清算。董事为公司清算义务人，应当在解散事由出现之日起十五日内组成清算组进行清算。

清算组由董事组成，但是公司章程另有规定或者股东会决议另选他人的除外。

清算义务人未及时履行清算义务，给公司或者债权人造成损失的，应当承担赔偿责任。

第二百三十三条 公司依照前条第一款的规定应当清算，逾期不成立清算组进行清算或者成立清算组后不清算的，利害关系人可以申请人民法院指定有关人员组成清算组进行清算。人民法院应当受理该申请，并及时组织清算组进行清算。

公司因本法第二百二十九条第一款第四项的规定而解散的，作出吊销营业执照、责令关闭或者撤销决定的部门或者公司登记机关，可以申请人民法院指定有关人员组成清算组进行清算。

第二百三十四条 清算组在清算期间行使下列职权：

（一）清理公司财产，分别编制资产负债表和财产清单；

（二）通知、公告债权人；

（三）处理与清算有关的公司未了结的业务；

（四）清缴所欠税款以及清算过程中产生的税款；

（五）清理债权、债务；

（六）分配公司清偿债务后的剩余财产；

（七）代表公司参与民事诉讼活动。

第二百三十五条 清算组应当自成立之日起十日内通知债权人，并于六十日内在报纸上或者国家企业信用信息公示系统公告。债权人应当自接到通知之日起三十日内，未接到通知的自公告之日起四十五日内，向清算组申报其债权。

债权人申报债权，应当说明债权的有关事项，并提供证明材料。清算组应当对债权进行登记。

在申报债权期间，清算组不得对债权人进行清偿。

第二百三十六条 清算组在清理公司财产、编制资产负债表和财产清单后，应当制订清算方案，并报股东会或者人民法院确认。

公司财产在分别支付清算费用、职工的工资、社会保险费用和法定补偿金，缴纳所欠税款，清偿公司债务后的剩余财产，有限责任公司按照股东的出资比例分配，股份有限公司按照股东持有的股份比例分配。

清算期间，公司存续，但不得开展与清算无关的经营活动。公司财产在未依照前款规定清偿前，不得分配给股东。

第二百三十七条 清算组在清理公司财产、编制资产负债表和财产清单后，发现公司财产不足清偿债务的，应当依法向人民法院申请破产清算。

人民法院受理破产申请后，清算组应当将清算事务移交给人民法院指定的破产管理人。

第二百三十八条 清算组成员履行清算职责，负有忠实义务和勤勉义务。

清算组成员怠于履行清算职责，给公司造成损失的，应当承担赔偿责任；因故意或者重大过失给债权人造成损失的，应当承担赔偿责任。

第二百三十九条 公司清算结束后，清算组应当制作清算报告，报股东会或者人民法院确认，并报送公司登记机关，申请注销公司登记。

第二百四十条 公司在存续期间未产生债务，或者已清偿全部债务的，经全体股东承诺，可以按照规定通过简易程序注销公司登记。

通过简易程序注销公司登记，应当通过国家企业信用信息公示系统予以公告，公告期限不少于二十日。公告期限届满后，未有异议的，公司可以在二十日内向公司登记机关申请注销公司登记。

公司通过简易程序注销公司登记，股东对本条第一款规定的内容承诺不实的，应当对注销登记前的债务承担连带责任。

第二百四十一条 公司被吊销营业执照、责令关闭或者被撤销，满三年未向公司登记机关申请注销公司登记的，公司登记机关可以通过国家企业信用信息公示系统予以公告，公告期限不少于六十日。公告期限届满后，未有异议的，公司登记机关可以注销公司登记。

依照前款规定注销公司登记的，原公司股东、清算义务人的责任不受影响。

第二百四十二条 公司被依法宣告破产的，依照有关企业破产的法律实施破产清算。

第十三章　外国公司的分支机构

第二百四十三条 本法所称外国公司，是指依照外国法律在中华人民共和国境外设立的公司。

第二百四十四条 外国公司在中华人民共和国境内设立分支机构，应当向中国主管机关提出申请，并提交其公司章程、所属国的公司登记证书等有关文件，经批准后，向公司登记机关依法办理登记，领取营业执照。

外国公司分支机构的审批办法由国务院另行规定。

第二百四十五条 外国公司在中华人民共和国境内设立分支机构，应当在中华人民共和国境内指定负责该分支机构的代表人或者代理人，并向该分支机构拨付与其所从事的经营活动相适应的资金。

对外国公司分支机构的经营资金需要规定最低限额的，由国务院另行规定。

第二百四十六条 外国公司的分支机构应当在其名称中标明该外国公司的国籍及责任形式。

外国公司的分支机构应当在本机构中置备该外国公司章程。

第二百四十七条 外国公司在中华人民共和国境内设立的分支机构不具有中国法人资格。

外国公司对其分支机构在中华人民共和国境内进行经营活动承担民事责任。

第二百四十八条 经批准设立的外国公司分支机构，在中华人民共和国境内从事业务活动，应当遵守中国的法律，不得损害中国的社会公共利益，其合法权益受中国法律保护。

第二百四十九条 外国公司撤销其在中华人民共和国境内的分支机构时，应当依法清偿债务，依照本法有关公司清算程序的规定进行清算。未清偿债务之前，不得将其分支机构的财产转移至中华人民共和国境外。

第十四章　法律责任

第二百五十条 违反本法规定，虚报注册资本、提交虚假材料或者采取其他欺诈手段隐瞒重要事实取得公司登记的，由公司登记机关责令改正，对虚报注册资本的公司，处以虚报注册资本金额百分之五以上百分之十五以下的罚款；对提交虚假材料或者采取其他欺诈手段隐瞒重要事实的公司，处以五万元以上二百万元以下的罚款；情节严重的，吊销营业执照；对直接负责的主管人员和其他直接责任人员处以三万元以上三十万元以下的罚款。

第二百五十一条 公司未依照本法第四十条规定公示有关信息或者不如实公示有关信息的，由公司登记机关责令改正，可以处以一万元以上五万元以下的罚款。情节严重的，处以五万元以上二十万元以下的罚款；对直接负责的主管人员和其他直接责任人员处以一万元以上十万元以下的罚款。

第二百五十二条 公司的发起人、股东虚假出资，未交付或者未按期交付作为出资的货币或者非货币财产的，由公司登记机关责令改正，可以处以五万元以上二十万元以下的罚款；情节严重的，处以虚假出资或者未出资金额百分之五以上百分之十五以下的罚款；对直接负责的主管人员和其他直接责任人员处以一万元以上十万元以下的罚款。

第二百五十三条 公司的发起人、股东在公司成立后，抽逃其出资的，由公司登记机关责令改正，处以所抽逃出资金额百分之五以上百分之十五以下的罚款；对直接负责的主管人员和其他直接责任人员处以三万元以上三十万元以下的罚款。

第二百五十四条 有下列行为之一的，由县级以上人民政府财政部门依照《中华人民共和国会计法》等法律、行政法规的规定处罚：

（一）在法定的会计账簿以外另立会计账簿；

（二）提供存在虚假记载或者隐瞒重要事实的财务会计报告。

第二百五十五条 公司在合并、分立、减少注册资本或者进行清算时，不依照本法规定通知或者公告债权人的，由公司登记机关责令改正，对公司处以一万元以上十万元以下的罚款。

第二百五十六条 公司在进行清算时，隐匿财产，对资产负债表或者财产清单作虚假记载，或者在未清偿债务前分配公司财产的，由公司登记机关责令改正，对公司处以隐匿财产或者未清偿债务前分配公司财产金额百分之五以上百分之十以下的罚款；对直接负责的主管人员和其他直接责任人员处以一万元以上十万元以下的罚款。

第二百五十七条 承担资产评估、验资或者验证的机构提供虚假材料或者提供有重大遗漏的报告的，由有关部门依照《中华人民共和国资产评估法》、《中华人民共和国注册会计师法》等法律、行政法规的规定处罚。

承担资产评估、验资或者验证的机构因其出具的评估结果、验资或者验证证明不实，给公司债权人造成损失的，除能够证明自己没有过错的外，在其评估或者证明不实的金额范围内承担赔偿责任。

第二百五十八条 公司登记机关违反法律、行政法规规定未履行职责或者履行职责不当的，对负有责任的领导人员和直接责任人员依法给予政务处分。

第二百五十九条 未依法登记为有限责任公司或者股份有限公司，而冒用有限责任公司或者股份有限公司名义的，或者未依法登记为有限责任公司或者股份有限公司的分公司，而冒用有限责任公司或者股份有限公司的分公司名义的，由公司登记机关责令改正或者予以取缔，可以并处十万元以下的罚款。

第二百六十条 公司成立后无正当理由超过六个月未开业的，或者开业后自行停业连续六个月以上的，公司登记机关可以吊销营业执照，但公司依法办理歇业的除外。

公司登记事项发生变更时，未依照本法规定办理有关变更登记的，由公司登记机关责令限期登记；逾期不登记的，处以一万元以上十万元以下的罚款。

第二百六十一条 外国公司违反本法规定，擅自在中华人民共和国境内设立分支机构的，由公司登记机关责令改正或者关闭，可以并处五万元以上二十万元以下的罚款。

第二百六十二条 利用公司名义从事危害国家安全、社会公共利益的严重违法行为的，吊销营业执照。

第二百六十三条 公司违反本法规定，应当承担民事赔偿责任和缴纳罚款、罚金的，其财产不足以支付时，先承担民事赔偿责任。

第二百六十四条 违反本法规定，构成犯罪的，依法追究刑事责任。

第十五章 附 则

第二百六十五条 本法下列用语的含义：

（一）高级管理人员，是指公司的经理、副经理、财务负责人，上市公司董事会秘书和公司章程规定的其他人员。

（二）控股股东，是指其出资额占有限责任公司资本总额超过百分之五十或者其持有的股份占股份有限公司股本总额超过百分之五十的股东；出资额或者持有股份的比例虽然低于百分之五十，但依其出资额或者持有的股份所享有的表决权已足以对股东会的决议产生重大影响的股东。

（三）实际控制人，是指通过投资关系、协议或者其他安排，能够实际支配公司行为的人。

（四）关联关系，是指公司控股股东、实际控制人、董事、监事、高级管理人员与其直接或者间接控制的企业之间的关系，以及可能导致公司利益转移的其他关系。但是，国家控股的企业之间不仅因为同受国家控股而具有关联关系。

第二百六十六条 本法自 2024 年 7 月 1 日起施行。

本法施行前已登记设立的公司，出资期限超过本法规定的期限的，除法律、行政法规或者国务院另有规定外，应当逐步调整至本法规定的期限以内；对于出资期限、出资额明显异常的，公司登记机关可以依法要求其及时调整。具体实施办法由国务院规定。

中华人民共和国海洋环境保护法

（1982年8月23日第五届全国人民代表大会常务委员会第二十四次会议通过
1999年12月25日第九届全国人民代表大会常务委员会第十三次会议第一次修订
根据2013年12月28日第十二届全国人民代表大会常务委员会第六次会议
《关于修改〈中华人民共和国海洋环境保护法〉等七部法律的决定》第一次修正
根据2016年11月7日第十二届全国人民代表大会常务委员会第二十四次会议
《关于修改〈中华人民共和国海洋环境保护法〉的决定》第二次修正
根据2017年11月4日第十二届全国人民代表大会常务委员会第三十次会议
《关于修改〈中华人民共和国会计法〉等十一部法律的决定》第三次修正
2023年10月24日第十四届全国人民代表大会常务委员会第六次会议第二次修订）

目　录

第一章　总　则

第一条　为了保护和改善海洋环境，保护海洋资源，防治污染损害，保障生态安全和公众健康，维护国家海洋权益，建设海洋强国，推进生态文明建设，促进经济社会可持续发展，实现人与自然和谐共生，根据宪法，制定本法。

第二条　本法适用于中华人民共和国管辖海域。

在中华人民共和国管辖海域内从事航行、勘探、开发、生产、旅游、科学研究及其他活动，或者在沿海陆域内从事影响海洋环境活动的任何单位和个人，应当遵守本法。

在中华人民共和国管辖海域以外，造成中华人民共和国管辖海域环境污染、生态破坏的，适用本法相关规定。

第三条　海洋环境保护应当坚持保护优先、预防为主、源头防控、陆海统筹、综合治理、公众参与、损害担责的原则。

第四条　国务院生态环境主管部门负责全国海洋环境的监督管理，负责全国防治陆源污染物、海岸工程和海洋工程建设项目（以下称工程建设项目）、海洋倾倒废弃物对海洋环境污染损害的环境保护工作，指导、协调和监督全国海洋生态保护修复工作。

国务院自然资源主管部门负责海洋保护和开发利用的监督管理，负责全国海洋生态、海域海岸线和海岛的修复工作。

国务院交通运输主管部门负责所辖港区水域内非军事船舶和港区水域外非渔业、非军事船舶污染海洋环境的监督管理，组织、协调、指挥重大海上溢油应急处置。海事管理机构具体负责上述水域内相关船舶污染海洋环境的监督管理，并负责污染事故的调查处理；对在中华人民共和国管辖海域航行、停泊和作业的外国籍船舶造成的污染事故登轮检查处理。船舶污染事故给渔业造成损害的，应当吸收渔业主管部门参与调查处理。

国务院渔业主管部门负责渔港水域内非军事船舶和渔港水域外渔业船舶污染海洋环境的监督管理，负责保护渔业水域生态环境工作，并调查处理前款规定的污染事故以外的渔业污染事故。

国务院发展改革、水行政、住房和城乡建设、林业和草原等部门在各自职责范围内负责有关行业、领域涉及的海洋环境保护工作。

海警机构在职责范围内对海洋工程建设项目、海洋倾倒废弃物对海洋环境污染损害、自然保护地海岸线向海一侧保护利用等活动进行监督检查，查处违法行为，按照规定权限参与海洋环境污染事故的应急处置和调查处理。

军队生态环境保护部门负责军事船舶污染海洋环境的监督管理及污染事故的调查处理。

第五条　沿海县级以上地方人民政府对其管理海域的海洋环境质量负责。

国家实行海洋环境保护目标责任制和考核评价制度，将海洋环境保护目标完成情况纳入考核评价的内容。

第六条　沿海县级以上地方人民政府可以建立海洋环境保护区域协作机制，组织协调其管理海域的环境保护工作。

跨区域的海洋环境保护工作，由有关沿海地方人民政府协商解决，或者由上级人民政府协调解决。

跨部门的重大海洋环境保护工作，由国务院生态环境主管部门协调；协调未能解决的，由国务院作出决定。

第七条　国务院和沿海县级以上地方人民政府应当将海洋环境保护工作纳入国民经济和社会发展规划，按照事权和支出责任划分原则，将海洋环境保护工作所需经费纳入本级政府预算。

第八条　各级人民政府及其有关部门应当加强海洋环境保护的宣传教育和知识普及工作，增强公众海洋环境保护意识，引导公众依法参与海洋环境保护工作；鼓励基层群众性自治组织、社会组织、志愿者等开展海洋环境保护法律法规和知识的宣传活动；按照职责分工依法公开海洋环境相关信息。

新闻媒体应当采取多种形式开展海洋环境保护的宣传报道，并对违法行为进行舆论监督。

第九条　任何单位和个人都有保护海洋环境的义务，并有权对污染海洋环境、破坏海洋生态的单位和个人，以及海洋环境监督管理人员的违法行为进行监督和检举。

从事影响海洋环境活动的任何单位和个人，都应当采取有效措施，防止、减轻海洋环境污染、生态破坏。排污者应当依法公开排污信息。

第十条　国家鼓励、支持海洋环境保护科学技术研究、开发和应用，促进海洋环境保护信息化建设，加强海洋环境保护专业技术人才培养，提高海洋环境保护科学技术水平。

国家鼓励、支持海洋环境保护国际交流与合作。

第十一条　对在海洋环境保护工作中做出显著成绩的单位和个人，按照国家有关规定给予表彰和奖励。

第二章　海洋环境监督管理

第十二条　国家实施陆海统筹、区域联动的海洋环境监督管理制度，加强规划、标准、监测等监督管理制度的衔接协调。

各级人民政府及其有关部门应当加强海洋环境监督管理能力建设，提高海洋环境监督管理科技化、信息化水平。

第十三条　国家优先将生态功能极重要、生态极敏感脆弱的海域划入生态保护红线，实行严格保护。

开发利用海洋资源或者从事影响海洋环境的建设活动，应当根据国土空间规划科学合理布局，严格遵守国土空间用途管制要求，严守生态保护红线，不得造成海洋生态环境的损害。沿海地方各级人民政府应当根据国土空间规划，保护和科学合理地使用海域。沿海省、自治区、直辖市人民政府应当加强对生态保护红线内人为活动的监督管理，定期评估保护成效。

国务院有关部门、沿海设区的市级以上地方人民政府及其有关部门，对其组织编制的国土空间规划和相关规划，应当依法进行包括海洋环境保护内容在内的环境影响评价。

第十四条　国务院生态环境主管部门会同有关部门、机构和沿海省、自治区、直辖市人民政府制定全国海洋生态环境保护规划，报国务院批准后实施。全国海洋生态环境保护规划应当与全国国土空间规划相衔接。

沿海地方各级人民政府应当根据全国海洋生态环境保护规划，组织实施其管理海域的海洋环境保护工作。

第十五条　沿海省、自治区、直辖市人民政府应当根据其管理海域的生态环境和资源利用状况，将其管理海域纳入生态环境分区管控方案和生态环境准入清单，报国务院生态环境主管部门备案后实施。生态环境分区管控方案和生态环境准入清单应当与国土空间规划相衔接。

第十六条　国务院生态环境主管部门根据海洋环境质量状况和国家经济、技术条件，制定国家海洋环境质量标准。

沿海省、自治区、直辖市人民政府对国家海洋环境质量标准中未作规定的项目，可以制定地方海洋环境质量标准；对国家海洋环境质量标准中已作规定的项目，可以制定严于国家海洋环境质量标准的地方海洋环境质量标准。地方海洋环境质量标准应当报国务院生态环境主管部门备案。

国家鼓励开展海洋环境基准研究。

第十七条 制定海洋环境质量标准，应当征求有关部门、行业协会、企业事业单位、专家和公众等的意见，提高海洋环境质量标准的科学性。

海洋环境质量标准应当定期评估，并根据评估结果适时修订。

第十八条 国家和有关地方水污染物排放标准的制定，应当将海洋环境质量标准作为重要依据之一。

对未完成海洋环境保护目标的海域，省级以上人民政府生态环境主管部门暂停审批新增相应种类污染物排放总量的建设项目环境影响报告书（表），会同有关部门约谈该地区人民政府及其有关部门的主要负责人，要求其采取有效措施及时整改，约谈和整改情况应当向社会公开。

第十九条 国家加强海洋环境质量管控，推进海域综合治理，严格海域排污许可管理，提升重点海域海洋环境质量。

需要直接向海洋排放工业废水、医疗污水的海岸工程和海洋工程单位，城镇污水集中处理设施的运营单位及其他企业事业单位和生产经营者，应当依法取得排污许可证。排污许可的管理按照国务院有关规定执行。

实行排污许可管理的企业事业单位和其他生产经营者应当执行排污许可证关于排放污染物的种类、浓度、排放量、排放方式、排放去向和自行监测等要求。

禁止通过私设暗管或者篡改、伪造监测数据，以及不正常运行污染防治设施等逃避监管的方式向海洋排放污染物。

第二十条 国务院生态环境主管部门根据海洋环境状况和质量改善要求，会同国务院发展改革、自然资源、住房和城乡建设、交通运输、水行政、渔业等部门和海警机构，划定国家环境治理重点海域及其控制区域，制定综合治理行动方案，报国务院批准后实施。

沿海设区的市级以上地方人民政府应当根据综合治理行动方案，制定其管理海域的实施方案，因地制宜采取特别管控措施，开展综合治理，协同推进重点海域治理与美丽海湾建设。

第二十一条 直接向海洋排放应税污染物的企业事业单位和其他生产经营者，应当依照法律规定缴纳环境保护税。

向海洋倾倒废弃物，应当按照国家有关规定缴纳倾倒费。具体办法由国务院发展改革部门、国务院财政主管部门会同国务院生态环境主管部门制定。

第二十二条 国家加强防治海洋环境污染损害的科学技术的研究和开发，对严重污染海洋环境的落后生产工艺和落后设备，实行淘汰制度。

企业事业单位和其他生产经营者应当优先使用清洁低碳能源，采用资源利用率高、污染物排放量少的清洁生产工艺，防止对海洋环境的污染。

第二十三条 国务院生态环境主管部门负责海洋生态环境监测工作，制定海洋生态环境监测规范和标准并监督实施，组织实施海洋生态环境质量监测，统一发布国家海洋生态环境状况公报，定期组织对海洋生态环境质量状况进行调查评价。

国务院自然资源主管部门组织开展海洋资源调查和海洋生态预警监测，发布海洋生态预警监测警报和公报。

其他依照本法规定行使海洋环境监督管理权的部门和机构应当按照职责分工开展监测、监视。

第二十四条 国务院有关部门和海警机构应当向国务院生态环境主管部门提供编制国家海洋生态环境状况公报所必需的入海河口和海洋环境监测、调查、监视等方面的资料。

生态环境主管部门应当向有关部门和海警机构提供与海洋环境监督管理有关的资料。

第二十五条 国务院生态环境主管部门会同有关部门和机构通过智能化的综合信息系统，为海洋环境保护监督管理、信息共享提供服务。

国务院有关部门、海警机构和沿海县级以上地方人民政府及其有关部门应当按照规定，推进综合监测、协同监测和常态化监测，加强监测数据、执法信息等海洋环境管理信息共享，提高海洋环境保护综合管理水平。

第二十六条 国家加强海洋辐射环境监测，国务院生态环境主管部门负责制定海洋辐射环境应急监测方案并组织实施。

第二十七条 因发生事故或者其他突发性事件，造成或者可能造成海洋环境污染、生态破坏事件的单位和个人，应当立即采取有效措施解除或者减轻危害，及时向可能受到危害者通报，并向依照本法规定行使海洋环境监督管理权的部门和机构报告，接受调查处理。

沿海县级以上地方人民政府在本行政区域近岸海域的生态环境受到严重损害时，应当采取有效措施，解除或者减轻危害。

第二十八条 国家根据防止海洋环境污染的需要，制定国家重大海上污染事件应急预案，建立健全海上溢油污染等应急机制，保障应对工作的必要经费。

国家建立重大海上溢油应急处置部际联席会议制度。国务院交通运输主管部门牵头组织编制国家重大海上溢油应急处置预案并组织实施。

国务院生态环境主管部门负责制定全国海洋石油勘探开发海上溢油污染事件应急预案并组织实施。

国家海事管理机构负责制定全国船舶重大海上溢油污染事件应急预案，报国务院生态环境主管部门、国务院应急管理部门备案。

沿海县级以上地方人民政府及其有关部门应当制定有关应急预案，在发生海洋突发环境事件时，及时启动应急预案，采取有效措施，解除或者减轻危害。

可能发生海洋突发环境事件的单位，应当按照有关规定，制定本单位的应急预案，配备应急设备和器材，定期组织开展应急演练；应急预案应当向依照本法规定行使海洋环境监督管理权的部门和机构备案。

第二十九条 依照本法规定行使海洋环境监督管理权的部门和机构，有权对从事影响海洋环境活动的单位和个人进行现场检查；在巡航监视中发现违反本法规定的行为时，应当予以制止并调查取证，必要时有权采取有效措施，防止事态扩大，并报告有关部门或者机构处理。

被检查者应当如实反映情况，提供必要的资料。检查者应当依法为被检查者保守商业秘密、个人隐私和个人信息。

依照本法规定行使海洋环境监督管理权的部门和机构可以在海上实行联合执法。

第三十条 造成或者可能造成严重海洋环境污染、生态破坏的，或者有关证据可能灭失或者被隐匿的，依照本法规定行使海洋环境监督管理权的部门和机构可以查封、扣押有关船舶、设施、设备、物品。

第三十一条 在中华人民共和国管辖海域以外，造成或者可能造成中华人民共和国管辖海域环境污染、生态破坏的，有关部门和机构有权采取必要的措施。

第三十二条 国务院生态环境主管部门会同有关部门和机构建立向海洋排放污染物、从事废弃物海洋倾倒、从事海洋生态环境治理和服务的企业事业单位和其他生产经营者信用记录与评价应用制度，将相关信用记录纳入全国公共信用信息共享平台。

第三章　海洋生态保护

第三十三条 国家加强海洋生态保护，提升海洋生态系统质量和多样性、稳定性、持续性。

国务院和沿海地方各级人民政府应当采取有效措施，重点保护红树林、珊瑚礁、海藻场、海草床、滨海湿地、海岛、海湾、入海河口、重要渔业水域等具有典型性、代表性的海洋生态系统，珍稀濒危海洋生物的天然集中分布区，具有重要经济价值的海洋生物生存区域及有重大科学文化价值的海洋自然遗迹和自然景观。

第三十四条 国务院和沿海省、自治区、直辖市人民政府及其有关部门根据保护海洋的需要，依法将重要的海洋生态系统、珍稀濒危海洋生物的天然集中分布区、海洋自然遗迹和自然景观集中分布区等区域纳入国家公园、自然保护区或者自然公园等自然保护地。

第三十五条 国家建立健全海洋生态保护补偿制度。

国务院和沿海省、自治区、直辖市人民政府应当通过转移支付、产业扶持等方式支持开展海洋生态保护补偿。

沿海地方各级人民政府应当落实海洋生态保护补偿资金，确保其用于海洋生态保护补偿。

第三十六条 国家加强海洋生物多样性保护，健全海洋生物多样性调查、监测、评估和保护体系，维护和修复重要海洋生态廊道，防止对海洋生物多样性的破坏。

开发利用海洋和海岸带资源，应当对重要海洋生态系统、生物物种、生物遗传资源实施有效保护，维护海洋生物多样性。

引进海洋动植物物种，应当进行科学论证，避免对海洋生态系统造成危害。

第三十七条 国家鼓励科学开展水生生物增殖放流，支持科学规划，因地制宜采取投放人工鱼礁和种植海藻场、海草床、珊瑚等措施，恢复海洋生物多样性，修复改善海洋生态。

第三十八条 开发海岛及周围海域的资源，应当采取严格的生态保护措施，不得造成海岛地形、岸滩、植被和海岛周围海域生态环境的损害。

第三十九条 国家严格保护自然岸线，建立健全自然岸线控制制度。沿海省、自治区、直辖市人民政府负责划定严格保护岸线的范围并发布。

沿海地方各级人民政府应当加强海岸线分类保护与利用，保护修复自然岸线，促进人工岸线生态化，维护岸线岸滩稳定平衡，因地制宜、科学合理划定海岸建筑退缩线。

禁止违法占用、损害自然岸线。

第四十条 国务院水行政主管部门确定重要入海河流的生态流量管控指标，应当征求并研究国务院生态环境、自然资源等部门的意见。确定生态流量管控指标，应当进行科学论证，综合考虑水资源条件、气候状况、生态环境保护要求、生活生产用水状况等因素。

入海河口所在地县级以上地方人民政府及其有关部门按照河海联动的要求，制定实施河口生态修复和其他保护措施方案，加强对水、沙、盐、潮滩、生物种群、河口形态的综合监测，采取有效措施防止海水入侵和倒灌，维护河口良好生态功能。

第四十一条 沿海地方各级人民政府应当结合当地自然环境的特点，建设海岸防护设施、沿海防护林、沿海城镇园林和绿地，对海岸侵蚀和海水入侵地区进行综合治理。

禁止毁坏海岸防护设施、沿海防护林、沿海城镇园林和绿地。

第四十二条 对遭到破坏的具有重要生态、经济、社会价值的海洋生态系统，应当进行修复。海洋生态修复应当以改善生境、恢复生物多样性和生态系统基本功能为重点，以自然恢复为主、人工修复为辅，并优先修复具有典型性、代表性的海洋生态系统。

国务院自然资源主管部门负责统筹海洋生态修复，牵头组织编制海洋生态修复规划并实施有关海洋生态修复重大工程。编制海洋生态修复规划，应当进行科学论证评估。

国务院自然资源、生态环境等部门应当按照职责分工开展修复成效监督评估。

第四十三条 国务院自然资源主管部门负责开展全国海洋生态灾害预防、风险评估和隐患排查治理。

沿海县级以上地方人民政府负责其管理海域的海洋生态灾害应对工作，采取必要的灾害预防、处置和灾后恢复措施，防止和减轻灾害影响。

企业事业单位和其他生产经营者应当采取必要应对措施，防止海洋生态灾害扩大。

第四十四条 国家鼓励发展生态渔业，推广多种生态渔业生产方式，改善海洋生态状况，保护海洋环境。

沿海县级以上地方人民政府应当因地制宜编制并组织实施养殖水域滩涂规划，确定可以用于养殖业的水域和滩涂，科学划定海水养殖禁养区、限养区和养殖区，建立禁养区内海水养殖的清理和退出机制。

第四十五条 从事海水养殖活动应当保护海域环境，科学确定养殖规模和养殖密度，合理投饵、投肥，正确使用药物，及时规范收集处理固体废物，防止造成海洋生态环境的损害。

禁止在氮磷浓度严重超标的近岸海域新增或者扩大投饵、投肥海水养殖规模。

向海洋排放养殖尾水污染物等应当符合污染物排放标准。沿海省、自治区、直辖市人民政府应当制定海水养殖污染物排放相关地方标准，加强养殖尾水污染防治的监督管理。

工厂化养殖和设置统一排污口的集中连片养殖的排污单位，应当按照有关规定对养殖尾水自行监测。

第四章 陆源污染物污染防治

第四十六条 向海域排放陆源污染物，应当严格执行国家或者地方规定的标准和有关规定。

第四十七条 入海排污口位置的选择，应当符合国土空间用途管制要求，根据海水动力条件和有关规定，经科学论证后，报设区的市级以上人民政府生态环境主管部门备案。排污口的责任主体应当加强排污口监测，按照规定开展监控和自动监测。

生态环境主管部门应当在完成备案后十五个工作日内将入海排污口设置情况通报自然资源、渔业等部门和海事管理机构、海警机构、军队生态环境保护部门。

沿海县级以上地方人民政府应当根据排污口类别、责任主体，组织有关部门对本行政区域内各类入海排污口进行排查整治和日常监督管理，建立健全近岸水体、入海排污口、排污管线、污染源全链条治理体系。

国务院生态环境主管部门负责制定入海排污口设置和管理的具体办法，制定入海排污口技术规范，组织建设统一的入海排污口信息平台，加强动态更新、信息共享和公开。

第四十八条　禁止在自然保护地、重要渔业水域、海水浴场、生态保护红线区域及其他需要特别保护的区域，新设工业排污口和城镇污水处理厂排污口；法律、行政法规另有规定的除外。

在有条件的地区，应当将排污口深水设置，实行离岸排放。

第四十九条　经开放式沟（渠）向海洋排放污染物的，对开放式沟（渠）按照国家和地方的有关规定、标准实施水环境质量管理。

第五十条　国务院有关部门和县级以上地方人民政府及其有关部门应当依照水污染防治有关法律、行政法规的规定，加强入海河流管理，协同推进入海河流污染防治，使入海河口的水质符合入海河口环境质量相关要求。

入海河流流域省、自治区、直辖市人民政府应当按照国家有关规定，加强入海总氮、总磷排放的管控，制定控制方案并组织实施。

第五十一条　禁止向海域排放油类、酸液、碱液、剧毒废液。

禁止向海域排放污染海洋环境、破坏海洋生态的放射性废水。

严格控制向海域排放含有不易降解的有机物和重金属的废水。

第五十二条　含病原体的医疗污水、生活污水和工业废水应当经过处理，符合国家和地方有关排放标准后，方可排入海域。

第五十三条　含有机物和营养物质的工业废水、生活污水，应当严格控制向海湾、半封闭海及其他自净能力较差的海域排放。

第五十四条　向海域排放含热废水，应当采取有效措施，保证邻近自然保护地、渔业水域的水温符合国家和地方海洋环境质量标准，避免热污染对珍稀濒危海洋生物、海洋水产资源造成危害。

第五十五条　沿海地方各级人民政府应当加强农业面源污染防治。沿海农田、林场施用化学农药，应当执行国家农药安全使用的规定和标准。沿海农田、林场应当合理使用化肥和植物生长调节剂。

第五十六条　在沿海陆域弃置、堆放和处理尾矿、矿渣、煤灰渣、垃圾和其他固体废物的，依照《中华人民共和国固体废物污染环境防治法》的有关规定执行，并采取有效措施防止固体废物进入海洋。

禁止在岸滩弃置、堆放和处理固体废物；法律、行政法规另有规定的除外。

第五十七条　沿海县级以上地方人民政府负责其管理海域的海洋垃圾污染防治，建立海洋垃圾监测、清理制度，统筹规划建设陆域接收、转运、处理海洋垃圾的设施，明确有关部门、乡镇、街道、企业事业单位等的海洋垃圾管控区域，建立海洋垃圾监测、拦截、收集、打捞、运输、处理体系并组织实施，采取有效措施鼓励、支持公众参与上述活动。国务院生态环境、住房和城乡建设、发展改革等部门应当按照职责分工加强海洋垃圾污染防治的监督指导和保障。

第五十八条 禁止经中华人民共和国内水、领海过境转移危险废物。

经中华人民共和国管辖的其他海域转移危险废物的，应当事先取得国务院生态环境主管部门的书面同意。

第五十九条 沿海县级以上地方人民政府应当建设和完善排水管网，根据改善海洋环境质量的需要建设城镇污水处理厂和其他污水处理设施，加强城乡污水处理。

建设污水海洋处置工程，应当符合国家有关规定。

第六十条 国家采取必要措施，防止、减少和控制来自大气层或者通过大气层造成的海洋环境污染损害。

第五章 工程建设项目污染防治

第六十一条 新建、改建、扩建工程建设项目，应当遵守国家有关建设项目环境保护管理的规定，并把污染防治和生态保护所需资金纳入建设项目投资计划。

禁止在依法划定的自然保护地、重要渔业水域及其他需要特别保护的区域，违法建设污染环境、破坏生态的工程建设项目或者从事其他活动。

第六十二条 工程建设项目应当按照国家有关建设项目环境影响评价的规定进行环境影响评价。未依法进行并通过环境影响评价的建设项目，不得开工建设。

环境保护设施应当与主体工程同时设计、同时施工、同时投产使用。环境保护设施应当符合经批准的环境影响评价报告书（表）的要求。建设单位应当依照有关法律法规的规定，对环境保护设施进行验收，编制验收报告，并向社会公开。环境保护设施未经验收或者经验收不合格的，建设项目不得投入生产或者使用。

第六十三条 禁止在沿海陆域新建不符合国家产业政策的化学制浆造纸、化工、印染、制革、电镀、酿造、炼油、岸边冲滩拆船及其他严重污染海洋环境的生产项目。

第六十四条 新建、改建、扩建工程建设项目，应当采取有效措施，保护国家和地方重点保护的野生动植物及其生存环境，保护海洋水产资源，避免或者减轻对海洋生物的影响。

禁止在严格保护岸线范围内开采海砂。依法在其他区域开发利用海砂资源，应当采取严格措施，保护海洋环境。载运海砂资源应当持有合法来源证明；海砂开采者应当为载运海砂的船舶提供合法来源证明。

从岸上打井开采海底矿产资源，应当采取有效措施，防止污染海洋环境。

第六十五条 工程建设项目不得使用含超标准放射性物质或者易溶出有毒有害物质的材料；不得造成领海基点及其周围环境的侵蚀、淤积和损害，不得危及领海基点的稳定。

第六十六条 工程建设项目需要爆破作业时，应当采取有效措施，保护海洋环境。

海洋石油勘探开发及输油过程中，应当采取有效措施，避免溢油事故的发生。

第六十七条 工程建设项目不得违法向海洋排放污染物、废弃物及其他有害物质。

海洋油气钻井平台（船）、生产生活平台、生产储卸装置等海洋油气装备的含油污水和油性混合物，应当经过处理达标后排放；残油、废油应当予以回收，不得排放入海。

钻井所使用的油基泥浆和其他有毒复合泥浆不得排放入海。水基泥浆和无毒复合泥浆及钻屑的排放，应当符合国家有关规定。

第六十八条 海洋油气钻井平台（船）、生产生活平台、生产储卸装置等海洋油气装备及其有关海上设施，不得向海域处置含油的工业固体废物。处置其他固体废物，不得造成海洋环境污染。

第六十九条 海上试油时，应当确保油气充分燃烧，油和油性混合物不得排放入海。

第七十条 勘探开发海洋油气资源，应当按照有关规定编制油气污染应急预案，报国务院生态环境主管部门海域派出机构备案。

第六章 废弃物倾倒污染防治

第七十一条 任何个人和未经批准的单位，不得向中华人民共和国管辖海域倾倒任何废弃物。

需要倾倒废弃物的，产生废弃物的单位应当向国务院生态环境主管部门海域派出机构提出书面申请，并出具废弃物特性和成分检验报告，取得倾倒许可证后，方可倾倒。

国家鼓励疏浚物等废弃物的综合利用，避免或者减少海洋倾倒。

禁止中华人民共和国境外的废弃物在中华人民共和国管辖海域倾倒。

第七十二条 国务院生态环境主管部门根据废弃物的毒性、有毒物质含量和对海洋环境影响程度，制定海洋倾倒废弃物评价程序和标准。

可以向海洋倾倒的废弃物名录，由国务院生态环境主管部门制定。

第七十三条 国务院生态环境主管部门会同国务院自然资源主管部门编制全国海洋倾倒区规划，并征求国务院交通运输、渔业等部门和海警机构的意见，报国务院批准。

国务院生态环境主管部门根据全国海洋倾倒区规划，按照科学、合理、经济、安全的原则及时选划海洋倾倒区，征求国务院交通运输、渔业等部门和海警机构的意见，并向社会公告。

第七十四条 国务院生态环境主管部门组织开展海洋倾倒区使用状况评估，根据评估结果予以调整、暂停使用或者封闭海洋倾倒区。

海洋倾倒区的调整、暂停使用和封闭情况，应当通报国务院有关部门、海警机构并向社会公布。

第七十五条 获准和实施倾倒废弃物的单位，应当按照许可证注明的期限及条件，到指定的区域进行倾倒。倾倒作业船舶等载运工具应当安装使用符合要求的海洋倾倒在线监控设备，并与国务院生态环境主管部门监管系统联网。

第七十六条 获准和实施倾倒废弃物的单位，应当按照规定向颁发许可证的国务院生态环境主管部门海域派出机构报告倾倒情况。倾倒废弃物的船舶应当向驶出港的海事管理机构、海警机构作出报告。

第七十七条 禁止在海上焚烧废弃物。

禁止在海上处置污染海洋环境、破坏海洋生态的放射性废物或者其他放射性物质。

第七十八条 获准倾倒废弃物的单位委托实施废弃物海洋倾倒作业的，应当对受托单位的主体资格、技术能力和信用状况进行核实，依法签订书面合同，在合同中约定污染防治与生态保护要求，并监督实施。

受托单位实施废弃物海洋倾倒作业，应当依照有关法律法规的规定和合同约定，履行污染防治和生态保护要求。

获准倾倒废弃物的单位违反本条第一款规定的，除依照有关法律法规的规定予以处罚外，还应当与造成环境污染、生态破坏的受托单位承担连带责任。

第七章 船舶及有关作业活动污染防治

第七十九条 在中华人民共和国管辖海域，任何船舶及相关作业不得违法向海洋排放船舶垃圾、生活污水、含油污水、含有毒有害物质污水、废气等污染物，废弃物，压载水和沉积物及其他有害物质。

船舶应当按照国家有关规定采取有效措施，对压载水和沉积物进行处理处置，严格防控引入外来有害生物。

从事船舶污染物、废弃物接收和船舶清舱、洗舱作业活动的，应当具备相应的接收处理能力。

第八十条 船舶应当配备相应的防污设备和器材。

船舶的结构、配备的防污设备和器材应当符合国家防治船舶污染海洋环境的有关规定，并经检验合格。

船舶应当取得并持有防治海洋环境污染的证书与文书，在进行涉及船舶污染物、压载水和沉积物排放及操作时，应当按照有关规定监测、监控，如实记录并保存。

第八十一条 船舶应当遵守海上交通安全法律、法规的规定，防止因碰撞、触礁、搁浅、火灾或者爆炸等引起的海难事故，造成海洋环境的污染。

第八十二条 国家完善并实施船舶油污损害民事赔偿责任制度；按照船舶油污损害赔偿责任由船东和货主共同承担风险的原则，完善并实施船舶油污保险、油污损害赔偿基金制度，具体办法由国务院规定。

第八十三条 载运具有污染危害性货物进出港口的船舶，其承运人、货物所有人或者代理人，应当事先向海事管理机构申报。经批准后，方可进出港口或者装卸作业。

第八十四条 交付船舶载运污染危害性货物的，托运人应当将货物的正式名称、污染危害性以及应当采取的防护措施如实告知承运人。污染危害性货物的单证、包装、标志、数量限制等，应当符合对所交付货物的有关规定。

需要船舶载运污染危害性不明的货物，应当按照有关规定事先进行评估。

装卸油类及有毒有害货物的作业，船岸双方应当遵守安全防污操作规程。

第八十五条 港口、码头、装卸站和船舶修造拆解单位所在地县级以上地方人民政府应当统筹规划建设船舶污染物等的接收、转运、处理处置设施，建立相应的接收、转运、处理处置多部门联合监管制度。

沿海县级以上地方人民政府负责对其管理海域的渔港和渔业船舶停泊点及周边区域污染防治的监督管理，规范生产生活污水和渔业垃圾回收处置，推进污染防治设备建设和环境清理整治。

港口、码头、装卸站和船舶修造拆解单位应当按照有关规定配备足够的用于处理船舶污染物、废弃物的接收设施，使该设施处于良好状态并有效运行。

装卸油类等污染危害性货物的港口、码头、装卸站和船舶应当编制污染应急预案，并配备相应的污染应急设备和器材。

第八十六条 国家海事管理机构组织制定中国籍船舶禁止或者限制安装和使用的有害材料名录。

船舶修造单位或者船舶所有人、经营人或者管理人应当在船上备有有害材料清单，在船舶建造、营运和维修过程中持续更新，并在船舶拆解前提供给从事船舶拆解的单位。

第八十七条 从事船舶拆解的单位，应当采取有效的污染防治措施，在船舶拆解前将船舶污染物减至最小量，对拆解产生的船舶污染物、废弃物和其他有害物质进行安全与环境无害化处置。拆解的船舶部件不得进入水体。

禁止采取冲滩方式进行船舶拆解作业。

第八十八条 国家倡导绿色低碳智能航运，鼓励船舶使用新能源或者清洁能源，淘汰高耗能高排放老旧船舶，减少温室气体和大气污染物的排放。沿海县级以上地方人民政府应当制定港口岸电、船舶受电等设施建设和改造计划，并组织实施。港口岸电设施的供电能力应当与靠港船舶的用电需求相适应。

船舶应当按照国家有关规定采取有效措施提高能效水平。具备岸电使用条件的船舶靠港应当按照国家有关规定使用岸电，但是使用清洁能源的除外。具备岸电供应能力的港口经营人、岸电供电企业应当按照国家有关规定为具备岸电使用条件的船舶提供岸电。

国务院和沿海县级以上地方人民政府对港口岸电设施、船舶受电设施的改造和使用，清洁能源或者新能源动力船舶建造等按照规定给予支持。

第八十九条 船舶及有关作业活动应当遵守有关法律法规和标准，采取有效措施，防止造成海洋环境污染。海事管理机构等应当加强对船舶及有关作业活动的监督管理。

船舶进行散装液体污染危害性货物的过驳作业，应当编制作业方案，采取有效的安全和污染防治措施，并事先按照有关规定报经批准。

第九十条 船舶发生海难事故，造成或者可能造成海洋环境重大污染损害的，国家海事管理机构有权强制采取避免或者减少污染损害的措施。

对在公海上因发生海难事故，造成中华人民共和国管辖海域重大污染损害后果或者具有污染威胁的船舶、海上设施，国家海事管理机构有权采取与实际的或者可能发生的损害相称的必要措施。

第九十一条 所有船舶均有监视海上污染的义务，在发现海上污染事件或者违反本法规定的行为时，应当立即向就近的依照本法规定行使海洋环境监督管理权的部门或者机构报告。

民用航空器发现海上排污或者污染事件，应当及时向就近的民用航空空中交通管制单位报告。接到报告的单位，应当立即向依照本法规定行使海洋环境监督管理权的部门或者机构通报。

第九十二条 国务院交通运输主管部门可以划定船舶污染物排放控制区。进入控制区的船舶应当符合船舶污染物排放相关控制要求。

第八章　法律责任

第九十三条　违反本法规定，有下列行为之一，由依照本法规定行使海洋环境监督管理权的部门或者机构责令改正或者责令采取限制生产、停产整治等措施，并处以罚款；情节严重的，报经有批准权的人民政府批准，责令停业、关闭：

（一）向海域排放本法禁止排放的污染物或者其他物质的；

（二）未依法取得排污许可证排放污染物的；

（三）超过标准、总量控制指标排放污染物的；

（四）通过私设暗管或者篡改、伪造监测数据，或者不正常运行污染防治设施等逃避监管的方式违法向海洋排放污染物的；

（五）违反本法有关船舶压载水和沉积物排放和管理规定的；

（六）其他未依照本法规定向海洋排放污染物、废弃物的。

有前款第一项、第二项行为之一的，处二十万元以上一百万元以下的罚款；有前款第三项行为的，处十万元以上一百万元以下的罚款；有前款第四项行为的，处十万元以上一百万元以下的罚款，情节严重的，吊销排污许可证；有前款第五项、第六项行为之一的，处一万元以上二十万元以下的罚款。个人擅自在岸滩弃置、堆放和处理生活垃圾的，按次处一百元以上一千元以下的罚款。

第九十四条　违反本法规定，有下列行为之一，由依照本法规定行使海洋环境监督管理权的部门或者机构责令改正，处以罚款：

（一）未依法公开排污信息或者弄虚作假的；

（二）因发生事故或者其他突发性事件，造成或者可能造成海洋环境污染、生态破坏事件，未按照规定通报或者报告的；

（三）未按照有关规定制定应急预案并备案，或者未按照有关规定配备应急设备、器材的；

（四）因发生事故或者其他突发性事件，造成或者可能造成海洋环境污染、生态破坏事件，未立即采取有效措施或者逃逸的；

（五）未采取必要应对措施，造成海洋生态灾害危害扩大的。

有前款第一项行为的，处二万元以上二十万元以下的罚款，拒不改正的，责令限制生产、停产整治；有前款第二项行为的，处五万元以上五十万元以下的罚款，对直接负责的主管人员和其他直接责任人员处一万元以上十万元以下的罚款，并可以暂扣或者吊销相关任职资格许可；有前款第三项行为的，处二万元以上二十万元以下的罚款；有前款第四项、第五项行为之一的，处二十万元以上二百万元以下的罚款。

第九十五条　违反本法规定，拒绝、阻挠调查和现场检查，或者在被检查时弄虚作假的，由依照本法规定行使海洋环境监督管理权的部门或者机构责令改正，处五万元以上二十万元以下的罚款；对直接负责的主管人员和其他直接责任人员处二万元以上十万元以下的罚款。

第九十六条　违反本法规定，造成珊瑚礁等海洋生态系统或者自然保护地破坏的，由依照本法规定行使海洋环境监督管理权的部门或者机构责令改正、采取补救措施，处每平方米一千元以上一万元以下的罚款。

第九十七条 违反本法规定，有下列行为之一，由依照本法规定行使海洋环境监督管理权的部门或者机构责令改正，处以罚款：

（一）占用、损害自然岸线的；

（二）在严格保护岸线范围内开采海砂的；

（三）违反本法其他关于海砂、矿产资源规定的。

有前款第一项行为的，处每米五百元以上一万元以下的罚款；有前款第二项行为的，处货值金额二倍以上二十倍以下的罚款，货值金额不足十万元的，处二十万元以上二百万元以下的罚款；有前款第三项行为的，处五万元以上五十万元以下的罚款。

第九十八条 违反本法规定，从事海水养殖活动有下列行为之一，由依照本法规定行使海洋环境监督管理权的部门或者机构责令改正，处二万元以上二十万元以下的罚款；情节严重的，报经有批准权的人民政府批准，责令停业、关闭：

（一）违反禁养区、限养区规定的；

（二）违反养殖规模、养殖密度规定的；

（三）违反投饵、投肥、药物使用规定的；

（四）未按照有关规定对养殖尾水自行监测的。

第九十九条 违反本法规定设置入海排污口的，由生态环境主管部门责令关闭或者拆除，处二万元以上十万元以下的罚款；拒不关闭或者拆除的，强制关闭、拆除，所需费用由违法者承担，处十万元以上五十万元以下的罚款；情节严重的，可以责令停产整治。

违反本法规定，设置入海排污口未备案的，由生态环境主管部门责令改正，处二万元以上十万元以下的罚款。

违反本法规定，入海排污口的责任主体未按照规定开展监控、自动监测的，由生态环境主管部门责令改正，处二万元以上十万元以下的罚款；拒不改正的，可以责令停产整治。

自然资源、渔业等部门和海事管理机构、海警机构、军队生态环境保护部门发现前三款违法行为之一的，应当通报生态环境主管部门。

第一百条 违反本法规定，经中华人民共和国管辖海域，转移危险废物的，由国家海事管理机构责令非法运输该危险废物的船舶退出中华人民共和国管辖海域，处五十万元以上五百万元以下的罚款。

第一百零一条 违反本法规定，建设单位未落实建设项目投资计划有关要求的，由生态环境主管部门责令改正，处五万元以上二十万元以下的罚款；拒不改正的，处二十万元以上一百万元以下的罚款。

违反本法规定，建设单位未依法报批或者报请重新审核环境影响报告书（表），擅自开工建设的，由生态环境主管部门或者海警机构责令其停止建设，根据违法情节和危害后果，处建设项目总投资额百分之一以上百分之五以下的罚款，并可以责令恢复原状；对建设单位直接负责的主管人员和其他直接责任人员，依法给予处分。建设单位未依法备案环境影响登记表的，由生态环境主管部门责令备案，处五万元以下的罚款。

第一百零二条 违反本法规定，在依法划定的自然保护地、重要渔业水域及其他需要特别保护的区域建设污染环境、破坏生态的工程建设项目或者从事其他活动，或者在沿海陆域新建不符合国家产业政策的生产项目的，由县级以上人民政府按照管理权限责令关闭。

违反生态环境准入清单进行生产建设活动的，由依照本法规定行使海洋环境监督管理权的部门或者机构责令停止违法行为，限期拆除并恢复原状，所需费用由违法者承担，处五十万元以上五百万元以下的罚款，对直接负责的主管人员和其他直接责任人员处五万元以上十万元以下的罚款；情节严重的，报经有批准权的人民政府批准，责令关闭。

第一百零三条 违反本法规定，环境保护设施未与主体工程同时设计、同时施工、同时投产使用的，或者环境保护设施未建成、未达到规定要求、未经验收或者经验收不合格即投入生产、使用的，由生态环境主管部门或者海警机构责令改正，处二十万元以上一百万元以下的罚款；拒不改正的，处一百万元以上二百万元以下的罚款；对直接负责的主管人员和其他责任人员处五万元以上二十万元以下的罚款；造成重大环境污染、生态破坏的，责令其停止生产、使用，或者报经有批准权的人民政府批准，责令关闭。

第一百零四条 违反本法规定，工程建设项目有下列行为之一，由依照本法规定行使海洋环境监督管理权的部门或者机构责令其停止违法行为、消除危害，处二十万元以上一百万元以下的罚款；情节严重的，报经有批准权的人民政府批准，责令停业、关闭：

（一）使用含超标准放射性物质或者易溶出有毒有害物质的材料的；

（二）造成领海基点及其周围环境的侵蚀、淤积、损害，或者危及领海基点稳定的。

第一百零五条 违反本法规定进行海洋油气勘探开发活动，造成海洋环境污染的，由海警机构责令改正，给予警告，并处二十万元以上一百万元以下的罚款。

第一百零六条 违反本法规定，有下列行为之一，由国务院生态环境主管部门及其海域派出机构、海事管理机构或者海警机构责令改正，处以罚款，必要时可以扣押船舶；情节严重的，报经有批准权的人民政府批准，责令停业、关闭：

（一）倾倒废弃物的船舶驶出港口未报告的；

（二）未取得倾倒许可证，向海洋倾倒废弃物的；

（三）在海上焚烧废弃物或者处置放射性废物及其他放射性物质的。

有前款第一项行为的，对违法船舶的所有人、经营人或者管理人处三千元以上三万元以下的罚款，对船长、责任船员或者其他责任人员处五百元以上五千元以下的罚款；有前款第二项行为的，处二十万元以上二百万元以下的罚款；有前款第三项行为的，处五十万元以上五百万元以下的罚款。有前款第二项、第三项行为之一，两年内受到行政处罚三次以上的，三年内不得从事废弃物海洋倾倒活动。

第一百零七条 违反本法规定，有下列行为之一，由国务院生态环境主管部门及其海域派出机构、海事管理机构或者海警机构责令改正，处以罚款，暂扣或者吊销倾倒许可证，必要时可以扣押船舶；情节严重的，报经有批准权的人民政府批准，责令停业、关闭：

（一）未按照国家规定报告倾倒情况的；

（二）未按照国家规定安装使用海洋倾废在线监控设备的；

（三）获准倾倒废弃物的单位未依照本法规定委托实施废弃物海洋倾倒作业或者未依照本法规定监督实施的；

（四）未按照倾倒许可证的规定倾倒废弃物的。

有前款第一项行为的，按次处五千元以上二万元以下的罚款；有前款第二项行为的，处二万元以上二十万元以下的罚款；有前款第三项行为的，处三万元以上三十万元以下的罚款；有前款第四项行为的，处二十万元以上一百万元以下的罚款，被吊销倾倒许可证的，三年内不得从事废弃物海洋倾倒活动。

以提供虚假申请材料、欺骗、贿赂等不正当手段申请取得倾倒许可证的，由国务院生态环境主管部门及其海域派出机构依法撤销倾倒许可证，并处二十万元以上五十万元以下的罚款；三年内不得再次申请倾倒许可证。

第一百零八条 违反本法规定，将中华人民共和国境外废弃物运进中华人民共和国管辖海域倾倒的，由海警机构责令改正，根据造成或者可能造成的危害后果，处五十万元以上五百万元以下的罚款。

第一百零九条 违反本法规定，有下列行为之一，由依照本法规定行使海洋环境监督管理权的部门或者机构责令改正，处以罚款：

（一）港口、码头、装卸站、船舶修造拆解单位未按照规定配备或者有效运行船舶污染物、废弃物接收设施，或者船舶的结构、配备的防污设备和器材不符合国家防污规定或者未经检验合格的；

（二）从事船舶污染物、废弃物接收和船舶清舱、洗舱作业活动，不具备相应接收处理能力的；

（三）从事船舶拆解、旧船改装、打捞和其他水上、水下施工作业，造成海洋环境污染损害的；

（四）采取冲滩方式进行船舶拆解作业的。

有前款第一项、第二项行为之一的，处二万元以上三十万元以下的罚款；有前款第三项行为的，处五万元以上二十万元以下的罚款；有前款第四项行为的，处十万元以上一百万元以下的罚款。

第一百一十条 违反本法规定，有下列行为之一，由依照本法规定行使海洋环境监督管理权的部门或者机构责令改正，处以罚款：

（一）未在船上备有有害材料清单，未在船舶建造、营运和维修过程中持续更新有害材料清单，或者未在船舶拆解前将有害材料清单提供给从事船舶拆解单位的；

（二）船舶未持有防污证书、防污文书，或者不按照规定监测、监控，如实记载和保存船舶污染物、压载水和沉积物的排放及操作记录的；

（三）船舶采取措施提高能效水平未达到有关规定的；

（四）进入控制区的船舶不符合船舶污染物排放相关控制要求的；

（五）具备岸电供应能力的港口经营人、岸电供电企业未按照国家规定为具备岸电使用条件的船舶提供岸电的；

（六）具备岸电使用条件的船舶靠港，不按照国家规定使用岸电的。

有前款第一项行为的，处二万元以下的罚款；有前款第二项行为的，处十万元以下的罚款；有前款第三项行为的，处一万元以上十万元以下的罚款；有前款第四项行为的，处三万元以上三十万元以下的罚款；有前款第五项、第六项行为之一的，处一万元以上十万元以下的罚款，情节严重的，处十万元以上五十万元以下的罚款。

第一百一十一条 违反本法规定，有下列行为之一，由依照本法规定行使海洋环境监督管理权的部门或者机构责令改正，处以罚款：

（一）拒报或者谎报船舶载运污染危害性货物申报事项的；

（二）托运人未将托运的污染危害性货物的正式名称、污染危害性以及应当采取的防护措施如实告知承运人的；

（三）托运人交付承运人的污染危害性货物的单证、包装、标志、数量限制不符合对所交付货物的有关规定的；

（四）托运人在托运的普通货物中夹带污染危害性货物或者将污染危害性货物谎报为普通货物的；

（五）需要船舶载运污染危害性不明的货物，未按照有关规定事先进行评估的。

有前款第一项行为的，处五万元以下的罚款；有前款第二项行为的，处五万元以上十万元以下的罚款；有前款第三项、第五项行为之一的，处二万元以上十万元以下的罚款；有前款第四项行为的，处十万元以上二十万元以下的罚款。

第一百一十二条 违反本法规定，有下列行为之一，由依照本法规定行使海洋环境监督管理权的部门或者机构责令改正，处一万元以上五万元以下的罚款：

（一）载运具有污染危害性货物的船舶未经许可进出港口或者装卸作业的；

（二）装卸油类及有毒有害货物的作业，船岸双方未遵守安全防污操作规程的；

（三）船舶进行散装液体污染危害性货物的过驳作业，未编制作业方案或者未按照有关规定报经批准的。

第一百一十三条 企业事业单位和其他生产经营者违反本法规定向海域排放、倾倒、处置污染物、废弃物或者其他物质，受到罚款处罚，被责令改正的，依法作出处罚决定的部门或者机构应当组织复查，发现其继续实施该违法行为或者拒绝、阻挠复查的，依照《中华人民共和国环境保护法》的规定按日连续处罚。

第一百一十四条 对污染海洋环境、破坏海洋生态，造成他人损害的，依照《中华人民共和国民法典》等法律的规定承担民事责任。

对污染海洋环境、破坏海洋生态，给国家造成重大损失的，由依照本法规定行使海洋环境监督管理权的部门代表国家对责任者提出损害赔偿要求。

前款规定的部门不提起诉讼的，人民检察院可以向人民法院提起诉讼。前款规定的部门提起诉讼的，人民检察院可以支持起诉。

第一百一十五条 对违反本法规定，造成海洋环境污染、生态破坏事故的单位，除依法承担赔偿责任外，由依照本法规定行使海洋环境监督管理权的部门或者机构处以罚款；对直接负责的主管人员和其他直接责任人员可以处上一年度从本单位取得收入百分之五十以下的罚款；直接负责的主管人员和其他直接责任人员属于公职人员的，依法给予处分。

对造成一般或者较大海洋环境污染、生态破坏事故的，按照直接损失的百分之二十计算罚款；对造成重大或者特大海洋环境污染、生态破坏事故的，按照直接损失的百分之三十计算罚款。

第一百一十六条 完全属于下列情形之一，经过及时采取合理措施，仍然不能避免对海洋环境造成污染损害的，造成污染损害的有关责任者免予承担责任：

（一）战争；

（二）不可抗拒的自然灾害；

（三）负责灯塔或者其他助航设备的主管部门，在执行职责时的疏忽，或者其他过失行为。

第一百一十七条 未依照本法规定缴纳倾倒费的，由国务院生态环境主管部门及其海域派出机构责令限期缴纳；逾期拒不缴纳的，处应缴纳倾倒费数额一倍以上三倍以下的罚款，并可以报经有批准权的人民政府批准，责令停业、关闭。

第一百一十八条 海洋环境监督管理人员滥用职权、玩忽职守、徇私舞弊，造成海洋环境污染损害、生态破坏的，依法给予处分。

第一百一十九条 违反本法规定，构成违反治安管理行为的，依法给予治安管理处罚；构成犯罪的，依法追究刑事责任。

第九章 附 则

第一百二十条 本法中下列用语的含义是：

（一）海洋环境污染损害，是指直接或者间接地把物质或者能量引入海洋环境，产生损害海洋生物资源、危害人体健康、妨害渔业和海上其他合法活动、损害海水使用素质和减损环境质量等有害影响。

（二）内水，是指我国领海基线向内陆一侧的所有海域。

（三）沿海陆域，是指与海岸相连，或者通过管道、沟渠、设施，直接或者间接向海洋排放污染物及其相关活动的一带区域。

（四）滨海湿地，是指低潮时水深不超过六米的水域及其沿岸浸湿地带，包括水深不超过六米的永久性水域、潮间带（或者洪泛地带）和沿海低地等，但是用于养殖的人工的水域和滩涂除外。

（五）陆地污染源（简称陆源），是指从陆地向海域排放污染物，造成或者可能造成海洋环境污染的场所、设施等。

（六）陆源污染物，是指由陆地污染源排放的污染物。

（七）倾倒，是指通过船舶、航空器、平台或者其他载运工具，向海洋处置废弃物和其他有害物质的行为，包括弃置船舶、航空器、平台及其辅助设施和其他浮动工具的行为。

（八）海岸线，是指多年大潮平均高潮位时海陆分界痕迹线，以国家组织开展的海岸线修测结果为准。

（九）入海河口，是指河流终端与受水体（海）相结合的地段。

（十）海洋生态灾害，是指受自然环境变化或者人为因素影响，导致一种或者多种海洋生物暴发性增殖或者高度聚集，对海洋生态系统结构和功能造成损害。

（十一）渔业水域，是指鱼虾蟹贝类的产卵场、索饵场、越冬场、洄游通道和鱼虾蟹贝藻类及其他水生动植物的养殖场。

（十二）排放，是指把污染物排入海洋的行为，包括泵出、溢出、泄出、喷出和倒出。

（十三）油类，是指任何类型的油及其炼制品。

（十四）入海排污口，是指直接或者通过管道、沟、渠等排污通道向海洋环境水体排放污水的口门，包括工业排污口、城镇污水处理厂排污口、农业排口及其他排口等类型。

（十五）油性混合物，是指任何含有油份的混合物。

（十六）海上焚烧，是指以热摧毁为目的，在海上焚烧设施上，故意焚烧废弃物或者其他物质的行为，但是船舶、平台或者其他人工构造物正常操作中所附带发生的行为除外。

第一百二十一条　涉及海洋环境监督管理的有关部门的具体职权划分，本法未作规定的，由国务院规定。

沿海县级以上地方人民政府行使海洋环境监督管理权的部门的职责，由省、自治区、直辖市人民政府根据本法及国务院有关规定确定。

第一百二十二条　军事船舶和军事用海环境保护管理办法，由国务院、中央军事委员会依照本法制定。

第一百二十三条　中华人民共和国缔结或者参加的与海洋环境保护有关的国际条约与本法有不同规定的，适用国际条约的规定；但是，中华人民共和国声明保留的条款除外。

第一百二十四条　本法自2024年1月1日起施行。

中华人民共和国保守国家秘密法

（1988年9月5日第七届全国人民代表大会常务委员会第三次会议通过　2010年4月29日第十一届全国人民代表大会常务委员会第十四次会议第一次修订　2024年2月27日第十四届全国人民代表大会常务委员会第八次会议第二次修订）

目　录

第一章　总　则

第一条　为了保守国家秘密，维护国家安全和利益，保障改革开放和社会主义现代化建设事业的顺利进行，根据宪法，制定本法。

第二条　国家秘密是关系国家安全和利益，依照法定程序确定，在一定时间内只限一定范围的人员知悉的事项。

第三条　坚持中国共产党对保守国家秘密（以下简称保密）工作的领导。中央保密工作领导机构领导全国保密工作，研究制定、指导实施国家保密工作战略和重大方针政策，统筹协调国家保密重大事项和重要工作，推进国家保密法治建设。

第四条 保密工作坚持总体国家安全观，遵循党管保密、依法管理，积极防范、突出重点，技管并重、创新发展的原则，既确保国家秘密安全，又便利信息资源合理利用。

法律、行政法规规定公开的事项，应当依法公开。

第五条 国家秘密受法律保护。

一切国家机关和武装力量、各政党和各人民团体、企业事业组织和其他社会组织以及公民都有保密的义务。

任何危害国家秘密安全的行为，都必须受到法律追究。

第六条 国家保密行政管理部门主管全国的保密工作。县级以上地方各级保密行政管理部门主管本行政区域的保密工作。

第七条 国家机关和涉及国家秘密的单位（以下简称机关、单位）管理本机关和本单位的保密工作。

中央国家机关在其职权范围内管理或者指导本系统的保密工作。

第八条 机关、单位应当实行保密工作责任制，依法设置保密工作机构或者指定专人负责保密工作，健全保密管理制度，完善保密防护措施，开展保密宣传教育，加强保密监督检查。

第九条 国家采取多种形式加强保密宣传教育，将保密教育纳入国民教育体系和公务员教育培训体系，鼓励大众传播媒介面向社会进行保密宣传教育，普及保密知识，宣传保密法治，增强全社会的保密意识。

第十条 国家鼓励和支持保密科学技术研究和应用，提升自主创新能力，依法保护保密领域的知识产权。

第十一条 县级以上人民政府应当将保密工作纳入本级国民经济和社会发展规划，所需经费列入本级预算。

机关、单位开展保密工作所需经费应当列入本机关、本单位年度预算或者年度收支计划。

第十二条 国家加强保密人才培养和队伍建设，完善相关激励保障机制。

对在保守、保护国家秘密工作中做出突出贡献的组织和个人，按照国家有关规定给予表彰和奖励。

第二章 国家秘密的范围和密级

第十三条 下列涉及国家安全和利益的事项，泄露后可能损害国家在政治、经济、国防、外交等领域的安全和利益的，应当确定为国家秘密：

（一）国家事务重大决策中的秘密事项；

（二）国防建设和武装力量活动中的秘密事项；

（三）外交和外事活动中的秘密事项以及对外承担保密义务的秘密事项；

（四）国民经济和社会发展中的秘密事项；

（五）科学技术中的秘密事项；

（六）维护国家安全活动和追查刑事犯罪中的秘密事项；

（七）经国家保密行政管理部门确定的其他秘密事项。

政党的秘密事项中符合前款规定的，属于国家秘密。

第十四条 国家秘密的密级分为绝密、机密、秘密三级。

绝密级国家秘密是最重要的国家秘密，泄露会使国家安全和利益遭受特别严重的损害；机密级国家秘密是重要的国家秘密，泄露会使国家安全和利益遭受严重的损害；秘密级国家秘密是一般的国家秘密，泄露会使国家安全和利益遭受损害。

第十五条 国家秘密及其密级的具体范围（以下简称保密事项范围），由国家保密行政管理部门单独或者会同有关中央国家机关规定。

军事方面的保密事项范围，由中央军事委员会规定。

保密事项范围的确定应当遵循必要、合理原则，科学论证评估，并根据情况变化及时调整。保密事项范围的规定应当在有关范围内公布。

第十六条 机关、单位主要负责人及其指定的人员为定密责任人，负责本机关、本单位的国家秘密确定、变更和解除工作。

机关、单位确定、变更和解除本机关、本单位的国家秘密，应当由承办人提出具体意见，经定密责任人审核批准。

第十七条 确定国家秘密的密级，应当遵守定密权限。

中央国家机关、省级机关及其授权的机关、单位可以确定绝密级、机密级和秘密级国家秘密；设区的市级机关及其授权的机关、单位可以确定机密级和秘密级国家秘密；特殊情况下无法按照上述规定授权定密的，国家保密行政管理部门或者省、自治区、直辖市保密行政管理部门可以授予机关、单位定密权限。具体的定密权限、授权范围由国家保密行政管理部门规定。

下级机关、单位认为本机关、本单位产生的有关定密事项属于上级机关、单位的定密权限，应当先行采取保密措施，并立即报请上级机关、单位确定；没有上级机关、单位的，应当立即提请有相应定密权限的业务主管部门或者保密行政管理部门确定。

公安机关、国家安全机关在其工作范围内按照规定的权限确定国家秘密的密级。

第十八条 机关、单位执行上级确定的国家秘密事项或者办理其他机关、单位确定的国家秘密事项，需要派生定密的，应当根据所执行、办理的国家秘密事项的密级确定。

第十九条 机关、单位对所产生的国家秘密事项，应当按照保密事项范围的规定确定密级，同时确定保密期限和知悉范围；有条件的可以标注密点。

第二十条 国家秘密的保密期限，应当根据事项的性质和特点，按照维护国家安全和利益的需要，限定在必要的期限内；不能确定期限的，应当确定解密的条件。

国家秘密的保密期限，除另有规定外，绝密级不超过三十年，机密级不超过二十年，秘密级不超过十年。

机关、单位应当根据工作需要，确定具体的保密期限、解密时间或者解密条件。

机关、单位对在决定和处理有关事项工作过程中确定需要保密的事项，根据工作需要决定公开的，正式公布时即视为解密。

第二十一条 国家秘密的知悉范围，应当根据工作需要限定在最小范围。

国家秘密的知悉范围能够限定到具体人员的，限定到具体人员；不能限定到具体人员的，限定到机关、单位，由该机关、单位限定到具体人员。

国家秘密的知悉范围以外的人员，因工作需要知悉国家秘密的，应当经过机关、单位主要负责人或者其指定的人员批准。原定密机关、单位对扩大国家秘密的知悉范围有明确规定的，应当遵守其规定。

第二十二条 机关、单位对承载国家秘密的纸介质、光介质、电磁介质等载体（以下简称国家秘密载体）以及属于国家秘密的设备、产品，应当作出国家秘密标志。

涉及国家秘密的电子文件应当按照国家有关规定作出国家秘密标志。

不属于国家秘密的，不得作出国家秘密标志。

第二十三条 国家秘密的密级、保密期限和知悉范围，应当根据情况变化及时变更。国家秘密的密级、保密期限和知悉范围的变更，由原定密机关、单位决定，也可以由其上级机关决定。

国家秘密的密级、保密期限和知悉范围变更的，应当及时书面通知知悉范围内的机关、单位或者人员。

第二十四条 机关、单位应当每年审核所确定的国家秘密。

国家秘密的保密期限已满的，自行解密。在保密期限内因保密事项范围调整不再作为国家秘密，或者公开后不会损害国家安全和利益，不需要继续保密的，应当及时解密；需要延长保密期限的，应当在原保密期限届满前重新确定密级、保密期限和知悉范围。提前解密或者延长保密期限的，由原定密机关、单位决定，也可以由其上级机关决定。

第二十五条 机关、单位对是否属于国家秘密或者属于何种密级不明确或者有争议的，由国家保密行政管理部门或者省、自治区、直辖市保密行政管理部门按照国家保密规定确定。

第三章 保密制度

第二十六条 国家秘密载体的制作、收发、传递、使用、复制、保存、维修和销毁，应当符合国家保密规定。

绝密级国家秘密载体应当在符合国家保密标准的设施、设备中保存，并指定专人管理；未经原定密机关、单位或者其上级机关批准，不得复制和摘抄；收发、传递和外出携带，应当指定人员负责，并采取必要的安全措施。

第二十七条 属于国家秘密的设备、产品的研制、生产、运输、使用、保存、维修和销毁，应当符合国家保密规定。

第二十八条 机关、单位应当加强对国家秘密载体的管理，任何组织和个人不得有下列行为：

（一）非法获取、持有国家秘密载体；

（二）买卖、转送或者私自销毁国家秘密载体；

（三）通过普通邮政、快递等无保密措施的渠道传递国家秘密载体；

（四）寄递、托运国家秘密载体出境；

（五）未经有关主管部门批准，携带、传递国家秘密载体出境；

（六）其他违反国家秘密载体保密规定的行为。

第二十九条 禁止非法复制、记录、存储国家秘密。

禁止未按照国家保密规定和标准采取有效保密措施，在互联网及其他公共信息网络或者有线和无线通信中传递国家秘密。

禁止在私人交往和通信中涉及国家秘密。

第三十条 存储、处理国家秘密的计算机信息系统（以下简称涉密信息系统）按照涉密程度实行分级保护。

涉密信息系统应当按照国家保密规定和标准规划、建设、运行、维护，并配备保密设施、设备。保密设施、设备应当与涉密信息系统同步规划、同步建设、同步运行。

涉密信息系统应当按照规定，经检查合格后，方可投入使用，并定期开展风险评估。

第三十一条 机关、单位应当加强对信息系统、信息设备的保密管理，建设保密自监管设施，及时发现并处置安全保密风险隐患。任何组织和个人不得有下列行为：

（一）未按照国家保密规定和标准采取有效保密措施，将涉密信息系统、涉密信息设备接入互联网及其他公共信息网络；

（二）未按照国家保密规定和标准采取有效保密措施，在涉密信息系统、涉密信息设备与互联网及其他公共信息网络之间进行信息交换；

（三）使用非涉密信息系统、非涉密信息设备存储或者处理国家秘密；

（四）擅自卸载、修改涉密信息系统的安全技术程序、管理程序；

（五）将未经安全技术处理的退出使用的涉密信息设备赠送、出售、丢弃或者改作其他用途；

（六）其他违反信息系统、信息设备保密规定的行为。

第三十二条 用于保护国家秘密的安全保密产品和保密技术装备应当符合国家保密规定和标准。

国家建立安全保密产品和保密技术装备抽检、复检制度，由国家保密行政管理部门设立或者授权的机构进行检测。

第三十三条 报刊、图书、音像制品、电子出版物的编辑、出版、印制、发行，广播节目、电视节目、电影的制作和播放，网络信息的制作、复制、发布、传播，应当遵守国家保密规定。

第三十四条 网络运营者应当加强对其用户发布的信息的管理，配合监察机关、保密行政管理部门、公安机关、国家安全机关对涉嫌泄露国家秘密案件进行调查处理；发现利用互联网及其他公共信息网络发布的信息涉嫌泄露国家秘密的，应当立即停止传输该信息，保存有关记录，向保密行政管理部门或者公安机关、国家安全机关报告；应当根据保密行政管理部门或者公安机关、国家安全机关的要求，删除涉及泄露国家秘密的信息，并对有关设备进行技术处理。

第三十五条 机关、单位应当依法对拟公开的信息进行保密审查，遵守国家保密规定。

第三十六条 开展涉及国家秘密的数据处理活动及其安全监管应当符合国家保密规定。

国家保密行政管理部门和省、自治区、直辖市保密行政管理部门会同有关主管部门建立安全保密防控机制，采取安全保密防控措施，防范数据汇聚、关联引发的泄密风险。

机关、单位应当对汇聚、关联后属于国家秘密事项的数据依法加强安全管理。

第三十七条 机关、单位向境外或者向境外在中国境内设立的组织、机构提供国家秘密，任用、聘用的境外人员因工作需要知悉国家秘密的，按照国家有关规定办理。

第三十八条 举办会议或者其他活动涉及国家秘密的，主办单位应当采取保密措施，并对参加人员进行保密教育，提出具体保密要求。

第三十九条 机关、单位应当将涉及绝密级或者较多机密级、秘密级国家秘密的机构确定为保密要害部门，将集中制作、存放、保管国家秘密载体的专门场所确定为保密要害部位，按照国家保密规定和标准配备、使用必要的技术防护设施、设备。

第四十条 军事禁区、军事管理区和属于国家秘密不对外开放的其他场所、部位，应当采取保密措施，未经有关部门批准，不得擅自决定对外开放或者扩大开放范围。

涉密军事设施及其他重要涉密单位周边区域应当按照国家保密规定加强保密管理。

第四十一条 从事涉及国家秘密业务的企业事业单位，应当具备相应的保密管理能力，遵守国家保密规定。

从事国家秘密载体制作、复制、维修、销毁，涉密信息系统集成，武器装备科研生产，或者涉密军事设施建设等涉及国家秘密业务的企业事业单位，应当经过审查批准，取得保密资质。

第四十二条 采购涉及国家秘密的货物、服务的机关、单位，直接涉及国家秘密的工程建设、设计、施工、监理等单位，应当遵守国家保密规定。

机关、单位委托企业事业单位从事涉及国家秘密的业务，应当与其签订保密协议，提出保密要求，采取保密措施。

第四十三条 在涉密岗位工作的人员（以下简称涉密人员），按照涉密程度分为核心涉密人员、重要涉密人员和一般涉密人员，实行分类管理。

任用、聘用涉密人员应当按照国家有关规定进行审查。

涉密人员应当具有良好的政治素质和品行，经过保密教育培训，具备胜任涉密岗位的工作能力和保密知识技能，签订保密承诺书，严格遵守国家保密规定，承担保密责任。

涉密人员的合法权益受法律保护。对因保密原因合法权益受到影响和限制的涉密人员，按照国家有关规定给予相应待遇或者补偿。

第四十四条 机关、单位应当建立健全涉密人员管理制度，明确涉密人员的权利、岗位责任和要求，对涉密人员履行职责情况开展经常性的监督检查。

第四十五条 涉密人员出境应当经有关部门批准，有关机关认为涉密人员出境将对国家安全造成危害或者对国家利益造成重大损失的，不得批准出境。

第四十六条 涉密人员离岗离职应当遵守国家保密规定。机关、单位应当开展保密教育提醒，清退国家秘密载体，实行脱密期管理。涉密人员在脱密期内，不得违反规定就业和出境，不得以任何方式泄露国家秘密；脱密期结束后，应当遵守国家保密规定，对知悉的国家秘密继续履行保密义务。涉密人员严重违反离岗离职及脱密期国家保密规定的，机关、单位应当及时报告同级保密行政管理部门，由保密行政管理部门会同有关部门依法采取处置措施。

第四十七条 国家工作人员或者其他公民发现国家秘密已经泄露或者可能泄露时，应当立即采取补救措施并及时报告有关机关、单位。机关、单位接到报告后，应当立即作出处理，并及时向保密行政管理部门报告。

第四章　监督管理

第四十八条　国家保密行政管理部门依照法律、行政法规的规定，制定保密规章和国家保密标准。

第四十九条　保密行政管理部门依法组织开展保密宣传教育、保密检查、保密技术防护、保密违法案件调查处理工作，对保密工作进行指导和监督管理。

第五十条　保密行政管理部门发现国家秘密确定、变更或者解除不当的，应当及时通知有关机关、单位予以纠正。

第五十一条　保密行政管理部门依法对机关、单位遵守保密法律法规和相关制度的情况进行检查；涉嫌保密违法的，应当及时调查处理或者组织、督促有关机关、单位调查处理；涉嫌犯罪的，应当依法移送监察机关、司法机关处理。

对严重违反国家保密规定的涉密人员，保密行政管理部门应当建议有关机关、单位将其调离涉密岗位。

有关机关、单位和个人应当配合保密行政管理部门依法履行职责。

第五十二条　保密行政管理部门在保密检查和案件调查处理中，可以依法查阅有关材料、询问人员、记录情况，先行登记保存有关设施、设备、文件资料等；必要时，可以进行保密技术检测。

保密行政管理部门对保密检查和案件调查处理中发现的非法获取、持有的国家秘密载体，应当予以收缴；发现存在泄露国家秘密隐患的，应当要求采取措施，限期整改；对存在泄露国家秘密隐患的设施、设备、场所，应当责令停止使用。

第五十三条　办理涉嫌泄露国家秘密案件的机关，需要对有关事项是否属于国家秘密、属于何种密级进行鉴定的，由国家保密行政管理部门或者省、自治区、直辖市保密行政管理部门鉴定。

第五十四条　机关、单位对违反国家保密规定的人员不依法给予处分的，保密行政管理部门应当建议纠正；对拒不纠正的，提请其上一级机关或者监察机关对该机关、单位负有责任的领导人员和直接责任人员依法予以处理。

第五十五条　设区的市级以上保密行政管理部门建立保密风险评估机制、监测预警制度、应急处置制度，会同有关部门开展信息收集、分析、通报工作。

第五十六条　保密协会等行业组织依照法律、行政法规的规定开展活动，推动行业自律，促进行业健康发展。

第五章　法律责任

第五十七条　违反本法规定，有下列情形之一，根据情节轻重，依法给予处分；有违法所得的，没收违法所得：

（一）非法获取、持有国家秘密载体的；

（二）买卖、转送或者私自销毁国家秘密载体的；

（三）通过普通邮政、快递等无保密措施的渠道传递国家秘密载体的；

（四）寄递、托运国家秘密载体出境，或者未经有关主管部门批准，携带、传递国家秘密载体出境的；

（五）非法复制、记录、存储国家秘密的；

（六）在私人交往和通信中涉及国家秘密的；

（七）未按照国家保密规定和标准采取有效保密措施，在互联网及其他公共信息网络或者有线和无线通信中传递国家秘密的；

（八）未按照国家保密规定和标准采取有效保密措施，将涉密信息系统、涉密信息设备接入互联网及其他公共信息网络的；

（九）未按照国家保密规定和标准采取有效保密措施，在涉密信息系统、涉密信息设备与互联网及其他公共信息网络之间进行信息交换的；

（十）使用非涉密信息系统、非涉密信息设备存储、处理国家秘密的；

（十一）擅自卸载、修改涉密信息系统的安全技术程序、管理程序的；

（十二）将未经安全技术处理的退出使用的涉密信息设备赠送、出售、丢弃或者改作其他用途的；

（十三）其他违反本法规定的情形。

有前款情形尚不构成犯罪，且不适用处分的人员，由保密行政管理部门督促其所在机关、单位予以处理。

第五十八条 机关、单位违反本法规定，发生重大泄露国家秘密案件的，依法对直接负责的主管人员和其他直接责任人员给予处分。不适用处分的人员，由保密行政管理部门督促其主管部门予以处理。

机关、单位违反本法规定，对应当定密的事项不定密，对不应当定密的事项定密，或者未履行解密审核责任，造成严重后果的，依法对直接负责的主管人员和其他直接责任人员给予处分。

第五十九条 网络运营者违反本法第三十四条规定的，由公安机关、国家安全机关、电信主管部门、保密行政管理部门按照各自职责分工依法予以处罚。

第六十条 取得保密资质的企业事业单位违反国家保密规定的，由保密行政管理部门责令限期整改，给予警告或者通报批评；有违法所得的，没收违法所得；情节严重的，暂停涉密业务、降低资质等级；情节特别严重的，吊销保密资质。

未取得保密资质的企业事业单位违法从事本法第四十一条第二款规定的涉密业务的，由保密行政管理部门责令停止涉密业务，给予警告或者通报批评；有违法所得的，没收违法所得。

第六十一条 保密行政管理部门的工作人员在履行保密管理职责中滥用职权、玩忽职守、徇私舞弊的，依法给予处分。

第六十二条 违反本法规定，构成犯罪的，依法追究刑事责任。

第六章　附　则

第六十三条 中国人民解放军和中国人民武装警察部队开展保密工作的具体规定，由中央军事委员会根据本法制定。

第六十四条 机关、单位对履行职能过程中产生或者获取的不属于国家秘密但泄露后会造成一定不利影响的事项，适用工作秘密管理办法采取必要的保护措施。工作秘密管理办法另行规定。

第六十五条 本法自2024年5月1日起施行。

中华人民共和国未成年人保护法

（1991年9月4日第七届全国人民代表大会常务委员会第二十一次会议通过　2006年12月29日第十届全国人民代表大会常务委员会第二十五次会议第一次修订　根据2012年10月26日第十一届全国人民代表大会常务委员会第二十九次会议《关于修改〈中华人民共和国未成年人保护法〉的决定》第一次修正　2020年10月17日第十三届全国人民代表大会常务委员会第二十二次会议第二次修订　根据2024年4月26日第十四届全国人民代表大会常务委员会第九次会议《关于修改〈中华人民共和国农业技术推广法〉、〈中华人民共和国未成年人保护法〉、〈中华人民共和国生物安全法〉的决定》第二次修正）

目　　录

第一章　总　则

第一条 为了保护未成年人身心健康，保障未成年人合法权益，促进未成年人德智体美劳全面发展，培养有理想、有道德、有文化、有纪律的社会主义建设者和接班人，培养担当民族复兴大任的时代新人，根据宪法，制定本法。

第二条 本法所称未成年人是指未满十八周岁的公民。

第三条 国家保障未成年人的生存权、发展权、受保护权、参与权等权利。

未成年人依法平等地享有各项权利，不因本人及其父母或者其他监护人的民族、种族、性别、户籍、职业、宗教信仰、教育程度、家庭状况、身心健康状况等受到歧视。

第四条 保护未成年人，应当坚持最有利于未成年人的原则。处理涉及未成年人事项，应当符合下列要求：

（一）给予未成年人特殊、优先保护；

（二）尊重未成年人人格尊严；

（三）保护未成年人隐私权和个人信息；

（四）适应未成年人身心健康发展的规律和特点；

（五）听取未成年人的意见；

（六）保护与教育相结合。

第五条 国家、社会、学校和家庭应当对未成年人进行理想教育、道德教育、科学教育、文化教育、法治教育、国家安全教育、健康教育、劳动教育，加强爱国主义、集体主义和中国特色社会主义的教育，培养爱祖国、爱人民、爱劳动、爱科学、爱社会主义的公德，抵制资本主义、封建主义和其他腐朽思想的侵蚀，引导未成年人树立和践行社会主义核心价值观。

第六条 保护未成年人，是国家机关、武装力量、政党、人民团体、企业事业单位、社会组织、城乡基层群众性自治组织、未成年人的监护人以及其他成年人的共同责任。

国家、社会、学校和家庭应当教育和帮助未成年人维护自身合法权益，增强自我保护的意识和能力。

第七条 未成年人的父母或者其他监护人依法对未成年人承担监护职责。

国家采取措施指导、支持、帮助和监督未成年人的父母或者其他监护人履行监护职责。

第八条 县级以上人民政府应当将未成年人保护工作纳入国民经济和社会发展规划，相关经费纳入本级政府预算。

第九条 各级人民政府应当重视和加强未成年人保护工作。县级以上人民政府负责妇女儿童工作的机构，负责未成年人保护工作的组织、协调、指导、督促，有关部门在各自职责范围内做好相关工作。

第十条 共产主义青年团、妇女联合会、工会、残疾人联合会、关心下一代工作委员会、青年联合会、学生联合会、少年先锋队以及其他人民团体、有关社会组织，应当协助各级人民政府及其有关部门、人民检察院、人民法院做好未成年人保护工作，维护未成年人合法权益。

第十一条 任何组织或者个人发现不利于未成年人身心健康或者侵犯未成年人合法权益的情形，都有权劝阻、制止或者向公安、民政、教育等有关部门提出检举、控告。

国家机关、居民委员会、村民委员会、密切接触未成年人的单位及其工作人员，在工作中发现未成年人身心健康受到侵害、疑似受到侵害或者面临其他危险情形的，应当立即向公安、民政、教育等有关部门报告。

有关部门接到涉及未成年人的检举、控告或者报告，应当依法及时受理、处置，并以适当方式将处理结果告知相关单位和人员。

第十二条 国家鼓励和支持未成年人保护方面的科学研究，建设相关学科、设置相关专业，加强人才培养。

第十三条 国家建立健全未成年人统计调查制度，开展未成年人健康、受教育等状况的统计、调查和分析，发布未成年人保护的有关信息。

第十四条 国家对保护未成年人有显著成绩的组织和个人给予表彰和奖励。

第二章 家庭保护

第十五条 未成年人的父母或者其他监护人应当学习家庭教育知识，接受家庭教育指导，创造良好、和睦、文明的家庭环境。

共同生活的其他成年家庭成员应当协助未成年人的父母或者其他监护人抚养、教育和保护未成年人。

第十六条 未成年人的父母或者其他监护人应当履行下列监护职责：

（一）为未成年人提供生活、健康、安全等方面的保障；

（二）关注未成年人的生理、心理状况和情感需求；

（三）教育和引导未成年人遵纪守法、勤俭节约，养成良好的思想品德和行为习惯；

（四）对未成年人进行安全教育，提高未成年人的自我保护意识和能力；

（五）尊重未成年人受教育的权利，保障适龄未成年人依法接受并完成义务教育；

（六）保障未成年人休息、娱乐和体育锻炼的时间，引导未成年人进行有益身心健康的活动；

（七）妥善管理和保护未成年人的财产；

（八）依法代理未成年人实施民事法律行为；

（九）预防和制止未成年人的不良行为和违法犯罪行为，并进行合理管教；

（十）其他应当履行的监护职责。

第十七条 未成年人的父母或者其他监护人不得实施下列行为：

（一）虐待、遗弃、非法送养未成年人或者对未成年人实施家庭暴力；

（二）放任、教唆或者利用未成年人实施违法犯罪行为；

（三）放任、唆使未成年人参与邪教、迷信活动或者接受恐怖主义、分裂主义、极端主义等侵害；

（四）放任、唆使未成年人吸烟（含电子烟，下同）、饮酒、赌博、流浪乞讨或者欺凌他人；

（五）放任或者迫使应当接受义务教育的未成年人失学、辍学；

（六）放任未成年人沉迷网络，接触危害或者可能影响其身心健康的图书、报刊、电影、广播电视节目、音像制品、电子出版物和网络信息等；

（七）放任未成年人进入营业性娱乐场所、酒吧、互联网上网服务营业场所等不适宜未成年人活动的场所；

（八）允许或者迫使未成年人从事国家规定以外的劳动；

（九）允许、迫使未成年人结婚或者为未成年人订立婚约；

（十）违法处分、侵吞未成年人的财产或者利用未成年人牟取不正当利益；

（十一）其他侵犯未成年人身心健康、财产权益或者不依法履行未成年人保护义务的行为。

第十八条 未成年人的父母或者其他监护人应当为未成年人提供安全的家庭生活环境，及时排除引发触电、烫伤、跌落等伤害的安全隐患；采取配备儿童安全座椅、教育未成年人遵守交通规则等措施，防止未成年人受到交通事故的伤害；提高户外安全保护意识，避免未成年人发生溺水、动物伤害等事故。

第十九条 未成年人的父母或者其他监护人应当根据未成年人的年龄和智力发展状况，在作出与未成年人权益有关的决定前，听取未成年人的意见，充分考虑其真实意愿。

第二十条 未成年人的父母或者其他监护人发现未成年人身心健康受到侵害、疑似受到侵害或者其他合法权益受到侵犯的，应当及时了解情况并采取保护措施；情况严重的，应当立即向公安、民政、教育等部门报告。

第二十一条 未成年人的父母或者其他监护人不得使未满八周岁或者由于身体、心理原因需要特别照顾的未成年人处于无人看护状态，或者将其交由无民事行为能力、限制民事行为能力、患有严重传染性疾病或者其他不适宜的人员临时照护。

未成年人的父母或者其他监护人不得使未满十六周岁的未成年人脱离监护单独生活。

第二十二条 未成年人的父母或者其他监护人因外出务工等原因在一定期限内不能完全履行监护职责的，应当委托具有照护能力的完全民事行为能力人代为照护；无正当理由的，不得委托他人代为照护。

未成年人的父母或者其他监护人在确定被委托人时，应当综合考虑其道德品质、家庭状况、身心健康状况、与未成年人生活情感上的联系等情况，并听取有表达意愿能力未成年人的意见。

具有下列情形之一的，不得作为被委托人：

（一）曾实施性侵害、虐待、遗弃、拐卖、暴力伤害等违法犯罪行为；

（二）有吸毒、酗酒、赌博等恶习；

（三）曾拒不履行或者长期怠于履行监护、照护职责；

（四）其他不适宜担任被委托人的情形。

第二十三条 未成年人的父母或者其他监护人应当及时将委托照护情况书面告知未成年人所在学校、幼儿园和实际居住地的居民委员会、村民委员会，加强和未成年人所在学校、幼儿园的沟通；与未成年人、被委托人至少每周联系和交流一次，了解未成年人的生活、学习、心理等情况，并给予未成年人亲情关爱。

未成年人的父母或者其他监护人接到被委托人、居民委员会、村民委员会、学校、幼儿园等关于未成年人心理、行为异常的通知后，应当及时采取干预措施。

第二十四条 未成年人的父母离婚时，应当妥善处理未成年子女的抚养、教育、探望、财产等事宜，听取有表达意愿能力未成年人的意见。不得以抢夺、藏匿未成年子女等方式争夺抚养权。

未成年人的父母离婚后，不直接抚养未成年子女的一方应当依照协议、人民法院判决或者调解确定的时间和方式，在不影响未成年人学习、生活的情况下探望未成年子女，直接抚养的一方应当配合，但被人民法院依法中止探望权的除外。

第三章　学校保护

第二十五条　学校应当全面贯彻国家教育方针，坚持立德树人，实施素质教育，提高教育质量，注重培养未成年学生认知能力、合作能力、创新能力和实践能力，促进未成年学生全面发展。

学校应当建立未成年学生保护工作制度，健全学生行为规范，培养未成年学生遵纪守法的良好行为习惯。

第二十六条　幼儿园应当做好保育、教育工作，遵循幼儿身心发展规律，实施启蒙教育，促进幼儿在体质、智力、品德等方面和谐发展。

第二十七条　学校、幼儿园的教职员工应当尊重未成年人人格尊严，不得对未成年人实施体罚、变相体罚或者其他侮辱人格尊严的行为。

第二十八条　学校应当保障未成年学生受教育的权利，不得违反国家规定开除、变相开除未成年学生。

学校应当对尚未完成义务教育的辍学未成年学生进行登记并劝返复学；劝返无效的，应当及时向教育行政部门书面报告。

第二十九条　学校应当关心、爱护未成年学生，不得因家庭、身体、心理、学习能力等情况歧视学生。对家庭困难、身心有障碍的学生，应当提供关爱；对行为异常、学习有困难的学生，应当耐心帮助。

学校应当配合政府有关部门建立留守未成年学生、困境未成年学生的信息档案，开展关爱帮扶工作。

第三十条　学校应当根据未成年学生身心发展特点，进行社会生活指导、心理健康辅导、青春期教育和生命教育。

第三十一条　学校应当组织未成年学生参加与其年龄相适应的日常生活劳动、生产劳动和服务性劳动，帮助未成年学生掌握必要的劳动知识和技能，养成良好的劳动习惯。

第三十二条　学校、幼儿园应当开展勤俭节约、反对浪费、珍惜粮食、文明饮食等宣传教育活动，帮助未成年人树立浪费可耻、节约为荣的意识，养成文明健康、绿色环保的生活习惯。

第三十三条　学校应当与未成年学生的父母或者其他监护人互相配合，合理安排未成年学生的学习时间，保障其休息、娱乐和体育锻炼的时间。

学校不得占用国家法定节假日、休息日及寒暑假期，组织义务教育阶段的未成年学生集体补课，加重其学习负担。

幼儿园、校外培训机构不得对学龄前未成年人进行小学课程教育。

第三十四条　学校、幼儿园应当提供必要的卫生保健条件，协助卫生健康部门做好在校、在园未成年人的卫生保健工作。

第三十五条　学校、幼儿园应当建立安全管理制度，对未成年人进行安全教育，完善安保设施、配备安保人员，保障未成年人在校、在园期间的人身和财产安全。

学校、幼儿园不得在危及未成年人人身安全、身心健康的校舍和其他设施、场所中进行教育教学活动。

学校、幼儿园安排未成年人参加文化娱乐、社会实践等集体活动，应当保护未成年人的身心健康，防止发生人身伤害事故。

第三十六条 使用校车的学校、幼儿园应当建立健全校车安全管理制度，配备安全管理人员，定期对校车进行安全检查，对校车驾驶人进行安全教育，并向未成年人讲解校车安全乘坐知识，培养未成年人校车安全事故应急处理技能。

第三十七条 学校、幼儿园应当根据需要，制定应对自然灾害、事故灾难、公共卫生事件等突发事件和意外伤害的预案，配备相应设施并定期进行必要的演练。

未成年人在校内、园内或者本校、本园组织的校外、园外活动中发生人身伤害事故的，学校、幼儿园应当立即救护，妥善处理，及时通知未成年人的父母或者其他监护人，并向有关部门报告。

第三十八条 学校、幼儿园不得安排未成年人参加商业性活动，不得向未成年人及其父母或者其他监护人推销或者要求其购买指定的商品和服务。

学校、幼儿园不得与校外培训机构合作为未成年人提供有偿课程辅导。

第三十九条 学校应当建立学生欺凌防控工作制度，对教职员工、学生等开展防治学生欺凌的教育和培训。

学校对学生欺凌行为应当立即制止，通知实施欺凌和被欺凌未成年学生的父母或者其他监护人参与欺凌行为的认定和处理；对相关未成年学生及时给予心理辅导、教育和引导；对相关未成年学生的父母或者其他监护人给予必要的家庭教育指导。

对实施欺凌的未成年学生，学校应当根据欺凌行为的性质和程度，依法加强管教。对严重的欺凌行为，学校不得隐瞒，应当及时向公安机关、教育行政部门报告，并配合相关部门依法处理。

第四十条 学校、幼儿园应当建立预防性侵害、性骚扰未成年人工作制度。对性侵害、性骚扰未成年人等违法犯罪行为，学校、幼儿园不得隐瞒，应当及时向公安机关、教育行政部门报告，并配合相关部门依法处理。

学校、幼儿园应当对未成年人开展适合其年龄的性教育，提高未成年人防范性侵害、性骚扰的自我保护意识和能力。对遭受性侵害、性骚扰的未成年人，学校、幼儿园应当及时采取相关的保护措施。

第四十一条 婴幼儿照护服务机构、早期教育服务机构、校外培训机构、校外托管机构等应当参照本章有关规定，根据不同年龄阶段未成年人的成长特点和规律，做好未成年人保护工作。

第四章 社会保护

第四十二条 全社会应当树立关心、爱护未成年人的良好风尚。

国家鼓励、支持和引导人民团体、企业事业单位、社会组织以及其他组织和个人，开展有利于未成年人健康成长的社会活动和服务。

第四十三条 居民委员会、村民委员会应当设置专人专岗负责未成年人保护工作，协助政府有关部门宣传未成年人保护方面的法律法规，指导、帮助和监督未成年人的父母或者其他监护人依法履行监护职责，建立留守未成年人、困境未成年人的信息档案并给予关爱帮扶。

居民委员会、村民委员会应当协助政府有关部门监督未成年人委托照护情况，发现被委托人缺乏照护能力、怠于履行照护职责等情况，应当及时向政府有关部门报告，并告知未成年人的父母或者其他监护人，帮助、督促被委托人履行照护职责。

第四十四条 爱国主义教育基地、图书馆、青少年宫、儿童活动中心、儿童之家应当对未成年人免费开放；博物馆、纪念馆、科技馆、展览馆、美术馆、文化馆、社区公益性互联网上网服务场所以及影剧院、体育场馆、动物园、植物园、公园等场所，应当按照有关规定对未成年人免费或者优惠开放。

国家鼓励爱国主义教育基地、博物馆、科技馆、美术馆等公共场馆开设未成年人专场，为未成年人提供有针对性的服务。

国家鼓励国家机关、企业事业单位、部队等开发自身教育资源，设立未成年人开放日，为未成年人主题教育、社会实践、职业体验等提供支持。

国家鼓励科研机构和科技类社会组织对未成年人开展科学普及活动。

第四十五条 城市公共交通以及公路、铁路、水路、航空客运等应当按照有关规定对未成年人实施免费或者优惠票价。

第四十六条 国家鼓励大型公共场所、公共交通工具、旅游景区景点等设置母婴室、婴儿护理台以及方便幼儿使用的坐便器、洗手台等卫生设施，为未成年人提供便利。

第四十七条 任何组织或者个人不得违反有关规定，限制未成年人应当享有的照顾或者优惠。

第四十八条 国家鼓励创作、出版、制作和传播有利于未成年人健康成长的图书、报刊、电影、广播电视节目、舞台艺术作品、音像制品、电子出版物和网络信息等。

第四十九条 新闻媒体应当加强未成年人保护方面的宣传，对侵犯未成年人合法权益的行为进行舆论监督。新闻媒体采访报道涉及未成年人事件应当客观、审慎和适度，不得侵犯未成年人的名誉、隐私和其他合法权益。

第五十条 禁止制作、复制、出版、发布、传播含有宣扬淫秽、色情、暴力、邪教、迷信、赌博、引诱自杀、恐怖主义、分裂主义、极端主义等危害未成年人身心健康内容的图书、报刊、电影、广播电视节目、舞台艺术作品、音像制品、电子出版物和网络信息等。

第五十一条 任何组织或者个人出版、发布、传播的图书、报刊、电影、广播电视节目、舞台艺术作品、音像制品、电子出版物或者网络信息，包含可能影响未成年人身心健康内容的，应当以显著方式作出提示。

第五十二条 禁止制作、复制、发布、传播或者持有有关未成年人的淫秽色情物品和网络信息。

第五十三条 任何组织或者个人不得刊登、播放、张贴或者散发含有危害未成年人身心健康内容的广告；不得在学校、幼儿园播放、张贴或者散发商业广告；不得利用校服、教材等发布或者变相发布商业广告。

第五十四条 禁止拐卖、绑架、虐待、非法收养未成年人，禁止对未成年人实施性侵害、性骚扰。

禁止胁迫、引诱、教唆未成年人参加黑社会性质组织或者从事违法犯罪活动。

禁止胁迫、诱骗、利用未成年人乞讨。

第五十五条 生产、销售用于未成年人的食品、药品、玩具、用具和游戏游艺设备、游乐设施等，应当符合国家或者行业标准，不得危害未成年人的人身安全和身心健康。上述产品的生产者应当在显著位置标明注意事项，未标明注意事项的不得销售。

第五十六条 未成年人集中活动的公共场所应当符合国家或者行业安全标准，并采取相应安全保护措施。对可能存在安全风险的设施，应当定期进行维护，在显著位置设置安全警示标志并标明适龄范围和注意事项；必要时应当安排专门人员看管。

大型的商场、超市、医院、图书馆、博物馆、科技馆、游乐场、车站、码头、机场、旅游景区景点等场所运营单位应当设置搜寻走失未成年人的安全警报系统。场所运营单位接到求助后，应当立即启动安全警报系统，组织人员进行搜寻并向公安机关报告。

公共场所发生突发事件时，应当优先救护未成年人。

第五十七条 旅馆、宾馆、酒店等住宿经营者接待未成年人入住，或者接待未成年人和成年人共同入住时，应当询问父母或者其他监护人的联系方式、入住人员的身份关系等有关情况；发现有违法犯罪嫌疑的，应当立即向公安机关报告，并及时联系未成年人的父母或者其他监护人。

第五十八条 学校、幼儿园周边不得设置营业性娱乐场所、酒吧、互联网上网服务营业场所等不适宜未成年人活动的场所。营业性歌舞娱乐场所、酒吧、互联网上网服务营业场所等不适宜未成年人活动场所的经营者，不得允许未成年人进入；游艺娱乐场所设置的电子游戏设备，除国家法定节假日外，不得向未成年人提供。经营者应当在显著位置设置未成年人禁入、限入标志；对难以判明是否是未成年人的，应当要求其出示身份证件。

第五十九条 学校、幼儿园周边不得设置烟、酒、彩票销售网点。禁止向未成年人销售烟、酒、彩票或者兑付彩票奖金。烟、酒和彩票经营者应当在显著位置设置不向未成年人销售烟、酒或者彩票的标志；对难以判明是否是未成年人的，应当要求其出示身份证件。

任何人不得在学校、幼儿园和其他未成年人集中活动的公共场所吸烟、饮酒。

第六十条 禁止向未成年人提供、销售管制刀具或者其他可能致人严重伤害的器具等物品。经营者难以判明购买者是否是未成年人的，应当要求其出示身份证件。

第六十一条 任何组织或者个人不得招用未满十六周岁未成年人，国家另有规定的除外。

营业性娱乐场所、酒吧、互联网上网服务营业场所等不适宜未成年人活动的场所不得招用已满十六周岁的未成年人。

招用已满十六周岁未成年人的单位和个人应当执行国家在工种、劳动时间、劳动强度和保护措施等方面的规定，不得安排其从事过重、有毒、有害等危害未成年人身心健康的劳动或者危险作业。

任何组织或者个人不得组织未成年人进行危害其身心健康的表演等活动。经未成年人的父母或者其他监护人同意，未成年人参与演出、节目制作等活动，活动组织方应当根据国家有关规定，保障未成年人合法权益。

第六十二条 密切接触未成年人的单位招聘工作人员时，应当向公安机关、人民检察院查询应聘者是否具有性侵害、虐待、拐卖、暴力伤害等违法犯罪记录；发现其具有前述行为记录的，不得录用。

密切接触未成年人的单位应当每年定期对工作人员是否具有上述违法犯罪记录进行查询。通过查询或者其他方式发现其工作人员具有上述行为的，应当及时解聘。

第六十三条 任何组织或者个人不得隐匿、毁弃、非法删除未成年人的信件、日记、电子邮件或者其他网络通讯内容。

除下列情形外，任何组织或者个人不得开拆、查阅未成年人的信件、日记、电子邮件或者其他网络通讯内容：

（一）无民事行为能力未成年人的父母或者其他监护人代未成年人开拆、查阅；

（二）因国家安全或者追查刑事犯罪依法进行检查；

（三）紧急情况下为了保护未成年人本人的人身安全。

第五章 网络保护

第六十四条 国家、社会、学校和家庭应当加强未成年人网络素养宣传教育，培养和提高未成年人的网络素养，增强未成年人科学、文明、安全、合理使用网络的意识和能力，保障未成年人在网络空间的合法权益。

第六十五条 国家鼓励和支持有利于未成年人健康成长的网络内容的创作与传播，鼓励和支持专门以未成年人为服务对象、适合未成年人身心健康特点的网络技术、产品、服务的研发、生产和使用。

第六十六条 网信部门及其他有关部门应当加强对未成年人网络保护工作的监督检查，依法惩处利用网络从事危害未成年人身心健康的活动，为未成年人提供安全、健康的网络环境。

第六十七条 网信部门会同公安、文化和旅游、新闻出版、电影、广播电视等部门根据保护不同年龄阶段未成年人的需要，确定可能影响未成年人身心健康网络信息的种类、范围和判断标准。

第六十八条 新闻出版、教育、卫生健康、文化和旅游、网信等部门应当定期开展预防未成年人沉迷网络的宣传教育，监督网络产品和服务提供者履行预防未成年人沉迷网络的义务，指导家庭、学校、社会组织互相配合，采取科学、合理的方式对未成年人沉迷网络进行预防和干预。

任何组织或者个人不得以侵害未成年人身心健康的方式对未成年人沉迷网络进行干预。

第六十九条 学校、社区、图书馆、文化馆、青少年宫等场所为未成年人提供的互联网上网服务设施，应当安装未成年人网络保护软件或者采取其他安全保护技术措施。

智能终端产品的制造者、销售者应当在产品上安装未成年人网络保护软件，或者以显著方式告知用户未成年人网络保护软件的安装渠道和方法。

第七十条 学校应当合理使用网络开展教学活动。未经学校允许，未成年学生不得将手机等智能终端产品带入课堂，带入学校的应当统一管理。

学校发现未成年学生沉迷网络的，应当及时告知其父母或者其他监护人，共同对未成年学生进行教育和引导，帮助其恢复正常的学习生活。

第七十一条 未成年人的父母或者其他监护人应当提高网络素养，规范自身使用网络的行为，加强对未成年人使用网络行为的引导和监督。

未成年人的父母或者其他监护人应当通过在智能终端产品上安装未成年人网络保护软件、选择适合未成年人的服务模式和管理功能等方式，避免未成年人接触危害或者可能影响其身心健康的网络信息，合理安排未成年人使用网络的时间，有效预防未成年人沉迷网络。

第七十二条 信息处理者通过网络处理未成年人个人信息的，应当遵循合法、正当和必要的原则。处理不满十四周岁未成年人个人信息的，应当征得未成年人的父母或者其他监护人同意，但法律、行政法规另有规定的除外。

未成年人、父母或者其他监护人要求信息处理者更正、删除未成年人个人信息的，信息处理者应当及时采取措施予以更正、删除，但法律、行政法规另有规定的除外。

第七十三条 网络服务提供者发现未成年人通过网络发布私密信息的，应当及时提示，并采取必要的保护措施。

第七十四条 网络产品和服务提供者不得向未成年人提供诱导其沉迷的产品和服务。

网络游戏、网络直播、网络音视频、网络社交等网络服务提供者应当针对未成年人使用其服务设置相应的时间管理、权限管理、消费管理等功能。

以未成年人为服务对象的在线教育网络产品和服务，不得插入网络游戏链接，不得推送广告等与教学无关的信息。

第七十五条 网络游戏经依法审批后方可运营。

国家建立统一的未成年人网络游戏电子身份认证系统。网络游戏服务提供者应当要求未成年人以真实身份信息注册并登录网络游戏。

网络游戏服务提供者应当按照国家有关规定和标准，对游戏产品进行分类，作出适龄提示，并采取技术措施，不得让未成年人接触不适宜的游戏或者游戏功能。

网络游戏服务提供者不得在每日二十二时至次日八时向未成年人提供网络游戏服务。

第七十六条 网络直播服务提供者不得为未满十六周岁的未成年人提供网络直播发布者账号注册服务；为年满十六周岁的未成年人提供网络直播发布者账号注册服务时，应当对其身份信息进行认证，并征得其父母或者其他监护人同意。

第七十七条 任何组织或者个人不得通过网络以文字、图片、音视频等形式，对未成年人实施侮辱、诽谤、威胁或者恶意损害形象等网络欺凌行为。

遭受网络欺凌的未成年人及其父母或者其他监护人有权通知网络服务提供者采取删除、屏蔽、断开链接等措施。网络服务提供者接到通知后，应当及时采取必要的措施制止网络欺凌行为，防止信息扩散。

第七十八条 网络产品和服务提供者应当建立便捷、合理、有效的投诉和举报渠道，公开投诉、举报方式等信息，及时受理并处理涉及未成年人的投诉、举报。

第七十九条 任何组织或者个人发现网络产品、服务含有危害未成年人身心健康的信息，有权向网络产品和服务提供者或者网信、公安等部门投诉、举报。

第八十条 网络服务提供者发现用户发布、传播可能影响未成年人身心健康的信息且未作显著提示的，应当作出提示或者通知用户予以提示；未作出提示的，不得传输相关信息。

网络服务提供者发现用户发布、传播含有危害未成年人身心健康内容的信息的，应当立即停止传输相关信息，采取删除、屏蔽、断开链接等处置措施，保存有关记录，并向网信、公安等部门报告。

网络服务提供者发现用户利用其网络服务对未成年人实施违法犯罪行为的，应当立即停止向该用户提供网络服务，保存有关记录，并向公安机关报告。

第六章　政府保护

第八十一条　县级以上人民政府承担未成年人保护协调机制具体工作的职能部门应当明确相关内设机构或者专门人员，负责承担未成年人保护工作。

乡镇人民政府和街道办事处应当设立未成年人保护工作站或者指定专门人员，及时办理未成年人相关事务；支持、指导居民委员会、村民委员会设立专人专岗，做好未成年人保护工作。

第八十二条　各级人民政府应当将家庭教育指导服务纳入城乡公共服务体系，开展家庭教育知识宣传，鼓励和支持有关人民团体、企业事业单位、社会组织开展家庭教育指导服务。

第八十三条　各级人民政府应当保障未成年人受教育的权利，并采取措施保障留守未成年人、困境未成年人、残疾未成年人接受义务教育。

对尚未完成义务教育的辍学未成年学生，教育行政部门应当责令父母或者其他监护人将其送入学校接受义务教育。

第八十四条　各级人民政府应当发展托育、学前教育事业，办好婴幼儿照护服务机构、幼儿园，支持社会力量依法兴办母婴室、婴幼儿照护服务机构、幼儿园。

县级以上地方人民政府及其有关部门应当培养和培训婴幼儿照护服务机构、幼儿园的保教人员，提高其职业道德素质和业务能力。

第八十五条　各级人民政府应当发展职业教育，保障未成年人接受职业教育或者职业技能培训，鼓励和支持人民团体、企业事业单位、社会组织为未成年人提供职业技能培训服务。

第八十六条　各级人民政府应当保障具有接受普通教育能力、能适应校园生活的残疾未成年人就近在普通学校、幼儿园接受教育；保障不具有接受普通教育能力的残疾未成年人在特殊教育学校、幼儿园接受学前教育、义务教育和职业教育。

各级人民政府应当保障特殊教育学校、幼儿园的办学、办园条件，鼓励和支持社会力量举办特殊教育学校、幼儿园。

第八十七条　地方人民政府及其有关部门应当保障校园安全，监督、指导学校、幼儿园等单位落实校园安全责任，建立突发事件的报告、处置和协调机制。

第八十八条　公安机关和其他有关部门应当依法维护校园周边的治安和交通秩序，设置监控设备和交通安全设施，预防和制止侵害未成年人的违法犯罪行为。

第八十九条　地方人民政府应当建立和改善适合未成年人的活动场所和设施，支持公益性未成年人活动场所和设施的建设和运行，鼓励社会力量兴办适合未成年人的活动场所和设施，并加强管理。

地方人民政府应当采取措施，鼓励和支持学校在国家法定节假日、休息日及寒暑假期将文化体育设施对未成年人免费或者优惠开放。

地方人民政府应当采取措施，防止任何组织或者个人侵占、破坏学校、幼儿园、婴幼儿照护服务机构等未成年人活动场所的场地、房屋和设施。

第九十条 各级人民政府及其有关部门应当对未成年人进行卫生保健和营养指导，提供卫生保健服务。

卫生健康部门应当依法对未成年人的疫苗预防接种进行规范，防治未成年人常见病、多发病，加强传染病防治和监督管理，做好伤害预防和干预，指导和监督学校、幼儿园、婴幼儿照护服务机构开展卫生保健工作。

教育行政部门应当加强未成年人的心理健康教育，建立未成年人心理问题的早期发现和及时干预机制。卫生健康部门应当做好未成年人心理治疗、心理危机干预以及精神障碍早期识别和诊断治疗等工作。

第九十一条 各级人民政府及其有关部门对困境未成年人实施分类保障，采取措施满足其生活、教育、安全、医疗康复、住房等方面的基本需要。

第九十二条 具有下列情形之一的，民政部门应当依法对未成年人进行临时监护：

（一）未成年人流浪乞讨或者身份不明，暂时查找不到父母或者其他监护人；

（二）监护人下落不明且无其他人可以担任监护人；

（三）监护人因自身客观原因或者因发生自然灾害、事故灾难、公共卫生事件等突发事件不能履行监护职责，导致未成年人监护缺失；

（四）监护人拒绝或者怠于履行监护职责，导致未成年人处于无人照料的状态；

（五）监护人教唆、利用未成年人实施违法犯罪行为，未成年人需要被带离安置；

（六）未成年人遭受监护人严重伤害或者面临人身安全威胁，需要被紧急安置；

（七）法律规定的其他情形。

第九十三条 对临时监护的未成年人，民政部门可以采取委托亲属抚养、家庭寄养等方式进行安置，也可以交由未成年人救助保护机构或者儿童福利机构进行收留、抚养。

临时监护期间，经民政部门评估，监护人重新具备履行监护职责条件的，民政部门可以将未成年人送回监护人抚养。

第九十四条 具有下列情形之一的，民政部门应当依法对未成年人进行长期监护：

（一）查找不到未成年人的父母或者其他监护人；

（二）监护人死亡或者被宣告死亡且无其他人可以担任监护人；

（三）监护人丧失监护能力且无其他人可以担任监护人；

（四）人民法院判决撤销监护人资格并指定由民政部门担任监护人；

（五）法律规定的其他情形。

第九十五条 民政部门进行收养评估后，可以依法将其长期监护的未成年人交由符合条件的申请人收养。收养关系成立后，民政部门与未成年人的监护关系终止。

第九十六条 民政部门承担临时监护或者长期监护职责的，财政、教育、卫生健康、公安等部门应当根据各自职责予以配合。

县级以上人民政府及其民政部门应当根据需要设立未成年人救助保护机构、儿童福利机构，负责收留、抚养由民政部门监护的未成年人。

第九十七条 县级以上人民政府应当开通全国统一的未成年人保护热线，及时受理、转介侵犯未成年人合法权益的投诉、举报；鼓励和支持人民团体、企业事业单位、社会组织参与建设未成年人保护服务平台、服务热线、服务站点，提供未成年人保护方面的咨询、帮助。

第九十八条 国家建立性侵害、虐待、拐卖、暴力伤害等违法犯罪人员信息查询系统，向密切接触未成年人的单位提供免费查询服务。

第九十九条 地方人民政府应当培育、引导和规范有关社会组织、社会工作者参与未成年人保护工作，开展家庭教育指导服务，为未成年人的心理辅导、康复救助、监护及收养评估等提供专业服务。

第七章 司法保护

第一百条 公安机关、人民检察院、人民法院和司法行政部门应当依法履行职责，保障未成年人合法权益。

第一百零一条 公安机关、人民检察院、人民法院和司法行政部门应当确定专门机构或者指定专门人员，负责办理涉及未成年人案件。办理涉及未成年人案件的人员应当经过专门培训，熟悉未成年人身心特点。专门机构或者专门人员中，应当有女性工作人员。

公安机关、人民检察院、人民法院和司法行政部门应当对上述机构和人员实行与未成年人保护工作相适应的评价考核标准。

第一百零二条 公安机关、人民检察院、人民法院和司法行政部门办理涉及未成年人案件，应当考虑未成年人身心特点和健康成长的需要，使用未成年人能够理解的语言和表达方式，听取未成年人的意见。

第一百零三条 公安机关、人民检察院、人民法院、司法行政部门以及其他组织和个人不得披露有关案件中未成年人的姓名、影像、住所、就读学校以及其他可能识别出其身份的信息，但查找失踪、被拐卖未成年人等情形除外。

第一百零四条 对需要法律援助或者司法救助的未成年人，法律援助机构或者公安机关、人民检察院、人民法院和司法行政部门应当给予帮助，依法为其提供法律援助或者司法救助。

法律援助机构应当指派熟悉未成年人身心特点的律师为未成年人提供法律援助服务。

法律援助机构和律师协会应当对办理未成年人法律援助案件的律师进行指导和培训。

第一百零五条 人民检察院通过行使检察权，对涉及未成年人的诉讼活动等依法进行监督。

第一百零六条 未成年人合法权益受到侵犯，相关组织和个人未代为提起诉讼的，人民检察院可以督促、支持其提起诉讼；涉及公共利益的，人民检察院有权提起公益诉讼。

第一百零七条 人民法院审理继承案件，应当依法保护未成年人的继承权和受遗赠权。

人民法院审理离婚案件，涉及未成年子女抚养问题的，应当尊重已满八周岁未成年子女的真实意愿，根据双方具体情况，按照最有利于未成年子女的原则依法处理。

第一百零八条 未成年人的父母或者其他监护人不依法履行监护职责或者严重侵犯被监护的未成年人合法权益的，人民法院可以根据有关人员或者单位的申请，依法作出人身安全保护令或者撤销监护人资格。

被撤销监护人资格的父母或者其他监护人应当依法继续负担抚养费用。

第一百零九条　人民法院审理离婚、抚养、收养、监护、探望等案件涉及未成年人的，可以自行或者委托社会组织对未成年人的相关情况进行社会调查。

第一百一十条　公安机关、人民检察院、人民法院讯问未成年犯罪嫌疑人、被告人，询问未成年被害人、证人，应当依法通知其法定代理人或者其成年亲属、所在学校的代表等合适成年人到场，并采取适当方式，在适当场所进行，保障未成年人的名誉权、隐私权和其他合法权益。

人民法院开庭审理涉及未成年人案件，未成年被害人、证人一般不出庭作证；必须出庭的，应当采取保护其隐私的技术手段和心理干预等保护措施。

第一百一十一条　公安机关、人民检察院、人民法院应当与其他有关政府部门、人民团体、社会组织互相配合，对遭受性侵害或者暴力伤害的未成年被害人及其家庭实施必要的心理干预、经济救助、法律援助、转学安置等保护措施。

第一百一十二条　公安机关、人民检察院、人民法院办理未成年人遭受性侵害或者暴力伤害案件，在询问未成年被害人、证人时，应当采取同步录音录像等措施，尽量一次完成；未成年被害人、证人是女性的，应当由女性工作人员进行。

第一百一十三条　对违法犯罪的未成年人，实行教育、感化、挽救的方针，坚持教育为主、惩罚为辅的原则。

对违法犯罪的未成年人依法处罚后，在升学、就业等方面不得歧视。

第一百一十四条　公安机关、人民检察院、人民法院和司法行政部门发现有关单位未尽到未成年人教育、管理、救助、看护等保护职责的，应当向该单位提出建议。被建议单位应当在一个月内作出书面回复。

第一百一十五条　公安机关、人民检察院、人民法院和司法行政部门应当结合实际，根据涉及未成年人案件的特点，开展未成年人法治宣传教育工作。

第一百一十六条　国家鼓励和支持社会组织、社会工作者参与涉及未成年人案件中未成年人的心理干预、法律援助、社会调查、社会观护、教育矫治、社区矫正等工作。

第八章　法律责任

第一百一十七条　违反本法第十一条第二款规定，未履行报告义务造成严重后果的，由上级主管部门或者所在单位对直接负责的主管人员和其他直接责任人员依法给予处分。

第一百一十八条　未成年人的父母或者其他监护人不依法履行监护职责或者侵犯未成年人合法权益的，由其居住地的居民委员会、村民委员会予以劝诫、制止；情节严重的，居民委员会、村民委员会应当及时向公安机关报告。

公安机关接到报告或者公安机关、人民检察院、人民法院在办理案件过程中发现未成年人的父母或者其他监护人存在上述情形的，应当予以训诫，并可以责令其接受家庭教育指导。

第一百一十九条　学校、幼儿园、婴幼儿照护服务等机构及其教职员工违反本法第二十七条、第二十八条、第三十九条规定的，由公安、教育、卫生健康、市场监督管理等部门按照职责分工责令改正；拒不改正或者情节严重的，对直接负责的主管人员和其他直接责任人员依法给予处分。

第一百二十条 违反本法第四十四条、第四十五条、第四十七条规定，未给予未成年人免费或者优惠待遇的，由市场监督管理、文化和旅游、交通运输等部门按照职责分工责令限期改正，给予警告；拒不改正的，处一万元以上十万元以下罚款。

第一百二十一条 违反本法第五十条、第五十一条规定的，由新闻出版、广播电视、电影、网信等部门按照职责分工责令限期改正，给予警告，没收违法所得，可以并处十万元以下罚款；拒不改正或者情节严重的，责令暂停相关业务、停产停业或者吊销营业执照、吊销相关许可证，违法所得一百万元以上的，并处违法所得一倍以上十倍以下的罚款，没有违法所得或者违法所得不足一百万元的，并处十万元以上一百万元以下罚款。

第一百二十二条 场所运营单位违反本法第五十六条第二款规定、住宿经营者违反本法第五十七条规定的，由市场监督管理、应急管理、公安等部门按照职责分工责令限期改正，给予警告；拒不改正或者造成严重后果的，责令停业整顿或者吊销营业执照、吊销相关许可证，并处一万元以上十万元以下罚款。

第一百二十三条 相关经营者违反本法第五十八条、第五十九条第一款、第六十条规定的，由文化和旅游、市场监督管理、烟草专卖、公安等部门按照职责分工责令限期改正，给予警告，没收违法所得，可以并处五万元以下罚款；拒不改正或者情节严重的，责令停业整顿或者吊销营业执照、吊销相关许可证，可以并处五万元以上五十万元以下罚款。

第一百二十四条 违反本法第五十九条第二款规定，在学校、幼儿园和其他未成年人集中活动的公共场所吸烟、饮酒的，由卫生健康、教育、市场监督管理等部门按照职责分工责令改正，给予警告，可以并处五百元以下罚款；场所管理者未及时制止的，由卫生健康、教育、市场监督管理等部门按照职责分工给予警告，并处一万元以下罚款。

第一百二十五条 违反本法第六十一条规定的，由文化和旅游、人力资源和社会保障、市场监督管理等部门按照职责分工责令限期改正，给予警告，没收违法所得，可以并处十万元以下罚款；拒不改正或者情节严重的，责令停产停业或者吊销营业执照、吊销相关许可证，并处十万元以上一百万元以下罚款。

第一百二十六条 密切接触未成年人的单位违反本法第六十二条规定，未履行查询义务，或者招用、继续聘用具有相关违法犯罪记录人员的，由教育、人力资源和社会保障、市场监督管理等部门按照职责分工责令限期改正，给予警告，并处五万元以下罚款；拒不改正或者造成严重后果的，责令停业整顿或者吊销营业执照、吊销相关许可证，并处五万元以上五十万元以下罚款，对直接负责的主管人员和其他直接责任人员依法给予处分。

第一百二十七条 信息处理者违反本法第七十二条规定，或者网络产品和服务提供者违反本法第七十三条、第七十四条、第七十五条、第七十六条、第七十七条、第八十条规定的，由公安、网信、电信、新闻出版、广播电视、文化和旅游等有关部门按照职责分工责令改正，给予警告，没收违法所得，违法所得一百万元以上的，并处违法所得一倍以上十倍以下罚款，没有违法所得或者违法所得不足一百万元的，并处十万元以上一百万元以下罚款，对直接负责的主管人员和其他责任人员处一万元以上十万元以下罚款；拒不改正或者情节严重的，并可以责令暂停相关业务、停业整顿、关闭网站、吊销营业执照或者吊销相关许可证。

第一百二十八条 国家机关工作人员玩忽职守、滥用职权、徇私舞弊，损害未成年人合法权益的，依法给予处分。

第一百二十九条 违反本法规定，侵犯未成年人合法权益，造成人身、财产或者其他损害的，依法承担民事责任。

违反本法规定，构成违反治安管理行为的，依法给予治安管理处罚；构成犯罪的，依法追究刑事责任。

第九章 附 则

第一百三十条 本法中下列用语的含义：

（一）密切接触未成年人的单位，是指学校、幼儿园等教育机构；校外培训机构；未成年人救助保护机构、儿童福利机构等未成年人安置、救助机构；婴幼儿照护服务机构、早期教育服务机构；校外托管、临时看护机构；家政服务机构；为未成年人提供医疗服务的医疗机构；其他对未成年人负有教育、培训、监护、救助、看护、医疗等职责的企业事业单位、社会组织等。

（二）学校，是指普通中小学、特殊教育学校、中等职业学校、专门学校。

（三）学生欺凌，是指发生在学生之间，一方蓄意或者恶意通过肢体、语言及网络等手段实施欺压、侮辱，造成另一方人身伤害、财产损失或者精神损害的行为。

第一百三十一条 对中国境内未满十八周岁的外国人、无国籍人，依照本法有关规定予以保护。

第一百三十二条 本法自 2021 年 6 月 1 日起施行。

中华人民共和国农村集体经济组织法

（2024 年 6 月 28 日第十四届全国人民代表大会常务委员会第十次会议通过）

目 录

第一章 总 则

第一条 为了维护农村集体经济组织及其成员的合法权益，规范农村集体经济组织及其运行管理，促进新型农村集体经济高质量发展，巩固和完善农村基本经营制度和社会主义基本经济制度，推进乡村全面振兴，加快建设农业强国，促进共同富裕，根据宪法，制定本法。

第二条 本法所称农村集体经济组织，是指以土地集体所有为基础，依法代表成员集体行使所有权，实行家庭承包经营为基础、统分结合双层经营体制的区域性经济组织，包括乡镇级农村集体经济组织、村级农村集体经济组织、组级农村集体经济组织。

第三条 农村集体经济组织是发展壮大新型农村集体经济、巩固社会主义公有制、促进共同富裕的重要主体，是健全乡村治理体系、实现乡村善治的重要力量，是提升中国共产党农村基层组织凝聚力、巩固党在农村执政根基的重要保障。

第四条 农村集体经济组织应当坚持以下原则：

（一）坚持中国共产党的领导，在乡镇党委、街道党工委和村党组织的领导下依法履职；

（二）坚持社会主义集体所有制，维护集体及其成员的合法权益；

（三）坚持民主管理，农村集体经济组织成员依照法律法规和农村集体经济组织章程平等享有权利、承担义务；

（四）坚持按劳分配为主体、多种分配方式并存，促进农村共同富裕。

第五条 农村集体经济组织依法代表成员集体行使所有权，履行下列职能：

（一）发包农村土地；

（二）办理农村宅基地申请、使用事项；

（三）合理开发利用和保护耕地、林地、草地等土地资源并进行监督；

（四）使用集体经营性建设用地或者通过出让、出租等方式交由单位、个人使用；

（五）组织开展集体财产经营、管理；

（六）决定集体出资的企业所有权变动；

（七）分配、使用集体收益；

（八）分配、使用集体土地被征收征用的土地补偿费等；

（九）为成员的生产经营提供技术、信息等服务；

（十）支持和配合村民委员会在村党组织领导下开展村民自治；

（十一）支持农村其他经济组织、社会组织依法发挥作用；

（十二）法律法规和农村集体经济组织章程规定的其他职能。

第六条 农村集体经济组织依照本法登记，取得特别法人资格，依法从事与其履行职能相适应的民事活动。

农村集体经济组织不适用有关破产法律的规定。

农村集体经济组织可以依法出资设立或者参与设立公司、农民专业合作社等市场主体，以其出资为限对其设立或者参与设立的市场主体的债务承担责任。

第七条 农村集体经济组织从事经营管理和服务活动，应当遵守法律法规，遵守社会公德、商业道德，诚实守信，承担社会责任。

第八条 国家保护农村集体经济组织及其成员的合法权益，任何组织和个人不得侵犯。

农村集体经济组织成员集体所有的财产受法律保护，任何组织和个人不得侵占、挪用、截留、哄抢、私分、破坏。

妇女享有与男子平等的权利，不得以妇女未婚、结婚、离婚、丧偶、户无男性等为由，侵害妇女在农村集体经济组织中的各项权益。

第九条 国家通过财政、税收、金融、土地、人才以及产业政策等扶持措施，促进农村集体经济组织发展，壮大新型农村集体经济。

国家鼓励和支持机关、企事业单位、社会团体等组织和个人为农村集体经济组织提供帮助和服务。

对发展农村集体经济组织事业做出突出贡献的组织和个人，按照国家规定给予表彰和奖励。

第十条 国务院农业农村主管部门负责指导全国农村集体经济组织的建设和发展。国务院其他有关部门在各自职责范围内负责有关的工作。

县级以上地方人民政府农业农村主管部门负责本行政区域内农村集体经济组织的登记管理、运行监督指导以及承包地、宅基地等集体财产管理和产权流转交易等的监督指导。县级以上地方人民政府其他有关部门在各自职责范围内负责有关的工作。

乡镇人民政府、街道办事处负责本行政区域内农村集体经济组织的监督管理等。

县级以上人民政府农业农村主管部门应当会同有关部门加强对农村集体经济组织工作的综合协调，指导、协调、扶持、推动农村集体经济组织的建设和发展。

地方各级人民政府和县级以上人民政府农业农村主管部门应当采取措施，建立健全集体财产监督管理服务体系，加强基层队伍建设，配备与集体财产监督管理工作相适应的专业人员。

第二章 成 员

第十一条 户籍在或者曾经在农村集体经济组织并与农村集体经济组织形成稳定的权利义务关系，以农村集体经济组织成员集体所有的土地等财产为基本生活保障的居民，为农村集体经济组织成员。

第十二条 农村集体经济组织通过成员大会，依据前条规定确认农村集体经济组织成员。

对因成员生育而增加的人员，农村集体经济组织应当确认为农村集体经济组织成员。对因成员结婚、收养或者因政策性移民而增加的人员，农村集体经济组织一般应当确认为农村集体经济组织成员。

确认农村集体经济组织成员，不得违反本法和其他法律法规的规定。

农村集体经济组织应当制作或者变更成员名册。成员名册应当报乡镇人民政府、街道办事处和县级人民政府农业农村主管部门备案。

省、自治区、直辖市人民代表大会及其常务委员会可以根据本法，结合本行政区域实际情况，对农村集体经济组织的成员确认作出具体规定。

第十三条 农村集体经济组织成员享有下列权利：

（一）依照法律法规和农村集体经济组织章程选举和被选举为成员代表、理事会成员、监事会成员或者监事；

（二）依照法律法规和农村集体经济组织章程参加成员大会、成员代表大会，参与表决决定农村集体经济组织重大事项和重要事务；

（三）查阅、复制农村集体经济组织财务会计报告、会议记录等资料，了解有关情况；

（四）监督农村集体经济组织的生产经营管理活动和集体收益的分配、使用，并提出意见和建议；

（五）依法承包农村集体经济组织发包的农村土地；

（六）依法申请取得宅基地使用权；

（七）参与分配集体收益；

（八）集体土地被征收征用时参与分配土地补偿费等；

（九）享受农村集体经济组织提供的服务和福利；

（十）法律法规和农村集体经济组织章程规定的其他权利。

第十四条 农村集体经济组织成员履行下列义务：

（一）遵守法律法规和农村集体经济组织章程；

（二）执行农村集体经济组织依照法律法规和农村集体经济组织章程作出的决定；

（三）维护农村集体经济组织合法权益；

（四）合理利用和保护集体土地等资源；

（五）参与、支持农村集体经济组织的生产经营管理活动和公益活动；

（六）法律法规和农村集体经济组织章程规定的其他义务。

第十五条 非农村集体经济组织成员长期在农村集体经济组织工作，对集体做出贡献的，经农村集体经济组织成员大会全体成员四分之三以上同意，可以享有本法第十三条第七项、第九项、第十项规定的权利。

第十六条 农村集体经济组织成员提出书面申请并经农村集体经济组织同意的，可以自愿退出农村集体经济组织。

农村集体经济组织成员自愿退出的，可以与农村集体经济组织协商获得适当补偿或者在一定期限内保留其已经享有的财产权益，但是不得要求分割集体财产。

第十七条 有下列情形之一的，丧失农村集体经济组织成员身份：

（一）死亡；

（二）丧失中华人民共和国国籍；

（三）已经取得其他农村集体经济组织成员身份；

（四）已经成为公务员，但是聘任制公务员除外；

（五）法律法规和农村集体经济组织章程规定的其他情形。

因前款第三项、第四项情形而丧失农村集体经济组织成员身份的，依照法律法规、国家有关规定和农村集体经济组织章程，经与农村集体经济组织协商，可以在一定期限内保留其已经享有的相关权益。

第十八条 农村集体经济组织成员不因就学、服役、务工、经商、离婚、丧偶、服刑等原因而丧失农村集体经济组织成员身份。

农村集体经济组织成员结婚，未取得其他农村集体经济组织成员身份的，原农村集体经济组织不得取消其成员身份。

第三章 组织登记

第十九条 农村集体经济组织应当具备下列条件：

（一）有符合本法规定的成员；

（二）有符合本法规定的集体财产；

（三）有符合本法规定的农村集体经济组织章程；

（四）有符合本法规定的名称和住所；

（五）有符合本法规定的组织机构。

符合前款规定条件的村一般应当设立农村集体经济组织，村民小组可以根据情况设立农村集体经济组织；乡镇确有需要的，可以设立农村集体经济组织。

设立农村集体经济组织不得改变集体土地所有权。

第二十条 农村集体经济组织章程应当载明下列事项：

（一）农村集体经济组织的名称、法定代表人、住所和财产范围；

（二）农村集体经济组织成员确认规则和程序；

（三）农村集体经济组织的机构；

（四）集体财产经营和财务管理；

（五）集体经营性财产收益权的量化与分配；

（六）农村集体经济组织的变更和注销；

（七）需要载明的其他事项。

农村集体经济组织章程应当报乡镇人民政府、街道办事处和县级人民政府农业农村主管部门备案。

国务院农业农村主管部门根据本法和其他有关法律法规制定农村集体经济组织示范章程。

第二十一条 农村集体经济组织的名称中应当标明“集体经济组织”字样，以及所在县、不设区的市、市辖区、乡、民族乡、镇、村或者组的名称。

农村集体经济组织以其主要办事机构所在地为住所。

第二十二条 农村集体经济组织成员大会表决通过本农村集体经济组织章程、确认本农村集体经济组织成员、选举本农村集体经济组织理事会成员、监事会成员或者监事后，应当及时向县级以上地方人民政府农业农村主管部门申请登记，取得农村集体经济组织登记证书。

农村集体经济组织登记办法由国务院农业农村主管部门制定。

第二十三条 农村集体经济组织合并的，应当在清产核资的基础上编制资产负债表和财产清单。

农村集体经济组织合并的，应当由各自的成员大会形成决定，经乡镇人民政府、街道办事处审核后，报县级以上地方人民政府批准。

农村集体经济组织应当在获得批准合并之日起十日内通知债权人，债权人可以要求农村集体经济组织清偿债务或者提供相应担保。

合并各方的债权债务由合并后的农村集体经济组织承继。

第二十四条 农村集体经济组织分立的，应当在清产核资的基础上分配财产、分解债权债务。

农村集体经济组织分立的，应当由成员大会形成决定，经乡镇人民政府、街道办事处审核后，报县级以上地方人民政府批准。

农村集体经济组织应当在获得批准分立之日起十日内通知债权人。

农村集体经济组织分立前的债权债务，由分立后的农村集体经济组织享有连带债权，承担连带债务，但是农村集体经济组织分立时已经与债权人或者债务人达成清偿债务的书面协议的，从其约定。

第二十五条 农村集体经济组织合并、分立或者登记事项变动的，应当办理变更登记。

农村集体经济组织因合并、分立等原因需要解散的，依法办理注销登记后终止。

第四章 组织机构

第二十六条 农村集体经济组织成员大会由具有完全民事行为能力的全体成员组成，是本农村集体经济组织的权力机构，依法行使下列职权：

（一）制定、修改农村集体经济组织章程；

（二）制定、修改农村集体经济组织内部管理制度；

（三）确认农村集体经济组织成员；

（四）选举、罢免农村集体经济组织理事会成员、监事会成员或者监事；

（五）审议农村集体经济组织理事会、监事会或者监事的工作报告；

（六）决定农村集体经济组织理事会成员、监事会成员或者监事的报酬及主要经营管理人员的聘任、解聘和报酬；

（七）批准农村集体经济组织的集体经济发展规划、业务经营计划、年度财务预决算、收益分配方案；

（八）对农村土地承包、宅基地使用和集体经营性财产收益权份额量化方案等事项作出决定；

（九）对集体经营性建设用地使用、出让、出租方案等事项作出决定；

（十）决定土地补偿费等的分配、使用办法；

（十一）决定投资等重大事项；

（十二）决定农村集体经济组织合并、分立等重大事项；

（十三）法律法规和农村集体经济组织章程规定的其他职权。

需由成员大会审议决定的重要事项，应当先经乡镇党委、街道党工委或者村党组织研究讨论。

第二十七条 农村集体经济组织召开成员大会，应当将会议召开的时间、地点和审议的事项于会议召开十日前通知全体成员，有三分之二以上具有完全民事行为能力的成员参加。成员无法在现场参加会议的，可以通过即时通讯工具在线参加会议，或者书面委托本农村集体经济组织同一户内具有完全民事行为能力的其他家庭成员代为参加会议。

成员大会每年至少召开一次，并由理事会召集，由理事长、副理事长或者理事长指定的成员主持。

成员大会实行一人一票的表决方式。成员大会作出决定，应当经本农村集体经济组织成员大会全体成员三分之二以上同意，本法或者其他法律法规、农村集体经济组织章程有更严格规定的，从其规定。

第二十八条 农村集体经济组织成员较多的，可以按照农村集体经济组织章程规定设立成员代表大会。

设立成员代表大会的，一般每五户至十五户选举代表一人，代表人数应当多于二十人，并且有适当数量的妇女代表。

成员代表的任期为五年，可以连选连任。

成员代表大会按照农村集体经济组织章程规定行使本法第二十六条第一款规定的成员大会部分职权，但是第一项、第三项、第八项、第十项、第十二项规定的职权除外。

成员代表大会实行一人一票的表决方式。成员代表大会作出决定，应当经全体成员代表三分之二以上同意。

第二十九条 农村集体经济组织设理事会，一般由三至七名单数成员组成。理事会设理事长一名，可以设副理事长。理事长、副理事长、理事的产生办法由农村集体经济组织章程规定。理事会成员之间应当实行近亲属回避。理事会成员的任期为五年，可以连选连任。

理事长是农村集体经济组织的法定代表人。

乡镇党委、街道党工委或者村党组织可以提名推荐农村集体经济组织理事会成员候选人，党组织负责人可以通过法定程序担任农村集体经济组织理事长。

第三十条 理事会对成员大会、成员代表大会负责，行使下列职权：

（一）召集、主持成员大会、成员代表大会，并向其报告工作；

（二）执行成员大会、成员代表大会的决定；

（三）起草农村集体经济组织章程修改草案；

（四）起草集体经济发展规划、业务经营计划、内部管理制度等；

（五）起草农村土地承包、宅基地使用、集体经营性财产收益权份额量化，以及集体经营性建设用地使用、出让或者出租等方案；

（六）起草投资方案；

（七）起草年度财务预决算、收益分配方案等；

（八）提出聘任、解聘主要经营管理人员及决定其报酬的建议；

（九）依照法律法规和农村集体经济组织章程管理集体财产和财务，保障集体财产安全；

（十）代表农村集体经济组织签订承包、出租、入股等合同，监督、督促承包方、承租方、被投资方等履行合同；

（十一）接受、处理有关质询、建议并作出答复；

（十二）农村集体经济组织章程规定的其他职权。

第三十一条 理事会会议应当有三分之二以上的理事会成员出席。

理事会实行一人一票的表决方式。理事会作出决定，应当经全体理事的过半数同意。

理事会的议事方式和表决程序由农村集体经济组织章程具体规定。

第三十二条 农村集体经济组织设监事会，成员较少的可以设一至二名监事，行使监督理事会执行成员大会和成员代表大会决定、监督检查集体财产经营管理情况、审核监督本农村集体经济组织财务状况等内部监督职权。必要时，监事会或者监事可以组织对本农村集体经济组织的财务进行内部审计，审计结果应当向成员大会、成员代表大会报告。

监事会或者监事的产生办法、具体职权、议事方式和表决程序等，由农村集体经济组织章程规定。

第三十三条 农村集体经济组织成员大会、成员代表大会、理事会、监事会或者监事召开会议，应当按照规定制作、保存会议记录。

第三十四条 农村集体经济组织理事会成员、监事会成员或者监事与村党组织领导班子成员、村民委员会成员可以根据情况交叉任职。

农村集体经济组织理事会成员、财务人员、会计人员及其近亲属不得担任监事会成员或者监事。

第三十五条 农村集体经济组织理事会成员、监事会成员或者监事应当遵守法律法规和农村集体经济组织章程，履行诚实信用、勤勉谨慎的义务，为农村集体经济组织及其成员的利益管理集体财产，处理农村集体经济组织事务。

农村集体经济组织理事会成员、监事会成员或者监事、主要经营管理人员不得有下列行为：

（一）侵占、挪用、截留、哄抢、私分、破坏集体财产；

（二）直接或者间接向农村集体经济组织借款；

（三）以集体财产为本人或者他人债务提供担保；

（四）违反法律法规或者国家有关规定为地方政府举借债务；

（五）以农村集体经济组织名义开展非法集资等非法金融活动；

（六）将集体财产低价折股、转让、租赁；

（七）以集体财产加入合伙企业成为普通合伙人；

（八）接受他人与农村集体经济组织交易的佣金归为己有；

（九）泄露农村集体经济组织的商业秘密；

（十）其他损害农村集体经济组织合法权益的行为。

第五章 财产经营管理和收益分配

第三十六条 集体财产主要包括：

（一）集体所有的土地和森林、山岭、草原、荒地、滩涂；

（二）集体所有的建筑物、生产设施、农田水利设施；

（三）集体所有的教育、科技、文化、卫生、体育、交通等设施和农村人居环境基础设施；

（四）集体所有的资金；

（五）集体投资兴办的企业和集体持有的其他经济组织的股权及其他投资性权利；

（六）集体所有的无形资产；

（七）集体所有的接受国家扶持、社会捐赠、减免税费等形成的财产；

（八）集体所有的其他财产。

集体财产依法由农村集体经济组织成员集体所有，由农村集体经济组织依法代表成员集体行使所有权，不得分割到成员个人。

第三十七条 集体所有和国家所有依法由农民集体使用的耕地、林地、草地以及其他依法用于农业的土地，依照农村土地承包的法律实行承包经营。

集体所有的宅基地等建设用地，依照法律、行政法规和国家有关规定取得、使用、管理。

集体所有的建筑物、生产设施、农田水利设施，由农村集体经济组织按照国家有关规定和农村集体经济组织章程使用、管理。

集体所有的教育、科技、文化、卫生、体育、交通等设施和农村人居环境基础设施，依照法律法规、国家有关规定和农村集体经济组织章程使用、管理。

第三十八条 依法应当实行家庭承包的耕地、林地、草地以外的其他农村土地，农村集体经济组织可以直接组织经营或者依法实行承包经营，也可以依法采取土地经营权出租、入股等方式经营。

第三十九条 对符合国家规定的集体经营性建设用地，农村集体经济组织应当优先用于保障乡村产业发展和乡村建设，也可以依法通过出让、出租等方式交由单位或者个人有偿使用。

第四十条 农村集体经济组织可以将集体所有的经营性财产的收益权以份额形式量化到本农村集体经济组织成员，作为其参与集体收益分配的基本依据。

集体所有的经营性财产包括本法第三十六条第一款第一项中可以依法入市、流转的财产用益物权和第二项、第四项至第七项的财产。

国务院农业农村主管部门可以根据本法制定集体经营性财产收益权量化的具体办法。

第四十一条 农村集体经济组织可以探索通过资源发包、物业出租、居间服务、经营性财产参股等多样化途径发展新型农村集体经济。

第四十二条 农村集体经济组织当年收益应当按照农村集体经济组织章程规定提取公积公益金，用于弥补亏损、扩大生产经营等，剩余的可分配收益按照量化给农村集体经济组织成员的集体经营性财产收益权份额进行分配。

第四十三条 农村集体经济组织应当加强集体财产管理，建立集体财产清查、保管、使用、处置、公开等制度，促进集体财产保值增值。

省、自治区、直辖市可以根据实际情况，制定本行政区域农村集体财产管理具体办法，实现集体财产管理制度化、规范化和信息化。

第四十四条 农村集体经济组织应当按照国务院有关部门制定的农村集体经济组织财务会计制度进行财务管理和会计核算。

农村集体经济组织应当根据会计业务的需要，设置会计机构，或者设置会计人员并指定会计主管人员，也可以按照规定委托代理记账。

集体所有的资金不得存入以个人名义开立的账户。

第四十五条 农村集体经济组织应当定期将财务情况向农村集体经济组织成员公布。集体财产使用管理情况、涉及农村集体经济组织及其成员利益的重大事项应当及时公布。农村集体经济组织理事会应当保证所公布事项的真实性。

第四十六条 农村集体经济组织应当编制年度经营报告、年度财务会计报告和收益分配方案，并于成员大会、成员代表大会召开十日前，提供给农村集体经济组织成员查阅。

第四十七条 农村集体经济组织应当依法接受审计监督。

县级以上地方人民政府农业农村主管部门和乡镇人民政府、街道办事处根据情况对农村集体经济组织开展定期审计、专项审计。审计办法由国务院农业农村主管部门制定。

审计机关依法对农村集体经济组织接受、运用财政资金的真实、合法和效益情况进行审计监督。

第四十八条 农村集体经济组织应当自觉接受有关机关和组织对集体财产使用管理情况的监督。

第六章　扶持措施

第四十九条 县级以上人民政府应当合理安排资金，支持农村集体经济组织发展新型农村集体经济、服务集体成员。

各级财政支持的农业发展和农村建设项目，依法将适宜的项目优先交由符合条件的农村集体经济组织承担。国家对欠发达地区和革命老区、民族地区、边疆地区的农村集体经济组织给予优先扶助。

县级以上人民政府有关部门应当依法加强对财政补助资金使用情况的监督。

第五十条 农村集体经济组织依法履行纳税义务，依法享受税收优惠。

农村集体经济组织开展生产经营管理活动或者因开展农村集体产权制度改革办理土地、房屋权属变更，按照国家规定享受税收优惠。

第五十一条 农村集体经济组织用于集体公益和综合服务、保障村级组织和村务运转等支出，按照国家规定计入相应成本。

第五十二条 国家鼓励政策性金融机构立足职能定位，在业务范围内采取多种形式对农村集体经济组织发展新型农村集体经济提供多渠道资金支持。

国家鼓励商业性金融机构为农村集体经济组织及其成员提供多样化金融服务，优先支持符合条件的农村集体经济发展项目，支持农村集体经济组织开展集体经营性财产股权质押贷款；鼓励融资担保机构为农村集体经济组织提供融资担保服务；鼓励保险机构为农村集体经济组织提供保险服务。

第五十三条 乡镇人民政府编制村庄规划应当根据实际需要合理安排集体经济发展各项建设用地。

土地整理新增耕地形成土地指标交易的收益，应当保障农村集体经济组织和相关权利人的合法权益。

第五十四条 县级人民政府和乡镇人民政府、街道办事处应当加强农村集体经济组织经营管理队伍建设，制定农村集体经济组织人才培养计划，完善激励机制，支持和引导各类人才服务新型农村集体经济发展。

第五十五条 各级人民政府应当在用水、用电、用气以及网络、交通等公共设施和农村人居环境基础设施配置方面为农村集体经济组织建设发展提供支持。

第七章 争议的解决和法律责任

第五十六条 对确认农村集体经济组织成员身份有异议，或者农村集体经济组织因内部管理、运行、收益分配等发生纠纷的，当事人可以请求乡镇人民政府、街道办事处或者县级人民政府农业农村主管部门调解解决；不愿调解或者调解不成的，可以向农村土地承包仲裁机构申请仲裁，也可以直接向人民法院提起诉讼。

确认农村集体经济组织成员身份时侵害妇女合法权益，导致社会公共利益受损的，检察机关可以发出检察建议或者依法提起公益诉讼。

第五十七条 农村集体经济组织成员大会、成员代表大会、理事会或者农村集体经济组织负责人作出的决定侵害农村集体经济组织成员合法权益的，受侵害的农村集体经济组织成员可以请求人民法院予以撤销。但是，农村集体经济组织按照该决定与善意相对人形成的民事法律关系不受影响。

受侵害的农村集体经济组织成员自知道或者应当知道撤销事由之日起一年内或者自该决定作出之日起五年内未行使撤销权的，撤销权消灭。

第五十八条 农村集体经济组织理事会成员、监事会成员或者监事、主要经营管理人员有本法第三十五条第二款规定行为的，由乡镇人民政府、街道办事处或者县级人民政府农业农村主管部门责令限期改正；情节严重的，依法给予处分或者行政处罚；造成集体财产损失的，依法承担赔偿责任；构成犯罪的，依法追究刑事责任。

前款规定的人员违反本法规定，以集体财产为本人或者他人债务提供担保的，该担保无效。

第五十九条 对于侵害农村集体经济组织合法权益的行为，农村集体经济组织可以依法向人民法院提起诉讼。

第六十条 农村集体经济组织理事会成员、监事会成员或者监事、主要经营管理人员执行职务时违反法律法规或者农村集体经济组织章程的规定，给农村集体经济组织造成损失的，应当依法承担赔偿责任。

前款规定的人员有前款行为的，农村集体经济组织理事会、监事会或者监事应当向人民法院提起诉讼；未及时提起诉讼的，十名以上具有完全民事行为能力的农村集体经济组织成员可以书面请求监事会或者监事向人民法院提起诉讼。

监事会或者监事收到书面请求后拒绝提起诉讼或者自收到请求之日起十五日内未提起诉讼的，前款规定的提出书面请求的农村集体经济组织成员可以为农村集体经济组织的利益，以自己的名义向人民法院提起诉讼。

第六十一条 农村集体经济组织章程或者农村集体经济组织成员大会、成员代表大会所作的决定违反本法或者其他法律法规规定的，由乡镇人民政府、街道办事处或者县级人民政府农业农村主管部门责令限期改正。

第六十二条 地方人民政府及其有关部门非法干预农村集体经济组织经营管理和财产管理活动或者未依法履行相应监管职责的，由上级人民政府责令限期改正；情节严重的，依法追究相关责任人员的法律责任。

第六十三条 农村集体经济组织对行政机关的行政行为不服的，可以依法申请行政复议或者提起行政诉讼。

第八章 附 则

第六十四条 未设立农村集体经济组织的，村民委员会、村民小组可以依法代行农村集体经济组织的职能。

村民委员会、村民小组依法代行农村集体经济组织职能的，讨论决定有关集体财产和成员权益的事项参照适用本法的相关规定。

第六十五条 本法施行前已经按照国家规定登记的农村集体经济组织及其名称，本法施行后在法人登记证书有效期限内继续有效。

第六十六条 本法施行前农村集体经济组织开展农村集体产权制度改革时已经被确认的成员，本法施行后不需要重新确认。

第六十七条 本法自 2025 年 5 月 1 日起施行。

中华人民共和国野生动物保护法

（1988 年 11 月 8 日第七届全国人民代表大会常务委员会第四次会议通过 根据 2004 年 8 月 28 日第十届全国人民代表大会常务委员会第十一次会议《关于修改〈中华人民共和国野生动物保护法〉的决定》第一次修正 根据 2009 年 8 月 27 日第十一届全国人民代表大会常务委员会第十次会议《关于修改部分法律的决定》第二次修正 2016 年 7 月 2 日第十二届全国人民代表大会常务委员会第二十一次会议第一次修订 根据 2018 年 10 月 26 日第十三届全国人民代表大会常务委员会第六次会议《关于修改〈中华人民共和国野生动物保护法〉等十五部法律的决定》第三次修正 2022 年 12 月 30 日第十三届全国人民代表大会常务委员会第三十八次会议第二次修订）

目 录

第一章 总 则

第一条 为了保护野生动物，拯救珍贵、濒危野生动物，维护生物多样性和生态平衡，推进生态文明建设，促进人与自然和谐共生，制定本法。

第二条 在中华人民共和国领域及管辖的其他海域，从事野生动物保护及相关活动，适用本法。

本法规定保护的野生动物，是指珍贵、濒危的陆生、水生野生动物和有重要生态、科学、社会价值的陆生野生动物。

本法规定的野生动物及其制品，是指野生动物的整体（含卵、蛋）、部分及衍生物。

珍贵、濒危的水生野生动物以外的其他水生野生动物的保护，适用《中华人民共和国渔业法》等有关法律的规定。

第三条 野生动物资源属于国家所有。

国家保障依法从事野生动物科学研究、人工繁育等保护及相关活动的组织和个人的合法权益。

第四条 国家加强重要生态系统保护和修复，对野生动物实行保护优先、规范利用、严格监管的原则，鼓励和支持开展野生动物科学研究与应用，秉持生态文明理念，推动绿色发展。

第五条 国家保护野生动物及其栖息地。县级以上人民政府应当制定野生动物及其栖息地相关保护规划和措施，并将野生动物保护经费纳入预算。

国家鼓励公民、法人和其他组织依法通过捐赠、资助、志愿服务等方式参与野生动物保护活动，支持野生动物保护公益事业。

本法规定的野生动物栖息地，是指野生动物野外种群生息繁衍的重要区域。

第六条 任何组织和个人有保护野生动物及其栖息地的义务。禁止违法猎捕、运输、交易野生动物，禁止破坏野生动物栖息地。

社会公众应当增强保护野生动物和维护公共卫生安全的意识，防止野生动物源性传染病传播，抵制违法食用野生动物，养成文明健康的生活方式。

任何组织和个人有权举报违反本法的行为，接到举报的县级以上人民政府野生动物保护主管部门和其他有关部门应当及时依法处理。

第七条 国务院林业草原、渔业主管部门分别主管全国陆生、水生野生动物保护工作。

县级以上地方人民政府对本行政区域内野生动物保护工作负责，其林业草原、渔业主管部门分别主管本行政区域内陆生、水生野生动物保护工作。

县级以上人民政府有关部门按照职责分工，负责野生动物保护相关工作。

第八条 各级人民政府应当加强野生动物保护的宣传教育和科学知识普及工作，鼓励和支持基层群众性自治组织、社会组织、企业事业单位、志愿者开展野生动物保护法律法规、生态保护等知识的宣传活动；组织开展对相关从业人员法律法规和专业知识培训；依法公开野生动物保护和管理信息。

教育行政部门、学校应当对学生进行野生动物保护知识教育。

新闻媒体应当开展野生动物保护法律法规和保护知识的宣传，并依法对违法行为进行舆论监督。

第九条 在野生动物保护和科学研究方面成绩显著的组织和个人，由县级以上人民政府按照国家有关规定给予表彰和奖励。

第二章 野生动物及其栖息地保护

第十条 国家对野生动物实行分类分级保护。

国家对珍贵、濒危的野生动物实行重点保护。国家重点保护的野生动物分为一级保护野生动物和二级保护野生动物。国家重点保护野生动物名录，由国务院野生动物保护主管部门组织科学论证评估后，报国务院批准公布。

有重要生态、科学、社会价值的陆生野生动物名录，由国务院野生动物保护主管部门征求国务院农业农村、自然资源、科学技术、生态环境、卫生健康等部门意见，组织科学论证评估后制定并公布。

地方重点保护野生动物，是指国家重点保护野生动物以外，由省、自治区、直辖市重点保护的野生动物。地方重点保护野生动物名录，由省、自治区、直辖市人民政府组织科学论证评估，征求国务院野生动物保护主管部门意见后制定、公布。

对本条规定的名录，应当每五年组织科学论证评估，根据论证评估情况进行调整，也可以根据野生动物保护的实际需要及时进行调整。

第十一条 县级以上人民政府野生动物保护主管部门应当加强信息技术应用，定期组织或者委托有关科学研究机构对野生动物及其栖息地状况进行调查、监测和评估，建立健全野生动物及其栖息地档案。

对野生动物及其栖息地状况的调查、监测和评估应当包括下列内容：

（一）野生动物野外分布区域、种群数量及结构；

（二）野生动物栖息地的面积、生态状况；

（三）野生动物及其栖息地的主要威胁因素；

（四）野生动物人工繁育情况等其他需要调查、监测和评估的内容。

第十二条 国务院野生动物保护主管部门应当会同国务院有关部门，根据野生动物及其栖息地状况的调查、监测和评估结果，确定并发布野生动物重要栖息地名录。

省级以上人民政府依法将野生动物重要栖息地划入国家公园、自然保护区等自然保护地，保护、恢复和改善野生动物生存环境。对不具备划定自然保护地条件的，县级以上人民政府可以采取划定禁猎（渔）区、规定禁猎（渔）期等措施予以保护。

禁止或者限制在自然保护地内引入外来物种、营造单一纯林、过量施洒农药等人为干扰、威胁野生动物生息繁衍的行为。

自然保护地依照有关法律法规的规定划定和管理，野生动物保护主管部门依法加强对野生动物及其栖息地的保护。

第十三条 县级以上人民政府及其有关部门在编制有关开发利用规划时，应当充分考虑野生动物及其栖息地保护的需要，分析、预测和评估规划实施可能对野生动物及其栖息地保护产生的整体影响，避免或者减少规划实施可能造成的不利后果。

禁止在自然保护地建设法律法规规定不得建设的项目。机场、铁路、公路、航道、水利水电、风电、光伏发电、围堰、围填海等建设项目的选址选线，应当避让自然保护地以及其他野生动物重要栖息地、迁徙洄游通道；确实无法避让的，应当采取修建野生动物通道、过鱼设施等措施，消除或者减少对野生动物的不利影响。

建设项目可能对自然保护地以及其他野生动物重要栖息地、迁徙洄游通道产生影响的，环境影响评价文件的审批部门在审批环境影响评价文件时，涉及国家重点保护野生动物的，应当征求国务院野生动物保护主管部门意见；涉及地方重点保护野生动物的，应当征求省、自治区、直辖市人民政府野生动物保护主管部门意见。

第十四条 各级野生动物保护主管部门应当监测环境对野生动物的影响，发现环境影响对野生动物造成危害时，应当会同有关部门及时进行调查处理。

第十五条 国家重点保护野生动物和有重要生态、科学、社会价值的陆生野生动物或者地方重点保护野生动物受到自然灾害、重大环境污染事故等突发事件威胁时，当地人民政府应当及时采取应急救助措施。

国家加强野生动物收容救护能力建设。县级以上人民政府野生动物保护主管部门应当按照国家有关规定组织开展野生动物收容救护工作，加强对社会组织开展野生动物收容救护工作的规范和指导。

收容救护机构应当根据野生动物收容救护的实际需要，建立收容救护场所，配备相应的专业技术人员、救护工具、设备和药品等。

禁止以野生动物收容救护为名买卖野生动物及其制品。

第十六条 野生动物疫源疫病监测、检疫和与人畜共患传染病有关的动物传染病的防治管理，适用《中华人民共和国动物防疫法》等有关法律法规的规定。

第十七条 国家加强对野生动物遗传资源的保护，对濒危野生动物实施抢救性保护。

国务院野生动物保护主管部门应当会同国务院有关部门制定有关野生动物遗传资源保护和利用规划，建立国家野生动物遗传资源基因库，对原产我国的珍贵、濒危野生动物遗传资源实行重点保护。

第十八条 有关地方人民政府应当根据实际情况和需要建设隔离防护设施、设置安全警示标志等，预防野生动物可能造成的危害。

县级以上人民政府野生动物保护主管部门根据野生动物及其栖息地调查、监测和评估情况，对种群数量明显超过环境容量的物种，可以采取迁地保护、猎捕等种群调控措施，保障人身财产安全、生态安全和农业生产。对种群调控猎捕的野生动物按照国家有关规定进行处理和综合利用。种群调控的具体办法由国务院野生动物保护主管部门会同国务院有关部门制定。

第十九条 因保护本法规定保护的野生动物，造成人员伤亡、农作物或者其他财产损失的，由当地人民政府给予补偿。具体办法由省、自治区、直辖市人民政府制定。有关地方人民政府可以推动保险机构开展野生动物致害赔偿保险业务。

有关地方人民政府采取预防、控制国家重点保护野生动物和其他致害严重的陆生野生动物造成危害的措施以及实行补偿所需经费，由中央财政予以补助。具体办法由国务院财政部门会同国务院野生动物保护主管部门制定。

在野生动物危及人身安全的紧急情况下，采取措施造成野生动物损害的，依法不承担法律责任。

第三章　野生动物管理

第二十条　在自然保护地和禁猎（渔）区、禁猎（渔）期内，禁止猎捕以及其他妨碍野生动物生息繁衍的活动，但法律法规另有规定的除外。

野生动物迁徙洄游期间，在前款规定区域外的迁徙洄游通道内，禁止猎捕并严格限制其他妨碍野生动物生息繁衍的活动。县级以上人民政府或者其野生动物保护主管部门应当规定并公布迁徙洄游通道的范围以及妨碍野生动物生息繁衍活动的内容。

第二十一条　禁止猎捕、杀害国家重点保护野生动物。

因科学研究、种群调控、疫源疫病监测或者其他特殊情况，需要猎捕国家一级保护野生动物的，应当向国务院野生动物保护主管部门申请特许猎捕证；需要猎捕国家二级保护野生动物的，应当向省、自治区、直辖市人民政府野生动物保护主管部门申请特许猎捕证。

第二十二条　猎捕有重要生态、科学、社会价值的陆生野生动物和地方重点保护野生动物的，应当依法取得县级以上地方人民政府野生动物保护主管部门核发的狩猎证，并服从猎捕量限额管理。

第二十三条　猎捕者应当严格按照特许猎捕证、狩猎证规定的种类、数量或者限额、地点、工具、方法和期限进行猎捕。猎捕作业完成后，应当将猎捕情况向核发特许猎捕证、狩猎证的野生动物保护主管部门备案。具体办法由国务院野生动物保护主管部门制定。猎捕国家重点保护野生动物应当由专业机构和人员承担；猎捕有重要生态、科学、社会价值的陆生野生动物，有条件的地方可以由专业机构有组织开展。

持枪猎捕的，应当依法取得公安机关核发的持枪证。

第二十四条　禁止使用毒药、爆炸物、电击或者电子诱捕装置以及猎套、猎夹、捕鸟网、地枪、排铳等工具进行猎捕，禁止使用夜间照明行猎、歼灭性围猎、捣毁巢穴、火攻、烟熏、网捕等方法进行猎捕，但因物种保护、科学研究确需网捕、电子诱捕以及植保作业等除外。

前款规定以外的禁止使用的猎捕工具和方法，由县级以上地方人民政府规定并公布。

第二十五条　人工繁育野生动物实行分类分级管理，严格保护和科学利用野生动物资源。国家支持有关科学研究机构因物种保护目的人工繁育国家重点保护野生动物。

人工繁育国家重点保护野生动物实行许可制度。人工繁育国家重点保护野生动物的，应当经省、自治区、直辖市人民政府野生动物保护主管部门批准，取得人工繁育许可证，但国务院对批准机关另有规定的除外。

人工繁育有重要生态、科学、社会价值的陆生野生动物的，应当向县级人民政府野生动物保护主管部门备案。

人工繁育野生动物应当使用人工繁育子代种源，建立物种系谱、繁育档案和个体数据。因物种保护目的确需采用野外种源的，应当遵守本法有关猎捕野生动物的规定。

本法所称人工繁育子代，是指人工控制条件下繁殖出生的子代个体且其亲本也在人工控制条件下出生。

人工繁育野生动物的具体管理办法由国务院野生动物保护主管部门制定。

第二十六条　人工繁育野生动物应当有利于物种保护及其科学研究，不得违法猎捕野生动物，破坏野外种群资源，并根据野生动物习性确保其具有必要的活动空间和生息繁衍、卫生健康条件，具备与其繁育目的、种类、发展规模相适应的场所、设施、技术，符合有关技术标准和防疫要求，不得虐待野生动物。

省级以上人民政府野生动物保护主管部门可以根据保护国家重点保护野生动物的需要，组织开展国家重点保护野生动物放归野外环境工作。

前款规定以外的人工繁育的野生动物放归野外环境的，适用本法有关放生野生动物管理的规定。

第二十七条 人工繁育野生动物应当采取安全措施，防止野生动物伤人和逃逸。人工繁育的野生动物造成他人损害、危害公共安全或者破坏生态的，饲养人、管理人等应当依法承担法律责任。

第二十八条 禁止出售、购买、利用国家重点保护野生动物及其制品。

因科学研究、人工繁育、公众展示展演、文物保护或者其他特殊情况，需要出售、购买、利用国家重点保护野生动物及其制品的，应当经省、自治区、直辖市人民政府野生动物保护主管部门批准，并按照规定取得和使用专用标识，保证可追溯，但国务院对批准机关另有规定的除外。

出售、利用有重要生态、科学、社会价值的陆生野生动物和地方重点保护野生动物及其制品的，应当提供狩猎、人工繁育、进出口等合法来源证明。

实行国家重点保护野生动物和有重要生态、科学、社会价值的陆生野生动物及其制品专用标识的范围和管理办法，由国务院野生动物保护主管部门规定。

出售本条第二款、第三款规定的野生动物的，还应当依法附有检疫证明。

利用野生动物进行公众展示展演应当采取安全管理措施，并保障野生动物健康状态，具体管理办法由国务院野生动物保护主管部门会同国务院有关部门制定。

第二十九条 对人工繁育技术成熟稳定的国家重点保护野生动物或者有重要生态、科学、社会价值的陆生野生动物，经科学论证评估，纳入国务院野生动物保护主管部门制定的人工繁育国家重点保护野生动物名录或者有重要生态、科学、社会价值的陆生野生动物名录，并适时调整。对列入名录的野生动物及其制品，可以凭人工繁育许可证或者备案，按照省、自治区、直辖市人民政府野生动物保护主管部门或者其授权的部门核验的年度生产数量直接取得专用标识，凭专用标识出售和利用，保证可追溯。

对本法第十条规定的国家重点保护野生动物名录和有重要生态、科学、社会价值的陆生野生动物名录进行调整时，根据有关野外种群保护情况，可以对前款规定的有关人工繁育技术成熟稳定野生动物的人工种群，不再列入国家重点保护野生动物名录和有重要生态、科学、社会价值的陆生野生动物名录，实行与野外种群不同的管理措施，但应当依照本法第二十五条第二款、第三款和本条第一款的规定取得人工繁育许可证或者备案和专用标识。

对符合《中华人民共和国畜牧法》第十二条第二款规定的陆生野生动物人工繁育种群，经科学论证评估，可以列入畜禽遗传资源目录。

第三十条 利用野生动物及其制品的，应当以人工繁育种群为主，有利于野外种群养护，符合生态文明建设的要求，尊重社会公德，遵守法律法规和国家有关规定。

野生动物及其制品作为药品等经营和利用的，还应当遵守《中华人民共和国药品管理法》等有关法律法规的规定。

第三十一条 禁止食用国家重点保护野生动物和国家保护的有重要生态、科学、社会价值的陆生野生动物以及其他陆生野生动物。

禁止以食用为目的猎捕、交易、运输在野外环境自然生长繁殖的前款规定的野生动物。

禁止生产、经营使用本条第一款规定的野生动物及其制品制作的食品。

禁止为食用非法购买本条第一款规定的野生动物及其制品。

第三十二条 禁止为出售、购买、利用野生动物或者禁止使用的猎捕工具发布广告。禁止为违法出售、购买、利用野生动物制品发布广告。

第三十三条 禁止网络平台、商品交易市场、餐饮场所等，为违法出售、购买、食用及利用野生动物及其制品或者禁止使用的猎捕工具提供展示、交易、消费服务。

第三十四条 运输、携带、寄递国家重点保护野生动物及其制品，或者依照本法第二十九条第二款规定调出国家重点保护野生动物名录的野生动物及其制品出县境的，应当持有或者附有本法第二十一条、第二十五条、第二十八条或者第二十九条规定的许可证、批准文件的副本或者专用标识。

运输、携带、寄递有重要生态、科学、社会价值的陆生野生动物和地方重点保护野生动物，或者依照本法第二十九条第二款规定调出有重要生态、科学、社会价值的陆生野生动物名录的野生动物出县境的，应当持有狩猎、人工繁育、进出口等合法来源证明或者专用标识。

运输、携带、寄递前两款规定的野生动物出县境的，还应当依照《中华人民共和国动物防疫法》的规定附有检疫证明。

铁路、道路、水运、民航、邮政、快递等企业对托运、携带、交寄野生动物及其制品的，应当查验其相关证件、文件副本或者专用标识，对不符合规定的，不得承运、寄递。

第三十五条 县级以上人民政府野生动物保护主管部门应当对科学研究、人工繁育、公众展示展演等利用野生动物及其制品的活动进行规范和监督管理。

市场监督管理、海关、铁路、道路、水运、民航、邮政等部门应当按照职责分工对野生动物及其制品交易、利用、运输、携带、寄递等活动进行监督检查。

国家建立由国务院林业草原、渔业主管部门牵头，各相关部门配合的野生动物联合执法工作协调机制。地方人民政府建立相应联合执法工作协调机制。

县级以上人民政府野生动物保护主管部门和其他负有野生动物保护职责的部门发现违法事实涉嫌犯罪的，应当将犯罪线索移送具有侦查、调查职权的机关。

公安机关、人民检察院、人民法院在办理野生动物保护犯罪案件过程中认为没有犯罪事实，或者犯罪事实显著轻微，不需要追究刑事责任，但应当予以行政处罚的，应当及时将案件移送县级以上人民政府野生动物保护主管部门和其他负有野生动物保护职责的部门，有关部门应当依法处理。

第三十六条 县级以上人民政府野生动物保护主管部门和其他负有野生动物保护职责的部门，在履行本法规定的职责时，可以采取下列措施：

（一）进入与违反野生动物保护管理行为有关的场所进行现场检查、调查；

（二）对野生动物进行检验、检测、抽样取证；

（三）查封、复制有关文件、资料，对可能被转移、销毁、隐匿或者篡改的文件、资料予以封存；

（四）查封、扣押无合法来源证明的野生动物及其制品，查封、扣押涉嫌非法猎捕野生动物或者非法收购、出售、加工、运输猎捕野生动物及其制品的工具、设备或者财物。

第三十七条 中华人民共和国缔结或者参加的国际公约禁止或者限制贸易的野生动物或者其制品名录，由国家濒危物种进出口管理机构制定、调整并公布。

进出口列入前款名录的野生动物或者其制品，或者出口国家重点保护野生动物或者其制品的，应当经国务院野生动物保护主管部门或者国务院批准，并取得国家濒危物种进出口管理机构核发的允许进出口证明书。海关凭允许进出口证明书办理进出境检疫，并依法办理其他海关手续。

涉及科学技术保密的野生动物物种的出口，按照国务院有关规定办理。

列入本条第一款名录的野生动物，经国务院野生动物保护主管部门核准，按照本法有关规定进行管理。

第三十八条 禁止向境外机构或者人员提供我国特有的野生动物遗传资源。开展国际科学研究合作的，应当依法取得批准，有我国科研机构、高等学校、企业及其研究人员实质性参与研究，按照规定提出国家共享惠益的方案，并遵守我国法律、行政法规的规定。

第三十九条 国家组织开展野生动物保护及相关执法活动的国际合作与交流，加强与毗邻国家的协作，保护野生动物迁徙通道；建立防范、打击野生动物及其制品的走私和非法贸易的部门协调机制，开展防范、打击走私和非法贸易行动。

第四十条 从境外引进野生动物物种的，应当经国务院野生动物保护主管部门批准。从境外引进列入本法第三十七条第一款名录的野生动物，还应当依法取得允许进出口证明书。海关凭进口批准文件或者允许进出口证明书办理进境检疫，并依法办理其他海关手续。

从境外引进野生动物物种的，应当采取安全可靠的防范措施，防止其进入野外环境，避免对生态系统造成危害；不得违法放生、丢弃，确需将其放生至野外环境的，应当遵守有关法律法规的规定。

发现来自境外的野生动物对生态系统造成危害的，县级以上人民政府野生动物保护等有关部门应当采取相应的安全控制措施。

第四十一条 国务院野生动物保护主管部门应当会同国务院有关部门加强对放生野生动物活动的规范、引导。任何组织和个人将野生动物放生至野外环境，应当选择适合放生地野外生存的当地物种，不得干扰当地居民的正常生活、生产，避免对生态系统造成危害。具体办法由国务院野生动物保护主管部门制定。随意放生野生动物，造成他人人身、财产损害或者危害生态系统的，依法承担法律责任。

第四十二条 禁止伪造、变造、买卖、转让、租借特许猎捕证、狩猎证、人工繁育许可证及专用标识，出售、购买、利用国家重点保护野生动物及其制品的批准文件，或者允许进出口证明书、进出口等批准文件。

前款规定的有关许可证书、专用标识、批准文件的发放有关情况，应当依法公开。

第四十三条 外国人在我国对国家重点保护野生动物进行野外考察或者在野外拍摄电影、录像，应当经省、自治区、直辖市人民政府野生动物保护主管部门或者其授权的单位批准，并遵守有关法律法规的规定。

第四十四条 省、自治区、直辖市人民代表大会或者其常务委员会可以根据地方实际情况制定对地方重点保护野生动物等的管理办法。

第四章 法律责任

第四十五条 野生动物保护主管部门或者其他有关部门不依法作出行政许可决定，发现违法行为或者接到对违法行为的举报不依法处理，或者有其他滥用职权、玩忽职守、徇私舞弊等不依法履行职责的行为的，对直接负责的主管人员和其他直接责任人员依法给予处分；构成犯罪的，依法追究刑事责任。

第四十六条 违反本法第十二条第三款、第十三条第二款规定的，依照有关法律法规的规定处罚。

第四十七条 违反本法第十五条第四款规定，以收容救护为名买卖野生动物及其制品的，由县级以上人民政府野生动物保护主管部门没收野生动物及其制品、违法所得，并处野生动物及其制品价值二倍以上二十倍以下罚款，将有关违法信息记入社会信用记录，并向社会公布；构成犯罪的，依法追究刑事责任。

第四十八条 违反本法第二十条、第二十一条、第二十三条第一款、第二十四条第一款规定，有下列行为之一的，由县级以上人民政府野生动物保护主管部门、海警机构和有关自然保护地管理机构按照职责分工没收猎获物、猎捕工具和违法所得，吊销特许猎捕证，并处猎获物价值二倍以上二十倍以下罚款；没有猎获物或者猎获物价值不足五千元的，并处一万元以上十万元以下罚款；构成犯罪的，依法追究刑事责任：

（一）在自然保护地、禁猎（渔）区、禁猎（渔）期猎捕国家重点保护野生动物；

（二）未取得特许猎捕证、未按照特许猎捕证规定猎捕、杀害国家重点保护野生动物；

（三）使用禁用的工具、方法猎捕国家重点保护野生动物。

违反本法第二十三条第一款规定，未将猎捕情况向野生动物保护主管部门备案的，由核发特许猎捕证、狩猎证的野生动物保护主管部门责令限期改正；逾期不改正的，处一万元以上十万元以下罚款；情节严重的，吊销特许猎捕证、狩猎证。

第四十九条 违反本法第二十条、第二十二条、第二十三条第一款、第二十四条第一款规定，有下列行为之一的，由县级以上地方人民政府野生动物保护主管部门和有关自然保护地管理机构按照职责分工没收猎获物、猎捕工具和违法所得，吊销狩猎证，并处猎获物价值一倍以上十倍以下罚款；没有猎获物或者猎获物价值不足二千元的，并处二千元以上二万元以下罚款；构成犯罪的，依法追究刑事责任：

（一）在自然保护地、禁猎（渔）区、禁猎（渔）期猎捕有重要生态、科学、社会价值的陆生野生动物或者地方重点保护野生动物；

（二）未取得狩猎证、未按照狩猎证规定猎捕有重要生态、科学、社会价值的陆生野生动物或者地方重点保护野生动物；

（三）使用禁用的工具、方法猎捕有重要生态、科学、社会价值的陆生野生动物或者地方重点保护野生动物。

违反本法第二十条、第二十四条第一款规定，在自然保护地、禁猎区、禁猎期或者使用禁用的工具、方法猎捕其他陆生野生动物，破坏生态的，由县级以上地方人民政府野生动物保护主管部门和有关自然保护地管理机构按照职责分工没收猎获物、猎捕工具和违法所得，并处猎获物价值一倍以上三倍以下罚款；没有猎获物或者猎获物价值不足一千元的，并处一千元以上三千元以下罚款；构成犯罪的，依法追究刑事责任。

违反本法第二十三条第二款规定，未取得持枪证持枪猎捕野生动物，构成违反治安管理行为的，还应当由公安机关依法给予治安管理处罚；构成犯罪的，依法追究刑事责任。

第五十条 违反本法第三十一条第二款规定，以食用为目的猎捕、交易、运输在野外环境自然生长繁殖的国家重点保护野生动物或者有重要生态、科学、社会价值的陆生野生动物的，依照本法第四十八条、第四十九条、第五十二条的规定从重处罚。

违反本法第三十一条第二款规定，以食用为目的猎捕在野外环境自然生长繁殖的其他陆生野生动物的，由县级以上地方人民政府野生动物保护主管部门和有关自然保护地管理机构按照职责分工没收猎获物、猎捕工具和违法所得；情节严重的，并处猎获物价值一倍以上五倍以下罚款，没有猎获物或者猎获物价值不足二千元的，并处二千元以上一万元以下罚款；构成犯罪的，依法追究刑事责任。

违反本法第三十一条第二款规定，以食用为目的交易、运输在野外环境自然生长繁殖的其他陆生野生动物的，由县级以上地方人民政府野生动物保护主管部门和市场监督管理部门按照职责分工没收野生动物；情节严重的，并处野生动物价值一倍以上五倍以下罚款；构成犯罪的，依法追究刑事责任。

第五十一条 违反本法第二十五条第二款规定，未取得人工繁育许可证，繁育国家重点保护野生动物或者依照本法第二十九条第二款规定调出国家重点保护野生动物名录的野生动物的，由县级以上人民政府野生动物保护主管部门没收野生动物及其制品，并处野生动物及其制品价值一倍以上十倍以下罚款。

违反本法第二十五条第三款规定，人工繁育有重要生态、科学、社会价值的陆生野生动物或者依照本法第二十九条第二款规定调出有重要生态、科学、社会价值的陆生野生动物名录的野生动物未备案的，由县级人民政府野生动物保护主管部门责令限期改正；逾期不改正的，处五百元以上二千元以下罚款。

第五十二条 违反本法第二十八条第一款和第二款、第二十九条第一款、第三十四条第一款规定，未经批准、未取得或者未按照规定使用专用标识，或者未持有、未附有人工繁育许可证、批准文件的副本或者专用标识出售、购买、利用、运输、携带、寄递国家重点保护野生动物及其制品或者依照本法第二十九条第二款规定调出国家重点保护野生动物名录的野生动物及其制品的，由县级以上人民政府野生动物保护主管部门和市场监督管理部门按照职责分工没收野生动物及其制品和违法所得，责令关闭违法经营场所，并处野生动物及其制品价值二倍以上二十倍以下罚款；情节严重的，吊销人工繁育许可证、撤销批准文件、收回专用标识；构成犯罪的，依法追究刑事责任。

违反本法第二十八条第三款、第二十九条第一款、第三十四条第二款规定，未持有合法来源证明或者专用标识出售、利用、运输、携带、寄递有重要生态、科学、社会价值的陆生野生动物、地方重点保护野生动物或者依照本法第二十九条第二款规定调出有重要生态、科学、社会价值的陆生野生动物名录的野生动物及其制品的，由县级以上地方人民政府野生动物保护主管部门和市场监督管理部门按照职责分工没收野生动物，并处野生动物价值一倍以上十倍以下罚款；构成犯罪的，依法追究刑事责任。

违反本法第三十四条第四款规定，铁路、道路、水运、民航、邮政、快递等企业未按照规定查验或者承运、寄递野生动物及其制品的，由交通运输、铁路监督管理、民用航空、邮政管理等相关主管部门按照职责分工没收违法所得，并处违法所得一倍以上五倍以下罚款；情节严重的，吊销经营许可证。

第五十三条 违反本法第三十一条第一款、第四款规定，食用或者为食用非法购买本法规定保护的野生动物及其制品的，由县级以上人民政府野生动物保护主管部门和市场监督管理部门按照职责分工责令停止违法行为，没收野生动物及其制品，并处野生动物及其制品价值二倍以上二十倍以下罚款；食用或者为食用非法购买其他陆生野生动物及其制品的，责令停止违法行为，给予批评教育，没收野生动物及其制品，情节严重的，并处野生动物及其制品价值一倍以上五倍以下罚款；构成犯罪的，依法追究刑事责任。

违反本法第三十一条第三款规定，生产、经营使用本法规定保护的野生动物及其制品制作的食品的，由县级以上人民政府野生动物保护主管部门和市场监督管理部门按照职责分工责令停止违法行为，没收野生动物及其制品和违法所得，责令关闭违法经营场所，并处违法所得十五倍以上三十倍以下罚款；生产、经营使用其他陆生野生动物及其制品制作的食品的，给予批评教育，没收野生动物及其制品和违法所得，情节严重的，并处违法所得一倍以上十倍以下罚款；构成犯罪的，依法追究刑事责任。

第五十四条 违反本法第三十二条规定，为出售、购买、利用野生动物及其制品或者禁止使用的猎捕工具发布广告的，依照《中华人民共和国广告法》的规定处罚。

第五十五条 违反本法第三十三条规定，为违法出售、购买、食用及利用野生动物及其制品或者禁止使用的猎捕工具提供展示、交易、消费服务的，由县级以上人民政府市场监督管理部门责令停止违法行为，限期改正，没收违法所得，并处违法所得二倍以上十倍以下罚款；没有违法所得或者违法所得不足五千元的，处一万元以上十万元以下罚款；构成犯罪的，依法追究刑事责任。

第五十六条 违反本法第三十七条规定，进出口野生动物及其制品的，由海关、公安机关、海警机构依照法律、行政法规和国家有关规定处罚；构成犯罪的，依法追究刑事责任。

第五十七条 违反本法第三十八条规定，向境外机构或者人员提供我国特有的野生动物遗传资源的，由县级以上人民政府野生动物保护主管部门没收野生动物及其制品和违法所得，并处野生动物及其制品价值或者违法所得一倍以上五倍以下罚款；构成犯罪的，依法追究刑事责任。

第五十八条 违反本法第四十条第一款规定，从境外引进野生动物物种的，由县级以上人民政府野生动物保护主管部门没收所引进的野生动物，并处五万元以上五十万元以下罚款；未依法实施进境检疫的，依照《中华人民共和国进出境动植物检疫法》的规定处罚；构成犯罪的，依法追究刑事责任。

第五十九条 违反本法第四十条第二款规定，将从境外引进的野生动物放生、丢弃的，由县级以上人民政府野生动物保护主管部门责令限期捕回，处一万元以上十万元以下罚款；逾期不捕回的，由有关野生动物保护主管部门代为捕回或者采取降低影响的措施，所需费用由被责令限期捕回者承担；构成犯罪的，依法追究刑事责任。

第六十条 违反本法第四十二条第一款规定，伪造、变造、买卖、转让、租借有关证件、专用标识或者有关批准文件的，由县级以上人民政府野生动物保护主管部门没收违法证件、专用标识、有关批准文件和违法所得，并处五万元以上五十万元以下罚款；构成违反治安管理行为的，由公安机关依法给予治安管理处罚；构成犯罪的，依法追究刑事责任。

第六十一条 县级以上人民政府野生动物保护主管部门和其他负有野生动物保护职责的部门、机构应当按照有关规定处理罚没的野生动物及其制品，具体办法由国务院野生动物保护主管部门会同国务院有关部门制定。

第六十二条 县级以上人民政府野生动物保护主管部门应当加强对野生动物及其制品鉴定、价值评估工作的规范、指导。本法规定的猎获物价值、野生动物及其制品价值的评估标准和方法，由国务院野生动物保护主管部门制定。

第六十三条 对违反本法规定破坏野生动物资源、生态环境，损害社会公共利益的行为，可以依照《中华人民共和国环境保护法》、《中华人民共和国民事诉讼法》、《中华人民共和国行政诉讼法》等法律的规定向人民法院提起诉讼。

第五章 附 则

第六十四条 本法自2023年5月1日起施行。

司法解释

综　　合

中华人民共和国最高人民法院
公　　告

《最高人民法院关于综合治理类司法建议工作若干问题的规定》已于2023年10月19日由最高人民法院审判委员会第1902次会议通过，现予公布，自2023年11月16日起施行。

2023年11月15日

最高人民法院
关于综合治理类司法建议工作若干问题的规定

法释〔2023〕11号

为进一步加强和规范综合治理类司法建议工作，更好发挥审判机关在国家和社会治理中的重要作用，根据《中华人民共和国人民法院组织法》等法律规定，结合人民法院工作实际，制定本规定。

第一条　人民法院在履行审判执行职责时发现社会治理领域中存在引起矛盾纠纷多发高发，影响经济社会发展和人民群众权益保护的突出问题，需要向有关主管机关或者其他有关单位提出改进工作、完善治理的司法建议的，适用本规定。

第二条 人民法院提出司法建议，应当遵循确有必要的原则，确保司法建议的针对性、规范性和实效性。

第三条 人民法院提出司法建议时，应当根据综合治理问题涉及的行业、领域等向相应的主管机关或者其他有关单位提出；向主管机关提出的，一般应当向本院辖区范围内的同级主管机关提出。发现的综合治理问题需要异地主管机关采取措施的，可以提出工作建议，层报相应的上级人民法院决定。

第四条 司法建议应当以人民法院名义提出。

第五条 人民法院提出司法建议前，应当结合审判执行工作中发现的问题充分调查研究，并积极与被建议单位沟通，听取其意见。

第六条 人民法院提出司法建议，应当制作司法建议书。

司法建议书实行统一编号。

第七条 司法建议书起草完成后，应当依照《中华人民共和国人民法院组织法》第三十七条第一款第四项的规定提请审判委员会审议。

司法建议书审议通过后，由院长签发。

第八条 人民法院提出司法建议时，应当告知被建议单位就建议采纳落实情况等予以书面答复。答复期限根据具体情况确定，一般不超过两个月；法律、司法解释另有规定的，依照其规定。

人民法院应当结合审判执行工作支持、配合、督促被建议单位采取相应措施，协同抓好司法建议相关工作的落实。

第九条 司法建议涉及的问题重大，需要引起高度重视的，人民法院可以将司法建议书抄送被建议单位的上级主管机关或者其他有关单位。

第十条 各级人民法院应当确定司法建议工作日常管理机构，完善审核、指导、考核、激励等机制，并将司法建议工作质效纳入绩效考核。

第十一条 各级人民法院应当依照《中华人民共和国人民法院组织法》第九条的规定，将司法建议工作情况列入向同级人民代表大会及其常务委员会报告的事项。

第十二条 人民法院提出综合治理类司法建议以外的其他司法建议的，依照有关法律、司法解释、其他规范性文件的规定办理。有关法律、司法解释、其他规范性文件没有规定的事项，可以根据本辖区的具体情况和实际需要，参照本规定办理。

第十三条 本规定自 2023 年 11 月 16 日起施行。最高人民法院此前发布的司法解释和其他规范性文件与本规定不一致的，以本规定为准。

附件：1. 人民法院司法建议书制作规范
2. 文书样式
3. 封面样式

附件1

人民法院司法建议书制作规范

为指导全国法院司法建议书的制作，确保司法建议文书格式统一、要素齐全、结构完整、繁简得当、逻辑严密、用语准确，提高文书质量，制定本规范。

一、基本要素

司法建议书由首部、主文、尾部三部分组成。

二、首部

首部包括标题、司法建议书编号、被建议单位名称。

标题包括法院名称、事由和司法建议书。例如："××人民法院关于××的司法建议书"。

司法建议书实行统一编号。最高人民法院的司法建议书以"法建"+〔文书年度〕+文书编号+"号"形式编号，地方各级人民法院的司法建议书以地名简称+"法建"+〔文书年度〕+文书编号+"号"形式编号。

被建议单位名称应使用该单位全称、规范化简称或者同类型单位统称。

三、主文

简要说明抓好相关领域工作的重要性和被建议单位在该领域已采取的主要举措及成效。然后列明在审判执行工作中发现的该领域需要重视和解决的问题，依据法律法规及政策提出的具体建议，反馈时限，以及其他需要说明的事项。建议与问题应当一一对应。

四、尾部

包括院印、法院名称和日期、联系人姓名和电话、附件和抄送单位名称。

司法建议书如有附件，应当在正文之后、成文日期之前注明附件的顺序号和名称。

抄送单位应当使用该机关全称、规范化简称或者同类型机关统称。

五、封面

1. 法徽图案高55mm，宽50mm。上页边距为60mm，法徽下沿与标题文字上沿之间距离为40mm。

2. 标题文字为"××人民法院司法建议书"，位于法徽图案下方，字体为小标宋体字；标题分两行或三行排列，法院名称字体大小为30磅，司法建议书字体大小为36磅。

3. 封面应庄重、美观，页边距、字体大小及行距可适当进行调整。

附件2

文书样式

××人民法院关于×××的司法建议书

××法建〔××××〕×号

××××（被建议单位名称）：

…………（写明抓好相关领域工作的重要性，被建议单位已采取的主要举措及成效）。

我院在审判（执行）工作（或写明××个案，或写明案件类型，或写明司法调研工作）中，发现…………（围绕诉源治理、社会治理写明有关主管机关或者其他单位存在的重要问题，内容多的可分项书写）。为此，特建议：

…………（写明建议的具体事项，建议应当与问题一一对应，内容多的可分项书写）。

请你单位在收到本建议书后及时研究，采取有力措施推进××问题治理，并在×个月内向我院书面反馈工作进展情况。（已纳入考核的地区可写明：反馈、落实情况将纳入当地依法治理或平安建设等考核）。我院将积极支持、配合你单位做好相关工作，共同推进××领域的治理工作。

附件：（按顺序列明相关裁判文书、调研报告或者其他相关材料）

（院印）
××人民法院
年　月　日

联系人：××× ××××（联系电话）

抄送：××××。（抄送单位名称，如抄送单位较多，名称需要回行，回行时与冒号后的首字对齐，并在最后一个抄送单位名称后标句号）

附件 3

封面样式

XX人民法院

司 法 建 议 书

××人民法院监制

刑　　事

中华人民共和国最高人民法院
中华人民共和国最高人民检察院
公　告

《最高人民法院、最高人民检察院关于执行〈中华人民共和国刑法〉确定罪名的补充规定（八）》已于2024年1月17日由最高人民法院审判委员会第1912次会议、2024年1月3日由最高人民检察院第十四届检察委员会第二十次会议通过，现予公布，自2024年3月1日起施行。

2024年1月30日

最高人民法院　最高人民检察院
关于执行《中华人民共和国刑法》确定罪名的补充规定（八）

法释〔2024〕3号

根据《中华人民共和国刑法修正案（十二）》（以下简称《刑法修正案（十二）》），现对《最高人民法院关于执行〈中华人民共和国刑法〉确定罪名的规定》《最高人民检察院关于适用刑法分则规定的犯罪的罪名的意见》作如下修改：

将《中华人民共和国刑法》第一百六十九条（《刑法修正案（十二）》第三条）的罪名由“徇私舞弊低价折股、出售国有资产罪”修改为“徇私舞弊低价折股、出售公司、企业资产罪”。

本规定自2024年3月1日起施行。

中华人民共和国最高人民法院
公　告

《最高人民法院关于办理减刑、假释案件审查财产性判项执行问题的规定》已于2024年1月3日由最高人民法院审判委员会第1910次会议通过，现予公布，自2024年5月1日起施行。

2024年4月29日

最高人民法院
关于办理减刑、假释案件审查财产性判项执行问题的规定

法释〔2024〕5号

为确保依法公正办理减刑、假释案件，正确处理减刑、假释与财产性判项执行的关系，根据《中华人民共和国刑法》、《中华人民共和国刑事诉讼法》等法律规定，结合司法实践，制定本规定。

第一条　人民法院办理减刑、假释案件必须审查原生效刑事或者刑事附带民事裁判中财产性判项的执行情况，以此作为判断罪犯是否确有悔改表现的因素之一。

财产性判项是指生效刑事或者刑事附带民事裁判中确定罪犯承担的被依法追缴、责令退赔、罚金、没收财产判项，以及民事赔偿义务等判项。

第二条　人民法院审查财产性判项的执行情况，应将执行法院出具的结案通知书、缴付款票据、执行情况说明等作为审查判断的依据。

人民法院判决多名罪犯对附带民事赔偿承担连带责任的，只要其中部分人履行全部赔偿义务，即可认定附带民事赔偿判项已经执行完毕。

罪犯亲属代为履行财产性判项的，视为罪犯本人履行。

第三条　财产性判项未执行完毕的，人民法院应当着重审查罪犯的履行能力。

罪犯的履行能力应根据财产性判项的实际执行情况，并结合罪犯的财产申报、实际拥有财产情况，以及监狱或者看守所内消费、账户余额等予以判断。

第四条　罪犯有财产性判项履行能力的，应在履行后方可减刑、假释。

罪犯确有履行能力而不履行的，不予认定其确有悔改表现，除法律规定情形外，一般不予减刑、假释。

罪犯确无履行能力的，不影响对其确有悔改表现的认定。

罪犯因重大立功减刑的，依照相关法律规定处理，一般不受财产性判项履行情况的影响。

第五条 财产性判项未执行完毕的减刑、假释案件，人民法院在受理时应当重点审查下列材料：

（一）执行裁定、缴付款票据、有无拒不履行或者妨害执行行为等有关财产性判项执行情况的材料；

（二）罪犯对其个人财产的申报材料；

（三）有关组织、单位对罪犯实际拥有财产情况的说明；

（四）不履行财产性判项可能承担不利后果的告知材料；

（五）反映罪犯在监狱、看守所内消费及账户余额情况的材料；

（六）其他反映罪犯财产性判项执行情况的材料。

上述材料不齐备的，应当通知报请减刑、假释的刑罚执行机关在七日内补送，逾期未补送的，不予立案。

第六条 财产性判项未履行完毕，具有下列情形之一的，应当认定罪犯确有履行能力而不履行：

（一）拒不交代赃款、赃物去向的；

（二）隐瞒、藏匿、转移财产的；

（三）妨害财产性判项执行的；

（四）拒不申报或者虚假申报财产情况的。

罪犯采取借名、虚报用途等手段在监狱、看守所内消费的，或者无特殊原因明显超出刑罚执行机关规定额度标准消费的，视为其确有履行能力而不履行。

上述情形消失或者罪犯财产性判项执行完毕六个月后方可依法减刑、假释。

第七条 罪犯经执行法院查控未发现有可供执行财产，且不具有本规定第六条所列情形的，应认定其确无履行能力。

第八条 罪犯被判处的罚金被执行法院裁定免除的，其他财产性判项未履行完毕不影响对其确有悔改表现的认定，但罪犯确有履行能力的除外。

判决确定分期缴纳罚金，罪犯没有出现期满未缴纳情形的，不影响对其确有悔改表现的认定。

第九条 判处没收财产的，判决生效后，应当立即执行，所执行财产为判决生效时罪犯个人合法所有的财产。除具有本规定第六条第一款所列情形外，没收财产判项执行情况一般不影响对罪犯确有悔改表现的认定。

第十条 承担民事赔偿义务的罪犯，具有下列情形之一的，不影响对其确有悔改表现的认定：

（一）全额履行民事赔偿义务，附带民事诉讼原告人下落不明或者拒绝接受，对履行款项予以提存的；

（二）分期履行民事赔偿义务，没有出现期满未履行情形的；

（三）附带民事诉讼原告人对罪犯表示谅解，并书面放弃民事赔偿的。

第十一条 因犯罪行为造成损害，受害人单独提起民事赔偿诉讼的，人民法院办理减刑、假释案件时应对相关生效民事判决确定的赔偿义务判项执行情况进行审查，并结合本规定综合判断罪犯是否确有悔改表现。

承担民事赔偿义务的罪犯，同时被判处罚金或者没收财产的，应当先承担民事赔偿义务。对财产不足以承担全部民事赔偿义务及罚金、没收财产的罪犯，如能积极履行民事赔偿义务的，在认定其是否确有悔改表现时应予以考虑。

第十二条 对职务犯罪、破坏金融管理秩序和金融诈骗犯罪、组织（领导、参加、包庇、纵容）黑社会性质组织犯罪等罪犯，不积极退赃、协助追缴赃款赃物、赔偿损失的，不认定其确有悔改表现。

第十三条 人民法院将罪犯交付执行刑罚时，对生效裁判中有财产性判项的，应当将财产性判项实际执行情况的材料一并移送刑罚执行机关。

执行财产性判项的人民法院收到刑罚执行机关核实罪犯财产性判项执行情况的公函后，应当在七日内出具相关证明，已经执行结案的，应当附有关法律文书。

执行财产性判项的人民法院在执行过程中，发现财产性判项未执行完毕的罪犯具有本规定第六条第一款第（一）（二）（三）项所列情形的，应当及时将相关情况通报刑罚执行机关。

第十四条 人民法院办理减刑、假释案件中发现罪犯确有履行能力而不履行的，裁定不予减刑、假释，或者依法由刑罚执行机关撤回减刑、假释建议。

罪犯被裁定减刑、假释后，发现其确有履行能力的，人民法院应当继续执行财产性判项；发现其虚假申报、故意隐瞒财产，情节严重的，人民法院应当撤销该减刑、假释裁定。

第十五条 本规定自 2024 年 5 月 1 日起施行，此前发布的司法解释与本规定不一致的，以本规定为准。

中华人民共和国最高人民法院
中华人民共和国最高人民检察院
公　告

《最高人民法院、最高人民检察院关于办理洗钱刑事案件适用法律若干问题的解释》已于2023年3月20日由最高人民法院审判委员会第1880次会议、2024年3月29日由最高人民检察院第十四届检察委员会第二十八次会议通过，现予公布，自2024年8月20日起施行。

2024年8月19日

最高人民法院　最高人民检察院
关于办理洗钱刑事案件适用法律若干问题的解释

法释〔2024〕10号

为依法惩治洗钱犯罪活动，根据《中华人民共和国刑法》、《中华人民共和国刑事诉讼法》的规定，现就办理洗钱刑事案件适用法律的若干问题解释如下：

第一条　为掩饰、隐瞒本人实施刑法第一百九十一条规定的上游犯罪的所得及其产生的收益的来源和性质，实施该条第一款规定的洗钱行为的，依照刑法第一百九十一条的规定定罪处罚。

第二条　知道或者应当知道是他人实施刑法第一百九十一条规定的上游犯罪的所得及其产生的收益，为掩饰、隐瞒其来源和性质，实施该条第一款规定的洗钱行为的，依照刑法第一百九十一条的规定定罪处罚。

第三条　认定“知道或者应当知道”，应当根据行为人所接触、接收的信息，经手他人犯罪所得及其收益的情况，犯罪所得及其收益的种类、数额，犯罪所得及其收益的转移、转换方式，交易行为、资金账户等异常情况，结合行为人职业经历、与上游犯罪人员之间的关系以及其供述和辩解，同案人指证和证人证言等情况综合审查判断。有证据证明行为人确实不知道的除外。

将刑法第一百九十一条规定的某一上游犯罪的犯罪所得及其收益，认作该条规定的上游犯罪范围内的其他犯罪所得及其收益的，不影响“知道或者应当知道”的认定。

第四条　洗钱数额在五百万元以上的，且具有下列情形之一的，应当认定为刑法第一百九十一条规定的“情节严重”：

（一）多次实施洗钱行为的；

（二）拒不配合财物追缴，致使赃款赃物无法追缴的；

（三）造成损失二百五十万元以上的；

（四）造成其他严重后果的。

二次以上实施洗钱犯罪行为，依法应予刑事处理而未经处理的，洗钱数额累计计算。

第五条 为掩饰、隐瞒实施刑法第一百九十一条规定的上游犯罪的所得及其产生的收益的来源和性质，实施下列行为之一的，可以认定为刑法第一百九十一条第一款第五项规定的“以其他方法掩饰、隐瞒犯罪所得及其收益的来源和性质”：

（一）通过典当、租赁、买卖、投资、拍卖、购买金融产品等方式，转移、转换犯罪所得及其收益的；

（二）通过与商场、饭店、娱乐场所等现金密集型场所的经营收入相混合的方式，转移、转换犯罪所得及其收益的；

（三）通过虚构交易、虚设债权债务、虚假担保、虚报收入等方式，转移、转换犯罪所得及其收益的；

（四）通过买卖彩票、奖券、储值卡、黄金等贵金属等方式，转换犯罪所得及其收益的；

（五）通过赌博方式，将犯罪所得及其收益转换为赌博收益的；

（六）通过“虚拟资产”交易、金融资产兑换方式，转移、转换犯罪所得及其收益的；

（七）以其他方式转移、转换犯罪所得及其收益的。

第六条 掩饰、隐瞒刑法第一百九十一条规定的上游犯罪的犯罪所得及其产生的收益，构成刑法第一百九十一条规定的洗钱罪，同时又构成刑法第三百一十二条规定的掩饰、隐瞒犯罪所得、犯罪所得收益罪的，依照刑法第一百九十一条的规定定罪处罚。

实施刑法第一百九十一条规定的洗钱行为，构成洗钱罪，同时又构成刑法第三百四十九条、第二百二十五条、第一百七十七条之一或者第一百二十条之一规定的犯罪的，依照处罚较重的规定定罪处罚。

第七条 认定洗钱罪应当以上游犯罪事实成立为前提。有下列情形的，不影响洗钱罪的认定：

（一）上游犯罪尚未依法裁判，但有证据证明确实存在的；

（二）有证据证明上游犯罪确实存在，因行为人逃匿未到案的；

（三）有证据证明上游犯罪确实存在，因行为人死亡等原因依法不予追究刑事责任的；

（四）有证据证明上游犯罪确实存在，但同时构成其他犯罪而以其他罪名定罪处罚的。

第八条 刑法第一百九十一条规定的“黑社会性质的组织犯罪的所得及其产生的收益”，是指黑社会性质组织及其成员实施相关犯罪的所得及其产生的收益，包括黑社会性质组织的形成、发展过程中，该组织及组织成员通过违法犯罪活动聚敛的全部财物、财产性权益及其孳息、收益。

第九条 犯洗钱罪，判处五年以下有期徒刑或者拘役，并处或者单处罚金的，判处一万元以上罚金；判处五年以上十年以下有期徒刑的，并处二十万元以上罚金。

第十条 符合本解释第一条、第二条的规定，行为人如实供述犯罪事实，认罪悔罪，并积极配合追缴犯罪所得及其产生的收益的，可以从轻处罚；犯罪情节轻微的，可以依法不起诉或者免予刑事处罚。

第十一条 单位实施洗钱犯罪的，依照本解释规定的相应自然人犯罪的定罪量刑标准，对单位判处罚金，并对其直接负责的主管人员和其他直接责任人员定罪处罚。

第十二条 本解释所称“上游犯罪”，是指刑法第一百九十一条规定的毒品犯罪、黑社会性质的组织犯罪、恐怖活动犯罪、走私犯罪、贪污贿赂犯罪、破坏金融管理秩序犯罪、金融诈骗犯罪。

第十三条 本解释自 2024 年 8 月 20 日起施行。《最高人民法院关于审理洗钱等刑事案件具体应用法律若干问题的解释》（法释〔2009〕15 号）同时废止。

中华人民共和国最高人民法院
中华人民共和国最高人民检察院
公　告

《最高人民法院、最高人民检察院关于办理拒不执行判决、裁定刑事案件适用法律若干问题的解释》已于2024 年 1 月 8 日由最高人民法院审判委员会第 1911 次会议、2024 年 7 月 23 日由最高人民检察院第十四届检察委员会第三十四次会议通过，现予公布，自 2024 年 12 月 1 日起施行。

2024 年 10 月 30 日

最高人民法院　最高人民检察院
关于办理拒不执行判决、裁定刑事案件适用法律若干问题的解释

法释〔2024〕13 号

为依法惩治拒不执行判决、裁定犯罪，确保人民法院判决、裁定依法执行，切实维护当事人合法权益，根据《中华人民共和国刑法》《中华人民共和国刑事诉讼法》《中华人民共和国民事诉讼法》《中华人民共和国行政诉讼法》等法律规定，现就办理拒不执行判决、裁定刑事案件适用法律若干问题解释如下：

第一条 被执行人、协助执行义务人、担保人等负有执行义务的人，对人民法院的判

决、裁定有能力执行而拒不执行，情节严重的，应当依照刑法第三百一十三条的规定，以拒不执行判决、裁定罪处罚。

本解释所称负有执行义务的人，包括自然人和单位。

第二条 刑法第三百一十三条规定的“人民法院的判决、裁定”，是指人民法院依法作出的具有执行内容并已发生法律效力的判决、裁定。人民法院为依法执行支付令、生效的调解书、仲裁裁决、公证债权文书等所作的裁定属于该条规定的裁定。

第三条 负有执行义务的人有能力执行而拒不执行，且具有下列情形之一，应当认定为全国人民代表大会常务委员会关于刑法第三百一十三条的解释中规定的“其他有能力执行而拒不执行，情节严重的情形”：

（一）以放弃债权、放弃债权担保等方式恶意无偿处分财产权益，或者恶意延长到期债权的履行期限，或者以虚假和解、虚假转让等方式处分财产权益，致使判决、裁定无法执行的；

（二）实施以明显不合理的高价受让他人财产、为他人的债务提供担保等恶意减损责任财产的行为，致使判决、裁定无法执行的；

（三）伪造、毁灭、隐匿有关履行能力的重要证据，以暴力、威胁、贿买方法阻止他人作证或者指使、贿买、胁迫他人作伪证，妨碍人民法院查明负有执行义务的人财产情况，致使判决、裁定无法执行的；

（四）具有拒绝报告或者虚假报告财产情况、违反人民法院限制消费令等拒不执行行为，经采取罚款、拘留等强制措施后仍拒不执行的；

（五）经采取罚款、拘留等强制措施后仍拒不交付法律文书指定交付的财物、票证或者拒不迁出房屋、退出土地，致使判决、裁定无法执行的；

（六）经采取罚款、拘留等强制措施后仍拒不履行协助行使人身权益等作为义务，致使判决、裁定无法执行，情节恶劣的；

（七）经采取罚款、拘留等强制措施后仍违反人身安全保护令、禁止从事相关职业决定等不作为义务，造成被害人轻微伤以上伤害或者严重影响被害人正常的工作生活的；

（八）以恐吓、辱骂、聚众哄闹、威胁等方法或者以拉拽、推搡等消极抗拒行为，阻碍执行人员进入执行现场，致使执行工作无法进行，情节恶劣的；

（九）毁损、抢夺执行案件材料、执行公务车辆和其他执行器械、执行人员服装以及执行公务证件，致使执行工作无法进行的；

（十）其他有能力执行而拒不执行，情节严重的情形。

第四条 负有执行义务的人有能力执行而拒不执行，且具有下列情形之一，应当认定属于“情节特别严重”的情形：

（一）通过虚假诉讼、虚假仲裁、虚假公证等方式妨害执行，致使判决、裁定无法执行的；

（二）聚众冲击执行现场，致使执行工作无法进行的；

（三）以围攻、扣押、殴打等暴力方法对执行人员进行人身攻击，致使执行工作无法进行的；

（四）因拒不执行，致使申请执行人自杀、自残或者造成其他严重后果的；

（五）其他情节特别严重的情形。

第五条 有能力执行是指负有执行义务的人有全部执行或者部分执行给付财产义务或履行特定行为义务的能力。

在认定负有执行义务的人的执行能力时，应当扣除负有执行义务的人及其所扶养家属的生活必需费用。

第六条 行为人为逃避执行义务，在诉讼开始后、裁判生效前实施隐藏、转移财产等行为，在判决、裁定生效后经查证属实，要求其执行而拒不执行的，可以认定其有能力执行而拒不执行，情节严重，以拒不执行判决、裁定罪追究刑事责任。

前款所指诉讼开始后，一般是指被告接到人民法院应诉通知后。

第七条 全国人民代表大会常务委员会关于刑法第三百一十三条的解释和本解释中规定的“致使判决、裁定无法执行”，一般是指人民法院依据法律及相关规定采取执行措施后仍无法执行的情形，包括判决、裁定全部无法执行，也包括部分无法执行。

第八条 案外人明知负有执行义务的人有能力执行而拒不执行人民法院的判决、裁定，与其通谋，协助实施隐藏、转移财产等拒不执行行为，致使判决、裁定无法执行的，以拒不执行判决、裁定罪的共犯论处。

第九条 负有执行义务的人有能力执行而拒不执行人民法院的判决、裁定，同时构成拒不执行判决、裁定罪，妨害公务罪，袭警罪，非法处置查封、扣押、冻结的财产罪等犯罪的，依照处罚较重的规定定罪处罚。

第十条 拒不执行支付赡养费、扶养费、抚养费、抚恤金、医疗费用、劳动报酬等判决、裁定，构成犯罪的，应当依法从重处罚。

第十一条 实施刑法第三百一十三条规定的拒不执行判决、裁定行为，情节显著轻微危害不大的，不认为是犯罪；在提起公诉前，履行全部或者部分执行义务，犯罪情节轻微的，可以依法不起诉。在一审宣告判决前，履行全部或者部分执行义务，犯罪情节轻微的，可以依法从轻或者免除处罚。

第十二条 对被告人以拒不执行判决、裁定罪追诉时，对其故意毁损、无偿处分、以明显不合理价格处分、虚假转让等方式违法处置的财产，应当依法予以追缴或者责令退赔，交由执行法院依法处置。

第十三条 人民检察院应当结合侦查移送情况对涉案财产进行审查，在提起公诉时对涉案财产提出明确处理意见。人民法院应当依法作出判决，对涉案财产作出处理。

第十四条 申请执行人有证据证明同时具有下列情形，人民法院认为符合刑事诉讼法第二百一十条第三项规定的，以自诉案件立案审理：

（一）负有执行义务的人拒不执行判决、裁定，侵犯了申请执行人的人身、财产权利，应当依法追究刑事责任的；

（二）申请执行人曾经提出控告，而公安机关或者人民检察院对负有执行义务的人不予追究刑事责任的。

自诉人在判决宣告前，可以同被告人自行和解或者撤回自诉。

第十五条 拒不执行判决、裁定刑事案件，一般由执行法院所在地人民法院管辖。

第十六条 本解释自2024年12月1日起施行。《最高人民法院关于审理拒不执行判决、裁定刑事案件适用法律若干问题的解释》（法释〔2015〕16 号）同时废止。最高人民法院、最高人民检察院此前发布的司法解释和规范性文件与本解释不一致的，以本解释为准。

民 商 事

中华人民共和国最高人民法院
公 告

《最高人民法院关于适用〈中华人民共和国涉外民事关系法律适用法〉若干问题的解释（二）》已于 2023 年 8 月 30 日由最高人民法院审判委员会第 1898 次会议通过，现予公布，自 2024 年 1 月 1 日起施行。

2023 年 11 月 30 日

最高人民法院
关于适用《中华人民共和国涉外民事关系法律适用法》若干问题的解释（二）

法释〔2023〕12 号

为正确适用《中华人民共和国涉外民事关系法律适用法》，结合审判实践，就人民法院审理涉外民商事案件查明外国法律制定本解释。

第一条 人民法院审理涉外民商事案件适用外国法律的，应当根据涉外民事关系法律适用法第十条第一款的规定查明该国法律。

当事人选择适用外国法律的，应当提供该国法律。

当事人未选择适用外国法律的，由人民法院查明该国法律。

第二条 人民法院可以通过下列途径查明外国法律：

（一）由当事人提供；

（二）通过司法协助渠道由对方的中央机关或者主管机关提供；

（三）通过最高人民法院请求我国驻该国使领馆或者该国驻我国使领馆提供；

（四）由最高人民法院建立或者参与的法律查明合作机制参与方提供；

（五）由最高人民法院国际商事专家委员会专家提供；

（六）由法律查明服务机构或者中外法律专家提供；

（七）其他适当途径。

人民法院通过前款规定的其中一项途径无法获得外国法律或者获得的外国法律内容不明确、不充分的，应当通过该款规定的不同途径补充查明。

人民法院依据本条第一款第一项的规定要求当事人协助提供外国法律的，不得仅以当事人未予协助提供为由认定外国法律不能查明。

第三条 当事人提供外国法律的，应当提交该国法律的具体规定并说明获得途径、效力情况、与案件争议的关联性等。外国法律为判例法的，还应当提交判例全文。

第四条 法律查明服务机构、法律专家提供外国法律的，除提交本解释第三条规定的材料外，还应当提交法律查明服务机构的资质证明、法律专家的身份及资历证明，并附与案件无利害关系的书面声明。

第五条 查明的外国法律的相关材料均应当在法庭上出示。人民法院应当听取各方当事人对外国法律的内容及其理解与适用的意见。

第六条 人民法院可以召集庭前会议或者以其他适当方式，确定需要查明的外国法律的范围。

第七条 人民法院认为有必要的，可以通知提供外国法律的法律查明服务机构或者法律专家出庭接受询问。当事人申请法律查明服务机构或者法律专家出庭，人民法院认为有必要的，可以准许。

法律查明服务机构或者法律专家现场出庭确有困难的，可以在线接受询问，但法律查明服务机构或者法律专家所在国法律对跨国在线参与庭审有禁止性规定的除外。

出庭的法律查明服务机构或者法律专家只围绕外国法律及其理解发表意见，不参与其他法庭审理活动。

第八条 人民法院对外国法律的内容及其理解与适用，根据以下情形分别作出处理：

（一）当事人对外国法律的内容及其理解与适用均无异议的，人民法院可以予以确认；

（二）当事人对外国法律的内容及其理解与适用有异议的，应当说明理由。人民法院认为有必要的，可以补充查明或者要求当事人补充提供材料。经过补充查明或者补充提供材料，当事人仍有异议的，由人民法院审查认定；

（三）外国法律的内容已为人民法院生效裁判所认定的，人民法院应当予以确认，但有相反证据足以推翻的除外。

第九条 人民法院应当根据外国法律查明办理相关手续等所需时间确定当事人提供外国法律的期限。当事人有具体理由说明无法在人民法院确定的期限内提供外国法律而申请适当延长期限的，人民法院视情可予准许。

当事人选择适用外国法律，其在人民法院确定的期限内无正当理由未提供该外国法律的，人民法院可以认定为不能查明外国法律。

第十条 人民法院依法适用外国法律审理案件，应当在裁判文书中载明外国法律的查明过程及外国法律的内容；人民法院认定外国法律不能查明的，应当载明不能查明的理由。

第十一条 对查明外国法律的费用负担，当事人有约定的，从其约定；没有约定的，人民法院可以根据当事人的诉讼请求和具体案情，在作出裁判时确定上述合理费用的负担。

第十二条 人民法院查明香港特别行政区、澳门特别行政区的法律，可以参照适用本解释。有关法律和司法解释对查明香港特别行政区、澳门特别行政区的法律另有规定的，从其规定。

第十三条 本解释自2024年1月1日起施行。

本解释公布施行后，最高人民法院以前发布的司法解释与本解释不一致的，以本解释为准。

中华人民共和国最高人民法院
公 告

《最高人民法院关于适用〈中华人民共和国民法典〉合同编通则若干问题的解释》已于2023年5月23日由最高人民法院审判委员会第1889次会议通过，现予公布，自2023年12月5日起施行。

2023年12月4日

最高人民法院
关于适用《中华人民共和国民法典》合同编通则若干问题的解释

法释〔2023〕13号

为正确审理合同纠纷案件以及非因合同产生的债权债务关系纠纷案件，依法保护当事人的合法权益，根据《中华人民共和国民法典》、《中华人民共和国民事诉讼法》等相关法律规定，结合审判实践，制定本解释。

一、一般规定

第一条 人民法院依据民法典第一百四十二条第一款、第四百六十六条第一款的规定解释合同条款时，应当以词句的通常含义为基础，结合相关条款、合同的性质和目的、习惯以及诚信原则，参考缔约背景、磋商过程、履行行为等因素确定争议条款的含义。

有证据证明当事人之间对合同条款有不同于词句的通常含义的其他共同理解，一方主张按照词句的通常含义理解合同条款的，人民法院不予支持。

对合同条款有两种以上解释，可能影响该条款效力的，人民法院应当选择有利于该条款有效的解释；属于无偿合同的，应当选择对债务人负担较轻的解释。

第二条 下列情形，不违反法律、行政法规的强制性规定且不违背公序良俗的，人民法院可以认定为民法典所称的"交易习惯"：

（一）当事人之间在交易活动中的惯常做法；

（二）在交易行为当地或者某一领域、某一行业通常采用并为交易对方订立合同时所知道或者应当知道的做法。

对于交易习惯，由提出主张的当事人一方承担举证责任。

二、合同的订立

第三条 当事人对合同是否成立存在争议，人民法院能够确定当事人姓名或者名称、标的和数量的，一般应当认定合同成立。但是，法律另有规定或者当事人另有约定的除外。

根据前款规定能够认定合同已经成立的，对合同欠缺的内容，人民法院应当依据民法典第五百一十条、第五百一十一条等规定予以确定。

当事人主张合同无效或者请求撤销、解除合同等，人民法院认为合同不成立的，应当依据《最高人民法院关于民事诉讼证据的若干规定》第五十三条的规定将合同是否成立作为焦点问题进行审理，并可以根据案件的具体情况重新指定举证期限。

第四条 采取招标方式订立合同，当事人请求确认合同自中标通知书到达中标人时成立的，人民法院应予支持。合同成立后，当事人拒绝签订书面合同的，人民法院应当依据招标文件、投标文件和中标通知书等确定合同内容。

采取现场拍卖、网络拍卖等公开竞价方式订立合同，当事人请求确认合同自拍卖师落槌、电子交易系统确认成交时成立的，人民法院应予支持。合同成立后，当事人拒绝签订成交确认书的，人民法院应当依据拍卖公告、竞买人的报价等确定合同内容。

产权交易所等机构主持拍卖、挂牌交易，其公布的拍卖公告、交易规则等文件公开确定了合同成立需要具备的条件，当事人请求确认合同自该条件具备时成立的，人民法院应予支持。

第五条 第三人实施欺诈、胁迫行为，使当事人在违背真实意思的情况下订立合同，受到损失的当事人请求第三人承担赔偿责任的，人民法院依法予以支持；当事人亦有违背诚信原则的行为的，人民法院应当根据各自的过错确定相应的责任。但是，法律、司法解释对当事人与第三人的民事责任另有规定的，依照其规定。

第六条 当事人以认购书、订购书、预订书等形式约定在将来一定期限内订立合同，或者为担保在将来一定期限内订立合同交付了定金，能够确定将来所要订立合同的主体、标的等内容的，人民法院应当认定预约合同成立。

当事人通过签订意向书或者备忘录等方式，仅表达交易的意向，未约定在将来一定期限内订立合同，或者虽然有约定但是难以确定将来所要订立合同的主体、标的等内容，一方主张预约合同成立的，人民法院不予支持。

当事人订立的认购书、订购书、预订书等已就合同标的、数量、价款或者报酬等主要内容达成合意，符合本解释第三条第一款规定的合同成立条件，未明确约定在将来一定期限内另行订立合同，或者虽然有约定但是当事人一方已实施履行行为且对方接受的，人民法院应当认定本约合同成立。

第七条 预约合同生效后，当事人一方拒绝订立本约合同或者在磋商订立本约合同时违背诚信原则导致未能订立本约合同的，人民法院应当认定该当事人不履行预约合同约定的义务。

人民法院认定当事人一方在磋商订立本约合同时是否违背诚信原则，应当综合考虑该当事人在磋商时提出的条件是否明显背离预约合同约定的内容以及是否已尽合理努力进行协商等因素。

第八条 预约合同生效后，当事人一方不履行订立本约合同的义务，对方请求其赔偿因此造成的损失的，人民法院依法予以支持。

前款规定的损失赔偿，当事人有约定的，按照约定；没有约定的，人民法院应当综合考虑预约合同在内容上的完备程度以及订立本约合同的条件的成就程度等因素酌定。

第九条 合同条款符合民法典第四百九十六条第一款规定的情形，当事人仅以合同系依据合同示范文本制作或者双方已经明确约定合同条款不属于格式条款为由主张该条款不是格式条款的，人民法院不予支持。

从事经营活动的当事人一方仅以未实际重复使用为由主张其预先拟定且未与对方协商的合同条款不是格式条款的，人民法院不予支持。但是，有证据证明该条款不是为了重复使用而预先拟定的除外。

第十条 提供格式条款的一方在合同订立时采用通常足以引起对方注意的文字、符号、字体等明显标识，提示对方注意免除或者减轻其责任、排除或者限制对方权利等与对方有重大利害关系的异常条款的，人民法院可以认定其已经履行民法典第四百九十六条第二款规定的提示义务。

提供格式条款的一方按照对方的要求，就与对方有重大利害关系的异常条款的概念、内容及其法律后果以书面或者口头形式向对方作出通常能够理解的解释说明的，人民法院可以认定其已经履行民法典第四百九十六条第二款规定的说明义务。

提供格式条款的一方对其已经尽到提示义务或者说明义务承担举证责任。对于通过互联网等信息网络订立的电子合同，提供格式条款的一方仅以采取了设置勾选、弹窗等方式为由主张其已经履行提示义务或者说明义务的，人民法院不予支持，但是其举证符合前两款规定的除外。

三、合同的效力

第十一条 当事人一方是自然人，根据该当事人的年龄、智力、知识、经验并结合交易的复杂程度，能够认定其对合同的性质、合同订立的法律后果或者交易中存在的特定风险缺乏应有的认知能力的，人民法院可以认定该情形构成民法典第一百五十一条规定的“缺乏判断能力”。

第十二条 合同依法成立后，负有报批义务的当事人不履行报批义务或者履行报批义务不符合合同的约定或者法律、行政法规的规定，对方请求其继续履行报批义务的，人民法院应予支持；对方主张解除合同并请求其承担违反报批义务的赔偿责任的，人民法院应予支持。

人民法院判决当事人一方履行报批义务后，其仍不履行，对方主张解除合同并参照违反合同的违约责任请求其承担赔偿责任的，人民法院应予支持。

合同获得批准前，当事人一方起诉请求对方履行合同约定的主要义务，经释明后拒绝变更诉讼请求的，人民法院应当判决驳回其诉讼请求，但是不影响其另行提起诉讼。

负有报批义务的当事人已经办理申请批准等手续或者已经履行生效判决确定的报批义务，批准机关决定不予批准，对方请求其承担赔偿责任的，人民法院不予支持。但是，因迟延履行报批义务等可归责于当事人的原因导致合同未获批准，对方请求赔偿因此受到的损失的，人民法院应当依据民法典第一百五十七条的规定处理。

第十三条 合同存在无效或者可撤销的情形，当事人以该合同已在有关行政管理部门办理备案、已经批准机关批准或者已依据该合同办理财产权利的变更登记、移转登记等为由主张合同有效的，人民法院不予支持。

第十四条 当事人之间就同一交易订立多份合同，人民法院应当认定其中以虚假意思表示订立的合同无效。当事人为规避法律、行政法规的强制性规定，以虚假意思表示隐藏真实意思表示的，人民法院应当依据民法典第一百五十三条第一款的规定认定被隐藏合同的效力；当事人为规避法律、行政法规关于合同应当办理批准等手续的规定，以虚假意思表示隐藏真实意思表示的，人民法院应当依据民法典第五百零二条第二款的规定认定被隐藏合同的效力。

依据前款规定认定被隐藏合同无效或者确定不发生效力的，人民法院应当以被隐藏合同为事实基础，依据民法典第一百五十七条的规定确定当事人的民事责任。但是，法律另有规定的除外。

当事人就同一交易订立的多份合同均系真实意思表示，且不存在其他影响合同效力情形的，人民法院应当在查明各合同成立先后顺序和实际履行情况的基础上，认定合同内容是否发生变更。法律、行政法规禁止变更合同内容的，人民法院应当认定合同的相应变更无效。

第十五条 人民法院认定当事人之间的权利义务关系，不应当拘泥于合同使用的名称，而应当根据合同约定的内容。当事人主张的权利义务关系与根据合同内容认定的权利义务关系不一致的，人民法院应当结合缔约背景、交易目的、交易结构、履行行为以及当事人是否存在虚构交易标的等事实认定当事人之间的实际民事法律关系。

第十六条 合同违反法律、行政法规的强制性规定，有下列情形之一，由行为人承担行政责任或者刑事责任能够实现强制性规定的立法目的的，人民法院可以依据民法典第一百五十三条第一款关于“该强制性规定不导致该民事法律行为无效的除外”的规定认定该合同不因违反强制性规定无效：

（一）强制性规定虽然旨在维护社会公共秩序，但是合同的实际履行对社会公共秩序造成的影响显著轻微，认定合同无效将导致案件处理结果有失公平公正；

（二）强制性规定旨在维护政府的税收、土地出让金等国家利益或者其他民事主体的合法利益而非合同当事人的民事权益，认定合同有效不会影响该规范目的的实现；

（三）强制性规定旨在要求当事人一方加强风险控制、内部管理等，对方无能力或者无义务审查合同是否违反强制性规定，认定合同无效将使其承担不利后果；

（四）当事人一方虽然在订立合同时违反强制性规定，但是在合同订立后其已经具备补正违反强制性规定的条件却违背诚信原则不予补正；

（五）法律、司法解释规定的其他情形。

法律、行政法规的强制性规定旨在规制合同订立后的履行行为，当事人以合同违反强制性规定为由请求认定合同无效的，人民法院不予支持。但是，合同履行必然导致违反强制性规定或者法律、司法解释另有规定的除外。

依据前两款认定合同有效，但是当事人的违法行为未经处理的，人民法院应当向有关行政管理部门提出司法建议。当事人的行为涉嫌犯罪的，应当将案件线索移送刑事侦查机关；属于刑事自诉案件的，应当告知当事人可以向有管辖权的人民法院另行提起诉讼。

第十七条 合同虽然不违反法律、行政法规的强制性规定，但是有下列情形之一，人民法院应当依据民法典第一百五十三条第二款的规定认定合同无效：

（一）合同影响政治安全、经济安全、军事安全等国家安全的；

（二）合同影响社会稳定、公平竞争秩序或者损害社会公共利益等违背社会公共秩序的；

（三）合同背离社会公德、家庭伦理或者有损人格尊严等违背善良风俗的。

人民法院在认定合同是否违背公序良俗时，应当以社会主义核心价值观为导向，综合考虑当事人的主观动机和交易目的、政府部门的监管强度、一定期限内当事人从事类似交易的频次、行为的社会后果等因素，并在裁判文书中充分说理。当事人确因生活需要进行交易，未给社会公共秩序造成重大影响，且不影响国家安全，也不违背善良风俗的，人民法院不应当认定合同无效。

第十八条 法律、行政法规的规定虽然有“应当”“必须”或者“不得”等表述，但是该规定旨在限制或者赋予民事权利，行为人违反该规定将构成无权处分、无权代理、越权代表等，或者导致合同相对人、第三人因此获得撤销权、解除权等民事权利的，人民法院应当依据法律、行政法规规定的关于违反该规定的民事法律后果认定合同效力。

第十九条 以转让或者设定财产权利为目的订立的合同，当事人或者真正权利人仅以让与人在订立合同时对标的物没有所有权或者处分权为由主张合同无效的，人民法院不予支持；因未取得真正权利人事后同意或者让与人事后未取得处分权导致合同不能履行，受让人主张解除合同并请求让与人承担违反合同的赔偿责任的，人民法院依法予以支持。

前款规定的合同被认定有效，且让与人已经将财产交付或者移转登记至受让人，真正权利人请求认定财产权利未发生变动或者请求返还财产的，人民法院应予支持。但是，受让人依据民法典第三百一十一条等规定善意取得财产权利的除外。

第二十条 法律、行政法规为限制法人的法定代表人或者非法人组织的负责人的代表权，规定合同所涉事项应当由法人、非法人组织的权力机构或者决策机构决议，或者应当由法人、非法人组织的执行机构决定，法定代表人、负责人未取得授权而以法人、非法人组织的名义订立合同，未尽到合理审查义务的相对人主张该合同对法人、非法人组织发生效力并由其承担违约责任的，人民法院不予支持，但是法人、非法人组织有过错的，可以参照民法典第一百五十七条的规定判决其承担相应的赔偿责任。相对人已尽到合理审查义务，构成表见代表的，人民法院应当依据民法典第五百零四条的规定处理。

合同所涉事项未超越法律、行政法规规定的法定代表人或者负责人的代表权限，但是超越法人、非法人组织的章程或者权力机构等对代表权的限制，相对人主张该合同对法人、非法人组织发生效力并由其承担违约责任的，人民法院依法予以支持。但是，法人、非法人组织举证证明相对人知道或者应当知道该限制的除外。

法人、非法人组织承担民事责任后，向有过错的法定代表人、负责人追偿因越权代表行为造成的损失的，人民法院依法予以支持。法律、司法解释对法定代表人、负责人的民事责任另有规定的，依照其规定。

第二十一条 法人、非法人组织的工作人员就超越其职权范围的事项以法人、非法人组织的名义订立合同，相对人主张该合同对法人、非法人组织发生效力并由其承担违约责任的，人民法院不予支持。但是，法人、非法人组织有过错的，人民法院可以参照民法典第一百五十七条的规定判决其承担相应的赔偿责任。前述情形，构成表见代理的，人民法院应当依据民法典第一百七十二条的规定处理。

合同所涉事项有下列情形之一的，人民法院应当认定法人、非法人组织的工作人员在订立合同时超越其职权范围：

（一）依法应当由法人、非法人组织的权力机构或者决策机构决议的事项；

（二）依法应当由法人、非法人组织的执行机构决定的事项；

（三）依法应当由法定代表人、负责人代表法人、非法人组织实施的事项；

（四）不属于通常情形下依其职权可以处理的事项。

合同所涉事项未超越依据前款确定的职权范围，但是超越法人、非法人组织对工作人员职权范围的限制，相对人主张该合同对法人、非法人组织发生效力并由其承担违约责任的，人民法院应予支持。但是，法人、非法人组织举证证明相对人知道或者应当知道该限制的除外。

法人、非法人组织承担民事责任后，向故意或者有重大过失的工作人员追偿的，人民法院依法予以支持。

第二十二条 法定代表人、负责人或者工作人员以法人、非法人组织的名义订立合同且未超越权限，法人、非法人组织仅以合同加盖的印章不是备案印章或者系伪造的印章为由主张该合同对其不发生效力的，人民法院不予支持。

合同系以法人、非法人组织的名义订立，但是仅有法定代表人、负责人或者工作人员签名或者按指印而未加盖法人、非法人组织的印章，相对人能够证明法定代表人、负责人或者工作人员在订立合同时未超越权限的，人民法院应当认定合同对法人、非法人组织发生效力。但是，当事人约定以加盖印章作为合同成立条件的除外。

合同仅加盖法人、非法人组织的印章而无人员签名或者按指印，相对人能够证明合同系法定代表人、负责人或者工作人员在其权限范围内订立的，人民法院应当认定该合同对法人、非法人组织发生效力。

在前三款规定的情形下，法定代表人、负责人或者工作人员在订立合同时虽然超越代表或者代理权限，但是依据民法典第五百零四条的规定构成表见代表，或者依据民法典第一百七十二条的规定构成表见代理的，人民法院应当认定合同对法人、非法人组织发生效力。

第二十三条 法定代表人、负责人或者代理人与相对人恶意串通，以法人、非法人组织的名义订立合同，损害法人、非法人组织的合法权益，法人、非法人组织主张不承担民事责任的，人民法院应予支持。法人、非法人组织请求法定代表人、负责人或者代理人与相对人对因此受到的损失承担连带赔偿责任的，人民法院应予支持。

根据法人、非法人组织的举证，综合考虑当事人之间的交易习惯、合同在订立时是否显失公平、相关人员是否获取了不正当利益、合同的履行情况等因素，人民法院能够认定法定代表人、负责人或者代理人与相对人存在恶意串通的高度可能性的，可以要求前述人员就合同订立、履行的过程等相关事实作出陈述或者提供相应的证据。其无正当理由拒绝作出陈述，或者所作陈述不具合理性又不能提供相应证据的，人民法院可以认定恶意串通的事实成立。

第二十四条 合同不成立、无效、被撤销或者确定不发生效力，当事人请求返还财产，经审查财产能够返还的，人民法院应当根据案件具体情况，单独或者合并适用返还占有的标的物、更正登记簿册记载等方式；经审查财产不能返还或者没有必要返还的，人民法院应当以认定合同不成立、无效、被撤销或者确定不发生效力之日该财产的市场价值或者以其他合理方式计算的价值为基准判决折价补偿。

除前款规定的情形外，当事人还请求赔偿损失的，人民法院应当结合财产返还或者折价补偿的情况，综合考虑财产增值收益和贬值损失、交易成本的支出等事实，按照双方当事人的过错程度及原因力大小，根据诚信原则和公平原则，合理确定损失赔偿额。

合同不成立、无效、被撤销或者确定不发生效力，当事人的行为涉嫌违法且未经处理，可能导致一方或者双方通过违法行为获得不当利益的，人民法院应当向有关行政管理部门提出司法建议。当事人的行为涉嫌犯罪的，应当将案件线索移送刑事侦查机关；属于刑事自诉案件的，应当告知当事人可以向有管辖权的人民法院另行提起诉讼。

第二十五条 合同不成立、无效、被撤销或者确定不发生效力，有权请求返还价款或者报酬的当事人一方请求对方支付资金占用费的，人民法院应当在当事人请求的范围内按照中国人民银行授权全国银行间同业拆借中心公布的一年期贷款市场报价利率（LPR）计算。但是，占用资金的当事人对于合同不成立、无效、被撤销或者确定不发生效力没有过错的，应当以中国人民银行公布的同期同类存款基准利率计算。

双方互负返还义务，当事人主张同时履行的，人民法院应予支持；占有标的物的一方对标的物存在使用或者依法可以使用的情形，对方请求将其应支付的资金占用费与应收取的标的物使用费相互抵销的，人民法院应予支持，但是法律另有规定的除外。

四、合同的履行

第二十六条 当事人一方未根据法律规定或者合同约定履行开具发票、提供证明文件等非主要债务，对方请求继续履行该债务并赔偿因怠于履行该债务造成的损失的，人民法院依法予以支持；对方请求解除合同的，人民法院不予支持，但是不履行该债务致使不能实现合同目的或者当事人另有约定的除外。

第二十七条 债务人或者第三人与债权人在债务履行期限届满后达成以物抵债协议，不存在影响合同效力情形的，人民法院应当认定该协议自当事人意思表示一致时生效。

债务人或者第三人履行以物抵债协议后，人民法院应当认定相应的原债务同时消灭；债务人或者第三人未按照约定履行以物抵债协议，经催告后在合理期限内仍不履行，债权人选择请求履行原债务或者以物抵债协议的，人民法院应予支持，但是法律另有规定或者当事人另有约定的除外。

前款规定的以物抵债协议经人民法院确认或者人民法院根据当事人达成的以物抵债协议制作成调解书，债权人主张财产权利自确认书、调解书生效时发生变动或者具有对抗善意第三人效力的，人民法院不予支持。

债务人或者第三人以自己不享有所有权或者处分权的财产权利订立以物抵债协议的，依据本解释第十九条的规定处理。

第二十八条　债务人或者第三人与债权人在债务履行期限届满前达成以物抵债协议的，人民法院应当在审理债权债务关系的基础上认定该协议的效力。

当事人约定债务人到期没有清偿债务，债权人可以对抵债财产拍卖、变卖、折价以实现债权的，人民法院应当认定该约定有效。当事人约定债务人到期没有清偿债务，抵债财产归债权人所有的，人民法院应当认定该约定无效，但是不影响其他部分的效力；债权人请求对抵债财产拍卖、变卖、折价以实现债权的，人民法院应予支持。

当事人订立前款规定的以物抵债协议后，债务人或者第三人未将财产权利转移至债权人名下，债权人主张优先受偿的，人民法院不予支持；债务人或者第三人已将财产权利转移至债权人名下的，依据《最高人民法院关于适用〈中华人民共和国民法典〉有关担保制度的解释》第六十八条的规定处理。

第二十九条　民法典第五百二十二条第二款规定的第三人请求债务人向自己履行债务的，人民法院应予支持；请求行使撤销权、解除权等民事权利的，人民法院不予支持，但是法律另有规定的除外。

合同依法被撤销或者被解除，债务人请求债权人返还财产的，人民法院应予支持。

债务人按照约定向第三人履行债务，第三人拒绝受领，债权人请求债务人向自己履行债务的，人民法院应予支持，但是债务人已经采取提存等方式消灭债务的除外。第三人拒绝受领或者受领迟延，债务人请求债权人赔偿因此造成的损失的，人民法院依法予以支持。

第三十条　下列民事主体，人民法院可以认定为民法典第五百二十四条第一款规定的对履行债务具有合法利益的第三人：

（一）保证人或者提供物的担保的第三人；

（二）担保财产的受让人、用益物权人、合法占有人；

（三）担保财产上的后顺位担保权人；

（四）对债务人的财产享有合法权益且该权益将因财产被强制执行而丧失的第三人；

（五）债务人为法人或者非法人组织的，其出资人或者设立人；

（六）债务人为自然人的，其近亲属；

（七）其他对履行债务具有合法利益的第三人。

第三人在其已经代为履行的范围内取得对债务人的债权，但是不得损害债权人的利益。

担保人代为履行债务取得债权后，向其他担保人主张担保权利的，依据《最高人民法院关于适用〈中华人民共和国民法典〉有关担保制度的解释》第十三条、第十四条、第十八条第二款等规定处理。

第三十一条　当事人互负债务，一方以对方没有履行非主要债务为由拒绝履行自己的主要债务的，人民法院不予支持。但是，对方不履行非主要债务致使不能实现合同目的或者当事人另有约定的除外。

当事人一方起诉请求对方履行债务，被告依据民法典第五百二十五条的规定主张双方同时履行的抗辩且抗辩成立，被告未提起反诉的，人民法院应当判决被告在原告履行债务的同时履行自己的债务，并在判项中明确原告申请强制执行的，人民法院应当在原告履行自己的债务后对被告采取执行行为；被告提起反诉的，人民法院应当判决双方同时履行自己的债务，并在判项中明确任何一方申请强制执行的，人民法院应当在该当事人履行自己的债务后对对方采取执行行为。

当事人一方起诉请求对方履行债务，被告依据民法典第五百二十六条的规定主张原告应先履行的抗辩且抗辩成立的，人民法院应当驳回原告的诉讼请求，但是不影响原告履行债务后另行提起诉讼。

第三十二条 合同成立后，因政策调整或者市场供求关系异常变动等原因导致价格发生当事人在订立合同时无法预见的、不属于商业风险的涨跌，继续履行合同对于当事人一方明显不公平的，人民法院应当认定合同的基础条件发生了民法典第五百三十三条第一款规定的“重大变化”。但是，合同涉及市场属性活跃、长期以来价格波动较大的大宗商品以及股票、期货等风险投资型金融产品的除外。

合同的基础条件发生了民法典第五百三十三条第一款规定的重大变化，当事人请求变更合同的，人民法院不得解除合同；当事人一方请求变更合同，对方请求解除合同的，或者当事人一方请求解除合同，对方请求变更合同的，人民法院应当结合案件的实际情况，根据公平原则判决变更或者解除合同。

人民法院依据民法典第五百三十三条的规定判决变更或者解除合同的，应当综合考虑合同基础条件发生重大变化的时间、当事人重新协商的情况以及因合同变更或者解除给当事人造成的损失等因素，在判项中明确合同变更或者解除的时间。

当事人事先约定排除民法典第五百三十三条适用的，人民法院应当认定该约定无效。

五、合同的保全

第三十三条 债务人不履行其对债权人的到期债务，又不以诉讼或者仲裁方式向相对人主张其享有的债权或者与该债权有关的从权利，致使债权人的到期债权未能实现的，人民法院可以认定为民法典第五百三十五条规定的“债务人怠于行使其债权或者与该债权有关的从权利，影响债权人的到期债权实现”。

第三十四条 下列权利，人民法院可以认定为民法典第五百三十五条第一款规定的专属于债务人自身的权利：

（一）抚养费、赡养费或者扶养费请求权；

（二）人身损害赔偿请求权；

（三）劳动报酬请求权，但是超过债务人及其所扶养家属的生活必需费用的部分除外；

（四）请求支付基本养老保险金、失业保险金、最低生活保障金等保障当事人基本生活的权利；

（五）其他专属于债务人自身的权利。

第三十五条 债权人依据民法典第五百三十五条的规定对债务人的相对人提起代位权诉讼的，由被告住所地人民法院管辖，但是依法应当适用专属管辖规定的除外。

债务人或者相对人以双方之间的债权债务关系订有管辖协议为由提出异议的，人民法院不予支持。

第三十六条 债权人提起代位权诉讼后，债务人或者相对人以双方之间的债权债务关系订有仲裁协议为由对法院主管提出异议的，人民法院不予支持。但是，债务人或者相对人在首次开庭前就债务人与相对人之间的债权债务关系申请仲裁的，人民法院可以依法中止代位权诉讼。

第三十七条 债权人以债务人的相对人为被告向人民法院提起代位权诉讼，未将债务人列为第三人的，人民法院应当追加债务人为第三人。

两个以上债权人以债务人的同一相对人为被告提起代位权诉讼的，人民法院可以合并审理。债务人对相对人享有的债权不足以清偿其对两个以上债权人负担的债务的，人民法院应当按照债权人享有的债权比例确定相对人的履行份额，但是法律另有规定的除外。

第三十八条 债权人向人民法院起诉债务人后，又向同一人民法院对债务人的相对人提起代位权诉讼，属于该人民法院管辖的，可以合并审理。不属于该人民法院管辖的，应当告知其向有管辖权的人民法院另行起诉；在起诉债务人的诉讼终结前，代位权诉讼应当中止。

第三十九条 在代位权诉讼中，债务人对超过债权人代位请求数额的债权部分起诉相对人，属于同一人民法院管辖的，可以合并审理。不属于同一人民法院管辖的，应当告知其向有管辖权的人民法院另行起诉；在代位权诉讼终结前，债务人对相对人的诉讼应当中止。

第四十条 代位权诉讼中，人民法院经审理认为债权人的主张不符合代位权行使条件的，应当驳回诉讼请求，但是不影响债权人根据新的事实再次起诉。

债务人的相对人仅以债权人提起代位权诉讼时债权人与债务人之间的债权债务关系未经生效法律文书确认为由，主张债权人提起的诉讼不符合代位权行使条件的，人民法院不予支持。

第四十一条 债权人提起代位权诉讼后，债务人无正当理由减免相对人的债务或者延长相对人的履行期限，相对人以此向债权人抗辩的，人民法院不予支持。

第四十二条 对于民法典第五百三十九条规定的“明显不合理”的低价或者高价，人民法院应当按照交易当地一般经营者的判断，并参考交易时交易地的市场交易价或者物价部门指导价予以认定。

转让价格未达到交易时交易地的市场交易价或者指导价百分之七十的，一般可以认定为“明显不合理的低价”；受让价格高于交易时交易地的市场交易价或者指导价百分之三十的，一般可以认定为“明显不合理的高价”。

债务人与相对人存在亲属关系、关联关系的，不受前款规定的百分之七十、百分之三十的限制。

第四十三条 债务人以明显不合理的价格，实施互易财产、以物抵债、出租或者承租财产、知识产权许可使用等行为，影响债权人的债权实现，债务人的相对人知道或者应当知道该情形，债权人请求撤销债务人的行为的，人民法院应当依据民法典第五百三十九条的规定予以支持。

第四十四条 债权人依据民法典第五百三十八条、第五百三十九条的规定提起撤销权诉讼的，应当以债务人和债务人的相对人为共同被告，由债务人或者相对人的住所地人民法院管辖，但是依法应当适用专属管辖规定的除外。

两个以上债权人就债务人的同一行为提起撤销权诉讼的，人民法院可以合并审理。

第四十五条 在债权人撤销权诉讼中，被撤销行为的标的可分，当事人主张在受影响的债权范围内撤销债务人的行为的，人民法院应予支持；被撤销行为的标的不可分，债权人主张将债务人的行为全部撤销的，人民法院应予支持。

债权人行使撤销权所支付的合理的律师代理费、差旅费等费用，可以认定为民法典第五百四十条规定的“必要费用”。

第四十六条 债权人在撤销权诉讼中同时请求债务人的相对人向债务人承担返还财产、折价补偿、履行到期债务等法律后果的，人民法院依法予以支持。

债权人请求受理撤销权诉讼的人民法院一并审理其与债务人之间的债权债务关系，属于该人民法院管辖的，可以合并审理。不属于该人民法院管辖的，应当告知其向有管辖权的人民法院另行起诉。

债权人依据其与债务人的诉讼、撤销权诉讼产生的生效法律文书申请强制执行的，人民法院可以就债务人对相对人享有的权利采取强制执行措施以实现债权人的债权。债权人在撤销权诉讼中，申请对相对人的财产采取保全措施的，人民法院依法予以准许。

六、合同的变更和转让

第四十七条 债权转让后，债务人向受让人主张其对让与人的抗辩的，人民法院可以追加让与人为第三人。

债务转移后，新债务人主张原债务人对债权人的抗辩的，人民法院可以追加原债务人为第三人。

当事人一方将合同权利义务一并转让后，对方就合同权利义务向受让人主张抗辩或者受让人就合同权利义务向对方主张抗辩的，人民法院可以追加让与人为第三人。

第四十八条 债务人在接到债权转让通知前已经向让与人履行，受让人请求债务人履行的，人民法院不予支持；债务人接到债权转让通知后仍然向让与人履行，受让人请求债务人履行的，人民法院应予支持。

让与人未通知债务人，受让人直接起诉债务人请求履行债务，人民法院经审理确认债权转让事实的，应当认定债权转让自起诉状副本送达时对债务人发生效力。债务人主张因未通知而给其增加的费用或者造成的损失从认定的债权数额中扣除的，人民法院依法予以支持。

第四十九条 债务人接到债权转让通知后，让与人以债权转让合同不成立、无效、被撤销或者确定不发生效力为由请求债务人向其履行的，人民法院不予支持。但是，该债权转让通知被依法撤销的除外。

受让人基于债务人对债权真实存在的确认受让债权后，债务人又以该债权不存在为由拒绝向受让人履行的，人民法院不予支持。但是，受让人知道或者应当知道该债权不存在的除外。

第五十条 让与人将同一债权转让给两个以上受让人，债务人以已经向最先通知的受让人履行为由主张其不再履行债务的，人民法院应予支持。债务人明知接受履行的受让人不是最先通知的受让人，最先通知的受让人请求债务人继续履行债务或者依据债权转让协议请求让与人承担违约责任的，人民法院应予支持；最先通知的受让人请求接受履行的受让人返还其接受的财产的，人民法院不予支持，但是接受履行的受让人明知该债权在其受让前已经转让给其他受让人的除外。

前款所称最先通知的受让人，是指最先到达债务人的转让通知中载明的受让人。当事人之间对通知到达时间有争议的，人民法院应当结合通知的方式等因素综合判断，而不能仅根据债务人认可的通知时间或者通知记载的时间予以认定。当事人采用邮寄、通讯电子系统等方式发出通知的，人民法院应当以邮戳时间或者通讯电子系统记载的时间等作为认定通知到达时间的依据。

第五十一条 第三人加入债务并与债务人约定了追偿权，其履行债务后主张向债务人追偿的，人民法院应予支持；没有约定追偿权，第三人依照民法典关于不当得利等的规定，在其已经向债权人履行债务的范围内请求债务人向其履行的，人民法院应予支持，但是第三人知道或者应当知道加入债务会损害债务人利益的除外。

债务人就其对债权人享有的抗辩向加入债务的第三人主张的，人民法院应予支持。

七、合同的权利义务终止

第五十二条 当事人就解除合同协商一致时未对合同解除后的违约责任、结算和清理等问题作出处理，一方主张合同已经解除的，人民法院应予支持。但是，当事人另有约定的除外。

有下列情形之一的，除当事人一方另有意思表示外，人民法院可以认定合同解除：

（一）当事人一方主张行使法律规定或者合同约定的解除权，经审理认为不符合解除权行使条件但是对方同意解除；

（二）双方当事人均不符合解除权行使的条件但是均主张解除合同。

前两款情形下的违约责任、结算和清理等问题，人民法院应当依据民法典第五百六十六条、第五百六十七条和有关违约责任的规定处理。

第五十三条 当事人一方以通知方式解除合同，并以对方未在约定的异议期限或者其他合理期限内提出异议为由主张合同已经解除的，人民法院应当对其是否享有法律规定或者合同约定的解除权进行审查。经审查，享有解除权的，合同自通知到达对方时解除；不享有解除权的，不发生合同解除的效力。

第五十四条 当事人一方未通知对方，直接以提起诉讼的方式主张解除合同，撤诉后再次起诉主张解除合同，人民法院经审理支持该主张的，合同自再次起诉的起诉状副本送达对方时解除。但是，当事人一方撤诉后又通知对方解除合同且该通知已经到达对方的除外。

第五十五条 当事人一方依据民法典第五百六十八条的规定主张抵销，人民法院经审理认为抵销权成立的，应当认定通知到达对方时双方互负的主债务、利息、违约金或者损害赔偿金等债务在同等数额内消灭。

第五十六条 行使抵销权的一方负担的数项债务种类相同，但是享有的债权不足以抵销全部债务，当事人因抵销的顺序发生争议的，人民法院可以参照民法典第五百六十条的规定处理。

行使抵销权的一方享有的债权不足以抵销其负担的包括主债务、利息、实现债权的有关费用在内的全部债务，当事人因抵销的顺序发生争议的，人民法院可以参照民法典第五百六十一条的规定处理。

第五十七条 因侵害自然人人身权益，或者故意、重大过失侵害他人财产权益产生的损害赔偿债务，侵权人主张抵销的，人民法院不予支持。

第五十八条 当事人互负债务，一方以其诉讼时效期间已经届满的债权通知对方主张抵销，对方提出诉讼时效抗辩的，人民法院对该抗辩应予支持。一方的债权诉讼时效期间已经届满，对方主张抵销的，人民法院应予支持。

八、违约责任

第五十九条 当事人一方依据民法典第五百八十条第二款的规定请求终止合同权利义务关系的，人民法院一般应当以起诉状副本送达对方的时间作为合同权利义务关系终止的时间。根据案件的具体情况，以其他时间作为合同权利义务关系终止的时间更加符合公平原则和诚信原则的，人民法院可以以该时间作为合同权利义务关系终止的时间，但是应当在裁判文书中充分说明理由。

第六十条 人民法院依据民法典第五百八十四条的规定确定合同履行后可以获得的利益时，可以在扣除非违约方为订立、履行合同支出的费用等合理成本后，按照非违约方能够获得的生产利润、经营利润或者转售利润等计算。

非违约方依法行使合同解除权并实施了替代交易，主张按照替代交易价格与合同价格的差额确定合同履行后可以获得的利益的，人民法院依法予以支持；替代交易价格明显偏离替代交易发生时当地的市场价格，违约方主张按照市场价格与合同价格的差额确定合同履行后可以获得的利益的，人民法院应予支持。

非违约方依法行使合同解除权但是未实施替代交易，主张按照违约行为发生后合理期间内合同履行地的市场价格与合同价格的差额确定合同履行后可以获得的利益的，人民法院应予支持。

第六十一条 在以持续履行的债务为内容的定期合同中，一方不履行支付价款、租金等金钱债务，对方请求解除合同，人民法院经审理认为合同应当依法解除的，可以根据当事人的主张，参考合同主体、交易类型、市场价格变化、剩余履行期限等因素确定非违约方寻找替代交易的合理期限，并按照该期限对应的价款、租金等扣除非违约方应当支付的相应履约成本确定合同履行后可以获得的利益。

非违约方主张按照合同解除后剩余履行期限相应的价款、租金等扣除履约成本确定合同履行后可以获得的利益的，人民法院不予支持。但是，剩余履行期限少于寻找替代交易的合理期限的除外。

第六十二条 非违约方在合同履行后可以获得的利益难以根据本解释第六十条、第六十一条的规定予以确定的，人民法院可以综合考虑违约方因违约获得的利益、违约方的过错程度、其他违约情节等因素，遵循公平原则和诚信原则确定。

第六十三条 在认定民法典第五百八十四条规定的“违约一方订立合同时预见到或者应当预见到的因违约可能造成的损失”时，人民法院应当根据当事人订立合同的目的，综合考虑合同主体、合同内容、交易类型、交易习惯、磋商过程等因素，按照与违约方处于相同或者类似情况的民事主体在订立合同时预见到或者应当预见到的损失予以确定。

除合同履行后可以获得的利益外，非违约方主张还有其向第三人承担违约责任应当支出的额外费用等其他因违约所造成的损失，并请求违约方赔偿，经审理认为该损失系违约一方订立合同时预见到或者应当预见到的，人民法院应予支持。

在确定违约损失赔偿额时，违约方主张扣除非违约方未采取适当措施导致的扩大损失、非违约方也有过错造成的相应损失、非违约方因违约获得的额外利益或者减少的必要支出的，人民法院依法予以支持。

第六十四条 当事人一方通过反诉或者抗辩的方式，请求调整违约金的，人民法院依法予以支持。

违约方主张约定的违约金过分高于违约造成的损失，请求予以适当减少的，应当承担举证责任。非违约方主张约定的违约金合理的，也应当提供相应的证据。

当事人仅以合同约定不得对违约金进行调整为由主张不予调整违约金的，人民法院不予支持。

第六十五条 当事人主张约定的违约金过分高于违约造成的损失，请求予以适当减少的，人民法院应当以民法典第五百八十四条规定的损失为基础，兼顾合同主体、交易类型、合同的履行情况、当事人的过错程度、履约背景等因素，遵循公平原则和诚信原则进行衡量，并作出裁判。

约定的违约金超过造成损失的百分之三十的，人民法院一般可以认定为过分高于造成的损失。

恶意违约的当事人一方请求减少违约金的，人民法院一般不予支持。

第六十六条 当事人一方请求对方支付违约金，对方以合同不成立、无效、被撤销、确定不发生效力、不构成违约或者非违约方不存在损失等为由抗辩，未主张调整过高的违约金的，人民法院应当就若不支持该抗辩，当事人是否请求调整违约金进行释明。第一审人民法院认为抗辩成立且未予释明，第二审人民法院认为应当判决支付违约金的，可以直接释明，并根据当事人的请求，在当事人就是否应当调整违约金充分举证、质证、辩论后，依法判决适当减少违约金。

被告因客观原因在第一审程序中未到庭参加诉讼，但是在第二审程序中到庭参加诉讼并请求减少违约金的，第二审人民法院可以在当事人就是否应当调整违约金充分举证、质证、辩论后，依法判决适当减少违约金。

第六十七条 当事人交付留置金、担保金、保证金、订约金、押金或者订金等，但是没有约定定金性质，一方主张适用民法典第五百八十七条规定的定金罚则的，人民法院不予支持。当事人约定了定金性质，但是未约定定金类型或者约定不明，一方主张为违约定金的，人民法院应予支持。

当事人约定以交付定金作为订立合同的担保，一方拒绝订立合同或者在磋商订立合同时违背诚信原则导致未能订立合同，对方主张适用民法典第五百八十七条规定的定金罚则的，人民法院应予支持。

当事人约定以交付定金作为合同成立或者生效条件，应当交付定金的一方未交付定金，但是合同主要义务已经履行完毕并为对方所接受的，人民法院应当认定合同在对方接受履行时已经成立或者生效。

当事人约定定金性质为解约定金，交付定金的一方主张以丧失定金为代价解除合同的，或者收受定金的一方主张以双倍返还定金为代价解除合同的，人民法院应予支持。

第六十八条 双方当事人均具有致使不能实现合同目的的违约行为，其中一方请求适用定金罚则的，人民法院不予支持。当事人一方仅有轻微违约，对方具有致使不能实现合同目的的违约行为，轻微违约方主张适用定金罚则，对方以轻微违约方也构成违约为由抗辩的，人民法院对该抗辩不予支持。

当事人一方已经部分履行合同，对方接受并主张按照未履行部分所占比例适用定金罚则的，人民法院应予支持。对方主张按照合同整体适用定金罚则的，人民法院不予支持，但是部分未履行致使不能实现合同目的的除外。

因不可抗力致使合同不能履行，非违约方主张适用定金罚则的，人民法院不予支持。

九、附则

第六十九条 本解释自2023年12月5日起施行。

民法典施行后的法律事实引起的民事案件，本解释施行后尚未终审的，适用本解释；本解释施行前已经终审，当事人申请再审或者按照审判监督程序决定再审的，不适用本解释。

中华人民共和国最高人民法院
公　告

《最高人民法院关于修改〈最高人民法院关于设立国际商事法庭若干问题的规定〉的决定》已于 2023 年 12 月 5 日由最高人民法院审判委员会第 1908 次会议通过，现予公布，自 2024 年 1 月 1 日起施行。

2023 年 12 月 18 日

最高人民法院
关于修改《最高人民法院关于设立国际商事法庭若干问题的规定》的决定

法释〔2023〕14 号

根据第十四届全国人民代表大会常务委员会第五次会议审议通过的《全国人民代表大会常务委员会〈关于修改中华人民共和国民事诉讼法〉的决定》的相关规定，对《最高人民法院关于设立国际商事法庭若干问题的规定》作如下修改：

一、将第二条第一项修改为："（一）当事人依照民事诉讼法第二百七十七条的规定协议选择最高人民法院管辖且标的额为人民币 3 亿元以上的第一审国际商事案件；"

二、将第八条第一款修改为："国际商事法庭审理案件应当适用域外法律时，可以通过下列途径查明：

（一）由当事人提供；

（二）通过司法协助渠道由对方的中央机关或者主管机关提供；

（三）通过最高人民法院请求我国驻该国使领馆或者该国驻我国使领馆提供；

（四）由最高人民法院建立或者参与的法律查明合作机制参与方提供；

（五）由最高人民法院国际商事专家委员会专家提供；

（六）由法律查明服务机构或者中外法律专家提供；

（七）其他适当途径。"

本决定自 2024 年 1 月 1 日起施行。

《最高人民法院关于设立国际商事法庭若干问题的规定》根据本决定作相应修改后重新公布。

最高人民法院
关于设立国际商事法庭若干问题的规定

（2018 年 6 月 25 日最高人民法院审判委员会第 1743 次会议通过　根据 2023 年 12 月 5 日最高人民法院审判委员会第 1908 次会议通过的《最高人民法院关于修改〈最高人民法院关于设立国际商事法庭若干问题的规定〉的决定》修正　该修正自 2024 年 1 月 1 日起施行）

为依法公正及时审理国际商事案件，平等保护中外当事人合法权益，营造稳定、公平、透明、便捷的法治化国际营商环境，服务和保障“一带一路”建设，依据《中华人民共和国人民法院组织法》《中华人民共和国民事诉讼法》等法律，结合审判工作实际，就设立最高人民法院国际商事法庭相关问题规定如下。

第一条　最高人民法院设立国际商事法庭。国际商事法庭是最高人民法院的常设审判机构。

第二条　国际商事法庭受理下列案件：

（一）当事人依照民事诉讼法第二百七十七条的规定协议选择最高人民法院管辖且标的额为人民币 3 亿元以上的第一审国际商事案件；

（二）高级人民法院对其所管辖的第一审国际商事案件，认为需要由最高人民法院审理并获准许的；

（三）在全国有重大影响的第一审国际商事案件；

（四）依照本规定第十四条申请仲裁保全、申请撤销或者执行国际商事仲裁裁决的；

（五）最高人民法院认为应当由国际商事法庭审理的其他国际商事案件。

第三条　具有下列情形之一的商事案件，可以认定为本规定所称的国际商事案件：

（一）当事人一方或者双方是外国人、无国籍人、外国企业或者组织的；

（二）当事人一方或者双方的经常居所地在中华人民共和国领域外的；

（三）标的物在中华人民共和国领域外的；

（四）产生、变更或者消灭商事关系的法律事实发生在中华人民共和国领域外的。

第四条　国际商事法庭法官由最高人民法院在具有丰富审判工作经验，熟悉国际条约、国际惯例以及国际贸易投资实务，能够同时熟练运用中文和英文作为工作语言的资深法官中选任。

第五条　国际商事法庭审理案件，由三名或者三名以上法官组成合议庭。

合议庭评议案件，实行少数服从多数的原则。少数意见可以在裁判文书中载明。

第六条　国际商事法庭作出的保全裁定，可以指定下级人民法院执行。

第七条　国际商事法庭审理案件，依照《中华人民共和国涉外民事关系法律适用法》

的规定确定争议适用的实体法律。

当事人依照法律规定选择适用法律的，应当适用当事人选择的法律。

第八条 国际商事法庭审理案件应当适用域外法律时，可以通过下列途径查明：

（一）由当事人提供；

（二）通过司法协助渠道由对方的中央机关或者主管机关提供；

（三）通过最高人民法院请求我国驻该国使领馆或者该国驻我国使领馆提供；

（四）由最高人民法院建立或者参与的法律查明合作机制参与方提供；

（五）由最高人民法院国际商事专家委员会专家提供；

（六）由法律查明服务机构或者中外法律专家提供；

（七）其他适当途径。

通过上述途径提供的域外法律资料以及专家意见，应当依照法律规定在法庭上出示，并充分听取各方当事人的意见。

第九条 当事人向国际商事法庭提交的证据材料系在中华人民共和国领域外形成的，不论是否已办理公证、认证或者其他证明手续，均应当在法庭上质证。

当事人提交的证据材料系英文且经对方当事人同意的，可以不提交中文翻译件。

第十条 国际商事法庭调查收集证据以及组织质证，可以采用视听传输技术及其他信息网络方式。

第十一条 最高人民法院组建国际商事专家委员会，并选定符合条件的国际商事调解机构、国际商事仲裁机构与国际商事法庭共同构建调解、仲裁、诉讼有机衔接的纠纷解决平台，形成“一站式”国际商事纠纷解决机制。

国际商事法庭支持当事人通过调解、仲裁、诉讼有机衔接的纠纷解决平台，选择其认为适宜的方式解决国际商事纠纷。

第十二条 国际商事法庭在受理案件后七日内，经当事人同意，可以委托国际商事专家委员会成员或者国际商事调解机构调解。

第十三条 经国际商事专家委员会成员或者国际商事调解机构主持调解，当事人达成调解协议的，国际商事法庭可以依照法律规定制发调解书；当事人要求发给判决书的，可以依协议的内容制作判决书送达当事人。

第十四条 当事人协议选择本规定第十一条第一款规定的国际商事仲裁机构仲裁的，可以在申请仲裁前或者仲裁程序开始后，向国际商事法庭申请证据、财产或者行为保全。

当事人向国际商事法庭申请撤销或者执行本规定第十一条第一款规定的国际商事仲裁机构作出的仲裁裁决的，国际商事法庭依照民事诉讼法等相关法律规定进行审查。

第十五条 国际商事法庭作出的判决、裁定，是发生法律效力的判决、裁定。

国际商事法庭作出的调解书，经双方当事人签收后，即具有与判决同等的法律效力。

第十六条 当事人对国际商事法庭作出的已经发生法律效力的判决、裁定和调解书，可以依照民事诉讼法的规定向最高人民法院本部申请再审。

最高人民法院本部受理前款规定的申请再审案件以及再审案件，均应当另行组成合议庭。

第十七条 国际商事法庭作出的发生法律效力的判决、裁定和调解书，当事人可以向国际商事法庭申请执行。

第十八条 国际商事法庭通过电子诉讼服务平台、审判流程信息公开平台以及其他诉讼服务平台为诉讼参与人提供诉讼便利，并支持通过网络方式立案、缴费、阅卷、证据交换、送达、开庭等。

第十九条 本规定自2018年7月1日起施行。

中华人民共和国最高人民法院
公 告

《最高人民法院关于审理涉外民商事案件适用国际条约和国际惯例若干问题的解释》已于2023年12月5日由最高人民法院审判委员会第1908次会议通过，现予公布，自2024年1月1日起施行。

2023年12月28日

最高人民法院
关于审理涉外民商事案件适用国际条约和国际惯例若干问题的解释

法释〔2023〕15号

为正确审理涉外民商事案件，根据《中华人民共和国对外关系法》、《中华人民共和国涉外民事关系法律适用法》等法律，结合审判实践，制定本解释。

第一条 人民法院审理《中华人民共和国海商法》、《中华人民共和国票据法》、《中华人民共和国民用航空法》、《中华人民共和国海上交通安全法》调整的涉外民商事案件，涉及适用国际条约的，分别按照《中华人民共和国海商法》第二百六十八条、《中华人民共和国票据法》第九十五条、《中华人民共和国民用航空法》第一百八十四条、《中华人民共和国海上交通安全法》第一百二十一条的规定予以适用。

人民法院审理上述法律调整范围之外的其他涉外民商事案件，涉及适用国际条约的，参照上述法律的规定。国际条约与中华人民共和国法律有不同规定的，适用国际条约的规定，但中华人民共和国声明保留的条款除外。

第二条 涉外民商事案件涉及两项或多项国际条约的适用时，人民法院应当根据国际条约中的适用关系条款确定应当适用的国际条约。

第三条 国际条约规定当事人可以约定排除或部分排除国际条约的适用，当事人主张依据其约定排除或部分排除国际条约适用的，人民法院予以支持。国际条约限制当事人排除或部分排除国际条约的适用，当事人主张依据其约定排除或部分排除国际条约适用的，人民法院不予支持。

第四条 当事人在合同中援引尚未对中华人民共和国生效的国际条约的，人民法院可以根据该国际条约的内容确定当事人之间的权利义务，但违反中华人民共和国法律、行政法规强制性规定或者损害中华人民共和国主权、安全和社会公共利益的除外。

第五条 涉外民商事合同当事人明示选择适用国际惯例，当事人主张根据国际惯例确定合同当事人之间的权利义务的，人民法院应予支持。

第六条 中华人民共和国法律和中华人民共和国缔结或者参加的国际条约没有规定的，人民法院可以适用国际惯例。当事人仅以未明示选择为由主张排除适用国际惯例的，人民法院不予支持。

第七条 适用国际条约和国际惯例损害中华人民共和国主权、安全和社会公共利益的，人民法院不予适用。

第八条 本解释自2024年1月1日起施行。

第九条 最高人民法院以前发布的司法解释与本解释不一致的，以本解释为准。

中华人民共和国最高人民法院
公　告

《最高人民法院关于审理涉彩礼纠纷案件适用法律若干问题的规定》已于2023年11月13日由最高人民法院审判委员会第1905次会议通过，现予公布，自2024年2月1日起施行。

2024年1月17日

最高人民法院
关于审理涉彩礼纠纷案件适用法律若干问题的规定

法释〔2024〕1号

为正确审理涉彩礼纠纷案件，根据《中华人民共和国民法典》、《中华人民共和国民事诉讼法》等法律规定，结合审判实践，制定本规定。

第一条　以婚姻为目的依据习俗给付彩礼后，因要求返还产生的纠纷，适用本规定。

第二条　禁止借婚姻索取财物。一方以彩礼为名借婚姻索取财物，另一方要求返还的，人民法院应予支持。

第三条　人民法院在审理涉彩礼纠纷案件中，可以根据一方给付财物的目的，综合考虑双方当地习俗、给付的时间和方式、财物价值、给付人及接收人等事实，认定彩礼范围。

下列情形给付的财物，不属于彩礼：

（一）一方在节日、生日等有特殊纪念意义时点给付的价值不大的礼物、礼金；

（二）一方为表达或者增进感情的日常消费性支出；

（三）其他价值不大的财物。

第四条　婚约财产纠纷中，婚约一方及其实际给付彩礼的父母可以作为共同原告；婚约另一方及其实际接收彩礼的父母可以作为共同被告。

离婚纠纷中，一方提出返还彩礼诉讼请求的，当事人仍为夫妻双方。

第五条　双方已办理结婚登记且共同生活，离婚时一方请求返还按照习俗给付的彩礼的，人民法院一般不予支持。但是，如果共同生活时间较短且彩礼数额过高的，人民法院可以根据彩礼实际使用及嫁妆情况，综合考虑彩礼数额、共同生活及孕育情况、双方过错等事实，结合当地习俗，确定是否返还以及返还的具体比例。

人民法院认定彩礼数额是否过高，应当综合考虑彩礼给付方所在地居民人均可支配收入、给付方家庭经济情况以及当地习俗等因素。

第六条　双方未办理结婚登记但已共同生活，一方请求返还按照习俗给付的彩礼的，人民法院应当根据彩礼实际使用及嫁妆情况，综合考虑共同生活及孕育情况、双方过错等事实，结合当地习俗，确定是否返还以及返还的具体比例。

第七条　本规定自 2024 年 2 月 1 日起施行。

本规定施行后，人民法院尚未审结的一审、二审案件适用本规定。本规定施行前已经终审、施行后当事人申请再审或者按照审判监督程序决定再审的案件，不适用本规定。

中华人民共和国最高人民法院
公　告

《最高人民法院关于审理垄断民事纠纷案件适用法律若干问题的解释》已于 2024 年 2 月 4 日由最高人民法院审判委员会第 1915 次会议通过，现予公布，自 2024 年 7 月 1 日起施行。

2024 年 6 月 24 日

最高人民法院
关于审理垄断民事纠纷案件适用法律若干问题的解释

法释〔2024〕6 号

为维护市场公平竞争秩序，依法公正高效审理垄断民事纠纷案件，根据《中华人民共和国民法典》、《中华人民共和国反垄断法》、《中华人民共和国民事诉讼法》等有关法律规定，制定本解释。

一、程序规定

第一条　本解释所称垄断民事纠纷案件，是指自然人、法人或者非法人组织因垄断行为受到损失以及因合同内容或者经营者团体的章程、决议、决定等违反反垄断法而发生争议，依据反垄断法向人民法院提起民事诉讼的案件。

本解释所称经营者团体，包括行业协会等由两个以上经营者为了实现共同目的而组成的结合体或者联合体。

第二条　原告依据反垄断法直接向人民法院提起民事诉讼，或者在反垄断执法机构认定构成垄断行为的处理决定作出后向人民法院提起民事诉讼，且符合法律规定的受理条件的，人民法院应予受理。

原告起诉仅请求人民法院确认被告的特定行为构成垄断，而不请求被告承担民事责任的，人民法院不予受理。

第三条　一方当事人向人民法院提起垄断民事诉讼，另一方当事人以双方之间存在合同关系且有仲裁协议为由，主张人民法院不应受理的，人民法院不予支持。

第四条　第一审垄断民事纠纷案件，由知识产权法院和最高人民法院指定的中级人民法院管辖。

第五条　垄断民事纠纷案件的地域管辖，根据案件具体情况，依照民事诉讼法及相关司法解释有关侵权纠纷、合同纠纷等的管辖规定确定。

第六条 原告依据反垄断法对在中华人民共和国境内没有住所的被告提起民事诉讼，主张被告在中华人民共和国境外的垄断行为对境内市场竞争产生排除、限制影响的，根据民事诉讼法第二百七十六条的规定确定管辖法院。

第七条 案件立案时的案由并非垄断民事纠纷，人民法院受理后经审查发现属于垄断民事纠纷，但受诉人民法院并无垄断民事纠纷案件管辖权的，应当将案件移送有管辖权的人民法院。

第八条 两个以上原告因同一垄断行为向有管辖权的同一人民法院分别提起诉讼的，人民法院可以合并审理。

两个以上原告因同一垄断行为向有管辖权的不同人民法院分别提起诉讼的，后立案的人民法院发现其他有管辖权的人民法院已先立案的，应当裁定将案件移送先立案的人民法院；受移送的人民法院可以合并审理。

人民法院可以要求当事人提供与被诉垄断行为相关的行政执法、仲裁、诉讼等情况。当事人拒不如实提供的，可以作为认定其是否遵循诚信原则和构成滥用权利等的考量因素。

第九条 原告无正当理由而根据影响地域、持续时间、实施场合、损害范围等因素对被告的同一垄断行为予以拆分，分别提起数个诉讼的，由最先受理诉讼的人民法院合并审理。

第十条 反垄断执法机构认定构成垄断行为的处理决定在法定期限内未被提起行政诉讼或者已为人民法院生效裁判所确认，原告在相关垄断民事纠纷案件中据此主张该处理决定认定的基本事实为真实的，无需再行举证证明，但有相反证据足以推翻的除外。

必要时，人民法院可以要求作出处理决定的反垄断执法机构对该处理决定的有关情况予以说明。反垄断执法机构提供的信息、材料等尚未公开的，人民法院应当依职权或者依申请采取合理保护措施。

第十一条 当事人可以向人民法院申请一至二名具有案件所涉领域、经济学等专门知识的人员出庭，就案件的专门性问题进行说明。

当事人可以向人民法院申请委托专业机构或者专业人员就案件的专门性问题提出市场调查或者经济分析意见。该专业机构或者专业人员可以由双方当事人协商确定；协商不成的，由人民法院指定。人民法院可以参照民事诉讼法及相关司法解释有关鉴定意见的规定，对该专业机构或者专业人员提出的市场调查或者经济分析意见进行审查判断。

一方当事人就案件的专门性问题自行委托有关专业机构或者专业人员提出市场调查或者经济分析意见，该意见缺乏可靠的事实、数据或者其他必要基础资料佐证，或者缺乏可靠的分析方法，或者另一方当事人提出证据或者理由足以反驳的，人民法院不予采信。

第十二条 经营者实施垄断行为损害社会公共利益，设区的市级以上人民检察院依法提起民事公益诉讼的，适用与公益诉讼有关的法律和司法解释的规定，但本解释另有规定的除外。

第十三条 反垄断执法机构对被诉垄断行为已经立案调查的，人民法院可以根据案件具体情况，裁定中止诉讼。

二、相关市场界定

第十四条 原告主张被诉垄断行为违反反垄断法的，一般应当界定反垄断法第十五条第二款所称的相关市场并提供证据或者充分说明理由。

原告以被告在相关市场的市场份额为由主张其具有市场支配地位或者显著的市场力量的，应当界定相关市场并提供证据或者充分说明理由。

原告提供证据足以直接证明下列情形之一的，可以不再对相关市场界定进一步承担举证责任：

（一）被诉垄断协议的经营者具有显著的市场力量；

（二）被诉滥用市场支配地位的经营者具有市场支配地位；

（三）被诉垄断行为具有排除、限制竞争效果。

原告主张被诉垄断行为属于反垄断法第十七条第一项至第五项和第十八条第一款第一项、第二项规定情形的，可以不对相关市场界定提供证据。

第十五条 人民法院界定经营者在一定时期内就特定商品或者服务（以下统称商品）进行竞争的相关商品市场和相关地域市场，可以根据案件具体情况，以被诉垄断行为直接涉及的特定商品为基础，从需求者角度进行需求替代分析；供给替代对经营者行为产生的竞争约束类似于需求替代的，还可以从供给者角度进行供给替代分析。

人民法院进行需求替代或者供给替代分析时，可以采用假定垄断者测试的分析方法，一般选择使用价格上涨的假定垄断者测试方法；经营者之间的竞争主要表现为质量、多样性、创新等非价格竞争的，可以选择质量下降、成本上升等假定垄断者测试方法。

第十六条 人民法院从需求替代的角度分析界定相关商品市场时，一般根据需求者对于商品特性、功能和用途的需求、质量的认可、价格的接受以及获取的难易程度等因素，确定由需求者认为具有较为紧密替代关系的一组或者一类商品所构成的市场为相关商品市场。从供给替代的角度分析界定相关商品市场时，可以综合考虑其他经营者进入市场的意图和能力、承担的成本与风险、克服的市场障碍、需要的时间等因素。

分析界定互联网平台（以下称平台）所涉相关商品市场时，结合被诉垄断行为的特点、产生或者可能产生排除、限制竞争效果的具体情况、平台的类型等因素，一般可以根据该平台与被诉垄断行为最相关一边的商品界定相关商品市场，也可以根据被诉垄断行为所涉及的多边商品分别界定多个相关商品市场，必要时也可以根据特定平台整体界定相关商品市场。特定平台存在跨边网络效应，并给该平台经营者施加了足够的竞争约束的，可以根据该平台整体界定相关商品市场，也可以根据跨边网络效应所涉及的多边商品分别界定多个相关商品市场，并考虑各个相关商品市场之间的相互关系和影响。

第十七条 人民法院从需求替代的角度分析界定相关地域市场时，可以综合考虑需求者因商品价格或者其他竞争因素的变化而转向其他地域购买商品的情况、商品的运输成本和运输特征、多数需求者选择商品的实际区域和主要经营者的商品销售分布、地域间的市场障碍、特定区域需求者偏好等因素。从供给替代的角度分析界定相关地域市场时，可以综合考虑其他地域的经营者对商品价格等竞争因素的变化作出的反应、其他地域的经营者供应或者销售相关商品的及时性和可行性等因素。

分析界定平台所涉相关地域市场，可以重点考虑多数需求者选择商品的实际区域、需求者的语言偏好和消费习惯、相关法律法规的要求、其他地域竞争者的现状及其进入相关地域市场的及时性等因素。

三、垄断协议

第十八条 人民法院认定反垄断法第十六条规定的其他协同行为，应当综合考虑下列因素：

（一）经营者的市场行为是否具有一致性；

（二）经营者之间是否进行过意思联络、信息交流或者传递；

（三）相关市场的市场结构、竞争状况、市场变化等情况；

（四）经营者能否对行为一致性作出合理解释。

原告提供前款第一项和第二项的初步证据，或者第一项和第三项的初步证据，能够证明经营者存在协同行为的可能性较大的，被告应当提供证据或者进行充分说明，对其行为一致性作出合理解释；不能作出合理解释的，人民法院可以认定协同行为成立。

本条所称合理解释，包括经营者系基于市场和竞争状况变化等而独立实施相关行为。

第十九条 反垄断法第十七条规定的具有竞争关系的经营者，是指在商品生产经营过程中处于同一阶段、提供具有较为紧密替代关系的商品、独立经营决策并承担法律责任的两个以上的实际经营者或者可能进入同一相关市场进行竞争的潜在经营者。

特定经营者取得对其他经营者的控制权或者能够对其他经营者施加决定性影响，或者两个以上经营者被同一第三方控制或者施加决定性影响，应当视为一个经济实体的，不构成前款所称具有竞争关系的经营者。

第二十条 原告有证据证明仿制药申请人与被仿制药专利权利人达成、实施的协议同时具备下列条件，主张该协议构成反垄断法第十七条规定的垄断协议的，人民法院可予支持：

（一）被仿制药专利权利人给予或者承诺给予仿制药申请人明显不合理的金钱或者其他形式的利益补偿；

（二）仿制药申请人承诺不质疑被仿制药专利权的有效性或者延迟进入被仿制药相关市场。

被告有证据证明前款所称的利益补偿仅系为弥补被仿制药专利相关纠纷解决成本或者具有其他正当理由，或者该协议符合反垄断法第二十条规定，主张其不构成反垄断法第十七条规定的垄断协议的，人民法院应予支持。

第二十一条 被诉垄断行为属于反垄断法第十八条第一款第一项、第二项规定的垄断协议的，应当由被告对该协议不具有排除、限制竞争效果承担举证责任。

第二十二条 人民法院依照反垄断法第十八条第一款和第二款的规定审查认定被诉垄断协议是否具有排除、限制竞争效果时，可以综合考虑下列因素：

（一）被告在相关市场的市场力量和协议对相关市场类似不利竞争效果的累积作用；

（二）协议是否具有提高市场进入壁垒、阻碍更有效率的经营者或者经营模式、限制品牌间或者品牌内竞争等不利竞争效果；

（三）协议是否具有防止搭便车、促进品牌间竞争、维护品牌形象、提升售前或者售后服务水平、促进创新等有利竞争效果，且为实现该效果所必需；

（四）其他可以考虑的因素。

在案证据足以证明的有利竞争效果明显超过不利竞争效果的，人民法院应当认定协议不具有排除、限制竞争效果。

第二十三条 被诉垄断协议具有下列情形之一，原告依据反垄断法第十八条第一款的规定主张被告应当承担法律责任的，人民法院不予支持：

（一）协议属于经营者与相对人之间的代理协议，且代理商不承担任何实质性商业或者经营风险；

（二）被告在相关市场的市场份额低于国务院反垄断执法机构规定的标准并符合国务院反垄断执法机构规定的其他条件。

第二十四条 经营者利用数据、算法、技术等手段进行意思联络、信息交流或者传递，或者利用数据、算法、技术、平台规则等手段实现行为一致性，达成、实施被诉垄断协议的，人民法院可以依照反垄断法第十七条的规定审查认定。

经营者利用数据、算法、技术、平台规则等手段实现限定或者自动化设定转售商品价格等，达成、实施被诉垄断协议的，人民法院可以依照反垄断法第十八条的规定审查认定。

第二十五条 平台经营者与平台内经营者的协议要求平台内经营者在该平台上提供与其他交易渠道相同或者更优惠交易条件的，根据原告的诉讼请求和具体案情，人民法院可以区别下列情形作出处理：

（一）平台经营者与平台内经营者之间具有竞争关系的，依照反垄断法第十七条的规定审查认定；

（二）平台经营者与平台内经营者之间不具有竞争关系的，依照反垄断法第十八条或者第十九条的规定审查认定；

（三）原告主张平台经营者滥用市场支配地位的，依照反垄断法第二十二条、电子商务法第二十二条的规定审查认定；

（四）原告主张平台经营者违反电子商务法第三十五条的规定的，依照该条规定处理。

第二十六条 经营者、经营者团体等组织其他经营者达成、实施垄断协议，给原告造成损失，原告依据民法典第一千一百六十八条的规定主张实施组织行为的经营者、经营者团体等与达成、实施垄断协议的其他经营者承担连带责任的，人民法院应当予以支持。

经营者、经营者团体等为其他经营者达成、实施垄断协议提供实质性帮助，给原告造成损失，原告依据民法典第一千一百六十九条第一款的规定主张提供帮助行为的经营者、经营者团体等与达成、实施垄断协议的其他经营者承担连带责任的，人民法院应当予以支持。但是，经营者、经营者团体等能够证明其不知道且不应当知道其他经营者达成、实施有关协议的除外。

前款所称实质性帮助，是指对垄断协议达成或者实施具有直接、重要促进作用的引导产生违法意图、提供便利条件、充当信息渠道、帮助实施惩罚等行为。

第二十七条 被告依据反垄断法第二十条第一款第一项至第五项的规定提出抗辩的，应当提供证据证明如下事实：

（一）被诉垄断协议能够实现相关目的或者效果；

（二）被诉垄断协议为实现相关目的或者效果所必需；

（三）被诉垄断协议不会严重限制相关市场的竞争；

（四）消费者能够分享由此产生的利益。

四、滥用市场支配地位

第二十八条 原告主张被诉垄断行为属于反垄断法第二十二条第一款规定的滥用市场支配地位的，应当对被告在相关市场内具有支配地位和被告滥用市场支配地位承担举证责任。被告以其行为具有正当性为由抗辩的，应当承担举证责任。

第二十九条 原告有证据证明经营者具有下列情形之一的，人民法院可以根据具体案件中相关市场的结构和实际竞争状况，结合相关市场经济规律等经济学知识，初步认定经营者在相关市场具有支配地位，但有相反证据足以反驳的除外：

（一）经营者在较长时间内维持明显高于市场竞争水平的价格，或者在较长时间内商品质量明显下降却未见大量用户流失，且相关市场明显缺乏竞争、创新和新进入者；

（二）经营者在较长时间内维持明显超过其他经营者的较高市场份额，且相关市场明显缺乏竞争、创新和新进入者。

被告对外发布的信息可以作为原告证明被告具有市场支配地位的初步证据，但有相反证据足以反驳的除外。

第三十条 反垄断法第二十三条和第二十四条所称的“经营者在相关市场的市场份额”，可以根据被诉垄断行为发生时经营者一定时期内的相关商品交易金额、交易数量、生产能力或者其他指标在相关市场所占的比例确定。

人民法院认定平台经营者在相关市场的市场份额时，可以采用能够反映相关市场实际竞争状况的交易金额、活跃用户数量、企业用户数量、用户使用时长、访问量、点击量、数据资产数量或者其他指标作为计算基准。

第三十一条 原告主张公用企业或者其他依法具有独占地位的经营者滥用市场支配地位的，人民法院可以根据市场结构和竞争状况的具体情况，认定被告在相关市场具有支配地位，但有相反证据足以反驳的除外。

第三十二条 人民法院依照反垄断法第二十三条的规定认定平台经营者的市场支配地位，可以重点考虑下列因素：

（一）平台的商业模式及平台经营者实际受到的竞争约束；

（二）平台经营者在相关市场的市场份额及该市场份额的持续时间；

（三）平台经营是否存在显著的网络效应、规模效应、范围效应等；

（四）平台经营者掌握的相关数据、算法、技术等情况；

（五）平台经营者对相邻市场的影响；

（六）用户或者平台内经营者对平台经营者的依赖程度及制衡能力、锁定效应、使用习惯、同时使用多个平台的情况、转向其他平台经营者的成本等；

（七）其他经营者进入相关市场的意愿、能力及所面临的规模要求、技术要求、政策法律限制等市场进入障碍；

（八）相关市场的创新和技术变化情况；

（九）其他需要考虑的与平台经营相关的因素。

第三十三条 人民法院依照反垄断法第二十三条的规定认定被诉滥用知识产权的经营者的市场支配地位，可以重点考虑下列因素：

（一）相关市场内特定知识产权客体的可替代性、替代性客体的数量及转向替代性客体的成本；

（二）利用该特定知识产权所提供的商品的可替代性及该商品的市场份额；

（三）交易相对人对拥有该特定知识产权的经营者的制衡能力；

（四）相关市场的创新和技术变化情况；

（五）其他需要考虑的与知识产权行使相关的因素。

经营者主张不能仅根据其拥有知识产权而推定具有市场支配地位的，人民法院应予支持。

第三十四条 依据反垄断法第二十四条第一款第二项、第三项被推定共同具有市场支配地位的经营者，有证据证明具有下列情形之一，反驳上述推定的，人民法院应予支持：

（一）该两个以上经营者之间不具有行为一致性且存在实质性竞争；

（二）该两个以上经营者作为整体在相关市场受到来自其他经营者的有效竞争约束。

第三十五条 经营者同时具备下列条件的，人民法院可以认定其构成反垄断法第二十二条规定的滥用市场支配地位行为：

（一）在相关市场具有支配地位；

（二）实施了被诉垄断行为；

（三）被诉垄断行为具有排除、限制竞争效果；

（四）实施被诉垄断行为缺乏正当理由。

第三十六条 人民法院认定反垄断法第二十二条第一款第一项规定的经营者“以不公平的高价销售商品或者以不公平的低价购买商品”，可以综合考虑下列因素：

（一）该商品的收益率是否明显偏离竞争性市场中的合理收益率；

（二）该商品的价格是否明显偏离其成本与竞争条件下的合理利润之和；

（三）经营者向交易相对人销售或者购买商品的价格是否明显高于或者低于该经营者在上下游市场中销售或者购买相同商品或者可比商品的价格；

（四）经营者向交易相对人销售或者购买商品的价格是否明显高于或者低于其他经营者在相同或者相似条件下销售或者购买相同商品或者可比商品的价格；

（五）经营者向交易相对人销售或者购买商品的价格是否明显高于或者低于该经营者在相同或者相似条件下在其他地域市场销售或者购买相同商品或者可比商品的价格；

（六）经营者向交易相对人销售商品的价格增长幅度是否明显高于该经营者成本增长幅度，或者购买商品的价格降低幅度明显高于交易相对人成本降低幅度；

（七）该高价或者低价的持续时间；

（八）其他可以考虑的因素。

认定前款第四项、第五项所称相同或者相似条件，可以考虑经营模式、交易渠道、供求状况、监管环境、交易环节、成本结构、交易情况、平台类型等因素。

第三十七条 具有市场支配地位的经营者，具有下列情形之一的，人民法院可以初步认定其构成反垄断法第二十二条第一款第二项规定的“以低于成本的价格销售商品”：

（一）经营者在较长时间内持续以低于平均可变成本或者平均可避免成本的价格销售商品；

（二）经营者在较长时间内持续以高于平均可变成本或者平均可避免成本，但低于平均总成本的价格销售商品，且有其他证据证明其具有排除、限制同等效率的其他经营者在相关市场开展有效竞争的明确意图。

依照前款规定认定平台经营者以低于成本的价格销售商品，还应当考虑该平台涉及的多边市场中各相关市场之间的成本关联情况及其合理性。

具有下列情形之一的，人民法院可以认定构成反垄断法第二十二条第一款第二项规定的正当理由：

（一）低价处理鲜活商品、季节性商品、淘汰商品、即将超过有效期限的商品或者积压商品等；

（二）因清偿债务、转产、歇业等低价销售商品；

（三）为推广新商品、发展新业务、吸引新用户在合理期限内低价促销；

（四）能够证明行为具有正当性的其他理由。

第三十八条　具有市场支配地位的经营者，同时具备下列条件的，人民法院可以初步认定其构成反垄断法第二十二条第一款第三项规定的"拒绝与交易相对人进行交易"：

（一）经营者直接拒绝与交易相对人交易，提出交易相对人明显难以接受的交易条件，或者不合理地拖延交易，致使未能达成交易；

（二）经营者与交易相对人进行交易在经济、技术、法律和安全上具有可行性；

（三）拒绝交易行为排除、限制上游市场或者下游市场的竞争。

具有市场支配地位的经营者没有正当理由，拒绝将其商品、平台或者软件系统等与其他经营者提供的特定商品、平台或者软件系统等相兼容，拒绝开放其技术、数据、平台接口，或者拒绝许可其知识产权的，人民法院依照反垄断法第二十二条第一款第三项的规定予以认定时，可以综合考虑下列因素：

（一）该经营者实施兼容、开放或者许可在经济、技术、法律和安全上的可行性；

（二）该商品、平台或者软件系统、技术、数据、知识产权等的可替代性及重建成本；

（三）其他经营者在上游市场或者下游市场开展有效竞争对该经营者商品、平台或者软件系统、技术、数据、知识产权等的依赖程度；

（四）拒绝兼容、开放或者许可对创新以及推出新商品的影响；

（五）实施兼容、开放或者许可对该经营者自身经营活动和合法权益的影响；

（六）拒绝兼容、开放或者许可是否实质性地排除、限制相关市场的有效竞争；

（七）其他可以考虑的因素。

具有下列情形之一的，人民法院可以认定构成反垄断法第二十二条第一款第三项规定的正当理由：

（一）因不可抗力、情势变更等客观原因无法进行交易或者导致交易条件、结果明显不公平；

（二）交易相对人具有经营状况严重恶化、转移财产或者抽逃资金以逃避债务等丧失或者可能丧失履行交易能力的情形，或者具有不良信用记录、丧失商业信誉、实施违法犯罪等情形，影响交易安全；

（三）交易相对人拒绝接受适当的交易条件，或者不遵守经营者提出的合理要求；

（四）与交易相对人交易将严重减损该经营者的正当利益；

（五）能够证明行为具有正当性的其他理由。

第三十九条 具有市场支配地位的经营者，同时具备下列条件的，人民法院可以初步认定其构成反垄断法第二十二条第一款第四项规定的“限定交易相对人只能与其进行交易或者只能与其指定的经营者进行交易”：

（一）经营者直接限定或者以设定交易条件、提供交易指南等方式变相限定交易相对人只能与其进行交易或者只能与其指定的经营者进行交易，或者限定交易相对人不得与特定经营者进行交易；

（二）限定交易行为排除、限制相关市场的竞争。

认定限定交易行为是否具有排除、限制竞争效果，可以综合考虑下列因素：

（一）限定交易的范围、程度及持续时间；

（二）限定交易是否提高市场进入壁垒或者增加竞争对手的成本而产生市场封锁效应；

（三）被告为平台经营者的，限定交易所针对的平台内经营者的可替代性和平台用户使用多个替代性平台的情况及其转向其他平台的成本；

（四）限定交易是否实质剥夺交易相对人的自主选择权；

（五）其他需要考虑的因素。

具有下列情形之一的，人民法院可以认定构成反垄断法第二十二条第一款第四项规定的正当理由：

（一）为保护交易相对人和消费者利益所必需；

（二）为满足商品安全要求所必需；

（三）为保护知识产权或者数据安全所必需；

（四）为保护针对交易进行的特定投入所必需；

（五）为维护平台合理的商业模式所必需；

（六）为防止对平台整体具有消极影响的不当行为所必需；

（七）能够证明行为具有正当性的其他理由。

第四十条 具有市场支配地位的经营者，同时具备下列条件的，人民法院可以初步认定其构成反垄断法第二十二条第一款第五项规定的“搭售商品”：

（一）经营者将可以单独销售的不同商品捆绑销售；

（二）交易相对人违背意愿接受被搭售商品；

（三）搭售行为排除、限制相关市场的竞争。

反垄断法第二十二条第一款第五项规定的“附加其他不合理的交易条件”，包括下列情形：

（一）对交易达成、服务方式、付款方式、销售地域及对象、售后保障等附加不合理限制；

（二）在交易对价之外索取缺乏合理依据的费用或者利益；

（三）附加与所涉交易缺乏关联性的交易条件；

（四）强制收集非必要的用户信息或者数据；

（五）附加限制交易相对人改进技术、研究开发新产品等不竞争义务。

具有下列情形之一的，人民法院可以认定构成反垄断法第二十二条第一款第五项规定的正当理由：

（一）符合正当的交易习惯、消费习惯或者商业惯例；

（二）为保护交易相对人和消费者利益所必需；

（三）为满足商品安全要求所必需；

（四）为正常实施特定技术所必需；

（五）为维护平台正常运行所必需；

（六）能够证明行为具有正当性的其他理由。

第四十一条 具有市场支配地位的经营者，同时具备下列条件的，人民法院可以初步认定其构成反垄断法第二十二条第一款第六项规定的“对条件相同的交易相对人在交易价格等交易条件上实行差别待遇”：

（一）经营者就相同商品对交易相对人在交易价格等交易条件上实行差别待遇；

（二）与经营者的其他交易相对人相比，该交易相对人在交易安全、交易成本、规模和能力、信用状况、所处交易环节、交易持续时间等方面不存在影响交易的实质性差异；

（三）差别待遇行为排除、限制相关市场的竞争。

具有市场支配地位的经营者向交易相对人销售或者购买商品的价格高于或者低于该经营者在上下游市场中销售或者购买相同商品的价格，形成对交易相对人的利润挤压，足以排除、限制同等效率的交易相对人在相关市场开展有效竞争的，人民法院可以初步认定该经营者构成前款所称差别待遇。

认定差别待遇是否具有排除、限制竞争效果，可以综合考虑下列因素：

（一）是否排除、限制经营者与竞争对手之间的竞争；

（二）是否致使交易相对人处于不利竞争地位，并排除、限制其所在相关市场的竞争；

（三）是否损害消费者利益和社会公共利益；

（四）其他可以考虑的因素。

具有下列情形之一的，人民法院可以认定构成反垄断法第二十二条第一款第六项规定的正当理由：

（一）根据交易相对人的实际需求实行差别待遇且符合正当的交易习惯、消费习惯或者商业惯例；

（二）针对新用户的首次交易在合理期限内开展优惠活动；

（三）基于公平、合理、无歧视的平台规则实施的随机性交易；

（四）能够证明行为具有正当性的其他理由。

第四十二条 平台内经营者作为原告提起诉讼，主张平台经营者利用数据、算法、技术、平台规则等实施滥用市场支配地位或者其他违法行为，根据原告的诉讼请求和具体案情，人民法院可以区别下列情形作出处理：

（一）平台经营者通过惩罚性或者激励性措施等限定平台内经营者交易、对平台内经营者附加不合理的交易条件、对条件相同的平台内经营者在交易价格等交易条件上实行差别待遇等，原告主张该平台经营者滥用市场支配地位的，依照反垄断法第二十二条、电子商务法第二十二条的规定审查认定；

（二）原告主张实施前项行为的平台经营者违反电子商务法第三十五条的规定的，依照该条规定处理。

五、民事责任

第四十三条 被告实施垄断行为，给原告造成损失的，根据原告的诉讼请求和查明的事实，人民法院可以依法判令被告承担停止侵害、赔偿损失等民事责任。

判令被告停止被诉垄断行为尚不足以消除排除、限制竞争效果的，根据原告的诉讼请求和具体案情，人民法院可以判令被告承担作出必要行为以恢复竞争的法律责任。

第四十四条 原告因被诉垄断行为受到的损失包括直接损失和相对于该行为未发生条件下减少的可得利益。

确定原告因被诉垄断行为受到的损失，可以考虑下列因素：

（一）被诉垄断行为实施之前或者结束以后与实施期间相关市场的商品价格、经营成本、利润、市场份额等；

（二）未受垄断行为影响的可比市场的商品价格、经营成本、利润等；

（三）未受垄断行为影响的可比经营者的商品价格、经营成本、利润、市场份额等；

（四）其他可以合理证明原告因被诉垄断行为所受损失的因素。

原告有证据证明被诉垄断行为已经给其造成损失，但难以根据前款规定确定具体损失数额的，人民法院可以根据原告的主张和案件证据，考虑被诉垄断行为的性质、程度、持续时间、获得的利益等因素，酌情确定合理的赔偿数额。

第四十五条 根据原告的诉讼请求和具体案情，人民法院可以将原告因调查、制止垄断行为所支付的合理开支，包括合理的市场调查费用、经济分析费用、律师费用等，计入损失赔偿范围。

第四十六条 多个被诉垄断行为相互关联，在同一相关市场或者多个相关市场给原告造成难以分割的整体性损失的，人民法院在确定损失时应当整体考虑。

多个被诉垄断行为各自独立，在不同的相关市场给原告造成损失的，人民法院在确定损失时可以分别考虑。

第四十七条 横向垄断协议的经营者以达成、实施该协议的其他经营者为被告，依据反垄断法第六十条的规定请求赔偿其参与该协议期间的损失的，人民法院不予支持。

第四十八条 当事人主张被诉垄断行为所涉合同或者经营者团体的章程、决议、决定等因违反反垄断法或者其他法律、行政法规的强制性规定而无效的，人民法院应当依照民法典第一百五十三条的规定审查认定。

被诉垄断行为所涉合同或者经营者团体的章程、决议、决定中的部分条款因违反反垄断法或者其他法律、行政法规的强制性规定而无效，当事人主张与该部分条款具有紧密关联、不具有独立存在意义或者便利被诉垄断行为实施的其他条款一并无效的，人民法院可予支持。

第四十九条 因垄断行为产生的损害赔偿请求权诉讼时效期间，从原告知道或者应当知道权益受到损害以及义务人之日起计算。

原告向反垄断执法机构举报被诉垄断行为的，诉讼时效从其举报之日起中断。反垄断执法机构决定不立案、撤销案件或者决定终止调查的，诉讼时效期间从原告知道或者应当知道该事由之日起重新计算。

反垄断执法机构调查后认定构成垄断行为的，诉讼时效期间从原告知道或者应当知道反垄断执法机构认定构成垄断行为的处理决定确定发生法律效力之日起重新计算。

六、附则

第五十条 人民法院审理垄断民事纠纷案件，适用被诉垄断行为发生时施行的反垄断法。被诉垄断行为发生在修改后的反垄断法施行之前，行为持续至或者损害后果出现在修改后的反垄断法施行之后的，适用修改后的反垄断法。

第五十一条 本解释自 2024 年 7 月 1 日起施行。《最高人民法院关于审理因垄断行为引发的民事纠纷案件应用法律若干问题的规定》（法释〔2012〕5 号）同时废止。

本解释施行后，人民法院正在审理的第一审、第二审案件适用本解释；本解释施行前已经作出生效裁判，当事人申请再审或者依照审判监督程序再审的案件，不适用本解释。

中华人民共和国最高人民法院
公　　告

《最高人民法院关于适用〈中华人民共和国公司法〉时间效力的若干规定》已于 2024 年 6 月 27 日由最高人民法院审判委员会第 1922 次会议通过，现予公布，自 2024 年 7 月 1 日起施行。

2024 年 6 月 29 日

最高人民法院
关于适用《中华人民共和国公司法》时间效力的若干规定

法释〔2024〕7 号

为正确适用 2023 年 12 月 29 日第十四届全国人民代表大会常务委员会第七次会议第二次修订的《中华人民共和国公司法》，根据《中华人民共和国立法法》《中华人民共和国民法典》等法律规定，就人民法院在审理与公司有关的民事纠纷案件中，涉及公司法时间效力的有关问题作出如下规定。

第一条 公司法施行后的法律事实引起的民事纠纷案件，适用公司法的规定。

公司法施行前的法律事实引起的民事纠纷案件，当时的法律、司法解释有规定的，适用当时的法律、司法解释的规定，但是适用公司法更有利于实现其立法目的，适用公司法的规定：

（一）公司法施行前，公司的股东会召集程序不当，未被通知参加会议的股东自决议作出之日起一年内请求人民法院撤销的，适用公司法第二十六条第二款的规定；

（二）公司法施行前的股东会决议、董事会决议被人民法院依法确认不成立，对公司根据该决议与善意相对人形成的法律关系效力发生争议的，适用公司法第二十八条第二款的规定；

（三）公司法施行前，股东以债权出资，因出资方式发生争议的，适用公司法第四十八条第一款的规定；

（四）公司法施行前，有限责任公司股东向股东以外的人转让股权，因股权转让发生争议的，适用公司法第八十四条第二款的规定；

（五）公司法施行前，公司违反法律规定向股东分配利润、减少注册资本造成公司损失，因损害赔偿责任发生争议的，分别适用公司法第二百一十一条、第二百二十六条的规定；

（六）公司法施行前作出利润分配决议，因利润分配时限发生争议的，适用公司法第二百一十二条的规定；

（七）公司法施行前，公司减少注册资本，股东对相应减少出资额或者股份数量发生争议的，适用公司法第二百二十四条第三款的规定。

第二条 公司法施行前与公司有关的民事法律行为，依据当时的法律、司法解释认定无效而依据公司法认定有效，因民事法律行为效力发生争议的下列情形，适用公司法的规定：

（一）约定公司对所投资企业债务承担连带责任，对该约定效力发生争议的，适用公司法第十四条第二款的规定；

（二）公司作出使用资本公积金弥补亏损的公司决议，对该决议效力发生争议的，适用公司法第二百一十四条的规定；

（三）公司与其持股百分之九十以上的公司合并，对合并决议效力发生争议的，适用公司法第二百一十九条的规定。

第三条 公司法施行前订立的与公司有关的合同，合同的履行持续至公司法施行后，因公司法施行前的履行行为发生争议的，适用当时的法律、司法解释的规定；因公司法施行后的履行行为发生争议的下列情形，适用公司法的规定：

（一）代持上市公司股票合同，适用公司法第一百四十条第二款的规定；

（二）上市公司控股子公司取得该上市公司股份合同，适用公司法第一百四十一条的规定；

（三）股份有限公司为他人取得本公司或者母公司的股份提供赠与、借款、担保以及其他财务资助合同，适用公司法第一百六十三条的规定。

第四条 公司法施行前的法律事实引起的民事纠纷案件，当时的法律、司法解释没有规定而公司法作出规定的下列情形，适用公司法的规定：

（一）股东转让未届出资期限的股权，受让人未按期足额缴纳出资的，关于转让人、受让人出资责任的认定，适用公司法第八十八条第一款的规定；

（二）有限责任公司的控股股东滥用股东权利，严重损害公司或者其他股东利益，其他股东请求公司按照合理价格收购其股权的，适用公司法第八十九条第三款、第四款的规定；

（三）对股份有限公司股东会决议投反对票的股东请求公司按照合理价格收购其股份的，适用公司法第一百六十一条的规定；

（四）不担任公司董事的控股股东、实际控制人执行公司事务的民事责任认定，适用公司法第一百八十条的规定；

（五）公司的控股股东、实际控制人指示董事、高级管理人员从事活动损害公司或者股东利益的民事责任认定，适用公司法第一百九十二条的规定；

（六）不明显背离相关当事人合理预期的其他情形。

第五条 公司法施行前的法律事实引起的民事纠纷案件，当时的法律、司法解释已有原则性规定，公司法作出具体规定的下列情形，适用公司法的规定：

（一）股份有限公司章程对股份转让作了限制规定，因该规定发生争议的，适用公司法第一百五十七条的规定；

（二）对公司监事实施挪用公司资金等禁止性行为、违法关联交易、不当谋取公司商业机会、经营限制的同类业务的赔偿责任认定，分别适用公司法第一百八十一条、第一百八十二条第一款、第一百八十三条、第一百八十四条的规定；

（三）对公司董事、高级管理人员不当谋取公司商业机会、经营限制的同类业务的赔偿责任认定，分别适用公司法第一百八十三条、第一百八十四条的规定；

（四）对关联关系主体范围以及关联交易性质的认定，适用公司法第一百八十二条、第二百六十五条第四项的规定。

第六条 应当进行清算的法律事实发生在公司法施行前，因清算责任发生争议的，适用当时的法律、司法解释的规定。

应当清算的法律事实发生在公司法施行前，但至公司法施行日未满十五日的，适用公司法第二百三十二条的规定，清算义务人履行清算义务的期限自公司法施行日重新起算。

第七条 公司法施行前已经终审的民事纠纷案件，当事人申请再审或者人民法院按照审判监督程序决定再审的，适用当时的法律、司法解释的规定。

第八条 本规定自 2024 年 7 月 1 日起施行。

中华人民共和国最高人民法院
公　告

《最高人民法院关于审理食品药品惩罚性赔偿纠纷案件适用法律若干问题的解释》已于2024年3月18日经最高人民法院审判委员会第1918次会议通过，现予公布，自2024年8月22日起施行。

2024年8月21日

最高人民法院
关于审理食品药品惩罚性赔偿纠纷案件适用法律若干问题的解释

法释〔2024〕9号

为正确审理食品药品惩罚性赔偿纠纷案件，依法保护食品药品安全和消费者合法权益，根据《中华人民共和国民法典》、《中华人民共和国消费者权益保护法》、《中华人民共和国食品安全法》、《中华人民共和国药品管理法》等法律规定，结合审判实践，制定本解释。

第一条　购买者因个人或者家庭生活消费需要购买的食品不符合食品安全标准，购买后依照食品安全法第一百四十八条第二款规定请求生产者或者经营者支付惩罚性赔偿金的，人民法院依法予以支持。

没有证据证明购买者明知所购买食品不符合食品安全标准仍然购买的，人民法院应当根据购买者请求以其实际支付价款为基数计算价款十倍的惩罚性赔偿金。

第二条　购买者明知所购买食品不符合食品安全标准或者所购买药品是假药、劣药，购买后请求经营者返还价款的，人民法院应予支持。

经营者请求购买者返还食品、药品，如果食品标签、标志或者说明书不符合食品安全标准，食品生产者在采取补救措施且能保证食品安全的情况下可以继续销售的，人民法院应予支持；应当对食品、药品采取无害化处理、销毁等措施的，依照食品安全法、药品管理法的相关规定处理。

第三条　受托人明知购买者委托购买的是不符合食品安全标准的食品或者假药、劣药仍然代购，购买者依照食品安全法第一百四十八条第二款或者药品管理法第一百四十四条第三款规定请求受托人承担惩罚性赔偿责任的，人民法院应予支持，但受托人不以代购为业的除外。

以代购为业的受托人明知是不符合食品安全标准的食品或者假药、劣药仍然代购，向购买者承担惩罚性赔偿责任后向生产者追偿的，人民法院不予支持。受托人不知道是不符合食品安全标准的食品或者假药、劣药而代购，向购买者承担赔偿责任后向生产者追偿的，人民法院依法予以支持。

第四条 食品生产加工小作坊和食品摊贩等生产经营的食品不符合食品安全标准，购买者请求生产者或者经营者依照食品安全法第一百四十八条第二款规定承担惩罚性赔偿责任的，人民法院应予支持。

食品生产加工小作坊和食品摊贩等生产经营的食品不符合省、自治区、直辖市制定的具体管理办法等规定，但符合食品安全标准，购买者请求生产者或者经营者依照食品安全法第一百四十八条第二款规定承担惩罚性赔偿责任的，人民法院不予支持。

第五条 食品不符合食品中危害人体健康物质的限量规定，食品添加剂的品种、使用范围、用量要求，特定人群的主辅食品的营养成分要求，与卫生、营养等食品安全要求有关的标签、标志、说明书要求以及与食品安全有关的质量要求等方面的食品安全标准，购买者依照食品安全法第一百四十八条第二款规定请求生产者或者经营者承担惩罚性赔偿责任的，人民法院应予支持。

第六条 购买者以食品的标签、说明书不符合食品安全标准为由请求生产者或者经营者支付惩罚性赔偿金，生产者或者经营者以食品的标签、说明书瑕疵不影响食品安全且不会对消费者造成误导为由进行抗辩，存在下列情形之一的，人民法院对生产者或者经营者的抗辩不予支持：

（一）未标明食品安全标准要求必须标明的事项，但属于本解释第八条规定情形的除外；

（二）故意错标食品安全标准要求必须标明的事项；

（三）未正确标明食品安全标准要求必须标明的事项，足以导致消费者对食品安全产生误解。

第七条 购买者以食品的标签、说明书不符合食品安全标准为由请求生产者或者经营者支付惩罚性赔偿金，生产者或者经营者以食品的标签、说明书虽不符合食品安全标准但不影响食品安全为由进行抗辩的，人民法院对其抗辩不予支持，但食品的标签、说明书瑕疵同时符合下列情形的除外：

（一）根据食品安全法第一百五十条关于食品安全的规定，足以认定标签、说明书瑕疵不影响食品安全；

（二）根据购买者在购买食品时是否明知瑕疵存在、瑕疵是否会导致普通消费者对食品安全产生误解等事实，足以认定标签、说明书瑕疵不会对消费者造成误导。

第八条 购买者以食品的标签、说明书不符合食品安全标准为由请求生产者或者经营者支付惩罚性赔偿金，食品的标签、说明书虽存在瑕疵但属于下列情形之一的，人民法院不予支持：

（一）文字、符号、数字的字号、字体、字高不规范，或者外文字号、字高大于中文；

（二）出现错别字、多字、漏字、繁体字或者外文翻译不准确，但不会导致消费者对食品安全产生误解；

（三）净含量、规格的标示方式和格式不规范，食品、食品添加剂以及配料使用的俗称或者简称等不规范，营养成分表、配料表顺序、数值、单位标示不规范，或者营养成分表数值修约间隔、“0”界限值、标示单位不规范，但不会导致消费者对食品安全产生误解；

（四）对没有特殊贮存条件要求的食品，未按照规定标示贮存条件；

（五）食品的标签、说明书存在其他瑕疵，但不影响食品安全且不会对消费者造成误导。

第九条 经营明知是不符合食品安全标准的食品或者明知是假药、劣药仍然销售、使用的行为构成欺诈，购买者选择依照食品安全法第一百四十八条第二款、药品管理法第一百四十四条第三款或者消费者权益保护法第五十五条第一款规定起诉请求经营者承担惩罚性赔偿责任的，人民法院应予支持。

购买者依照食品安全法第一百四十八条第二款或者药品管理法第一百四十四条第三款规定起诉请求经营者承担惩罚性赔偿责任，人民法院经审理认为购买者请求不成立但经营者行为构成欺诈，购买者变更为依照消费者权益保护法第五十五条第一款规定请求经营者承担惩罚性赔偿责任的，人民法院应当准许。

第十条 购买者因个人或者家庭生活消费需要购买的药品是假药、劣药，依照药品管理法第一百四十四条第三款规定请求生产者或者经营者支付惩罚性赔偿金的，人民法院依法予以支持。

第十一条 购买者依照药品管理法第一百四十四条第三款规定请求生产者或者经营者支付惩罚性赔偿金，生产者或者经营者抗辩不应适用药品管理法第一百四十四条第三款规定，存在下列情形之一的，人民法院对其抗辩应予支持：

（一）不以营利为目的实施带有自救、互助性质的生产、销售少量药品行为，且未造成他人伤害后果；

（二）根据民间传统配方制售药品，数量不大，且未造成他人伤害后果；

（三）不以营利为目的实施带有自救、互助性质的进口少量境外合法上市药品行为。

对于是否属于民间传统配方难以确定的，可以根据地市级以上药品监督管理部门或者有关部门出具的意见，结合其他证据作出认定。

行政机关作出的处罚决定或者行政机关、药品检验机构提供的检验结论、认定意见等证据足以证明生产、销售或者使用的药品属于假药、劣药的，不适用本条第一款规定。

第十二条 购买者明知所购买食品不符合食品安全标准，依照食品安全法第一百四十八条第二款规定请求生产者或者经营者支付价款十倍的惩罚性赔偿金的，人民法院应当在合理生活消费需要范围内依法支持购买者诉讼请求。

人民法院可以综合保质期、普通消费者通常消费习惯等因素认定购买者合理生活消费需要的食品数量。

生产者或者经营者主张购买者明知所购买食品不符合食品安全标准仍然购买索赔的，应当提供证据证明其主张。

第十三条 购买者明知食品不符合食品安全标准，在短时间内多次购买，并依照食品安全法第一百四十八条第二款规定起诉请求同一生产者或者经营者按每次购买金额分别计算惩罚性赔偿金的，人民法院应当根据购买者多次购买相同食品的总数，在合理生活消费需要范围内依法支持其诉讼请求。

第十四条 购买者明知所购买食品不符合食品安全标准，在短时间内多次购买，并多次依照食品安全法第一百四十八条第二款规定就同一不符合食品安全标准的食品起诉请求同一生产者或者经营者支付惩罚性赔偿金的，人民法院应当在合理生活消费需要范围内依法支持其诉讼请求。

人民法院可以综合保质期、普通消费者通常消费习惯、购买者的购买频次等因素认定购买者每次起诉的食品数量是否超出合理生活消费需要。

第十五条 人民法院在审理食品药品纠纷案件过程中，发现购买者恶意制造生产者或者经营者违法生产经营食品、药品的假象，以投诉、起诉等方式相要挟，向生产者或者经营者索取赔偿金，涉嫌敲诈勒索的，应当及时将有关违法犯罪线索、材料移送公安机关。

第十六条 购买者恶意制造生产者或者经营者违法生产经营食品、药品的假象，起诉请求生产者或者经营者承担赔偿责任的，人民法院应当驳回购买者诉讼请求；构成虚假诉讼的，人民法院应当依照民事诉讼法相关规定，根据情节轻重对其予以罚款、拘留。

购买者行为侵害生产者或者经营者的名誉权等权利，生产者或者经营者请求购买者承担损害赔偿等民事责任的，人民法院应予支持。

第十七条 人民法院在审理食品药品纠纷案件过程中，发现当事人的行为涉嫌生产、销售有毒、有害食品及假药、劣药，虚假诉讼等违法犯罪的，应当及时将有关违法犯罪线索、材料移送有关行政机关和公安机关。

第十八条 人民法院在审理食品药品纠纷案件过程中，发现违法生产、销售、使用食品、药品行为的，可以向有关行政机关、生产者或者经营者发出司法建议。

第十九条 本解释自 2024 年 8 月 22 日起施行。

本解释施行后尚未终审的民事案件，适用本解释；本解释施行前已经终审，当事人申请再审或者按照审判监督程序决定再审的民事案件，不适用本解释。

中华人民共和国最高人民法院
公　　告

《最高人民法院关于大型企业与中小企业约定以第三方支付款项为付款前提条款效力问题的批复》已于2024年6月3日由最高人民法院审判委员会第1921次会议通过，现予公布，自2024年8月27日起施行。

2024年8月27日

最高人民法院
关于大型企业与中小企业约定以第三方支付款项为付款前提条款效力问题的批复

法释〔2024〕11号

山东省高级人民法院：

你院《关于合同纠纷案件中“背靠背”条款效力的请示》收悉。经研究，批复如下：

一、大型企业在建设工程施工、采购货物或者服务过程中，与中小企业约定以收到第三方向其支付的款项为付款前提的，因其内容违反《保障中小企业款项支付条例》第六条、第八条的规定，人民法院应当根据民法典第一百五十三条第一款的规定，认定该约定条款无效。

二、在认定合同约定条款无效后，人民法院应当根据案件具体情况，结合行业规范、双方交易习惯等，合理确定大型企业的付款期限及相应的违约责任。双方对欠付款项利息计付标准有约定的，按约定处理；约定违法或者没有约定的，按照全国银行间同业拆借中心公布的一年期贷款市场报价利率计息。大型企业以合同价款已包含对逾期付款补偿为由要求减轻违约责任，经审查抗辩理由成立的，人民法院可予支持。

此复。

中华人民共和国最高人民法院
公　告

《最高人民法院关于适用〈中华人民共和国民法典〉侵权责任编的解释（一）》已于2023年12月18日由最高人民法院审判委员会第1909次会议通过，现予公布，自2024年9月27日起施行。

2024年9月25日

最高人民法院
关于适用《中华人民共和国民法典》侵权责任编的解释（一）

法释〔2024〕12号

为正确审理侵权责任纠纷案件，根据《中华人民共和国民法典》、《中华人民共和国民事诉讼法》等法律规定，结合审判实践，制定本解释。

第一条　非法使被监护人脱离监护，监护人请求赔偿为恢复监护状态而支出的合理费用等财产损失的，人民法院应予支持。

第二条　非法使被监护人脱离监护，导致父母子女关系或者其他近亲属关系受到严重损害的，应当认定为民法典第一千一百八十三条第一款规定的严重精神损害。

第三条　非法使被监护人脱离监护，被监护人在脱离监护期间死亡，作为近亲属的监护人既请求赔偿人身损害，又请求赔偿监护关系受侵害产生的损失的，人民法院依法予以支持。

第四条　无民事行为能力人、限制民事行为能力人造成他人损害，被侵权人请求监护人承担侵权责任，或者合并请求监护人和受托履行监护职责的人承担侵权责任的，人民法院应当将无民事行为能力人、限制民事行为能力人列为共同被告。

第五条　无民事行为能力人、限制民事行为能力人造成他人损害，被侵权人请求监护人承担侵权人应承担的全部责任的，人民法院应予支持，并在判决中明确，赔偿费用可以先从被监护人财产中支付，不足部分由监护人支付。

监护人抗辩主张承担补充责任，或者被侵权人、监护人主张人民法院判令有财产的无民事行为能力人、限制民事行为能力人承担赔偿责任的，人民法院不予支持。

从被监护人财产中支付赔偿费用的，应当保留被监护人所必需的生活费和完成义务教育所必需的费用。

第六条　行为人在侵权行为发生时不满十八周岁，被诉时已满十八周岁的，被侵权人请求原监护人承担侵权人应承担的全部责任的，人民法院应予支持，并在判决中明确，赔偿费用可以先从被监护人财产中支付，不足部分由监护人支付。

前款规定情形，被侵权人仅起诉行为人的，人民法院应当向原告释明申请追加原监护人为共同被告。

第七条　未成年子女造成他人损害，被侵权人请求父母共同承担侵权责任的，人民法院依照民法典第二十七条第一款、第一千零六十八条以及第一千一百八十八条的规定予以支持。

第八条　夫妻离婚后，未成年子女造成他人损害，被侵权人请求离异夫妻共同承担侵权责任的，人民法院依照民法典第一千零六十八条、第一千零八十四条以及第一千一百八十八条的规定予以支持。一方以未与该子女共同生活为由主张不承担或者少承担责任的，人民法院不予支持。

离异夫妻之间的责任份额，可以由双方协议确定；协议不成的，人民法院可以根据双方履行监护职责的约定和实际履行情况等确定。实际承担责任超过自己责任份额的一方向另一方追偿的，人民法院应予支持。

第九条　未成年子女造成他人损害的，依照民法典第一千零七十二条第二款的规定，未与该子女形成抚养教育关系的继父或者继母不承担监护人的侵权责任，由该子女的生父母依照本解释第八条的规定承担侵权责任。

第十条　无民事行为能力人、限制民事行为能力人造成他人损害，被侵权人合并请求监护人和受托履行监护职责的人承担侵权责任的，依照民法典第一千一百八十九条的规定，监护人承担侵权人应承担的全部责任；受托人在过错范围内与监护人共同承担责任，但责任主体实际支付的赔偿费用总和不应超出被侵权人应受偿的损失数额。

监护人承担责任后向受托人追偿的，人民法院可以参照民法典第九百二十九条的规定处理。

仅有一般过失的无偿受托人承担责任后向监护人追偿的，人民法院应予支持。

第十一条　教唆、帮助无民事行为能力人、限制民事行为能力人实施侵权行为，教唆人、帮助人以其不知道且不应当知道行为人为无民事行为能力人、限制民事行为能力人为由，主张不承担侵权责任或者与行为人的监护人承担连带责任的，人民法院不予支持。

第十二条　教唆、帮助无民事行为能力人、限制民事行为能力人实施侵权行为，被侵权人合并请求教唆人、帮助人以及监护人承担侵权责任的，依照民法典第一千一百六十九条第二款的规定，教唆人、帮助人承担侵权人应承担的全部责任；监护人在未尽到监护职责的范围内与教唆人、帮助人共同承担责任，但责任主体实际支付的赔偿费用总和不应超出被侵权人应受偿的损失数额。

监护人先行支付赔偿费用后，就超过自己相应责任的部分向教唆人、帮助人追偿的，人民法院应予支持。

第十三条　教唆、帮助无民事行为能力人、限制民事行为能力人实施侵权行为，被侵权人合并请求教唆人、帮助人与监护人以及受托履行监护职责的人承担侵权责任的，依照本解释第十条、第十二条的规定认定民事责任。

第十四条 无民事行为能力人或者限制民事行为能力人在幼儿园、学校或者其他教育机构学习、生活期间，受到教育机构以外的第三人人身损害，第三人、教育机构作为共同被告且依法应承担侵权责任的，人民法院应当在判决中明确，教育机构在人民法院就第三人的财产依法强制执行后仍不能履行的范围内，承担与其过错相应的补充责任。

被侵权人仅起诉教育机构的，人民法院应当向原告释明申请追加实施侵权行为的第三人为共同被告。

第三人不确定的，未尽到管理职责的教育机构先行承担与其过错相应的责任；教育机构承担责任后向已经确定的第三人追偿的，人民法院依照民法典第一千二百零一条的规定予以支持。

第十五条 与用人单位形成劳动关系的工作人员、执行用人单位工作任务的其他人员，因执行工作任务造成他人损害，被侵权人依照民法典第一千一百九十一条第一款的规定，请求用人单位承担侵权责任的，人民法院应予支持。

个体工商户的从业人员因执行工作任务造成他人损害的，适用民法典第一千一百九十一条第一款的规定认定民事责任。

第十六条 劳务派遣期间，被派遣的工作人员因执行工作任务造成他人损害，被侵权人合并请求劳务派遣单位与接受劳务派遣的用工单位承担侵权责任的，依照民法典第一千一百九十一条第二款的规定，接受劳务派遣的用工单位承担侵权人应承担的全部责任；劳务派遣单位在不当选派工作人员、未依法履行培训义务等过错范围内，与接受劳务派遣的用工单位共同承担责任，但责任主体实际支付的赔偿费用总和不应超出被侵权人应受偿的损失数额。

劳务派遣单位先行支付赔偿费用后，就超过自己相应责任的部分向接受劳务派遣的用工单位追偿的，人民法院应予支持，但双方另有约定的除外。

第十七条 工作人员在执行工作任务中实施的违法行为造成他人损害，构成自然人犯罪的，工作人员承担刑事责任不影响用人单位依法承担民事责任。依照民法典第一千一百九十一条规定用人单位应当承担侵权责任的，在刑事案件中已完成的追缴、退赔可以在民事判决书中明确并扣减，也可以在执行程序中予以扣减。

第十八条 承揽人在完成工作过程中造成第三人损害的，人民法院依照民法典第一千一百六十五条的规定认定承揽人的民事责任。

被侵权人合并请求定作人和承揽人承担侵权责任的，依照民法典第一千一百六十五条、第一千一百九十三条的规定，造成损害的承揽人承担侵权人应承担的全部责任；定作人在定作、指示或者选任过错范围内与承揽人共同承担责任，但责任主体实际支付的赔偿费用总和不应超出被侵权人应受偿的损失数额。

定作人先行支付赔偿费用后，就超过自己相应责任的部分向承揽人追偿的，人民法院应予支持，但双方另有约定的除外。

第十九条 因产品存在缺陷造成买受人财产损害，买受人请求产品的生产者或者销售者赔偿缺陷产品本身损害以及其他财产损害的，人民法院依照民法典第一千二百零二条、第一千二百零三条的规定予以支持。

第二十条 以买卖或者其他方式转让拼装或者已经达到报废标准的机动车，发生交通事故造成损害，转让人、受让人以其不知道且不应当知道该机动车系拼装或者已经达到报废标准为由，主张不承担侵权责任的，人民法院不予支持。

第二十一条 未依法投保强制保险的机动车发生交通事故造成损害，投保义务人和交通事故责任人不是同一人，被侵权人合并请求投保义务人和交通事故责任人承担侵权责任的，交通事故责任人承担侵权人应承担的全部责任；投保义务人在机动车强制保险责任限额范围内与交通事故责任人共同承担责任，但责任主体实际支付的赔偿费用总和不应超出被侵权人应受偿的损失数额。

投保义务人先行支付赔偿费用后，就超出机动车强制保险责任限额范围部分向交通事故责任人追偿的，人民法院应予支持。

第二十二条 机动车驾驶人离开本车后，因未采取制动措施等自身过错受到本车碰撞、碾压造成损害，机动车驾驶人请求承保本车机动车强制保险的保险人在强制保险责任限额范围内，以及承保本车机动车商业第三者责任保险的保险人按照保险合同的约定赔偿的，人民法院不予支持，但可以依据机动车车上人员责任保险的有关约定支持相应的赔偿请求。

第二十三条 禁止饲养的烈性犬等危险动物造成他人损害，动物饲养人或者管理人主张不承担责任或者减轻责任的，人民法院不予支持。

第二十四条 物业服务企业等建筑物管理人未采取必要的安全保障措施防止从建筑物中抛掷物品或者从建筑物上坠落的物品造成他人损害，具体侵权人、物业服务企业等建筑物管理人作为共同被告的，人民法院应当依照民法典第一千一百九十八条第二款、第一千二百五十四条的规定，在判决中明确，未采取必要安全保障措施的物业服务企业等建筑物管理人在人民法院就具体侵权人的财产依法强制执行后仍不能履行的范围内，承担与其过错相应的补充责任。

第二十五条 物业服务企业等建筑物管理人未采取必要的安全保障措施防止从建筑物中抛掷物品或者从建筑物上坠落的物品造成他人损害，经公安等机关调查，在民事案件一审法庭辩论终结前仍难以确定具体侵权人的，未采取必要安全保障措施的物业服务企业等建筑物管理人承担与其过错相应的责任。被侵权人其余部分的损害，由可能加害的建筑物使用人给予适当补偿。

具体侵权人确定后，已经承担责任的物业服务企业等建筑物管理人、可能加害的建筑物使用人向具体侵权人追偿的，人民法院依照民法典第一千一百九十八条第二款、第一千二百五十四条第一款的规定予以支持。

第二十六条 本解释自 2024 年 9 月 27 日起施行。

本解释施行后，人民法院尚未审结的一审、二审案件适用本解释。本解释施行前已经终审，当事人申请再审或者按照审判监督程序决定再审的，适用当时的法律、司法解释规定。

行　　政

中华人民共和国最高人民法院
公　　告

《最高人民法院关于正确确定强制拆除行政诉讼案件被告及起诉期限的批复》已于2024年6月3日经最高人民法院审判委员会第1921次会议通过，现予公布，自2024年8月8日起施行。

2024年8月7日

最高人民法院
关于正确确定强制拆除行政诉讼案件被告及起诉期限的批复

法释〔2024〕8号

宁夏回族自治区高级人民法院：

你院关于如何理解《中华人民共和国行政诉讼法》第四十六条规定的“知道或者应当知道作出行政行为”与《最高人民法院关于适用〈中华人民共和国行政诉讼法〉的解释》第六十四条中“知道或者应当知道行政行为内容”等的请示收悉。经研究，批复如下：

公民、法人或者其他组织对强制拆除其建筑物或者其他设施不服提起诉讼的，以作出强制拆除决定的行政机关为被告；没有强制拆除决定书的，以具体实施强制拆除行为的行政机关为被告；未收到强制拆除决定书，实施强制拆除行为的主体不明确的，可以以现有证据初步证明实施强制拆除行为的行政机关为被告。人民法院在案件审理过程中，认为原告起诉的被告不适格且能够确定适格被告的，应当告知原告变更被告；原告拒绝变更的，应当裁定驳回起诉。人民法院经审查各方当事人提供的证据或者依职权调查后，仍不能确定适格被告的，可以依据《中华人民共和国行政诉讼法》第六十六条的规定，视情将有关材料移送有关机关调查并裁定中止诉讼。

《中华人民共和国行政诉讼法》第四十六条规定的六个月起诉期限与《最高人民法院关于适用〈中华人民共和国行政诉讼法〉的解释》第六十四条规定的一年起诉期限，应当从公民、法人或者其他组织知道或者应当知道行政行为内容且知道或者应当知道该行为实施主体之日起计算。被告主张原告自知道或者应当知道行政行为内容及实施主体之日起已经超过法定起诉期限的，应当承担举证责任。

此复。

执　　行

中华人民共和国最高人民法院
公　　告

《最高人民法院关于内地与香港特别行政区法院相互认可和执行民商事案件判决的安排》已于2019年1月14日由最高人民法院审判委员会第1759次会议通过，现予公布，自2024年1月29日起施行。

2024年1月25日

最高人民法院
关于内地与香港特别行政区法院相互认可和执行民商事案件判决的安排

法释〔2024〕2号

根据《中华人民共和国香港特别行政区基本法》第九十五条的规定，最高人民法院与香港特别行政区政府经协商，现就民商事案件判决的相互认可和执行问题作出如下安排。

第一条 内地与香港特别行政区法院民商事案件生效判决的相互认可和执行，适用本安排。

刑事案件中有关民事赔偿的生效判决的相互认可和执行，亦适用本安排。

第二条 本安排所称“民商事案件”是指依据内地和香港特别行政区法律均属于民商事性质的案件，不包括香港特别行政区法院审理的司法复核案件以及其他因行使行政权力直接引发的案件。

第三条 本安排暂不适用于就下列民商事案件作出的判决：

（一）内地人民法院审理的赡养、兄弟姐妹之间扶养、解除收养关系、成年人监护权、离婚后损害责任、同居关系析产案件，香港特别行政区法院审理的应否裁判分居的案件；

（二）继承案件、遗产管理或者分配的案件；

（三）内地人民法院审理的有关发明专利、实用新型专利侵权的案件，香港特别行政区法院审理的有关标准专利（包括原授专利）、短期专利侵权的案件，内地与香港特别行政区法院审理的有关确认标准必要专利许可费率的案件，以及有关本安排第五条未规定的知识产权案件；

（四）海洋环境污染、海事索赔责任限制、共同海损、紧急拖航和救助、船舶优先权、海上旅客运输案件；

（五）破产（清盘）案件；

（六）确定选民资格、宣告自然人失踪或者死亡、认定自然人限制或者无民事行为能力的案件；

（七）确认仲裁协议效力、撤销仲裁裁决案件；

（八）认可和执行其他国家和地区判决、仲裁裁决的案件。

第四条 本安排所称“判决”，在内地包括判决、裁定、调解书、支付令，不包括保全裁定；在香港特别行政区包括判决、命令、判令、讼费评定证明书，不包括禁诉令、临时济助命令。

本安排所称“生效判决”：

（一）在内地，是指第二审判决，依法不准上诉或者超过法定期限没有上诉的第一审判决，以及依照审判监督程序作出的上述判决；

（二）在香港特别行政区，是指终审法院、高等法院上诉法庭及原讼法庭、区域法院以及劳资审裁处、土地审裁处、小额钱债审裁处、竞争事务审裁处作出的已经发生法律效力的判决。

第五条 本安排所称“知识产权”是指《与贸易有关的知识产权协定》第一条第二款规定的知识产权，以及《中华人民共和国民法典》第一百二十三条第二款第七项、香港《植物品种保护条例》规定的权利人就植物新品种享有的知识产权。

第六条 本安排所称“住所地”，当事人为自然人的，是指户籍所在地或者永久性居民身份所在地、经常居住地；当事人为法人或者其他组织的，是指注册地或者登记地、主要办事机构所在地、主要营业地、主要管理地。

第七条 申请认可和执行本安排规定的判决：

（一）在内地，向申请人住所地或者被申请人住所地、财产所在地的中级人民法院提出；

（二）在香港特别行政区，向高等法院提出。

申请人应当向符合前款第一项规定的其中一个人民法院提出申请。向两个以上有管辖权的人民法院提出申请的，由最先立案的人民法院管辖。

第八条 申请认可和执行本安排规定的判决，应当提交下列材料：

（一）申请书；

（二）经作出生效判决的法院盖章的判决副本；

（三）作出生效判决的法院出具的证明书，证明该判决属于生效判决，判决有执行内容的，还应当证明在原审法院地可以执行；

（四）判决为缺席判决的，应当提交已经合法传唤当事人的证明文件，但判决已经对此予以明确说明或者缺席方提出认可和执行申请的除外；

（五）身份证明材料：

1. 申请人为自然人的，应当提交身份证件复印件；

2. 申请人为法人或者其他组织的，应当提交注册登记证书的复印件以及法定代表人或者主要负责人的身份证件复印件。

上述身份证明材料，在被请求方境外形成的，应当依据被请求方法律规定办理证明手续。

向内地人民法院提交的文件没有中文文本的，应当提交准确的中文译本。

第九条　申请书应当载明下列事项：

（一）当事人的基本情况：当事人为自然人的，包括姓名、住所、身份证件信息、通讯方式等；当事人为法人或者其他组织的，包括名称、住所及其法定代表人或者主要负责人的姓名、职务、住所、身份证件信息、通讯方式等；

（二）请求事项和理由；申请执行的，还需提供被申请人的财产状况和财产所在地；

（三）判决是否已在其他法院申请执行以及执行情况。

第十条　申请认可和执行判决的期间、程序和方式，应当依据被请求方法律的规定。

第十一条　符合下列情形之一，且依据被请求方法律有关诉讼不属于被请求方法院专属管辖的，被请求方法院应当认定原审法院具有管辖权：

（一）原审法院受理案件时，被告住所地在该方境内；

（二）原审法院受理案件时，被告在该方境内设有代表机构、分支机构、办事处、营业所等不属于独立法人的机构，且诉讼请求是基于该机构的活动；

（三）因合同纠纷提起的诉讼，合同履行地在该方境内；

（四）因侵权行为提起的诉讼，侵权行为实施地在该方境内；

（五）合同纠纷或者其他财产权益纠纷的当事人以书面形式约定由原审法院地管辖，但各方当事人住所地均在被请求方境内的，原审法院地应系合同履行地、合同签订地、标的物所在地等与争议有实际联系地；

（六）当事人未对原审法院提出管辖权异议并应诉答辩，但各方当事人住所地均在被请求方境内的，原审法院地应系合同履行地、合同签订地、标的物所在地等与争议有实际联系地。

前款所称“书面形式”是指合同书、信件和数据电文（包括电报、电传、传真、电子数据交换和电子邮件）等可以有形地表现所载内容的形式。

知识产权侵权纠纷案件以及内地人民法院审理的《中华人民共和国反不正当竞争法》第六条规定的不正当竞争纠纷民事案件、香港特别行政区法院审理的假冒纠纷案件，侵权、不正当竞争、假冒行为实施地在原审法院地境内，且涉案知识产权权利、权益在该方境内依法应予保护的，才应当认定原审法院具有管辖权。

除第一款、第三款规定外，被请求方法院认为原审法院对于有关诉讼的管辖符合被请求方法律规定的，可以认定原审法院具有管辖权。

第十二条 申请认可和执行的判决，被申请人提供证据证明有下列情形之一的，被请求方法院审查核实后，应当不予认可和执行：

（一）原审法院对有关诉讼的管辖不符合本安排第十一条规定的；

（二）依据原审法院地法律，被申请人未经合法传唤，或者虽经合法传唤但未获得合理的陈述、辩论机会的；

（三）判决是以欺诈方法取得的；

（四）被请求方法院受理相关诉讼后，原审法院又受理就同一争议提起的诉讼并作出判决的；

（五）被请求方法院已经就同一争议作出判决，或者已经认可其他国家和地区就同一争议作出的判决的；

（六）被请求方已经就同一争议作出仲裁裁决，或者已经认可其他国家和地区就同一争议作出的仲裁裁决的。

内地人民法院认为认可和执行香港特别行政区法院判决明显违反内地法律的基本原则或者社会公共利益，香港特别行政区法院认为认可和执行内地人民法院判决明显违反香港特别行政区法律的基本原则或者公共政策的，应当不予认可和执行。

第十三条 申请认可和执行的判决，被申请人提供证据证明在原审法院进行的诉讼违反了当事人就同一争议订立的有效仲裁协议或者管辖协议的，被请求方法院审查核实后，可以不予认可和执行。

第十四条 被请求方法院不能仅因判决的先决问题不属于本安排适用范围，而拒绝认可和执行该判决。

第十五条 对于原审法院就知识产权有效性、是否成立或者存在作出的判项，不予认可和执行，但基于该判项作出的有关责任承担的判项符合本安排规定的，应当认可和执行。

第十六条 相互认可和执行的判决内容包括金钱判项、非金钱判项。

判决包括惩罚性赔偿的，不予认可和执行惩罚性赔偿部分，但本安排第十七条规定的除外。

第十七条 知识产权侵权纠纷案件以及内地人民法院审理的《中华人民共和国反不正当竞争法》第六条规定的不正当竞争纠纷民事案件、香港特别行政区法院审理的假冒纠纷案件，内地与香港特别行政区法院相互认可和执行判决的，限于根据原审法院地发生的侵权行为所确定的金钱判项，包括惩罚性赔偿部分。

有关商业秘密侵权纠纷案件判决的相互认可和执行，包括金钱判项（含惩罚性赔偿）、非金钱判项。

第十八条 内地与香港特别行政区法院相互认可和执行的财产给付范围，包括判决确定的给付财产和相应的利息、诉讼费、迟延履行金、迟延履行利息，不包括税收、罚款。

前款所称“诉讼费”，在香港特别行政区是指讼费评定证明书核定或者命令支付的费用。

第十九条 被请求方法院不能认可和执行判决全部判项的，可以认可和执行其中的部分判项。

第二十条 对于香港特别行政区法院作出的判决，一方当事人已经提出上诉，内地人民法院审查核实后，中止认可和执行程序。经上诉，维持全部或者部分原判决的，恢复认可和执行程序；完全改变原判决的，终止认可和执行程序。

内地人民法院就已经作出的判决裁定再审的，香港特别行政区法院审查核实后，中止认可和执行程序。经再审，维持全部或者部分原判决的，恢复认可和执行程序；完全改变原判决的，终止认可和执行程序。

第二十一条 被申请人在内地和香港特别行政区均有可供执行财产的，申请人可以分别向两地法院申请执行。

应对方法院要求，两地法院应当相互提供本方执行判决的情况。

两地法院执行财产的总额不得超过判决确定的数额。

第二十二条 在审理民商事案件期间，当事人申请认可和执行另一地法院就同一争议作出的判决的，应当受理。受理后，有关诉讼应当中止，待就认可和执行的申请作出裁定或者命令后，再视情终止或者恢复诉讼。

第二十三条 审查认可和执行判决申请期间，当事人就同一争议提起诉讼的，不予受理；已经受理的，驳回起诉。

判决全部获得认可和执行后，当事人又就同一争议提起诉讼的，不予受理。

判决未获得或者未全部获得认可和执行的，申请人不得再次申请认可和执行，但可以就同一争议向被请求方法院提起诉讼。

第二十四条 申请认可和执行判决的，被请求方法院在受理申请之前或者之后，可以依据被请求方法律规定采取保全或者强制措施。

第二十五条 法院应当尽快审查认可和执行的申请，并作出裁定或者命令。

第二十六条 被请求方法院就认可和执行的申请作出裁定或者命令后，当事人不服的，在内地可以于裁定送达之日起十日内向上一级人民法院申请复议，在香港特别行政区可以依据其法律规定提出上诉。

第二十七条 申请认可和执行判决的，应当依据被请求方有关诉讼收费的法律和规定交纳费用。

第二十八条 本安排签署后，最高人民法院和香港特别行政区政府经协商，可以就第三条所列案件判决的认可和执行以及第四条所涉保全、临时济助的协助问题签署补充文件。

本安排在执行过程中遇有问题或者需要修改的，由最高人民法院和香港特别行政区政府协商解决。

第二十九条 内地与香港特别行政区法院自本安排生效之日起作出的判决，适用本安排。

第三十条 本安排生效之日，《最高人民法院关于内地与香港特别行政区法院相互认可和执行当事人协议管辖的民商事案件判决的安排》同时废止。

本安排生效前，当事人已签署《最高人民法院关于内地与香港特别行政区法院相互认可和执行当事人协议管辖的民商事案件判决的安排》所称“书面管辖协议”的，仍适用该安排。

第三十一条 本安排生效后，《最高人民法院关于内地与香港特别行政区法院相互认可和执行婚姻家庭民事案件判决的安排》继续施行。

第三十二条 本安排自 2024 年 1 月 29 日起施行。

文　献

第十四届全国人民代表大会第二次会议
关于最高人民法院工作报告的决议

（2024 年 3 月 11 日第十四届全国人民代表大会第二次会议通过）

第十四届全国人民代表大会第二次会议听取和审议了最高人民法院院长张军所作的工作报告。会议充分肯定最高人民法院过去一年的工作，同意报告提出的 2024 年工作安排，决定批准这个报告。

会议要求，最高人民法院要以习近平新时代中国特色社会主义思想为指导，深入学习贯彻习近平法治思想，全面贯彻落实党的二十大和二十届二中全会精神，深刻领悟“两个确立”的决定性意义，增强“四个意识”、坚定“四个自信”、做到“两个维护”，坚持党对人民法院工作的绝对领导，践行全过程人民民主，忠实履行宪法法律赋予的职责，深化司法体制综合配套改革，加强法治化营商环境建设，锻造忠诚干净担当的过硬法院队伍，严格公正司法，全面提升审判工作质效，全力维护国家政治安全、确保社会大局稳定、促进社会公平正义、保障人民安居乐业，为以中国式现代化全面推进强国建设、民族复兴伟业提供有力司法保障，以优异成绩迎接中华人民共和国成立 75 周年！

最高人民法院工作报告

——2024 年 3 月 8 日在第十四届全国人民代表大会第二次会议上

最高人民法院院长　张　军

各位代表：

现在，我代表最高人民法院，向大会报告工作，请予审议，并请全国政协各位委员提出意见。

2023 年工作回顾

2023 年是全面贯彻党的二十大精神的开局之年。在以习近平同志为核心的党中央坚强领导下，在全国人大及其常委会有力监督下，最高人民法院坚持以习近平新时代中国特色社会主义思想为指导，深入贯彻习近平法治思想，全面贯彻党的二十大和二十届二中全会精神，认真落实十四届全国人大一次会议决议，深刻领悟“两个确立”的决定性意义，增强“四个意识”、坚定“四个自信”、做到“两个维护”，扎实开展主题教育，忠实履行宪法法律赋予的职责，聚焦“公正与效率”工作主题，坚持能动司法，做深做实为大局服务、为人民司法，推动审判工作现代化迈出坚实步伐。最高人民法院收案 21081 件，结案 17855 件，同比分别增长 54.6%、29.5%。全国各级法院收案 4557.4 万件，结案 4526.8 万件，同比分别增长 15.6%、13.4%。

一、做实为大局服务，以公正司法保障高质量发展和高水平安全

聚焦高质量发展首要任务，落实统筹发展和安全要求，找准司法服务党和国家工作大局的结合点、着力点。

坚决维护国家安全和社会稳定。贯彻总体国家安全观，严厉打击敌对势力渗透、破坏、颠覆、分裂活动，推进反恐维稳法治化常态化。依法惩处从事间谍活动的梁成运等，形成有力震慑。常态化开展扫黑除恶斗争，坚持“是黑恶犯罪一个不放过、不是黑恶犯罪一个不凑数”，审结涉黑恶犯罪案件 1855 件 11191 人，同比增长 5.1%（件数，下同），其中 36 件认定不构成黑恶犯罪。推动打早打小，针对金融放贷、市场流通等重点领域以及农村家族宗族势力黑恶犯罪，提出防治建议，促进长效常治。

促进公共安全治理。依法严惩重大恶性犯罪，切实增强人民群众安全感。审结故意杀人等严重暴力犯罪案件 5.2 万件 6.2 万人，同比增长 17.2%，对杀害多人、潜逃多年的劳荣枝依法核准、执行死刑。审结涉毒品犯罪案件 3.3 万件 5 万人，同比下降 10.4%，对大宗走私、制造毒品犯罪分子、累犯等坚决重判。严厉惩治境内外电信网络诈骗犯罪，审结电信网络诈骗案件 3.1 万件 6.4 万人，同比增长 48.4%。坚持宽严相济刑事政策，依法严惩幕后

"金主"、组织头目和骨干分子。审结涉枪爆犯罪案件7998件10090人，同比持平。二氧化碳气体爆破技术产品尚未列入国家民爆物品名录，对运用该技术生产民爆物品的行为，法院考虑其用于生产且严格管理，认定不构成犯罪，同时推动有关部门将新产品纳入管理名录，规范、促进新技术推广应用。

*在反腐败斗争中充分发挥审判职能。*始终坚持对腐败犯罪依法严惩，审结贪污贿赂等职务犯罪案件2.4万件2.7万人，同比增长19.9%，依法惩处沈德咏、盛光祖、李文喜等30名原中管干部，赃款赃物一律追缴。落实受贿行贿一起查，严惩多次、巨额、向多人行贿犯罪。高某向某城投公司高管行贿1200万元承接该公司金融业务，法院以行贿罪判处其有期徒刑十年并处罚金120万元，违法所得1.02亿元全部追缴。审结外逃人员回国受审案件371件，依法判处外逃20年"红通人员"许国俊无期徒刑；审结犯罪嫌疑人、被告人逃匿、死亡没收违法所得特别程序案38件，追缴违法所得4.5亿元及价值数亿元房产等，坚决打破腐败分子"一人逃亡、全家得利"的迷梦。

*助力加强金融法治建设。*一体做实解纠纷、防风险、促治理，审结金融案件303.2万件，同比增长8%。依法惩治洗钱犯罪，以洗钱罪审结案件861件1019人，同比分别增长23.5%、22.2%。针对信用卡和保证保险合同纠纷持续增长，发出2号、4号司法建议，促进授信审查、规范保险业务，协力加强金融监管。加大对资本市场财务造假、欺诈发行、操纵市场等违法行为判罚力度。某新三板公司在股票发行中虚增营收3亿元、少披露银行借款10亿元，欺诈增发股份，法院判令其赔偿投资者4900万元，公司高管、疏于核查验证的中介机构承担相应连带责任。金融行为须合规，高管违法要严罚，中介失职必追责。

*依法促进民营经济发展壮大。*法治是最好的营商环境。制定优化法治环境促进民营经济发展壮大27条意见，把依法平等保护原则融入司法政策、落到个案办理，以法治的确定性助力提信心、稳预期、促发展。依法保护民营企业产权和企业家合法权益。实事求是、依法再审纠正涉产权刑事冤错案件42件86人。将社会危害性作为判断罪与非罪的根本标准，坚决纠正把经济纠纷当犯罪处理，一、二审对16家企业、34名企业主和管理人员依法宣告无罪。力解中小企业急难。推动清理拖欠中小企业账款，执行到位金额187.8亿元。辽宁高院积极作为，省委省政府大力支持，相关行政机关主动履约，法院执结行政机关为被执行人的积案1702件19.4亿元，做实维护经营主体合法权益。上海法院会同金融机构建立小微企业涉诉信息澄清机制，据实为涉诉企业"正名"，半年来已帮助122家小微企业获得信贷3.2亿元。助力完善企业治理。依法惩治民营企业内部腐败犯罪，审结非国家工作人员受贿、职务侵占案件6779件8124人，同比增长26.6%。对658家涉案民营企业适用刑事合规程序，依法从宽处罚同时，充分运用第三方监管机制，促其合规经营。涉案企业合规改革从刑事领域拓展至民事、行政、执行领域，相关案件已达1711件。某纺织印染企业超标排污多次被罚、资金链断裂、陷入半歇业，法院会同环保部门促其合规整改、更新环保设备、全面复工复产，去年四季度产值同比增长85.7%，基本清偿几近压垮企业的债务。司法助力企业走出困境，有政策、有空间，携起手，更有作为！

*破产审判促进资源优化配置。*审结破产案件2.9万件，同比增长68.8%，力促"僵尸企业"及时出清，涉及债权2.3万亿元。引导可重整的不清算，助"危机"企业寻"新机"，审结破产重整、和解案件1485件，762家陷入困境企业成功重整，盘活资产8790亿

元，11.8万名员工稳住就业。审理易安财险破产重整案，引入实体企业投资35亿余元，清偿全部债权，众多投保人利益得到保护，市场化法治化手段助力企业“破茧重生”。深圳法院2021年起实施《深圳经济特区个人破产条例》，受理个人破产申请227件。梁某被法院裁定适用个人破产重整程序，与债权人协商免除利息和滞纳金、三年内偿还本金，梁某努力打拼、积极偿债，提前15个月完成履约，我国境内首宗个人破产案审结执结。个人可破产、可重整，更可再创业！

服务创新驱动发展。依法严格保护知识产权。审结知识产权案件49万件，同比增长1.8%。适用惩罚性赔偿319件，同比增长117%，判赔金额11.6亿元，同比增长3.5倍。审理“蜜胺”发明专利及技术秘密侵权案，依法判令侵权方赔偿2.18亿元，执行中促成全面和解，侵权方获得使用许可，权利人最终获偿6.58亿元，刷新国内知识产权案件纪录。“钓鱼式维权”须遏制。某公司宣传其“自助建网”软件可“免费”下载使用，却以用户未在网站页面保留其版权标识等为由，提起诉讼9000多件。法院审理认为，其以不当经营方式诱发大批量“侵权”，靠索赔获利不应支持，大幅下调判赔标准，批量诉讼应声而落。携手同行，走得更远。两家均拥有专利近千项、估值超百亿的“独角兽”企业多次互诉侵权，法院引导双方摒弃零和思维，就10多起专利纠纷促成一揽子和解。发出保护电影知识产权3号司法建议，推动金鸡百花电影节首次举办电影知识产权保护论坛。影视从业者对影视创新创作更有信心，以多种方式在作品中、映前广告里共融共创“观影是享受，守法是义务”的知识产权保护氛围。

服务区域协调发展。着眼区域发展需要，支持重庆、成都、乌鲁木齐设立集中管辖的环境资源法庭，支持南京、青岛设立国际商事法庭。举办第五届京津冀司法论坛，京津冀法院全面加强司法协作，助推打造中国式现代化建设先行区示范区。沪苏浙皖法院推动区域司法协同，为长三角一体化发展注入法治动能。服务粤港澳大湾区国家战略，出台意见服务广州南沙深化面向世界的粤港澳全面合作。举办2023长白法治论坛，辽吉黑及内蒙古法院以优化法治化营商环境推动东北全面振兴取得新突破。成渝金融法院发挥跨省域管辖作用，服务保障成渝地区双城经济圈建设。围绕新时代西部大开发、丝绸之路经济带建设，强化司法政策供给，助力西部地区高质量发展。

服务美丽中国建设。审结环境资源案件23.2万件，同比下降5.8%，其中涉环境污染案件5386件，同比下降11.5%，人与自然和谐共生理念更加深入人心。惩治环评造假行为，对弄虚作假、情节恶劣的“环评报告贩子”定罪判刑，终身禁止环评执业。加强文物和文化遗产司法保护，会同国家文物局发布典型案例，提升文物保护管理与利用法治化水平。福建、陕西等10地法院建立国家公园司法保护协作机制，一体守护自然瑰宝。发布司法服务“双碳”指导意见，审结自然资源开发利用案件17万件，同比下降8.2%，涉碳案件108件，同比增长21.3%。某公司因风电和光伏发电收购问题被提起公益诉讼，经诉中调解，安排数亿元用于电网配套建设，推动了新能源消纳责任的落实，促进可再生能源消纳保障机制健全。

服务推进高水平对外开放。统筹推进国内法治和涉外法治，助推营造市场化法治化国际化一流营商环境，服务高质量共建“一带一路”。提升涉外司法效能。审结涉外民商事案件2.4万件、海事案件1.6万件，同比分别增长3.6%、5.3%，平均审理时间缩短近10天。

某境外海域船舶碰撞案，多国享有管辖权，外国当事人选择我国法院管辖并协议适用中国法，经引入外轮所属希腊船东保赔协会共同调解后全额履行。我国民企在海外承建体育场馆被拖欠巨额工程款，1670万元履约保证金也被不当索赔面临划扣风险，我国法院准确适用国际通行的止付令机制，48小时内裁定要求境外银行中止支付，并受理保函欺诈诉讼，促使涉案外方40天内付清工程款。尊重并运用国际规则和惯例，更利平等保护“一带一路”各方利益。便捷规范化解国际商事纠纷。深化国际商事纠纷多元化解平台建设，促进诉讼与仲裁、调解有机衔接。最高人民法院国际商事专家委员会发挥来自24个国家和地区61位委员作用，主持调解国际商事纠纷、为域外法查明和适用等提供咨询意见。最高人民法院第二国际商事法庭成功调处一中外企业间标的额10亿元纠纷，促使双方各自撤回境内外多起关联诉讼，合作关系得以修复。调解这一“东方经验”漂洋过海，彰显中国法治智慧。审结商事仲裁司法审查案件1.6万件，同比增长5%；加强仲裁监督，裁定撤销仲裁裁决552件，同比持平；裁定承认（认可）和执行境外仲裁裁决69件，同比增长16.9%，仲裁友好型司法环境深受认可。深化司法国际交流合作。举办海上丝绸之路（泉州）司法合作国际论坛、中国－上合组织国家地方法院大法官论坛等，与新加坡最高法院签署司法调解合作备忘录。积极参与国际规则制定，推动《北京船舶司法出售公约》开放签署，成为首个以中国城市命名的联合国国际海事公约。

二、做实为人民司法，以公正司法保障和增进民生福祉

坚持以人民为中心，以“如我在诉”意识公正办好每一起民生案，让人民群众切实感受到公平正义就在身边。

贯彻实施好民法典。用准用好民法典新制度新规则，以公正司法引领风尚。制定民法典合同编通则司法解释，针对合同效力的认定、“阴阳合同”和“名不符实”的处理等明确裁判标准，弘扬契约精神、促进公平交易。用好民法典遗产管理人制度。顾氏三兄弟为孤寡老人养老送终，能否分得遗产形成诉讼，法院判定三人因扶养事实有资格申请指定遗产管理人，进而分得相应遗产。敬老助老美德善举，司法褒奖就是引领。准确把握民法典医疗机构免责事由规定，明确医疗机构善尽诊疗义务或限于当时医疗水平难以诊疗的不担责，让符合规范的诊疗活动有保障，全力救治患者的医务人员受保护。

用心办好百姓身边案。审结涉教育、就业、养老、食品安全等民生案件539.1万件，同比增长14.2%。关护老年人合法权益。会同住房城乡建设部发布典型案例，明确老旧小区加装电梯规则，兼顾左邻右舍、楼上楼下不同利益，引导互谅互让，携手解决老年人、残疾人上下楼难题。我国超龄劳动者数以千万计，工伤认定、社保缴纳等方面存在堵点，每年约5万件此类劳动争议诉至法院。发出5号司法建议，协同人力资源社会保障部等加强对超龄劳动者合法权益保护，引导和保障“老有所为”，助推劳动力市场规范有序发展。维护新就业形态劳动者权益。审结涉新业态劳动争议案件14.2万件，同比下降10.2%。根据实际用工，判断外卖小哥等与平台企业是否存在劳动关系，破除以劳务连环外包、诱导注册个体户等方式规避用工责任的“障眼法”。明确把“付出实质性劳动”和“明显占用时间”作为线上“隐形加班”的认定标准，让在线工作有收益，离线休息有保障。有力支持依法维权。加大拖欠薪资案件审判执行力度，帮助农民工追回21.8亿元“辛苦钱”。依法审理“宠物

伤人”案件，发布饲养动物损害责任典型案例，明确饲养宠物是个人权利、管住管好是法定义务。李某向多地制销30余种不合格农药，严重危害收成、农民损失惨重，依法判处有期徒刑十五年。坑农害农、国法不容。

用情断好百姓家务事。审结婚姻家事案件217万件，同比增长19.5%。充分运用民法典离婚经济补偿、隐瞒重大疾病可撤销婚姻等规则，有力维护平等、和睦、文明的婚姻家庭关系。协同妇联等单位运用家事调查、调解等机制，联动化解婚姻纠纷。家暴不是“家务事”，反家暴是国家、社会和每个家庭的共同责任。发布2批反家暴典型案例，对以“爱”之名家暴未成年人、离异后抢夺藏匿未成年子女等予以司法规制。明确恋爱、同居遭遇对方暴力，可申请人身安全保护令，发出各类人身安全保护令5695份，同比增长41.5%。牟林翰凌辱同居女友致其自杀，以虐待罪判处有期徒刑，确立了婚前同居施暴须以家庭成员承担刑事责任的司法规则。社会在发展，司法须前行。

助力保交楼稳民生。出台司法解释，明确商品房已售难交付纠纷债权受偿顺序，优先保障购房群众权益。发出1号司法建议，推动健全合同网签备案与预告登记衔接机制、加强商品房预售资金监管、强化预售信息查询和购房风险提示，促进做实保交楼、防纠纷。湖南某民营地产企业资金链断裂，法院审理推动重整引资、复工续建，促成13家关联企业成功合并重整，盘活资金168亿元，解决1.6万户交房难题。

依法惩治网络暴力。针对网络暴力“按键伤人”、“按键杀人”，严重扰乱社会秩序，会同最高人民检察院、公安部出台司法政策，严惩网暴恶意发起者、组织者及屡教不改者。明确网络侮辱诽谤，造成被害人或其近亲属身心严重损害后果，或者随意以普通公众为侵害对象等，以公诉案件追究刑事责任。审结网络诽谤公诉案件32件，判决有罪人数85人，同比分别增长10.3%、102.4%。杨某为泄私愤在网上散布未成年人私密信息，致被害人不堪受辱自杀身亡，被提起公诉，法院以侮辱罪判处其有期徒刑。公权力要为受害者撑腰，网暴行为必须付出代价。

全方位呵护少年儿童健康成长。对侵害未成年人犯罪零容忍，审结案件4.1万件6.1万人，同比增长28.5%。法律和伦理底线不容挑战。对“姐弟坠亡案”被告人张波、叶诚尘，假借恋爱性侵多名幼女的倪笃群，线上“隔空猥亵”线下威逼强奸的王小山、孙保昌等，依法判处死刑。督导失责父母当好合格家长。未成年人孙某因父母忙于生计、疏于陪伴，沾染不良习气致违法犯罪。法院判罚后向其父母发出家庭教育指导令，督促履行监护责任、关注孩子身心健康。经回访，在父母关爱下孙某回归正常生活。加强未成年人法治教育。依法惩治未成年人犯罪，宽容但不纵容。同时，努力教育感化挽救失足未成年人，对情节轻微并有悔罪表现的依法适用缓刑7690人，同比增长63.8%，持续做好回访帮教，落实犯罪记录封存。3.7万名法官担任法治副校长，走进课堂播下法治种子，融司法保护于家庭、学校、社会、网络和政府保护。依法引领校园保护。小学生体育课意外受伤，家长起诉学校，校方已尽必要教育管理责任和救助义务，法院判定学校不担责。对学校依规组织体育活动等不施以苛责，有利促进孩子健康成长。学生校内“抽凳子”玩闹受伤，学校强调学生守则，老师经常提醒，已充分尽职，法院判决由“闯祸”孩子家长承担赔偿责任。孩子虽在校，家长也有责，校园安全须共同守护。

久久为功解决执行难。执结案件976万件，执行到位金额2.26万亿元，同比分别增长

6.4%、13.1%，初次执行结案平均用时67.9天，同比缩短7%。注重区分失信与确无财产可供执行的“失能”。对有能力履行却恶意逃避、抗拒执行的，加大失信惩戒力度。开展被执行人违反“限高令”乘机专项整治行动，罚款2736人次，拘留1876人次，移送追诉拒执犯罪176人。针对“黄牛”和中介平台帮助“老赖”绕开“限高令”非法牟利，移送相关违法犯罪线索，推动对其一并追责，斩断灰色利益链条。对核实确无能力履行义务的，不纳入失信名单，记录失信320.7万人次，同比下降3.1%；为努力偿债的被执行人及时修复信用208.3万人次，同比增长15.9%，依法执行、人性化执行受到称赞。做实以执行促发展。善用“活封活扣”、执行和解等措施，以“放水养鱼”更实保障各方权益。某地产企业被申请财产保全，楼盘面临烂尾风险。法院通过公开听证，以资产置换方式解冻账户6100万元资金，府院联动设立“共管账户”确保专款专用，促成执行和解，实现全面复工。保生产经营不停，利双方更利发展。交叉执行化解难案。针对久执不结案件，力推异地法院交叉执行，排除各种干扰，攻坚难案积案，把法律规定的提级执行、指定执行落到实处。去年10月以来，异地交叉执行案件10767件，取得实质进展4203件，执行到位金额206.7亿元。

*强化人权和诉讼权利保障。*做实人权司法保障。坚持罪刑法定、证据裁判、疑罪从无，对465名公诉案件被告人和339名自诉案件被告人依法宣告无罪，同比分别增长31.4%、22.4%。实事求是、依法纠正冤错案件，再审改判无罪87件122人，同比增加21件42人。向涉诉困难群众发放司法救助金8.4亿元。做实以程序促公正。老百姓到法院是为了解决纠纷，事实之争、法理之辩，要做实“庭上见”。二审开庭率增长10.55个百分点，再审审查询问、听证率增长3.04个百分点；上诉率下降0.18个百分点。做实“有信必复”。针对涉诉信访多为重复访的情况，以“就是头拱地也要把人民的事办好”的决心推进“有信必复”。去年9月以来，全国法院7日内程序性回复19.1万件，期限内回复率91.4%；实质性答复10.7万件，期限内答复率95.6%。最高人民法院大法官带头，各级法院领导包案办理疑难复杂信访案件，妥善化解“停尸不化”14年“骨头案”等一批陈年积案。邀请人大代表、政协委员、专家学者、律师、社区工作者等对疑难复杂案件公开听证，既解“法结”，更化“心结”。

*有力维护国防利益、军人军属合法权益。*严惩破坏军事设施、冒充军人招摇撞骗等犯罪，审结相关案件318件，同比持平。加强涉军知识产权司法保护，服务科技强军。军事法院全面加强军事行政诉讼工作，助推依法治军。用心用情做好涉军司法服务，海南军地法院协同实现部队常设、法院巡回、舰艇流动等法律服务站全覆盖。某战士父亲不幸遭遇交通事故去世，“拥军法庭”通过“绿色通道”快速办理，依法促调赔偿到位，为军属解忧、让军人安心。某测绘公司无人机“黑飞”，异常空情造成国防战备资源耗损，河北法院判令承担赔偿责任，并与军地相关单位会商，加强无人驾驶航空器管理，切实服务国防战备、保障军事安全。

*强化港澳台同胞、海外侨胞和归侨侨眷合法权益保障。*审结涉港澳台案件2.5万件，同比下降5.8%；办理涉港澳台司法协助互助案件9265件，同比增长17.3%；审结涉侨案件7279件，同比下降62.9%。浙江、福建、广东法院探索“海内+海外”、“线上+线下”侨益保护路径，便利侨胞诉讼。台商林某将合作公司诉至法院，台胞调解员以同乡同音优势促成调解，维护争讼双方合法权益。292名港澳台青年学生在人民法院交流学习，深度了解国

家法治建设与发展。加强与港澳司法机构交流合作，建立完善粤港澳司法规则衔接机制，创设内地与香港法官双向交流机制，第七届海峡两岸暨香港澳门司法高层论坛在澳门成功举行，共同为中华法治文明进步贡献力量。

三、做实抓前端、治未病，以公正司法促推国家和社会治理

坚持和发展新时代"枫桥经验"，抓实诉源治理，促推社会矛盾纠纷依法治理、源头治理。

深化矛盾纠纷多元化解。2013 年以来，全国法院案件总量以年均 13% 的增幅快速上涨，10 年增加 2.4 倍；法官年人均办案由 2017 年 187 件，增至 2023 年 357 件，人案矛盾日益突出。推进"总对总"多元解纷。会同全国总工会、全国工商联、金融监管总局等 13 家单位建立矛盾纠纷预防化解机制，携手发挥行业专业调解优势，努力把各类纠纷化解在成讼之前。全国法院通过委托人民调解、行政调解、行业专业调解组织等成功调解纠纷 1199.8 万件，同比增长 32%，占同期诉至法院民事行政案件总量 40.2%。做实指导调解法定职责。会同司法部召开全国调解工作会议，推动新时代"枫桥经验"在街道村镇社区、各行各业落地落实。通过业务培训、案例指导等方式，不断提升调解质效，最高人民法院组织培训调解员 47.2 万人次。内蒙古呼和浩特赛罕区法院在 13 家银行指导设立金融纠纷诉源治理工作站，去年化解纠纷 3500 件，占全区金融纠纷总量 1/3。

做实行政争议诉源治理。近年来，行政案件上诉率居高不下，亟需做实依法监督、协同治理，助推更高水平的法治政府建设。监督支持依法行政。会同人力资源社会保障部、自然资源部规范工伤认定、土地征收等行政执法标准和程序，合力加强重点领域纠纷源头治理。山西、黑龙江、上海、河南、广西、海南等 25 家高院研判行政诉讼情况，党委政府高度重视，推动提升依法行政水平。周某与配偶经法院调解离婚，婚姻登记信息系统未及时变更，当事人无法办理公积金，请求变更婚姻登记信息遭拒。江苏法院判决婚姻登记机关依法履责，并推动打通部门间"数据壁垒"，建立相关信息共享机制，做实"办理一案、治理一片"。支持行政复议发挥更重要作用。贯彻新修订的行政复议法，与司法部举办首届全国行政审判行政复议工作同堂培训，统一执法司法理念、标准，支持行政机关严格执法，推动行政违法行为更多通过复议予以纠正，促进行政争议及时有效化解。努力实现行政诉讼案结事了政通人和。一些行政争议涉及面广、矛盾复杂，"一判了之"解决不了、解决不好，要在法律框架内寻求群众更满意、政府也支持的最佳方案。审理周某等诉县政府行政赔偿申请再审案，指导地方三级法院协同化解，彻底解决当事人历经 3 年、4 次诉讼没有解决的争议。综合施策取得成效，行政案件上诉率下降 1.68 个百分点。

坚持办案就是治理。法院通过审判明规则、促治理，是履职重要方面。针对近年来涉彩礼纠纷增多甚至引发恶性案件，制发司法解释和典型案例，既尊重传统习俗，又明确禁止以彩礼为名索取财物，依法遏制高额彩礼，让婚姻始于爱，让彩礼归于"礼"。针对"知假买假"索赔有利惩治假冒伪劣，也存在借维权敲诈等乱象，发布典型案例，亮明惩治造假售假司法态度，同时明确只在"生活消费"范围内支持惩罚性赔偿请求，公众、商家广泛认可，延宕 20 多年"知假买假"裁判标准不一问题得到规范。张某 46 次刷卡购买 46 枚过期咸鸭蛋，依据赔偿金额不足 1 千元按 1 千元赔偿的规定，起诉商家赔偿 4.6 万元。法院以不

符合消费习惯不予支持，依法认定总价款101.2元为“生活消费”，支持10倍惩罚性赔偿共1012元。“两高两部”制定完善醉驾法律责任意见，衔接刑事惩罚与行政处罚，落实宽严相济、重在“治理”。2020年8月，会同最高人民检察院、公安部制发依法适用正当防卫的指导意见，2021年至2023年，对77名被告人以正当防卫宣告无罪。付某酒后夜间到马某家砸门、叫嚣杀人，马某告知其找错人并报警，付某不予理会并砸碎多片窗玻璃，马某持刀出门制止，付某与其厮打，马某手、背部受伤，付某被刀伤多处致失血性休克死亡，法院认定马某属正当防卫，宣告其无罪！“法不能向不法让步”不是口号，刑法“第二十条”还要持续落到实处。

深化用好司法建议。司法建议重在堵制度漏洞、补治理短板。制定综合治理类司法建议规定，以规范促实效。最高人民法院示范带动，制发1至5号司法建议，各级法院跟进发出司法建议9429件，携手相关部门力促在法治轨道上推进国家和社会治理。安徽滁州法院针对物业纠纷大幅增长情况，向职能部门发出司法建议，府院联动开展专项整治，该类案件同比下降58.6%，司法建议内容被纳入正在制定中的地方性法规。

充分发挥律师促公正、助治理作用。与最高人民检察院、司法部、全国律协建立“四方会商”机制，推动解决制约律师作用发挥的堵点难点问题。对阻碍律师依法行使诉讼权利等问题，畅通反映渠道，及时调查处置，保障律师依法执业权利。促推建立律师参与调解市场化机制，共促矛盾纠纷多元化解。杭州法院协同司法局、律协等开展以律师调解为主的市场化解纷试点，两年来律师调解员化解纠纷2.4万件。“人民法院案例库”建设得到律协和广大律师有力支持，一批优秀推荐案例已获首批入库。

四、抓实审判管理和队伍建设，以能动履职保障司法公正

以党的政治建设为统领，全面从严管党治院，把审判管理融入队伍建设，坚决做到忠诚、干净、担当。

以扎扎实实“学思想”促进“强党性、重实践、建新功”。坚持不懈用习近平新时代中国特色社会主义思想凝心铸魂，带着信仰信念和使命担当学思想，运用贯穿其中的立场观点方法解决真问题、真解决问题。大兴调查研究，让主题教育走深走实，把“调研促进办案、办案也是调研”落实落细，查找问题242个，转化调研成果184项。对矛盾实质化解不力等11个突出问题进行专项整改，一体推进干部队伍教育整顿，刀刃向内解决顽瘴痼疾。改革完善诉讼文书公告送达机制，将主要由纸媒发布改为除法律明确规定外一律网上发布；原数周见报，现当天上网，费用减少1/3。深入开展向“时代楷模”鲍卫忠等英模学习活动，涌现出周淑琴等一大批秉公司法、公正为民的好法官好干部，黄光德等14名司法人员倒在法庭、牺牲在执行现场，为党和人民的审判事业献出宝贵生命，永远激励我们奋力前行。

深化司法体制综合配套改革。坚定不移推进落实党的十八大以来部署的司法体制改革，与时俱进、深化落实。全面准确落实司法责任制，压实院庭长审判监督“阅核”职责，各级法院裁判质效进一步提升。推动解决法官逐级遴选落实中的问题，优化人员分类管理，让广大干警职业发展可预期、干事创业有劲头。深化最高人民法院巡回法庭改革，进一步做实审判机关重心下移、就地解决纠纷、方便当事人诉讼，做优人民群众“家门口的最高人民法院”。持续深化司法公开，每季度公开发布司法统计数据。加大裁判文书上网力度，今年

已上网文书216.5万件，同比增长111.6%，覆盖审判领域增加、案件类型增多；最高人民法院、高级人民法院上网文书3.5万件，同比增长4.7倍。重视保护涉案当事人隐私等合法权利，隐去相关识别信息，确保当事人及其家人生活工作、企业单位经营发展不受文书上网影响。部署推进全国法院“一张网”建设，深化司法大数据分析应用，完善智能辅助审判系统、在线诉讼服务平台功能，推动智慧法院迭代升级，提升案件审理、审判管理、促推治理数字化、智能化水平。

统一法律适用标准。制定司法解释15件，发布指导性案例13件、典型案例57批610件。规范提级管辖和再审提审，上级法院提级管辖具有指导意义、重大社会影响案件2205件，同比增长110%。严格发回重审、指令再审条件，上级法院依法能改判的不发回，防止程序空转。创建“人民法院案例库”，经最高人民法院审核入库案例，法官办案必须参考；同时向社会开放，供当事人诉讼、律师办案、学者科研、群众学法使用。建立贯通四级法院的“法答网”，及时解答法官提出的法律适用问题。去年7月1日“法答网”上线以来，累计提问28万件、答疑23万件，据此总结修改或起草司法解释、规范性文件27份。

充分发挥科学考评“指挥棒”作用。落实党的二十大关于完善干部考核评价工作部署，贯通案件质量管理和全员考核。完善符合司法规律的审判质量管理指标体系。将年度结案率调整为审限内结案率，去年审限内结案率为97.7%，同比增长2个百分点，多年难以解决的一些地方“年底立案难”问题从根子上得到治理。设定“案－件比”指标，强化案件全周期管理，努力促进一审案结事了，防止“一案结多案生”、徒增群众讼累，全国法院“案－件比”逐月改善。开展长期未结、久押不决案件专项清理，全国法院审结三年以上未结诉讼案件1914件、久押不决案件2455件6909人，清理占比分别为81.3%、86.8%。

把严管就是厚爱落到实处。严格落实全面从严管党治院政治责任，自觉接受、大力支持各级纪委监委及其派驻机构加强监督。最高人民法院17名干警因违纪违法被查处，地方各级法院1128名干警因利用审判执行权违纪违法被查处，追究刑事责任420人。贯通司法巡查、审务督察，见人见事通报问题，层层传导严的压力。狠抓防止干预司法“三个规定”落实，把管住“案”作为管住“人”、治好“院”的落点，靶向整治人情案、关系案、金钱案，每月通报正反典型，121.1万人次记录报告信息193.8万条，同比分别增长7.5倍、11.8倍。

全面夯实基层基础。全国法院选派123名优秀干部援藏援疆援青。督导地方各级法院深化优秀法官交流。宁夏法院优化审判资源配置，选派25名法官到人案矛盾突出的基层法院挂职锻炼。把司法能力建设摆在重要位置，依托“人民法院大讲堂”等线上线下平台培训法官等484万人次。组建人民法院讲师团赴广西、贵州、云南、西藏、新疆和兵团等巡回授课60余场，培训法官等4.5万人次。接收10名挂职锻炼专家学者和130名法律实习生，助力社会主义法治人才培养。坚持强基导向，组织开展“枫桥式人民法庭”创建示范活动。首批确定106家相对薄弱基层法院进行精准联系帮扶，以点带面夯实审判工作现代化的基层基础。

五、自觉接受监督，以能动履职践行全过程人民民主

依法接受人大监督。认真落实十四届全国人大一次会议精神及关于最高人民法院工作报

告的决议。代表高度关注加强未成年人保护，我们及时出台办理性侵未成年人刑事案件司法解释，严惩侵害少年儿童身心健康的违法犯罪。代表建议加强民营企业和企业家人格权保护，我们出台意见，依法制裁恶意诋毁、贬损、丑化民营企业和企业家的侵权违法行为，着力建设有利于民营经济发展的法治环境。向全国人大常委会报告环境资源审判工作并接受专题询问，认真落实审议意见，以深化理念变革引领环境资源审判工作高质量发展。邀请全国人大代表视察法院、参加有关会议、旁听庭审等5270人次；邀请专业领域代表共同开展诉源治理等调研，成果务实转化为“抓前端、治未病”、促推国家和社会治理的司法政策、司法建议等。认真办理代表建议335件、代表审议意见2778条、日常建议286件，充分采纳代表意见，努力改进工作，做深做实民有所呼、我有所应。

*自觉接受民主监督。*主动向全国政协通报法院工作，办理政协提案153件，走访、接待全国政协委员318人次，认真研究采纳各项意见建议。加强与民主党派、工商联和无党派人士沟通，多方听取意见，共商服务发展良策。与全国工商联等举办第五届民营经济法治建设峰会，合力优化民营经济发展法治环境。

*依法接受检察机关法律监督。*全国法院邀请检察长列席审委会1.5万次，同比增长12.6%。公正审理抗诉案件1.1万件，依法改判4598件，同比分别增长1.2%、21.3%。认真办理检察建议，会同最高人民检察院出台意见，规范民事再审检察建议案件办理，共同维护司法公正。

*广泛接受社会监督。*聘任不同行业、领域特约监督员149名，认真听取主要为专家学者的特邀咨询员意见建议，努力把接受监督做深做实。切实保障人民陪审员履职，共参审案件117.2万件。通过12368热线及时了解当事人意见建议，针对问题改进工作。通过新闻媒体加强与社会公众互动，召开发布会28场，会同媒体深度解析“新时代推动法治进程2023年度十大案件”，讲好新时代中国司法故事，共促法治中国建设。

各位代表，新时代新征程人民法院工作实现新发展，根本在于习近平总书记领航掌舵，在于习近平新时代中国特色社会主义思想科学指引，得益于全国人大及其常委会有力监督、国务院大力支持、全国政协民主监督，国家监察委员会、最高人民检察院监督，各民主党派、工商联、人民团体和无党派人士民主监督支持，地方各级党政机关、全国人大代表、全国政协委员、社会各界和广大人民群众热忱关心、支持和帮助。在此，我谨代表最高人民法院表示衷心感谢！

我们清醒认识到，与党和人民要求相比，法院工作还有许多不足。**一是**学深悟透做实习近平法治思想还有差距，“从政治上看、从法治上办”能力需提升，能动司法要不断做深做实。**二是**强化诉源治理的认识和能力要进一步提升，在党委领导下与有关各方形成治理合力的自觉性主动性要进一步增强。**三是**审判管理制度落实仍有不少问题，司法体制综合配套改革有待深化推进。**四是**全面从严管党治院存在薄弱环节，一些审判人员违纪违法问题教训深刻，正风肃纪反腐应持续加力。**五是**存在专业领域审判人才短缺等问题。我们将坚持问题导向，着力破解、改进。

2024 年工作安排

2024 年是新中国成立 75 周年，是实现“十四五”规划目标任务的关键一年。人民法院要坚持以习近平新时代中国特色社会主义思想为指导，深入贯彻习近平法治思想，全面贯彻党的二十大和二十届二中全会精神，坚定拥护“两个确立”，坚决做到“两个维护”，贯彻落实中央政法工作会议精神，坚持能动司法，抓实提质增效，强化监督管理，努力让人民群众在每一个司法案件中感受到公平正义，以审判工作现代化支撑和服务中国式现代化。

第一，坚持公正司法，紧扣推进中国式现代化履职尽责。贯彻总体国家安全观，依法严惩危害国家安全、公共安全等犯罪，推进扫黑除恶常态化，严厉打击整治电信网络诈骗、跨境赌博等犯罪。保持惩治腐败犯罪高压态势，加大对行贿犯罪惩治力度。严格保护知识产权并促进转化运用，依法服务发展新质生产力。从源头加强数据权利和个人信息保护，完善数字权益保护规则。加强金融审判工作，依法服务金融高质量发展。加大破产案件审理力度，充分发挥“积极拯救”和“及时出清”功能。依法惩治涉税犯罪。深化涉案企业合规改革，依法加大清理拖欠企业账款力度，持续优化民营经济发展壮大法治环境，依法平等保护各类经营主体合法权益。妥善处理房地产开发、配租配售等合同纠纷，积极服务构建房地产发展新模式。加强“三农”领域审判执行工作，保障乡村产业发展，促进乡村治理，助力乡村全面振兴。依法服务生态文明建设和绿色低碳发展。运用司法裁判引领法治，弘扬社会主义核心价值观。落实“谁执法谁普法”普法责任制，加强法治宣传，做实以案释法。加强妇女、未成年人、老年人、残疾人等合法权益保障。推动无障碍环境建设。依法保障灵活就业和新就业形态劳动者权益。加强港澳台同胞合法权益保障。依法维护国防安全和国防利益，切实保障军人军属、军队文职人员、退役军人合法权益。加强行政审判工作，监督支持行政机关依法行政、严格执法。充分发挥司法建议作用，促进国家和社会治理。坚持司法政策与其他政策协同发力，形成合力效应，以高质量司法审判助推经济社会高质量发展。

第二，狠抓提质增效，加快推进审判工作现代化。深化司法体制综合配套改革，制定人民法院“六五”改革纲要。全面准确落实司法责任制，进一步做实院庭长“阅核”。完善法官逐级遴选制度，推进员额和编制跨地域统筹使用。深化知识产权、环境资源、未成年人等审判领域刑事、民事、行政“三合一”改革。完善涉外司法审判体制机制，不断提升涉外司法效能。深化司法国际交流合作。做实“有信必复”工作，加强信访源头治理，做好矛盾实质化解。持之以恒解决执行难，全面推进交叉执行，做优善意文明执行。践行新时代“枫桥经验”，促推诉源治理，做实指导调解，大力创建“枫桥式人民法庭”，把“抓前端、治未病”落到实处。加强相对薄弱基层法院建设，抓实援藏援疆援青工作，支持革命老区、民族地区、边疆地区法院建设。加强审判监督指导，优化深化符合司法规律的审判管理，建好用好“人民法院案例库”，做实做优“法答网”。推进全国法院“一张网”建设，以数字法院助力提质增效。

第三，完善监督体系，着力锻造堪当重任的法院铁军。巩固拓展主题教育成果，全面提升政治素质、业务素质、职业道德素质。自觉接受人大监督和各方面监督，深入践行全过程人民民主。切实提升法官业务能力，加强涉外、知识产权等领域专业化审判人才培养储备。

加强对新兴领域、涉外领域重要法律问题的研究和审判指导。抓实法院全员考核，激励担当作为。以党建促队建，贯通落实审判管理、政务管理和队伍管理。坚定不移正风肃纪反腐，开展集中性纪律教育，持续落实好防止干预司法“三个规定”，推进司法作风问题专项整治，严惩司法腐败，加强法院廉洁文化建设，一体推进不敢腐、不能腐、不想腐，以廉洁司法确保公正严明司法。

各位代表，新征程上，我们要更加紧密地团结在以习近平同志为核心的党中央周围，以习近平新时代中国特色社会主义思想为指导，落实本次会议要求，忠实履行宪法法律赋予的职责，坚定信心、开拓奋进，求真务实、担当作为，加快推进审判工作现代化，为以中国式现代化全面推进强国建设、民族复兴伟业作出新的更大贡献！

最高人民法院
关于人民法院行政审判工作情况的报告

——2024 年 11 月 5 日在第十四届全国人民代表大会常务委员会第十二次会议上

最高人民法院院长　张　军

全国人民代表大会常务委员会：

根据本次会议安排，我代表最高人民法院报告人民法院行政审判工作情况，请审议。

党的十八大以来，以习近平同志为核心的党中央从坚持和发展中国特色社会主义的全局和战略高度定位法治、布局法治、厉行法治，推动我国社会主义法治建设发生历史性变革、取得历史性成就。在以习近平同志为核心的党中央坚强领导下，在全国人大及其常委会有力监督下，人民法院始终坚持以习近平新时代中国特色社会主义思想为指导，全面贯彻落实党的二十大和二十届二中、三中全会精神，深入贯彻习近平法治思想，深刻领悟“两个确立”的决定性意义，增强“四个意识”、坚定“四个自信”、做到“两个维护”，坚持党对司法工作的绝对领导，忠实履行宪法法律赋予的职责，紧紧围绕“努力让人民群众在每一个司法案件中感受到公平正义”，坚持严格公正司法，不断提升审判质效和司法公信力，做深做实为大局服务、为人民司法，切实以审判工作现代化支撑和服务中国式现代化。

习近平总书记深刻指出，“法治政府建设是全面依法治国的重点任务和主体工程”，“公正司法是维护社会公平正义的最后一道防线”。行政审判一头连着行政机关，一头连着人民群众，直接关系人民群众对党和政府的信任、对社会主义法治的信心。新时代行政审判工作始终坚持以习近平总书记关于严格执法、公正司法一系列重要论述为指引，贯彻实施《中华人民共和国行政诉讼法》，公正、及时审理行政案件，解决行政争议，支持依法行政，保护公民、法人和其他组织的合法权益，监督行政机关依法履职，为一体建设法治国家、法治政府、法治社会作出积极贡献。

一、2016年以来行政审判工作情况及成效

现行行政诉讼法制定于1989年，后经2014年、2017年两次修改。2015年11月，最高人民法院就2010年至2015年行政审判工作情况向全国人民代表大会常务委员会作专项报告。2016年至2024年9月，各级人民法院共审理一审行政案件242.1万件，办理行政非诉执行案件184.1万件。已结一审案件中占比较高的案由为罚款、行政拘留等“行政处罚”类，社保资格或工伤认定等“行政确认”类，自然资源权属确权等“行政裁决”类，诉请判令行政机关履行法定职责的“不履行职责”类等。最高人民法院制定关于适用行政诉讼法的解释、关于审理行政协议案件若干问题的规定等司法解释8件，发布行政审判指导性案例23件。2024年4月，最高人民法院党组首次向党中央专题书面报告人民法院行政审判工作情况，党中央高度重视、提出明确要求，为新征程上做好行政审判工作提供坚强有力的政治引领和政治保障，必将有力推动行政审判工作向更高水平发展。

*一是坚持为大局服务，以公正司法助推高质量发展。*聚焦高质量发展首要任务，找准把握行政审判工作的结合点和发力点，更好服务和融入新发展格局。依法促进法治化营商环境建设。发布服务保障全国统一大市场建设行政诉讼典型案例，依法审理与经营主体密切相关的行政许可、行政协议、行政允诺、行政处罚等一审行政案件31.6万件，年均增长23.3%，监督、纠正侵害各类经营主体合法权益的违法行政行为，有力支持行政机关依法履行监管职责、维护市场秩序。某地甲、乙两公司是区域内仅有的混凝土生产企业，就议定商品价格、分割销售市场、共享高额利润达成协议。市场监管部门认定该两公司行为构成垄断并对甲公司罚款1214万余元（乙公司另案处理），甲公司不服提起行政诉讼。法院审理认为，两公司行为明显具有排除、限制价格竞争的内容和效果，故依法支持行政处罚决定，执法司法协同维护公平竞争的市场秩序。依法审理了一批涉及盐业批发许可、光伏项目备案申请、公用事业特许经营行政协议等案件，促进解决案涉行政机关该许可未许可、拔高备案标准、特许经营协议缔约不规范、行政协议履约不够及时到位等问题，推动破除市场准入壁垒、规范公平竞争秩序。依法服务创新驱动发展战略实施。坚持保护知识产权就是保护创新，加大知识产权司法保护力度，审理涉知识产权一审行政案件13.8万件，年均增长20.3%，有力服务知识产权强国建设。会同国家知识产权局出台关于强化知识产权协同保护的意见，推动建立知识产权行政授权确权和司法审判信息共享、业务交流、联合培训等机制；定期与农业农村部、国家反垄断局等开展工作会商，围绕种业知识产权保护以及禁止滥用知识产权排除、限制竞争等，共研依法治理，合力提升执法司法保护力度。王某某以“套牌”方式销售黄豆种子12吨，被行政执法机关没收违法所得5.52万元并罚款55.2万元，王某某不服提起行政诉讼。法院审理认为，行政机关依据种子法有关规定、对生产经营假冒种子的行为处以货值金额10倍罚款的处罚决定并无不当，依法驳回王某某的诉讼请求，支持行政执法机关严厉打击销售假冒伪劣种子的违法行为，保障粮食安全“国之大者”。依法妥善化解重点领域行政争议。践行“绿水青山就是金山银山”理念，审理涉环境资源保护一审行政案件11.8万件，年均增长14.9%，促进发展方式绿色低碳转型。积极参与农村乱占耕地建房专项整治等工作，研究制定非法占用耕地案件司法解释。支持行政机关依法开展城中村、棚户区改造，审理涉房屋、土地征收拆迁等一审行政案件42.5万件，年均增长

8.8%，有效统筹维护人民群众合法权益和城市更新发展。依法妥善处理涉国家重大项目建设的行政强制、行政补偿、行政赔偿、政府信息公开等行政争议。白鹤滩水电站建设项目经批准征收集体土地，涉及四川省两县24个乡镇5万多群众，四川法院受理系列行政案件3000余件，坚持调判结合，强化释法说理，推动相关行政争议稳妥实质化解，取得良好政治效果、社会效果、法律效果。北京法院针对北京中轴线申遗保护涉及的行政征收问题，通过开展依法行政专题培训、典型案例宣传等，推动矛盾纠纷源头预防、前端化解，促进实现申遗相关征收项目住户依法自愿腾退“零诉讼”。

*二是坚持为人民司法，以公正司法保障民生福祉。*贯彻以人民为中心的发展思想，始终把促进社会公平正义、增进人民福祉作为行政审判工作的出发点和落脚点。加强人民群众诉讼权利保障。巩固深化立案登记制改革成果，准确理解把握行政案件起诉条件，支持和保障人民群众依法表达诉求，2016年以来一审行政案件年均增长5.3%。优化申请再审行政案件办理机制，加大行政申请再审审前化解争议工作力度。江苏法院会同司法行政部门探索开展行政诉讼法律援助试点工作，引导符合条件的行政争议当事人依法按程序维护自身合法权益。着力解决人民群众急难愁盼问题。支持行政机关依法惩处危害食品药品安全、破坏生态环境、拖欠农民工工资等违法行为，让违法失德付出应有代价，为严格执法提供司法保障。某公司以健康讲座的名义，对以老年人为主的消费群体进行保健品虚假宣传、诱导，被行政执法机关罚款25万元后提起行政诉讼。法院审理认定，该公司以老年人为对象实施欺诈经营，对其提出的撤销行政处罚决定诉求不予支持，释放了从严整治特定群体消费市场乱象的强烈信号。同时，对个别行政执法案件涉及的“小过重罚”问题，注重源头治理，执法司法衔接，促推把处罚法定、公正公开、过罚相当、处罚与教育相结合等要求落到实处。某公司在其网站广告宣传中使用“最佳”用语，因违反广告法被市场监管部门罚款20万元，后提起行政诉讼。法院审理认为，该公司属初次违法，且案涉广告发布两个月后相关产品即下架，持续时间较短、危害后果轻微，根据行政处罚法“过罚相当”、“初次违法且危害后果轻微并及时改正的，可以不予行政处罚”等规定，判决撤销该行政处罚决定。本案审理后，该地市场监管部门根据法院建议下发了对轻微违法行为依法免于处罚的相关规定及免罚清单，实现“办理一案、规范一片”。过与罚相当、法理情统一，执法司法更显力度和温度。努力实现案结事了政通人和。针对部分行政案件“依法结案”易、矛盾化解难、影响老百姓司法公正获得感的问题，将实质化解争议贯穿行政审判全过程，确保案件办理最佳效果。一审行政案件调解、撤诉率保持较高水平，2023年达21.7%。孙氏三兄弟因社会保障问题先后提起137件行政诉讼并申请再审，常年信访。最高人民法院经审查认为其诉求基本合理，根据现行社会保障制度可以解决，原审以超过起诉期限为由裁定驳回起诉虽无不当，但矛盾纠纷还在，甚至可能激化，遂组织开展调解，会同行政机关依法、依政策化解当事人诉求，一揽子解决案涉三兄弟137件纠纷，实现双赢多赢共赢。促推行政争议多元化解。坚持和发展新时代“枫桥经验”，在各地党委领导、人大监督和政府支持下，推动建立1966家行政争议化解中心，积极发挥司法在多元化解中的参与和指导作用，助力提升行政争议预防化解法治化水平，切实把矛盾纠纷化解在萌芽状态、解决在基层，合力化解行政争议18.2万件。2015年刘某因房屋被强制拆迁提起行政诉讼，法院依法判决该强制拆迁行为违法，刘某据此向征地拆迁机关申请国家赔偿，近10年来就赔偿数额问题反复诉讼、信访。针对

行政机关依法作出的赔偿决定和当事人诉求分歧较大的情况，法院依靠党委领导，会同当地政府、房地产开发企业和当事人多次协商，全面厘清拆迁、开发过程中涉及的各方责任，深入释法说理，最终当事人放弃不合理诉求，与房地产开发企业达成实物安置及金钱补偿协议，实现息诉罢访。

*三是坚持执法司法有机衔接，共同维护法治权威。*严格落实“监督行政机关依法行使职权”的法定职责，坚持监督就是支持、支持就是监督，把监督、纠正违法行政行为和促进行政机关依法行政有机统一起来，一体提升严格执法、公正司法水平。依法纠正违法行政行为。坚持以事实为根据、以法律为准绳，对违法行政行为依法予以纠正。落实规范性文件附带审查制度规定，依法对案件中涉及的2664件规范性文件的合法性进行审查，对审查认为不合法的及时向文件制定机关提出处理建议，防止同类行政争议反复发生。某公司租赁房屋后投入2000余万元拟开设宾馆，行政主管机关以房屋产权证书标明用途为“办公”、不符合该机关制定的“红头文件”规定的许可条件为由，拒绝核发行政许可。法院审理中就该机关文件合法性进行研究论证，推动该机关主动变更与上位法不一致的“红头文件”规定，该公司的“烂尾”项目获得新生。依法审查行政非诉执行案件。在保证合法行政行为得到有力执行的前提下，对不符合法定条件的行政行为依法不予执行。以裁定不予执行、不予受理等方式处理行政非诉执行案件36.8万件，占行政机关申请执行总数的20%，依法维护行政相对人合法权益。助力提升行政执法法治化规范化水平。最高人民法院、最高人民检察院、司法部联合国家发展改革委、财政部、自然资源部等建立“3+N”工作机制，针对相关领域类案多发问题开展分析会商、研提对策措施，促进行政机关依法履职，减少、防止行政争议多发高发。北京8家法院设立领导干部依法行政教育培训实践基地，开展庭审观摩、以案讲法。吉林、江苏、山东、海南、甘肃等地法院与行政机关建立常态会商机制，通过行政审判工作情况通报、行政行为合法性论证和违法风险预警等方式，执法司法一体强化法治思维、提升法治能力。积极发挥行政机关负责人出庭应诉制度作用，领导干部自上而下带动提升依法行政水平，一审行政机关负责人出庭应诉率逐年稳步提升。促进行政复议更好发挥化解行政争议的主渠道作用。审理经行政复议的一审案件10.2万件。行政复议法修订实施后，最高人民法院与司法部联合举办两届全国行政审判行政复议培训，统一执法司法标准，推动违法行政行为通过行政复议程序及时纠正，促进行政争议在前端得到有效化解，更利提升执法公信力。今年以来，行政复议机关新收行政复议案件数量已超过行政诉讼一审案件数量，行政复议作用明显、效果良好。

*四是坚持深化司法改革，促进行政审判提质增效。*习近平总书记深刻指出，“当前，法治领域存在的一些突出矛盾和问题，原因在于改革还没有完全到位。”人民法院深刻领悟、对标对表，在全面深化改革中促进健全完善行政诉讼体制机制，以科学管理促推相关改革落实落细，持续提升行政审判工作质效。全面落实行政诉讼体制机制改革部署。贯彻落实党中央关于司法管辖制度改革部署和行政诉讼法有关跨行政区域管辖改革规定，确定北京四中院、上海三中院受理跨行政区划行政案件。认真落实行政诉讼法关于简易程序的规定，制定实施行政诉讼程序繁简分流改革意见，推进行政案件繁简分流、快慢分道，更好优化行政审判资源配置。各级人民法院适用简易程序审结一审行政案件14.9万件，平均审理天数28.8天，较普通程序少88.3天。指导解放军军事法院全面开展军事行政诉讼工作，为强军兴军

提供有力司法保障。军队某部特招队员吕某退役移交纠纷案中，案涉争议已过起诉期限，北京军事法院积极开展诉前调解，会同行政机关推动解决吕某补缴养老保险、办理相关手续等问题，使吕某退役回到地方的保障无忧。强化审判监督指导。依法审理二审行政案件120.9万件，改判、发回重审率7.2%；认真办理各类申请再审案件32.7万件，依法审理检察机关抗诉案件1604件。对改判、发回重审、再审案件分析问题所在，通报典型错案，强化规范指导，防止同类案件“一错再错”。最高人民法院围绕耕地保护、征收拆迁等重点领域发布典型案例126件，规范引领类案裁判。充分发挥法答网、人民法院案例库等平台指导作用，不断丰富对下监督指导的“工具箱”。专项整治行政案件上诉率高、申请再审率高问题。引导各级人民法院增强实质化解行政争议的意识，防止“一案结、多案生”。将司法程序空转、徒增群众讼累问题纳入学习贯彻习近平新时代中国特色社会主义思想主题教育专项整改范围，持续推动切实解决。加强民事争议一并审理工作，审理行政附带民事诉讼一审案件9.6万件，促进矛盾纠纷一揽子化解。坚持事实之争、法理之辩庭上见，2024年1至9月二审案件开庭率46%，更好发挥庭审在准确查明事实、有效弥合分歧、实质化解争议方面的作用。同时，促推探索、解决涉及法律、司法解释理解与适用中的一些深层次问题。2024年1至9月行政案件上诉率、申请再审率较2023年同期分别下降1.2和0.7个百分点，人民群众对司法公正的获得感不断增强。

实践表明，我国行政审判制度具有强大生命力和显著优越性。新时代新征程行政审判工作取得新成绩、实现新发展，根本在于习近平总书记领航掌舵，在于习近平新时代中国特色社会主义思想科学指引，是习近平法治思想在行政审判工作中的生动实践。全国人大及其常委会一直以来对人民法院行政审判工作高度重视，与时俱进修订行政诉讼法、行政处罚法、行政复议法等，为做好行政审判工作提供有力法律保障，作出授权决定支持行政案件管辖制度等方面改革试点，加强对行政审判工作的监督，有力促进了行政审判工作发展，促进了严格公正司法。在此，我代表最高人民法院表示衷心的感谢！

二、当前行政审判工作面临的问题和困难

我们清醒认识到，与党和人民要求相比，与推动在法治轨道上全面建设社会主义现代化国家的任务相比，当前行政审判工作还有不小差距。

一是服务法治政府建设的作用有待进一步增强。一些行政管理领域类案多发高发，既存在与人民群众工作生活密切相关、利益纠纷较为集中等客观原因，也反映出相关领域执法司法工作有待改进和加强，反映出行政审判监督、纠正违法行政行为和支持行政机关依法行政的工作做得还不够深、不够实。有的法官机械司法、就案办案，从源头预防化解行政争议的意识和能力不强，不善于通过类案审理总结行政执法司法倾向性问题、促进行政机关严格规范公正文明执法。

二是行政争议实质化解合力须进一步增强。行政案件上诉率、申请再审率总体仍处高位运行态势，反映出行政争议实质化解能力还须提升。个别行政机关积极化解行政争议、自行纠正违法行政行为的自觉性还不够强。有的对法院判决执行不够及时、不够到位。行政机关负责人出庭应诉质效有待进一步提升，“出庭不出声”现象依然存在，影响释法说理、深入沟通、实质化解的成效。行政争议诉前调解、行政复议、行政诉讼有机衔接还不够，在党委

领导下各有关方面形成合力，“分流”化解、前端化解矛盾纠纷仍须加强。

三是行政诉讼“一人多案”、“一事多案”问题较为突出。实践中，一些行政管理涉及多部门多程序多行为，原告对事关切身利益的此类行政管理不服时，通常只能针对某一具体部门、具体行政行为单独起诉，不同被告“铁路警察、各管一段”，老百姓的“一件事”最终演化成行政诉讼“多个案”。比如，城乡规划法规定因修改城乡规划对被许可人合法权益造成损失的，应当依法给予补偿。由于规划部门修改规划行为基于政府的批准行为，继而发生自然资源部门收回土地行为、不动产登记部门注销土地使用证行为等前后关联的多个行政行为，行政相对人请求补偿时，不得不提起多个诉讼，既增加当事人讼累、耗费司法资源，前后分别审理也不利于综合审查各行政行为，难免影响行政争议实质、及时化解。同时，有的行政相对人滥用行政诉权，须有效应对、加强治理。比如，2017年至2022年，某公司以市住房公积金管理中心为被告共计提起行政诉讼1804件，案件进入二审后又多撤回上诉，意在通过诉讼程序延缓批量补缴欠费造成的资金压力。

三、推动行政审判工作高质量发展的措施和建议

党的二十届三中全会对进一步全面深化改革、推进中国式现代化作出重大部署，要求健全公正执法司法体制机制，深化行政案件级别管辖、集中管辖、异地管辖改革。新征程上，人民法院要坚持以习近平新时代中国特色社会主义思想为指导，全面贯彻落实党的二十大和二十届二中、三中全会精神，深入贯彻习近平法治思想，坚定拥护“两个确立”，坚决做到“两个维护”，忠实履职尽责，严格公正司法，突出问题导向、目标导向、效果导向，以钉钉子精神抓好改革落实，奋力推动行政审判工作高质量发展，为推进中国式现代化提供有力司法保障。

一是坚持党对司法工作的绝对领导。坚持不懈用习近平新时代中国特色社会主义思想凝心铸魂，扎实开展习近平法治思想集中轮训，把习近平法治思想作为“纲”和“魂”自觉融入审判工作全过程各方面，始终确保行政审判工作正确政治方向。最高人民法院党组坚持每年向党中央报告行政审判工作情况，地方各级人民法院要定期向地方党委报告、向政府通报辖区行政审判工作情况，紧紧依靠党的领导，积极争取政府支持，推动解决行政审判所涉复杂的矛盾问题，切实把党的领导的最大政治优势、中国特色社会主义制度优势转化为治理效能。牢固树立宗旨意识，坚持从政治上看、从法治上办，坚持“如我在诉”，依法公正高效审理各类行政案件，努力实现案结事了政通人和，促进厚植党的执政根基。深入践行全过程人民民主，更加积极主动接受人大监督，认真落实监督意见，不断提升行政审判质效和司法公信力。

二是更好服务经济社会高质量发展。牢记“国之大者”，紧紧围绕党的二十届三中全会部署的各项改革任务，加强司法政策与宏观政策取向一致性评估，提升行政案件审理质效，不断强化司法服务保障。加强行政协议案件审理，依法平等保护各种所有制经济产权和合法权益，监督和支持建设诚信政府、诚信社会。加强跨行政区域行政案件审理，依法纠正行政机关利用行政权排除、限制市场竞争的行为，更好服务保障构建全国统一大市场。落实加强产权司法保护要求，依法监督、纠正违法利用行政手段干预经济纠纷问题，加强对查封、扣押、冻结等行政强制措施和行政强制执行的司法监督。依法支持保障数字政府建设，稳慎审

理涉政府数字化履职行政案件，促进发挥数字政府建设对数字经济发展的引领驱动作用。妥善审理涉金融行政案件，支持监管机关依法将所有金融活动纳入监管，助力防风险、强监管。妥善审理涉土地行政案件，在确保被征地农民获得公平、合理补偿的基础上，依法优先保障主导产业、重大项目合理用地。落实就业优先政策，妥善审理涉劳动和社会保障类行政案件，依法服务保障发展新就业形态。

三是进一步加强行政争议实质化解。推动行政审判与行政复议、行政检察、行政争议诉前调解、信访工作法治化等各项工作有机衔接。严格贯彻落实立案登记制，推动加强行政诉讼法律援助工作。强化法官对原告起诉的释明引导责任，普遍开展以“庭审前见一面”为抓手的庭前会议制度，积极引导原告依法变更诉讼请求、变更或者追加被告，多措并举增强行政审判化解争议的实效性。注重结合具体案情，积极查明关键争议事实，强化依职权调查取证，为依法公正裁判、实质化解争议奠定事实基础。完善符合行政裁决特点的司法审查机制与标准，支持行政机关居中对与行政管理活动密切相关的民事纠纷进行裁处，更好发挥行政裁决效率高、成本低、专业性强、程序简便优势，实质、及时化解争议。加大行政案件调解工作力度，鼓励行政机关先行化解、自行纠正，支持退休法官参与调解工作，坚持能调尽调、当判则判。强化裁判文书说理和判后释法明理，提升裁判结果可预期性和公信力。优化审判质量管理指标体系，把符合行政审判规律的审判管理落到实处，压实司法责任，做深做实将审判工作重心从“案件结没结”转向“争议解没解”。探索推动行政诉讼由“一行为一案”向“一争议一案”优化，完善涉被告、管辖、裁判方式等法律制度，促进更好实现“解决行政争议”的立法目的。积极融入党委领导、政府主导、各方参与的行政争议化解工作格局，推动实现各类解纷资源有效整合、顺畅衔接、充分运用。

四是以严格公正司法做实监督、支持。加强对多发类案的审理，建立健全对行政机关败诉案件、生效裁判履行情况的分析通报机制，及时向党委报告，向行政机关通报典型案例，加强工作衔接，促进提升行政执法水平。进一步促进提高行政机关负责人出庭应诉率，推动行政机关负责人“出庭出声”，更好发挥出庭应诉制度效能。加快制定国有土地上房屋征收与补偿、行政诉讼一并审查规范性文件、民事争议一并审理等司法解释、司法政策，统一类案裁判标准。依法审查行政机关的非诉执行申请，加强行政非诉执行案件调解，扎实推进行政决定审查裁定与组织实施的分离。及时发现总结多发类案背后存在的倾向性、普遍性问题，依托“3 + N”工作机制，持续开展行政争议源头预防和多元化解。探索建立行政诉讼滥诉的识别、规制机制，维护良好执法司法秩序，为推进完善相关立法积累实践经验。

五是进一步加强行政审判队伍建设。针对性加强教育培训工作，与行政机关、检察机关等开展联合培训，共同提升实质化解争议、推进矛盾纠纷源头预防和治理能力。落实省以下人民法院内设机构改革要求，强化行政审判组织保障。坚持严管就是厚爱，扎实推进党风廉政建设和反腐败斗争各项工作，巩固深化党纪学习教育成果，严格执行各项铁规禁令，不断提高拒腐防变能力。

委员长、各位副委员长、秘书长、各位委员，列席会议的各位代表，推进行政审判工作高质量发展，离不开全国人大及其常委会的有力监督和关心支持。借此机会，谨提以下几项工作建议：一是深化落实行政案件管辖制度改革，充分发挥中级法院审理重大、复杂案件职能，更好发挥部分基层法院集中管辖简单行政案件职能，完善向上提级管辖与向下移送管辖相结合的管辖格局，进一步实现保障法院公正高效裁判、方便当事人诉讼、监督行政机关依法行政的目的。二是完善诉前调解程序规定，适度扩大行政诉讼案件调解范围，做实依法能调尽调，更好发挥调解制度化解行政争议的作用。三是适时修改行政诉讼法，推动和支持深化行政复议与行政诉讼衔接机制建设，促进更好发挥行政复议化解行政争议的主渠道作用。支持构建与行政争议性质、特点等相适应的行政争议多元解纷机制，引导当事人选择恰当的救济方式，规范行使诉讼权利。

全国人大常委会专门听取和审议人民法院关于行政审判工作情况的报告，充分体现了对全面推进依法治国、加强法治政府建设的高度重视和对人民法院工作的有力支持，全国法院和广大干警深受鼓舞。最高人民法院将带领全国法院，在以习近平同志为核心的党中央坚强领导下，在全国人大及其常委会有力监督下，坚决执行全国人大及其常委会决定、决议，认真落实本次会议审议意见，全力推进行政审判工作高质量发展，努力以审判工作现代化支撑和服务中国式现代化。

任 免 事 项

全国人民代表大会常务委员会
最高人民法院审判人员任免名单

（2023 年 12 月 29 日第十四届全国人民代表大会常务委员会第七次会议通过）

一、免去高憬宏的最高人民法院副院长、审判委员会委员、审判员职务。

二、任命钱晓晨、马岩为最高人民法院审判委员会委员。

三、任命杨占富为最高人民法院刑事审判第一庭副庭长，免去其刑事审判第五庭副庭长、第五巡回法庭副庭长职务。

四、任命蔡金芳（女）为最高人民法院民事审判第一庭副庭长，免去其刑事审判第一庭副庭长、第一巡回法庭副庭长职务。

五、任命祝二军为最高人民法院第一巡回法庭副庭长，免去其刑事审判第三庭副庭长职务。

六、任命杜国强为最高人民法院第四巡回法庭副庭长，免去其刑事审判第一庭副庭长职务。

七、任命逄锦温为最高人民法院第五巡回法庭副庭长，免去其刑事审判第二庭副庭长职务。

八、任命李静然（女）为最高人民法院刑事审判第一庭副庭长。

九、任命何东青（女）为最高人民法院刑事审判第二庭副庭长。

十、任命董保军、司明灯为最高人民法院刑事审判第四庭副庭长。

十一、任命李晓光为最高人民法院刑事审判第五庭副庭长。

十二、任命麻锦亮为最高人民法院民事审判第二庭副庭长。

十三、任命王海峰为最高人民法院民事审判第四庭副庭长。

十四、任命刘少阳为最高人民法院第六巡回法庭副庭长。

十五、任命杜微科为最高人民法院知识产权法庭副庭长。

十六、免去邹雷的最高人民法院刑事审判第一庭副庭长职务。

十七、免去万永海的最高人民法院刑事审判第四庭副庭长职务。

十八、免去方文军的最高人民法院刑事审判第五庭副庭长职务。

十九、免去付金联（女）的最高人民法院民事审判第二庭副庭长职务。

二十、免去张树明的最高人民法院民事审判第四庭副庭长职务。

二十一、免去李明义的最高人民法院环境资源审判庭副庭长职务。

二十二、免去罗智勇的最高人民法院审判监督庭副庭长职务。

二十三、任命曹慧敏（女）、徐友仁、贾娟（女）、杨新、李光乾为最高人民法院审判员。

二十四、免去华伟、孔祥华、柯胥宁、刘颖（女）的最高人民法院审判员职务。

全国人民代表大会常务委员会
最高人民法院审判人员任免名单

（2024年4月26日第十四届全国人民代表大会常务委员会第九次会议通过）

一、免去林广海的最高人民法院民事审判第三庭庭长、审判员职务。

二、任命朱丽蕴（女）、纪红玲（女）、黄河、李贝、孙聂娟（女）、黄自耀、黄安、谭建军、李晓辉、张海啸、王松山、马生安、张震、张辅伦、李坤宾、蒋明军、张锡红（女）、吴峰、米于、张振、禹海波为最高人民法院审判员。

三、免去赵晋山、邹雷、万永海、付金联（女）、张树明、郑鹏、王秋玲（女）、陈文全、孙文波、梁晓征（女）、刘清启的最高人民法院审判员职务。

全国人民代表大会常务委员会
最高人民法院审判人员任免名单

（2024年6月28日第十四届全国人民代表大会常务委员会第十次会议通过）

一、任命茅仲华为最高人民法院副院长、审判委员会委员、审判员。

二、任命高晓力（女）、耿宝建为最高人民法院审判委员会委员。

三、免去边永民（女）的最高人民法院民事审判第三庭副庭长、审判员职务。

四、任命何帆、邵长茂、喻海松、韩伟、马渊杰、张宇、刘哲、沈小平、王炜、姚宝华、陈龙业、石磊、高榉、朱世亮、李晨（女）、张倞（女）、刘姣（女）、饶晓燕（女）、魏欣（女）、尹慧慧（女）、赵瑞强、叶海情、尉增辉、李健、杨声淦、吴志梅（女）、李斌防、张彩霞（女）、程占维、刘娜（女）、马小红、赵欣为最高人民法院审判员。

五、免去储荣魁、刘飞、赵嘉琴（女）、徐春鹏、吴红权、刘鹏、万琦、陈颖（女）、颜峰的最高人民法院审判员职务。

最高人民法院
关于茅仲华为中华人民共和国大法官的公告

法〔2024〕137号

根据《中华人民共和国法官法》等有关规定，茅仲华为中华人民共和国二级大法官。

中华人民共和国最高人民法院院长
中华人民共和国首席大法官　张　军

2024年7月3日

全国人民代表大会常务委员会
最高人民法院审判人员任免名单

（2024年9月13日第十四届全国人民代表大会常务委员会第十一次会议通过）

一、任命李剑为最高人民法院民事审判第三庭庭长，免去其民事审判第三庭副庭长职务。

二、任命刘为波为最高人民法院刑事审判第五庭副庭长。

三、任命郎贵梅（女）为最高人民法院民事审判第三庭副庭长。

四、免去于厚森的最高人民法院第三巡回法庭副庭长职务。

五、任命楼缙东、杜国顺、吕媛（女）、秦保军为最高人民法院审判员。

六、免去于明、陈现杰、李明义、周觅（女）的最高人民法院审判员职务。

全国人民代表大会常务委员会
最高人民法院审判人员任免名单

（2024年11月8日第十四届全国人民代表大会常务委员会第十二次会议通过）

一、免去杨万明的最高人民法院副院长、审判委员会委员、第一巡回法庭庭长、审判员职务。

二、任命张俊文为最高人民法院第二巡回法庭副庭长、审判员。

三、任命付向波为最高人民法院第三巡回法庭副庭长，免去其第五巡回法庭副庭长职务。

四、任命牛克乾为最高人民法院刑事审判第二庭副庭长、审判员。

五、任命齐素（女）为最高人民法院刑事审判第三庭副庭长，免去其第三巡回法庭副庭长职务。

六、任命陈学勇为最高人民法院第二巡回法庭副庭长，免去其刑事审判第三庭副庭长职务。

七、免去胡仕浩的最高人民法院审判监督庭庭长、审判员职务。

八、免去安翱的最高人民法院第二巡回法庭副庭长、审判员职务。

九、免去刘小飞（女）的最高人民法院第二巡回法庭副庭长职务。

十、免去丁广宇的最高人民法院民事审判第三庭副庭长、审判员职务。

十一、免去林玉环（女）的最高人民法院审判员职务。

司 法 文 件

综　　合

最高人民法院
印发《最高人民法院关于人民法院司法改革事项报批实施工作的规定》的通知

法发〔2023〕10号

各省、自治区、直辖市高级人民法院，解放军军事法院，新疆维吾尔自治区高级人民法院生产建设兵团分院；本院各单位，驻院纪检监察组：

现将《最高人民法院关于人民法院司法改革事项报批实施工作的规定》印发给你们，请结合实际认真贯彻执行。执行过程中遇有问题，请及时报告最高人民法院。

2023年6月8日

最高人民法院
关于人民法院司法改革事项报批实施工作的规定

为深入贯彻党的二十大精神，全面贯彻习近平法治思想，抓好中央部署的各项司法改革任务落地落实，确保人民法院司法改革方向正确、于法有据、稳妥有序，现就人民法院司法改革事项报批实施工作规定如下。

一、人民法院推进司法改革，应当坚持以习近平法治思想为指引，在摸清情况、找准问题基础上，充分听取各有关方面意见建议，深入开展调查研究，加强必要性、可行性研究，做深做优改革效果预判、影响评估和报批实施，同步健全配套机制，优化研究室职责，确保人民法院司法改革工作始终坚持党的集中统一领导、始终坚持以人民为中心、始终坚持问题导向、始终坚持体现系统观念和科学方法、始终坚持以钉钉子精神抓好落实、始终坚持把全面从严管党治院要求贯穿改革全过程各环节。

二、地方各级人民法院和专门人民法院拟推进的司法改革事项，存在下列情形之一的，应当层报最高人民法院审核批准后实施：

（一）遇到新情况新问题，且法律、法规、司法解释未规定或者规定不明确，需要先行先试的；

（二）创新举措可能与现行规定相冲突，需经授权后实施的；

（三）涉及诉讼机制或者司法政策调整的；

（四）涉及人民法院工作职能、机构编制、队伍建设、职业保障政策重大调整的；

（五）涉及与其他国家机关之间权责划分的；

（六）其他可能产生重大社会影响的。

按照地方整体改革部署，由人民法院承担的改革任务属于上述情形之一的，相关人民法院应当层报最高人民法院审核批准后实施。

前述事项中，涉及重大体制性、政策性、争议性问题的，按照有关规定报最高人民法院党组讨论决定，或者向党中央、中央政法委请示。

三、属于本规定的报批事项，相关人民法院应当形成书面请示层报最高人民法院。报送请示应当一文一事，不得在非请示性公文中夹带请示事项。

书面请示应当载明相关改革事项的主要内容、预期目标，以及需要最高人民法院、上级人民法院或者其他国家机关给予的政策支持和配套举措，并附可行性研究报告、初步改革方案和相关规范性文件等材料。可行性研究报告应当包括下列内容：

（一）相关改革事项提出的基本背景、政策依据、法律依据和适用范围；

（二）相关改革事项的必要性论证和征求意见情况；

（三）推进改革的有利条件、不利因素和风险评估；

（四）地方党政机关、相关政法单位的意见建议；

（五）其他需要说明的重要问题。

高级、中级人民法院应当认真研究辖区人民法院报送的司法改革事项，并提出初步处理建议，不得仅将原文转请示上一级人民法院。

四、各高级人民法院报送的司法改革事项请示，由最高人民法院研究室统一接收、登记、审核、审批和反馈。经审核认为不属于报批事项的，由研究室负责人报分管院领导审批后，于十五日内退回并说明理由；属于报批事项的，根据最高人民法院内部职能分工确定审核部门，由研究室分管院领导审批后分送相关部门审核。

五、审核部门应当重点审核以下内容：

（一）是否符合中央改革精神；

（二）是否符合宪法、法律、法规和司法解释规定；

（三）是否属于应当向党中央、中央政法委请示的事项；

（四）是否涉及与其他中央国家机关沟通协调的事项；

（五）是否需要全国人大常委会授权调整适用相关法律；

（六）是否坚持问题导向，有利于解决人民群众急难愁盼或者制约审判工作现代化的实际问题；

（七）是否科学、必要、可行、妥当；

（八）可能产生的效果、风险及其应对措施；

（九）其他应当审核的内容。

六、审核部门应当自收到相关材料后三十日内提出书面审核意见。涉及其他中央国家机关或者院内多个部门的，可以先向有关部门征求意见。书面审核意见应当经分管院领导审批后送研究室。

七、审核部门区分不同情形，在书面审核意见中提出处理建议：

（一）内容符合本规定要求的，同意推进相关司法改革事项；

（二）符合本规定要求但对内容有修改意见的，提出具体修改意见及理由，必要时可以要求补充相关材料；

（三）推进相关司法改革事项的依据不充分、条件不成熟、超越司法职能、存在重大风险，或者属于最高人民法院专属改革权限的，退回并说明理由。

司法改革事项所涉院内部门之间存在重大分歧的，由审核部门分管院领导牵头组织协调，必要时建议提交院党组讨论决定。

八、研究室对审核意见进行复核，草拟正式复函。需要提交最高人民法院党组讨论决定或者请示党中央、中央政法委的，根据党组决定或者党中央、中央政法委批复草拟正式复函。复函经院长审签后由办公厅以“法办函”反馈相关高级人民法院，高级人民法院应当及时转送相关人民法院。

经最高人民法院审核批准的改革事项，相关高级人民法院应当于改革启动后三十日内将正式改革方案、启动情况、相关规范性文件送最高人民法院研究室备案，并每半年报送一次改革推进情况。

九、人民法院司法改革事项需要调整适用现行法律的，应当经党中央批准、全国人大常委会授权后，由最高人民法院组织开展试点。

经最高人民法院审核批准的司法改革试点项目期限一般为一年，原则上不超过两年。最高人民法院研究室建立司法改革试点台账，每半年汇总、清理一次。司法改革试点台账实行挂账管理、定期清理、到点验收，由审核部门会同研究室负责指导、验收工作。对试点期间中央已推出相关司法改革举措，或者已经制定或者修改相关法律的试点，以通知形式宣布结束；对进展缓慢、组织不力、违法违规的试点，及时预警、督促整改，必要时提前停止、依纪问责；对需要整合的试点，及时宣布合并；对已经到期的试点，及时总结销号。

十、经最高人民法院审核批准的司法改革事项，由审核部门会同相关高级人民法院开展业务指导、中期评估、总结验收和复制推广工作。对实践证明行之有效、可复制推广的，及时研究论证，制定推广方案；对落地不实或者针对性、操作性不强的，及时挂账整改；对实际检验效果不佳的，及时调整方案或者要求停止。

十一、最高人民法院通过调研、督察、通报等多种形式，加强对司法改革事项报批工作的监督指导。对于存在下列情形之一并造成严重后果的，依法依规追究相关人民法院领导干部及工作人员的责任：

（一）违反本规定，对司法改革事项应当请示不请示、应当报告不报告的；

（二）擅自推出应当由最高人民法院审核批准的司法改革措施的；

（三）缺乏责任担当，推诿塞责、上交矛盾、消极作为的；

（四）搞形式主义、官僚主义，请示报告内容不实、信息不准的。

十二、党和国家有关规划、计划、要点等部署最高人民法院牵头办理的司法改革事项，经书面请示中央政法委研究同意后，按程序报请党中央、中央全面深化改革委员会、中央全面依法治国委员会审批审议或者提交全国人大常委会。

最高人民法院出台的司法改革整体规划，按程序报中央政法委同意；涉及政法领域重大体制、重大政策调整的司法改革事项，按程序报党中央同意后推进实施。

十三、本规定印发后，地方各级人民法院和专门人民法院正在推进的司法改革事项应当按照本规定层报最高人民法院审核，但此前已书面请示最高人民法院并获批准的除外。

十四、本规定自印发之日起施行。

最高人民法院
印发《关于加强和规范案件提级管辖和再审提审工作的指导意见》的通知

法发〔2023〕13号

各省、自治区、直辖市高级人民法院，解放军军事法院，新疆维吾尔自治区高级人民法院生产建设兵团分院：

现将《关于加强和规范案件提级管辖和再审提审工作的指导意见》予以印发，请结合实际认真贯彻执行。执行中遇有问题，请及时报告最高人民法院。

2023年7月28日

关于加强和规范案件提级管辖和再审提审工作的指导意见

为加强人民法院审级监督体系建设，做深做实新时代能动司法，推动以审判工作现代化服务保障中国式现代化，现根据相关法律和司法解释的规定，结合审判工作实际，就加强和规范人民法院案件提级管辖、再审提审工作，制定本意见。

一、一般规定

第一条 健全完善案件提级管辖、再审提审工作机制，是完善四级法院审级职能定位改革的重要内容，有利于促进诉源治理、统一法律适用、维护群众权益。各级人民法院应当通过积极、规范、合理适用提级管辖，推动将具有指导意义、涉及重大利益、可能受到干预的案件交由较高层级人民法院审理，发挥典型案件裁判的示范引领作用，实现政治效果、社会效果、法律效果的有机统一。中级以上人民法院应当加大再审提审适用力度，精准履行审级监督和再审纠错职能。最高人民法院聚焦提审具有普遍法律适用指导意义、存在重大法律适用分歧的典型案件，充分发挥最高审判机关监督指导全国审判工作、确保法律正确统一适用的职能。

第二条 本意见所称“提级管辖”，是指根据《中华人民共和国刑事诉讼法》第二十四条、《中华人民共和国民事诉讼法》第三十九条、《中华人民共和国行政诉讼法》第二十四条的规定，下级人民法院将所管辖的第一审案件转移至上级人民法院审理，包括上级人民法院依下级人民法院报请提级管辖、上级人民法院依职权提级管辖。

第三条 本意见所称“再审提审”，是指根据《中华人民共和国民事诉讼法》第二百零五条第二款、第二百一十一条第二款，《中华人民共和国行政诉讼法》第九十一条、第九十二条第二款的规定，上级人民法院对下级人民法院已经发生法律效力的民事、行政判决、裁定，认为确有错误并有必要提审的，裁定由本院再审，包括上级人民法院依职权提审、上级人民法院依当事人再审申请提审、最高人民法院依高级人民法院报请提审。

二、完善提级管辖机制

第四条 下级人民法院对已经受理的第一审刑事、民事、行政案件，认为属于下列情形之一，不宜由本院审理的，应当报请上一级人民法院审理：

（一）涉及重大国家利益、社会公共利益的；

（二）在辖区内属于新类型，且案情疑难复杂的；

（三）具有诉源治理效应，有助于形成示范性裁判，推动同类纠纷统一、高效、妥善化解的；

（四）具有法律适用指导意义的；

（五）上一级人民法院或者其辖区内人民法院之间近三年裁判生效的同类案件存在重大法律适用分歧的；

（六）由上一级人民法院一审更有利于公正审理的。

上级人民法院对辖区内人民法院已经受理的第一审刑事、民事、行政案件，认为属于上述情形之一，有必要由本院审理的，可以决定提级管辖。

第五条 “在辖区内属于新类型，且案情疑难复杂的”案件，主要指案件所涉领域、法律关系、规制范围等在辖区内具有首案效应或者相对少见，在法律适用上存在难点和争议。

“具有诉源治理效应，有助于形成示范性裁判，推动同类纠纷统一、高效、妥善化解的”

案件，是指案件具有示范引领价值，通过确立典型案件的裁判规则，能够对处理类似纠纷形成规范指引，引导当事人作出理性选择，促进批量纠纷系统化解，实现纠纷源头治理。

“具有法律适用指导意义的”案件，是指法律、法规、司法解释、司法指导性文件等没有明确规定，需要通过典型案件裁判进一步明确法律适用；司法解释、司法指导性文件、指导性案例发布时所依据的客观情况发生重大变化，继续适用有关规则审理明显有违公平正义。

“由上一级人民法院一审更有利于公正审理的”案件，是指案件因所涉领域、主体、利益等因素，可能受地方因素影响或者外部干预，下级人民法院不宜行使管辖权。

第六条 下级人民法院报请上一级人民法院提级管辖的案件，应当经本院院长或者分管院领导批准，以书面形式请示。请示应当包含案件基本情况、报请提级管辖的事实和理由等内容，并附必要的案件材料。

第七条 民事、行政第一审案件报请提级管辖的，应当在当事人答辩期届满后，至迟于案件法定审理期限届满三十日前向上一级人民法院报请。

刑事第一审案件报请提级管辖的，应当至迟于案件法定审理期限届满十五日前向上一级人民法院报请。

第八条 上一级人民法院收到案件报请提级管辖的请示和材料后，由立案庭编立“辖”字号，转相关审判庭组成合议庭审查。上一级人民法院应当在编立案号之日起三十日内完成审查，但法律和司法解释对审查时限另有规定的除外。

合议庭经审查并报本院院长或者分管院领导批准后，根据本意见所附诉讼文书样式，作出同意或者不同意提级管辖的法律文书。相关法律文书一经作出即生效。

第九条 上级人民法院根据本意见第二十一条规定的渠道，发现下级人民法院受理的第一审案件可能需要提级管辖的，可以及时与相关人民法院沟通，并书面通知提供必要的案件材料。

上级人民法院认为案件应当提级管辖的，经本院院长或者分管院领导批准后，根据本意见所附诉讼文书样式，作出提级管辖的法律文书。

第十条 上级人民法院作出的提级管辖法律文书，应当载明以下内容：

（一）案件基本信息；

（二）本院决定提级管辖的理由和分析意见。

上级人民法院不同意提级管辖的，应当在相关法律文书中载明理由和分析意见。

第十一条 上级人民法院决定提级管辖的，应当在作出法律文书后五日内，将法律文书送原受诉人民法院。原受诉人民法院收到提级管辖的法律文书后，应当在五日内送达当事人，并在十日内将案卷材料移送上级人民法院。上级人民法院应当在收到案卷材料后五日内立案。对检察机关提起公诉的案件，上级人民法院决定提级管辖的，应当书面通知同级人民检察院，原受诉人民法院应当将案卷材料退回同级人民检察院，并书面通知当事人。

上级人民法院决定不予提级管辖的，应当在作出法律文书后五日内，将法律文书送原受诉人民法院并退回相关案卷材料。案件由原受诉人民法院继续审理。

第十二条 上级人民法院决定提级管辖的案件，应当依法组成合议庭适用第一审普通程序审理。

原受诉人民法院已经依法完成的送达、保全、鉴定等程序性工作，上级人民法院可以不再重复开展。

第十三条 中级人民法院、高级人民法院决定提级管辖的案件，应当报上一级人民法院立案庭备案。

第十四条 按照本意见提级管辖的案件，审理期限自上级人民法院立案之日起重新计算。

下级人民法院向上级人民法院报送提级管辖请示的期间和上级人民法院审查处理期间，均不计入案件审理期限。

对依报请不同意提级管辖的案件，自原受诉人民法院收到相关法律文书之日起恢复案件审限计算。

三、规范民事、行政再审提审机制

第十五条 上级人民法院对下级人民法院已经发生法律效力的民事、行政判决、裁定，认为符合再审条件的，一般应当提审。

对于符合再审条件的民事、行政判决、裁定，存在下列情形之一的，最高人民法院、高级人民法院可以指令原审人民法院再审，或者指定与原审人民法院同级的其他人民法院再审，但法律和司法解释另有规定的除外：

（一）原判决、裁定认定事实的主要证据未经质证的；

（二）对审理案件需要的主要证据，当事人因客观原因不能自行收集，书面申请人民法院调查收集，人民法院未调查收集的；

（三）违反法律规定，剥夺当事人辩论权利的；

（四）发生法律效力的判决、裁定是由第一审法院作出的；

（五）当事人一方人数众多或者当事人双方均为公民的民事案件；

（六）经审判委员会讨论决定的其他情形。

第十六条 最高人民法院依法受理的民事、行政申请再审审查案件，除法律和司法解释规定应当提审的情形外，符合下列情形之一的，也应当裁定提审：

（一）在全国有重大影响的；

（二）具有普遍法律适用指导意义的；

（三）所涉法律适用问题在最高人民法院内部存在重大分歧的；

（四）所涉法律适用问题在不同高级人民法院之间裁判生效的同类案件存在重大分歧的；

（五）由最高人民法院提审更有利于案件公正审理的；

（六）最高人民法院认为应当提审的其他情形。

最高人民法院依职权主动发现地方各级人民法院已经发生法律效力的民事、行政判决、裁定确有错误，并且符合前款规定的，应当提审。

第十七条 高级人民法院对于本院和辖区内人民法院作出的已经发生法律效力的民事、行政判决、裁定，认为适用法律确有错误，且属于本意见第十六条第一款第一项至第五项所列情形之一的，经本院审判委员会讨论决定后，可以报请最高人民法院提审。

第十八条 高级人民法院报请最高人民法院再审提审的案件，应当向最高人民法院提交书面请示，请示应当包括以下内容：

（一）案件基本情况；

（二）本院再审申请审查情况；

（三）报请再审提审的理由；

（四）合议庭评议意见、审判委员会讨论意见；

（五）必要的案件材料。

第十九条　最高人民法院收到高级人民法院报送的再审提审请示及材料后，由立案庭编立“监”字号，转相关审判庭组成合议庭审查，并在三个月以内作出下述处理：

（一）符合提审条件的，作出提审裁定；

（二）不符合提审条件的，作出不同意提审的批复。

最高人民法院不同意提审的，应当在批复中说明意见和理由。

第二十条　案件报请最高人民法院再审提审的期间和最高人民法院审查处理期间，不计入申请再审审查案件办理期限。

对不同意再审提审的案件，自高级人民法院收到批复之日起，恢复申请再审审查案件的办理期限计算。

四、完善提级管辖、再审提审的保障机制

第二十一条　上级人民法院应当健全完善特殊类型案件的发现、监测、甄别机制，注重通过以下渠道，主动启动提级管辖或者再审提审程序：

（一）办理下级人民法院关于法律适用问题的请示；

（二）开展审务督察、司法巡查、案件评查；

（三）办理检察监督意见；

（四）办理人大代表、政协委员关注的事项或者问题；

（五）办理涉及具体案件的群众来信来访；

（六）处理当事人提出的提级管辖或者再审提审请求；

（七）开展案件舆情监测；

（八）办理有关国家机关、社会团体等移送的其他事项。

第二十二条　对于提级管辖、再审提审案件，相关人民法院应当加大监督管理力度，配套完善激励、考核机制，把提级管辖、再审提审案件的规则示范意义、对下指导效果、诉源治理成效、成果转化情况、社会各界反映等作为重要评价内容。

第二十三条　最高人民法院各审判庭应当强化对下监督指导，统筹做好本审判条线相关案件的提级管辖、再审提审工作，全面掌握案件情况，及时办理请示事项。各高级人民法院应当定期向最高人民法院报送提级管辖案件情况，加强辖区内人民法院各审判业务条线的沟通交流、问题反馈和业务指导，结合辖区审判工作实际，细化明确提级管辖、再审提审案件的范围、情形和程序。

第二十四条　最高人民法院、高级人民法院应当健全完善提级管辖、再审提审案件的裁判规则转化机制，将提级管辖案件的裁判统一纳入人民法院案例库，积极将具有法律适用指导意义的提级管辖、再审提审案件作为指导性案例、参考性案例培育，推动将具有规则确立

意义、示范引领作用的裁判转化为司法解释、司法指导性文件、司法建议、调解指引等。加大对提级管辖、再审提审案件的宣传力度，将宣传重点聚焦到增强人民群众获得感、促进提升司法公信力、有力破除“诉讼主客场”现象上来，积极通过庭审公开、文书说理、案例发布、新闻报道、座谈交流等方式，充分展示相关审判工作成效，促进公众和社会法治意识的养成，为有序推进相关工作营造良好氛围。

五、附则

第二十五条 本意见由最高人民法院解释。各高级人民法院可以根据相关法律、司法解释和本意见，结合审判工作实际，制定或者修订本地区关于提级管辖、再审提审的实施细则，报最高人民法院备案。

第二十六条 本意见自2023年8月1日起施行。之前有关规定与本意见不一致的，按照本意见执行。

附件：1. 刑事请示（下级人民法院报请提级管辖用）
2. 民事请示（下级人民法院报请提级管辖用）
3. 行政请示（下级人民法院报请提级管辖用）
4. 刑事决定书（上级人民法院依报请同意提级管辖用）
5. 民事裁定书（上级人民法院依报请同意提级管辖用）
6. 行政决定书（上级人民法院依报请同意提级管辖用）
7. 刑事决定书（上级人民法院不同意提级管辖用）
8. 民事批复（上级人民法院不同意提级管辖用）
9. 行政决定书（上级人民法院不同意提级管辖用）
10. 刑事决定书（上级人民法院依职权提级管辖用）
11. 民事裁定书（上级人民法院依职权提级管辖用）
12. 行政裁定书（上级人民法院依职权提级管辖用）
13. 民事请示（高级人民法院将依申请再审的案件报请最高人民法院再审提审用）
14. 民事请示（高级人民法院将依职权再审的案件报请最高人民法院再审提审用）
15. 行政请示（高级人民法院将依申请再审的案件报请最高人民法院再审提审用）
16. 行政请示（高级人民法院将依职权再审的案件报请最高人民法院再审提审用）
17. 民事裁定书（最高人民法院依高级人民法院报请同意提审该院依申请再审的案件用）
18. 民事裁定书（最高人民法院依高级人民法院报请同意提审该院依职权再审的案件用）
19. 行政裁定书（最高人民法院依高级人民法院报请同意提审该院依申请再审的案件用）
20. 行政裁定书（最高人民法院依高级人民法院报请同意提审该院依职权再审的案件用）
21. 民事批复（最高人民法院不同意高级人民法院报请再审提审用）

22. 行政批复（最高人民法院不同意高级人民法院报请再审提审用）

附件1

刑事请示（下级人民法院报请提级管辖用）

关于……（被告人姓名和案由）一案报请提级管辖的请示

（××××）……刑初……号

××××人民法院：

被告人……（写明其姓名和案由）一案，由××××人民检察院于××××年××月××日以××检××刑诉〔××××〕××号起诉书，向本院提起公诉（自诉案件改为“自诉人×××以被告人×××犯××罪一案，于××××年××月××日向本院提起控诉”）。

本院认为，……（写明报请提级管辖的事实和理由）。依照《中华人民共和国刑事诉讼法》第二十四条的规定，现报请你院提级管辖（××××）……刑初……号（写明被告人姓名和案由）一案。

以上请示，请复。

附件：案卷×宗

××××年××月××日
（院印）

附件2

民事请示（下级人民法院报请提级管辖用）

关于……（写明当事人及案由）一案报请提级管辖的请示

（××××）……民初……号

××××人民法院：

原告×××与被告×××……（写明案由）一案，本院于××××年××月××日立案。

（基本案情，写明原告诉称、被告辩称等案件基本情况、已经开展的工作、查明的事实等内容以及开庭次数、审理期限、有无延长审限等事项）

本院认为，……（写明报请提级管辖的事实和理由）。依照《中华人民共和国民事诉讼法》第三十九条第二款的规定，现报请你院提级管辖（××××）……民初……号（写明当事人及案由）一案。

以上请示，请复。

附件：案卷×宗

××××年××月××日
（院印）

附件3

行政请示（下级人民法院报请提级管辖用）

关于……（写明当事人及案由）一案报请提级管辖的请示

（××××）……行初……号

××××人民法院：

原告×××诉被告×××……（写明案由）一案，本院于××××年××月××日立案。

（基本案情，写明原告诉称、被告辩称等案件基本情况、已经开展的工作、查明的事实等内容，以及开庭次数、审理期限、有无延长审限等事项）

本院认为，……（写明报请提级管辖的事实和理由）。

依照《中华人民共和国行政诉讼法》第二十四条第二款的规定，现报请你院提级管辖（××××）……行初……号（写明当事人及案由）一案。

以上请示，请复。

附件：案卷×宗

××××年××月××日
（院印）

附件 4

刑事决定书（上级人民法院依报请同意提级管辖用）

××××人民法院
同意移送管辖决定书

（××××）……刑辖……号

××××人民法院：

你院××××年××月××日关于……（写明被告人和案由）一案请求移送本院审判的请示收到。

本院经审查认为，……（写明提级管辖的理由和分析意见）。

依照《中华人民共和国刑事诉讼法》第二十四条的规定，同意将该案移送本院审判。你院收到此决定书后，即办理有关移送事项，并书面通知提起公诉的××××人民检察院。

××××年××月××日
（院印）

抄送：××××人民检察院

附件 5

民事裁定书（上级人民法院依报请同意提级管辖用）

××××人民法院
民事裁定书

（××××）……民辖……号

原告：×××，……。

……

被告：×××，……。

……

（以上写明当事人和其他诉讼参加人的姓名或者名称等基本信息）

原告×××与被告×××（写明案由）一案，××××人民法院于××××年××月××日立案。

×××诉称，……（概述原告的诉讼请求、事实和理由）。

××××人民法院经审查认为，……（写明报请提级管辖的理由）。

本院认为，……（写明提级管辖的理由和分析意见）。

依照《中华人民共和国民事诉讼法》第三十九条的规定，裁定如下：

本案由本院审理。

本裁定一经作出即生效。

审 判 长 ×××

审 判 员 ×××

审 判 员 ×××

××××年××月××日

（院印）

法官助理 ×××

书 记 员 ×××

附件6

行政决定书（上级人民法院依报请同意提级管辖用）

××××人民法院
行政决定书

（××××）……行辖……号

××××人民法院：

你院××××年××月××日关于×××（写明起诉人或者原告）诉×××（写明行政主体或者被告）……（写明案由）一案报请提级管辖的请示收到。

本院经审查认为，……（写明提级管辖的理由和分析意见）。

依照《中华人民共和国行政诉讼法》第二十四条的规定，决定本案由本院审理。

××××年××月××日

（院印）

附件7

刑事决定书（上级人民法院不同意提级管辖用）

××××人民法院
不同意移送管辖决定书

（××××）……刑辖……号

××××人民法院：

你院××××年××月××日关于……（写明被告人和案由）一案请求移送本院审判的请示收悉。

本院经审查认为，……（不同意提级管辖的理由和分析意见）。

本院认为，该案不符合《中华人民共和国刑事诉讼法》第二十四条规定的移送条件，不应当移送本院审理，应由你院依法审判。

××××年××月××日
（院印）

附件8

民事批复（上级人民法院不同意提级管辖用）

关于对……（写明当事人及案由）
一案报请提级管辖的批复

（××××）……民辖……号

××××人民法院：

你院《关于……一案报请提级管辖的请示》收悉。我院经审查认为，……（不同意提级管辖的理由和分析意见）。现批复如下：

不同意……一案由本院提级管辖。

此复。

××××年××月××日
（院印）

附件9

行政决定书（上级人民法院不同意提级管辖用）

××××人民法院
行政决定书

（××××）……行辖……号

××××人民法院：

你院××××年××月××日关于×××（写明起诉人或者原告）诉×××（写明行政主体或者被告）……（写明案由）一案报请提级管辖的请示收悉。

本院经审查认为，……（不同意提级管辖的理由和分析意见）。

本院认为，该案不符合《中华人民共和国行政诉讼法》第二十四条规定的提级管辖条件，应由你院依法审判。

××××年××月××日
（院印）

附件10

刑事决定书（上级人民法院依职权提级管辖用）

××××人民法院
改变管辖决定书

（××××）……刑辖……号

××××人民法院：

关于……（写明控辩双方名称、姓名和案由）一案，本院认为，……（决定依职权提级管辖的理由和分析意见）。

依照《中华人民共和国刑事诉讼法》第二十四条的规定，决定由本院依照第一审程序审理此案。你院收到此决定书后，即书面通知提起公诉的××××人民检察院。

××××年××月××日
（院印）

抄送：××××人民检察院

附件 11

民事裁定书（上级人民法院依职权提级管辖用）

××××人民法院
民事裁定书

（××××）……民辖……号

原告：×××，……。

……

被告：×××，……。

……

（以上写明当事人和其他诉讼参加人的姓名或者名称等基本信息）

原告×××与被告×××（写明案由）一案，××××人民法院于××××年××月××日立案。

×××诉称，……（概述原告的诉讼请求、事实和理由）。

本院认为，……（写明提级管辖的理由和分析意见）。

依照《中华人民共和国民事诉讼法》第三十九条第一款的规定，裁定如下：

本案由本院审理。

本裁定一经作出即生效。

审 判 长 ×××
审 判 员 ×××
审 判 员 ×××

××××年××月××日
（院印）

法官助理 ×××
书 记 员 ×××

附件 12

行政裁定书（上级人民法院依职权提级管辖用）

××××人民法院
行政裁定书

（××××）……行辖……号

原告×××诉被告×××（写明案由）一案，××××人民法院于××××年××月××日已经立案。

本院认为，……（写明提级管辖的理由和分析意见）。依照《中华人民共和国行政诉讼法》第二十四条第一款的规定，裁定如下：

本案由本院审理。

本裁定一经作出即生效。

审 判 长×××
审 判 员×××
审 判 员×××

××××年××月××日
（院印）

法官助理 ×××
书 记 员 ×××

附件 13

民事请示（高级人民法院将依申请再审的案件报请最高人民法院再审提审用）

关于……（写明再审申请人及案由）一案报请再审提审的请示

（××××）……民申……号

最高人民法院：

再审申请人×××因与被申请人×××……（写明案由）一案，不服××××人民法院/本院（××××）……民×……号民事判决/民事裁定，向本院申请再审。本院依法组成合议庭进行了审查，并经审判委员会讨论，现已审查终结。

×××申请再审称，……（概述再审请求、事实和理由）。

本院经审查认为，……（写明本院再审申请审查情况）。×××的再审申请符合《中华人民共和国民事诉讼法》第二百零七条第×项规定的情形。同时，……（写明报请再审提审理由、合议庭评议意见、审判委员会讨论意见）。

依据《中华人民共和国民事诉讼法》第二百零五条第二款的规定，报请你院提审该案。

以上请示，请复。

附件：案卷×宗

××××年××月××日

（院印）

附件14

民事请示（高级人民法院将依职权再审的案件报请最高人民法院再审提审用）

关于……（写明当事人及案由）一案报请再审提审的请示

（××××）……民监……号

最高人民法院：

二审上诉人/原审原告×××与二审被上诉人/原审被告×××、原审第三人×××……（写明案由）一案，××××人民法院/本院于××××年××月××日作出（××××）……民×……号民事判决/民事裁定，已经发生法律效力。本院经审查认为，……（写明本院对案件的审查情况），该判决/裁定确有错误，应予再审，同时……（写明报请再审提审理由、合议庭评议意见、审判委员会讨论意见）。

依据《中华人民共和国民事诉讼法》第二百零五条第二款的规定，报请你院提审该案。

以上请示，请复。

附件：案卷×宗

××××年××月××日

（院印）

附件 15

行政请示（高级人民法院将依申请再审的案件报请最高人民法院再审提审用）

关于……（写明再审申请人及案由）
一案报请再审提审的请示

（××××）……行申……号

最高人民法院：

再审申请人×××因与被申请人×××……（写明案由）一案，不服××××人民法院/本院（××××）……行×……号行政判决/裁定，向本院申请再审。本院依法组成合议庭进行了审查，并经审判委员会讨论，现已审查终结。

×××申请再审称，……（概述再审请求、事实和理由）。

本院经审查认为，……（写明本院再审申请审查情况），×××的再审申请符合《中华人民共和国行政诉讼法》第九十一条第×项规定的情形。同时，……（写明报请再审提审理由、合议庭评议意见、审判委员会讨论意见）。

依照《中华人民共和国行政诉讼法》第九十二条的规定，现报请你院提审该案。

以上请示，请复。

附件：案卷×宗

××××年××月××日

（院印）

附件 16

行政请示（高级人民法院将依职权再审的案件报请最高人民法院再审提审用）

关于……（写明当事人及案由）
一案报请再审提审的请示

（××××）……行监……号

最高人民法院：

二审上诉人/原审原告×××与二审被上诉人/原审被告×××、原审第三人×××……（写明案由）一案，××××人民法院/本院于××××年××月××日作出（××××）……行

×……号行政判决/行政裁定，已经发生法律效力。本院经审查认为，……（写明本院对案件的审查情况），该判决/裁定确有错误，应予再审，同时，……（写明报请再审提审理由、合议庭评议意见、审判委员会讨论意见）。

依据《中华人民共和国行政诉讼法》第九十二条的规定，报请你院提审该案。

以上请示，请复。

附件：案卷×宗

××××年××月××日
（院印）

附件17

民事裁定书（最高人民法院依高级人民法院报请同意提审该院依申请再审的案件用）

中华人民共和国最高人民法院
民事裁定书

（××××）最高法民监……号

再审申请人（一、二审诉讼地位）：×××，……。

……

被申请人（一、二审诉讼地位）：×××，……。

……

二审上诉人/二审被上诉人/第三人（一审诉讼地位）：×××，……。

……

（以上写明当事人和其他诉讼参加人的姓名或者名称等基本信息）

再审申请人×××因与被申请人×××……（写明案由）一案，不服××××人民法院（××××）……民×……号民事判决/民事裁定，提起再审申请。

××××高级人民法院经审查认为，……（写明高级人民法院审查情况），×××的再审申请符合《中华人民共和国民事诉讼法》第二百零七条第×项的规定。同时，××××高级人民法院认为，……（写明报请再审提审的理由），向本院报请再审提审。本院依法组成合议庭进行了审查，现已审查终结。

本院认为，……（写明对高级人民法院报请再审提审的事实与理由的分析意见）。

依照《中华人民共和国民事诉讼法》第二百零五条第二款、第二百一十三条的规定，裁定如下：

一、本案由本院提审；

二、再审期间，中止原判决/裁定的执行。

本裁定一经作出即生效。

审　判　长×××
审　判　员×××
审　判　员×××

××××年××月××日
（院印）

法官助理　×××
书 记 员　×××

附件 18

民事裁定书（最高人民法院依高级人民法院报请同意提审该院依职权再审的案件用）

中华人民共和国最高人民法院
民事裁定书

（××××）最高法民监……号

二审上诉人（一审原告）/原审原告：×××，……。

……

二审被上诉人（一审被告）/原审被告：×××，……。

……

原审第三人：×××，……。

（以上写明当事人和其他诉讼参加人的姓名或者名称等基本信息）

二审上诉人/原审原告×××与二审被上诉人/原审被告×××、原审第三人×××……（写明案由）一案，××××人民法院于××××年××月××日作出（××××）……民×……号民事判决/民事裁定，已经发生法律效力，××××高级人民法院经审查认为，……（写明高级人民法院审查情况），该判决/裁定确有错误，应予再审。同时，××××高级人民法院认为，……（写明报请再审提审的理由），向本院报请再审提审。本院依法组成合议庭进行了审查，现已审查终结。

本院认为，……（写明对高级人民法院报请再审提审的事实与理由的分析意见）。

依照《中华人民共和国民事诉讼法》第二百零五条第二款、第二百一十三条的规定，裁定如下：

一、本案由本院提审；

二、再审期间，中止原判决/裁定的执行。

本裁定一经作出即生效。

审　判　长×××
审　判　员×××
审　判　员×××

××××年××月××日
（院印）

法官助理　×××
书　记　员　×××

附件19

行政裁定书（最高人民法院依高级人民法院报请同意提审该院依申请再审的案件用）

中华人民共和国最高人民法院
行政裁定书

（××××）最高法行监……号

再审申请人（一、二审诉讼地位）：×××，……。

……

被申请人（一、二审诉讼地位）：×××，……。

……

二审上诉人/二审被上诉人/第三人（一审诉讼地位）：×××，……。

……

（以上写明当事人和其他诉讼参加人的姓名或者名称等基本信息）

再审申请人×××因与被申请人×××……（写明案由）一案，不服××××人民法院（××××）……行×……号行政判决/行政裁定，提起再审申请。

××××高级人民法院经审查认为，……（写明高级人民法院审查情况），×××的再审申请符合《中华人民共和国行政诉讼法》第九十一条第×项的规定。同时，××××高级人民法院认为，……（写明报请再审提审的理由），向本院报请再审提审。本院依法组成合议庭进行了审查，现已审查终结。

本院认为，……（写明对高级人民法院报请提审的事实与理由的分析意见）。

依照《中华人民共和国行政诉讼法》第九十二条第二款的规定，裁定如下：

一、本案由本院提审；

二、再审期间，中止原判决/裁定的执行。

本裁定一经作出即生效。

审　判　长×××
审　判　员×××
审　判　员×××

××××年××月××日
（院印）

法官助理　×××
书 记 员　×××

附件20

行政裁定书（最高人民法院依高级人民法院报请同意提审该院依职权再审的案件用）

中华人民共和国最高人民法院
行政裁定书

（××××）最高法行监……号

二审上诉人（一审原告）/原审原告：×××，……。

……

二审被上诉人（一审被告）/原审被告：×××，……。

……

原审第三人：×××，……。

（以上写明当事人和其他诉讼参加人的姓名或者名称等基本信息）

二审上诉人/原审原告×××与二审被上诉人/原审被告×××、原审第三人×××……（写明案由）一案，××××人民法院于××××年××月××日作出（××××）……行×……号行政判决/行政裁定，已经发生法律效力，××××高级人民法院经审查认为，……（写明高级人民法院审查情况），该判决/裁定确有错误，应予再审。同时，××××高级人民法院认为，……（写明报请再审提审的理由），向本院报请再审提审。本院依法组成合议庭进行了审查，现已审查终结。

本院认为，……（写明对高级人民法院报请再审提审的事实与理由的分析意见）。

依照《中华人民共和国行政诉讼法》第九十二条第二款的规定，裁定如下：

一、本案由本院提审；

二、再审期间，中止原判决/裁定的执行。

本裁定一经作出即生效。

审　判　长×××
审　判　员×××
审　判　员×××

××××年××月××日
（院印）

法官助理　×××
书　记　员　×××

附件21

民事批复（最高人民法院不同意高级人民法院报请再审提审用）

关于对……（写明当事人及案由）一案报请再审提审的批复

（××××）最高法民监……号

××××高级人民法院：

你院《关于……一案报请再审提审的请示》收悉。我院经研究认为，……（不同意再审提审的理由和分析意见），现批复如下：

不同意……一案由我院提审。

此复。

××××年××月××日
（院印）

附件 22

行政批复（最高人民法院不同意高级人民法院报请再审提审用）

关于对……（写明当事人及案由）一案报请再审提审的批复

（××××）最高法行监……号

××××高级人民法院：

你院《关于……一案报请再审提审的请示》收悉。我院经研究认为，……（不同意再审提审的理由和分析意见），现批复如下：

不同意……一案由我院提审。

此复。

××××年××月××日

（院印）

最高人民法院关于为广州南沙深化面向世界的粤港澳全面合作提供司法服务和保障的意见

法发〔2023〕16 号

为深入贯彻落实党的二十大精神，全面贯彻落实党中央关于推进粤港澳大湾区建设的战略部署，准确实施国务院《广州南沙深化面向世界的粤港澳全面合作总体方案》，充分发挥司法服务保障职能，促进广州南沙在粤港澳大湾区建设中发挥引领带动作用，结合人民法院工作实际，制定以下意见。

一、总体要求

1. 指导思想。坚持以习近平新时代中国特色社会主义思想为指导，贯彻落实党的二十大精神，深入践行习近平法治思想，按照党中央决策部署，坚持能动司法，完善司法政策和配套举措，统筹推进粤港澳司法领域深度合作，打造高水平对外开放门户，支持广州南沙在深化面向世界的粤港澳全面合作中探索创新、树立标杆，为支持香港、澳门更好融入国家发展大局提供有力司法保障。

2. 主要目标。坚持和加强党对司法工作的绝对领导，坚定不移贯彻“一国两制”方针，提高诉源治理和实质性化解矛盾纠纷能力，推动人民法院主动融入国家治理、社会治理，为科技创新和产业发展提供司法服务保障。持续深化与港澳司法规则衔接机制对接，提升与港澳司法交流合作水平，不断增强人民法院工作在粤港澳大湾区建设中的法治示范作用，为广州南沙进一步完善国际一流的市场化法治化国际化营商环境提供有力司法服务和保障。

二、服务保障科技创新产业合作基地建设

3. 加强科技创新与现代化产业体系司法保护。支持广州南沙高质量建设南沙科学城、中国科学院明珠科学园等重大科技创新平台，服务保障我国南方海洋科技创新中心建设。加大以高新技术产业为主体的现代化产业体系司法保护，加强对关键核心技术和产业变革领域司法保护，支持完善电子工程、计算机科学、海洋科学、人工智能和智慧城市等领域的司法保护规则。支持相关科研设备进口，妥善处理因进口设备买卖、租赁、融资租赁、抵押等产生的纠纷，鼓励和规范设备有效利用流转。妥善处理科技金融产品和服务创新领域各类纠纷，依法保护相关主体合法权益。

4. 强化数字经济发展司法保障。支持广州南沙推进数字产业化和产业数字化，促进数字经济健康规范发展。加快推动完善数据产权司法保护制度，加强数据安全风险防控和个人信息安全保护。支持保障下一代互联网国家工程中心粤港澳大湾区创新中心、南沙（粤港澳）数据服务试验区建设，支持广州互联网法院深化互联网审判创新发展。

5. 加大知识产权司法保护力度。充分发挥知识产权审判对科技创新的激励和保障作用，加大对科技创新成果的知识产权保护力度，完善新技术新业态的知识产权司法保护规则。依法保护科技创新主体合法权益，支持开展赋予科研人员职务科技成果所有权或长期使用权试点。进一步探索明确知识产权侵权损害惩罚性赔偿适用标准，落实和完善以实现知识产权市场价值为指引，补偿为主、惩罚为辅的侵权损害赔偿制度。支持广州南沙建立健全知识产权行政执法与司法衔接机制，推动健全知识产权多元化纠纷解决机制，构建知识产权大保护工作格局。

6. 加强产权平等保护。坚持各类市场主体诉讼地位平等、法律适用平等、法律责任平等，依法平等保护各类市场主体合法权益，持续助力优化法治化营商环境。严格区分经济纠纷、行政违法与刑事犯罪，坚决防止将经济纠纷当作犯罪处理。严格规范涉案财产的处置，严格区分违法所得与合法财产、个人财产与企业财产、涉案人员个人财产和家庭成员财产，依法维护涉案企业、人员及其家庭成员的合法权益。完善涉企产权案件申诉、重审等机制，健全涉产权冤错案件有效防范纠正机制。

7. 打造国际知识产权争端解决优选地。依法公正审理涉外、涉港澳知识产权案件，加强涉外、涉港澳案例发布和规则研究，发挥指导性案例、典型案例示范指引作用。深化知识产权司法保护国际区际交流协作，着力打造具有较强辐射性和国际影响力的知识产权争端解决优选地。

三、推动建设高水平对外开放门户

8. 加强国际商事审判专业化建设。支持广州法院进一步优化国际商事审判资源配置，

有序推进国际商事审判机制创新，加强国际商事纠纷审判组织建设，推动完善涉外民商事案件集中管辖布局，加强涉外审判人才的引进、培养和储备。支持符合条件的港澳台人士担任人民陪审员参与涉外、涉港澳台商事案件审理，构建完善公正、高效、便捷、低成本处理国际商事纠纷的体制机制。

9. 服务保障国际航运物流枢纽建设。深化海事审判改革，加强专业化海事审判机制建设。积极服务保障大湾区航运联合交易中心建设，促进粤港澳大湾区内航运服务资源跨境跨区域整合。妥善审理涉及航运物流、铁水联运、航运金融、邮轮游艇经营、海员权益保护、船舶管理等案件，促进运输往来自由便利。

10. 积极推动落实涉外涉港澳民商事案件管辖制度。结合广州南沙建设发展实际，完善涉外、涉港澳民商事纠纷管辖规则，探索细化当事人在涉外民事纠纷中协议选择管辖法院的具体规则，以及涉外民事纠纷与我国存在适当联系的认定标准。

11. 加大国际区际司法交流力度。积极推动简化跨境司法交流合作、人员往来审批程序，支持广州南沙开展国际区际法律研讨、司法论坛、模拟法庭等交流活动。积极邀请港澳法律专家担任研修学者、专家咨询委员会委员，支持港澳法律专业学生到人民法院实习，探索建立香港、澳门法律人才参与人民法院司法审判研究工作机制，支持建立吸纳港澳地区、海外知名专家学者、行业领军人才的司法智库，着力培养具有国际视野、通晓国际法律规则、熟悉域外法律的涉外法律专业人才。

四、支持促进规则衔接机制对接

12. 完善与港澳地区司法规则衔接。探索优化属实申述、委托当事人送达、证据开示、交叉询问、类案辩论、事实清理等诉讼规则衔接，借鉴不同法域的诉讼证据审查方式确认案件事实，鼓励开展裁判规则比较研究和交流互鉴。支持取得律师执业证书（粤港澳大湾区）的香港法律执业者和澳门执业律师在广州南沙执业。

13. 探索完善涉港澳诉讼程序机制。支持南沙法院简化涉港澳案件诉讼程序，完善港澳诉讼主体资格确认、授权委托见证、送达程序及诉讼证据审查认定程序。适时建立根据当事人申请作出简易裁判文书机制，加快推进简化域外证据公证认证，提高涉港澳民商事案件办理质量效率。支持广州法院健全完善适应涉外、涉港澳案件特点的在线诉讼服务机制和平台，加强授权见证等领域智慧法院建设成果推广应用。加强与港澳诉讼服务协同对接，为境内外当事人提供便捷、高效、优质的纠纷解决服务。加强中国特色区际司法协助体系建设，创新涉港澳民事诉讼程序特别机制，完善粤港澳司法协助执行机制。

14. 健全涉外涉港澳纠纷实质性化解机制。支持广州南沙加强矛盾纠纷实质性化解机制建设，建设优化诉讼、仲裁、调解等多元化纠纷解决方式衔接协作的一站式系统平台和工作机制，总结推广内地、境外调解员“双调解”模式，支持商事调解组织、行业性调解组织、仲裁等法律服务机构提供诉前、诉中解纷服务，实现解决纠纷的社会资源科学合理配置。支持建立高效便捷的仲裁裁决执行机制，支持具备条件的港澳法律服务机构、调解员、律师参与纠纷调解。推动建立调解员执业统一资格认证和调解员职业水平评价体系，鼓励外籍调解员和港澳调解员参与纠纷化解，充分发挥港澳调解员和专家咨询委员等协助解决跨境纠纷优势。

15. 完善域外法律查明机制。进一步完善人民法院审理涉外、涉港澳台案件法律适用规则和工作机制，支持和引导根据区域特点和需求，充分利用各类域外法律查明途径，最大程度准确查明域外法律。合理认定域外法律查明内容和查明不能情形，避免在人民法院有义务查明域外法律情形下，仅以当事人未在合理期限内提供域外法律，或者在当事人有义务提供域外法律的情形下，仅因遗漏查明事项或当事人对提供的域外法律存在争议，认定域外法律无法查明。支持探索创新域外法律适用规则机制，深入调研商事主体依法选择适用域外法律解决商事纠纷有关问题。加强域外法查明统一平台建设，支持广州法院完善域外法查明平台建设机制，深化全国涉外审判裁判文书资源共享，支持广州法院加强域外法律及案例资源库建设。拓展域外法律查明有效途径，建立健全与“一带一路”域外法查明（广州）中心等第三方机构常态化合作机制，支持港澳专家在南沙法院出庭提供法律查明协助。

五、助力打造高质量城市发展标杆

16. *促进青年创业就业平台建设*。支持广州南沙优化各类面向粤港澳青年的孵化基地、众创空间等合作平台，支持大力发展国际化人力资源服务。加强对粤港澳青年创新创业过程中产生纠纷的分析研讨，妥善处理激励创新与维护合法权益之间的关系。加强高层次法治人才培养储备，为探索推动南沙事业单位、法定机构、国有企业引进符合条件的港澳青年人才提供司法服务。

17. *加强生态环境司法保护*。坚持最严格制度最严密法治，依法严惩破坏生态保护红线、自然岸线、非法排污等违法犯罪行为，加大环境侵权禁止令、惩罚性赔偿等制度运用。全面准确适用民法典绿色原则和绿色条款，加强碳排放领域新业态、新权属法律问题研究，妥善处理碳排放权配额、核证自愿减排量交易、碳交易产品担保等涉碳纠纷，完善碳排放权交易司法保护规则体系。贯彻恢复性司法理念，探索创新补植复绿、增殖放流、劳务代偿、技改抵扣、认购碳汇等裁判执行方式。正确把握生态环境保护与经济社会发展的关系，加强乡土树种、古树名木等自然资源司法保护，支持科学有序的城市更新行动，助力广州南沙创建国家生态文明建设示范区。落实环境司法改革要求，深入推进环境资源审判专业化建设，助力生态环境全方位、立体化和系统性保护。

18. *强化民生权益司法保障*。依法惩治刑事犯罪，加大电信网络、投资、贸易、金融等领域跨境犯罪打击力度，营造安全稳定的社会环境。加强教育、就业、医疗、住房、社保等民生领域司法保护，妥善处理引进人才、港澳居民因择业择居等产生的纠纷，依法维护港澳居民在内地就业创业、学习生活权益。依法审理跨境婚姻家事案件，注重保护未成年子女合法权益，有效化解矛盾纠纷，增进社会和谐。

19. *加强智慧法院建设*。推动智慧法院和智慧城市深度融合融通，加强互联网、云计算、人工智能等技术在司法领域运用，加快推动智慧法院第五代移动通信（5G）全覆盖，提升智慧法院基础建设整体水平和服务能力。加强司法大数据运用，围绕行业产业发展、社会治理等重点领域开展分析研判，探索推动人民法院与相关部门数据信息共享，促进审判执行现代化，为能动司法服务保障区域经济社会发展提供参考依据。

六、完善组织保障机制

20. *加强调查研究*。依托最高人民法院司法研究重大课题等平台，系统研究人民法院服务保障粤港澳大湾区法治建设的重点难点问题。定期研判、准确把握广州南沙建设所涉及各类诉讼案件的特点和规律，适时发布指导性案例、典型案例，制定司法解释、指导意见，统一法律适用，提供政策指引。及时总结推广支持和保障广州南沙深化面向世界的粤港澳全面合作的经验做法，持续提升广州南沙法治建设的软实力和影响力。

21. 完善工作机制。最高人民法院各有关部门加强条线指导，各级人民法院增强做好服务中央重大决策部署的主动性、自觉性和前瞻性。最高人民法院第一巡回法庭、第一国际商事法庭充分利用派驻广东的便利条件，立足司法职能，主动服务广州南沙深化粤港澳全面合作重大战略，持续推进改革进程。广东省高级人民法院和广州市中级人民法院要压实主体责任，强化督促问效、细化落实，积极争取当地党委和有关部门支持，凝聚服务保障合力，推动各项建设和改革任务落地见效。

2023 年 10 月 11 日

最高人民法院
关于改革完善人民法院公告发布管理工作的通知

法〔2023〕244 号

各省、自治区、直辖市高级人民法院，解放军军事法院，新疆维吾尔自治区高级人民法院生产建设兵团分院：

为规范人民法院公告发布管理工作，2020 年 9 月 15 日最高人民法院印发了《关于进一步规范人民法院公告发布管理工作的规定（试行）》（法〔2020〕242 号，以下简称 242 号文件）。从实际运行以来的情况看，法院公告发布的及时性、规范性有了很大程度的提高，但发布周期长、受众面较窄、规范性不够等问题依然存在，有时还比较突出，制约了审判执行工作的顺利进行，影响了当事人诉讼权利的正当行使。为深入贯彻习近平法治思想，认真践行以人民为中心的发展理念，做深做实为大局服务、为人民司法，积极回应人民群众对司法工作的新要求新期待，让人民法院改革成果真正惠及人民群众，努力让人民群众在每一个司法案件中感受到公平正义，最高人民法院决定对法院执行 242 号文件发布公告管理工作作出进一步完善规范。现将有关要求通知如下。

一、人民法院公告发布工作将全面实现网络化。自 2024 年 1 月 1 日起，除了应在报纸上刊登的法定类型法院公告外，人民法院报不再刊登法院公告，法院公告将全部刊登在中国法院网（子网站人民法院公告网）。中国法院网、人民法院报发布的公告也将同步推送到知名网络媒体平台，实现法院公告的即时转发、快速传播和便捷查阅。其他媒体发布法院公告也原则上通过网络发布。

二、法院公告要严格限定“在全国范围具有传播力、影响力的报纸、信息网络等媒体”上发布。242 号文件第五条规定，刊登公告的媒体原则上应是“在全国范围具有传播力、影响力的报纸、信息网络等媒体”。经研究，确定18家中央主要新闻单位（包括人民日报社、新华通讯社、中央广播电视总台、求是杂志社、解放军新闻传播中心、光明日报社、经济日报社、中国日报社、科技日报社、人民政协报社、中央纪委国家监委新闻传播中心、中国新闻社、学习时报社、工人日报社、中国青年报社、中国妇女报社、农民日报社、法治日报社）和3家中央政法新闻单位（人民法院新闻传媒总社、检察日报社、公安部新闻传媒中心）的主要报纸及其主要网络媒体平台为“在全国范围具有传播力、影响力的报纸、信息网络等媒体”，上述“18+3”家的主要报纸及其主要网络媒体平台为发布法院公告的媒体平台，人民法院不得在其他媒体平台发布法院公告。

三、各级人民法院办案系统对接人民法院新闻传媒总社公告管理系统。各级人民法院要主动将办案系统与人民法院新闻传媒总社的公告管理系统直接对接，实现法院公告数据的双向流动，让公告信息能够全面、准确、及时回传汇聚，保证办案人员在办案系统中直接顺畅办理、发布、查询和保存公告，积极发挥公告数据服务审判执行工作的作用。

四、要强化规范化考核管理。242号文件是规范法院公告发布管理工作的基础性规范，各级人民法院应当严格落实242号文件的规定，将公告发布工作纳入审判流程管理进行考核，加强日常巡视监督，确保242号文件要求落实落地。各级人民法院要对媒体发布公告是否规范进行审查，对于违反公告发布要求、经指出后拒不改正的媒体，不得再通过该媒体发布公告，以确保公告发布的规范、及时、权威。

五、其他要求。各高级人民法院要及时将本通知精神传达到辖区人民法院，同时要结合实际认真贯彻执行，注意总结经验，完善健全有关工作机制。在执行中有问题和建议，请及时报告最高人民法院。

2023年12月27日

最高人民法院　中国残疾人联合会
印发《关于为残疾人提供更加优质诉讼服务的十条意见》的通知

法〔2024〕40号

各省、自治区、直辖市高级人民法院、残联，解放军军事法院，新疆维吾尔自治区高级人民法院生产建设兵团分院，新疆生产建设兵团残联：

现将《最高人民法院、中国残疾人联合会关于为残疾人提供更加优质诉讼服务的十条意见》予以印发，请认真贯彻落实，加快诉讼服务中心无障碍环境建设工作，更好维护残疾人合法权益。执行中遇到的重大问题，请分别报告最高人民法院、中国残疾人联合会。

2024年2月26日

最高人民法院　中国残疾人联合会
关于为残疾人提供更加优质诉讼服务的十条意见

为认真贯彻落实《中华人民共和国残疾人保障法》、《中华人民共和国无障碍环境建设法》，以新时代能动司法理念推进诉讼服务工作，切实保障残疾人平等、充分、便捷地参与诉讼活动，提升预防化解涉残疾人矛盾纠纷法治化水平，更好维护残疾人合法权益，现就为残疾人提供更加优质诉讼服务工作提出如下意见。

一、完善无障碍设施建设。各级人民法院新建的诉讼服务场所和服务设施应当符合《人民法院诉讼服务中心无障碍环境建设规范》（见附件），既有诉讼服务场所和服务设施不符合上述建设规范的，应当进行必要改造。鼓励有条件的人民法院建设专门的无障碍法庭、无障碍调解室。地方残疾人联合会为人民法院无障碍设施建设和改造提供协助和支持。

二、加强无障碍信息交流。各级人民法院应当在诉讼服务场所为不同残疾类别的残疾人提供语音、大字、同步字幕等无障碍信息交流服务。加强人民法院在线服务等平台无障碍建设，逐步符合无障碍网站设计标准和国家信息无障碍标准，更加方便残疾人全流程在线办理诉讼事项。地方残疾人联合会应当协助人民法院建立诉讼辅助服务人员名册，方便人民法院联系预约专业人士提供盲文、手语翻译等诉讼辅助服务。

三、提供精细化诉讼服务。各级人民法院依托"厅网线巡"诉讼服务渠道，为残疾人提供精细化诉讼服务。对现场能够自主办理诉讼事项的，引导至绿色服务窗口，由工作人员耐心沟通、指导办理；对现场不能自主办理的，安排专人提供代办、帮办服务；对无法来院办理的，引导残疾人通过人民法院在线服务等平台、12368 诉讼服务热线等便利方式办理，或者提供预约立案、上门立案等服务。对符合条件的残疾人依法提供缓、减、免诉讼费等司法救助。

四、充分保障残疾人诉权。各级人民法院应当保障涉残疾人案件依法及时立案，对符合受理条件的起诉，做到"有案必立、有诉必理"。鼓励有条件的人民法院开辟绿色通道，对涉残疾人案件进行专门标识，实现优先立案、优先审判、优先执行。对符合适用小额诉讼程序、督促程序、简易程序的，在充分尊重残疾当事人意愿基础上，做好案件繁简分流，切实提高审判质量和效率，保障残疾人合法权益尽快实现。

五、建立"总对总"在线多元解纷机制。最高人民法院会同中国残疾人联合会建立"总对总"在线多元解纷机制。地方人民法院邀请残疾人联合会工作人员以及其他符合条件且愿意参与涉残疾人矛盾纠纷调解工作的组织或人员入驻人民法院调解平台，单独或者联合开展涉残疾人矛盾纠纷调解工作。

六、创新调解化解模式。地方人民法院可以会同残疾人联合会设立调解工作室或者诉讼服务站点，由法官、残疾人联合会工作人员等通过线上线下相结合的方式开展法律咨询、诉讼引导、调解化解等工作。对于交通事故致残、工伤致残、医疗致残等涉残疾人纠纷，可以在公安机关交通管理部门、劳动保障部门、医疗卫生部门等探索设立巡回办案点，联合就地化解纠纷。

七、建立涉法涉诉信访事项联动化解机制。残疾人联合会定期对残疾人反映的涉法涉诉信访事项进行梳理分析。对诉求具有一定合理性的涉诉信访事项，按照调解优先、诉访分离原则，积极引导残疾人诉前化解纠纷。对化解不成且属于人民法院受理范围的事项，协助残疾人向有管辖权的人民法院申请依法解决。残疾人所在地的残疾人联合会应当为残疾人在本地和异地人民法院的和解、调解和诉讼提供支持，促进纠纷实质性化解。

八、做实诉源治理工作。各级人民法院和残疾人联合会应当主动融入党委领导、政府主导的诉源治理格局，携手"抓前端、治未病"。各级人民法院在开展纠纷化解调解或者提供诉讼服务时，发现有关单位维护残疾人权益工作不到位或者存在侵犯残疾人合法权益情况的，应当及时向当地政府主管部门、残疾人联合会等进行报告，必要时可以向该单位发送司法建议，提出针对性治理建议，从源头预防和减少涉残疾人矛盾纠纷。

九、加强联合普法宣传。各级人民法院和残疾人联合会要针对残疾人特点和需求，创新普法宣传形式，制作普法宣传产品，联合开展以案释法、普法宣传等工作，积极引导残疾人尊法学法守法用法、增强法治观念，提高运用法治思维和法治方式解决矛盾纠纷能力水平。

十、建立沟通协调机制。各级人民法院和残疾人联合会应当加强沟通协调，定期对各地落实本意见情况进行交流会商，共同协调解决推进过程中的困难问题，通过定期情况通报、数据信息共享、召开联席会议、联合开展调研、发布典型案例等方式，持续提升诉讼服务能力水平。

附件：人民法院诉讼服务中心无障碍环境建设规范

附件

人民法院诉讼服务中心无障碍环境建设规范

1. 目的

为推动全国法院诉讼服务中心无障碍环境建设规范化、标准化、人性化，全面提升人民法院诉讼服务中心无障碍环境建设水平，制定本规范。

2. 定义

诉讼服务中心无障碍环境建设是指人民法院为残疾人、老年人等群体在诉讼服务中心自主安全地出入、通行，使用附属设施，获取、使用、交流信息，获得诉讼服务提供便利。

3. 适用范围

本规范为全国法院诉讼服务中心开展无障碍环境建设的统一规范，适用于人民法院诉讼服务中心新建、改建、扩建工程。

对既有诉讼服务场所的改造应当参照本规范执行。

4. 规范性文件引用

《中华人民共和国无障碍环境建设法》

《无障碍环境建设条例》

《最高人民法院、中国残疾人联合会关于在审判执行工作中切实维护残疾人合法权益的意见》

《最高人民法院、最高人民检察院、公安部、司法部、中国残疾人联合会关于深入学习贯彻习近平法治思想切实加强残疾人司法保护的意见》

5. 建设原则

人民法院诉讼服务中心无障碍环境建设，应当以符合残疾人诉讼服务需求为原则，坚持从实际出发，做到因地制宜、功能适用。

6. 无障碍通行设施

诉讼服务中心应当设置以下无障碍通行设施：

（1）诉讼服务中心应当设置无障碍出入口、无障碍通道，方便残疾人出入，无障碍通道有地面高差时，应当设置轮椅坡道或缘石坡道；

（2）诉讼服务中心在建筑物二层以上的，应当设置无障碍楼梯或者无障碍电梯；

（3）诉讼服务中心出入口建有公共盲道的，应当设置室外盲道，室外盲道应当与公共盲道相连接；

（4）诉讼服务中心建有停车场的，应当设置至少一个无障碍机动车停车位。

7. 无障碍服务设施

诉讼服务中心应当设置以下无障碍服务设施：

（1）低位服务设施，包括低位导诉台、低位服务窗口、低位自助服务设备等；

（2）满足无障碍要求的厕所，或者在方便残疾人进出的男、女厕所各设置至少一个无障碍厕位；

（3）可以根据场地实际和用途在诉讼服务大厅、调解室、审判法庭等区域设置轮椅席位。

8. 无障碍标识

诉讼服务中心的无障碍设施处均应设置无障碍标识及文字说明。

9. 无障碍辅助设备

诉讼服务中心应当根据实际为不同残疾类别、等级的残疾人配备以下无障碍辅助设备：

（1）为肢体残疾人提供拐杖、轮椅等移动辅助设备；

（2）为视力残疾人提供放大镜等视力辅助设备；

（3）为听力残疾人提供无线辅听系统等听力辅助设备；

（4）为言语残疾人提供手写板等信息沟通辅助设备。

10. 无障碍诉讼资料

诉讼服务中心应当根据实际配备有声、大字、电子、盲文等无障碍版本的诉讼资料，包括诉前调解指南、立案、应诉、申请执行须知、人民法院在线服务等平台应用手册等：

（1）诉讼资料以纸质版提供的，字体字号设置应当不小于小三号，并设置合适的行间距，方便残疾人识别和使用；

（2）诉讼资料以电子版提供的，应当具备语音识别、页面字体放大或缩小等功能；

（3）诉讼资料以盲文版提供的，应当符合《国家通用盲文方案》的规范要求。

11. 人员培训管理

人民法院应当在诉讼服务中心推广使用残疾人联合会及专门协会单位制定的无障碍服务使用手册，加强对诉讼服务人员、立案人员、驻院调解员等培训及考核，进一步提高人民法院无障碍服务水平。

12. 建设标准

诉讼服务中心无障碍环境建设应当符合《建筑与市政工程无障碍通用规范》（GB 55019－2021）等国家无障碍环境建设标准的规定。

最高人民法院
关于全面加强未成年人司法保护及犯罪防治工作的意见

法发〔2024〕7 号

少年儿童是祖国的未来、民族的希望。新时代新征程，全社会更加关心少年儿童的全面健康成长，对未成年人权益保护和犯罪预防提出了新的更高要求，人民法院肩负更重责任、面临更大挑战。为全面加强未成年人司法保护和犯罪防治工作，切实提升未成年人权益保护水平，根据《中华人民共和国未成年人保护法》、《中华人民共和国预防未成年人犯罪法》等有关法律法规，结合人民法院工作实际，制定本意见。

一、总体要求

1. 指导思想。坚持以习近平新时代中国特色社会主义思想为指导，深入贯彻习近平法治思想，认真学习贯彻习近平总书记关于少年儿童工作的重要论述，从以中国式现代化全面推进强国建设、民族复兴伟业的政治高度，谋划推进未成年人司法保护和犯罪防治工作，牢固树立新时代未成年人司法保护理念，践行社会主义核心价值观，弘扬社会主义法治精神，以依法能动履职促推家庭保护、学校保护、社会保护、网络保护、政府保护、司法保护“六大保护”融合发力，为未成年人全面健康成长营造良好法治和社会环境。

2. 基本原则

（1）坚持最有利于未成年人原则。始终把未成年人权益保护和发展需求放在未成年人司法保护工作首位，尊重未成年人人格尊严，结合未成年人成长和身心特点，依法保护涉案未成年人的名誉、隐私和各项实体权益、诉讼权利，在各阶段各环节落实“特殊、优先、双向、全面”保护理念，全力维护和保障未成年人合法权益。

（2）坚持一体融合履职原则。深化刑事、民事、行政“三审合一”综合审判改革，强化系统思维，坚持综合保护，同时关注涉未成年人民事行政权益维护、刑事犯罪预防惩治和公共利益维护，突出问题导向，健全工作机制，携手各方，实质性解决侵害未成年人合法权益的突出问题，推动事后救济保护向事中、事前预防治理转变，构筑全链条、全方位、立体化的未成年人保护网络。

（3）坚持案件办理与促推治理并重原则。依法公正高效办理涉未成年人案件，确保案件办理政治效果、社会效果与法律效果的有机统一。在案件办理的同时，深入研析案件反映的家庭保护、学校保护、社会保护、网络保护、政府保护等方面存在的深层次问题，以更加有效的司法保护促推“六大保护”贯通融合、协同发力，坚持惩防并举、标本兼治，做实源头治理、系统治理。

（4）坚持守正创新原则。针对未成年人司法保护的新情况新形势，深入总结涉未成年人司法规律，结合本地实际，积极探索有利于强化未成年人权益保护和犯罪防治的新机制新方法。坚持顶层设计与基层首创相结合，全面推进涉未成年人司法保护理论创新、制度创新、实践创新，不断把中国特色社会主义少年司法制度优势转化为未成年人保护工作综合效能。

二、加强涉未成年人案件审判工作

（一）加强涉未成年人民事、行政审判工作

3. 增强未成年人保护和犯罪防治观念。着眼未成年人保护和犯罪防治，积极探索适合未成年人身心特点的审判方式，在民事、行政审判中要关注未成年人身心健康，善于发现苗头性倾向性问题，及时化解、消除可能滋生未成年人违法犯罪行为的各种消极因素，做实“抓前端、治未病”。

4. 建立涉未成年人案件快速办理机制。开辟“绿色通道”，本着便捷、高效的原则，对涉未成年人权益保护民事、行政案件，实现优先立案、快速审理、及时裁判、高效执行，切实保障未成年人合法权益。

5. 加强教育和诉讼引导。围绕保护未成年人全面健康成长，办案中注重从法律规定、社会道德、未成年人身心发展规律等方面对未成年人、监护人等相关人员进行针对性教育和诉讼引导。在涉及未成年子女的离婚等案件中，做实做好“关爱未成年人提示”工作，引导当事人以保障未成年子女健康成长为目的，妥善处理抚养、探望、财产等相关事宜。

6. 做实做细调解工作。民事案件除身份关系确认等不适宜调解的以外，应当重视调解。经双方当事人同意，可以邀请社会观护人员、未成年人的近亲属、学校、街道、居委会、村委会等参与案件调解。行政案件应当积极开展诉前调解。对行政赔偿、补偿以及行政机关行使法律、法规规定的自由裁量权的案件，应当在审判过程中注重通过调解实现最佳办案效果。

7. 及时指定诉讼中的代理人。在民事诉讼中，未成年人与其监护人存在利益冲突的，人民法院可以及时告知其他依法具有监护资格的人协商确定未成年人的代理人；协商不成的，人民法院在他们之中指定代理人。未成年人没有其他依法具有监护资格的人的，人民法院可以指定民法典第三十二条规定的有关组织担任代理人。

8. 合理确定直接抚养人。对涉抚养案件，未成年子女已满八周岁的，应当充分听取其意见，尊重其真实意愿。未成年子女向人民法院表达意愿或者陈述事实时，人民法院可以通知社会观护人员或者其他合适人员在场陪同。陪同人员可以辅助未成年子女表达真实意愿。必要时，人民法院可以单独询问、听取未成年子女意见，并提供适宜未成年人心理特点的友善环境，确保其隐私及安全。未成年子女表达的意见不利于其身心健康成长的，人民法院应当予以释明，并依据最有利于未成年人的原则进行裁判。

9. 妥善审理探望权案件。对于探望权案件，人民法院在裁判文书中应当根据案件实际情

况，写明探望时间、方式等具体内容。不直接抚养一方因外出务工等原因不能见面探望的，人民法院可以引导当事人积极通过电话、书信、网络、视频连线等方式给予子女亲情关爱。

不直接抚养未成年子女的一方应当依照协议、人民法院判决或者调解确定的时间和方式，在不影响未成年子女学习、生活的情况下探望未成年子女，直接抚养的一方应当配合，拒不协助的，人民法院可予以教育、训诫，直至依法采取拘留、罚款等强制措施。探望不利于未成年子女身心健康、当事人请求中止探望的，人民法院在征询双方当事人及未成年子女意见并查明事实后，认为需要中止探望的，依法作出裁定。未成年子女请求父母探望，或者祖父母、外祖父母请求探望孙子女、外孙子女的，人民法院根据案件具体情况，按照最有利于未成年人的原则依法裁判。

10. 妥善审理涉未成年人侵权案件。未成年人造成他人损害的，由监护人承担侵权责任。监护人尽到监护职责的，可以减轻其侵权责任。人民法院发现监护人未正确履行监护职责的，根据情况对监护人予以训诫，并可以责令其接受教育指导。

未成年人的人身权益受到侵害的，人民法院应当充分考虑未成年人发育、成长和康复需要，依法确定赔偿费用。对根据医疗证明或者鉴定结论确定必然发生的器官功能恢复训练等所必要的康复费、适当的整容费以及其他后续治疗费，可以与已经发生的医疗费一并予以赔偿。在确定精神损害赔偿数额时，可以根据案件具体情况参照成年人案件适当提高。

11. 依法保护未成年人合法财产权益。人民法院在审理离婚案件时，应当注意审查当事人拟分割的财产中是否包括未成年子女的财产以及是否已将未成年子女的财产分列，防止当事人违法处分未成年子女的财产。未成年子女存在重病等特殊情形的，人民法院根据财产的具体情况，应以照顾子女、女方和无过错方权益的原则依法处理。人民法院审理继承案件，应当依法保护未成年人的继承权和受遗赠权。

12. 强化行政行为合法性审查。人民法院对于涉及未成年人权益的行政行为，应当严格进行合法性审查，防止行政行为侵犯未成年人权益。对于违法或者不当的行政行为，及时予以纠正。监督和支持教育、公安、民政、网信等相关部门依法履行保护未成年人合法权益的法定职责。

13. 强化行政许可与处罚审查。在涉及未成年人的行政许可、行政处罚等案件中，关注未成年人的特殊情况和权益保护需求。对涉及教育、卫生等领域的行政许可，应当确保未成年人的受教育权和健康权得到充分保障；对涉及未成年人的行政处罚，应当充分考虑未成年人的认知能力和行为特点，避免不当处罚。

14. 加强行政争议诉源治理。对事关未成年人切身利益的重大改革措施出台、政策制定或调整、敏感事件处置等事项，人民法院可以通过参与论证、提供法律咨询意见、发送司法建议等方式，助推涉未成年人重大行政决策的科学化、民主化和法治化，切实加强未成年人权益保护，从源头减少、杜绝侵害未成年人权益的行政行为。

15. 积极探索创新执行工作机制。探索由专门团队或专人负责涉未成年人民事、行政案件执行工作。对涉抚养、探望等执行案件，积极开展教育疏导、调解等工作，引导当事人以有利于未成年子女身心健康为原则，主动履行义务或者达成和解。

（二）加强涉未成年人刑事审判工作

16. 对未成年人犯罪宽容不纵容。精准贯彻宽严相济刑事政策，依法贯彻“教育、感化、挽救”的方针，坚持“教育为主、惩罚为辅”原则，准确把握和判断犯罪行为的社会危害性，充分考虑未成年人的成长经历、导致犯罪的深层次原因等，最大限度挽救涉案未成年人。对于主观恶性深、情节恶劣、危害严重，特别是屡教不改的，绝不姑息纵容，坚决依法惩治，确保司法公正。

审理未成年人犯罪案件，应当采取适合未成年人身心特点的审判方式，坚持“寓教于审”，根据未成年被告人性格特点和犯罪行为等实际情况，有针对性地开展法庭教育，剖析引发犯罪的主客观原因和教训，引导未成年被告人正确认识法庭审判的严肃性和犯罪行为的社会危害，促其改过自新。

17. 从严惩处利用未成年人实施违法犯罪的行为。引诱、指使、利用未成年人实施违法犯罪活动，构成犯罪的，依法从重处罚。特别是对于胁迫、教唆、引诱、欺骗未成年人参与实施黑恶势力犯罪、有组织违法犯罪的，利用未成年人介绍、诱骗其他低龄未成年女性卖淫或者供其奸淫的，利用未达到刑事责任年龄的未成年人、留守儿童、在校学生实施犯罪的，以及通过向未成年人传授犯罪方法、提供毒品、管制麻醉精神药品、灌输色情暴力等不良信息继而加以利用等严重损害未成年人身心健康、严重危害社会和谐稳定的犯罪，依法从严惩处。

18. 从严惩处侵害未成年人犯罪。对于拐卖、拐骗、绑架儿童，暴力伤害、性侵害未成年人，引诱、介绍、组织、强迫未成年人卖淫，制作、贩卖、传播含有未成年人内容的淫秽电子信息，向未成年人传播淫秽物品等严重侵害未成年人身心健康的犯罪，坚持零容忍立场，依法从严惩处。

19. 加强未成年被害人权益保障。人民法院审理侵害未成年人刑事案件，应当充分考虑未成年被害人身心发育尚未成熟、易受伤害等特点，给予特殊和优先保护，强化对其权益的保障。应当将案件进展情况、案件处理结果及时告知未成年被害人及其法定代理人，并对有关情况予以说明。确定案件开庭日期后，应当将开庭的时间、地点通知未成年被害人及其法定代理人。宣判后，应当将判决书向未成年被害人及其法定代理人送达。

（三）做深做实涉未成年人特色审判工作

20. 深化未成年人隐私保护。对审判时被告人未满十八周岁的刑事案件，一律不公开审理；对涉未成年人民事、行政案件，涉及个人隐私的，应当不公开审理。对涉及未成年人的刑事案件，不得向外界披露未成年人的姓名、住所、照片以及可能推断出未成年人身份的其他资料。查阅、摘抄、复制的案卷材料，涉及未成年人的，不得公开和传播。对涉及未成年人的民事、行政案件，应当注意保护未成年人隐私。发布案例、制作法治宣传资料等均应当对相关信息进行必要的技术处理。

21. 深入开展社会调查。人民法院审理未成年人犯罪案件，应当详细了解未成年人成长环境和犯罪成因。对人民检察院移送的社会调查报告及有关人员提交的反映未成年被告人情况的书面材料，应当重点审查是否客观、全面地反映了未成年人性格特点、家庭监护情况、学校教育、社会交往、成长经历、实施犯罪前后的表现，以及其他反映未成年人走上犯罪道路深层原因的内容。社会调查报告不具体、不翔实的，人民法院应当通知人民检察院予以补充，也可以自行或者委托有关机构开展社会调查。对社会调查报告和有关人员提交的相关材料，经出示、质证，依法采纳的，可以作为办理案件和教育被告人的参考，以及向有关方面提出司法建议的依据。庭审中，人民法院可以通知作出调查报告的人员出庭说明情况，接受控辩双方和法庭的询问。

22. 积极完善社会观护。人民法院审理离婚、抚养、收养、监护、探望等民事案件涉及未成年人的，可以委托从事未成年人保护相关工作的社会组织或者人员就未成年人相关情况开展调查、参与案件调解、必要时陪同未成年人接受询问、对未成年人进行心理疏导、判后延伸观察保护等社会观护工作。社会观护员可通过分别听取当事人、未成年人意见和走访街道、社区、幼儿园、学校等方式，全面了解未成年人的实际生活状况。社会观护报告可以作为人民法院审理案件及开展司法延伸工作的参考和依据。

23. 积极开展心理疏导。人民法院审理涉未成年人案件，根据案件情况认为有必要时，可以自行或者聘请专业人员对未成年当事人进行心理疏导和矫治，安抚未成年人情绪，消除、化解未成年人心理危机和心理障碍；经未成年人及其法定代理人同意，也可以对未成年人进行心理测评，心理测评报告可以作为办理案件和教育矫治的参考。应当及时为未成年被害人及遭受家庭暴力的未成年人提供心理疏导。

24. 加大救助力度。根据未成年人的实际困难，对符合司法救助条件的未成年人优先救助，在救助力度上给予倾斜。积极与教育、民政、共青团、妇联等部门、社会慈善机构等建立联动关爱救助衔接机制，对确有需要的未成年人予以经济帮扶、转学安置等帮助，最大限度保护未成年人合法权益。

三、推动涉未成年人刑事、民事、行政“三审合一”实质化

25. 完善一体化审理机制。因同一事实或者相关事实产生的涉未成年人刑事、民事、行政互涉案件，在符合法律有关管辖规定且条件允许的情况下，原则上由同一审判组织审理。对涉未成年人民事案件反映出的涉未成年人行政管理、犯罪预防等工作中存在的突出问题、隐患，或者审理涉未成年人刑事案件，发现未成年人民事权利等也受到侵害的，应当一并依法妥善解决、处理。刑事或者行政生效裁判确认的基本事实，除有相反证据足以推翻外，在相关民事案件中可予以认定。

26. 做好线索移送和权利告知工作。审理变更抚养关系纠纷、探望权纠纷以及撤销监护人资格等案件，发现未成年人受到或者疑似受到虐待、暴力伤害、性侵害、遗弃等违法犯罪侵害的，应当将涉嫌违法犯罪的线索移送主管部门处理。审理行政案件发现未成年人民事合法权益受到侵害的，可以告知当事人另行提起民事诉讼。涉嫌违法犯罪的，将线索移送主管部门处理。审理涉未成年人刑事案件发现未成年人的父母或者其他监护人不依法履行监护职责或者侵犯未成年人合法权益，涉嫌违法犯罪的，或者发现其他侵害未成年人权益犯罪线索的，将线索移送主管部门处理。

27. 做好刑民衔接。未成年人实施犯罪但因未达到刑事责任年龄而不予追究刑事责任的案件，或者因已超过刑事追诉期限等客观原因无法追究刑事责任、但符合民法典第一百九十一条规定的损害赔偿请求权诉讼时效的性侵未成年人犯罪案件，或者其他侵害未成年人权益但尚不构成犯罪的案件，当事人提起民事诉讼的，人民法院应当依法予以支持，赔偿范围依照民法典相关规定确定。未成年人在宾馆、酒店、歌厅、酒吧、网吧、电竞酒店、剧本娱乐经营等场所或者互联网平台受到性侵害等伤害，相关场所、平台未尽到安全保障义务，未成

年人以此为由提起民事诉讼的，人民法院应当依法予以支持，赔偿范围依照民法典相关规定确定。由公安机关、检察机关或者人民法院保存的与被诉侵权行为具有关联性的证据，侵权案件当事人及其诉讼代理人因客观原因不能自行收集，申请调查收集的，人民法院应当准许，但可能影响正在进行的刑事诉讼程序的除外。

28. 建立公益诉讼衔接机制。人民法院发现未成年人合法权益受到侵犯，涉及公共利益的，可以将线索移送检察机关。应当注意发现涉案未成年人食品、玩具、用品等是否危害不特定多数未成年人身心健康，全面审查涉案网络游戏、网络直播、网络音视频、网络社交、网站等网络技术、产品和服务以及图书、广播电视、影视传媒等是否含有危害未成年人身心健康的信息，对未成年人保护负有监督管理职责的行政机关是否存在不作为、乱作为等损害未成年人公共利益的情形。

四、促推“六大保护”融合发力

29. 依法引领监护人履行监护职责。人民法院应当在审判中强化父母等监护人的监护职责，引导监护人尽到抚养、教育、保护的义务，创造有利于未成年人健康成长的家庭环境，不仅要为未成年人提供健康、安全等方面的保障，还应当关注未成年人的心理状况和情感需求。妥善审理申请确定和指定监护人案件，确保未成年人有人监护；妥善审理申请变更监护人和撤销监护人资格案件，确保未成年人得到妥当监护；监护人不履行监护职责或者侵害被监护人合法权益的，依法判令监护人承担相应法律责任。

30. 强化家庭教育指导。人民法院审理涉及留守未成年人、困境未成年人等特殊群体的案件，或者离婚、抚养、收养、监护、探望等民事案件涉及未成年人的，应当根据案件具体情况，在诉前调解、案件审理、判后回访等各个环节，通过法庭教育、释法说理、现场辅导、网络辅导、心理干预、制发家庭教育责任告知书、家庭教育指导建议书等多种形式开展家庭教育指导。人民法院在审理涉未成年人刑事、行政案件中，发现未成年人的父母或者其他监护人不依法履行监护职责、侵犯未成年人合法权益，或者存在其他因家庭监护管教缺失、不当等可能影响未成年人身心健康情形的，根据情况，对未成年人的父母或者其他监护人予以训诫，并可以责令其接受家庭教育指导。

31. 依法从严处理学生欺凌。人民法院在相关案件中发现存在学生欺凌现象的，应当与学校或培训机构及教育主管部门沟通，建议及时予以严肃处理，并跟进处理进展。未成年人因学生欺凌等行为遭受损害的，人民法院应当综合考虑欺凌行为的强度、持续时间以及对被侵害人身体、心理造成的损害后果等各方面因素，依法判决侵权人承担侵权责任。充分发挥赔礼道歉的修复、抚慰、诫勉功能和作用，探索通过诉前调解等方式，促使实施学生欺凌的未成年人真诚赔礼道歉。学校、培训机构等未尽到教育管理职责的，依法判决承担侵权责任，并根据情况发送司法建议。欺凌行为构成犯罪的，依法追究刑事责任。

32. 妥善处理校园纠纷。人民法院审理校园纠纷案件，应当在查明事实、分清责任的基础上，依法妥善化解矛盾。积极引导当事人依法理性维权，坚决依法惩治各类“校闹”等违法犯罪行为，维护学校正常教育教学秩序。未成年人在学校学习、生活期间发生人身损害，学校已经尽到教育管理职责的，依法判决学校不承担侵权责任，为学校依法依规开展教学管理提供司法保障。

33. 加强法治副校长队伍建设。积极选派政治素质过硬、法律功底深厚、实践经验丰富、有宣传教育特长的业务骨干担任法治副校长，明晰工作职责，严格工作要求，进一步建立健全与教育行政部门、学校之间的长效联络沟通机制和常态化的信息反馈机制，提升法治副校长履职实效。

34. 及时提出专门教育的建议。人民法院审理涉未成年人案件，发现未成年人具有预防未成年人犯罪法第四十四条规定的行为，应当进行专门教育的，可以向相关部门提出建议。

35. 建立犯罪成因逐案分析报告机制。对未成年人犯罪案件逐案深入剖析案件背后是否存在家庭、学校、社会、网络、政府及司法保护薄弱、不到位等情形，并形成报告附卷，评议案件时单独予以说明。发现有关单位未尽到未成年人教育、管理、救助、看护等保护职责的，人民法院应当及时向有关单位发送司法建议；对涉嫌违法犯罪的，及时将相关线索移送主管部门处理。

36. 建立“强制报告制度”落实情况分析报告机制。对未成年人遭受侵害的案件，应当逐案审查相关国家机关、居委会、村委会、密切接触未成年人的单位及人员，在工作中发现未成年人身心健康受到侵害、疑似受到侵害或者面临其他危险情形时，是否履行了强制报告义务，并形成报告附卷，评议案件时单独予以说明。对存在应当报告而未报告情形的，应当及时发送司法建议；对涉嫌违纪或者违法犯罪的，及时将相关线索移送主管部门处理。

37. 建立相关场所法定义务落实情况分析报告机制。对发生在宾馆、酒店、电竞酒店等场所的涉未成年人案件，应当审查经营者接待未成年人入住时，是否履行了询问未成年人年龄、其父母或者其他监护人联系方式、与共同入住人员的身份关系等有关情况的义务，相关场所是否设置了相关标志等，并形成报告附卷，评议案件时单独予以说明。发现存在问题的，应当及时发送司法建议；对涉嫌违法犯罪的，及时将相关线索移送主管部门处理。

38. 建立网络保护专项分析报告机制。对涉及网络的未成年人案件，应当结合案件成因和未成年人保护法律规定，会同有关职能部门建立协作机制，对相关主体是否履行了未成年人网络保护法定义务进行审查，并形成报告附卷，评议案件时单独予以说明。发现存在问题的，应当及时向有关网络企业、主管部门发送司法建议；对涉嫌违法犯罪的，及时将相关线索移送主管部门处理。

39. 提升法治宣传教育的系统性针对性。加强与学校、教育主管部门等的沟通协作，积极开展适合未成年人特点的法治宣传教育，坚持严肃性与可接受性、知识性与趣味性、普遍性与特殊性相结合，强化以案释法，创新宣传形式，教育引导未成年人遵纪守法，不断增强规则意识、法治意识、责任意识，切实增强自我保护意识和能力。

各高级人民法院应当加强对辖区法院发布涉未成年人刑事典型案例的审核、监督、指导，确保取得良好社会效果。

五、加强组织保障

40. 加强专业化建设。严格落实未成年人保护法等法律规定，确定专门机构或者指定专门人员审理涉及未成年人案件、负责未成年人犯罪防治工作，加强“三审合一”审判团队建设。充实未成年人审判工作力量，融合推进队伍政治素质、业务素质、职业道德素质建设。审理未成年人案件的人员应当经过专门培训，熟悉未成年人身心特点、热爱未成年人保护工作。加强专职辅助人员配备，协助审判人员开展未成年人延伸保护工作。健全符合未成年人审判工作规律的评价激励机制。

41. 加强协调联动。加强与公安机关、检察机关、司法行政机关的协作配合，建立常态化的会商协作机制，统一涉未成年人案件证据、数据标准，共同做好教育、感化、挽救和司法救助等工作。加强与政府职能部门、共青团、妇联、学校、基层组织以及未成年人保护组织等的沟通协作，建立健全信息共享通报机制。推动完善政法机关未成年人关爱帮教工作衔接机制，探索建立包括社工、志愿者、"五老人员"等在内的未成年人司法关爱帮教人员库。

42. 加强工作条件保障。积极争取党委领导和政府支持，对未成年人审判设施建设、开展社会调查、社会观护、心理疏导、法治宣传、家庭教育指导等特色审判及延伸工作所需经费，纳入办案经费范畴予以充分保障，确保未成年人审判工作有效开展，全面提升未成年人司法保护和犯罪防治能力水平。

2024 年 5 月 28 日

刑　　事

最高人民法院　最高人民检察院　公安部　司法部
关于印发《最高人民法院　最高人民检察院　公安部司法部关于办理醉酒危险驾驶刑事案件的意见》的通知

高检发办字〔2023〕187 号

各省、自治区、直辖市高级人民法院、人民检察院、公安厅（局）、司法厅（局），解放军军事法院、军事检察院，军委政法委员会保卫局，新疆维吾尔自治区高级人民法院生产建设兵团分院，新疆生产建设兵团人民检察院、公安局、司法局：

自 2011 年醉驾入刑以来，各地坚持严格执法、公正司法，依法惩治酒驾醉驾违法犯罪行为，有力维护了人民群众生命财产安全和道路交通安全，酒驾醉驾治理取得明显成效。为适应新形势新变化，进一步统一执法司法标准，严格规范、依法办理醉驾案件，最高人民法院、最高人民检察院、公安部、司法部制定了《关于办理醉酒危险驾驶刑事案件的意见》，现印发给你们，请认真贯彻执行。执行中遇到的问题，请及时层报最高人民法院、最高人民检察院、公安部、司法部。

2023 年 12 月 13 日

最高人民法院　最高人民检察院　公安部　司法部
关于办理醉酒危险驾驶刑事案件的意见

为维护人民群众生命财产安全和道路交通安全，依法惩治醉酒危险驾驶（以下简称醉驾）违法犯罪，根据刑法、刑事诉讼法等有关规定，结合执法司法实践，制定本意见。

一、总体要求

第一条　人民法院、人民检察院、公安机关办理醉驾案件，应当坚持分工负责，互相配合，互相制约，坚持正确适用法律，坚持证据裁判原则，严格执法，公正司法，提高办案效率，实现政治效果、法律效果和社会效果的有机统一。人民检察院依法对醉驾案件办理活动实行法律监督。

第二条　人民法院、人民检察院、公安机关办理醉驾案件，应当全面准确贯彻宽严相济刑事政策，根据案件的具体情节，实行区别对待，做到该宽则宽，当严则严，罚当其罪。

第三条　人民法院、人民检察院、公安机关和司法行政机关应当坚持惩治与预防相结合，采取多种方式强化综合治理、诉源治理，从源头上预防和减少酒后驾驶行为发生。

二、立案与侦查

第四条　在道路上驾驶机动车，经呼气酒精含量检测，显示血液酒精含量达到80毫克/100毫升以上的，公安机关应当依照刑事诉讼法和本意见的规定决定是否立案。对情节显著轻微、危害不大，不认为是犯罪的，不予立案。

公安机关应当及时提取犯罪嫌疑人血液样本送检。认定犯罪嫌疑人是否醉酒，主要以血液酒精含量鉴定意见作为依据。

犯罪嫌疑人经呼气酒精含量检测，显示血液酒精含量达到80毫克/100毫升以上，在提取血液样本前脱逃或者找人顶替的，可以以呼气酒精含量检测结果作为认定其醉酒的依据。

犯罪嫌疑人在公安机关依法检查时或者发生道路交通事故后，为逃避法律追究，在呼气酒精含量检测或者提取血液样本前故意饮酒的，可以以查获后血液酒精含量鉴定意见作为认定其醉酒的依据。

第五条　醉驾案件中“道路”“机动车”的认定适用道路交通安全法有关“道路”“机动车”的规定。

对机关、企事业单位、厂矿、校园、居民小区等单位管辖范围内的路段是否认定为“道路”，应当以其是否具有“公共性”，是否“允许社会机动车通行”作为判断标准。只允许单位内部机动车、特定来访机动车通行的，可以不认定为“道路”。

第六条　对醉驾犯罪嫌疑人、被告人，根据案件具体情况，可以依法予以拘留或者取保候审。具有下列情形之一的，一般予以取保候审：

（一）因本人受伤需要救治的；

（二）患有严重疾病，不适宜羁押的；

（三）系怀孕或者正在哺乳自己婴儿的妇女；

（四）系生活不能自理的人的唯一扶养人；

（五）其他需要取保候审的情形。

对符合取保候审条件，但犯罪嫌疑人、被告人不能提出保证人，也不交纳保证金的，可以监视居住。对违反取保候审、监视居住规定的犯罪嫌疑人、被告人，情节严重的，可以予以逮捕。

第七条 办理醉驾案件，应当收集以下证据：

（一）证明犯罪嫌疑人情况的证据材料，主要包括人口信息查询记录或者户籍证明等身份证明；驾驶证、驾驶人信息查询记录；犯罪前科记录、曾因饮酒后驾驶机动车被查获或者行政处罚记录、本次交通违法行政处罚决定书等；

（二）证明醉酒检测鉴定情况的证据材料，主要包括呼气酒精含量检测结果、呼气酒精含量检测仪标定证书、血液样本提取笔录、鉴定委托书或者鉴定机构接收检材登记材料、血液酒精含量鉴定意见、鉴定意见通知书等；

（三）证明机动车情况的证据材料，主要包括机动车行驶证、机动车信息查询记录、机动车照片等；

（四）证明现场执法情况的照片，主要包括现场检查机动车、呼气酒精含量检测、提取与封装血液样本等环节的照片，并应当保存相关环节的录音录像资料；

（五）犯罪嫌疑人供述和辩解。

根据案件具体情况，还应当收集以下证据：

（一）犯罪嫌疑人是否饮酒、驾驶机动车有争议的，应当收集同车人员、现场目击证人或者共同饮酒人员等证人证言、饮酒场所及行驶路段监控记录等；

（二）道路属性有争议的，应当收集相关管理人员、业主等知情人员证言、管理单位或者有关部门出具的证明等；

（三）发生交通事故的，应当收集交通事故认定书、事故路段监控记录、人体损伤程度等鉴定意见、被害人陈述等；

（四）可能构成自首的，应当收集犯罪嫌疑人到案经过等材料；

（五）其他确有必要收集的证据材料。

第八条 对犯罪嫌疑人血液样本提取、封装、保管、送检、鉴定等程序，按照公安部、司法部有关道路交通安全违法行为处理程序、鉴定规则等规定执行。

公安机关提取、封装血液样本过程应当全程录音录像。血液样本提取、封装应当做好标记和编号，由提取人、封装人、犯罪嫌疑人在血液样本提取笔录上签字。犯罪嫌疑人拒绝签字的，应当注明。提取的血液样本应当及时送往鉴定机构进行血液酒精含量鉴定。因特殊原因不能及时送检的，应当按照有关规范和技术标准保管检材并在五个工作日内送检。

鉴定机构应当对血液样品制备和仪器检测过程进行录音录像。鉴定机构应当在收到送检血液样本后三个工作日内，按照有关规范和技术标准进行鉴定并出具血液酒精含量鉴定意见，通知或者送交委托单位。

血液酒精含量鉴定意见作为证据使用的，办案单位应当自收到血液酒精含量鉴定意见之日起五个工作日内，书面通知犯罪嫌疑人、被告人、被害人或者其法定代理人。

第九条 具有下列情形之一，经补正或者作出合理解释的，血液酒精含量鉴定意见可以作为定案的依据；不能补正或者作出合理解释的，应当予以排除：

（一）血液样本提取、封装、保管不规范的；

（二）未按规定的时间和程序送检、出具鉴定意见的；

（三）鉴定过程未按规定同步录音录像的；

（四）存在其他瑕疵或者不规范的取证行为的。

三、刑事追究

第十条 醉驾具有下列情形之一，尚不构成其他犯罪的，从重处理：

（一）造成交通事故且负事故全部或者主要责任的；

（二）造成交通事故后逃逸的；

（三）未取得机动车驾驶证驾驶汽车的；

（四）严重超员、超载、超速驾驶的；

（五）服用国家规定管制的精神药品或者麻醉药品后驾驶的；

（六）驾驶机动车从事客运活动且载有乘客的；

（七）驾驶机动车从事校车业务且载有师生的；

（八）在高速公路上驾驶的；

（九）驾驶重型载货汽车的；

（十）运输危险化学品、危险货物的；

（十一）逃避、阻碍公安机关依法检查的；

（十二）实施威胁、打击报复、引诱、贿买证人、鉴定人等人员或者毁灭、伪造证据等妨害司法行为的；

（十三）二年内曾因饮酒后驾驶机动车被查获或者受过行政处罚的；

（十四）五年内曾因危险驾驶行为被判决有罪或者作相对不起诉的；

（十五）其他需要从重处理的情形。

第十一条 醉驾具有下列情形之一的，从宽处理：

（一）自首、坦白、立功的；

（二）自愿认罪认罚的；

（三）造成交通事故，赔偿损失或者取得谅解的；

（四）其他需要从宽处理的情形。

第十二条 醉驾具有下列情形之一，且不具有本意见第十条规定情形的，可以认定为情节显著轻微、危害不大，依照刑法第十三条、刑事诉讼法第十六条的规定处理：

（一）血液酒精含量不满150毫克/100毫升的；

（二）出于急救伤病人员等紧急情况驾驶机动车，且不构成紧急避险的；

（三）在居民小区、停车场等场所因挪车、停车入位等短距离驾驶机动车的；

（四）由他人驾驶至居民小区、停车场等场所短距离接替驾驶停放机动车的，或者为了交由他人驾驶，自居民小区、停车场等场所短距离驶出的；

（五）其他情节显著轻微的情形。

醉酒后出于急救伤病人员等紧急情况，不得已驾驶机动车，构成紧急避险的，依照刑法第二十一条的规定处理。

第十三条 对公安机关移送审查起诉的醉驾案件，人民检察院综合考虑犯罪嫌疑人驾驶的动机和目的、醉酒程度、机动车类型、道路情况、行驶时间、速度、距离以及认罪悔罪表现等因素，认为属于犯罪情节轻微的，依照刑法第三十七条、刑事诉讼法第一百七十七条第二款的规定处理。

第十四条 对符合刑法第七十二条规定的醉驾被告人，依法宣告缓刑。具有下列情形之一的，一般不适用缓刑：

（一）造成交通事故致他人轻微伤或者轻伤，且负事故全部或者主要责任的；

（二）造成交通事故且负事故全部或者主要责任，未赔偿损失的；

（三）造成交通事故后逃逸的；

（四）未取得机动车驾驶证驾驶汽车的；

（五）血液酒精含量超过 180 毫克/100 毫升的；

（六）服用国家规定管制的精神药品或者麻醉药品后驾驶的；

（七）采取暴力手段抗拒公安机关依法检查，或者实施妨害司法行为的；

（八）五年内曾因饮酒后驾驶机动车被查获或者受过行政处罚的；

（九）曾因危险驾驶行为被判决有罪或者作相对不起诉的；

（十）其他情节恶劣的情形。

第十五条 对被告人判处罚金，应当根据醉驾行为、实际损害后果等犯罪情节，综合考虑被告人缴纳罚金的能力，确定与主刑相适应的罚金数额。起刑点一般不应低于道路交通安全法规定的饮酒后驾驶机动车相应情形的罚款数额；每增加一个月拘役，增加一千元至五千元罚金。

第十六条 醉驾同时构成交通肇事罪、过失以危险方法危害公共安全罪、以危险方法危害公共安全罪等其他犯罪的，依照处罚较重的规定定罪，依法从严追究刑事责任。

醉酒驾驶机动车，以暴力、威胁方法阻碍公安机关依法检查，又构成妨害公务罪、袭警罪等其他犯罪的，依照数罪并罚的规定处罚。

第十七条 犯罪嫌疑人醉驾被现场查获后，经允许离开，再经公安机关通知到案或者主动到案，不认定为自动投案；造成交通事故后保护现场、抢救伤者，向公安机关报告并配合调查的，应当认定为自动投案。

第十八条 根据本意见第十二条第一款、第十三条、第十四条处理的案件，可以将犯罪嫌疑人、被告人自愿接受安全驾驶教育、从事交通志愿服务、社区公益服务等情况作为作出相关处理的考量因素。

第十九条 对犯罪嫌疑人、被告人决定不起诉或者免予刑事处罚的，可以根据案件的不同情况，予以训诫或者责令具结悔过、赔礼道歉、赔偿损失，需要给予行政处罚、处分的，移送有关主管机关处理。

第二十条 醉驾属于严重的饮酒后驾驶机动车行为。血液酒精含量达到 80 毫克/100 毫升以上，公安机关应当在决定不予立案、撤销案件或者移送审查起诉前，给予行为人吊销机动车驾驶证行政处罚。根据本意见第十二条第一款处理的案件，公安机关还应当按照道路交通安全法规定的饮酒后驾驶机动车相应情形，给予行为人罚款、行政拘留的行政处罚。

人民法院、人民检察院依据本意见第十二条第一款、第十三条处理的案件，对被不起诉人、被告人需要予以行政处罚的，应当提出检察意见或者司法建议，移送公安机关依照前款规定处理。公安机关应当将处理情况通报人民法院、人民检察院。

四、快速办理

第二十一条 人民法院、人民检察院、公安机关和司法行政机关应当加强协作配合，在遵循法定程序、保障当事人权利的前提下，因地制宜建立健全醉驾案件快速办理机制，简化办案流程，缩短办案期限，实现醉驾案件优质高效办理。

第二十二条 符合下列条件的醉驾案件，一般应当适用快速办理机制：

（一）现场查获，未造成交通事故的；

（二）事实清楚，证据确实、充分，法律适用没有争议的；

（三）犯罪嫌疑人、被告人自愿认罪认罚的；

（四）不具有刑事诉讼法第二百二十三条规定情形的。

第二十三条 适用快速办理机制办理的醉驾案件，人民法院、人民检察院、公安机关一般应当在立案侦查之日起三十日内完成侦查、起诉、审判工作。

第二十四条 在侦查或者审查起诉阶段采取取保候审措施的，案件移送至审查起诉或者审判阶段时，取保候审期限尚未届满且符合取保候审条件的，受案机关可以不再重新作出取保候审决定，由公安机关继续执行原取保候审措施。

第二十五条 对醉驾被告人拟提出缓刑量刑建议或者宣告缓刑的，一般可以不进行调查评估。确有必要的，应当及时委托社区矫正机构或者有关社会组织进行调查评估。受委托方应当及时向委托机关提供调查评估结果。

第二十六条 适用简易程序、速裁程序的醉驾案件，人民法院、人民检察院、公安机关和司法行政机关可以采取合并式、要素式、表格式等方式简化文书。

具备条件的地区，可以通过一体化的网上办案平台流转、送达电子卷宗、法律文书等，实现案件线上办理。

五、综合治理

第二十七条 人民法院、人民检察院、公安机关和司法行政机关应当积极落实普法责任制，加强道路交通安全法治宣传教育，广泛开展普法进机关、进乡村、进社区、进学校、进企业、进单位、进网络工作，引导社会公众培养规则意识，养成守法习惯。

第二十八条 人民法院、人民检察院、公安机关和司法行政机关应当充分运用司法建议、检察建议、提示函等机制，督促有关部门、企事业单位，加强本单位人员教育管理，加大驾驶培训环节安全驾驶教育，规范代驾行业发展，加强餐饮、娱乐等涉酒场所管理，加大警示提醒力度。

第二十九条 公安机关、司法行政机关应当根据醉驾服刑人员、社区矫正对象的具体情况，制定有针对性的教育改造、矫正方案，实现分类管理、个别化教育，增强其悔罪意识、法治观念，帮助其成为守法公民。

六、附则

第三十条 本意见自2023年12月28日起施行。《最高人民法院　最高人民检察院　公安部关于办理醉酒驾驶机动车刑事案件适用法律若干问题的意见》（法发〔2013〕15号）同时废止。

最高人民法院　最高人民检察院　公安部
印发《关于依法惩治网络暴力违法犯罪的指导意见》的通知

法发〔2023〕14号

各省、自治区、直辖市高级人民法院、人民检察院、公安厅（局），解放军军事法院、军事检察院，新疆维吾尔自治区高级人民法院生产建设兵团分院、新疆生产建设兵团人民检察院、公安局：

现将《关于依法惩治网络暴力违法犯罪的指导意见》予以印发，请认真贯彻执行。执行中遇到的重大问题，请分别报告最高人民法院、最高人民检察院、公安部。

2023年9月20日

最高人民法院　最高人民检察院　公安部
关于依法惩治网络暴力违法犯罪的指导意见

为依法惩治网络暴力违法犯罪活动，有效维护公民人格权益和网络秩序，根据刑法、刑事诉讼法、民法典、民事诉讼法、个人信息保护法、治安管理处罚法及《最高人民法院、最高人民检察院关于办理利用信息网络实施诽谤等刑事案件适用法律若干问题的解释》等法律、司法解释规定，结合执法司法实践，制定本意见。

一、充分认识网络暴力的社会危害，依法维护公民权益和网络秩序

1. 在信息网络上针对个人肆意发布谩骂侮辱、造谣诽谤、侵犯隐私等信息的网络暴力行为，贬损他人人格，损害他人名誉，有的造成了他人“社会性死亡”甚至精神失常、自杀等严重后果；扰乱网络秩序，破坏网络生态，致使网络空间戾气横行，严重影响社会公众安全感。与传统违法犯罪不同，网络暴力往往针对素不相识的陌生人实施，受害人在确认侵害人、收集证据等方面存在现实困难，维权成本极高。人民法院、人民检察院、公安机关要

充分认识网络暴力的社会危害，坚持严惩立场，依法能动履职，为受害人提供有效法律救济，维护公民合法权益，维护公众安全感，维护网络秩序。

二、准确适用法律，依法严惩网络暴力违法犯罪

2. 依法惩治网络诽谤行为。在信息网络上制造、散布谣言，贬损他人人格、损害他人名誉，情节严重，符合刑法第二百四十六条规定的，以诽谤罪定罪处罚。

3. 依法惩治网络侮辱行为。在信息网络上采取肆意谩骂、恶意诋毁、披露隐私等方式，公然侮辱他人，情节严重，符合刑法第二百四十六条规定的，以侮辱罪定罪处罚。

4. 依法惩治侵犯公民个人信息行为。组织“人肉搜索”，违法收集并向不特定多数人发布公民个人信息，情节严重，符合刑法第二百五十三条之一规定的，以侵犯公民个人信息罪定罪处罚；依照刑法和司法解释规定，同时构成其他犯罪的，依照处罚较重的规定定罪处罚。

5. 依法惩治借网络暴力事件实施的恶意营销炒作行为。基于蹭炒热度、推广引流等目的，利用互联网用户公众账号等推送、传播有关网络暴力违法犯罪的信息，符合刑法第二百八十七条之一规定的，以非法利用信息网络罪定罪处罚；依照刑法和司法解释规定，同时构成其他犯罪的，依照处罚较重的规定定罪处罚。

6. 依法惩治拒不履行信息网络安全管理义务行为。网络服务提供者对于所发现的有关网络暴力违法犯罪的信息不依法履行信息网络安全管理义务，经监管部门责令采取改正措施而拒不改正，致使违法信息大量传播或者有其他严重情节，符合刑法第二百八十六条之一规定的，以拒不履行信息网络安全管理义务罪定罪处罚；依照刑法和司法解释规定，同时构成其他犯罪的，依照处罚较重的规定定罪处罚。

7. 依法惩治网络暴力违法行为。实施网络侮辱、诽谤等网络暴力行为，尚不构成犯罪，符合治安管理处罚法等规定的，依法予以行政处罚。

8. 依法严惩网络暴力违法犯罪。对网络暴力违法犯罪，应当体现从严惩治精神，让人民群众充分感受到公平正义。坚持严格执法司法，对于网络暴力违法犯罪，依法严肃追究，切实矫正“法不责众”的错误倾向。要重点打击恶意发起者、组织者、恶意推波助澜者以及屡教不改者。实施网络暴力违法犯罪，具有下列情形之一的，依法从重处罚：

（1）针对未成年人、残疾人实施的；

（2）组织“水军”、“打手”或者其他人员实施的；

（3）编造“涉性”话题侵害他人人格尊严的；

（4）利用“深度合成”等生成式人工智能技术发布违法信息的；

（5）网络服务提供者发起、组织的。

9. 依法支持民事维权。针对他人实施网络暴力行为，侵犯他人名誉权、隐私权等人格权，受害人请求行为人承担民事责任的，人民法院依法予以支持。

10. 准确把握违法犯罪行为的认定标准。通过信息网络检举、揭发他人犯罪或者违法违纪行为，只要不是故意捏造事实或者明知是捏造的事实而故意散布的，不应当认定为诽谤违法犯罪。针对他人言行发表评论、提出批评，即使观点有所偏颇、言论有些偏激，只要不是肆意谩骂、恶意诋毁的，不应当认定为侮辱违法犯罪。

三、畅通诉讼程序，及时提供有效法律救济

11. 落实公安机关协助取证的法律规定。根据刑法第二百四十六条第三款的规定，对于被害人就网络侮辱、诽谤提起自诉的案件，人民法院经审查认为被害人提供证据确有困难的，可以要求公安机关提供协助。公安机关应当根据人民法院要求和案件具体情况，及时查明行为主体，收集相关侮辱、诽谤信息传播扩散情况及造成的影响等证据材料。网络服务提供者应当依法为公安机关取证提供必要的技术支持和协助。经公安机关协助取证，达到自诉案件受理条件的，人民法院应当决定立案；无法收集相关证据材料的，公安机关应当书面向人民法院说明情况。

12. 准确把握侮辱罪、诽谤罪的公诉条件。根据刑法第二百四十六条第二款的规定，实施侮辱、诽谤犯罪，严重危害社会秩序和国家利益的，应当依法提起公诉。对于网络侮辱、诽谤是否严重危害社会秩序，应当综合侵害对象、动机目的、行为方式、信息传播范围、危害后果等因素作出判定。

实施网络侮辱、诽谤行为，具有下列情形之一的，应当认定为刑法第二百四十六条第二款规定的“严重危害社会秩序”：

（1）造成被害人或者其近亲属精神失常、自杀等严重后果，社会影响恶劣的；

（2）随意以普通公众为侵害对象，相关信息在网络上大范围传播，引发大量低俗、恶意评论，严重破坏网络秩序，社会影响恶劣的；

（3）侮辱、诽谤多人或者多次散布侮辱、诽谤信息，社会影响恶劣的；

（4）组织、指使人员在多个网络平台大量散布侮辱、诽谤信息，社会影响恶劣的；

（5）其他严重危害社会秩序的情形。

13. 依法适用侮辱、诽谤刑事案件的公诉程序。对于严重危害社会秩序的网络侮辱、诽谤行为，公安机关应当依法及时立案。被害人同时向人民法院提起自诉的，人民法院可以请自诉人撤回自诉或者裁定不予受理；已经受理的，应当裁定终止审理，并将相关材料移送公安机关，原自诉人可以作为被害人参与诉讼。对于网络侮辱、诽谤行为，被害人在公安机关立案前提起自诉，人民法院经审查认为有关行为严重危害社会秩序的，应当将案件移送公安机关。

对于网络侮辱、诽谤行为，被害人或者其近亲属向公安机关报案，公安机关经审查认为已构成犯罪但不符合公诉条件的，可以告知报案人向人民法院提起自诉。

14. 加强立案监督工作。人民检察院依照有关法律和司法解释的规定，对网络暴力犯罪案件加强立案监督工作。

上级公安机关应当加强对下级公安机关网络暴力案件立案工作的业务指导和内部监督。

15. 依法适用人格权侵害禁令制度。权利人有证据证明行为人正在实施或者即将实施侵害其人格权的违法行为，不及时制止将使其合法权益受到难以弥补的损害，依据民法典第九百九十七条向人民法院申请采取责令行为人停止有关行为的措施的，人民法院可以根据案件具体情况依法作出人格权侵害禁令。

16. 依法提起公益诉讼。网络暴力行为损害社会公共利益的，人民检察院可以依法向人民法院提起公益诉讼。

网络服务提供者对于所发现的网络暴力信息不依法履行信息网络安全管理义务，致使违法信息大量传播或者有其他严重情节，损害社会公共利益的，人民检察院可以依法向人民法院提起公益诉讼。

人民检察院办理网络暴力治理领域公益诉讼案件，可以依法要求网络服务提供者提供必要的技术支持和协助。

四、落实工作要求，促进强化综合治理

17. 有效保障受害人权益。办理网络暴力案件，应当及时告知受害人及其法定代理人或者近亲属有权委托诉讼代理人，并告知其有权依法申请法律援助。针对相关网络暴力信息传播范围广、社会危害大、影响消除难的现实情况，要依法及时向社会发布案件进展信息，澄清事实真相，有效消除不良影响。依法适用认罪认罚从宽制度，促使被告人认罪认罚，真诚悔罪，通过媒体公开道歉等方式，实现对受害人人格权的有效保护。对于被判处刑罚的被告人，可以依法宣告职业禁止或者禁止令。

18. 强化衔接配合。人民法院、人民检察院、公安机关要加强沟通协调，统一执法司法理念，有序衔接自诉程序与公诉程序，确保案件顺利侦查、起诉、审判。对重大、敏感、复杂案件，公安机关听取人民检察院意见建议的，人民检察院应当及时提供，确保案件依法稳妥处理。完善行政执法和刑事司法衔接机制，加强协调配合，形成各单位各司其职、高效联动的常态化工作格局，依法有效惩治、治理网络暴力违法犯罪。

19. 做好法治宣传。要认真贯彻"谁执法谁普法"普法责任制，充分发挥执法办案的规则引领、价值导向和行为规范作用。发布涉网络暴力典型案例，明确传导"网络空间不是法外之地"，教育引导广大网民自觉守法，引领社会文明风尚。

20. 促进网络暴力综合治理。立足执法司法职能，在依法办理涉网络暴力相关案件的基础上，做实诉源治理，深入分析滋生助推网络暴力发生的根源，通过提出司法建议、检察建议、公安提示函等方式，促进对网络暴力的多元共治，夯实网络信息服务提供者的主体责任，不断健全长效治理机制，从根本上减少网络暴力的发生，营造清朗网络空间。

最高人民法院　最高人民检察院　公安部
印发《关于办理医保骗保刑事案件若干问题的指导意见》的通知

法发〔2024〕6号

各省、自治区、直辖市高级人民法院、人民检察院、公安厅（局），解放军军事法院、军事检察院，新疆维吾尔自治区高级人民法院生产建设兵团分院，新疆生产建设兵团人民检察院、公安局：

为依法惩治医保骗保犯罪，切实维护医疗保障基金安全，维护人民群众医疗保障合法权

益，结合工作实际，最高人民法院、最高人民检察院、公安部现联合印发《关于办理医保骗保刑事案件若干问题的指导意见》，请认真贯彻执行。执行中遇到的重大问题，请分别报告最高人民法院、最高人民检察院、公安部。

2024 年 2 月 28 日

最高人民法院　最高人民检察院　公安部
关于办理医保骗保刑事案件若干问题的指导意见

为依法惩治医保骗保犯罪，维护医疗保障基金安全，维护人民群众合法权益，根据《中华人民共和国刑法》、《中华人民共和国刑事诉讼法》等有关规定，现就办理医保骗保刑事案件若干问题提出如下意见。

一、全面把握总体要求

1. 深刻认识依法惩治医保骗保犯罪的重大意义。医疗保障基金是人民群众的“看病钱”、“救命钱”，事关人民群众切身利益，事关医疗保障制度健康持续发展，事关国家长治久安。要切实提高政治站位，深刻认识依法惩治医保骗保犯罪的重大意义，持续深化医保骗保问题整治，依法严惩医保骗保犯罪，切实维护医疗保障基金安全，维护人民群众医疗保障合法权益，促进医疗保障制度健康持续发展，不断提升人民群众获得感、幸福感、安全感。

2. 坚持严格依法办案。坚持以事实为根据、以法律为准绳，坚持罪刑法定、证据裁判、疑罪从无等法律原则，严格按照证据证明标准和要求，全面收集、固定、审查和认定证据，确保每一起医保骗保刑事案件事实清楚，证据确实、充分，定罪准确，量刑适当，程序合法。切实贯彻宽严相济刑事政策和认罪认罚从宽制度，该宽则宽，当严则严，宽严相济，罚当其罪，确保罪责刑相适应，实现政治效果、法律效果和社会效果的统一。

3. 坚持分工负责、互相配合、互相制约。公安机关、人民检察院、人民法院要充分发挥侦查、起诉、审判职能作用，加强协作配合，建立长效工作机制，形成工作合力，依法、及时、有效惩治医保骗保犯罪。坚持以审判为中心，强化证据意识、程序意识、裁判意识，充分发挥庭审在查明事实、认定证据、保护诉权、公正裁判中的决定性作用，有效加强法律监督，确保严格执法、公正司法，提高司法公信力。

二、准确认定医保骗保犯罪

4. 本意见所指医保骗保刑事案件，是指采取欺骗手段，骗取医疗保障基金的犯罪案件。

医疗保障基金包括基本医疗保险（含生育保险）基金、医疗救助基金、职工大额医疗费用补助、公务员医疗补助、居民大病保险资金等。

5. 定点医药机构（医疗机构、药品经营单位）以非法占有为目的，实施下列行为之一，骗取医疗保障基金支出的，对组织、策划、实施人员，依照刑法第二百六十六条的规定，以诈骗罪定罪处罚；同时构成其他犯罪的，依照处罚较重的规定定罪处罚：

（1）诱导、协助他人冒名或者虚假就医、购药，提供虚假证明材料，或者串通他人虚开费用单据；

（2）伪造、变造、隐匿、涂改、销毁医学文书、医学证明、会计凭证、电子信息、检测报告等有关资料；

（3）虚构医药服务项目、虚开医疗服务费用；

（4）分解住院、挂床住院；

（5）重复收费、超标准收费、分解项目收费；

（6）串换药品、医用耗材、诊疗项目和服务设施；

（7）将不属于医疗保障基金支付范围的医药费用纳入医疗保障基金结算；

（8）其他骗取医疗保障基金支出的行为。

定点医药机构通过实施前款规定行为骗取的医疗保障基金应当予以追缴。

定点医药机构的国家工作人员，利用职务便利，实施第一款规定的行为，骗取医疗保障基金，依照刑法第三百八十二条、第三百八十三条的规定，以贪污罪定罪处罚。

6. 行为人以非法占有为目的，实施下列行为之一，骗取医疗保障基金支出的，依照刑法第二百六十六条的规定，以诈骗罪定罪处罚；同时构成其他犯罪的，依照处罚较重的规定定罪处罚：

（1）伪造、变造、隐匿、涂改、销毁医学文书、医学证明、会计凭证、电子信息、检测报告等有关资料；

（2）使用他人医疗保障凭证冒名就医、购药；

（3）虚构医药服务项目、虚开医疗服务费用；

（4）重复享受医疗保障待遇；

（5）利用享受医疗保障待遇的机会转卖药品、医用耗材等，接受返还现金、实物或者获得其他非法利益；

（6）其他骗取医疗保障基金支出的行为。

参保人员个人账户按照有关规定为他人支付在定点医疗机构就医发生的由个人负担的医疗费用，以及在定点零售药店购买药品、医疗器械、医用耗材发生的由个人负担的费用，不属于前款第（2）项规定的冒名就医、购药。

7. 医疗保障行政部门及经办机构工作人员利用职务便利，骗取医疗保障基金支出的，依照刑法第三百八十二条、第三百八十三条的规定，以贪污罪定罪处罚。

8. 以骗取医疗保障基金为目的，购买他人医疗保障凭证（社会保障卡等）并使用，同时构成买卖身份证件罪、使用虚假身份证件罪、诈骗罪的，以处罚较重的规定定罪处罚。

盗窃他人医疗保障凭证（社会保障卡等），并盗刷个人医保账户资金，依照刑法第二百六十四条的规定，以盗窃罪定罪处罚。

9. 明知系利用医保骗保购买的药品而非法收购、销售的，依照刑法第三百一十二条和相关司法解释的规定，以掩饰、隐瞒犯罪所得罪定罪处罚；指使、教唆、授意他人利用医保骗保购买药品，进而非法收购、销售，依照刑法第二百六十六条的规定，以诈骗罪定罪处罚。

利用医保骗保购买药品的行为人是否被追究刑事责任，不影响对非法收购、销售有关药品的行为人定罪处罚。

对第一款规定的主观明知，应当根据药品标志、收购渠道、价格、规模及药品追溯信息等综合认定。具有下列情形之一的，可以认定行为人具有主观明知，但行为人能够说明药品合法来源或作出合理解释的除外：

（1）药品价格明显异于市场价格的；

（2）曾因实施非法收购、销售利用医保骗保购买的药品，受过刑事或行政处罚的；

（3）以非法收购、销售基本医疗保险药品为业的；

（4）长期或多次向不特定交易对象收购、销售基本医疗保险药品的；

（5）利用互联网、邮寄等非接触式渠道多次收购、销售基本医疗保险药品的；

（6）其他足以认定行为人主观明知的。

三、依法惩处医保骗保犯罪

10. 依法从严惩处医保骗保犯罪，重点打击幕后组织者、职业骗保人等，对其中具有退赃退赔、认罪认罚等从宽情节的，也要从严把握从宽幅度。

具有下列情形之一的，可以从重处罚：

（1）组织、指挥犯罪团伙骗取医疗保障基金的；

（2）曾因医保骗保犯罪受过刑事追究的；

（3）拒不退赃退赔或者转移财产的；

（4）造成其他严重后果或恶劣社会影响的。

11. 办理医保骗保刑事案件，要同步审查洗钱、侵犯公民个人信息等其他犯罪线索，实现全链条依法惩治。要结合常态化开展扫黑除恶斗争，发现、识别医保骗保团伙中可能存在的黑恶势力，深挖医保骗保犯罪背后的腐败和“保护伞”，并坚决依法严惩。

12. 对实施医保骗保的行为人是否追究刑事责任，应当综合骗取医疗保障基金的数额、手段、认罪悔罪、退赃退赔等案件具体情节，依法决定。

对于涉案人员众多的，要根据犯罪的事实、犯罪的性质、情节和对于社会的危害程度，以及在共同犯罪中的地位、作用、具体实施的行为区别对待、区别处理。对涉案不深的初犯、偶犯从轻处罚，对认罪认罚的医务人员、患者可以从宽处罚，其中，犯罪情节轻微的，可以依法不起诉或者免除处罚；情节显著轻微、危害不大的，不作为犯罪处理。

13. 依法正确适用缓刑，要综合考虑犯罪情节、悔罪表现、再犯罪的危险以及宣告缓刑对所居住社区的影响，依法作出决定。对犯罪集团的首要分子、职业骗保人、曾因医保骗保犯罪受过刑事追究，毁灭、伪造、隐藏证据，拒不退赃退赔或者转移财产逃避责任的，一般不适用缓刑。对宣告缓刑的犯罪分子，根据犯罪情况，可以同时禁止其在缓刑考验期限内从事与医疗保障基金有关的特定活动。

14. 依法用足用好财产刑，加大罚金、没收财产力度，提高医保骗保犯罪成本，从经济上严厉制裁犯罪分子。要综合考虑犯罪数额、退赃退赔、认罪认罚等情节决定罚金数额。

四、切实加强证据的收集、审查和判断

15. 医保骗保刑事案件链条长、隐蔽深、取证难，公安机关要加强调查取证工作，围绕医保骗保犯罪事实和量刑情节收集固定证据，尤其注重收集和固定处方、病历等原始证据材料及证明实施伪造骗取事实的核心证据材料，深入查明犯罪事实，依法移送起诉。对重大、疑难、复杂和社会影响大、关注度高的案件，必要时可以听取人民检察院的意见。

16. 人民检察院要依法履行法律监督职责，强化以证据为核心的指控体系构建，加强对医保骗保刑事案件的提前介入、证据审查、立案监督等工作，积极引导公安机关开展侦查活动，完善证据体系。

17. 人民法院要强化医保骗保刑事案件证据的审查、判断，综合运用证据，围绕与定罪量刑有关的事实情节进行审查、认定，确保案件事实清楚，证据确实、充分。认为需要补充证据的，应当依法建议人民检察院补充侦查。

18. 医疗保障行政部门在监督检查和调查中收集的物证、书证、视听资料、电子数据等证据材料，经法庭查证属实，且收集程序符合有关法律、行政法规规定的，可以作为定案的根据。

19. 办理医保骗保刑事案件，确因证人人数众多等客观条件限制，无法逐一收集证人证言的，可以结合已收集的证人证言，以及经查证属实的银行账户交易记录、第三方支付结算凭证、账户交易记录、审计报告、医保信息系统数据、电子数据等证据，综合认定诈骗数额等犯罪事实。

20. 公安机关、人民检察院、人民法院对依法查封、扣押、冻结的涉案财产，应当全面收集、审查证明其来源、性质、用途、权属及价值大小等有关证据，根据查明的事实依法处理。经查明确实与案件无关的，应予返还。

公安机关、人民检察院应当对涉案财产审查甄别。在移送起诉、提起公诉时，应当对涉案财产提出处理意见。

21. 对行为人实施医保骗保犯罪所得一切财物，应当依法追缴或者责令退赔。确有证据证明存在依法应当追缴的财产，但无法查明去向，或者价值灭失，或者与其他合法财产混合且不可分割的，可以追缴等值财产或者混合财产中的等值部分。等值财产的追缴数额限于依法查明应当追缴违法所得数额，对已经追缴或者退赔的部分应予扣除。

对于证明前款各种情形的证据，应当及时调取。

22. 公安机关、人民检察院、人民法院要把追赃挽损贯穿办理案件全过程和各环节，全力追赃挽损，做到应追尽追。人民法院在执行涉案财物过程中，公安机关、人民检察院及有关职能部门应当配合，切实履行协作义务，综合运用多种手段，做好涉案财物清运、财产变现、资金归集和财产返还等工作，最大程度减少医疗保障基金损失，最大限度维护人民群众利益。

五、建立健全协同配合机制

23. 公安机关、人民检察院对医疗保障行政部门在调查医保骗保行为或行政执法过程中，认为案情重大疑难复杂，商请就追诉标准、证据固定等问题提出咨询或参考意见的，应

当及时提出意见。

公安机关对医疗保障行政部门移送的医保骗保犯罪线索要及时调查，必要时可请相关部门予以协助并提供相关证据材料，对涉嫌犯罪的及时立案侦查。医疗保障行政部门或有关行政主管部门及医药机构应当积极配合办案机关调取相关证据，做好证据的固定和保管工作。

公安机关、人民检察院、人民法院对不构成犯罪、依法不起诉或免予刑事处罚的医保骗保行为人，需要给予行政处罚、政务处分或者其他处分的，应当依法移送医疗保障行政部门等有关机关处理。

24. 公安机关、人民检察院、人民法院与医疗保障行政部门要加强协作配合，健全医保骗保刑事案件前期调查、立案侦查、审查起诉、审判执行等工作机制，完善线索发现、核查、移送、处理和反馈机制，加强对医保骗保犯罪线索的分析研判，及时发现、有效预防和惩治犯罪。公安机关与医疗保障行政部门要加快推动信息共享，构建实时分析预警监测模型，力争医保骗保问题“发现在早、打击在早”，最大限度减少损失。

公安机关、人民检察院、人民法院应当将医保骗保案件处理结果及生效文书及时通报医疗保障行政部门。

25. 公安机关、人民检察院、人民法院在办理医保骗保刑事案件时，可商请医疗保障行政部门或有关行政主管部门指派专业人员配合开展工作，协助查阅、复制有关专业资料或核算医疗保障基金损失数额，就案件涉及的专业问题出具认定意见。涉及需要行政处理的事项，应当及时移送医疗保障行政部门或者有关行政主管部门依法处理。

26. 公安机关、人民检察院、人民法院要积极能动履职，进一步延伸办案职能，根据情况适时发布典型案例、开展以案释法，加强法治宣传教育，推动广大群众知法、守法，共同维护医疗保障基金正常运行和医疗卫生秩序。结合办理案件发现医疗保障基金使用、监管等方面存在的问题，向有关部门发送提示函、检察建议书、司法建议书，并注重跟踪问效，建立健全防范医保骗保违法犯罪长效机制，彻底铲除医保骗保违法犯罪的滋生土壤。

最高人民法院　最高人民检察院　公安部
国家安全部　司法部
**关于印发《办理刑事案件庭前会议规程》
和《办理刑事案件排除非法证据规程》的通知**

法发〔2024〕12号

各省、自治区、直辖市高级人民法院、人民检察院、公安厅（局）、国家安全厅（局）、司法厅（局），解放军军事法院、军事检察院，新疆维吾尔自治区高级人民法院生产建设兵团分院、新疆生产建设兵团人民检察院、公安局、国家安全局、司法局：

为全面贯彻习近平法治思想，深入推进以审判为中心的刑事诉讼制度改革，严格规范庭前会议程序和排除非法证据程序，最高人民法院、最高人民检察院、公安部、国家安全部、司法部在《人民法院办理刑事案件庭前会议规程（试行）》和《人民法院办理刑事案件排除非法证据规程（试行）》的基础上，制定了《办理刑事案件庭前会议规程》和《办理刑事案件排除非法证据规程》。现予以印发，请结合实际认真贯彻执行。在执行中遇到的新情况、新问题，请及时层报中央主管部门。

2024年7月25日

最高人民法院 最高人民检察院 公安部 国家安全部 司法部 办理刑事案件庭前会议规程

为贯彻落实最高人民法院、最高人民检察院、公安部、国家安全部、司法部《关于推进以审判为中心的刑事诉讼制度改革的意见》，规范庭前会议程序，提高庭审质量和效率，根据法律规定，结合司法实际，制定本规程。

第一条 适用普通程序审理的刑事案件，具有下列情形之一，人民法院可以在开庭审理前召开庭前会议：

（一）证据材料较多、案情重大复杂的；

（二）控辩双方对事实、证据存在较大争议的；

（三）社会影响重大的；

（四）需要召开庭前会议的其他情形。

第二条 控辩双方可以申请人民法院召开庭前会议。申请召开庭前会议的，应当说明需要处理的事项及理由。人民法院经审查认为有必要的，应当决定召开庭前会议；决定不召开庭前会议的，应当告知申请人。

被告人及其辩护人在开庭审理前申请排除非法证据，并依照法律规定提供相关线索或者材料的，人民法院应当召开庭前会议。

第三条 庭前会议中，人民法院可以就与审判相关的问题了解情况，听取意见，依法处理管辖、回避、出庭证人名单、非法证据排除等可能导致庭审中断的事项，组织控辩双方展示证据，归纳争议焦点，开展附带民事调解。

第四条 庭前会议由审判长或者承办案件的审判员主持，合议庭其他审判员也可以主持庭前会议。

公诉人、辩护人应当参加庭前会议，检察官助理、律师助理可以协助。

根据案件情况，被告人可以参加庭前会议；被告人申请参加庭前会议或者申请排除非法证据等情形的，人民法院应当通知被告人到场；有多名被告人的案件，人民法院根据案件情况确定参加庭前会议的辩护人和被告人。

庭前会议中开展附带民事调解的，人民法院应当通知附带民事诉讼当事人及其法定代理人、诉讼代理人到场。

第五条 被告人不参加庭前会议的，辩护人一般应当在召开庭前会议前就庭前会议处理事项听取被告人意见。

第六条 庭前会议一般不公开进行。

根据案件情况，人民法院可以决定通过视频等方式召开庭前会议。

第七条 根据案件情况，庭前会议可以在开庭审理前多次召开；休庭后，可以在再次开庭前召开庭前会议。

第八条 庭前会议应当在法庭或者其他办案场所召开。被羁押的被告人参加的，可以在看守所内设置的法庭或者其他合适场所召开。

被羁押的被告人参加庭前会议的，应当有法警在场。

第九条 人民法院应当根据案件情况，综合控辩双方意见，确定庭前会议需要处理的主要事项，在召开庭前会议三日前，将会议的时间、地点、人员和事项等通知参会人员，并通知辩护人可以在召开庭前会议后三日内以书面形式提交辩护意见要点，人民法院收到书面辩护意见要点后及时将复印件送交人民检察院。通知情况应当记录在案。

第十条 庭前会议开始后，主持人应当核实参会人员情况，宣布庭前会议需要处理的事项。

有多名被告人参加庭前会议的，应当采取措施防止串供。

第十一条 庭前会议中，主持人可以就下列事项向控辩双方了解情况，听取意见：

（一）是否对案件管辖有异议；

（二）是否申请有关人员回避；

（三）是否申请不公开审理；

（四）是否申请排除非法证据；

（五）是否提供新的证据材料；

（六）是否申请重新鉴定或者勘验；

（七）是否申请调取在侦查、审查起诉期间公安机关、人民检察院收集但未随案移送的证明被告人无罪或者罪轻的证据材料；

（八）是否申请向证人或有关单位、个人收集、调取证据材料；

（九）是否申请证人、鉴定人、有专门知识的人、侦查人员或者其他人员出庭，是否对出庭人员名单有异议；

（十）是否对涉案财物的权属情况和人民检察院的处理建议有异议；

（十一）与审判相关的其他问题。

庭前会议中，人民法院可以开展附带民事调解。

对于第一款规定中可能导致庭审中断的事项，控辩双方应当就是否提出相关申请或者要求发表明确意见，人民法院可以依法作出处理，并在庭审中说明处理决定和理由。

第十二条 被告人及其辩护人对案件管辖提出异议，应当说明理由。人民法院经审查认为异议成立的，应当依法将案件退回人民检察院或者移送有管辖权的上一级人民法院审判；认为本院不宜行使管辖权的，可以请求上一级人民法院处理。人民法院经审查认为异议不成立的，应当依法驳回异议。

第十三条 被告人及其辩护人申请合议庭组成人员、法官助理、书记员、鉴定人、翻译人员回避，应当说明理由。人民法院经审查认为申请成立的，应当依法决定有关人员回避；认为申请不成立的，应当依法驳回申请。

被告人及其辩护人申请检察人员回避，属于刑事诉讼法第二十九条、第三十条规定情形的，人民检察院应当依法作出回避或者驳回申请的决定。

被告人及其辩护人申请回避被驳回的，可以在接到决定时申请复议一次。对于不属于刑事诉讼法第二十九条、第三十条规定情形的，人民法院应当驳回申请，被告人及其辩护人不得申请复议。

第十四条 控辩双方申请不公开审理，人民法院经审查认为案件涉及国家秘密或者个人隐私的，应当准许；认为案件涉及商业秘密的，可以准许。

第十五条 被告人及其辩护人在开庭审理前申请排除非法证据，并依照法律规定提供相关线索或者材料的，人民法院应当在召开庭前会议三日前将申请书及相关线索或者材料的复制件送交人民检察院。人民检察院应当在庭前会议中通过出示有关证据材料等方式，有针对性地对证据收集的合法性作出说明。人民法院可以对有关证据材料进行核实；经控辩双方申请，可以有针对性地播放讯问录音录像。必要时，可以通知侦查人员或者其他人员参加庭前会议，说明情况。

人民检察院可以撤回有关证据，撤回的证据，没有新的理由，不得在庭审中出示。被告人及其辩护人可以撤回排除非法证据的申请，撤回申请后，没有新的线索或者材料，不得再次对有关证据提出排除申请。

控辩双方在庭前会议中对证据收集的合法性未达成一致意见，人民法院对证据收集的合法性有疑问的，应当在庭审中进行调查；对证据收集的合法性没有疑问，且没有新的线索或者材料表明可能存在非法取证的，可以决定不再进行调查并说明理由。

第十六条 控辩双方申请重新鉴定或者勘验，应当说明理由。人民法院经审查认为有必要的，应当同意。

第十七条 被告人及其辩护人书面申请调取公安机关、人民检察院在侦查、审查起诉期间收集但未随案移送的证明被告人无罪或者罪轻的证据材料，并提供相关线索或者材料的，人民法院应当调取，并通知人民检察院在收到调取决定书后三日内移交。未移交的，人民检察院应当书面说明相关情况。

被告人及其辩护人申请向证人或有关单位、个人收集、调取证据材料，应当说明理由。人民法院经审查认为有关证据材料可能影响定罪量刑的，应当准许；认为有关证据材料与案件无关或者明显重复、没有必要的，可以不予准许。

第十八条 控辩双方申请证人、鉴定人、有专门知识的人、侦查人员出庭，应当说明理由。人民法院经审查认为理由成立的，应当通知有关人员出庭。

控辩双方对出庭证人、鉴定人、有专门知识的人、侦查人员的名单有异议，人民法院经审查认为异议成立的，应当依法作出处理；认为异议不成立的，应当依法驳回。

人民法院通知证人、鉴定人、有专门知识的人、侦查人员等出庭后，控辩双方应当协助有关人员到庭。

第十九条 召开庭前会议前，人民检察院应当将全部证据材料移送人民法院，被告人及其辩护人应当将收集的有关被告人不在犯罪现场、未达到刑事责任年龄、属于依法不负刑事责任的精神病人等证明被告人无罪或者依法不负刑事责任的全部证据材料提交人民法院。

人民法院收到控辩双方移送或者提交的证据材料后，应当通知对方查阅、摘抄、复制。

第二十条 庭前会议中，对于控辩双方决定在庭审中出示的证据，人民法院可以组织展示有关证据并由证据出示方简要说明证据证明内容，听取另一方的意见，梳理存在争议的证据。控辩双方不质证、不辩论。

对于控辩双方在庭前会议中没有争议的证据，庭审时举证、质证可以简化。

第二十一条 人民法院可以在庭前会议中听取控辩双方的意见，归纳控辩双方的争议焦点。对控辩双方没有争议或者达成一致意见的事项，可以在庭审中简化审理。

人民法院可以组织控辩双方协商确定庭审的举证顺序、方式等事项，明确法庭调查的方式和重点。协商不成的事项，由人民法院确定。

第二十二条 对于被告人在庭前会议前不认罪，在庭前会议中又认罪的案件，人民法院核实被告人认罪的自愿性和真实性并听取控辩双方意见，可以在庭审中简化审理。

第二十三条 人民法院在庭前会议中听取控辩双方对案件事实、证据的意见后，对于明显事实不清、证据不足的案件，可以建议人民检察院补充材料或者撤回起诉。建议撤回起诉的案件，人民检察院不同意的，开庭审理后，没有新的事实和理由，一般不准许撤回起诉。

第二十四条 庭前会议情况应当制作笔录，由参会人员核对后签名。

庭前会议结束后，人民法院应当制作庭前会议报告，说明庭前会议的基本情况、与审判相关的问题的处理结果、控辩双方的争议焦点以及就相关事项达成的一致意见等。

第二十五条 对于召开庭前会议的案件，在宣读起诉书后，法庭应当宣布庭前会议报告的主要内容。

对庭前会议处理管辖异议、申请回避、申请不公开审理等事项的，法庭可以在告知当事人诉讼权利后宣布庭前会议报告的相关内容。

有多起犯罪事实的案件，必要时可以在有关犯罪事实的法庭调查开始前，再次宣布庭前会议报告的相关内容。

第二十六条 宣布庭前会议报告后，对于控辩双方在庭前会议中达成一致意见以及人民法院依法作出处理决定的事项，法庭向控辩双方简要核实后当庭予以确认，除有正当理由外，一般不再进行处理；对于其他事项，法庭依法作出处理。

第二十七条 第二审人民法院召开庭前会议的，参照上述规定。

第二十八条 本规程自2024年9月3日起施行。《人民法院办理刑事案件庭前会议规程（试行）》同时废止。

最高人民法院　最高人民检察院　公安部　国家安全部　司法部
办理刑事案件排除非法证据规程

为贯彻落实最高人民法院、最高人民检察院、公安部、国家安全部、司法部《关于推进以审判为中心的刑事诉讼制度改革的意见》和《关于办理刑事案件严格排除非法证据若干问题的规定》，规范排除非法证据程序，准确惩罚犯罪，切实保障人权，根据法律规定，结合司法实际，制定本规程。

第一条　采用下列非法方法收集的犯罪嫌疑人、被告人供述，应当予以排除：

（一）采用殴打、违法使用戒具等暴力方法或者变相肉刑的恶劣手段，使犯罪嫌疑人、被告人遭受难以忍受的痛苦而违背意愿作出的供述；

（二）采用以暴力或者严重损害本人及其近亲属合法权益等进行威胁的方法，使犯罪嫌疑人、被告人遭受难以忍受的痛苦而违背意愿作出的供述；

（三）采用非法拘禁等非法限制人身自由的方法收集的犯罪嫌疑人、被告人供述。

采用刑讯逼供方法使犯罪嫌疑人、被告人作出供述，之后犯罪嫌疑人、被告人受该刑讯逼供行为影响而作出的与该供述相同的重复性供述，应当一并排除，但下列情形除外：

（一）侦查期间，侦查机关根据控告、举报或者自己发现等，确认或者不能排除以非法方法收集证据而更换侦查人员，其他侦查人员再次讯问时告知诉讼权利和认罪的法律后果，犯罪嫌疑人、被告人自愿供述的；

（二）审查逮捕、审查起诉和审判期间，检察人员、审判人员讯问时告知诉讼权利和认罪的法律后果，犯罪嫌疑人、被告人自愿供述的。

第二条　采用暴力、威胁以及非法限制人身自由等非法方法收集的证人证言、被害人陈述，应当予以排除。

第三条　采用非法搜查、扣押等违反法定程序的方法收集物证、书证，可能严重影响司法公正的，应当予以补正或者作出合理解释；不能补正或者作出合理解释的，对该证据应当予以排除。

第四条　对于可能判处无期徒刑、死刑的案件或者其他重大案件，侦查机关在侦查终结前，应当书面通知人民检察院驻看守所检察人员开展讯问合法性核查。检察人员应当在侦查终结前询问犯罪嫌疑人，核查是否存在刑讯逼供等非法取证的情形，并全程同步录音录像。

第五条　人民检察院核查结束后，应当制作重大案件讯问合法性核查意见书，送达侦查机关。对于经核查确有或者不能排除刑讯逼供等非法取证情形的，应当通知侦查机关依法排除非法证据。侦查机关对存在刑讯逼供等非法取证情形没有异议，或者经复查认定确有刑讯逼供等非法取证情形的，应当及时依法排除非法证据，不得作为提请批准逮捕、移送审查起诉的根据，并制作排除非法证据结果告知书，将排除非法证据的情况依法告知人民检察院。

重大案件讯问合法性核查意见书和被排除的非法证据应当随案移送，并写明为依法排除的非法证据。

第六条 人民检察院办理审查逮捕、审查起诉案件，发现侦查人员以非法方法收集证据的，应当及时调查核实；犯罪嫌疑人及其辩护人申请排除非法证据，并提供涉嫌非法取证的人员、时间、地点、方式和内容等线索或者材料的，人民检察院应当受理并进行审查。根据现有材料无法证明证据收集合法性的，应当及时进行调查核实。

人民检察院认为可能存在以刑讯逼供等非法方法收集证据情形的，可以书面要求侦查机关对证据收集的合法性作出说明。对确有以非法方法收集证据情形的，人民检察院应当依法向侦查机关提出纠正意见。

第七条 审查起诉期间，人民检察院经审查认为确有或者不能排除刑讯逼供、非法取证情形的，应当依法排除非法证据，不得作为提起公诉的依据。人民检察院可以要求侦查机关另行指派侦查人员重新取证，必要时也可以自行调查取证。

人民检察院应当随案移送被排除的非法证据，写明为依法排除的非法证据，并将讯问录音录像及相关案卷材料一并移送人民法院。

第八条 犯罪嫌疑人、被告人及其辩护人申请排除非法证据，应当提供相关线索或者材料。“线索”是指内容具体、指向明确的涉嫌非法取证的人员、时间、地点、方式等。“材料”是指能够反映非法取证的伤情照片、体检记录、医院病历、讯问笔录、讯问录音录像或者同监室人员的证言等。

第九条 人民法院向被告人及其辩护人送达起诉书副本时，应当告知其有权在开庭审理前申请排除非法证据并同时提供相关线索或者材料。上述情况应当记录在案。

第十条 被告人及其辩护人申请排除非法证据，应当在开庭审理前提出，但在庭审期间发现相关线索或者材料等情形除外。

被告人及其辩护人申请排除非法证据，应当向人民法院提交书面申请。被告人书写确有困难的，可以口头提出申请，但应当记录在案，并由被告人签名或者捺指印。

被告人申请排除非法证据，但没有辩护人的，人民法院应当通知法律援助机构指派律师为其提供辩护。

第十一条 被告人及其辩护人申请排除非法证据，且提供相关线索或者材料的，人民法院应当召开庭前会议，并在召开庭前会议三日前将申请书和相关线索或者材料的复制件送交人民检察院。

被告人及其辩护人申请排除非法证据，未提供相关线索或者材料的，人民法院应当告知其补充提交。被告人及其辩护人未补充的，人民法院对申请不予受理，并在开庭审理前告知被告人及其辩护人。上述情况应当记录在案。

被告人在人民检察院对讯问的合法性进行核查询问时，明确表示侦查阶段没有刑讯逼供等非法取证情形，在审判阶段又提出排除非法证据申请的，应当说明理由。人民法院经审查对证据收集的合法性没有疑问的，可以驳回申请。

第十二条 被告人申请排除非法证据的，人民法院应当通知被告人参加庭前会议。

第十三条 召开庭前会议前，承办案件的审判员应当阅卷，并对证据收集的合法性进行审查：

（一）被告人在侦查、审查起诉阶段是否提出排除非法证据申请；提出申请的，是否提供相关线索或者材料；

（二）侦查机关、人民检察院是否对证据收集的合法性进行调查核实；调查核实的，是否作出调查结论；

（三）对于重大案件，人民检察院驻看守所检察人员在侦查终结前是否核查讯问的合法性，是否对核查过程同步录音录像；进行核查的，是否制作重大案件讯问合法性核查意见书；

（四）对于人民检察院在审查逮捕、审查起诉阶段排除的非法证据，是否随案移送并写明为依法排除的非法证据。

人民法院对证据收集的合法性进行审查后，认为需要补充上述证据材料的，应当通知人民检察院在三日内补送。

第十四条 在庭前会议中，人民法院对证据收集的合法性进行审查的，一般按照以下步骤进行：

（一）被告人及其辩护人宣读排除非法证据的申请并提供相关线索或者材料；

（二）公诉人提供证明证据收集合法性的证据材料；

（三）控辩双方对证据收集的合法性发表意见；

（四）控辩双方对证据收集的合法性未达成一致意见的，审判人员归纳争议焦点。

第十五条 在庭前会议中，人民检察院应当通过出示有关证据材料等方式，有针对性地对证据收集的合法性作出说明。人民法院可以对有关材料进行核实，经控辩双方申请有针对性地播放讯问录音录像，必要时可以通知侦查人员或者其他人员参加庭前会议说明情况。

第十六条 在庭前会议中，人民检察院可以撤回有关证据。撤回的证据，没有新的理由，不得在庭审中出示。

被告人及其辩护人可以撤回排除非法证据的申请。撤回申请后，没有新的线索或者材料，不得再次对有关证据提出排除申请。

第十七条 控辩双方在庭前会议中对证据收集的合法性达成一致意见，但一方在庭审中反悔的，除有正当理由外，法庭一般不再进行审查。

控辩双方在庭前会议中对证据收集的合法性未达成一致意见，人民法院对证据收集的合法性有疑问的，应当在庭审中进行调查；对证据收集的合法性没有疑问，且没有新的线索或者材料表明可能存在非法取证的，可以不再决定进行调查并说明理由。

第十八条 审判人员应当在庭前会议报告中说明证据收集合法性的审查情况，主要包括控辩双方的争议焦点以及就相关事项达成的一致意见等内容。

第十九条 被告人及其辩护人在开庭审理前未申请排除非法证据，在庭审过程中提出申请的，应当说明理由。人民法院经审查，对证据收集的合法性有疑问的，应当进行调查；没有疑问的，应当驳回申请。

人民法院驳回排除非法证据的申请后，被告人及其辩护人没有新的线索或者材料，以相同理由再次提出申请的，人民法院不再审查。

第二十条 人民法院决定对证据收集的合法性进行法庭调查的，应当先行当庭调查。对于被申请排除的证据和其他犯罪事实没有关联等情形，为防止庭审过分迟延，可以先调查其他犯罪事实，再对证据收集的合法性进行调查。

在对证据收集合法性的法庭调查程序结束前，不得对有关证据出示、质证。

第二十一条 法庭决定对证据收集的合法性进行调查的，一般按照以下步骤进行：

（一）召开庭前会议的案件，法庭应当在宣读起诉书后，宣布庭前会议中对证据收集合法性的审查情况，以及控辩双方的争议焦点；

（二）被告人及其辩护人说明排除非法证据的申请及相关线索或者材料；

（三）公诉人出示证明证据收集合法性的证据材料，被告人及其辩护人可以对相关证据进行质证，经审判长准许，公诉人、辩护人可以向出庭的侦查人员或者其他人员发问；

（四）控辩双方对证据收集的合法性进行辩论。

第二十二条 证据收集合法性的举证责任由人民检察院承担。

公诉人对证据收集的合法性加以证明，可以出示讯问笔录、提讯登记、体检记录、采取强制措施或者侦查措施的法律文书、对讯问合法性的核查材料等证据材料，也可以针对被告人及其辩护人提出异议的讯问时段播放讯问录音录像，提请法庭通知有关侦查人员或者其他人员出庭说明情况。

在法庭审理过程中，公诉人发现当庭不能举证或者为提供新的证据需要补充侦查，建议延期审理的，法庭可以延期审理。

第二十三条 被告人及其辩护人可以出示相关线索或者材料，并申请法庭播放特定讯问时段的讯问录音录像。

被告人及其辩护人向人民法院申请调取侦查机关、人民检察院收集但未提交的讯问录音录像、体检记录等证据材料，人民法院经审查认为该证据材料与证据收集的合法性有关的，应当予以调取；认为与证据收集的合法性无关的，应当决定不予调取，并向被告人及其辩护人说明理由。

被告人及其辩护人申请人民法院通知侦查人员或者其他人员出庭说明情况，人民法院认为确有必要的，应当通知上述人员出庭，不得以签名并加盖公章的说明材料替代侦查人员出庭。

第二十四条 法庭对证据收集的合法性进行调查的，应当重视对讯问录音录像的审查，重点审查以下内容：

（一）讯问录音录像是否依法制作。对于可能判处无期徒刑、死刑的案件或者其他重大犯罪案件，是否对讯问过程进行录音录像；

（二）讯问录音录像是否完整。是否对每一次讯问过程录音录像，录音录像是否全程不间断进行，是否有选择性录制、剪接、删改等情形；

（三）讯问录音录像是否同步制作。录音录像是否自讯问开始时制作，至犯罪嫌疑人核对讯问笔录、签字确认后结束；讯问笔录记载的起止时间是否与讯问录音录像反映的起止时间一致；

（四）讯问录音录像与讯问笔录的内容是否存在差异。对与定罪量刑有关的内容，讯问笔录记载的内容与讯问录音录像是否存在实质性差异，存在实质性差异的，以讯问录音录像为准。

第二十五条 侦查人员或者其他人员出庭的，应当向法庭说明证据收集过程，并就相关情况接受控辩双方发问。对发问方式不当或者内容与证据收集的合法性无关的，法庭应当制止。

经人民法院通知，侦查人员不出庭说明情况，不能排除以非法方法收集证据情形的，对有关证据应当予以排除。

第二十六条 人民法院对控辩双方提供的证据来源、内容等有疑问的，可以告知控辩双方补充证据或者作出说明；必要时，可以宣布休庭，对证据进行调查核实。法庭调查核实证据，可以通知控辩双方到场，并将核实过程记录在案。

对于控辩双方补充的和法庭庭外调查核实取得的证据，未经当庭出示、质证等法庭调查程序查证属实，不得作为证明证据收集合法性的根据。但经庭外征求意见，控辩双方没有异议的除外。

第二十七条 经法庭审理，被告人供述具有下列情形之一的，应当予以排除：

（一）确认以本规程第一条规定的非法方法收集证据的；

（二）应当对讯问过程录音录像的案件没有提供讯问录音录像，或者讯问录音录像存在选择性录制、剪接、删改等情形，综合现有证据不能排除以非法方法收集证据的；

（三）侦查机关除紧急情况外没有在规定的办案场所讯问，综合现有证据不能排除以非法方法收集证据的；

（四）其他不能排除存在以非法方法收集证据的。

第二十八条 人民法院对证据收集的合法性进行调查后，应当当庭作出是否排除有关证据的决定。必要时可以宣布休庭，由合议庭评议或者提交审判委员会讨论，再次开庭时宣布决定。

依法予以排除的非法证据，不得出示、质证，不得作为定案的根据。

第二十九条 人民法院对证据收集合法性的审查、调查结论，应当在裁判文书中写明，并说明理由。

第三十条 人民检察院、被告人及其法定代理人提出抗诉、上诉，对第一审人民法院有关证据收集合法性的审查、调查结论提出异议的，第二审人民法院应当审查。

第三十一条 人民检察院应当在第一审程序中全面出示证明证据收集合法性的证据材料。

人民检察院在第一审程序中未出示证明证据收集合法性的证据材料，第一审人民法院依法排除有关证据的，人民检察院在第二审程序中不得出示之前未出示的证据材料，但在第一审程序后发现的除外。

第三十二条 被告人及其辩护人在第一审程序中未提出排除非法证据的申请，在第二审程序中提出申请，有下列情形之一的，第二审人民法院应当审查：

（一）第一审人民法院没有依法告知被告人申请排除非法证据的权利的；

（二）被告人及其辩护人在第一审庭审后发现涉嫌非法取证的相关线索或者材料的。

第三十三条 第一审人民法院对被告人及其辩护人排除非法证据的申请未予审查，并以有关证据作为定案的根据，可能影响公正审判的，第二审人民法院应当裁定撤销原判，发回原审人民法院重新审判。

第三十四条 第一审人民法院对依法应当排除的非法证据未予排除的，第二审人民法院可以依法排除非法证据。排除非法证据后，根据不同情形对案件依法作出处理。

第三十五条 人民法院对证人证言、被害人陈述等证据收集合法性的审查、调查程序，参照上述规定。

二审程序、审判监督程序、死刑复核程序中对证据收集合法性的审查、调查，参照上述规定。

第三十六条 本规程自2024年9月3日起施行。《人民法院办理刑事案件排除非法证据规程（试行）》同时废止。

民 商 事

最高人民法院
关于认真学习、贯彻《最高人民法院关于适用〈中华人民共和国民法典〉合同编通则若干问题的解释》的通知

法〔2023〕239号

各省、自治区、直辖市高级人民法院，解放军军事法院，新疆维吾尔自治区高级人民法院生产建设兵团分院：

《最高人民法院关于适用〈中华人民共和国民法典〉合同编通则若干问题的解释》（以下简称《解释》）已于2023年12月5日起实施。为在审判工作中正确适用《解释》，现就学习、贯彻《解释》有关问题通知如下。

一、充分认识《解释》出台的意义

民法典合同编的切实实施，对于在法治轨道上发展社会主义市场经济、巩固社会主义基本经济制度具有重大意义。《解释》以习近平新时代中国特色社会主义思想为指导，坚持人民至上、问题导向、系统思维、守正创新，根据民法典规定和司法实践经验，在广泛征求各方面意见的基础上，就长期困扰民商事审判的疑难问题作出了规定。《解释》的出台，对正确、切实实施民法典，统一裁判思路，规范法官自由裁量权，提高人民法院实质性化解纠纷的能力，抓实“公正与效率”工作主题，稳定社会对司法裁判的预期，引导当事人诉前自行协商化解纠纷，推进新时代能动司法，推动经济高质量发展，均具有重要作用。为使各级人民法院尽快准确理解掌握民法典合同编及《解释》的精神和内容，在案件审理中正确理解适用，各级人民法院要在妥善处理好工学关系的前提下，通过多种形式组织学习培训，做好宣传工作。

二、准确把握《解释》的时间效力

《解释》第69条第2款就民法典施行后的法律事实引起的民事案件是否适用《解释》作出了规定。对于民法典施行前的法律事实引起的民事案件，依据《最高人民法院关于适用〈中华人民共和国民法典〉时间效力的若干规定》的规定，如果民法典合同编通则的条文具有溯及既往的效力，则《解释》就该条的法律适用进行的规定也应具有溯及力。此外，如果审理的案件应适用原合同法的规定，而民法典对该规定并无实质性修改，则《解释》施行后，人民法院在审理一、二审案件时，可以在裁判文书"本院认为"部分，将《解释》对该规定的理解作为裁判说理的依据。

三、关于情势变更制度的适用

原《最高人民法院关于适用〈中华人民共和国合同法〉若干问题的解释（二）》（以下简称《合同法解释二》）第二十六条规定情势变更制度后，最高人民法院发布了《关于正确适用〈中华人民共和国合同法〉若干问题的解释（二）服务党和国家的工作大局的通知》（法〔2009〕165号），要求各级人民法院审慎适用情势变更制度，根据案件的特殊情况，确需在个案中适用的，应当由高级人民法院审核；必要时应报请最高人民法院审核。考虑到民法典第五百三十三条已就情势变更制度作了明确规定，《解释》施行后，上述审核制度不再施行。各级人民法院应正确理解民法典及《解释》关于情势变更制度的规定，妥善处理实现个案公平与维护合同稳定之间的关系。

2023年12月19日

最高人民法院　最高人民检察院
印发《关于规范办理民事再审检察建议案件若干问题的意见》的通知

法发〔2023〕18号

各省、自治区、直辖市高级人民法院、人民检察院，解放军军事法院、军事检察院，新疆维吾尔自治区高级人民法院生产建设兵团分院、新疆生产建设兵团人民检察院：

为规范人民法院、人民检察院办理民事再审检察建议案件程序，推进落实《中共中央关于加强新时代检察机关法律监督工作的意见》，提升法律监督质效和司法公信力，促进司法公正，根据《中华人民共和国民事诉讼法》和相关法律规定，最高人民法院、最高人民检察院制定了《关于规范办理民事再审检察建议案件若干问题的意见》，现予印发，请结合实际贯彻执行。在执行中遇到的问题，请分别层报最高人民法院、最高人民检察院。

2023年11月24日

最高人民法院 最高人民检察院
关于规范办理民事再审检察建议案件若干问题的意见

为规范人民法院、人民检察院办理民事再审检察建议案件程序，推进落实《中共中央关于加强新时代检察机关法律监督工作的意见》，提升法律监督质效和司法公信力，促进司法公正，根据《中华人民共和国民事诉讼法》等法律规定，结合司法实践，制定本意见。

第一条 民事再审检察建议是人民检察院对生效民事判决、裁定、调解书实施法律监督的重要方式。人民法院、人民检察院应当严格按照《中华人民共和国民事诉讼法》有关再审检察建议的规定，依法规范履行审判和法律监督职责。人民检察院要坚持法定性与必要性相结合的监督标准，增强监督的及时性与实效性，规范适用再审检察建议；人民法院要坚持依法接受监督，增强接受监督的主动性与自觉性，及时办理民事再审检察建议案件，共同维护司法公正。

第二条 人民检察院发现同级人民法院生效民事判决、裁定有《中华人民共和国民事诉讼法》第二百零七条规定情形之一的，或者民事调解书有损害国家利益、社会公共利益情形的，可以向同级人民法院提出再审检察建议；地方各级人民检察院提出再审检察建议的，应报上级人民检察院备案。

人民检察院发现生效民事判决、裁定、调解书系民事诉讼当事人通过虚假诉讼获得的，依照《最高人民法院、最高人民检察院、公安部、司法部关于进一步加强虚假诉讼犯罪惩治工作的意见》第十八条规定办理。

第三条 人民检察院对同级人民法院再审或者审判委员会讨论后作出的生效民事判决、裁定、调解书，一般不适用提出再审检察建议的方式进行监督。

人民法院生效民事判决、裁定、调解书存在的笔误或者表述瑕疵不属于提出再审检察建议的情形，人民检察院可以提出改进工作建议。

第四条 人民检察院提出再审检察建议，一般应当经检察委员会讨论决定。存在特殊情形的，人民检察院可与同级人民法院会商解决。

第五条 人民检察院提出再审检察建议，应当将再审检察建议书连同检察案件材料一并移送同级人民法院。

再审检察建议书应当载明案件相关情况、监督意见并列明原判决、裁定、调解书存在《中华人民共和国民事诉讼法》第二百一十五条、第二百一十六条规定的情形。

人民检察院提出再审检察建议案件不符合前述规定的，人民法院依照《最高人民法院关于适用〈中华人民共和国民事诉讼法〉的解释》第四百一十四条规定处理。

第六条 人民法院应当自收到符合条件的再审检察建议书和相关检察案件材料之日起七日内编立案号，纳入案件流程管理，依法进行审查，并告知人民检察院。

本院或者上级人民法院已作出驳回再审申请裁定的，不影响人民法院受理同级人民检察院提出的再审检察建议。

人民检察院提出再审检察建议的案件已经同级人民法院裁定再审但尚未审结的，人民法院应当将再审检察建议并入再审案件一并审理，并函告人民检察院。案件已经上级人民法院裁定再审但尚未审结的，同级人民法院可以将再审检察建议书及检察案件材料报送上级人民法院并告知提出再审检察建议的人民检察院。

第七条 人民法院对民事再审检察建议案件，应当组成合议庭，在三个月内审查完毕。有特殊情况需要延长的，应当依照相关审批程序延长审查期限。

在原审判程序中参与过本案审判工作的审判人员，不得再参与该民事再审检察建议案件的办理。

第八条 人民法院对民事再审检察建议案件，一般采取审查人民检察院移交的案件材料、调阅原审案件卷宗等方式进行书面审查。经审查，案件可能启动再审或者存在其他确有必要情形的，应当询问当事人。

第九条 人民法院对民事再审检察建议案件经审查认为原判决、裁定、调解书确有错误，决定采纳检察建议启动再审的，再审裁定书应当载明监督机关及民事再审检察建议文号。裁定书应当送交同级人民检察院。

人民法院经审查决定不予再审的，应当书面回复人民检察院并述明理由。人民检察院可以适当方式将人民法院不予再审结果告知申请人。

第十条 人民法院采纳再审检察建议启动再审的民事案件，按照《最高人民法院关于适用〈中华人民共和国民事诉讼法〉的解释》第四百零二条第一款第三项、第四项规定的程序开庭审理。有下列情形之一的，人民检察院可以派员出席法庭：

（一）人民检察院认为原案的处理损害国家利益或者社会公共利益的；

（二）人民检察院认为原案存在虚假诉讼的；

（三）人民检察院调查核实的证据需要向法庭出示的；

（四）具有重大社会影响等其他确有出庭必要的。

人民检察院派员出席法庭的，可以参照《最高人民法院关于适用〈中华人民共和国民事诉讼法〉的解释》第四百零二条第一款第二项规定的程序开庭审理。

第十一条 人民法院采纳再审检察建议启动再审的民事案件，应当将再审后作出的判决书、裁定书送交同级人民检察院。调解结案的，书面告知同级人民检察院。

第十二条 人民法院、人民检察院应当建立民事再审检察建议案件共同调解机制，做好民事再审检察建议案件调解和矛盾化解工作。

第十三条 人民法院、人民检察院应当探索建立常态化工作联系机制。对涉及群体性纠纷或者引发社会广泛关注，可能影响社会稳定的案件，以及重大、疑难、复杂、敏感等案件，人民法院、人民检察院在办理过程中，应当加强相互沟通，依法妥善处理。

第十四条 人民法院、人民检察院应当定期开展再审检察建议工作综合分析和通报，推动审判监督和检察监督工作良性互动，提升再审检察建议案件办理质效。

地方各级人民法院、人民检察院在实践中遇到新情况、新问题可先行会商，并将相关问题及应对措施及时层报最高人民法院、最高人民检察院。

最高人民法院
关于印发《最高人民法院“一站式”国际商事纠纷多元化解决平台工作指引（试行）》的通知

法〔2023〕247 号

各省、自治区、直辖市高级人民法院，解放军军事法院，新疆维吾尔自治区高级人民法院生产建设兵团分院；本院各单位：

为深入学习贯彻习近平总书记关于加强涉外法制建设的重要讲话精神，进一步贯彻落实中共中央办公厅、国务院办公厅《关于建立“一带一路”国际商事争端解决机制和机构的意见》，完善诉讼与调解、仲裁有机衔接的“一站式”国际商事纠纷多元化解决机制，方便当事人运用信息化平台解决国际商事纠纷，最高人民法院依照《中华人民共和国民事诉讼法》、《最高人民法院关于设立国际商事法庭若干问题的规定》等法律及司法解释相关规定，制定了《最高人民法院“一站式”国际商事纠纷多元化解决平台工作指引（试行）》，现予以印发。

本通知自 2024 年 1 月 30 日起执行。

2023 年 12 月 22 日

最高人民法院
“一站式”国际商事纠纷多元化解决平台工作指引（试行）

为方便当事人运用最高人民法院“一站式”国际商事纠纷多元化解决平台，公正高效便捷地解决国际商事纠纷，依照《中华人民共和国民事诉讼法》、《最高人民法院关于设立国际商事法庭若干问题的规定》等法律及司法解释相关规定，制定本指引。

第一条 “一站式”国际商事纠纷多元化解决平台（以下简称“一站式”平台）是指最高人民法院国际商事法庭在其官方网站（http：//cicc.court.gov.cn）设立，并与“一站式”国际商事纠纷多元化解决机制内的国际商事调解机构、国际商事仲裁机构以及最高人民法院国际商事专家委员会专家委员（以下简称专家委员）有机衔接的全流程在线服务平台，支持和便利当事人通过选择中立评估、调解、仲裁或者诉讼等多元化方式解决国际商事纠纷。

“一站式”平台设置“调解服务”、“仲裁服务”、“诉讼服务”、“辅助服务”等功能，根据案件流程的进展相应生成、发送、接收、存储、交换相关材料，并将相关材料及节点信息同步发送给相关当事人、平台机构以及专家委员。

第二条　当事人可以依照《最高人民法院关于设立国际商事法庭若干问题的规定》第二条第一项、第三项、第四项的规定，就争议标的额为人民币 3 亿元以上或者其他有重大影响的国际商事纠纷，通过“一站式”平台申请中立评估、调解、仲裁或者提起诉讼。

第三条　当事人选择“一站式”平台解决国际商事纠纷的，根据平台提示填写手机号码或者电子邮箱等必要信息，完成注册登记。

第四条　当事人在提交调解、仲裁或者诉讼前申请中立评估的，应当在“一站式”平台的“辅助服务”选择中立评估功能，填写中立评估申请书，载明意向选择的专家委员，并提交身份证明材料和有关证据材料。

国际商事法庭在收到当事人的中立评估申请材料后，认为所涉纠纷符合本指引第二条适用范围的，应当在三个工作日内向被申请人征求是否同意开展中立评估的意见。被申请人同意的，应当提交同意中立评估的书面意见。

第五条　专家委员被选定为中立评估员后，可以通过“一站式”平台组织召开评估会议，听取当事人陈述，就评估相关问题向当事人提问，并根据当事人的陈述以及有关证据，对证据效力、事实认定、法律适用等进行分析评估，出具中立评估意见。中立评估的期限一般不超过二十个工作日。当事人一致同意延长中立评估期限的，可予适当延长。

中立评估不公开进行，中立评估员应当对当事人提供的信息保密，未经一方当事人许可，不得向另一方当事人透露。中立评估意见不具有法律效力，不能在后续程序中作为证据使用。

当事人可以根据中立评估意见自行和解，也可以申请参与中立评估的专家委员主持调解。参与评估的专家委员可以按照本指引规定进行调解，但不参与除调解以外的其他任何程序。

中立评估费用由专家委员和当事人协商确定。

第六条　当事人申请调解的，可以通过国际商事法庭“一站式”平台“调解服务”，进入“人民法院调解平台”并登录，申请由国际商事调解机构或者专家委员进行调解。

国际商事调解机构调解应当依照相关法律法规以及该机构的调解规则进行。

专家委员调解依照相关法律法规、《最高人民法院国际商事法庭程序规则（试行）》、《最高人民法院国际商事专家委员会工作规则（试行）》、《人民法院在线调解规则》以及本指引进行。

第七条　当事人申请调解的，应当提交以下材料：

（一）调解申请书，载明各方当事人的姓名或名称、地址、电话、传真、电子邮件以及其他联系方式，争议事实和调解请求；

（二）有关证据材料；

（三）身份证明资料；

（四）委托律师或者其他人代理的，应当提交授权委托书、代理人身份证明；

（五）《送达地址、送达方式确认书》。

第八条　国际商事法庭在收到当事人的调解申请材料后，认为所涉纠纷符合本指引第二条适用范围的，应当在三个工作日内向被申请人征求是否同意调解。被申请人同意的，应当提交同意调解的书面意见。

第九条 当事人未申请调解的，国际商事法庭可以询问当事人是否接受立案前委派调解。当事人有调解意愿并在《审前分流程序征询意见表》中表示同意立案前调解的，由国际商事法庭联络委派调解事宜。

国际商事法庭受理案件后，当事人有调解意愿的，由国际商事法庭联络委托调解事宜。

第十条 国际商事法庭委派/委托国际商事调解机构调解的，应当在当事人选定或者国际商事法庭指定国际商事调解机构后，将《审前分流程序征询意见表》、《委派/委托调解征询意见函》和相关案件材料移送相应机构。

国际商事调解机构在收到《委派/委托调解征询意见函》后三个工作日内回复。

国际商事调解机构接受选定或者指定的，国际商事法庭应当在三个工作日内出具《委派/委托调解书》，并通过"一站式"平台告知当事人。

国际商事调解机构未在上述规定期限内回复的，视为不接受委派/委托调解。

第十一条 当事人均同意由专家委员进行调解的，国际商事法庭应当在七个工作日内组织当事人在专家委员名录中共同选定一至三名专家委员担任调解员。

国际商事法庭应当及时与选定的专家委员联系，安排推进相关调解工作，并将《审前分流程序征询意见表》、《委派/委托调解征询意见函》和相关案件材料移送相应专家委员。

专家委员在收到《委派/委托调解征询意见函》后七个工作日内予以回复。

专家委员接受选定的，国际商事法庭应当在三个工作日内出具《委派/委托调解书》，并通过"一站式"平台告知当事人。

专家委员未在上述规定期限内回复的，视为不接受委派/委托调解。

第十二条 专家委员主持调解前，应当签署保证独立、公正调解的声明书。专家委员主持调解时知悉存在可能导致当事人对其独立性、公正性产生合理怀疑情形的，应当及时向国际商事法庭书面披露。

国际商事法庭应当在收到专家委员的披露材料后三个工作日内通过"一站式"平台告知当事人。

第十三条 当事人以对专家委员的公正性或者独立性产生合理怀疑为由申请更换专家委员的，应当在知悉专家委员应予更换事由或者收到专家委员披露材料后三个工作日内书面提出。逾期没有申请更换的，视为放弃申请。

国际商事法庭应当在收到当事人书面申请三个工作日内进行审查并决定是否更换专家委员。审查期间，不停止调解工作的进行。

第十四条 专家委员主持调解的期限自接受委派/委托调解之日起算，一般不超过二十个工作日。当事人一致同意延长调解期限的，可予适当延长。

第十五条 调解不公开进行。调解应当形成调解情况记录，并由当事人和主持调解的专家委员或者国际商事调解机构的调解员签名。

调解记录及当事人为达成调解协议作出妥协而认可的事实，不得在仲裁或者诉讼程序中作为对当事人不利的根据，但法律另有规定或者当事人均同意的除外。

第十六条 经国际商事调解机构或者专家委员主持调解，当事人达成调解协议的，应当签署书面调解协议。

根据当事人申请，国际商事法庭依法对调解协议进行审查，并制作民事调解书；当事人请求国际商事法庭制作判决书的，国际商事法庭可以制作民事判决书。

第十七条 调解过程中，有以下情形之一，视为调解不成：

（一）任何一方当事人书面要求终止调解程序的；

（二）当事人在商定的调解期限内未能达成调解协议的，但当事人一致同意延长调解期限的除外；

（三）国际商事调解机构认为不宜继续调解或者因其他原因终止调解的；

（四）专家委员无法履行、无法继续履行或者不适合履行调解职责且不能另行选定专家委员的；

（五）其他情形。

委派/委托调解不成的，国际商事调解机构或者专家委员应当在三个工作日内将《调解情况表》及案件相关材料送交国际商事法庭。国际商事法庭收到材料后，应当及时立案；已经立案的，继续推进审理，并将相关信息通过“一站式”平台告知当事人。

第十八条 当事人自愿选择由国际商事调解机构调解的，适用该机构的收费办法和收费标准。

当事人自愿选择由专家委员调解的，可以参照适用“一站式”平台中的国际商事调解机构的收费办法和收费标准。

第十九条 当事人选择通过“一站式”平台申请仲裁的，可以在“仲裁服务”中“申请仲裁”项下选择国际商事仲裁机构，并按照该机构的要求提交申请仲裁的相关材料。

第二十条 当事人申请仲裁保全的，可以通过“一站式”平台中的“仲裁服务”选择“申请仲裁保全”，向国际商事仲裁机构提交如下申请材料：

（一）仲裁保全申请书；

（二）仲裁协议；

（三）身份证明材料；

（四）委托律师或者其他人代理的，应当提交授权委托书、代理人身份证明；

（五）有关证据材料；

（六）提供担保的相关文件。

第二十一条 仲裁保全申请书应当载明下列事项：

（一）申请人与被申请人的基本情况、送达地址、联系方式；

（二）请求事项和所根据的事实与理由；

（三）申请保全的财产数额、证据或者争议标的物；

（四）明确的被保全财产、证据信息或者具体线索；

（五）为保全提供担保的财产信息或者资信证明，或者不需要提供担保的理由；

（六）是否已在其他法院提出申请的情况；

（七）其他需要载明的事项。

第二十二条 国际商事仲裁机构收到当事人提交的保全申请材料后，审查认为所涉纠纷符合本指引第二条适用范围的，应当通过“一站式”平台向国际商事法庭出具转递函。

国际商事法庭收到转递函及仲裁保全申请材料后，认为所涉纠纷符合本指引第二条适用范围的，应当予以立案并在五日内作出裁定。需要当事人补充保全材料的，在仲裁保全申请材料补充完毕后五日内作出裁定；需要询问当事人的，在询问后五日内作出裁定。

国际商事法庭裁定采取保全措施的，可以交由被申请人住所地、被保全财产所在地或者证据所在地的人民法院执行。

国际商事法庭作出的裁定书送达当事人后，应当通过“一站式”平台告知国际商事仲裁机构。

第二十三条 国际商事仲裁机构就本指引第二条规定的国际商事纠纷作出的仲裁裁决，当事人向国际商事法庭申请撤销内地仲裁裁决或者认可和执行境外仲裁裁决的，可以通过国际商事法庭“一站式”平台“诉讼服务”，进入“最高人民法院诉讼服务网”提交如下材料：

（一）申请书，载明当事人的基本情况，请求事项和所根据的事实与理由，以及是否已在其他法院提出申请和申请情况等事项；

（二）仲裁裁决书；

（三）身份证明材料；

（四）委托律师或者其他人代理的，应当提交授权委托书、代理人身份证明；

（五）有关证据材料；

（六）国际商事法庭要求的其他材料。

第二十四条 国际商事法庭收到当事人关于申请撤销内地仲裁裁决或者认可和执行境外仲裁裁决的材料后，认为所涉纠纷符合本指引第二条适用范围的，应予立案。

国际商事法庭受理案件后，应当组成合议庭审理，并询问当事人。根据审理案件的需要，国际商事法庭可以要求国际商事仲裁机构作出说明或者向相关仲裁机构调阅仲裁案卷。

国际商事法庭应当在受理案件之日起两个月内作出裁定，并在裁定书送达当事人后，通过“一站式”平台告知国际商事仲裁机构。

第二十五条 当事人提起诉讼的，可以通过国际商事法庭“一站式”平台“诉讼服务”，进入“最高人民法院诉讼服务网”，提交起诉状及相关诉讼材料。

当事人也可以通过电子邮件、邮寄、现场提交或国际商事法庭许可的其他方式提交起诉状及相关诉讼材料。

当事人以邮寄方式或现场提交的，应当提供纸质文件并按对方当事人人数提供副本，附光盘或者其他可携带的移动存储设备。

第二十六条 当事人向国际商事法庭提起诉讼，应当提交以下材料：

（一）起诉状；

（二）选择最高人民法院管辖的书面协议；

（三）身份证明材料；

（四）委托律师或者其他人代理诉讼的，应当提交授权委托书、代理人身份证明；

（五）支持诉讼请求的相关证据材料；

（六）《送达地址、送达方式确认书》；

（七）《审前分流程序征询意见表》。

第二十七条 国际商事法庭收到当事人提交的起诉材料后，认为符合《最高人民法院关于设立国际商事法庭若干问题的规定》第二条规定的受理案件范围的，予以在线立案，并通过“一站式”平台向当事人发送《受理案件通知书》等诉讼材料。

第二十八条 国际商事法庭依照《中华人民共和国民事诉讼法》、《最高人民法院关于设立国际商事法庭若干问题的规定》、《人民法院在线诉讼规则》等法律和司法解释以及《最高人民法院国际商事法庭程序规则（试行)》审理案件。

第二十九条 当事人应当按照《诉讼费用交纳办法》的规定交纳案件受理费和其他诉讼费用。

当事人可以凭交款码到最高人民法院公布的代理银行各分支机构交纳案件受理费和其他诉讼费用。

第三十条 “一站式”平台严格执行隐私保护相关法律规定，说明平台收集、存储、利用当事人相关信息的情况，以及确保调解、仲裁保密性的相关措施。

第三十一条 “一站式”平台在其显著位置提供平台说明、工作指引、网络环境要求等，为当事人申请利用平台服务提供便利。

本指引中的中立评估是指纠纷提交调解、仲裁或者诉讼前，当事人共同选择中立第三方的专家委员根据案件情况提供专业评估意见，使当事人获得足够信息判断可能出现的诉讼结果并选择最适合的纠纷解决方式，从而引导和促进当事人优先选择调解的纠纷解决机制。

本指引中的身份证明材料是指当事人为自然人时，应当提交的身份证复印件（外国自然人应当提交护照复印件；港澳特区居民应当提交港澳特区身份证复印件或者港澳居民居住证复印件、港澳居民来往内地通行证复印件；台湾地区居民应当提交台湾地区身份证复印件或者台湾居民居住证复印件、台湾居民来往大陆通行证复印件等)。

当事人为法人或者非法人组织时，应当提交注册登记证书复印件以及法定代表人或者负责人身份证复印件。外国企业或者组织应提交经其所在国公证机关公证、我国驻该国使领馆认证或者履行我国与该国缔结或者共同缔结的有关条约中规定的证明手续的商业登记、代表人或者负责人身份证明等主体资格证明材料。

第三十二条 本指引自 2024 年 1 月 30 日起施行。

最高人民法院
关于规范和加强办理诉前保全案件工作的意见

法〔2024〕42 号

各省、自治区、直辖市高级人民法院，解放军军事法院，新疆维吾尔自治区高级人民法院生产建设兵团分院；本院各单位：

为做深做实公正与效率，保护当事人合法权益，促进执源治理，根据相关法律和司法解释的规定，就规范和加强办理诉前保全案件工作，制定本意见。

一、一般规定

第一条 规范和加强办理诉前保全案件工作，是满足人民群众多元司法需求、推进民事案件繁简分流、建设公正高效权威的社会主义司法制度的必然要求。人民法院应当强化“如我在诉”意识，准确适用民事诉讼法规定的诉前保全制度，保护紧急情况下当事人的合法权益，服务“切实解决执行难”工作，依法保障胜诉当事人及时实现权益。

人民法院应当强化“抓前端、治未病”理念，在办理诉前保全案件中贯彻自愿调解先行调解原则，推动诉前保全、登记立案、诉调对接等工作有机衔接，力争“以保促调”、“以保促执”，全面提升实质性化解纠纷能力，实现案结事了、政通人和。

第二条 本意见所称“诉前保全”，包括人民法院依照利害关系人申请，根据《中华人民共和国民事诉讼法》第八十四条、第一百零四条的规定，采取的财产保全、证据保全、行为保全。

本意见所称“申请人”，是指《中华人民共和国民事诉讼法》第八十四条、第一百零四条规定的“利害关系人”。

二、申请受理

第三条 对申请人提出的诉前保全申请，被保全财产（证据）所在地、被申请人住所地或者对案件有管辖权的人民法院不得以诉前保全不方便实施、起诉登记立案方可申请诉讼保全等为由拒绝受理。

第四条 申请人线下提交的诉前保全材料不符合要求的，人民法院应当当场一次性告知补正。申请人补正的，人民法院必须在收到补正材料之时起四十八小时内作出是否准许的裁定。

申请人在非工作时间通过线上提交诉前保全材料的，人民法院自收到诉前保全申请后的第一个工作日开始之时起计算期间。

第五条 申请人基于同一事实和理由同时申请诉前行为保全、人格权侵害禁令或者人身安全保护令，或者申请不明确的，人民法院应当释明三项法律制度的功能定位和适用情形，引导申请人选择更有利于维护自身合法权益的法律制度。

第六条 申请人申请诉前保全的，人民法院应当告知申请人在采取保全措施后三十日内不依法提起诉讼或者申请仲裁将解除保全的法律后果。

第七条 人民法院在受理诉前保全案件前，应当审查当事人提供的担保是否符合法律规定。申请人申请诉前财产保全的，应当提供相当于请求保全数额的担保，但情况紧急且特殊的例外。

申请诉前证据保全、行为保全的，担保的数额由人民法院根据具体情况决定。

第八条 申请人申请诉前财产保全，存在下列情形之一的，人民法院可以酌情确定担保数额：

（一）追索赡养费、抚养费、抚育费、抚恤金、医疗费用、劳动报酬、工伤赔偿；

（二）婚姻家庭纠纷中经济困难；

（三）因见义勇为遭受侵害请求损害赔偿；

（四）其他可以酌情确定担保数额的情形。

第九条 申请人申请诉前行为保全，存在下列情形之一的，人民法院可以酌情确定担保数额：

（一）婚姻家庭纠纷申请诉前行为保全；

（二）因人格权正在或者即将受到侵害申请行为保全；

（三）其他可以酌情确定担保数额的情形。

第十条 申请人申请诉前财产保全，提供被保全财产的信息符合下列情形之一的，人民法院可以认定为明确的被保全财产信息：

（一）被保全财产为不动产的，提供了房产证复印件、产权查询单等权属证明材料，或者所有权人名称、产权证号或者预售网签号、不动产所在行政区域、道路、楼盘名称、具体房号等不动产具体信息；

（二）被保全财产为银行存款的，提供了储户姓名、开户银行名称、账号等存款的具体信息；

（三）被保全财产为机动车辆的，提供了车辆保管人或者控制人信息、机动车车牌号、车辆登记管理机关等具体信息；请求扣押的，提供了该机动车具体停放位置；

（四）被保全财产为有限责任公司或者非上市股份有限公司股权的，提供了具体公司名称、统一社会信用代码及注册（或者托管）机构、出资额度和股权份额等信息；被保全财产为上市公司股票或者其他可供保全的有价证券的，提供了相应账户信息及交易场所或者证券公司名称及地址；

（五）被保全财产为到期债权的，提供了债权人名称、债务人名称及住所、债权数额、债权到期时间、债权凭证或者相关证明材料；

（六）被保全财产为国债、基金的，提供了国债、基金的名称、种类、数量、登记机关；

（七）被保全财产为专利权、商标权、著作权等知识产权的，提供了权利证书登记号码或者其他权属证明；

（八）被保全财产为其他财产的，提供了财产的名称、种类、规格、数量、价值、所有权人、具体存放位置等详细情况以及相关证据材料。

三、准许诉前保全申请

第十一条 诉前财产保全的被申请人存在下列情形之一，导致或者可能导致丧失债务履行能力的，人民法院可以认定为情况紧急：

（一）有转移、隐匿、变卖财产的行为；

（二）有抽逃资金等逃避债务履行的行为；

（三）生产经营状况严重恶化；

（四）丧失商业信誉；

（五）被列为失信被执行人；

（六）导致或者可能导致丧失债务履行能力的其他情形。

第十二条 申请诉前行为保全存在下列情形之一的，人民法院可以认定为情况紧急：

（一）申请人的人身权益正在或者即将面临被非法侵害的危险；

（二）申请人的财产权益正在或者即将面临被非法侵害的危险；

（三）被申请人的行为会导致侵权行为难以控制且可能增加申请人损害；

（四）申请人的权益正在或者即将造成难以弥补的损害的其他情形。

第十三条 人民法院审查诉前行为保全申请，应当综合考量以下因素：

（一）申请人的请求是否具有事实基础和法律依据；

（二）不采取诉前行为保全措施是否会使申请人的合法权益受到难以弥补的损害；

（三）不采取诉前行为保全措施对申请人造成的损害是否超过采取行为保全措施对被申请人造成的损害；

（四）采取诉前行为保全措施对国家利益、社会公共利益可能产生的影响；

（五）其他应当考量的因素。

第十四条 申请人同时申请财产保全、行为保全、证据保全的，人民法院应当作出一个是否准许的裁定；存在影响保全措施实施等情形的，可以分别作出裁定。

四、采取诉前保全措施

第十五条 对下列财产，人民法院不得采取诉前财产保全措施：

（一）被申请人及其所扶养和抚育家属生活所必需的生活、教育、医疗等物品和费用；

（二）农民工工资专用账户资金和工资保证金，但法律另有规定以及起诉请求支付该专用账户对应项目的农民工工资的除外；

（三）金融机构交存在人民银行的存款准备金和备付金；

（四）信托财产人民币专用存款账户；

（五）社会保险机构开设的社会保险基金账户；

（六）证券经营机构、期货经纪机构的交易保证金，信用证开证保证金、独立保函保证金，但失去保证金用途的除外；

（七）工会等社团组织专项经费；

（八）人民法院已裁定受理破产申请的债务人财产；

（九）学校、幼儿园、医疗机构、养老机构等为公益目的成立的非营利法人的教育设施、医疗卫生设施、养老服务设施和其他公益设施；

（十）用于防控、应急、救援等承担疫情防控、应急处置等任务的财产；

（十一）法律、行政法规或者司法解释规定的其他不得查封、扣押、冻结的财产。

第十六条 在能够实现保全目的的情况下，人民法院应当选择采取对被申请人生活、生产经营活动影响较小的财产进行保全。

由人民法院指定被申请人保管的生活、生产经营性财产，如果继续使用对该财产的价值无重大影响的，可以允许被申请人继续使用。

第十七条 人民法院准许诉前保全财产的价值，应当与申请人申请保全的数额相当，不得明显超标的、超范围保全。

发现明显超标的保全的，人民法院应当根据当事人的申请或者依职权及时解除明显超标的部分保全，但该被保全财产为不可分物且被保全人无其他可供保全的财产，或者提供的担保置换财产不能足额保全的除外。

第十八条 人民法院对电子证据进行诉前保全的，应当同时保全电子信息的来源地、目的地、发送与接收时间、软件运行的环境、操作系统等据以验证被保全证据可靠性的必要信息，可以扣押相关计算机主机、硬盘、服务器等存储介质。

第十九条 人民法院裁定采取保全措施的，应当向申请人、被申请人送达裁定书。向被申请人送达裁定书可能影响采取保全措施的，人民法院应当在采取保全措施之时起最迟不得超过四十八小时，向被申请人送达裁定书。

第二十条 存在下列情形之一的，人民法院应当及时解除诉前保全：

（一）人民法院发现存在保全错误；

（二）申请人申请解除保全，或者被申请人申请解除保全，申请人同意；

（三）申请人在人民法院采取保全措施后三十日内不依法提起诉讼或者申请仲裁；

（四）已被采取诉前财产保全措施的被申请人作为债务人已经进入破产程序；

（五）法律、行政法规或者司法解释规定解除诉前保全的其他情形。

五、完善配套衔接机制

第二十一条 申请人、被申请人或者其他人妨害诉前保全秩序的，人民法院可以依据民事诉讼法第一百一十四条、第一百一十五条的规定，根据情节轻重予以罚款、拘留；构成犯罪的，依法追究刑事责任。

第二十二条 人民法院应当通过发布指导案例的方式，明确申请有错误的具体情形、法律后果，引导申请人依法理性申请诉前保全。

第二十三条 人民法院在“一张网”建设过程中，应当将申请人申请诉前保全和提起诉讼信息相关联，实现互联互通、实时共享。

第二十四条 诉前保全人民法院发现申请人向对案件有管辖权人民法院起诉的，应当与对案件有管辖权的人民法院沟通、对接，移送保全手续。诉前保全手续移送后，诉前保全的裁定视为受移送人民法院作出。

第二十五条 人民法院立案部门负责裁定是否准许诉前保全和采取行为保全、证据保全措施，执行部门负责采取诉前财产保全措施。人民法院应当加强审判管理，有序衔接诉前保全的立案、执行部门工作，确保裁定采取诉前保全措施后立即开始执行。

第二十六条 采取诉前保全措施的人民法院对案件没有管辖权的，在双方当事人同意的情况下，可以组织进行诉前调解，引导通过非诉方式化解矛盾纠纷。

第二十七条 人民法院应当优化考核指标，探索建立以诉前保全实施率、保全成功率、纠纷化解率、执行到位率为主要内容的考核激励机制，引导干警依法准确适用诉前保全制度。

六、附则

第二十八条 本意见由最高人民法院负责解释。各高级人民法院可以根据相关法律、司法解释和本意见，结合本地区审判执行工作实际，制定或者修订关于诉前保全的实施细则，报最高人民法院备案。

第二十九条 本意见自2024年3月1日起施行。

2024年2月7日

行政与国家赔偿

最高人民法院
关于2024年作出的国家赔偿决定涉及侵犯公民人身自由赔偿金计算标准的通知

法〔2024〕102号

各省、自治区、直辖市高级人民法院，解放军军事法院，新疆维吾尔自治区高级人民法院生产建设兵团分院：

国家统计局2024年5月17日公布，2023年全国城镇非私营单位就业人员年平均工资为120698元。按照人力资源和社会保障部提供的日平均工资计算公式，日平均工资为462.44元。根据国家赔偿法第三十三条和《最高人民法院、最高人民检察院关于办理刑事赔偿案件适用法律若干问题的解释》第二十一条第二款规定，各级人民法院自2024年5月20日起作出国家赔偿决定时，对侵犯公民人身自由的赔偿金，按照每日462.44元计算。

特此通知，请遵照执行。

2024年5月20日

执　　行

最高人民法院
关于印发《最高人民法院关于交叉执行工作的指导意见》的通知

法发〔2024〕9号

各省、自治区、直辖市高级人民法院，解放军军事法院，新疆维吾尔自治区高级人民法院生产建设兵团分院：

现将《最高人民法院关于交叉执行工作的指导意见》予以印发，请结合实际认真贯彻执行。执行中遇有问题，请及时报告最高人民法院。

2024年6月17日

最高人民法院
关于交叉执行工作的指导意见

为进一步加强对人民法院执行工作的监督管理，推进交叉执行工作法治化、规范化、常态化运行，加快实现切实解决执行难目标，根据民事诉讼法及有关司法解释规定，结合人民法院执行工作实际，提出如下意见。

一、总体要求

1. 工作目标。坚持以习近平新时代中国特色社会主义思想为指导，深入贯彻习近平法治思想，严格按照民事诉讼法和有关司法解释规定，聚焦“公正与效率”审判工作主题，充分运用督促执行、指令执行、提级执行、集中执行、协同执行等交叉执行方式破解执行难题，深化审执分离改革，加强执行监督，强化对执行工作的统一管理、统一指挥、统一协调，有效破解消极执行、选择性执行等顽瘴痼疾，有效遏制逃避执行、抗拒执行，有效排除非法干预执行、阻碍执行等问题，切实提升执行案件质量、效率、效果，及时实现胜诉当事人合法权益，努力让人民群众在每一个司法案件中感受到公平正义。

2. 基本原则。人民法院在开展交叉执行工作过程中，应当坚持以下原则：

——必要性原则。民事诉讼法第二百三十五条确立了执行管辖的一般原则，人民法院一般应当按照该条规定精神确定执行案件管辖法院。但是发现因不当干预、消极执行、执行法院力量不足等因素导致执行工作长期未有效推进，或者因多案存在关联，集中办理更有利于执行，或者因执行案件疑难复杂需要上级法院协调、其他法院配合的，可依法开展交叉执行。

——便利性原则。“两便原则”是我国民事诉讼程序关于地域管辖的重要原则。人民法院开展交叉执行应当参照“两便原则”精神，统筹考虑当事人住所地、主要财产所在地、执行法院案件数量、执行力量等因素，从便于当事人参与执行、便于人民法院依法及时有效开展执行工作出发，合理确定交叉执行案件和交叉执行法院。

——规范性原则。交叉执行是人民法院加强执行监督管理的重要手段和有效抓手，必须严格按照法律规定规范有序开展。有效借助执行指挥中心信息化管理功能，结合流程监管、质效评查、申诉信访办理、督查巡查等方式，强化对辖区执行案件监管，运用交叉执行制度工具，完善执行监督管理体系，压实各层级法院监督管理责任，规范执行行为，提升人民群众获得感和满意度。

3. 方式选择。督促执行、指令执行、提级执行、集中执行、协同执行等交叉执行各种具体方式是加强执行监督管理，有效破解执行难题的有机整体，相互间既有联系，又有区别，并非简单的并列关系或者递进关系。各级人民法院要深刻认识交叉执行各种方式的内在本质和逻辑关系，结合执行法院和执行案件具体情况，因地制宜，因案施策，精准适用交叉执行方式。

在能达到同样执行效果的情况下，一般应当优先运用内部交叉、督促执行等成本更小的交叉执行方式；在直接变更案件执行法院效果更好的情况下，也可以不经内部交叉、督促执行，直接指令执行甚至提级执行；对于关联案件，可以集中至某一家法院执行；对于没有必要变更执行法院，但需要整合辖区不同法院执行力量，共同协作执行的情况，可以协同执行。

二、关于督促执行、指令执行和提级执行

4. 督促、指令和提级执行情形。督促执行、指令执行和提级执行是上级法院对下级法院执行案件进行监督管理的有效手段。案件无正当理由超过六个月未执行且具有下列情形之一，结合案件具体情况，上级法院可以责令执行法院限期执行，也可以指令辖区内其他法院执行或者直接提级由本院执行：

（1）存在消极执行、拖延执行问题的；

（2）案件受到非法干预的；

（3）案件重大疑难复杂的；

（4）需要督促、指令或者提级执行的其他情形。

“存在消极执行、拖延执行问题”主要包括下列情形：债权人申请执行时被执行人有可供执行的财产，执行法院自执行案件立案之日起超过六个月对该财产未执行完结的；执行过程中发现被执行人可供执行的财产，执行法院自发现财产之日起超过六个月对该财产未执行

完结的；对法律文书确定的行为义务的执行，执行法院自执行案件立案之日起超过六个月未依法采取相应执行措施的。

“案件受到非法干预”主要包括下列情形：人民法院以外的组织、个人在诉讼程序之外干预执行，案件执行困难的。

“案件重大疑难复杂”主要包括下列情形：涉及国家利益、社会公共利益的；对执行行为存在较大争议的；新类型案件具有首案效应的；具有普遍法律适用指导意义的；涉及国家安全、外交、民族、宗教等敏感因素的。

5. 决定程序。人民法院审查督促、指令或者提级执行案件时，立“执他字”案件办理，办理过程应当充分听取申请执行人意见，申请执行人申请不进行指令或者提级执行的，一般应予准许。决定督促、指令或者提级执行的，应当经执行局负责人批准，作出决定书并分别送相关法院。原执行法院应当通知相关当事人并做好释明工作。集中执行、协同执行等其他交叉执行的决定程序，参照前述规定执行。

6. 案件移送。相关法院应当做好指令、提级执行案件交接工作。原执行法院应当在收到指令、提级执行决定之日起七日内，将案卷材料及案件执行情况说明移送受指令或者提级执行法院，原执行法院的执行案件在相关法院立案后以销案方式结案。原执行法院移送案件前有未处置款物的，应当将未处置款物一并移交受指令或者提级执行法院。

受指令或者提级执行法院应当在收到案卷材料之日起七日内立案，并作为首次执行案件执行。新立执行案件申请执行标的金额为未实际执行到位的金额，执行期限重新计算。原执行法院已经依法完成的送达、查封、评估等工作，受指令或者提级执行法院根据执行案件情况可以不再重复开展。

7. 执行措施。相关法院应当做好指令、提级执行案件执行措施衔接工作，避免案件交接过程脱封脱保等情况发生。执行案件移送前，相关查控措施距期限届满不足三十日的，应当由原执行法院办理续行查控措施，并在办理完成后移送案件。原执行法院收到指令或者提级执行决定，应当停止执行。确需采取紧急执行措施的，应当报请上级法院批准。案件指令或者提级执行后，原执行法院已采取的查控等执行措施自动转为现执行法院执行措施，期限连续计算，无需重新制作裁定书。受指令或者提级执行法院可以根据申请执行人申请或者依职权办理续行查控等手续。

8. 配合义务。受指令或者提级执行法院在案件办理过程中，需要原执行法院予以必要协助配合的，原执行法院应当协助配合。原执行法院拒不协助配合的，上级法院应当责令其协助配合。

9. 异议审查。执行实施权转移后，执行审查权一并转移。执行案件被指令或者提级执行后，当事人对原执行法院的执行行为提出异议或者案外人对执行标的提出异议的，由提出异议时负责该案件执行的法院审查处理。

10. 再次指令。上级法院应当加强对督促执行、指令执行、提级执行案件日常监管，及时指导执行法院依法开展工作。执行法院在指定期间内未落实督促执行意见或者受指令执行法院在法定执行期限内无正当理由未执行完结的，上级法院可以将案件指令辖区其他法院执行，也可以直接提级执行。指令执行一般以两次为限，经两次指令执行后，上级法院认为仍有必要继续交叉执行的，一般应当提级执行。

11. 终结执行。执行案件经两次指令执行，穷尽财产调查措施，未发现被执行人有可供执行财产，或者财产依法处置分配后，未发现其他可供执行财产的，最后负责执行的法院报作出指令执行的法院批准，可以裁定终结执行。裁定终结执行前，可以听取申请执行人意见。终结执行的，执行法院应当依法解除执行措施。终结执行后，申请执行人发现被执行人有可供执行财产的，可以再次向最后负责执行的法院申请执行。集中执行法院按照《最高人民法院关于适用〈中华人民共和国民事诉讼法〉的解释》第五百零八条、第五百一十四条规定，对被执行人财产依法分配完毕后，未发现其他可供执行财产的，可以参照前述规定终结执行。

三、关于集中执行

12. 集中执行情形。集中执行是人民法院优化执行资源配置，提升关联案件执行质效，依法平等保障当事人合法权益的重要手段。同一被执行人涉及多起执行案件，不同法院具有管辖权，集中执行便于当事人参与执行、便于人民法院依法及时有效开展执行工作的，上级法院可以决定集中执行。

13. 集中执行法院确定。上级法院决定集中执行的，一般应当确定由最先受理的法院或者主要财产所在地法院负责执行。如有特殊情形，可以由上级法院或者辖区其他法院集中执行。

14. 案件受理和移送。各级人民法院应当做好集中执行案件的立案受理及移送工作，有关移送程序参照本意见第6条、第7条办理。集中执行决定作出后，当事人向非集中执行法院申请执行的，由相关法院告知其向负责集中执行的法院申请，当事人坚持申请的，立案后移送至负责集中执行的法院。相关法院认为其正在执行的案件不宜移送的，应当层报作出集中执行决定的法院。

15. 集中执行方式。集中执行案件一般由同一承办人或者执行团队办理。负责集中执行的法院对于关联案件可以合并为一个案件执行，原执行案件作销案处理。原执行案件已经采取的查控措施继续有效，其在先查控的顺位利益依法应予保护。集中执行法院对未并案但已经纳入集中执行的关联案件一般应当同时采取查控措施，避免因采取查控措施顺序不同，导致当事人受偿顺位不同。

16. 移送破产和参与分配。集中执行法院发现作为企业法人的被执行人资产不足以清偿全部债务或者明显缺乏清偿能力的，可以经申请执行人之一或者被执行人同意，按照《最高人民法院关于执行案件移送破产审查若干问题的指导意见》规定及时移送破产审查；当事人不同意移送破产或者被执行人住所地人民法院不受理破产案件的，可以按照《最高人民法院关于适用〈中华人民共和国民事诉讼法〉的解释》第五百一十四条规定依法分配财产。发现作为公民或者其他组织的被执行人财产不能清偿所有债务的，可以直接按照《最高人民法院关于适用〈中华人民共和国民事诉讼法〉的解释》第五百零八条规定依法分配财产。

四、关于协同执行和执行协调

17. 统一调度使用执行力量。上级法院应当根据辖区执行法院和执行案件情况，发挥协调和统筹优势，统一调度使用执行力量，协同、协调下级法院开展执行工作。

18. 个案全面协同。具体执行案件具有下列情形之一，上级法院可以决定协同执行，调度相关法院力量配合执行法院开展执行实施工作：

（1）案件有重大影响，社会高度关注的；

（2）受暴力、威胁或者其他方法妨碍、抗拒执行的；

（3）被执行人主要财产或者经常居住地在异地的；

（4）需要协同执行的其他情形。

协同执行案件办案主体是执行法院，由执行法院以本院名义对外出具法律文书。参与协同执行的其他法院执行人员可以凭协同执行决定书和工作证件，按照上级法院、执行法院要求配合开展执行行动。

19. 协同执行法院的确定。上级法院应当统筹考虑辖区法院案件数量、执行力量、财产所在地等因素，均衡开展协同执行，优先协助案多人少矛盾更加突出的、腾退房屋压力大的辖区法院。应当按照就近便利原则，统筹使用辖区法院执行力量，最大限度节约执行成本，防止因频繁、大跨度调用执行力量对辖区法院正常办案造成影响。

20. 异地执行事项协同。按照《最高人民法院关于严格规范执行事项委托工作的管理办法（试行）》规定，人民法院在案件执行过程中遇有调查财产、查控特定财产或者解除查控事项需赴异地办理的，可以委托相关异地法院代为办理。各高级、中级人民法院应当认真履行督促职责，通过执行指挥管理平台就辖区法院办理事项协同工作情况进行监督。

21. 人案调配。上级法院可以根据辖区法院案件数量、执行力量情况，合理配置执行资源，统一调配辖区法院执行人员到人案矛盾突出的法院帮助执行，或者将案件从数量较多的法院调配至数量较少的法院。

22. 执行争议协调的情形。两个或者两个以上人民法院在执行相关案件中发生争议，具有下列情形之一，应当协商解决。协商不成的，报请上级法院协调，直至报请共同的上级法院处理。

（1）不同法院因执行管辖等发生争议的；

（2）优先债权执行法院与首先查封保全法院之间就移送处置权产生争议的；

（3）不同法院因事项委托发生争议的；

（4）需要协调执行的其他情形。

上级法院协调下级法院之间的执行争议，认为有必要的，可根据协调情况作出协调处理决定。上级法院作出的协调处理决定，有关法院必须执行。

五、关于监督管理

23. 台账管理。各级人民法院应当统筹做好本辖区交叉执行工作，建立交叉执行案件台账，全面掌握案件情况，进行动态管理和监督指导。

24. 案件评查。上级法院要定期对交叉执行案件进行评查，重点评查经督促执行或者指令执行、提级执行取得实质进展的原执行法院案件。

25. 考核激励。经交叉执行，案件取得重大进展的，对接受交叉执行法院和相关执行干警，应当按照有关规定以适当方式予以鼓励，并在考评、绩效考核等方面予以体现。

26. 追责问责。经交叉执行，发现原执行法院和执行干警存在消极执行、拖延执行和执行违纪违法问题的，应当通报批评，按照规定在考评、绩效考核等方面予以体现，并依规依纪依法追究相关责任。

六、附则

27. 备案要求。各高级人民法院可以根据相关法律、司法解释和本意见，结合执行工作实际，制定辖区关于交叉执行的实施细则，报最高人民法院审查备案。

28. 施行时间。本意见自公布之日起施行。之前发布的意见、通知与本意见不一致的，以本意见为准。

附件

交叉执行文书样式

1. 督促执行令（上级法院督促下级法院执行用）
2. 请示（下级法院报请提级执行、指令执行用）
3. 执行决定书（上级法院依报请、依职权提级执行、指令执行用）
4. 批复（上级法院不同意提级执行、指令执行用）
5. 请示（下级法院报请集中执行用）
6. 执行决定书（上级法院依报请、依职权决定集中执行用）
7. 请示（下级法院报请协同执行用）
8. 执行决定书（上级法院依报请、依职权决定协同执行用）
9. 请示（下级法院报请协调处理执行争议用）
10. 执行决定书（上级法院依报请协调执行争议用）

1. 督促执行令（上级法院督促下级法院执行用）

××××人民法院
督促执行令

（××××）……执他……号

××××人民法院：

你院立案执行的×××与×××……（写明案由、案号）一案，……（写明案件无正当理由长期未执行/应当作出裁定、决定、通知而不制作/应当依法实施具体执行行为而不实施/需要督促执行的其他情形）。依照《中华人民共和国民事诉讼法》第二百三十七条、《最高人民法院关于人民法院执行工作若干问题的规定（试行）》第74条第1款规定，责令你院在收到本督促执行令之日起依法及时执行该案，于××××年××月××日前执结（作出裁定、决定、通知/依法实施具体执行行为等)，并将执行结果书面报告本院。

此令。

××××年××月××日

(院印)

2. 请示(下级法院报请提级执行、指令执行用)

关于……(写明当事人及案由)一案报请提级执行/指令执行的请示

(××××)……执……号

××××人民法院：

×××与×××……(写明案由)一案，我院于××××年××月××日立案执行，案号为(××××)……执……号。

(基本案情，以及已经开展的执行工作)

我院认为，……(写明报请提级执行/指令执行的事实和理由)。依照《中华人民共和国民事诉讼法》第二百三十七条，现报请你院提级执行/指令执行该案。

以上请示，请复。

附件：案情报告×份

××××年××月××日

(院印)

3. 执行决定书(上级法院依报请、依职权提级执行、指令执行用)

××××人民法院 执行决定书

(××××)……执他……号

××××人民法院、××××人民法院：

关于×××与×××……(写明案由、案号)一案，(××××人民法院报请本院提级执行/指令执行)，因……(写明提级执行/指令执行的理由)，依照《中华人民共和国民事诉讼法》第二百三十七条、《最高人民法院关于人民法院执行工作若干问题的规定(试行)》第74条第2款规定，决定如下：

××××人民法院（或其他生效法律文书的作出机关）（××××）……号民事判决（或其他生效法律文书）由本院执行/由××××人民法院执行。

××××人民法院（原执行法院）应在收到本决定书之日起7日内将有关案卷材料移送本院/移送××××人民法院，并通知相关当事人。

本决定立即执行。

××××年××月××日
（院印）

4. 批复（上级法院不同意提级执行、指令执行用）

关于对……（写明当事人及案由）一案报请提级执行/指令执行的批复

（××××）……执他……号

××××人民法院：

关于你院报请提级执行/指令执行的×××与×××……（写明案由、案号）一案，本院经审查认为，……（不同意提级执行/指令执行的理由和分析意见）。现批复如下：

不同意……一案由本院提级执行/不同意……一案指令执行。请你院依法推动执行工作。

此复。

××××年××月××日
（院印）

5. 请示（下级法院报请集中执行用）

关于……（写明当事人及案由）一案/等多案报请集中执行的请示

（××××）……执……号

××××人民法院：

×××与×××……（写明案由）一案/×××与×××……（写明案由）等多案，本院（分别）于××××年××月××日立案执行，案号（分别）为（××××）……执……号（未立案可不写时间和案号，案件数量多可另附清单）。

（基本案情，以及已经开展的执行工作）

我院认为，……（写明报请集中执行的事实和理由，包括同一被执行人涉及多起执行案件，不同法院具有管辖权，集中执行便于当事人参与执行、便于人民法院依法及时有效开展执行工作等）。依照《最高人民法院关于人民法院执行工作若干问题的规定（试行）》第 71 条规定，现报请你院依法决定集中执行。

以上请示，请复。

附件：案情报告×份

××××年××月××日
（院印）

6. 执行决定书（上级法院依报请、依职权决定集中执行用）

××××人民法院
执行决定书

（××××）……执他……号

××××人民法院（辖区所有法院）：

×××因与×××……等（写明案由）纠纷，在本院辖区范围内有多起诉讼案件/执行案件/其他可能进入执行程序的案件，（××××人民法院报请本院集中执行），为便于当事人参与执行、便于人民法院依法及时有效开展执行工作，（写明集中执行的具体理由），依照《最高人民法院关于人民法院执行工作若干问题的规定（试行）》第 71 条规定，决定如下：

一、涉及×××（写明当事人）的执行案件（案件数量多可附清单）由××××人民法院集中执行；

二、涉及×××（写明当事人）的执行案件，已立案执行但尚未执结的，有关法院应在收到本决定书之日起 7 日内将案件移送××××人民法院执行；

三、涉及×××（写明当事人）的案件，当事人申请执行的，由相关法院告知当事人向××××人民法院申请执行。

本决定立即执行。

××××年××月××日
（院印）

7. 请示（下级法院报请协同执行用）

关于……（写明当事人及案由）一案报请协同执行的请示

（××××）……执……号

××××人民法院：

×××与×××……（写明案由）一案，我院于××××年××月××日立案执行，案号为（××××）……执……号。

（基本案情，以及已经开展的执行工作）

我院认为，……（写明报请协同执行的事实和理由）。依照《最高人民法院关于人民法院执行工作若干问题的规定（试行）》第71条规定，现报请你院要求有关法院协同执行。

以上请示，请复。

附件：案情报告×份

××××年××月××日
（院印）

8. 执行决定书（上级法院依报请、依职权决定协同执行用）

××××人民法院
执行决定书

（××××）……执他……号

××××人民法院、××××人民法院、……：

××××人民法院执行的×××与×××……（写明案由、案号）一案，（××××人民法院报请本院协同执行），为便于依法及时有效开展执行工作，（写明协同执行的具体理由），依照《最高人民法院关于人民法院执行工作若干问题的规定（试行）》第71条规定，决定如下：

×××与×××……（写明案由、案号）一案，由××××人民法院、……协助××××人民法院开展执行工作。

本决定立即执行。

××××年××月××日
（院印）

9. 请示（下级法院报请协调处理执行争议用）

关于报请协调处理……（写明当事人及案由）一案执行争议的请示

（××××）……执……号

××××人民法院：

我院执行的×××与×××……（写明案由、案号）一案，与××××人民法院执行的×××与×××……（写明案由、案号）一案，因……发生执行争议，双方经协商未达成一致意见，依照《最高人民法院关于人民法院执行工作若干问题的规定（试行）》第 67 条规定，现报请你院协调处理。

一、争议各方执行案件的基本情况

……

二、执行争议的焦点问题与协商情况

……

三、报请协调的意见

……

××××年××月××日
（院印）

10. 执行决定书（上级法院依报请协调执行争议用）

××××人民法院
执行决定书

（××××）……执协……号

××××人民法院、××××人民法院：

××××人民法院执行的×××与×××……（写明案由、案号）一案，与××××人民法院执行的×××与×××……（写明案由、案号）一案，因……发生执行争议，××××人民法院报请本院协调。

本院经审查认为，（写明协调处理的具体理由）。依照《最高人民法院关于人民法院执行工作若干问题的规定（试行）》第 70 条规定，决定如下：

……（写明协调处理结果）。

本决定立即执行。

××××年××月××日
（院印）

司 法 统 计

2023 年全国法院司法统计公报

各类案件情况

	收案	结案	未结
总计	45573652	45267995	3145364

注：1. 包括诉前调解成功案件。
2. 收案是指当期新收案件，结案中包括上期旧存案件。下同

各类审判执行案件情况

	收案	结案	未结
总计	33575560	33269903	3145364

管辖案件情况

	收案	结案	未结
合计	161070	160578	3707

刑事案件情况

	收案	结案	未结
合计	1749823	1763199	106845
刑事一审	1229811	1243255	82720
刑事二审	128043	127863	12058
刑事依职权再审审查	2294	2358	211
刑事申诉再审审查	31979	31942	3389
刑事抗诉再审审查	1758	1749	117

续表

	收案	结案	未结
刑事再审	3854	4154	886
申请没收违法所得	29	34	30
法定刑以下判处刑罚复核	28	23	13
申请强制医疗审查	1240	1255	43
解除强制医疗审查	839	841	76
强制医疗复议	61	62	
强制医疗监督			
刑罚与执行变更审查	319098	318800	6072
刑罚与执行变更监督	490	482	173
刑罚与执行变更备案	1362	1340	188
其他刑事案件	28937	29041	869

民事案件情况

	收案	结案	未结
合计	20047964	19976951	1994216
民事一审	17530542	17477181	1708468
民事二审	1720536	1709805	193409
民事依职权再审审查	18785	18581	1301
民事申请再审审查	321076	315861	57908
民事抗诉再审审查	4199	4160	94
民事再审	52576	54164	12080
第三人撤销之诉	4461	4263	1343
选民资格	55	56	9
宣告失踪、宣告死亡	8763	7965	4891
财产代管人申请变更代管	48	42	8
行为能力认定	38074	38310	3317
监护关系变更	8419	8346	435
认定财产无主	143	149	81
实现担保物权	9769	9740	151
调解协议司法确认	116354	116222	707

续表

	收案	结案	未结
设立海事赔偿责任限制基金	20	19	9
海事债权登记与受偿	923	916	26
撤销仲裁裁决	33440	33737	2237
申请确认仲裁协议效力	4142	3800	1155
民事特别程序监督	931	901	116
指定遗产管理人	309	237	156
船舶优先权催告	1		3
公示催告	1676	1702	281
申请支付令审查	151721	150065	5116
支付令监督	65	51	25
人格权保护禁令申请审查	7373	7361	58
人格权保护禁令变更	97	97	
其他民事	13466	13220	832

行政案件情况

	收案	结案	未结
合计	676710	669415	87779
行政一审	298711	295965	56999
行政二审	146994	144179	16018
行政依职权再审审查	1027	995	110
行政申请再审审查	53466	51904	11993
行政抗诉再审审查	173	173	9
行政再审	2428	2373	444
非诉行政行为申请执行审查	171042	171063	1973
非诉行政行为申请执行审查复议	1351	1260	127
其他行政	1518	1503	106

注：不包含行政赔偿案件。

国家赔偿与司法救助案件情况

	收案	结案	未结
合计	66368	66288	7818
行政赔偿一审	11715	12054	3197
行政赔偿二审	9817	9886	1152
行政赔偿依职权再审审查	35	33	3
行政赔偿申请再审审查	6247	5796	1482
行政赔偿抗诉再审审查	3	3	
行政赔偿再审	170	152	127
其他行政赔偿	29	29	
法院作为赔偿义务机关自赔	2864	2872	147
赔偿委员会审理赔偿	3156	3240	452
司法赔偿监督审查	1554	1525	233
赔偿确认申诉审查			1
司法赔偿监督上级法院赔偿委员会重审	38	40	11
司法赔偿监督本院赔偿委员会重审	70	75	19
其他赔偿	115	116	3
司法救助	30555	30467	991

区际司法协助案件情况

	收案	结案	未结
合计	14931	13637	12064
认可与执行申请审查	167	175	65
送达文书	14004	12894	10596
调查取证	760	568	1397
其他			6

国际司法协助案件情况

	收案	结案	未结
合计	5080	5057	8696
承认与执行申请审查	416	372	142
送达文书	4580	4621	8458
调查取证	84	64	96
其他			

司法制裁案件情况

	收案	结案	未结
合计	36194	34940	1713
司法制裁审查	34007	32746	1676
司法制裁复议	2187	2194	37

非诉保全案件情况

	收案	结案	未结
合计	726810	725717	6579
非诉财产保全审查	725087	723997	6551
非诉行为保全审查	796	798	2
非诉行为保全复议	33	33	2
非诉证据保全审查	894	889	24

执行案件情况

	收案	结案	未结
合计	9994464	9759979	884017
首次执行	9471238	9238378	857876
执行异议	406326	405136	18758
执行复议	56639	56629	3261
执行监督	24713	24352	2216
执行协调	4014	4007	75
其他执行	31534	31477	1831

强制清算与破产案件情况

	收案	结案	未结
合计	99797	97952	32159
强制清算申请审查	18365	17067	2027
强制清算	15212	12705	6009
破产申请审查	37905	38169	2886
破产	26662	28554	20775
强制清算与破产上诉	1577	1372	451
强制清算与破产监督	76	85	11

刑事一审案件情况

	收案	结案	未结
合计	1229811	1243255	82720
危害公共安全罪	395664	397184	7579
破坏社会主义市场经济秩序罪	61634	62518	13252
侵犯公民人身权利民主权利罪	128228	131990	13562
侵犯财产罪	249224	251267	18074
妨害社会管理秩序罪	378904	383773	25199
危害国防利益罪	273	285	20
贪污贿赂罪	14000	14238	4335
渎职罪	1564	1647	550
其他	320	353	149

民事一审案件情况

	收案	结案	结案方式						未结
			判决	不予受理	驳回起诉	撤诉	调解	其他	
合计	17530542	17477181	8271078	45398	352538	4370071	4233922	204174	1708468
人格权纠纷	192977	191590	101263	447	3053	45098	40593	1136	26234
婚姻家庭、继承纠纷	2174936	2170042	722572	1928	17408	376995	1033392	17747	110136
物权纠纷	349681	350600	159782	2645	24669	106766	53413	3325	57092
合同、准合同纠纷	11936754	11869516	5802094	34584	252736	3102208	2565458	112436	1126880
知识产权与竞争纠纷	462176	460306	127911	558	3589	270109	50753	7386	65721
劳动争议、人事争议	608529	594894	319497	1979	18852	95230	134711	24625	91267
海事海商纠纷	16117	16238	6340	95	175	4799	3665	1164	2577
与公司证券、保险、票据等有关的民事纠纷	599395	632177	360597	1603	13862	134788	90276	31051	77685
侵权责任纠纷	1091165	1097538	607116	1267	12668	212665	259318	4504	122834
其他	98812	94280	63906	292	5526	21413	2343	800	28042

婚姻家庭、继承一审案件情况

	收案	结案	结案方式						未结
			判决	不予受理	驳回起诉	撤诉	调解	其他	
合计	2174936	2170042	722572	1928	17408	376995	1033392	17747	110136
婚姻家庭纠纷小计	2034502	2032771	681705	1727	14456	353211	965266	16406	88838
离婚纠纷	1713177	1713663	560022	1096	9782	282659	848663	11441	64798
抚养纠纷	138219	136993	49845	158	1502	27976	55962	1550	7310
扶养纠纷	3310	3255	1296	4	45	866	989	55	241
赡养纠纷	23738	23666	9014	23	286	5823	7985	535	1410
收养关系纠纷	1663	1639	619	5	40	288	669	18	100
监护权纠纷	708	707	216	9	35	283	150	14	60
探望权纠纷	7404	7345	2762	14	96	1589	2727	157	460
其他婚姻家庭纠纷	146283	145503	57931	418	2670	33727	48121	2636	14459
继承纠纷小计	138372	134892	40165	197	2921	23340	66949	1320	21121
法定继承纠纷	54234	52781	10229	54	711	7934	33515	338	7572
遗嘱继承纠纷	9012	8610	3461	5	152	1581	3325	86	2135
其他继承纠纷	75126	73501	26475	138	2058	13825	30109	896	11414
其他婚姻家庭、继承纠纷	2062	2379	702	4	31	444	1177	21	177

行政一审案件情况

	收案	结案	结案方式						未结
			判决	不予立案	驳回起诉	撤诉	调解	其他	
合计	298711	295965	145081	13647	52728	71963	3556	8990	56999
公安	35541	34494	16745	1741	4580	10706	69	653	5253
资源	38754	38403	16611	1981	9391	8518	451	1451	6507
城建	49172	48633	20760	2193	11731	10894	910	2145	9181
计划生育	91	85	31	6	18	29	1		12
工商	6326	6215	2095	348	1381	2160	86	145	1174
商标	18557	20089	18945	30	69	967	4	74	9341
质量监督	1551	1541	546	35	280	625	27	28	217
卫生	1546	1529	561	108	438	367	27	28	300
食品、药品	1501	1441	538	36	202	602	44	19	235
农	625	599	264	31	115	137	12	40	101
物价	70	94	30	4	42	18			18
环	1655	1824	1003	38	174	496	50	63	294
交通	1632	1636	624	80	208	677	24	23	205

续表

	收案	结案	结案方式						未结
			判决	不予立案	驳回起诉	撤诉	调解	其他	
信息、电讯	375	340	158	13	83	80		6	70
邮政	76	77	30	10	25	11		1	18
专利	1986	2207	1939	8	13	240	1	6	1656
集成电路布图设计	1	1	1						
反垄断	12	10	4	3		2		1	5
新闻、出版	11	17	6	1	9		1		
税务	1253	1222	443	98	283	352	6	40	247
金融	971	905	379	34	273	197	1	21	240
外汇	10	11	7			4			1
海关	51	47	19	1	8	19			18
财政	626	573	329	12	106	106		20	112
劳动、社会保障	28882	28004	17949	504	1928	7196	79	348	4260
审计	59	59	23	5	19	11		1	10
内贸、外贸	13	16	8	1	5	2			3
水利	581	616	284	35	127	137	9	24	81
旅游	59	58	29	4	9	14	1	1	11
烟草专卖	157	148	61	7	28	49	1	2	19
司法行政	1432	1377	637	129	314	259	4	34	253
民政	2078	2120	411	212	449	1016	6	26	138
教育	822	821	210	126	269	200	3	13	121
文化	112	107	41	15	18	24	1	8	20
广电	32	31	6	2	17	6			2
统计	11	10	2	1	3	4			1
电力	76	77	18	34	15	6	1	3	7
国资	145	156	39	12	82	21	1	1	11
外资管理									
盐业	8	10	6	1	1	1		1	
体育	21	20	7	1	7	4		1	6
监察	466	443	214	23	60	118	18	10	51
乡政府	21640	21917	9991	1012	4805	4679	298	1132	3958
其他	79724	77982	33077	4712	15143	21009	1420	2621	12842

注：不包含行政赔偿案件。

各类二审案件情况

	收案	结案	结案方式						未结
			维持	改判	发回重审	撤诉	调解	其他	
合计	2005390	1991733	1280577	216718	60456	256211	135434	42337	222637
刑事	128043	127863	90117	13919	6340	16290	170	1027	12058
民事	1720536	1709805	1061254	195062	52036	231447	134652	35354	193409
行政	146994	144179	121481	6912	1654	8079	507	5546	16018
行政赔偿	9817	9886	7725	825	426	395	105	410	1152

各类再审案件情况

	收案	结案	结案方式							未结
			维持	改判	发回重审	撤诉	调解	驳回再审申请	其他	
合计	59028	60843	11189	23002	6204	2743	4199	818	12688	13537
刑事	3854	4154	878	2424	310	51	3		488	886
民事	52576	54164	9940	19339	5715	2582	4136	812	11640	12080
行政	2428	2373	354	1191	131	107	48	5	537	444
行政赔偿	170	152	17	48	48	3	12	1	23	127

首次执行案件情况

	收案	结案	结案方式						未结
			不予执行	驳回申请	执行完毕	终结执行	终结本次执行程序	其他	
合计	9471238	9238378	3957	40750	3347648	2397301	3357380	91342	857876
刑事财产刑或附带民事赔偿生效判决、裁定、调解书	753661	739336	136	1102	420257	77466	236785	3590	46324
具有执行内容民事案件生效判决书、裁定书、调解书、支付令	7853728	7648671	1337	22507	2573760	2138337	2882397	30333	740896
具有执行内容行政案件生效判决书、裁定书、调解书	60999	61704	28	614	33700	10984	16200	178	3619
具有执行内容行政赔偿案件生效判决书、裁定书、调解书	6079	6016	5	59	3040	1180	1695	37	485
经人民法院裁定认可的香港特区法院裁判	2865	3144	1	11	679	841	1590	22	166

续表

	收案	结案	结案方式						未结
			不予执行	驳回申请	执行完毕	终结执行	终结本次执行程序	其他	
经人民法院裁定认可的澳门特区法院裁判	24	26			9	4	13		2
经人民法院裁定认可的台湾地区法院裁判	17	13			1	3	7	2	5
香港特区仲裁裁决	76	81		2	28	16	30	5	7
经人民法院裁定认可的澳门特区仲裁裁决	13	9	1		3	2	3		4
经人民法院裁定认可的台湾地区仲裁裁决	13	14			5	3	4	2	2
经人民法院裁定承认的外国法院裁判	45	43			17	10	16		6
经人民法院裁定承认的国外仲裁裁决	14272	14165		6	7351	6623	164	21	141
国内仲裁裁决	576038	563495	2145	15035	212763	115205	162476	55871	48931
具有强制执行力的公证债权文书	37424	36537	223	435	6800	15570	12839	670	6141
经人民法院裁定准予强制执行的非诉行政行为	49016	47994	18	600	24055	6776	16407	138	2798
先予执行裁定	5487	5456	3	11	2228	1509	1666	39	348
司法罚款决定	9883	9754	3	8	9061	327	339	16	246
其他	101598	101920	57	360	53891	22445	24749	418	7755

刑事案件被告人判决生效情况

	生效判决人数	宣告无罪	宣告不负刑事责任	免予刑事处罚	5年以上有期徒刑至死刑	超过3年不满5年有期徒刑	1年以上3年以下有期徒刑	不满1年有期徒刑	拘役	缓刑	管制	单处附加刑		
												罚金	剥夺政治权利	驱逐出境
合计	1660251	804	51	4331	134142	89608	348148	264440	250658	556422	2221	9277	138	11
危害公共安全罪	397081	25	6	1185	11518	5072	19884	7346	176592	174904	292	252	3	2
破坏社会主义市场经济秩序罪	124987	113	4	444	17227	10351	28870	9011	5343	53001	11	609	2	1
侵犯公民人身权利民主权利罪	147828	282	25	633	29888	16412	43762	17858	2451	36052	250	110	105	
侵犯财产罪	332925	219	6	585	34175	26464	85824	84947	21009	75790	350	3547	9	
妨害社会管理秩序罪	638979	148	9	1129	35033	27986	165790	144675	45154	212978	1316	4737	16	8
危害国防利益罪	429			3	14	16	135	71	25	156	2	6	1	
贪污贿赂罪	14914	6	1	84	5579	3034	2994	358	53	2790		15		
渎职罪	2045	11		267	241	213	620	145	26	521		1		
其他	1063			1	467	60	269	29	5	230			2	

罪犯情况

	罪犯人数	作案时年龄				女性罪犯	作案时年龄	
		不满18岁	18岁以上不满25岁	25岁以上不满60岁	60岁以上		不满18岁	18岁以上不满25岁
合计	1659396	36037	248521	1319010	55828	173049	2845	20541
危害公共安全罪	397050	1118	24990	354759	16183	14230	26	979
破坏社会主义市场经济秩序罪	124870	219	8315	111808	4528	28782	46	1815
侵犯公民人身权利民主权利罪	147521	10430	23589	103326	10176	10128	804	1163
侵犯财产罪	332700	14237	60818	247327	10318	35488	877	6443
妨害社会管理秩序罪	638822	10025	130382	484748	13667	82514	1091	10101
危害国防利益罪	429		55	359	15	32		
贪污贿赂罪	14907	2	142	13931	832	1497		23
渎职罪	2034		66	1892	76	92		1
其他	1063	6	164	860	33	286	1	16

指导性案例

最高人民法院
关于发布第38批指导性案例的通知

法〔2023〕178号

各省、自治区、直辖市高级人民法院，解放军军事法院，新疆维吾尔自治区高级人民法院生产建设兵团分院：

经最高人民法院审判委员会讨论决定，现将刘某桂非法采矿刑事附带民事公益诉讼案等五个案例（指导性案例212—216号），作为第38批指导性案例发布，供审判类似案件时参照。

2023年10月19日

指导性案例212号

刘某桂非法采矿刑事附带民事公益诉讼案

（最高人民法院审判委员会讨论通过 2023年10月20日发布）

关键词 刑事/刑事附带民事公益诉讼/非法采矿/非法采砂/跨行政区划集中管辖/生态环境损害赔偿

裁判要点

1. 跨行政区划的非法采砂刑事案件，可以由非法开采行为实施地、矿产品运输始发地、途经地、目的地等与犯罪行为相关的人民法院管辖。

2. 对于采售一体的非法采砂共同犯罪，应当按照有利于查明犯罪事实、便于生态环境修复的原则，确定管辖法院。该共同犯罪中一人犯罪或一环节犯罪属于管辖法院审理的，则该采售一体非法采砂刑事案件均可由该法院审理。

3. 非法采砂造成流域生态环境损害，检察机关在刑事案件中提起附带民事公益诉讼，请求被告人承担生态环境修复责任、赔偿损失和有关费用的，人民法院依法予以支持。

基本案情

2021年9月5日，被告人刘某桂（住湖北省武穴市）将其所有的鄂银河518号运力船租赁给另案被告人刘某（已判刑，住江西省九江市浔阳区），后二人商定共同在长江盗采江砂。采砂前，刘某与另案被告人何某东（已判刑，住江西省九江市柴桑区）事前通谋，由何某东低价收购刘某盗采的江砂。

2021年9月10日至9月26日期间，被告人刘某桂三次伙同另案被告人刘某、熊某、杨某（均已判刑）在位于湖北省的长江黄梅段横河口水域盗采江砂约4500吨，后运至江西省九江市柴桑区某码头出售给何某东，后何某东在江砂中掺杂机制砂后对外出售。采砂期间，熊某明知上述情况，仍为刘某提供驾驶车辆等帮助，一起参与盗采江砂活动，并从中获取非法利益约15000元。杨某受刘某雇请在鄂银河518号运力船上负责监督卸砂，获取非法利益约3000余元。

2021年9月30日零时许，长江航运公安局水上分局九江派出所接群众举报后，在长江黄梅段横河口水域将正在进行盗采作业的鄂银河518号运力船查获。经过磅称重，鄂银河518号运力船装有盗采江砂1443.09吨。根据《湖北省人民政府关于加强河道采砂管理的通告》规定，湖北省长江中游干流段禁采期定为6月1日至9月30日以及相应河段河道水位超警戒水位时。本案非法采砂的作案地点长江黄梅段横河口水域位于长江中游干流湖北省新洲水域。

经江西省九江市发展和改革委员会认定，盗采的江砂市场交易价为80元/吨。被告人刘某桂与刘某、熊某、何某东、杨某非法采砂5943.09吨，价值475447.2元。经鉴定，刘某桂、刘某等人非法盗采长江江砂行为对非法采砂区域的生态环境造成的影响分为水环境质量受损、河床结构受损、水源涵养受损和水生生物资源受损。其中，造成的长江生态服务功能损失35823.41元，长江生态环境损害所需修复费用26767.48元，共计62590.89元。

另查明，刘某、熊某、何某东、杨某因非法采矿罪已被江西省瑞昌市人民法院先行判决。被告人刘某桂于2022年6月8日被抓获归案。

九江市中级人民法院指定江西省瑞昌市人民法院审理本案。经江西省瑞昌市人民检察院依法公告，公告期满未有法律规定的机关和有关组织提起民事公益诉讼。瑞昌市人民检察院遂依法向瑞昌市人民法院提起刑事附带民事公益诉讼。

裁判结果

江西省瑞昌市人民法院于2022年12月22日以（2022）赣0481刑初304号刑事附带民事判决，认定被告人刘某桂犯非法采矿罪，判处有期徒刑三年，并处罚金人民币110000元；责令被告人刘某桂在判决生效十日内与刘某、熊某、何某东等人共同退赔国家矿产资源损失135000元（已扣除其他被告人赔偿的金额）；被告人刘某桂已退赔的国家矿产资源损失50000元上缴国库；附带民事公益诉讼被告刘某桂在判决生效后十日内与刘某、熊某、杨某、何某东连带赔偿因非法采砂造成的长江生态服务功能损失35823.41元、长江生态环境损害修复费用26767.48元，共计62590.89元；附带民事公益诉讼被告刘某桂在判决生效后十日内在九江市市级新闻媒体上刊登公告，向社会公众赔礼道歉。宣判后，没有上诉、抗诉，判决已发生法律效力。

裁判理由

法院生效裁判认为，被告人刘某桂与刘某等人违反矿产资源法规定，未取得采矿许可证，经事先通谋，共同在长江河道禁采期内非法盗采江砂，价值475447.2元，情节特别严重，应当以非法采矿罪追究其刑事责任，且属共同犯罪。公诉机关指控的罪名成立。

关于管辖权问题，经查，被告人刘某桂犯罪行为实施地及其居住地均不在江西省九江市，但共同犯罪中同案犯的行为发生在九江市辖区范围内，且同案犯已先行被江西省瑞昌市人民法院判决。共同犯罪中一人犯罪行为或一环节犯罪属于管辖法院审理的，则该构成共同犯罪的采售一体采砂刑事案件均可由该法院审理。考虑到实践中非法采砂行为的系统破坏性，基于有利于查明犯罪事实、便于生态环境修复的原则，九江市中级人民法院指定本案由瑞昌市人民法院审理，符合法律规定。

被告人刘某桂直接安排实施采砂行为，在共同犯罪中起主要作用。刘某桂在庭审中如实供述了其犯罪事实，具有坦白情节，依法可以从轻处罚。但其曾因非法采矿受过刑事处罚，现又犯非法采矿罪，酌情从重处罚。刘某桂部分退赔国家矿产资源损失，酌情从轻处罚。刘某桂等人在长江非法盗采江砂的犯罪行为，造成国家矿产资源损失，应共同予以退赔。除去同案犯已退赔金额及刘某桂已退赔金额，刘某桂还需退赔矿产资源损失135000元。

同时，非法采矿行为还破坏了长江水域生态环境，损害了社会公共利益，应承担相应的民事侵权责任。绿水青山就是金山银山，长江流域经济社会发展，应当坚持生态优先、绿色发展，共抓大保护、不搞大开发的原则。附带民事公益诉讼被告刘某桂应与另案被告人刘某、熊某、何某东、杨某等人共同承担非法采矿造成的生态功能损失、生态修复费用，并负连带赔偿责任。附带民事公益诉讼起诉人要求上述被告赔偿相关长江生态服务功能损失、生态修复费用的诉请，符合法律规定，予以支持。关于附带民事公益诉讼起诉人要求上述被告在九江市级新闻媒体上向社会公开赔礼道歉的诉请，符合法律规定，予以支持。

相关法条

1. 《中华人民共和国长江保护法》第28条、第93条
2. 《中华人民共和国刑事诉讼法》第25条
3. 《最高人民法院关于适用〈中华人民共和国刑事诉讼法〉的解释》第2条

指导性案例 213 号

黄某辉、陈某等 8 人非法捕捞水产品刑事附带民事公益诉讼案

（最高人民法院审判委员会讨论通过 2023 年 10 月 20 日发布）

关键词 刑事/刑事附带民事公益诉讼/非法捕捞水产品/生态环境修复/从轻处罚/增殖放流

裁判要点

1. 破坏环境资源刑事案件中，附带民事公益诉讼被告具有认罪认罚、主动修复受损生态环境等情节的，可以依法从轻处罚。

2. 人民法院判决生态环境侵权人采取增殖放流方式恢复水生生物资源、修复水域生态环境的，应当遵循自然规律，遵守水生生物增殖放流管理规定，根据专业修复意见合理确定放流水域、物种、规格、种群结构、时间、方式等，并可以由渔业行政主管部门协助监督执行。

基本案情

2020 年 9 月，被告人黄某辉、陈某共谋后决定在长江流域重点水域禁捕区湖南省岳阳市东洞庭湖江豚自然保护区实验区和东洞庭湖鲤、鲫、黄颡国家级水产种质资源保护区捕鱼。两人先后邀请被告人李某忠、唐某祟、艾某云、丁某德、吴某峰（另案处理）、谢某兵以及丁某勇，在湖南省岳阳县东洞庭湖壕坝水域使用丝网、自制电网等工具捕鱼，其中黄某辉负责在岸上安排人员运送捕获的渔获物并予以销售，陈某、李某忠、唐某祟、艾某云、丁某德负责驾船下湖捕鱼，吴某峰、谢某兵、丁某勇负责使用三轮车运送捕获的渔获物。自 2020 年 10 月底至 2021 年 4 月 13 日，八被告人先后参与非法捕捞三四十次，捕获渔获物一万余斤，非法获利十万元。

2021 年 8 月 20 日，岳阳县人民检察院委托鉴定机构对八被告人非法捕捞水产品行为造成渔业生态资源、渔业资源造成的损害进行评估。鉴定机构于 2021 年 10 月 21 日作出《关于黄某辉等人在禁渔期非法捕捞导致的生态损失评估报告》，评估意见为：涉案非法捕捞行为中 2000 公斤为电捕渔获，3000 公斤为网捕渔获。电捕造成鱼类损失约 8000 公斤，结合网捕共计 11000 公斤，间接减少 5000000 尾鱼种的补充；建议通过以补偿性鱼类放流的方式对破坏的鱼类资源进行生态修复。岳阳县价格认证中心认定，本案渔类资源损失价值为 211000 元，建议向东洞庭湖水域放流草、鲤鱼等鱼苗的方式对渔业资源和水域生态环境进行修复。

岳阳县人民检察院于 2021 年 7 月 30 日依法履行公告程序，公告期内无法律规定的机关和有关组织反馈情况或提起诉讼，该院遂以被告人黄某辉、陈某、唐某祟、艾某云、丁某德、李某忠、谢某兵、丁某勇八人涉嫌犯非法捕捞水产品罪向岳阳县人民法院提起公诉，并

以其行为破坏长江流域渔业生态资源，影响自然保护区内各类水生动物的种群繁衍，损害社会公共利益为由，向岳阳县人民法院提起刑事附带民事公益诉讼，请求判令上述八被告在市级新闻媒体上赔礼道歉；判令上述八被告按照生态损失评估报告提出的生态修复建议确定的放流种类、规格和数量以及物价鉴定意见，在各自参与非法捕捞渔获物范围内共同购置相应价值的成鱼和苗种，在洞庭湖水域进行放流，修复渔业资源与环境。被告逾期不履行生态修复义务时，应按照放流种类和数量对应的鱼类市场价格连带承担相应渔业资源和生态修复费用 211000 元；判令上述被告连带承担本案的生态评估费用 3000 元。

被告人黄某辉、陈某、唐某崇、艾某云、丁某德、李某忠、谢某兵、丁某勇对公诉机关指控的罪名及犯罪事实均无异议，自愿认罪；同时对刑事附带民事公益诉讼起诉人提出的诉讼请求和事实理由予以认可，并对向东洞庭湖投放规定品种内价值 211000 元成鱼或鱼苗的方式对渔业资源和水域生态环境进行修复的建议亦无异议，表示愿意承担修复生态环境的责任。

裁判结果

在案件审理过程中，岳阳县人民法院组织附带民事公益诉讼起诉人和附带民事公益诉讼被告人黄某辉、陈某、唐某崇、艾某云、丁某德、李某忠、谢某兵、丁某勇调解，双方自愿达成了如下协议：1. 由被告人黄某辉、陈某、唐某崇、艾某云、丁某德、李某忠、谢某兵、丁某勇按照生态损失评估报告提出的生态修复建议确定的放流种类、规格和数量以及物价鉴定意见，在各自参与非法捕捞渔获物范围内共同购置符合增殖放流规定的成鱼或鱼苗（具体鱼种以渔政管理部门要求的标准为准），在洞庭湖水域进行放流，修复渔业资源与环境；2. 由八被告人共同承担本案的生态评估费用 3000 元，直接缴纳给湖南省岳阳县人民检察院；3. 八被告人在市级新闻媒体上赔礼道歉。

调解达成后，湖南省岳阳县人民法院将调解协议内容依法公告，社会公众未提出异议，30 日公告期满后，湖南省岳阳县人民法院经审查认为调解协议的内容不违反社会公共利益，出具了（2021）湘 0621 刑初 244 号刑事附带民事调解书，将调解书送达给八被告人及岳阳县人民检察院，并向社会公开。2021 年 12 月 21 日，在岳阳县东洞庭湖渔政监察执法局监督执行下，根据专业评估意见，被告人李某忠、谢某兵、丁某勇及其他被告人家属在东洞庭湖鹿角码头投放 3—5 厘米鱼苗 446 万尾，其中鲢鱼 150 万尾、鳙鱼 150 万尾、草鱼 100 万尾、青鱼 46 万尾，符合增殖放流的规定。

刑事附带民事调解书执行完毕后，岳阳县人民法院于 2022 年 1 月 13 日以（2021）湘 0621 刑初 244 号刑事附带民事判决，认定被告人黄某辉犯非法捕捞水产品罪，判处有期徒刑一年一个月；被告人陈某犯非法捕捞水产品罪，判处有期徒刑一年一个月；被告人唐某崇犯非法捕捞水产品罪，判处有期徒刑一年；被告人艾某云犯非法捕捞水产品罪，判处有期徒刑十一个月；被告人丁某德犯非法捕捞水产品罪，判处有期徒刑九个月；被告人李某忠犯非法捕捞水产品罪，判处拘役三个月，缓刑四个月；被告人谢某兵犯非法捕捞水产品罪，判处拘役三个月，缓刑四个月；被告人丁某勇犯非法捕捞水产品罪，判处拘役三个月，缓刑四个月；对被告人黄某辉、陈某、唐某崇、艾某云、丁某德、李某忠、谢某兵、丁某勇的非法获利十万元予以追缴，上缴国库，等等。

裁判理由

法院生效刑事附带民事调解书认为，被告人黄某辉、陈某、唐某祟、艾某云、丁某德、李某忠、谢某兵、丁某勇非法捕捞水产品的行为破坏了生态环境，损害了社会公共利益，应当承担赔偿责任。附带民事公益诉讼起诉人和附带民事公益诉讼被告人黄某辉、陈某、唐某祟、艾某云、丁某德、李某忠、谢某兵、丁某勇达成的调解协议不违反社会公共利益，人民法院予以确认并出具调解书。

法院生效刑事附带民事判决认为，被告人黄某辉、陈某、唐某祟、艾某云、丁某德、李某忠、谢某兵、丁某勇为谋取非法利益，在禁捕期，使用禁用工具、方法捕捞水产品，情节严重，触犯了《中华人民共和国刑法》第三百四十条之规定，犯罪事实清楚，证据确实、充分，应当分别以非法捕捞水产品罪追究其刑事责任。

在非法捕捞水产品罪的共同犯罪中，被告人黄某辉、陈某、唐某祟、艾某云、丁某德、李某忠起主要作用，系主犯，谢某兵、丁某勇起次要作用，系从犯，应当从轻处罚。八被告人如实供述犯罪事实，属于坦白，可从轻处罚；八被告人自愿认罪认罚，依法从宽处理；八被告人按照法院生效调解书内容积极主动购置成鱼或鱼苗在洞庭湖水域放流，主动履行修复渔业资源和生态的责任，可酌情从轻处罚。被告人李某忠、谢某兵、丁某勇犯罪情节较轻，且有悔罪表现，结合司法行政部门社区矫正调查评估报告意见，被告人李某忠、谢某兵、丁某勇没有再犯罪的危险，判处缓刑对居住的社区没有重大不良影响，依法可以宣告缓刑。公诉机关针对八被告人参与网捕、电捕和运输的次数，结合捕捞数量及参与度，分别提出的量刑建议恰当，法院依法予以采信。八被告人的非法捕捞行为破坏生态环境，损害社会公共利益，应当承担相应的民事责任，刑事附带民事公益诉讼起诉人的诉讼请求，符合法律规定，依法予以支持，对在诉讼过程中就刑事附带民事达成调解已依法予以确认。

相关法条

1.《中华人民共和国长江保护法》第 53 条、第 93 条

2.《中华人民共和国刑法》第 340 条

3.《中华人民共和国民法典》第 1234 条

4.《最高人民法院、最高人民检察院关于检察公益诉讼案件适用法律若干问题的解释》第 20 条

指导性案例 214 号

上海某某港实业有限公司破产清算转破产重整案

（最高人民法院审判委员会讨论通过 2023 年 10 月 20 日发布）

关键词 民事/申请破产清算/申请破产重整/污染治理/共益债务

裁判要点

1. 人民法院审理涉流域港口码头经营企业破产重整案件，应当将环境污染治理作为实

现重整价值的重要考量因素，及时消除影响码头经营许可资质存续的环境污染状态。

2. 港口码头经营企业对相关基础设施建设、维护缺失造成环境污染，不及时治理将影响其破产重整价值的，应当由管理人依法进行治理。管理人请求将相关环境治理费用作为共益债务由债务人财产随时清偿的，人民法院依法应予支持。

基本案情

上海某某港实业有限公司（以下简称上海某港公司）于1993年9月设立，主营业务为码头租赁及仓储、装卸服务等。所处位置毗邻长江口，东与上海市外高桥港区、保税区相接，西临黄浦江。2019年11月，经债权人申请，上海市第三中级人民法院裁定受理上海某港公司破产清算案。经管理人调查发现，码头承租方经营管理混乱、设施设备陈旧老化，存在重大环境污染隐患。审理期间，环保、交管部门联合下达整改通知，要求对码头污水及扬尘处理设施进行限期整改，否则上海某港公司名下营运许可资质将被吊销。

上海某港公司名下拥有岸线使用许可证、港口经营许可证等无形资产，并拥有150米岸线长度，码头前沿控制线水深2≤水深<5米，年货物吞吐量约200万吨，为保住上海某港公司营运价值，维护全体债权人利益，法院依申请裁定转入重整程序。

在法院指导下，管理人一方面与环保、交管部门紧急沟通协调，了解具体环保整改要求，另一方面迅速委托第三方进行施工整改，对污水沉砂池、水沟、地坪等设施设备进行施工扩建，确保地面雨水、喷洒水等统一汇集至污水沉砂池，经沉降处理后循环用于港内喷洒，大幅提高港口污水回用率，有效避免污水直排入江。另外加装围墙、增加砂石料围挡遮盖及装车喷水装置，有效管控码头扬尘，防止周边区域大气污染物超标。在接管财产难以支付相关施工、审价费用情况下，由管理人协调第三方先行垫付587068元，待重整资金到位后依据《最高人民法院关于适用〈中华人民共和国企业破产法〉若干问题的规定（三）》第二条的规定，按共益债务予以清偿，部分费用以租金抵扣方式协调租户随时整治并支付。

同时，依据《最高人民法院关于适用〈中华人民共和国企业破产法〉若干问题的规定（三）》第十五条第一款的规定，在债权人会议中以专项议案方式充分披露码头经营中的环境问题，说明修复整治费用及其处理方式，并经债权人会议表决同意。以有效地解决环保整改费用不足问题，提高了环境整治效率，确保码头绿色环保运营。在招募投资人过程中，除关注投资人本身资金实力与企业背景外，还关注投资人在码头绿色经营上的意愿和能力。经两轮市场化公开招募，引入投资人投入资金8700余万元，并着重将码头后续环保经营方案纳入重整计划草案。重整后企业将从设施设备改造升级、码头规范智能管理及环保绿色经营三个维度提升码头经营能力，做好外高桥保税区、港区配套服务。经债权人会议表决，出资人组在穷尽送达方式并公告后仍逾期未表决，担保债权组、税务债权组及普通债权组均表决通过了重整计划草案。管理人请求法院裁定批准上海某港公司重整计划草案。

裁判结果

上海市第三中级人民法院于2022年8月10日作出（2019）沪03破320号之六民事裁定：一、批准修订后的《上海某某港实业有限公司重整计划（草案）》；二、终止上海某港公司重整程序。重整计划执行过程中，在法院、管理人协助下，企业顺利解决营业执照到期及港口经营许可证超期问题。

裁判理由

法院生效裁判认为，对重整计划草案的审查批准，要尊重债权人会议意思自治和坚持合法性审查原则，同时也要考虑其能否在利益平衡基础上实现社会价值最大化。本案中，普通债权组清偿率较模拟清算下零清偿有了提高，在上海某港公司已严重资不抵债情况下，重整计划对出资人组权益调整为零的方案公平合理，草案中的经营方案具有可行性，可有效地延续上海某港公司的经营价值，有助于恢复上海某港公司的经营能力。破产管理人的申请，符合法律规定，并有利于实现企业可持续发展和生态环境保护的双重效果，应予准许。人民法院应充分发挥破产审判职能，将绿色发展理念融入重整司法全过程，从环境问题的修复治理、费用安排、重整计划的制定及执行等方面探索建立灵活高效的工作机制，使重整成为助推困境企业绿色低碳转型的有效路径。具体如下：

（一）关于重整企业环境污染治理责任及费用性质。依据《中华人民共和国环境保护法》《中华人民共和国港口法》等相关法律规定，以及“谁污染，谁治理”的原则，企业的环境污染治理责任应延续至其破产受理后。港口码头重整企业对相关基础设施的建设、维护缺失造成环境污染的，应由其作为环境治理责任主体进行整治。管理人作为破产事务的执行者，应负责实施具体的整治行为。该行为使得债务人企业经营资质得以保留，经营价值得以维系，提升了全体债权人的清偿利益。因整治所产生的费用，系为全体债权人利益而产生的费用，管理人请求按照《最高人民法院关于适用〈中华人民共和国企业破产法〉若干问题的规定（三）》第二条的规定认定为共益债务的，人民法院应予支持。

（二）关于重整期间环境污染治理路径。本案所涉码头污染主要集中于水体、大气污染两方面，在法院指导下，管理人依法协同推进环境污染治理与重整程序：一是府院协调。由法院、管理人走访属地街镇、环境监管部门，充分了解所涉码头岸线环保责任要求及后续规划前景。经沟通协调后，相关部门延长整改期限，为环境污染整治争取了时间。二是先行治理。整改通知下达时，管理人未能接管到应收租金及其他资金。为在短时间内完成各项环境污染治理措施，保住企业经营资质，由管理人沟通码头承租企业先行委托第三方专业机构对标整改。通过对污水沉砂池及附属设施的扩建完善，解决雨水及场地污水未经处理渗漏进入环境水体现象，并提高污水回用率；通过加装降尘降噪设备，降低大气粉尘污染，确保空气质量达标，提升长江口岸流域生态环境质量。三是费用落实。主要费用由承租企业先行垫付，待重整资金到位后以共益债务清偿，解决整治资金难问题。四是信息披露。充分尊重债权人知情权、参与权、监督权，依据《最高人民法院关于适用〈中华人民共和国企业破产法〉若干问题的规定（三）》第十五条第一款规定，将环境污染整治事项作为重大财产处分行为进行专项表决，并在重整计划草案中披露环境污染治理经过及费用承担，争取债权人支持配合重整工作。

（三）关于环境污染治理与重整价值维护的关系。本案环境污染治理与企业重整价值密切相关，是决定企业能否实现其重整价值的关键因素。一旦企业违反相关环境污染防治法律法规，面临被剥夺行政许可资质的处罚时，将导致其重整价值丧失，故在港口码头企业破产重整案件审理过程中，应注重将环境污染治理和企业重整价值维护有机结合，及时消除影响码头经营许可资质存续的环境污染状态，将环境污染治理作为实现重整价值的重要考量因素。

（四）关于重整计划的制定、批准及执行。制定重整计划时，应体现绿色发展原则，引导投资人将环保经营方案和环保承诺事项写入计划，注重企业未来能否践行环境责任并促进经济、社会和环境协调发展。对重整计划草案进行审查批准时，应综合考虑企业清算价值、程序合法性等法律因素，以及企业可持续发展、生态环境保护等社会因素。重整计划执行中，应协调解决企业继续经营障碍。通过探索破产审判与生态环境司法保护协同推进的新机制，实现长江流域减污降碳源头治理和企业绿色低碳转型，促进生态环境保护、企业重生、债权人利益最大化的有机统一。

相关法条

1.《中华人民共和国长江保护法》第73条

2.《中华人民共和国企业破产法》第42条、第43条

指导性案例215号

昆明闽某纸业有限责任公司等污染环境刑事附带民事公益诉讼案

（最高人民法院审判委员会讨论通过　2023年10月20日发布）

关键词　刑事/刑事附带民事公益诉讼/环境污染/单位犯罪/环境侵权债务/公司法人人格否认/股东连带责任

裁判要点

公司股东滥用公司法人独立地位、股东有限责任，导致公司不能履行其应当承担的生态环境损害修复、赔偿义务，国家规定的机关或者法律规定的组织请求股东对此依照《中华人民共和国公司法》第二十条的规定承担连带责任的，人民法院依法应当予以支持。

基本案情

被告单位昆明闽某纸业有限公司（以下简称闽某公司）于2005年11月16日成立，公司注册资本100万元。黄某海持股80%，黄某芬持股10%，黄某龙持股10%。李某城系闽某公司后勤厂长。闽某公司自成立起即在长江流域金沙江支流螳螂川河道一侧埋设暗管，接至公司生产车间的排污管道，用于排放生产废水。经鉴定，闽某公司偷排废水期间，螳螂川河道内水质指标超基线水平13.0—239.1倍，上述行为对螳螂川地表水环境造成污染，共计减少废水污染治理设施运行支出3009662元，以虚拟治理成本法计算，造成环境污染损害数额为10815021元，并对螳螂川河道下游金沙江生态流域功能造成一定影响。

闽某公司生产经营活动造成生态环境损害的同时，其股东黄某海、黄某芬、黄某龙还存在如下行为：1. 股东个人银行卡收公司应收资金共计124642613.1元，不作财务记载。2. 将属于公司财产的9套房产（市值8920611元）记载于股东及股东配偶名下，由股东无偿占有。3. 公司账簿与股东账簿不分，公司财产与股东财产、股东自身收益与公司盈利难以区分。闽某公司自案发后已全面停产，对公账户可用余额仅为18261.05元。

云南省昆明市西山区人民检察院于2021年4月12日公告了本案相关情况，公告期内未有法律规定的机关和有关组织提起民事公益诉讼。昆明市西山区人民检察院遂就上述行为对闽某公司、黄某海、李某城等提起公诉，并对该公司及其股东黄某海、黄某芬、黄某龙等人提起刑事附带民事公益诉讼，请求否认闽某公司独立地位，由股东黄某海、黄某芬、黄某龙对闽某公司生态环境损害赔偿承担连带责任。

裁判结果

云南省昆明市西山区人民法院于2022年6月30日以（2021）云0112刑初752号刑事附带民事公益诉讼判决，认定被告单位闽某公司犯污染环境罪，判处罚金人民币2000000元；被告人黄某海犯污染环境罪，判处有期徒刑三年六个月，并处罚金人民币500000元；被告人李某城犯污染环境罪，判处有期徒刑三年六个月，并处罚金人民币500000元；被告单位闽某公司在判决生效后十日内承担生态环境损害赔偿人民币10815021元，以上费用付至昆明市环境公益诉讼救济专项资金账户用于生态环境修复；附带民事公益诉讼被告闽某公司在判决生效后十日内支付昆明市西山区人民检察院鉴定检测费用合计人民币129500元。附带民事公益诉讼被告人黄某海、黄某芬、黄某龙对被告闽某公司负担的生态环境损害赔偿和鉴定检测费用承担连带责任。

宣判后，没有上诉、抗诉，一审判决已发生法律效力。案件进入执行程序，目前可供执行财产价值已覆盖执行标的。

裁判理由

法院生效裁判认为：企业在生产经营过程中，应当承担合理利用资源、采取措施防治污染、履行保护环境的社会责任。被告单位闽某公司无视企业环境保护社会责任，违反国家法律规定，在无排污许可的前提下，未对生产废水进行有效处理并通过暗管直接排放，严重污染环境，符合《中华人民共和国刑法》第三百三十八条之规定，构成污染环境罪。被告人黄某海、李某城作为被告单位闽某公司直接负责的主管人员和直接责任人员，在单位犯罪中作用相当，亦应以污染环境罪追究其刑事责任。闽某公司擅自通过暗管将生产废水直接排入河道，造成高达10815021元的生态环境损害，并对下游金沙江生态流域功能也造成一定影响，其行为构成对环境公共利益的严重损害，不仅需要依法承担刑事责任，还应承担生态环境损害赔偿民事责任。

附带民事公益诉讼被告闽某公司在追求经济效益的同时，漠视对环境保护的义务，致使公司生产经营活动对环境公共利益造成严重损害后果，闽某公司承担的赔偿损失和鉴定检测费用属于公司环境侵权债务。

由于闽某公司自成立伊始即与股东黄某海、黄某芬、黄某龙之间存在大量、频繁的资金往来，且三人均有对公司财产的无偿占有，与闽某公司已构成人格高度混同，可以认定属《中华人民共和国公司法》第二十条第三款规定的股东滥用公司法人独立地位和股东有限责任的行为。现闽某公司所应负担的环境侵权债务合计10944521元，远高于闽某公司注册资本1000000元，且闽某公司自案发后已全面停产，对公账户可用余额仅为18261.05元。上述事实表明黄某海、黄某芬、黄某龙与闽某公司的高度人格混同已使闽某公司失去清偿其环境侵权债务的能力，闽某公司难以履行其应当承担的生态环境损害赔偿义务，符合《中华人民共和国公司法》第二十条第三款规定的股东承担连带责任之要件，黄某海、黄某芬、黄某龙应对闽某公司的环境侵权债务承担连带责任。

相关法条

1.《中华人民共和国长江保护法》第 93 条

2.《中华人民共和国民法典》第 83 条、第 1235 条

3.《中华人民共和国公司法》第 20 条

指导性案例 216 号

睢宁县人民检察院诉睢宁县环境保护局不履行环境保护监管职责案

（最高人民法院审判委员会讨论通过 2023 年 10 月 20 日发布）

关键词 行政/行政公益诉讼/环境保护监管职责/不履责/代处置

裁判要点

危险废物污染环境且污染者不能处置的，危险废物所在地的生态环境主管部门应履行组织代为处置的法定职责，处置费用依法由污染者承担。生态环境主管部门以危险废物的来源或产生单位不在其辖区范围内为由进行不履责抗辩的，人民法院不予支持。

基本案情

2017 年 9、10 月份，冯某康等人将从浙江省舟山市嘉达清舱有限公司等处非法收购的危险废物船舶清舱油泥委托他人运至江苏省睢宁县岚山镇陈集村一砖瓦厂内非法倾倒。案发后，睢宁县环境保护局将清理出的油泥及油泥污染物 130 余吨转运至一停车场内。2018 年 7 月，徐州铁路运输检察院就被告人冯某康等人犯污染环境罪一案向徐州铁路运输法院提起公诉，并于同年 11 月提起刑事附带民事公益诉讼。徐州铁路运输法院发现涉案油泥被长期不规范贮存，为避免二次污染，要求睢宁县环境保护局及时对涉案油泥组织代为处置。因睢宁县环境保护局迟迟未对涉案油泥进行代处置，且已有部分油泥渗漏对周边环境造成二次污染，睢宁县人民检察院于 2019 年 5 月 27 日向睢宁县环境保护局发出检察建议，要求其依法履行环境保护监管职责，对涉案油泥进行依法规范贮存并及时移交有危废处置资质单位依法进行处置。睢宁县环境保护局于 2019 年 7 月 2 日作出回复，认为涉案油泥的产生单位非在其辖区，其没有代为处置的法定职责，涉案油泥应由产废单位所在地环境保护主管部门进行代处置。

睢宁县人民检察院于 2019 年 7 月 19 日以睢宁县环境保护局不履行环境保护监管职责为由提起行政公益诉讼，请求确认睢宁县环境保护局对涉案危险废物的贮存不履行监管职责的行为违法，并责令其将涉案危险废物尽快移交有危废处置资质单位依法处置。案件审理期间，睢宁县环境保护局于 2019 年 10 月将涉案油泥及其污染物交由有资质单位进行依法处置。睢宁县人民检察院经审查认为睢宁县环境保护局已经履行涉案危废代处置职责，遂申请将原诉讼请求变更为确认睢宁县环境保护局对涉案危险废物的贮存不履行监管职责的行为违法。

裁判结果

徐州铁路运输法院于 2019 年 11 月 15 日作出（2019）苏 8601 行初 1207 号行政判决：确认睢宁县环境保护局对涉案危险废物的贮存未全面及时履行环境保护行政监管职责的行为违法。宣判后，双方当事人均未提起上诉，判决已发生法律效力。

裁判理由

法院生效判决认为：

一、睢宁县环境保护局对涉案危险废物的贮存、处置具有法定监督管理职责。《中华人民共和国环境保护法》第十条第一款规定，县级以上地方人民政府环境保护主管部门，对本行政区域环境保护工作实施统一监督管理；《中华人民共和国固体废物污染环境防治法》（2016 年修正）第十条第二款规定，县级以上人民政府环境保护主管部门对本行政区域内固体废物污染环境的防治工作实施统一监督管理；该法第十七条第一款、第五十二条、第五十五条均对环境保护主管部门对危险废物贮存和处置所负有的监管职责进行了具体规定。

涉案危险废物在睢宁县环境保护局行政辖区范围内，故其对该危险废物负有依法贮存和及时代为处置的法定职责。危险废物一般具有腐蚀性、毒性、感染性等危害特性，对生态环境和人民群众生命财产安全具有极大威胁，贮存和处置不当将造成不可估量的危害后果。《中华人民共和国固体废物污染环境防治法》（2016 年修正）第五十五条之所以规定产生危险废物的单位逾期不处置危险废物或者处置危险废物不符合国家有关规定的，由环境保护行政主管部门指定单位按照国家有关规定代为处置，目的在于及时消除危险废物污染风险，预防因污染扩散造成新的损害，从而有效保护生态环境和人民群众生命健康安全。本案中，冯某康等人因涉嫌刑事犯罪被公安机关采取强制措施，客观上不具备处置涉案危险废物的实际条件，危险废物所在地生态环境主管部门理应履行属地环境保护监管职责，及时组织对涉案危险废物进行代处置，该监管职责并不应因危险废物的来源和产生单位不在其行政辖区而免除。

二、睢宁县环境保护局未依法履行涉案环境保护监管职责。第一，睢宁县环境保护局在明知涉案油泥系具有毒性、易燃性危险废物需依法规范贮存并及时处置的情况下，对涉案油泥未依法寻找符合规定的场所进行规范贮存；涉案油泥贮存过程中未采取任何防流失、防渗漏等污染防治措施；涉案油泥的包装物及存放场所亦未依法设置相关危废识别、警示标志；涉案油泥贮存期间未进行有效的日常管护，在存放容器出现破损以致油泥出现流淌、渗漏已造成二次污染的情况下，亦未及时采取污染防治应急处理措施，上述情形均违反《中华人民共和国环境保护法》《中华人民共和国固体废物污染环境防治法》的相关规定，明显存在行政监管缺失。第二，睢宁县环境保护局作为环境保护行政主管机关，明知涉案危险废物的特性及二次污染的危害，应当对涉案危险废物及时妥善处置，做好污染风险管控，使社会公共利益免受侵害。但其未依法积极履职作为，在涉案油泥存在滴落、流淌、渗漏已造成新的环境污染后果，且经审判机关多次风险提示、检察机关发出检察建议后，仍未对涉案油泥进行规范贮存并及时组织代处置，放任污染后果持续扩大，导致社会公共利益长期处于受侵害状态，应确认其不履行法定职责行为违法。诉讼期间，睢宁县环境保护局履行了对涉案油泥的代处置职责，睢宁县人民检察院申请撤回涉及危险废物处置的有关诉求，人民法院依法对睢宁县环境保护局之前的不履职行为确认违法。

相关法条

1.《中华人民共和国环境保护法》第10条

2.《中华人民共和国固体废物污染环境防治法》(2016年修正)第10条、第55条

3.《中华人民共和国固体废物污染环境防治法》(2020年修正)第9条第2款、第113条

最高人民法院
关于发布第39批指导性案例的通知

法〔2023〕230号

各省、自治区、直辖市高级人民法院,解放军军事法院,新疆维吾尔自治区高级人民法院生产建设兵团分院:

经最高人民法院审判委员会讨论决定,现将慈溪市博某塑料制品有限公司诉永康市联某工贸有限公司、浙江天某网络有限公司等侵害实用新型专利权纠纷案等八个案例(指导性案例217—224号),作为第39批指导性案例发布,供审判类似案件时参照。

2023年12月7日

指导性案例217号

慈溪市博某塑料制品有限公司诉永康市联某工贸有限公司、浙江天某网络有限公司等侵害实用新型专利权纠纷案

(最高人民法院审判委员会讨论通过 2023年12月15日发布)

关键词 民事诉讼/侵害实用新型专利权/反向行为保全/担保数额/固定担保金/动态担保金

裁判要点

1. 涉电子商务平台的知识产权侵权纠纷案件中,被诉侵权人向人民法院申请行为保全,请求责令电子商务平台经营者恢复链接或者服务的,人民法院应当予以审查。

2. 被诉侵权人因涉嫌侵害专利权被采取断开链接或者暂停服务等措施后,涉案专利权被宣告无效但相关专利确权行政诉讼尚未终结期间,被诉侵权人申请采取行为保全措施以恢

复链接或者服务，其初步证明或者合理说明，不予恢复将导致其遭受市场竞争优势、商业机会严重丧失等无法弥补的损害，采取恢复链接或者服务的行为保全措施对权利人可能造成的损害不会超过不采取行为保全措施对被诉侵权人造成的损害，且不损害社会公共利益的，人民法院可以裁定准许。

3. 人民法院采取前述行为保全措施，可以责令被诉侵权人在本案判决生效前不得提取其通过电子商务平台销售被诉侵权产品的收款账户中一定数额款项作为担保。提供担保的数额应当综合考虑权利人的赔偿请求额、采取保全措施错误可能给权利人造成的损失、采取保全措施后被诉侵权人的可得利益等情况合理确定。担保金可以采取固定担保金加动态担保金的方式。

基本案情

慈溪市博某塑料制品有限公司（以下简称博某公司）系“具有新型桶体结构的平板拖把清洁工具”实用新型专利（以下简称涉案专利）及“一种用于平板拖把挤水和清洗的拖把桶”实用新型专利（以下简称180.2号专利）的专利权人。博某公司认为永康市联某工贸有限公司（以下简称联某公司）在浙江天某网络有限公司（以下简称天某公司）经营的“天某网”上销售的拖把神器构成对上述两专利权的侵犯，故向浙江省宁波市中级人民法院（以下简称宁波中院）提起本案及另案案号为（2019）浙02知民初368号（以下简称368号案）两起诉讼。宁波中院依博某公司的财产保全申请两案各冻结联某公司支付宝账户余额316万元。因博某公司向天某公司发起投诉，联某公司向天某公司申诉，并出具《知识产权保证金承诺函》，同意缴存100万元保证金于其支付宝账户内，并同意支付宝公司及天某公司冻结其网店自2019年11月10日22点起的全店所有销售收入。

宁波中院一审认定本案侵权成立，判令联某公司等停止侵权、连带赔偿损失，天某公司立即删除、断开被诉侵权产品的销售链接。同日，博某公司再次就被诉侵权产品向天某公司发起投诉。随后，天某公司删除了被诉侵权产品在“天某网”上的销售链接。

联某公司等向最高人民法院提起上诉。二审中，涉案专利权被国家知识产权局宣告全部无效，博某公司表示将就此提起行政诉讼。2020年11月5日，联某公司向最高人民法院提出反向行为保全申请，请求法院责令天某公司立即恢复申请人在“天某网”上的产品销售链接。并称被诉侵权产品系其“爆款产品”，“双十一”即将来临，不恢复链接将使其遭受难以弥补的损失。截至行为保全申请提出之日，368号案尚在一审审理中，其所涉180.2号专利仍处于有效状态；联某公司支付宝账户余额共被冻结1560万元，其中828万元为联某公司同意冻结的其网店自2019年11月10日22点起的全店所有销售收入。

裁判结果

最高人民法院于2020年11月6日作出（2020）最高法知民终993号民事裁定：一、天某公司立即恢复联某公司在“天某网”购物平台上的被诉侵权产品销售链接；二、冻结联某公司名下的支付宝账户余额632万元，期限至本案判决生效之日；三、自恢复被诉侵权产品销售链接之日起至本案判决生效之日，如联某公司恢复链接后被诉侵权产品的销售总额的50%超过632万元，则应将超出部分的销售额的50%留存在其支付宝账户内，不得提取。

裁判理由

最高人民法院认为：

一、关于联某公司作为被诉侵权人是否具有提起行为保全申请的主体资格

电子商务平台经营者在收到知识产权权利人含有侵权初步证据的通知时，具有采取删除、屏蔽、断开链接、终止交易和服务等必要措施的法定义务。而对于电子商务平台经营者在何种情况下可以应平台内经营者的申请采取恢复链接等措施，我国法律没有相关规定。民事诉讼法第一百条所规定的行为保全措施的申请人并不限于原告。在涉电子商务平台知识产权侵权纠纷中，允许被诉侵权的平台内经营者在符合民事诉讼法第一百条规定的条件下申请行为保全，要求电子商务平台经营者采取恢复链接等行为保全措施，对于合理平衡知识产权权利人、电子商务平台经营者和平台内经营者的合法利益，促进电子商务市场健康发展具有重要意义。

由于专利权等通过行政授权取得权利的知识产权在民事侵权诉讼过程中，可能因被宣告无效、提起行政诉讼等程序而使权利处于不确定状态，且平台内经营者的经营状况等在诉讼过程中也可能发生重大变化。此时，平台内经营者因情况紧急，不恢复链接将会使其合法利益受到难以弥补的损害，向人民法院申请行为保全，要求电子商务平台经营者采取恢复链接等行为保全措施的，人民法院应当予以受理，并依据民事诉讼法第一百条及相关司法解释的规定进行审查。本案中，涉案专利在二审中被国家知识产权局宣告无效，其有效性因权利人即将提起行政诉讼而处于不确定状态。作为被删除产品链接的联某公司具有提起恢复链接行为保全申请的主体资格。

二、关于本案应否采取恢复链接行为保全措施

在确定是否依被诉侵权人的申请采取恢复链接行为保全措施时应主要考虑以下因素：申请人的请求是否具有事实基础和法律依据；不恢复链接是否会对申请人造成难以弥补的损害；恢复链接对专利权人可能造成的损害是否会超过不恢复链接对被诉侵权人造成的损害；恢复链接是否会损害社会公共利益；是否存在不宜恢复链接的其他情形。具体到本案：

（一）联某公司的请求是否具有事实基础和法律依据。本案为侵害实用新型专利权纠纷。我国实用新型专利的授权并不经过实质审查，其权利稳定性较弱。为了平衡专利权人的利益及同业竞争者、社会公众的利益，维护正常、有序的网络运营环境，专利权人要求电子商务平台经营者删除涉嫌侵害实用新型专利权的产品销售链接时，应当提交由专利行政部门作出的专利权评价报告。专利权人无正当理由不提交的，电子商务平台经营者可以拒绝删除链接，但法院经审理后认定侵权的除外。本案中，天某公司在原审法院认定侵权成立后及时删除了被诉侵权产品的销售链接，但二审中涉案专利权已被国家知识产权局因缺乏新颖性而宣告全部无效，博某公司即将提起行政诉讼，专利有效性处于不确定状态。联某公司因本案诉讼及 368 号案，截至 2020 年 11 月 5 日支付宝账户余额共被冻结 1560 万元，正常生产经营受到严重影响。在此情况下，联某公司要求天某公司恢复产品链接具有事实与法律依据。

（二）不恢复链接是否会对申请人造成难以弥补的损害。在涉电子商务平台知识产权侵权纠纷中，删除、屏蔽、断开商品销售链接不仅将使该商品无法在电子商务平台上销售，而且还将影响该商品之前累积的访问量、搜索权重及账户评级，进而降低平台内经营者的市场竞争优势。因此，确定“难以弥补的损害”应考量是否存在以下情形之一：1. 不采取行为保全措施是否会使申请人的商誉等人身性质的权利受到无法挽回的损害；2. 不采取行为保全措施是否会导致申请人市场竞争优势或商业机会严重丧失，导致即使因错误删除链接等情

况可以请求金钱赔偿，但损失非常大或者非常复杂以至于无法准确计算其数额。

本案中，被诉侵权产品主要通过联某公司在“天某网”上的涉案网店进行销售，且根据原审查明的事实，2019 年 11 月 13 日被诉侵权产品累计销量为 283693 件；2019 年 12 月 4 日，原审法院组织各方当事人进行证据交换时的累计销量为 352996 件；2020 年 1 月 13 日，原审庭审时的累计销量为 594347 件。这一方面说明被诉侵权产品的销量大，另一方面也说明其累计的访问量及搜索权重较大，断开销售链接对其网络销售利益影响较大。特别是在“双十一”等特定销售时机，是否恢复链接将对被诉侵权人的商业利益产生巨大影响。在涉案专利权效力处于不确定状态的情况下，通过恢复链接行为保全措施使平台内经营者能够在“双十一”等特定销售时机正常上线经营，能够避免其利益受到不可弥补的损害。

（三）恢复链接对专利权人可能造成的损害是否会超过不恢复链接对被诉侵权人造成的损害。被诉侵权产品与涉案专利产品虽为同类产品，但市场上类似产品众多，并不会导致博某公司的专利产品因恢复链接而被完全替代。而且，法院已经考虑到因恢复链接可能给博某公司带来的损失，并将冻结联某公司支付宝账户相应金额及恢复链接后继续销售的部分可得利益，联某公司也明确表示同意。在此情况下，相较于不恢复链接对联某公司正常经营的影响，恢复链接对博某公司可能造成的损害较小。

（四）恢复链接是否会损害社会公共利益。在专利侵权纠纷中，社会公共利益一般考量的是公众健康、环保以及其他重大社会利益。本案被诉侵权产品系用于家庭日常生活的拖把桶，恢复链接时考量的重要因素为是否会对公众健康、环保造成影响，特别需要考虑是否会对消费者的人身财产造成不应有的损害，而本案无证据表明被诉侵权产品存在上述可能损害公共利益的情形。

（五）是否存在不宜恢复链接的其他情形。本案被诉侵权产品除涉嫌侵害涉案专利权外，还在 368 号案中涉嫌侵害博某公司 180.2 号专利，且 180.2 号专利目前仍处于有效状态。但首先，368 号案尚在一审审理中，被诉侵权产品是否侵权、现有技术抗辩是否成立尚不确定。其次，368 号案中博某公司赔偿损失的诉讼请求已经通过冻结联某公司支付宝账户余额 316 万元的财产保全措施予以保障。再次，在确定本案行为保全担保金额时，已考虑 368 号案的情况酌情提高了联某公司的担保金额并将冻结联某公司恢复链接后继续销售的部分可得利益。因本行为保全措施系针对本案诉讼，担保金额冻结至本案判决生效之日，届时，如果 368 号案仍在审理中，博某公司可以在该案中通过申请行为保全等措施维护自身合法权益，由法院根据该案情况决定是否采取行为保全措施。因此，不存在博某公司就 180.2 号专利所享有的权利难以得到保障的情况。被诉侵权产品还因涉嫌侵害 180.2 号专利权而涉诉的事实不影响本案行为保全措施的采取。

三、关于担保金额的确定

行为保全担保金额的确定既要合理又要有效。既要考虑行为保全措施实施后对被申请人可能造成的损害，也要防止过高的担保金额对申请人的生产经营造成不合理影响。在涉电子商务平台专利侵权纠纷中，恢复链接行为保全措施担保金额的确定，一方面应考虑恢复链接后可能给权利人造成的损害，确保权利人就该损害另行主张赔偿的权利得到充分保障；另一方面也应合理确定申请人恢复链接后的可得利益，避免因冻结过多的销售收入不合理影响其资金回笼和后续经营。本案中，博某公司在本案及 368 号案中均要求被诉侵权人赔偿经济损失316万元，原审法院均已采取财产保全措施。但考虑到被诉侵权产品在删除链接前销售数额较大、恢复链接将可能导致博某公司的损失扩大等因素，为最大限度保护专利权人的利益，将综合博某公司在两案中的赔偿主张、恢复链接后联某公司的可得利益等因素酌定担保金额。鉴于联某公司的可得利益将随产品销售而不断增加，除固定担保金外，本案将增加动态担保金。由于联某公司的销售收入中还含有成本、管理费用等，为防止过高的担保金额对联某公司的生产经营造成不合理影响，在考虑本案及368号案所涉专利贡献率的情况下，酌情将动态担保金确定为联某公司销售额的50%。

相关法条

《中华人民共和国民事诉讼法》（2023年修正）第103条（本案适用的是2017年修正的《中华人民共和国民事诉讼法》第100条）

指导性案例218号

苏州赛某电子科技有限公司诉深圳裕某科技有限公司等侵害集成电路布图设计专有权纠纷案

（最高人民法院审判委员会讨论通过 2023年12月15日发布）

关键词 民事/侵害集成电路布图设计专有权/登记/保护对象/保护范围/独创性

裁判要点

1. 集成电路布图设计登记的目的在于确定保护对象，而非公开设计内容。公开布图设计内容并非取得集成电路布图设计专有权的条件。

2. 集成电路布图设计专有权的保护范围，一般可以根据申请登记时提交的布图设计复制件或者图样确定。对于无法从复制件或者图样识别的布图设计内容，可以依据与复制件或者图样具有一致性的样品确定。

3. 取得集成电路布图设计登记，并不当然意味着登记的布图设计内容具有独创性，权利人仍应当对其主张权利的布图设计的独创性作出合理解释或者说明。被诉侵权人不能提供充分反证推翻该解释或者说明的，可以认定有关布图设计具备独创性。

基本案情

苏州赛某电子科技有限公司（以下简称赛某公司）于2012年4月22日申请登记了名称为“集成控制器与开关管的单芯片负极保护的锂电池保护芯片”的集成电路布图设计，并于2012年6月8日公告，该集成电路布图设计专有权至今处于有效状态。深圳准某电子有限公司（以下简称准某公司，已注销）未经许可，复制、销售的芯片与涉案集成电路布图设计实质相同。深圳裕某科技有限公司（以下简称裕某公司）为准某公司的销售行为代开发票。被诉侵权行为发生时，户某欢为准某公司的唯一股东，持有裕某公司51%的股权，并同时担任两公司的法定代表人。户某欢后将准某公司股权转让给黄某东、黄某亮。在一审诉讼期间，黄某东、黄某亮注销了准某公司。

赛某公司认为，准某公司、裕某公司共同侵害了涉案集成电路布图设计专有权，户某欢、黄某东、黄某亮应对准某公司承担连带责任。故诉至法院请求判令停止侵权，裕某公司、户某欢、黄某东、黄某亮连带赔偿经济损失。

裁判结果

广东省深圳市中级人民法院于2019年6月19日作出（2015）深中法知民初字第1106号民事判决：一、裕某公司在判决生效之日起十日内赔偿赛某公司经济损失50万元；二、户某欢、黄某东、黄某亮对上述赔偿金额承担连带责任；三、驳回赛某公司其余诉讼请求。宣判后，裕某公司、户某欢、黄某东、黄某亮向最高人民法院提起上诉。最高人民法院于2020年10月16日作出（2019）最高法知民终490号民事判决：驳回上诉，维持原判。

裁判理由

最高人民法院认为：

一、关于能否以样品剖片确定涉案布图设计的保护范围

1. 复制件或图样的纸件、样品能否用以确定布图设计的保护范围。在布图设计登记时，向登记部门提交的材料中包含布图设计内容的有：复制件或者图样的纸件、复制件或者图样的电子版本、样品。其中，复制件或者图样的纸件是必须提交的；样品在布图设计已经投入商业利用的情况下提交；复制件或者图样的电子版本是基于自愿提交的，还特别要求电子文档应当包含该布图设计的全部信息，并注明文件的数据格式。可见，复制件或图样的纸件是获得登记必须提交的文件。在确定布图设计的保护范围时，一般应根据复制件或图样的纸件进行。随着半导体行业的发展，布图设计能在更小的半导体基片上完成更为复杂的布图集成，其集成度大幅提高。即使按照《集成电路布图设计保护条例实施细则》第十四条规定“复制件或者图样的纸件至少放大到该布图设计生产的集成电路的20倍以上”，仍然存在复制件或者图样的纸件放大倍数尚不足以完整、清晰地反映布图设计内容的情况。此时，在样品与复制件或图样的纸件具有一致性的前提下，可以采用样品剖片，通过技术手段精确还原出芯片样品包含的布图设计的详细信息，提取其中的三维配置信息，确定纸件中无法识别的布图设计细节，用以确定布图设计的内容。

2. 是否只能以登记时已经公开的内容确定保护范围。不同于专利法对发明创造采取公开换保护的制度设计，《集成电路布图设计保护条例》对布图设计的保护并不以权利人公开布图设计为条件。国家知识产权局在布图设计的登记审查时，对纸件的要求是至少放大到20倍以上，对电子版本的要求是包含布图设计的全部信息。登记公告后，公众可以请求查阅的是纸件，对于已经投入商业利用的布图设计纸件中涉及的保密信息，除侵权诉讼或行政处理程序的需要，不得查阅或复制；对于电子版本，同样除侵权诉讼或行政处理程序需要外，任何人不得查阅或复制。从上述规定内容可以看出，无论在登记过程中还是登记公告后，对含有布图设计全部信息的电子版本和已投入商业利用的布图设计纸件中的保密信息均没有对公众无条件全部公开的要求。

《集成电路布图设计保护条例》在布图设计的保护上采取的是专门法模式。布图设计的保护没有采用类似对发明创造的专利保护规则，即并非通过登记公开布图设计内容以换取专用权。同时，条例对布图设计的保护也与著作权法对作品的保护不完全相同。布图设计的登记是确定保护对象的过程，是获得布图设计专有权的条件，而不是公开布图设计内容的过

程，也不是以公开布图设计为对价而获得专有权保护。

二、关于涉案布图设计是否具有独创性

关于布图设计的独创性。首先，集成电路布图设计专有权保护的是集成电路中元件和三维配置，不延及思想等。在体现布图设计的功能层次上由于不含有元件和线路的三维配置，不给予保护。在这个层次之下，独创性的体现逐步增强，对元件分配、布置，各元部件间的互联，信息流向关系，组合效果等可以给予保护。其次，受保护的独创性部分应能够相对独立地执行某种电子功能。受保护的布图设计的独创性，可以体现在布图设计任何具有独创性的部分中，也可以体现在布图设计整体中。布图设计中任何具有独创性的部分均受法律保护，而不论其在整体设计中是否占据主要部分，是否能够实现整体设计的核心性能。如果一项布图设计是由公认的常规设计组合而成，则其组合作为整体应具有独创性。同时，如果权利人提出的是具有独创性的部分，则该部分应当能够相对独立地执行某种电子功能。再次，独创性是布图设计受保护的前提条件。布图设计的独创性包含两层含义：自己设计完成；不属于创作时公认的常规设计。在侵权诉讼中，当被诉侵权人对布图设计的独创性提出异议时，人民法院应当根据双方的主张、提交的证据对布图设计的独创性进行认定。对于专有权人选择布图设计中具有独创性的部分，围绕权利人提出的部分进行独创性判断时，应从两个层面逐次进行：一是受保护的布图设计属于为执行某种电子功能而对元件、线路所作的三维配置，否则不能受布图设计专有权保护。二是上述部分含有的三维配置在其创作时不是公认的常规设计。

权利人在提出独创性部分的同时，可以对独创性部分进行说明，权利人的独创性说明可能是从不同角度对独创性部分的概括或者抽象，而不一定包括对三维配置内容的描述，但在对上述权利人指明的部分进行独创性判断时，应根据权利人的独创性说明，将权利人指明部分中含有的元件和线路的具体三维配置作为判断对象。

对权利人提出的独创性部分进行证明的过程中，不能以经过登记备案而当然认为布图设计的整体或任何部分具有独创性。但对于独创性的证明，不能过分加重权利人的举证责任，要求其穷尽一切手段证明布图设计的独创性。相对而言，被诉侵权人只要能够提供一份已经公开的常规布图设计就能推翻权利人主张的独创性部分。因此，对独创性的举证责任分配应充分考虑集成电路布图设计的特点、目前我国集成电路布图设计的登记现状、双方的举证能力等因素，以权利人提出的独创性部分为依据，首先要求权利人对其主张的独创性部分进行充分说明或初步证明，然后由被诉侵权人就不具有独创性提出相反证据，在综合考虑上述事实、证据的基础上进行判断。

相关法条

《集成电路布图设计保护条例》第4条第1款、第8条

指导性案例 219 号

广州天某高新材料股份有限公司、九江天某高新材料有限公司诉安徽纽某精细化工有限公司等侵害技术秘密纠纷案

（最高人民法院审判委员会讨论通过 2023 年 12 月 15 日发布）

关键词 民事/侵害技术秘密/以侵害知识产权为业/惩罚性赔偿/损害赔偿数额

裁判要点

1. 判断侵害知识产权行为是否构成情节严重并适用惩罚性赔偿时，可以综合考量被诉侵权人是否以侵害知识产权为业、是否受到刑事或者行政处罚、是否构成重复侵权、诉讼中是否存在举证妨碍行为，以及侵权行为造成的损失或者侵权获利数额、侵权规模、侵权持续时间等因素。

2. 行为人明知其行为构成侵权，已实际实施侵权行为且构成其主营业务的，可以认定为以侵害知识产权为业。对于以侵害知识产权为业，长期、大规模实施侵权行为的，可以依法从高乃至顶格适用惩罚性赔偿倍数确定损害赔偿数额。

基本案情

2000 年 6 月 6 日，广州天某高新材料股份有限公司（以下简称广州天某公司）登记成立。2007 年 10 月 30 日，九江天某高新材料有限公司（以下简称九江天某公司）登记成立，独资股东是广州天某公司。两天某公司为证明两者之间存在卡波技术的许可使用关系，提交了两份授权书。第一份授权书于 2008 年 9 月 30 日出具，记载：现将广州天某公司自主研发的卡波姆产品生产技术及知识产权授予九江天某公司无偿使用，授权期限为十年，从 2008 年 10 月 1 日至 2018 年 9 月 30 日止。在授权期间内，九江天某公司拥有该项技术的使用权，其权利包括但不限于：利用该技术生产、制造、销售产品，利用该技术改善其目前的产业流程，对该技术成果进行后续改进形成新的技术成果等。未经双方书面同意与确认，广州天某公司和九江天某公司不得将该项技术授予其他任何单位或个人使用。授权期满后，授予的使用权将归还广州天某公司所有。第二份授权书于 2018 年 9 月 15 日出具，授权期限自 2018 年 10 月 1 日至 2028 年 9 月 30 日，授权内容同第一份授权书。本案涉案产品即为卡波，也称卡波姆（Carbomer），中文别名聚丙烯酸、羧基乙烯共聚物，中和后的卡波是优秀的凝胶基质，广泛应用于乳液、膏霜、凝胶中。

2011 年 8 月 29 日，安徽纽某精细化工有限公司（以下简称安徽纽某公司）登记成立，成立时法定代表人是刘某，刘某出资比例为 70%，后法定代表人变更为吴某成。

华某于 2004 年 3 月 30 日入职广州天某公司，2013 年 11 月 8 日离职。2007 年 12 月 30 日至离职，华某先后与广州天某公司签订《劳动合同》及《商业保密、竞业限制协议》《员工手册》《专项培训协议》等文件，就商业秘密的保密义务、竞业限制等方面进行了约定。朱某良、胡某春曾就职于广州天某公司，在职期间均与广州天某公司签订了《劳动合同》

《商业保密、竞业限制协议》《商业技术保密协议》等。2012 年至 2013 年期间，华某利用其卡波产品研发负责人的身份，以撰写论文为由向九江天某公司的生产车间主任李某某索取了卡波生产工艺技术的反应釜和干燥机设备图纸，还违反广州天某公司管理制度，多次从其在广州天某公司的办公电脑里将卡波生产项目工艺设备的资料拷贝到外部存储介质中。华某非法获取两天某公司卡波生产技术中的生产工艺资料后，先后通过 U 盘拷贝或电子邮件发送的方式将两天某公司的卡波生产工艺原版图纸、文件发送给刘某、朱某良、胡某春等人，并且华某、刘某、朱某良、胡某春对两天某公司卡波生产工艺技术的原版图纸进行了使用探讨。在此过程中，胡某春与朱某良均提出是否会侵犯九江天某公司的相关权利，华某则要求胡某春根据两天某公司卡波生产工艺技术的原版图设计安徽纽某公司的生产工艺，并交代胡某春设计时不要与两天某公司做得一模一样等。于是胡某春按照华某的要求对广州天某公司卡波工艺设计图进行修改，最后将修改后的图纸委托山东某工程设计有限公司合肥分院作出设计，委托江苏某机械有限公司制造反应釜，并向与两天某公司有合作关系的上海某粉体机械制造公司订购与两天某公司一样的粉碎机械设备，再委托江苏无锡某搅拌设备有限公司根据江苏某机械有限公司的技术方案设计总装图，进而按照总装图生产搅拌器。

至迟自 2014 年起，安徽纽某公司利用华某从两天某公司非法获取的卡波生产工艺、设备技术生产卡波产品，并向国内外公司销售，销售范围多达二十余个国家和地区。生产卡波产品为安徽纽某公司的主要经营业务，无证据证明其还生产其他产品。2018 年 1 月，安徽纽某公司原法定代表人刘某等因侵犯商业秘密罪被追究刑事责任，在相关刑事判决已经认定华某、刘某等实施了侵犯权利人技术秘密行为的情况下，安徽纽某公司仍未停止侵权。依据相关证据，安徽纽某公司自 2014 年起，直至 2019 年 8 月，始终持续销售卡波产品。

广州天某公司、九江天某公司于 2017 年以安徽纽某公司、华某、刘某、胡某春、朱某良等侵害其卡波技术秘密为由诉至法院，请求判令各被告停止侵权、赔偿损失、赔礼道歉。

裁判结果

广州知识产权法院于 2019 年 7 月 19 日作出（2017）粤 73 民初 2163 号民事判决：一、华某、刘某、胡某春、朱某良、安徽纽某公司于本判决生效之日起立即停止侵害广州天某公司、九江天某公司涉案技术秘密，并销毁记载涉案技术秘密的工艺资料。二、安徽纽某公司于本判决生效之日起十日内赔偿广州天某公司、九江天某公司经济损失 3000 万元及合理开支 40 万元，华某、刘某、胡某春、朱某良对前述赔偿数额分别在 500 万元、500 万元、100 万元、100 万元范围内承担连带责任。三、驳回广州天某公司、九江天某公司其他诉讼请求。一审宣判后，广州天某公司、九江天某公司、安徽纽某公司、华某、刘某向最高人民法院提起上诉。

最高人民法院于 2020 年 11 月 24 日作出（2019）最高法知民终 562 号民事判决：一、维持广州知识产权法院（2017）粤 73 民初 2163 号民事判决第一项、第三项。二、变更广州知识产权法院（2017）粤 73 民初 2163 号民事判决第二项为：安徽纽某公司于本判决生效之日起十日内赔偿广州天某公司、九江天某公司经济损失 3000 万元及合理开支 40 万元，华某、刘某、胡某春、朱某良对前述赔偿数额分别在 500 万元、3000 万元、100 万元、100 万元范围内承担连带责任。三、驳回广州天某公司、九江天某公司的其他上诉请求。四、驳回华某、刘某、安徽纽某公司的上诉请求。二审宣判后，安徽纽某公司、华某、刘某向最高人民法院提起再审申请。

最高人民法院于2021年10月12日作出（2021）最高法民申4025号民事裁定：驳回华某、刘某、安徽纽某公司的再审申请。

裁判理由

最高人民法院认为：《中华人民共和国反不正当竞争法》（以下简称反不正当竞争法）第十七条第三款规定，因不正当竞争行为受到损害的经营者的赔偿数额，按照其因被侵权所受到的实际损失确定；实际损失难以计算的，按照侵权人因侵权所获得的利益确定。经营者恶意实施侵犯商业秘密行为，情节严重的，可以在按照上述方法确定数额的一倍以上五倍以下确定赔偿数额。赔偿数额还应当包括经营者为制止侵权行为所支付的合理开支。

本案中，两天某公司的实际损失无法查清，故根据已查明的安徽纽某公司的部分销售情况进行计算得出其侵权获利。安徽纽某公司生产的卡波产品，其工艺、流程和部分设备侵害了两天某公司的涉案技术秘密，但其卡波配方并未被认定侵害两天某公司的技术秘密。原审法院在确定侵权获利时未考虑涉案技术秘密在卡波生产中的作用，同时也未充分考虑除涉案技术秘密信息之外的其他生产要素在卡波产品生产过程中的作用，以安徽纽某公司自认的3700余万元销售额乘以精细化工行业毛利率32.26%，得到安徽纽某公司可以查实的部分侵权获利近1200万元。现综合考虑涉案被侵害技术秘密在卡波产品生产过程中所起的作用，酌情确定涉案技术秘密的贡献程度为50%，因此对于安徽纽某公司的侵权获利相应酌减取整数确定为600万元。关于利润率的选择，由于安徽纽某公司未根据法院要求提供原始会计凭证、账册、利润表，也未举证证明其卡波产品的利润率，应承担举证不利的法律后果，故按照广州天某公司年报公布的精细化工行业毛利率确定其产品利润率。

安徽纽某公司虽在二审阶段向法院提交营业执照等证据佐证其经营范围不止卡波产品的生产。但根据已查明的事实，安徽纽某公司除卡波产品外，并没有生产其他产品，安徽纽某公司也未进一步举证证明其除卡波产品以外生产其他产品的事实。本案中，华某被诉披露技术秘密的侵权行为发生于2012年至2013年期间，安徽纽某公司利用华某从两天某公司非法获取的卡波生产工艺、设备技术生产卡波产品，并向国内外销售。此外，安徽纽某公司明确陈述其所生产的卡波产品均为相同设备所产。界定行为人是否以侵权为业，可从主客观两方面进行判断。就客观方面而言，行为人已实际实施侵害行为，并且系其公司的主营业务、构成主要利润来源；从主观方面看，行为人包括公司实际控制人及管理层等，明知其行为构成侵权而仍予以实施。本案中安徽纽某公司以及刘某等人的行为，即属此类情形。

反不正当竞争法第十七条第三款规定了判处惩罚性赔偿的条件以及惩罚性赔偿的倍数范围。可见，若经营者存在恶意侵害他人商业秘密的行为且情节严重的，权利人可请求侵权人承担赔偿金额相应倍数的惩罚性赔偿。因此，本案应在判断安徽纽某公司是否存在恶意侵权、情节是否严重的基础上确定是否适用惩罚性赔偿。根据本案业已查明的事实，安徽纽某公司自成立以来，便以生产卡波产品为经营业务，其虽辩称也生产其他产品，但并未提交证据加以佐证，且其所生产的卡波产品名称虽有差别，但均由同一套设备加工完成。此外，当其前法定代表人刘某因侵犯商业秘密罪被追究刑事责任，被认定实施了侵犯权利人技术秘密行为后，安徽纽某公司仍未停止生产，销售范围多至二十余个国家和地区，同时在本案原审阶段无正当理由拒不提供相关会计账册和原始凭证，构成举证妨碍，足见其侵权主观故意之深重、侵权情节之严重。鉴于本案被诉侵权行为跨越反不正当竞争法修改施行的 2019 年 4 月 23 日前后，安徽纽某公司拒绝提供财务账册等资料构成举证妨碍，所认定的侵权获利系基于安徽纽某公司自认的销售额确定，仅系其部分侵权获利；侵权人在本案中并未提交证据证明其法律修改前后的具体获利情况，导致无法以 2019 年 4 月 23 日为界进行分段计算；现有证据显示安徽纽某公司在一审判决之后并未停止侵权行为，其行为具有连续性，其侵权规模巨大、持续时间长。鉴于此，导致依据在案证据客观上难以分段计算赔偿数额。反不正当竞争法设立惩罚性赔偿制度的初衷在于强化法律威慑力，打击恶意严重侵权行为，威慑、阻吓未来或潜在侵权人，有效保护创新活动，对长期恶意从事侵权活动应从重处理，故本案可以依据所认定的安徽纽某公司侵权获利从高确定本案损害赔偿数额。

相关法条

《中华人民共和国反不正当竞争法》（2019 年 4 月 23 日修正）第 17 条第 3 款

指导性案例 220 号

嘉兴市中某化工有限责任公司、上海欣某新技术有限公司诉王某集团有限公司、宁波王某科技股份有限公司等侵害技术秘密纠纷案

（最高人民法院审判委员会讨论通过　2023 年 12 月 15 日发布）

关键词　民事/侵害技术秘密/使用全部技术秘密/故意侵害技术秘密/损害赔偿数额

裁判要点

1. 权利人举证证明被诉侵权人非法获取了完整的产品工艺流程、成套生产设备资料等技术秘密且已实际生产出相同产品的，人民法院可以认定被诉侵权人使用了全部技术秘密，但被诉侵权人提供相反证据足以推翻的除外。

2. 被诉侵权人构成故意侵害技术秘密的，人民法院可以被诉侵权人相关产品销售利润为基础，计算损害赔偿数额；销售利润难以确定的，可以依据权利人相关产品销售价格及销售利润率乘以被诉侵权人相关产品销售数量为基础，计算损害赔偿数额。

基本案情

嘉兴市中某化工有限责任公司（以下简称嘉兴中某化工公司）系全球主要的香兰素制造商，具有较强的技术优势。上海欣某新技术有限公司（以下简称上海欣某公司）成立于 1999 年 11 月 5 日，经营范围为生物、化工专业领域内的技术服务、技术咨询、技术开发、技术转让及新产品的研制。2002 年开始嘉兴中某化工公司与上海欣某公司共同研发了乙醛酸法制备香兰素的新工艺，包括缩合、中和、氧化、脱羧等反应过程，还包括愈创木酚、甲苯、氧化铜和乙醇的循环利用过程。嘉兴中某化工公司与上海欣某公司主张的技术秘密包括六个秘密点，上述技术秘密载体为涉及 58 个非标设备的设备图 287 张（包括主图及部件图）、工艺管道及仪表流程图（第三版）25 张。嘉兴中某化工公司与上海欣某公司之间签

订的《技术开发合同》《技术转让合同》《关于企业长期合作的特别合同》均有保密条款的约定。

傅某根自1991年进入嘉兴中某化工公司工作，2008年起担任香兰素车间副主任，主要负责香兰素生产设备维修维护工作。自2003年起，嘉兴中某化工公司先后制定了文件控制程序、记录控制程序、食品安全、质量和环境管理手册、设备/设施管理程序等文件。嘉兴中某化工公司就其内部管理规定对员工进行了培训，傅某根于2007年参加了管理体系培训、环境管理体系培训、宣传教育培训、贯标培训。2010年3月25日，嘉兴中某化工公司制定《档案与信息化管理安全保密制度》。2010年4月起，嘉兴中某化工公司与员工陆续签订保密协议，对商业秘密的范围和员工的保密义务作了约定，傅某根以打算辞职为由拒绝签订保密协议。

王某集团有限公司（以下简称王某集团公司）成立于1995年6月8日，经营范围为食品添加剂山梨酸钾的研发、生产，化工产品（除危险化学品）的制造、销售等，王某军任监事。宁波王某科技股份有限公司（以下简称王某科技公司）成立于2009年10月21日，由王某军与王某集团公司共同出资成立，王某军任法定代表人。宁波王某香精香料有限公司成立于2015年11月20日，由王某科技公司以实物方式出资8000万元成立，经营范围为实用香精香料（食品添加剂）的研发、生产等，主要产品为香兰素，王某军任法定代表人。2017年宁波王某香精香料有限公司企业名称变更为某孚狮王某香料（宁波）有限公司（以下简称某孚狮王某公司）。

2010年春节前后，冯某义与傅某根、费某良开始商议并寻求香兰素生产技术的交易机会。同年4月12日，三人前往王某集团公司与王某军洽谈香兰素生产技术合作事宜，以嘉兴市智某工程技术咨询有限公司（以下简称嘉兴智某公司）作为甲方，王某集团公司香兰素分厂作为乙方，签订《香兰素技术合作协议》。同日，王某集团公司向嘉兴智某公司开具100万元银行汇票，冯某义通过背书转让后支取100万元现金支票，从中支付给傅某根40万元、费某良24万元。随后，傅某根交给冯某义一个U盘，其中存有香兰素生产设备图200张、工艺管道及仪表流程图14张、主要设备清单等技术资料，冯某义转交给了王某军。同年4月15日，傅某根向嘉兴中某化工公司提交辞职报告，同年5月傅某根从嘉兴中某化工公司离职，随即与冯某义、费某良进入王某科技公司香兰素车间工作。2011年3月15日，浙江省宁波市环境保护局批复同意王某科技公司生产香兰素等建设项目环境影响报告书，批准香兰素年产量为5000吨。同年6月，王某科技公司开始生产香兰素。某孚狮王某公司自成立时起持续使用王某科技公司作为股权出资的香兰素生产设备生产香兰素。

2018年嘉兴中某化工公司、上海欣某公司向浙江省高级人民法院起诉，认为王某集团公司、王某科技公司、某孚狮王某公司、傅某根、王某军侵害其享有的香兰素技术秘密。

裁判结果

浙江省高级人民法院于2020年4月24日作出（2018）浙民初25号民事判决：一、王某集团公司、王某科技公司、某孚狮王某公司、傅某根立即停止侵害涉案技术秘密的行为，即停止以不正当手段获取、披露、使用、允许他人使用涉案设备图和工艺管道及仪表流程图记载的技术秘密；该停止侵害的时间持续到涉案技术秘密已为公众所知悉时止。二、王某集团公司、王某科技公司、傅某根自本判决生效之日起十日内连带赔偿嘉兴中某化工公司、上海欣某公司经济损失300万元、合理维权费用50万元，共计350万元；某孚狮王某公司对其中7%即24.5万元承担连带赔偿责任。三、驳回嘉兴中某化工公司、上海欣某公司的其他诉讼请求。除王某军外，本案各方当事人均不服一审判决，向最高人民法院提出上诉。

最高人民法院于2021年2月19日作出（2020）最高法知民终1667号民事判决：一、撤销浙江省高级人民法院（2018）浙民初25号民事判决。二、王某集团公司、王某科技公司、某孚狮王某公司、傅某根、王某军立即停止侵害嘉兴中某化工公司、上海欣某公司技术秘密的行为，即停止以不正当手段获取、披露、使用、允许他人使用涉案设备图和工艺管道及仪表流程图记载的技术秘密，该停止侵害的时间持续到涉案技术秘密为公众所知悉时止。三、王某集团公司、王某科技公司、傅某根、王某军自本判决生效之日起十日内连带赔偿嘉兴中某化工公司、上海欣某公司经济损失155829455.20元，合理维权费用3492216元，共计159321671.20元，某孚狮王某公司对其中7%即11152516.98元承担连带赔偿责任。四、驳回嘉兴中某化工公司、上海欣某公司的其他诉讼请求。五、驳回王某集团公司、王某科技公司、某孚狮王某公司、傅某根的上诉请求。二审宣判后，王某集团公司、王某科技公司、某孚狮王某公司、傅某根、王某军不服，向最高人民法院申请再审。

最高人民法院于2021年10月19日作出（2021）最高法民申3890号民事裁定：驳回王某集团公司、王某科技公司、某孚狮王某公司、傅某根、王某军的再审申请。

裁判理由

最高人民法院认为：王某集团公司等被诉侵权人已经实际制造了香兰素产品，故其必然具备制造香兰素产品的完整工艺流程和相应装置设备。嘉兴中某化工公司与上海欣某公司主张的技术秘密包括六个秘密点，涉及58个非标设备的设备图287张和工艺管道及仪表流程图25张。被诉侵权技术信息载体为王某集团公司等被诉侵权人获取的200张设备图和14张工艺流程图，经比对其中有184张设备图与涉案技术秘密中设备图的结构型式、大小尺寸、设计参数、制造要求均相同，设备名称和编号、图纸编号、制图单位等也相同，共涉及40个非标设备；有14张工艺流程图与嘉兴中某化工公司的工艺管道及仪表流程图的设备位置和连接关系、物料和介质连接关系、控制内容和参数等均相同，其中部分图纸标注的图纸名称、项目名称、设计单位也相同。同时，王某科技公司提供给浙江杭某容器有限公司（以下简称杭某公司）的脱甲苯冷凝器设备图、王某科技公司环境影响报告书附15氧化单元氧化工艺流程图虽然未包含在冯某义提交的图纸之内，但均属于涉案技术秘密的范围。鉴于王某科技公司已在设备加工和环评申报中加以使用，可以确定王某科技公司获取了该两份图纸。本案中，涉案技术秘密的载体为287张设备图和25张工艺管道及仪表流程图，王某集团公司等被诉侵权人非法获取了其中的185张设备图和15张工艺流程图。考虑到王某集团公司等被诉侵权人获取涉案技术秘密图纸后完全可以做一些针对性的修改，故虽有4项与涉案技术秘密中的对应技术信息存在些许差异，但根据本案具体侵权情况，完全可以认定这些差异是因王某集团公司等被诉侵权人在获取涉案技术秘密后进行规避性或者适应性修改所导致，故可以认定这4项依然使用了涉案技术秘密。在此基础上，可以进一步认定王某集团公司等被诉侵权人实际使用了其已经获取的全部185张设备图和15张工艺流程图。具体理由是：第一，香兰素生产设备和工艺流程通常具有配套性，其生产工艺及相关装置相对明确固定，王某集团公司等被诉侵权人已经实际建成香兰素项目生产线并进行规模化生产，故其必然具备制造香兰素产品的完整工艺流程和相应装置设备。第二，王某集团公司等被诉侵权人拒不提供有效证据证明其对香兰素产品的完整工艺流程和相应装置设备进行了研发和试验，且其在极短时间内上马香兰素项目生产线并实际投产，王某科技公司的香兰素生产线从启动到量产仅用了一年左右的时间。与之相比，嘉兴中某化工公司涉案技术秘密从研发到建成生产线至少用了长达四年多的时间。第三，王某集团公司等被诉侵权人未提交有效证据证明其对被诉技术方案及相关设备进行过小试和中试，且其又非法获取了涉案技术图纸，同时王某科技公司的环境影响报告书及其在向杭某公司购买设备的过程中均已使用了其非法获取的设备图和工艺流程图。综合考虑技术秘密案件的特点及本案实际情况，同时结合王某集团公司等被诉侵权人未提交有效相反证据的情况，可以认定王某集团公司等被诉侵权人使用了其非法获取的全部技术秘密。第四，虽然王某集团公司、王某科技公司的香兰素生产工艺流程和相应装置设备与涉案技术秘密在个别地方略有不同，但其未提交证据证明这种不同是基于其自身的技术研发或通过其他正当途径获得的技术成果所致。同时现有证据表明，王某集团公司等被诉侵权人是在获取了涉案技术秘密后才开始组建工厂生产香兰素产品，即其完全可能在获得涉案技术秘密后对照该技术秘密对某些生产工艺或个别配件装置做规避性或者适应性修改。这种修改本身也是实际使用涉案技术秘密的方式之一。综上，认定王某集团公司等被诉侵权人从嘉兴中某化工公司处非法获取的涉案技术秘密，即 185 张设备图和 15 张工艺流程图均已被实际使用。

傅某根长期在嘉兴中某化工公司工作，负责香兰素车间设备维修，能够接触到涉案技术秘密。2010 年 4 月 12 日，冯某义、傅某根等三人前往王某集团公司与王某军洽谈香兰素生产技术合作事宜，迅速达成《香兰素技术合作协议》，约定由冯某义、傅某根等人以香兰素新工艺技术入股王某集团公司香兰素分厂。傅某根根据该协议获得 40 万元的对价，随后将含有涉案技术秘密的 U 盘经冯某义转交给王某军。傅某根从嘉兴中某化工公司辞职后即加入王某科技公司，负责香兰素生产线建设，王某科技公司在很短时间内完成香兰素生产线建设并进行工业化生产，全面使用了嘉兴中某化工公司和上海欣某公司的设备图和工艺流程图。以上事实足以证明傅某根实施了获取及披露涉案技术秘密给王某集团公司、王某科技公司并允许其使用涉案技术秘密的行为。王某集团公司、王某科技公司均系从事香兰素生产销售的企业，与嘉兴中某化工公司具有直接竞争关系，应当知悉傅某根作为嘉兴中某化工公司员工对该公司香兰素生产设备图和工艺流程图并不享有合法权利。但是，王某集团公司仍然通过签订《香兰素技术合作协议》，向傅某根、冯某义等支付报酬的方式，直接获取嘉兴中某化工公司的涉案技术秘密，并披露给王某科技公司使用。王某科技公司雇佣傅某根并使用其非法获取的技术秘密进行生产，之后又通过设备出资方式将涉案技术秘密披露并允许某孚狮王某公司继续使用，以上行为均侵害了嘉兴中某化工公司与上海欣某公司的技术秘密。某孚狮王某公司自成立起持续使用王某科技公司作为技术出资的香兰素生产线，构成侵害涉案技术秘密。

王某集团公司等被诉侵权人非法获取并持续、大量使用商业价值较高的涉案技术秘密，手段恶劣，具有侵权恶意，其行为冲击香兰素全球市场，且王某集团公司等被诉侵权人存在举证妨碍、不诚信诉讼等情节，王某集团公司、王某科技公司、某孚狮王某公司、傅某根拒不执行原审法院的生效行为保全裁定，法院根据上述事实依法决定按照销售利润计算本案侵权损害赔偿数额。由于王某集团公司、王某科技公司及某孚狮王某公司在本案中拒不提交与侵权行为有关的账簿和资料，法院无法直接依据其实际销售数据计算销售利润。考虑到嘉兴中某化工公司香兰素产品的销售价格及销售利润率可以作为确定王某集团公司、王某科技公司及某孚狮王某公司相关销售价格和销售利润率的参考，为严厉惩处恶意侵害技术秘密的行为，充分保护技术秘密权利人的合法利益，人民法院决定以嘉兴中某化工公司香兰素产品2011年至2017年期间的销售利润率来计算本案损害赔偿数额，即以2011年至2017年期间王某集团公司、王某科技公司及某孚狮王某公司生产和销售的香兰素产量乘以嘉兴中某化工公司香兰素产品的销售价格及销售利润率计算赔偿数额。

相关法条

1.《中华人民共和国民法典》第1168条（本案适用的是自2010年7月1日起施行的《中华人民共和国侵权责任法》第8条）

2.《中华人民共和国反不正当竞争法》（2019年修正）第9条、第17条（本案适用的是2017年修订的《中华人民共和国反不正当竞争法》第9条、第17条）

指导性案例221号

张某勋诉宜宾恒某投资集团有限公司、四川省宜宾市吴某建材工业有限责任公司等垄断纠纷案

（最高人民法院审判委员会讨论通过 2023年12月15日发布）

关键词 民事/垄断/横向垄断协议/垄断行为实施者/赔偿损失

裁判要点

任何人均不能因其违法行为而获益。横向垄断协议明显属于违法行为，参与横向垄断协议的经营者以参与该协议的其他经营者为被告，依据《中华人民共和国反垄断法》有关民事责任的规定请求赔偿其参与和履行协议期间的损失的，人民法院不予支持。

基本案情

2010年3月，四川省宜宾市民政局经审核批准成立宜宾市某协会（以下简称某协会），属行业性社会团体。曹某均为会长、阮某成为副会长、陈某钦为秘书长。发起人及发起单位分别为曹某均及宜宾市恒某集团有限责任公司、李某高及四川省宜宾市吴某建材工业有限责任公司（以下简称吴某公司）、阮某成及宜宾县四某建材有限责任公司（以下简称四某公司）。某协会会员单位最初共50余家，其中包括张某勋名下的宜宾市某店机制砖厂（以下简称某砖厂）。

2009年7月，“宜宾市制砖行业工作会”召开，《会议纪要》载明：标题栏为“供过于求、物多则贱……供求平衡、物稀为贵……”；具体方案为成立砖协理事会、砖协协调办。该活动范围包括宜宾市翠屏区及30公里内砖厂、柏溪及其方圆15公里内砖厂。协调配合宜宾市仁某贸易有限责任公司（以下简称仁某公司）在周边县区开展成立属地砖协，防止外

围产品进入本区域。关停方案为拟停产50%产量的砖厂，由生产砖厂补助停产砖厂。仁某公司出面会同砖协协调办与停产厂签订租赁承包合同及生产厂签订合作协议。停产厂家在仁某公司每月领取租赁承包费（即生产方交的管理费用的一部分），生产厂家向仁某公司支付市场管理及技术指导费。另，还规定："砖厂关停调整须经砖协议定，任何厂方不得擅自调整，调整厂定为违约，违约金一次惩20万元现金，由协调办和仁某公司负责诉收。""停产砖厂停火后不得销售库存砖，无条件进行一刀切……私销者定为违约，违约处罚按售一罚十的原则。"同期，某协会的前身某分会制定《宜宾市建材行业协会某分会暂行管理办法》（以下简称《暂行管理办法》），明确提出"外防产品进入、内控砖瓦产量"的具体安排，将本地砖瓦企业划分为生产企业和停产企业。2009年7月，某分会与某砖厂等砖瓦厂家签订了《停产整改合同》《技术服务合同》等协议。根据《宜宾市砖厂（生产厂家）核定产量明细表》的记载，生产厂家共19家。根据《宜宾市砖厂（停产厂家）核定产量明细表》的记载，停产厂家共31家，其中包括某砖厂。

2011年3月31日，四川省宜宾市经济和信息化委员会（以下简称宜宾市经济和信息化委员会）作出《关于责令宜宾市某协会暂停活动的通知》，其上载明："我委最近接到群众反映，你会在开展活动时，没有严格按照协会章程操作，有超越协会章程规定范围的行为。根据行业协会管理工作的要求，现责令你会立即暂时停止协会的一切活动，进行全面整顿，并将整顿情况以书面形式报告我委。"2011年4月18日，某协会向宜宾市经济和信息化委员会出具《关于清理整顿工作的汇报及要求恢复某协会正常活动的请示》，其上载明："由于协会主要领导履职不充分……导致个别砖厂虚高报价并制造虚假的紧张供求信息……我们认为导致这样的结果砖协有不可推卸的责任，必须迅速予以纠正……""明确了目标：一是必须无条件满足市场需求……二是必须在符合市场合理价格的情况下供货（经有关部门核准确认目前指导价格为：出厂价不超过0.33元/块标砖），不允许会员单位高于协会指导价供货；三是必须确保质量……"2011年9月，某协会停止发放停产扶持经费。

2013年3月6日，四川省工商行政管理局针对某协会作出《行政处罚决定书》，认为某协会组织具有竞争关系的会员单位达成的《暂行管理办法》，约定部分企业停产，从而控制宜宾砖瓦市场砖的生产数量，控制停产会员单位直接退出宜宾市砖瓦市场的竞争，严重限制了市场竞争，属于限制商品生产数量的垄断协议。当事人组织会员单位达成并实施垄断协议的行为，破坏了宜宾砖瓦市场公平、有序的竞争秩序。

后张某勋诉至人民法院，称其根据《停产整改合同》停止生产，且仅在2011年9月前获得了少量的停产扶持费。上述行为实质上起到了排除张某勋参与竞争的效果，构成垄断行为，侵害了张某勋的合法权益，主张判令吴某公司、四某公司、宜宾恒某投资集团有限公司、某协会、曹某均等连带赔偿其经济损失33.6万元及合理开支8万元。

裁判结果

四川省成都市中级人民法院于2019年12月24日作出（2018）川01民初855号民事判决：一、自判决生效之日起十五日内，吴某公司、四某公司、曹某均、某协会向张某勋连带赔偿经济损失336000元、合理开支5000元。二、驳回张某勋的其他诉讼请求。宣判后，吴某公司、曹某均、某协会不服，向最高人民法院提起上诉。最高人民法院于2020年11月6日作出（2020）最高法知民终1382号民事判决：一、撤销四川省成都市中级人民法院

（2018）川 01 民初 855 号民事判决。二、驳回张某勋的全部诉讼请求。

裁判理由

最高人民法院认为：张某勋作为本案横向垄断协议的实施者之一，对其是否有权要求该垄断协议的其他实施者赔偿其所谓经济损失，应结合反垄断法第五十条的立法目的、被诉垄断行为的特点、损害赔偿的法律效果等因素予以考量。

首先，反垄断法第五十条的立法目的。反垄断法第五十条规定，经营者实施垄断行为，给他人造成损失的，依法承担民事责任。该条的立法目的在于，为制止和打击垄断行为提供民事司法渠道，对因垄断行为而受到损害的主体提供民事救济。如果原告并非反垄断法所规制的垄断行为的受害者，而是该垄断行为的实施者，其主张损害赔偿，实质上是要求瓜分垄断利益，因而其并非反垄断法所意图救济的对象。本案中，张某勋系其所指控的本案横向垄断协议参与者和实施者之一，且因参与和实施本案被诉垄断行为在一定期间内获得了垄断利益的分享，其非反垄断法所意图救济的垄断行为受害者。其次，请求损害赔偿救济者，其行为必须正当合法。自身参与和实施违法行为的主体，即便因参与和实施该违法行为而受到损失，该损失亦因该主体自身行为的不正当性而不应获得救济。张某勋在《停产整改合同》中自愿接受停产整改，参与并实施本案横向垄断协议，其行为自身具有违法性，其因此所受损害不应获得救济。最后，给予垄断行为实施者以损害赔偿会产生鼓励和支持相关垄断行为的消极法律效果。本案中，张某勋所主张的因垄断行为所受损失，实质上是要求强制执行本案横向垄断协议，根据该垄断协议关于垄断利益分配的约定瓜分群体垄断所得。如果支持张某勋的诉讼主张，则无异于维持和鼓励该违法行为。

综上，横向垄断协议的实施者无权依据反垄断法要求该垄断协议的其他实施者赔偿其所谓经济损失。张某勋作为涉案横向垄断协议的实施者，其无权因自身的违法行为获得利益，人民法院对其关于赔偿损失的诉讼请求不予支持。

相关法条

《中华人民共和国反垄断法》（2022 年修正）第 60 条第 1 款（本案适用的是 2008 年施行的《中华人民共和国反垄断法》第 50 条）

指导性案例 222 号

广州德某水产设备科技有限公司诉广州宇某水产科技有限公司、南某水产研究所财产损害赔偿纠纷案

（最高人民法院审判委员会讨论通过　2023 年 12 月 15 日发布）

关键词　民事诉讼/财产损害赔偿/未缴纳专利年费/专利权终止/赔偿损失

裁判要点

登记的专利权人在专利权权属争议期间负有善意维护专利权效力的义务，因其过错致使专利权终止、无效或者丧失，损害真正权利人合法权益的，构成对真正权利人财产权的侵

害，应当承担赔偿损失的民事责任。

基本案情

专利号为ZL200910192778.6、名称为“一种多功能循环水处理设备”发明专利（以下简称涉案专利）的专利权人为南某水产研究所、广州宇某水产科技有限公司（以下简称宇某公司），发明人为姜某平、李某厚、颉某勇。涉案专利申请日为2009年9月28日，授权日为2012年5月30日，因未及时缴费，涉案专利的专利权于2012年9月28日被终止。

广州德某水产设备科技有限公司（以下简称德某公司）认为，姜某平曾是德某公司员工，其离职后成为了宇某公司的股东，李某厚、颉某勇是南某水产研究所的员工。涉案专利是姜某平的职务发明，专利的申请权应该属于德某公司。德某公司曾分别于2010年、2011年就涉案专利申请权纠纷起诉南某水产研究所、宇某公司等，请求判令涉案专利申请权归德某公司所有。涉案专利权因未缴费而终止失效时，相关权属纠纷正在审理中。故德某公司以宇某公司和南某水产研究所故意未缴纳该专利年费，致使该专利权终止失效，给德某公司造成了无法挽回的损失为由诉至法院，请求判令各被告赔偿经济损失及维权合理开支共计150万元。

裁判结果

广州知识产权法院于2019年7月12日作出（2016）粤73民初803号民事判决：一、宇某公司、南某水产研究所应于本判决发生法律效力之日起十日内赔偿德某公司经济损失及合理维权费用共50万元；二、驳回德某公司的其他诉讼请求。宣判后，宇某公司、南某水产研究所向最高人民法院提起上诉。最高人民法院于2020年4月1日作出（2019）最高法知民终424号民事判决，在变更本案案由的基础上，驳回上诉，维持原判。

裁判理由

最高人民法院认为：

一、关于本案案由的确定

专利法第十一条第一款规定，发明和实用新型专利权被授予后，除本法另有规定的以外，任何单位或者个人未经专利权人许可，都不得实施其专利，即不得为生产经营目的制造、使用、许诺销售、销售、进口其专利产品，或者使用其专利方法以及使用、许诺销售、销售、进口依照该专利方法直接获得的产品。根据该规定，侵害发明专利权的行为仅限于以生产经营为目的的制造、使用、许诺销售、销售、进口专利产品的行为和使用专利方法以及使用、许诺销售、销售、进口依照该专利方法直接获得的产品的行为。也即，专利法实行专利侵权行为法定原则，除法律明确规定为侵害专利权的行为外，其他行为即使与专利权有关，也不属于侵害专利权的行为。在登记的专利权人不是专利技术所有人的情况下，如登记的专利权人故意不缴纳专利年费导致专利权终止失效而给专利技术所有人造成经济损失，那么该损失实际上是与该专利技术有关的财产损失。故意不缴纳专利年费导致专利权终止失效的行为应当属于一般侵权行为，该种案件案由可以确定为财产损害赔偿纠纷。本案中，根据德某公司的主张，其认为南某水产研究所、宇某公司将归其所有的职务发明申请专利，之后却故意不缴纳专利年费导致专利权终止失效，致使该技术进入公有领域，失去了专利权的保护，损害了其本应该基于涉案专利获得的市场独占利益，因此德某公司主张的侵权行为不是侵害专利权的行为，其主张的经济损失实际上是与该专利技术有关的财产损失，故本案应当属于财产损害赔偿纠纷，而非侵害发明专利权纠纷。原审判决将本案案由确定为侵害发明专利权纠纷，显属不当，应予纠正。

二、南某水产研究所、宇某公司是否应当对涉案专利权终止失效承担赔偿责任，应否赔偿德某公司 50 万元的经济损失与合理费用

诚实信用原则是民法的基本原则，它要求民事主体在民事活动中恪守诺言，诚实不欺，在不损害他人利益和社会利益的前提下追求自己的利益，从而在当事人之间的利益关系和当事人与社会之间的利益关系中实现平衡，并维持市场道德秩序。专利权是经国家行政审查后授予的有期限的知识产权，其在权利保护期内有效存续需要专利权人持续缴纳专利年费、不主动放弃等。当事人无论基于何种原因对专利申请权、专利权权属发生争议时，基于诚实信用原则，登记的专利权人通常应当负有使已经获得授权的专利权维持有效的善良管理责任，包括持续缴纳专利年费等，因为专利权一旦终止失效，专利技术通常情况下即会进入公有领域，从而使专利技术所有人丧失市场独占利益，损害到专利技术所有人的合法权益。登记的专利权人未尽到该善良管理责任，给专利技术所有人造成损失的，应当负有赔偿责任。本案中，在 2010 年、2011 年德某公司已经两次以专利申请权权属纠纷为由起诉南某水产研究所、宇某公司，尤其是德某公司主张涉案发明是职务发明的第二次诉讼正在进行的情况下，作为登记的专利权人，南某水产研究所、宇某公司应当负有在涉案专利授权以后维持其持续有效的善良管理责任，包括持续缴纳专利年费，以避免可能给德某公司造成损害。但南某水产研究所、宇某公司却未缴纳专利年费，导致涉案专利权于 2012 年 9 月 28 日被终止失效，侵害了德某公司的合法权益，其显然未尽到善良管理责任，违背了诚实信用原则，应当赔偿因此给德某公司造成的损失。对于赔偿损失的具体数额，本案应当根据涉案专利权终止失效时的市场价格确定具体赔偿数额。鉴于双方均未提供证据证明涉案专利权在终止失效时的市场价格，综合考虑到涉案专利为发明专利、涉案专利权在授权公告当年即被终止失效、南某水产研究所和宇某公司过错严重、德某公司历时较长的维权情况等，即便考虑德某公司也存在一定过失，原审判决确定的经济损失及合理费用共计 50 万元的赔偿也并无不妥。

相关法条

《中华人民共和国民法典》第 1165 条、第 1173 条（本案适用的是 2010 年 7 月 1 日施行的《中华人民共和国侵权责任法》第 6 条、第 26 条）

指导性案例 223 号

张某龙诉北京某蝶文化传播有限公司、程某、马某侵害作品信息网络传播权纠纷案

（最高人民法院审判委员会讨论通过 2023 年 12 月 15 日发布）

关键词 民事诉讼/侵害作品信息网络传播权/管辖/侵权行为地

裁判要点

侵害作品信息网络传播权的侵权结果发生地具有不确定性，不应作为确定管辖的依据。在确定侵害作品信息网络传播权民事纠纷案件的管辖时，应当适用《最高人民法院关于审理侵害信息网络传播权民事纠纷案件适用法律若干问题的规定》第十五条的规定，即由侵权行为地或者被告住所地人民法院管辖。

基本案情

原告张某龙以被告北京某蝶文化传播有限公司、程某、马某擅自在相关网站上发布、使用其享有著作权的写真艺术作品，侵害其作品信息网络传播权为由，向其住所地的河北省秦皇岛市中级人民法院提起诉讼。被告马某以本案应当适用《最高人民法院关于审理侵害信息网络传播权民事纠纷案件适用法律若干问题的规定》（以下简称《信息网络传播权规定》）第十五条的规定确定管辖，秦皇岛市为原告住所地，不是侵权行为地或被告住所地为由，对本案管辖权提出异议，请求将本案移送侵权行为地和被告住所地的北京互联网法院审理。

裁判结果

河北省秦皇岛市中级人民法院于 2021 年 6 月 2 日作出（2021）冀 03 知民初 27 号民事裁定，驳回马某提出的管辖权异议。马某不服一审裁定，提起上诉。河北省高级人民法院于 2021 年 8 月 24 日作出（2021）冀民辖终 66 号民事裁定，撤销一审裁定，将本案移送北京互联网法院审理。北京互联网法院、北京市高级人民法院经审查认为，河北省高级人民法院将本案移送北京互联网法院审理不当，遂报请最高人民法院指定管辖。最高人民法院于 2022 年 8 月 22 日作出（2022）最高法民辖 42 号民事裁定，确定本案由北京互联网法院审理。

裁判理由

最高人民法院认为，《最高人民法院关于适用〈中华人民共和国民事诉讼法〉的解释》第二十五条规定："信息网络侵权行为实施地包括实施被诉侵权行为的计算机等信息设备所在地，侵权结果发生地包括被侵权人住所地。"该规定中的"信息网络侵权行为"针对的是通过信息网络对一般民事权利实施的侵权行为。但"信息网络传播权"，是《中华人民共和国著作权法》第十条第一款规定的著作权人享有的法定权利，即以有线或者无线方式向公众提供，使公众可以在其选定的时间和地点获得作品的权利。基于信息网络传播权的性质和特点，侵害信息网络传播权的行为一旦发生，随之导致公众可以在其选定的时间和地点获得

作品，其侵权行为涉及的地域范围具有不确定性。故《信息网络传播权规定》第十五条规定："侵害信息网络传播权民事纠纷案件由侵权行为地或者被告住所地人民法院管辖。侵权行为地包括实施被诉侵权行为的网络服务器、计算机终端等设备所在地。侵权行为地和被告住所地均难以确定或者在境外的，原告发现侵权内容的计算机终端等设备所在地可以视为侵权行为地。"因此，《信息网络传播权规定》第十五条是针对信息网络传播权这一特定类型的民事权利，对侵害信息网络传播权纠纷民事案件的管辖作出的特别规定。在确定侵害信息网络传播权民事纠纷案件的管辖时，应当以《信息网络传播权规定》第十五条为依据。

本案中，秦皇岛市为原告住所地，不属于《信息网络传播权规定》第十五条规定的侵权行为地或被告住所地。本案也不存在《信息网络传播权规定》第十五条规定的"侵权行为地和被告住所地均难以确定或者在境外"的例外情形。因此，河北省秦皇岛市中级人民法院对于本案没有管辖权，河北省高级人民法院将本案移送北京互联网法院并无不当。

相关法条

1.《中华人民共和国民事诉讼法》第 29 条

2.《最高人民法院关于适用〈中华人民共和国民事诉讼法〉的解释》第 24 条、第 25 条

3.《最高人民法院关于审理侵害信息网络传播权民事纠纷案件适用法律若干问题的规定》第 15 条

指导性案例 224 号

某美（天津）图像技术有限公司诉河南某庐蜂业有限公司侵害作品信息网络传播权纠纷案

（最高人民法院审判委员会讨论通过　2023 年 12 月 15 日发布）

关键词　民事诉讼/侵害作品信息网络传播权/权属/举证责任

裁判要点

在著作权权属有争议的情况下，不能仅凭水印或权利声明认定作品著作权权属，主张著作权的当事人应进一步举证证明，否则应当承担不利的法律后果。

基本案情

案外人 G＊公司授权某美（天津）图像技术有限公司（以下简称某美图像公司）在中国境内展示、销售和许可他人使用该公司的"getty Images"品牌图片，且某美图像公司有权以自己的名义对侵权行为提起诉讼。某美图像公司发现，河南某庐蜂业有限公司（以下简称某庐蜂业公司）未经许可使用了 4 张上述品牌图片。某美图像公司遂以侵害著作权为由提起诉讼，请求判令某庐蜂业公司赔偿经济损失及维权合理开支。为支持其诉请，某美图像公司提交了 G＊公司出具的授权确认书、网站权利声明等证据，涉案图片上有"getty Images®"内容的水印。某庐蜂业公司抗辩认为，涉案图片水印右上角为商标注册标记"®"，

不是表明创作者身份的作者署名，水印下方另有摄影师署名和其他品牌名称，显示图片著作权属于作者而不是某美图像公司或 G＊公司。某庐蜂业公司还就涉案图片权属问题通过电子邮件询问 G＊公司，得到的答复是，涉案图片由摄影师投稿，该公司以自己的名义对外销售后向摄影师支付版税，但摄影师保留图片的著作权。某庐蜂业公司据此认为，因投稿人保留著作权，G＊公司、某美图像公司均不享有涉案图片的著作权，某美图像公司的诉讼请求应予驳回。

裁判结果

天津市第三中级人民法院于 2019 年 9 月 17 日作出（2019）津 03 知民初 73 号民事判决，判令某庐蜂业公司赔偿某美图像公司经济损失及合理开支共计 8000 元；驳回某美图像公司的其他诉讼请求。某庐蜂业公司不服一审判决，提起上诉。天津市高级人民法院于 2020 年 7 月 16 日作出（2020）津民终 311 号民事判决，驳回上诉，维持原判。某庐蜂业公司不服，向最高人民法院申请再审。最高人民法院裁定提审本案，并于 2021 年 12 月 20 日作出（2021）最高法民再 355 号民事判决，撤销一审、二审判决，驳回某美图像公司的全部诉讼请求。

裁判理由

最高人民法院认为，涉案图片除标注“getty Images®”水印外，还分别标注有摄影师署名和其他品牌名称，而且“getty Images”之后紧接商标注册标记“®”，因此，仅以此水印不能认定涉案图片的著作权属于 G＊公司。此外，某美图像公司还提交了 G＊公司出具的授权确认书、网站权利声明，但授权确认书只能证明 G＊公司向某美图像公司进行授权的事实，并非 G＊公司对涉案图片享有著作权的证据。权利声明属于单方陈述，在缺乏其他证据印证的情况下，仅以权利声明不能确定著作权归属。在此情况下，某美图像公司应进一步承担 G＊公司享有涉案图片著作权的举证证明责任，但其未能举证证明。相反，根据某庐蜂业公司提交的 G＊公司回复邮件等反驳证据，G＊公司确认投稿的摄影师仍然保留涉案图片的著作权。故某美图像公司关于 G＊公司拥有涉案图片著作权的主张不能成立，其在本案中提出的相关诉讼请求不应予以支持。

相关法条

1.《中华人民共和国著作权法》（2020 年修正）第 12 条（本案适用的是 2010 年修正的《中华人民共和国著作权法》第 11 条）

2.《最高人民法院关于审理著作权民事纠纷案件适用法律若干问题的解释》（2020 年修正）第 7 条

3.《最高人民法院关于适用〈中华人民共和国民事诉讼法〉的解释》（2022 年修正）第 90 条（本案适用的是 2020 年修正的《最高人民法院关于适用〈中华人民共和国民事诉讼法〉的解释》第 90 条）

最高人民法院
关于发布第 40 批指导性案例的通知

法〔2024〕112 号

各省、自治区、直辖市高级人民法院，解放军军事法院，新疆维吾尔自治区高级人民法院生产建设兵团分院：

经最高人民法院审判委员会讨论决定，现将江某某正当防卫案等五个案例（指导性案例 225—229 号），作为第 40 批指导性案例发布，供审判类似案件时参照。

2024 年 5 月 30 日

指导性案例 225 号

江某某正当防卫案

（最高人民法院审判委员会讨论通过　2024 年 5 月 30 日发布）

关键词　刑事/正当防卫/未成年人/学生霸凌/防卫意图/防卫限度

裁判要点

1. 对于因学生霸凌引发的防卫行为与相互斗殴的界分，应当坚持主客观相统一原则，通过综合考量案发起因、是否为主要过错方、是否纠集他人参与打斗等情节，结合同年龄段未成年人在类似情境下的可能反应，准确判断行为人的主观意图和行为性质。不能仅因行为人面对霸凌时不甘示弱、使用工具反击等情节，就影响对其防卫意图的认定。

2. 对于防卫是否“明显超过必要限度”，应当立足防卫时的具体情境，从同年龄段未成年人一般认知的角度，综合学生霸凌中不法侵害的性质、手段、强度、危害后果和防卫的时机、手段、强度、损害后果等情节，考虑双方力量对比，作出合理判断。

基本案情

被告人江某某（系化名，时年 14 周岁）系湖南省某中学初中二年级学生。因江某某在春游时与同班某女同学聊天，同级邻班同学胡某认为江某某招惹其女朋友，要求江某某买烟赔礼道歉，否则就打江某某。之后江某某给胡某买了一包香烟，但胡某嫌烟不好不要，遂产生殴打江某某的意图。

2019 年 5 月 17 日上午早读课前，与被告人江某某不和的同班同学孙某某，伙同他人借故把江某某喊到厕所，扬言要殴打江某某。江某某有不甘示弱的言语回应（案发后其解释系找借口拖延，打算放学时跑掉）。当日早读下课后，江某某在上厕所时，孙某某、胡某等人又拉扯江某某，并踢了其一脚。后因上课时间到了，各自散去。第二节课下课后，孙某某邀约同学张某某、胡某等人帮忙殴打江某某，并向张某某指认正在厕所内的江某某。

午饭后，孙某某又邀约被害人陈某甲、陈某乙、吴某等帮忙殴打江某某。随后，孙某某等7人前往教室寻找被告人江某某，其他8人在厕所里等候。江某某拒绝前往，孙某某称若不去将强行带走，江某某被迫跟随前往，并将同学用于开药瓶的多功能折叠刀（非管制刀具，刃长约4.5厘米）藏在右手衣袖内。到达厕所后，孙某某、胡某、张某某及被害人陈某甲、陈某乙、吴某等15人把江某某围住。陈某甲上前扼勒江某某的颈部，把江某某摔倒在地后，骑坐在其身上殴打，孙某某、胡某、张某某等人一拥而上进行踢打。在受到群殴之后，江某某掏出折叠刀乱挥，捅伤陈某甲腰背部，划伤吴某大腿。殴打持续约一分钟后，众人散开。江某某从地上爬了起来，背靠厕所蹲坑的矮墙坐在地上，站在江某某背后的陈某乙对其掌掴，江某某遂转身用折叠刀向陈某乙腹部捅刺一刀，张某某等人再次殴打江某某后离开。后陈某甲、陈某乙、吴某被送至学校医务室治疗。经鉴定，陈某甲、陈某乙的损伤程度为重伤二级，吴某的损伤程度为轻微伤。同年8月7日，江某某向公安机关投案。

湖南省吉首市人民检察院指控被告人江某某犯故意伤害罪，向湖南省吉首市人民法院提起公诉。被告人江某某及其辩护人认为：江某某在遭受学生霸凌时，实施防卫行为对不法侵害人造成损害，属于正当防卫，依法不负刑事责任。

裁判结果

湖南省吉首市人民法院于2020年7月6日作出刑事判决，认定被告人江某某的行为构成正当防卫，宣告江某某无罪。宣判后，湖南省吉首市人民检察院提出抗诉。二审期间，湖南省湘西土家族苗族自治州人民检察院申请撤回抗诉。湖南省湘西土家族苗族自治州中级人民法院于2022年11月9日作出刑事裁定，准许撤回抗诉。

裁判理由

被告人江某某因遭受多名学生霸凌而携带折叠刀被迫前往现场，在面临多人殴打时持刀反击，综合全案情节，应当认定其行为构成正当防卫，不负刑事责任。

首先，江某某在遭受学生霸凌时被迫反击，具有防卫意图。面对孙某某等人的霸凌，江某某明显处于被迫状态。此外，江某某面对孙某某等人的霸凌，虽曾有不甘示弱的言语，但不能以此认定江某某主动挑起争端。考虑未成年人身心特点，结合江某某所处具体情境，不能仅以江某某个别言语就认定其有斗殴故意，进而否定其具有防卫意图。

其次，江某某在被殴打时实施防卫，符合正当防卫的时间条件。江某某两次持刀反击，均处于不法侵害现实发生的时间段内：（1）面对15人的包围，被对方勒颈摔倒在地，并遭到群殴，不法侵害已现实发生。（2）江某某倒地并被群殴持续约一分钟后，群殴行为虽然暂时停止，但是仍被对方从背后袭击掌掴，不法侵害显然仍在进行之中，并未结束。总之，江某某在被群殴、被群殴倒地仍遭对方掌掴的情况下，借助工具防卫反击时，不法侵害正在进行，符合正当防卫的时间条件。

最后，江某某因被殴打持刀防卫，没有明显超过必要限度。江某某系在被殴打的情况下被迫实施防卫，虽然不法侵害人未使用工具，江某某使用刀具反击，但是江某某防卫使用的折叠刀并非管制刀具，而对方多达 15 人，双方实力悬殊，且江某某先后两次被打倒在地并被群殴。江某某情急之下持刀自卫，在手段上合乎情理，反击行为限于对抗不法侵害，并非主动攻击对方，手段有所节制。故整体而言，防卫行为没有明显超过必要限度。

此外，根据未成年人保护法及相关规定，学校应当建立学生欺凌防控工作制度，对教职员工、学生等开展防治学生欺凌的教育和培训。对于学生欺凌事件，被欺凌者及周边同学要及时向老师、家长报告；学校对学生欺凌行为应当立即制止并依法处理，监护人对实施欺凌的学生应当加强管教，并配合学校和相关部门的处理。学校或者监护人未依法履行职责的，应当依法承担相应法律责任。

相关法条

《中华人民共和国刑法》第 20 条

指导性案例 226 号

陈某某、刘某某故意伤害、虐待案

（最高人民法院审判委员会讨论通过 2024 年 5 月 30 日发布）

关键词 刑事/故意伤害罪/虐待罪/未成年人/家庭成员/以特别残忍手段致人重伤造成严重残疾

裁判要点

1. 与父（母）的未婚同居者处于较为稳定的共同生活状态的未成年人，应当认定为刑法第二百六十条规定的“家庭成员”。

2. 在经常性的虐待过程中，行为人对被害人实施严重暴力，主观上希望或者放任、客观上造成被害人轻伤以上后果的，应当认定为故意伤害罪；如果将该伤害行为独立评价后，其他虐待行为仍符合虐待罪构成要件的，应当以故意伤害罪与虐待罪数罪并罚。

3. 对于故意伤害未成年人案件，认定是否符合刑法第二百三十四条第二款规定的以特别残忍手段致人重伤造成“严重残疾”，应当综合考量残疾等级、数量、所涉部位等情节，以及伤害后果对未成年人正在发育的身心所造成的严重影响等因素，依法准确作出判断。

基本案情

被告人刘某某系被害人童某某（系化名，女，2014 年 3 月出生）的母亲。刘某某离婚后，童某某由刘某某直接抚养。2019 年 11 月，刘某某结识被告人陈某某，后恋爱并同居。

2020 年 2 月 13 日，被告人陈某某因童某某与父亲视频聊天而心生不满，遂对童某某实施打耳光、踢踹等行为，为此，刘某某将童某某带离陈某某住处，并向陈某某提出分手。2 月 17 日晚，陈某某来到刘某某住处，因分手之事迁怒于童某某，进门后直接将童某某踹倒在地，又对童某某头部、身体、腿部猛踹数脚。次日，刘某某带童某某就医治疗。童某某被诊断为：额部挫伤、颏部挫裂伤。此后，为躲避陈某某，刘某某带着童某某到朋友家暂住。其间，陈某某多次向刘某某表示道歉并请求原谅。同年 3 月 20 日，刘某某与陈某某恢复交往，并带着童某某搬入陈某某住处生活。

之后，在共同生活期间，被告人陈某某经常无故或者以管教孩子等各种借口，通过拳打脚踢、洗衣板殴打、烟头烫等方式伤害童某某，造成童某某身体多处受伤。陈某某还经常采取让童某某长时间跪洗衣板、吞烟头、冻饿、凌辱等方式体罚、虐待童某某。被告人刘某某作为童某某的母亲，未进行有效阻止，放任陈某某对童某某实施伤害和虐待，并时而参与，致童某某轻伤。

2020 年 5 月中旬，被告人陈某某为童某某洗澡，因童某某认为水温不适，陈某某遂故意将水温反复调至最高和最低档位浇淋童某某。被告人刘某某听到童某某喊叫，进入卫生间查看，陈某某谎称水不热，刘某某遂关门离开。洗完澡后，陈某某将童某某带出浴室罚跪，刘某某发现童某某身上被烫出大面积水泡，仅为其擦涂烫伤膏，未及时送医治疗。直至同月下旬，童某某伤口感染严重，二被告人才将其送往医院救治。后经他人报警，二被告人被抓获归案。

经鉴定，童某某全身烧烫伤损伤程度达重伤二级（面部烫伤遗留浅表疤痕素改变，残疾等级为七级），另有五处损伤为轻伤一级（其中三处残疾等级为九级）和五处损伤为轻伤二级。另查明，被害人童某某治疗期间支出的医疗费、营养费等共计人民币 202767.35 元。

本案案发后，人民法院依法撤销被害人母亲刘某某对童某某的监护人资格，将抚养权从刘某某变更至被害人父亲，并联系心理医生定期对童某某进行心理辅导，协调解决其入学、生活困难等问题。

裁判结果

辽宁省抚顺市新抚区人民法院于 2021 年 10 月 13 日作出刑事附带民事判决：一、被告人陈某某犯故意伤害罪，判处有期徒刑十五年；犯虐待罪，判处有期徒刑二年，决定执行有期徒刑十六年。二、被告人刘某某犯故意伤害罪，判处有期徒刑二年；犯虐待罪，判处有期徒刑一年六个月，决定执行有期徒刑三年。三、被告人陈某某赔偿附带民事诉讼原告人童某某人民币 202767.35 元。宣判后，没有上诉、抗诉，判决已发生法律效力。

裁判理由

被告人陈某某与被害人母亲刘某某系同居关系，其与刘某某及被害人童某某处于较为稳定的共同生活状态，已形成事实上的家庭关系。陈某某在与刘某某及童某某共同生活期间，以殴打、体罚、冻饿、凌辱等方式，长期、频繁地对童某某进行摧残、折磨，情节恶劣，已构成虐待罪。被告人刘某某作为童某某的母亲，未采取有效措施阻止、防范陈某某的虐待行为，一再放任，并时而参与，亦构成虐待罪。

在经常性、持续性的虐待过程中，被告人陈某某采用烟头烫、热水淋、拳打脚踢等暴力手段多次直接伤害童某某身体，造成被害人一处重伤、十处轻伤等严重后果，所涉故意伤害行为不能为虐待罪所评价，应当以故意伤害罪论处。被告人刘某某作为童某某的母亲，一再放任陈某某伤害童某某，并时而参与致童某某轻伤，其行为亦构成故意伤害罪。此外，二被告人经常性、持续性的虐待行为亦构成虐待罪，如对二被告人的犯罪行为仅以故意伤害罪论处，并不能全面评价其虐待行为，故应当以故意伤害罪与虐待罪数罪并罚。

根据刑法第二百三十四条的规定，以特别残忍手段致人重伤造成严重残疾的，处十年以上有期徒刑、无期徒刑或者死刑。对于一般故意伤害案件，通常将六级以上残疾视为“严重残疾”。本案中，被害人的身体受损伤程度经鉴定为七级残疾，但被害人身体不同部位遭受伤害造成多处残疾（一处七级残疾、三处九级残疾），对未成年人身心健康损害极其严重。基于此，从最大限度保护未成年人利益出发，经综合判断，将本案所涉情形认定为“以特别残忍手段致人重伤造成严重残疾”，以故意伤害罪对被告人陈某某判处有期徒刑十五年。

在共同犯罪中，被告人陈某某起主要作用，系主犯。被告人刘某某起次要作用，系从犯，到案后如实供述犯罪事实，真诚悔罪，认罪认罚；而且，对于陈某某实施的热水浇淋致童某某全身烧烫伤损伤程度达重伤二级（残疾等级为七级）的行为，刘某某并未直接参与。综合考量二被告人的动机、手段、情节、后果、社会危害性，以及主观恶性和人身危险性，法院依法作出如上判决。

相关法条

《中华人民共和国刑法》第 234 条、第 260 条

指导性案例 227 号

胡某某、王某某诉德某餐厅、蒋某某等生命权纠纷案

（最高人民法院审判委员会讨论通过　2024 年 5 月 30 日发布）

关键词　民事/生命权/未成年人/多因一果/侵权责任/按份责任

裁判要点

1. 经营者违反法律规定向未成年人售酒并供其饮用，因经营者的过错行为导致未成年人饮酒后遭受人身损害的风险增加，并造成损害后果的，应当认定违法售酒行为与未成年人饮酒后发生的人身损害存在因果关系，经营者依法应当承担相应的侵权责任。

2. 经营者违反法律规定向未成年人售酒并供其饮用、同饮者或者共同从事危险活动者未尽到相应提醒和照顾义务，对该未成年人造成同一损害后果的，应当按照过错程度、原因力大小等因素承担相应的按份赔偿责任。遭受人身损害的未成年人及其监护人对同一损害的发生存在过错的，按照民法典第一千一百七十三条的规定，可以减轻侵权人的责任。

基本案情

胡某甲（殁年 15 周岁）系原告胡某某、王某某之子，其与蒋某某（时年 14 周岁）、陈某（时年 14 周岁）系重庆市某中学初中二年级学生。2018 年 5 月 19 日，胡某甲等人来到重庆市某县德某餐厅为蒋某某庆祝生日，胡某甲提议要喝酒庆祝，蒋某某同意，遂在德某餐厅购买了啤酒，并在该餐厅就餐饮用。胡某甲及蒋某某每人喝了两瓶啤酒后，陈某到达该餐厅。随后，三人又在该餐厅喝了四瓶啤酒。饭后，胡某甲提议外出玩耍，后遇见陈某某、邓某某、张某某、王某甲等四人，七人相约至湖边玩耍。在湖边泡脚戏水过程中，胡某甲不慎后仰溺水。众人试图救援，但未能成功。

胡某某、王某某将德某餐厅、其他六名未成年人及其监护人、重庆市某中学等诉至法

院，请求共同赔偿胡某甲的死亡赔偿金、丧葬费等损失。另查明，本案共餐和游玩的未成年人均系重庆市某中学初中二年级学生；在日常教学管理中，该中学已经履行教育机构职责，对学生进行了日常安全教育，并完成安全日志、教学笔记等工作。

裁判结果

重庆市垫江县人民法院于2019年3月19日作出民事判决：一、由被告德某餐厅赔偿原告胡某某、王某某人民币21183.36元；二、由被告蒋某某的监护人赔偿原告人民币3530.56元；三、由被告陈某的监护人赔偿原告人民币2824.45元；四、由被告王某甲的监护人赔偿原告人民币1412.24元；五、由被告邓某某的监护人赔偿原告人民币2118.34元；六、由被告陈某某的监护人赔偿原告人民币2118.34元；七、由被告张某某的监护人赔偿原告人民币2118.34元；八、被告重庆市某中学等不承担责任。宣判后，胡某某、王某某、德某餐厅不服，提起上诉。重庆市第三中级人民法院于2019年8月8日作出民事判决：驳回上诉，维持原判。

裁判理由

关于本案各被告是否应当对胡某甲的死亡承担赔偿责任的关键在于：各被告基于餐饮经营者、同饮者、同行者等身份在各自的义务范围内是否存在过错，以及该过错与胡某甲溺亡之间是否存在因果关系。

一、关于原告方的责任判定。胡某甲溺水时为初中二年级学生，对自己的行为已经有了一定的认知及判断能力，且已接受学校日常安全教育。本案中，聚餐时胡某甲主动提议饮酒，饮酒后胡某甲实施了下湖戏水等危险行为，且下湖戏水也系由胡某甲提议。胡某甲对自己的死亡存在重大过错。二原告作为监护人，日常即有放任胡某甲饮酒的情形，且事故发生在周末放假期间，其疏于对胡某甲的管理教育，未履行好监护人职责，对胡某甲的溺亡应当自行承担90%的损失。

二、关于德某餐厅的责任判定。1. 关于德某餐厅是否应当对胡某甲的溺亡后果承担侵权责任。2012年修正的未成年人保护法第三十七条规定："禁止向未成年人出售烟酒，经营者应当在显著位置设置不向未成年人出售烟酒的标志；对难以判明是否已成年的，应当要求其出示身份证件……"德某餐厅作为餐饮经营者，违反未成年人保护法的相关规定，向未成年人售酒，具有明显的违法性；德某餐厅既未通过要求酒水购买者出示身份证件等方式审慎判断其未成年人身份，亦未设置不得向未成年人出售烟酒的标志，还放任未成年人在餐厅内饮酒，具有明显过错。德某餐厅违法向胡某甲售酒并供其饮用，客观上增加了损害发生的风险，售酒行为与胡某甲溺亡后果之间具有一定的因果关系。因此，德某餐厅应当承担侵权责任。2. 关于德某餐厅责任承担形式的判定。本案中，德某餐厅和其他数个行为人之间在胡某甲溺亡这一损害后果产生前，并无共同意思联络，不构成共同侵权，不承担连带责任。售酒行为并非造成溺亡的直接原因，而是与下湖戏水玩耍等行为结合后，才促成损害后果的发生，单独的售酒行为并不能造成全部损害后果，故德某餐厅不应当对全部损害承担责任。德某餐厅向未成年人售酒并供其饮用，增加了未成年人酒后下湖戏水造成人身损害的风险，是导致其溺亡的间接原因。结合其过错程度、原因力大小，法院判决德某餐厅对胡某甲的溺亡承担6%的责任。

三、关于蒋某某等六名未成年人被告及其监护人的责任判定。蒋某某、陈某与胡某甲共同饮酒，酒后蒋某某、陈某、邓某某、陈某某、张某某与胡某甲一同到湖边玩耍并参与了下湖泡脚、戏水等危险行为，以上被告均知晓或者应当知晓胡某甲下湖具有危险性，蒋某某、陈某与其共饮，蒋某某、陈某、王某甲、邓某某、陈某某、张某某未制止胡某甲下湖的危险行为，以上被告未能尽到相互照顾、提醒的义务，故对胡某甲的溺亡均应当承担责任。综合考虑蒋某某是生日聚会的组织者并参与饮酒、陈某参与饮酒、王某甲下湖救援及其他人共同以不同形式参与救援，且六名被告均系限制民事行为能力人等情形，法院确定由蒋某某对胡某甲的溺亡承担1%的责任，由陈某对胡某甲的溺亡承担0.8%的责任，由王某甲对胡某甲的溺亡承担0.4%的责任，由邓某某、陈某某、张某某对胡某甲的溺亡各自承担0.6%的责任。因该六名被告均系限制民事行为能力人，侵权责任依法由各自监护人承担。

此外，经营者违反未成年人保护法的相关规定向未成年人售酒，还应依法承担相应行政责任。本案宣判后，人民法院以司法建议方式向相关部门作了提醒。

相关法条

《中华人民共和国民法典》第1165条、第1172条、第1173条（本案适用的是2010年7月1日施行的《中华人民共和国侵权责任法》第6条、第12条、第26条）

《中华人民共和国未成年人保护法》第59条（本案适用的是2012年10月26日修正的《中华人民共和国未成年人保护法》第37条）

指导性案例228号

张某诉李某、刘某监护权纠纷案

（最高人民法院审判委员会讨论通过 2024年5月30日发布）

关键词 民事/监护权/未成年人/婚姻关系存续期间/平等监护权

裁判要点

1. 在夫妻双方分居期间，一方或者其近亲属擅自带走未成年子女，致使另一方无法与未成年子女相见的，构成对另一方因履行监护职责所产生的权利的侵害。

2. 对夫妻双方分居期间的监护权纠纷，人民法院可以参照适用民法典关于离婚后子女抚养的有关规定，暂时确定未成年子女的抚养事宜，并明确暂时直接抚养未成年子女的一方有协助对方履行监护职责的义务。

基本案情

张某（女）与李某于2019年5月登记结婚，婚后在河北省保定市某社区居住。双方于2020年11月生育一女，取名李某某。2021年4月19日起，张某与李某开始分居，后协议离婚未果。同年7月7日，李某某之父李某及祖母刘某在未经李某某之母张某允许的情况下擅自将李某某带走，回到河北省定州市某村。此时李某某尚在哺乳期内，张某多次要求探望均被李某拒绝。张某遂提起离婚诉讼，法院于2022年1月13日判决双方不准离婚。虽然双方婚姻关系依旧存续，但已实际分居，其间李某某与李某、刘某共同生活，张某长期未能探望孩子。2022 年 1 月 5 日，张某以监护权纠纷为由提起诉讼，请求判令李某、刘某将李某某送回，并由自己依法继续行使对李某某的监护权。

裁判结果

河北省定州市人民法院于 2022 年 3 月 22 日作出民事判决：驳回原告张某的诉讼请求。宣判后，张某不服，提起上诉，河北省保定市中级人民法院于 2022 年 7 月 13 日作出民事判决：一、撤销河北省定州市人民法院一审民事判决；二、李某某暂由上诉人张某直接抚养；三、被上诉人李某可探望李某某，上诉人张某对被上诉人李某探望李某某予以协助配合。

裁判理由

本案的争议焦点是：李某某之父李某、祖母刘某擅自带走李某某的行为是否构成侵权，以及如何妥善处理夫妻双方虽处于婚姻关系存续期间但已实际分居时，李某某的抚养监护问题。

第一，关于李某某之父李某、祖母刘某擅自带走李某某的行为是否对李某某之母张某构成侵权。民法典第三十四条第二款规定："监护人依法履行监护职责产生的权利，受法律保护。"第一千零五十八条规定："夫妻双方平等享有对未成年子女抚养、教育和保护的权利，共同承担对未成年子女抚养、教育和保护的义务。"父母是未成年子女的监护人，双方平等享有对未成年子女抚养、教育和保护的权利。本案中，李某、刘某擅自将尚在哺乳期的李某某带走，并拒绝将李某某送回张某身边，致使张某长期不能探望孩子，亦导致李某某被迫中断母乳、无法得到母亲的呵护。李某和刘某的行为不仅不利于未成年人身心健康，也构成对张某因履行监护职责所产生的权利的侵害。一审法院以张某没有证据证明李某未抚养保护好李某某为由，判决驳回诉讼请求，系适用法律不当。

第二，关于婚姻关系存续期间，李某某的抚养监护应当如何处理。本案中，李某某自出生起直至被父亲李某、祖母刘某带走前，一直由其母亲张某母乳喂养，至诉前未满两周岁，属于低幼龄未成年人。尽管父母对孩子均有平等的监护权，但监护权的具体行使应符合最有利于被监护人的原则。现行法律和司法解释对于婚内监护权的行使虽无明确具体规定，考虑到双方当事人正处于矛盾较易激化的分居状态，为最大限度保护未成年子女的利益，参照民法典第一千零八十四条"离婚后，不满两周岁的子女，以由母亲直接抚养为原则"的规定，李某某暂由张某直接抚养为宜。张某在直接抚养李某某期间，应当对李某探望李某某给予协助配合。

相关法条

《中华人民共和国民法典》第 34 条、第 1058 条、第 1084 条、第 1086 条

《中华人民共和国未成年人保护法》第 4 条、第 24 条

指导性案例 229 号

沙某某诉袁某某探望权纠纷案

（最高人民法院审判委员会讨论通过 2024 年 5 月 30 日发布）

关键词 民事/探望权/未成年人/隔代探望/丧子老人

裁判要点

未成年人的父、母一方死亡，祖父母或者外祖父母向人民法院提起诉讼请求探望孙子女或者外孙子女的，人民法院应当坚持最有利于未成年人、有利于家庭和谐的原则，在不影响未成年人正常生活和身心健康的情况下，依法予以支持。

基本案情

沙某某系丁某某的母亲，其独生子丁某某与袁某某于 2016 年 3 月结婚，于 2018 年 1 月生育双胞胎男孩丁某甲、丁某乙。2018 年 7 月丁某某因病去世。丁某甲、丁某乙一直与袁某某共同生活。沙某某多次联系袁某某想见孩子，均被袁某某拒绝。沙某某遂起诉请求每月 1 日、20 日探望孩子，每次 2 小时。

裁判结果

陕西省西安市新城区人民法院于 2021 年 6 月 18 日作出民事判决：原告沙某某每月第一个星期探望丁某甲、丁某乙一次，每次不超过两小时，袁某某应予配合。宣判后，袁某某不服，提起上诉。陕西省西安市中级人民法院于 2021 年 9 月 28 日作出民事判决：驳回上诉，维持原判。

裁判理由

沙某某系丁某甲、丁某乙的祖母，对两个孩子的探望属于隔代探望。虽然我国法律并未对祖父母或者外祖父母是否享有隔代探望权作出明确规定，但探望权系与人身关系密切相关的权利，通常基于血缘关系产生；孩子的父、母一方去世的，祖父母与孙子女的近亲属关系不因父或母去世而消灭。祖父母隔代探望属于父母子女关系的延伸，符合我国传统家庭伦理观念，符合社会主义核心价值观及公序良俗。隔代探望除满足成年亲属对未成年人的情感需求外，也是未成年人获得更多亲属关爱的一种途径。特别是在本案沙某某的独生子丁某某已经去世的情况下，丁某甲、丁某乙不仅是丁某某和袁某某的孩子，亦系沙某某的孙子，沙某某通过探望孙子，获得精神慰藉，延续祖孙亲情，也会给两个孩子多一份关爱，有利于未成年人健康成长，袁某某应予配合。同时，隔代探望应当在有利于未成年人成长和身心健康，不影响未成年人及其母亲袁某某正常生活的前提下进行，探望前应当做好沟通。

相关法条

《中华人民共和国民法典》第 10 条、第 1043 条、第 1045 条、第 1086 条

裁判文书选登

民　商　事

贵州华鼎王家坝煤业有限公司与中国南方电网有限责任公司超高压输电公司等物权保护纠纷案

【裁判要旨】

矿产压覆审批作出后，建设单位调整工程线路造成原审批范围外的矿产资源压覆的，原审批的法律效果不能及于新的压覆行为，建设单位应当重新报请压覆审批。但线路调整确实基于公共利益，调整后的线路已及时向自然资源行政主管部门报送，没有规避矿产资源压覆审批意图的，可以结合实际情况认定建设单位不构成侵权。

矿业权人对矿业权行使过程中新增储量享有的矿业权，并非始于原矿业权设立之时，应由矿业权人依法另行缴纳出让款后取得。矿产资源压覆情形中，矿业权人对压覆事实发生后新增储量的矿业权，相较于工程建设单位对工程项目的物权属于在后物权。矿业权人就该新增储量损失请求补偿的，人民法院不予支持。

最高人民法院民事判决书

（2020）最高法民终 1217 号

上诉人（一审原告）：贵州华鼎王家坝煤业有限公司。住所地：贵州省毕节市七星关区鸭池镇贵毕路边。

法定代表人：芮小勇，该公司董事长。

委托诉讼代理人：杨伟民，贵州惟胜道律师事务所律师。

委托诉讼代理人：卢娇，贵州惟胜道律师事务所律师。

上诉人（一审被告）：中国南方电网有限责任公司超高压输电公司。住所地：广东省广州市黄埔区高新技术产业开发区科学大道 223 号。

负责人：牛保红，该公司副总经理。

委托诉讼代理人：胡楠，北京市君合律师事务所律师。

委托诉讼代理人：邹德龙，北京市君合律师事务所律师。

被上诉人（一审被告）：中国南方电网有限责任公司。住所地：广东省广州市萝岗区科学城科翔路 11 号。

法定代表人：孟振平，该公司董事长。

委托诉讼代理人：邓成军，国浩律师（贵阳）事务所律师。

上诉人贵州华鼎王家坝煤业有限公司（以下简称王家坝煤业公司）因与上诉人中国南方电网有限责任公司超高压输电公司（以下简称南方电网超高压公司）及被上诉人中国南方电网有限责任公司（以下简称南方电网公司）物权保护纠纷一案，不服贵州省高级人民法院（2018）黔民初 98 号民事判决，向本院提起上诉。本院于 2020 年 10 月 20 日立案后，依法组成合议庭开庭进行了审理。上诉人王家坝煤业公司委托诉讼代理人杨伟民、卢娇，上诉人南方电网超高压公司委托诉讼代理人胡楠、邹德龙，被上诉人南方电网公司委托诉讼代理人邓成军到庭参加诉讼。本案现已审理终结。

王家坝煤业公司上诉请求：（一）依法撤销一审判决，改判南方电网公司、南方电网超高压公司名下溪洛渡右岸电站送电广东 ±500kV 同塔双回直流输电线路工程塔基（N4065）压覆王家坝煤业公司探矿权范围内无烟煤资源量 23.16 万吨，并按照市场价值计算损失向王家坝煤业公司进行赔偿，赔偿数额以鉴定为准；（二）本案一审、二审诉讼费由南方电网公司、南方电网超高压公司承担。事实和理由：（一）南方电网公司、南方电网超高压公司在建设输电线路过程中私自改线，未履行《国土资源部关于进一步做好建设项目压覆重要矿产资源审批管理工作的通知》（国土资发〔2010〕137 号，以下简称 137 号文）规定的压覆重要矿产资源报批义务，未与王家坝煤业公司协商补偿事宜，应当承担侵权责任。贵州省自然资源厅作出的黔自然资函〔2019〕584 号文证明，目前存档备案的施工路线仍然是南方电网超高压公司提供的原设计路线，充分印证了南方电网公司、南方电网超高压公司未履行报批义务的事实。（二）南方电网公司、南方电网超高压公司应当按照市场价值向王家坝煤业公司赔偿损失。首先，探矿权的价值不能限于探矿权人的投入。侵犯探矿权的行为是侵害了作为民事权益的用益物权。而对于用益物权的损害赔偿责任，应当基于该种用益物权的财产价值确定。其次，《中华人民共和国矿产资源法》（以下简称《矿产资源法》）第六条规定，探矿权人对于勘查作业区内矿产资源的采矿权有优先取得权。若探矿权人能够优先取得采矿权，那么该探矿权的财产价值显然应当与采矿权的财产价值趋同。最后，经鉴定意见可明确的压覆资源量为 23.16 万吨，该部分资源量王家坝煤业公司完全无法开采利用，压覆行为已造成巨大的经济损失。依照《中华人民共和国侵权责任法》（以下简称《侵权责任法》）第十九条“侵害他人财产的，财产损失按照损失发生时的市场价格或者其他方式计算”的规定，王家坝煤业公司的经济损失应当按照损害发生时的煤炭市场价格计算。一审判决认定南方电网公司、南方电网超高压公司承担补偿责任，属于适用法律错误。

南方电网超高压公司辩称：（一）一审判决认定南方电网超高压公司不构成侵权正确。案涉输电线路具有显著公益特征，线路调整是配合毕节飞雄机场建设且已经各级政府审批备案，未重新报请压覆审批并非南方电网超高压公司的过错。（二）王家坝煤业公司要求获得损害赔偿的主张不能成立。首先，南方电网超高压公司没有侵权的主观过错，线路调整也不构成侵权行为。其次，对于探矿权而言，能否转化为采矿权尚具有重大不确定性。南方电网超高压公司请求驳回王家坝煤业公司的上诉。

南方电网公司同意南方电网超高压公司的答辩意见。

南方电网超高压公司上诉请求：（一）依法改判驳回王家坝煤业公司全部诉讼请求，判令王家坝煤业公司承担一审全部鉴定费用。（二）改判由王家坝煤业公司承担本案一审和二审的全部诉讼费用。事实和理由：（一）压覆事实并不成立。1.《贵州省地质矿产勘查开发局117地质大队鉴定意见书》（以下简称《鉴定意见终审稿》）计算的预计地表变形，是建立在煤层充分采动的基础上，计算出的理论上的最大地表变形值。但在实际开采过程中，难以实现煤层的充分采动。输电线塔抗变形能力极强，而且自带可以灵活调整的地脚螺栓以确保及时对线塔进行调整，加上对线塔的日常监控和巡检等措施，根据《建筑物、水体、铁路及主要井巷煤柱留设与压煤开采规范》第二十一条、第二十二条、第四十二条、第四十三条的规定，完全可以保证N4065塔基的安全。2.《贵州省地质矿产勘查开发局117地质大队鉴定意见书》〔该鉴定意见书尾部未加盖印章，只是作为征求意见稿向一审法院提交，以下简称《鉴定意见（征求意见稿）》〕中使用“安全深度计算法”得出的结论是不构成压覆。而在一审庭审过程中，贵州省地质矿产勘查开发局117地质大队（以下简称117地质大队）当庭认可，目前“安全深度计算法”仍然是判定地表建筑物或者构筑物是否压覆煤矿的有效鉴定方法。3.经《鉴定意见（征求意见稿）》计算，输电线路下方C6－1、C7煤层的采深采厚比都大于《采动影响区架空输电线路设计规范》规定，满足输电线塔地基稳定评价的要求。（二）一审判令补偿的矿产资源损失应当予以调低。一审法院对补偿金额的计算方式可以概括为：王家坝煤业公司缴纳的探矿权价款（17024.67万元）÷总资源量×压覆资源量＝522117.6元。鉴于王家坝煤业公司仅仅缴纳了17024.67万元探矿权价款中的10224.67万元，且一审结案时，王家坝煤业公司仍然未能缴纳剩余的6800万元探矿权价款。因此，N4065塔基压覆的资源量的补偿金额应当为52.21万元×10224.67万元÷17024.67万元＝31.36万元。

王家坝煤业公司辩称：117地质大队作出的鉴定意见应作为认定南方电网超高压公司N4065塔基压覆王家坝煤矿的依据。鉴定机构具备鉴定所需资质，选定程序合法，鉴定材料经过双方质证程序，应被法院采纳。一审法院对王家坝煤业公司实际投入成本认定正确，南方电网超高压公司应当自压覆之日起向王家坝煤业公司赔偿利息损失。王家坝煤业公司请求驳回南方电网超高压公司的上诉。

南方电网公司同意南方电网超高压公司的上诉意见。

王家坝煤业公司向一审法院起诉请求：（一）依法判令南方电网公司、南方电网超高压公司共同赔偿王家坝煤业公司探矿权资源损失及利息损失暂计为18182万元（资源损失具体数额以鉴定为准)；（二）本案诉讼费由南方电网公司、南方电网超高压公司承担。

一审法院认定事实：

（一）王家坝煤矿探矿权的取得情况及王家坝煤业公司对王家坝煤矿探矿权投资情况

1. 王家坝煤矿探矿权原权利人为兖矿贵州能化有限公司，首次设置时的有效期限为 2003 年 12 月 2 日到 2006 年 7 月 31 日，首次保留期限至 2008 年 8 月 1 日，第二次保留期限到 2010 年 8 月 1 日，第三次保留期限到 2012 年 8 月 1 日。2011 年 8 月 8 日兖矿贵州能化有限公司以 5610 万元将王家坝煤矿探矿权转让给王家坝煤业公司。上述转让合同于 2012 年 9 月 13 日获得批准。王家坝煤业公司受让王家坝煤矿探矿权后申请了第四次到第七次的保留，到 2020 年 8 月 2 日届满。另查，王家坝煤矿矿产资源勘查许可证载明：2010 年 7 月 27 日勘查面积为 66.41 平方公里，有效期限：2010 年 7 月 27 日至 2012 年 8 月 1 日；2012 年 5 月 28 日勘查面积为 66.53 平方公里，有效期限：2012 年 5 月 21 日至 2012 年 8 月 1 日；2019 年 2 月 15 日勘查面积为 48.08 平方公里，有效期限：2018 年 8 月 2 日至 2020 年 8 月 2 日。

2. 2015 年 4 月 30 日，原贵州省国土资源厅作出《关于划定毕节市经济开发区小坝镇王家坝煤矿矿区范围的通知》（以下简称《划定矿区范围的通知》），载明矿区面积 38.4451 平方公里，评审备案的煤矿资源量储量为 15352 万吨，规划生产能力为 90 万吨/年。2017 年 4 月 25 日，原贵州省国土资源厅作出《省国土资源厅对关于申请继续保留贵州华鼎王家坝煤业有限公司王家坝煤矿矿区划界的报告的复函》，载明：原则同意王家坝煤业公司王家坝煤矿划定矿区范围预留期延长 2 年，此后不再延期，尽快在兼并重组中进行处置。

3. 为确定王家坝煤业公司应缴纳资源量的探矿权价款，经原贵州省国土资源厅委托，由四川天地源土地资源房地产评估有限公司对王家坝煤矿探矿权进行评估。四川天地源土地资源房地产评估有限公司于 2012 年 2 月 10 日作出四川天地源〔2011〕（矿评）字第 311 号《贵州省毕节市王家坝井田煤矿勘探探矿权评估报告书》，第 1 页载明：评估基准日为 2011 年 7 月 30 日，矿区面积 66.41 平方公里。第 17—18 页载明：根据《模拟开发利用方案》，该矿探明的内蕴经济资源量（331）2154 万吨和控制的内蕴经济资源量（332）898 万吨全部设计利用，推断的内蕴经济资源量（333）4119 万吨按照可信度系数 0.8 折算，预测的资源量（334）？不参与评估计算。经计算，本项目评估利用的资源储量为 6347.2 万吨，可采储量为 4714.81 万吨。第 29—30 页载明：经评估人员现场调查和对当地市场分析，按照探矿权评估的原则和程序，选取适当的评估方法和评估参数，经过认真计算，确定王家坝煤矿勘探探矿权（评估计算年限 32.67 年，其中基建期 2.67 年，矿山服务年限 30 年；评估期内拟动用的保有储量为 5605.78 万吨；评估期内拟动用可采储量 3780 万吨）在评估基准日的价值为 17024.67 万元。评估期内拟动用保有储量每吨 3.04 元，评估期内拟动用可采储量每吨 4.5 元。

4. 2012 年 4 月 25 日，原贵州省国土资源厅向王家坝煤业公司发出缴纳探矿权价款的通知，通知载明，王家坝煤业公司应当缴纳王家坝煤矿探矿权价款为 17024.67 万元，首期缴纳时间为 2012 年 12 月 30 日前，缴纳金额为 10224.67 万元。第一期缴纳时间为 2013 年 12 月 30 日前，缴纳金额为 6800 万元。至本案诉讼时，王家坝煤业公司尚欠 6800 万元探矿权价款未交。

5. 审理中，经法庭询问，王家坝煤业公司称其对王家坝煤矿探矿权的投入为：购买价格5610万元及向原贵州省国土资源厅缴纳的探矿权价款17024.67万元。自王家坝煤业公司于2012年9月13日受让王家坝煤矿探矿权获得批准后未对王家坝煤矿进行新的勘探投入。王家坝煤业公司受让王家坝煤矿探矿权时王家坝煤矿勘查面积66.53平方公里。

（二）案涉输电工程报批及建设情况

1.2008年3月31日，国家发展和改革委员会作出《国家发展改革委办公厅关于中国南方电网有限责任公司开展溪洛渡右岸电站至广东和糯扎渡水电站至广东特高压直流输电工程前期工作的通知》，载明：为提高南方电网西电东送能力，配合糯扎渡水电站和溪洛渡水电站右岸电站电力送出的需要，满足广东省经济和社会发展对用电的需求，同意开展溪洛渡右岸电站至广东和糯扎渡水电站至广东两个特高压直流输电工程的前期工作。2010年8月完成预初步设计评审。2009年2月南方电网超高压公司完成了案涉输电工程输电线路可研工作，并就压覆矿山情况报原贵州省国土资源厅批准。2009年11月2日，由贵州省国土资源勘测规划院作出《〈溪洛渡右岸送电广东±500kV同塔双回直流输电工程（半坡山至箐箕凹段）建设项目用地压覆矿产资源评估报告〉评审意见》，载明：案涉输电工程与矿区重叠，下伏煤层埋深大，未估算资源量，不压覆。2009年12月2日，原贵州省国土资源厅作出《关于对溪洛渡右岸送电广东±500kV同塔双回直流输电工程（半边山至箐箕凹段）建设项目用地压覆矿产资源评估的批复意见》（以下简称《批复意见》），在该意见中未见载明案涉输电工程对王家坝煤矿探矿权存在压覆。同时，南方电网超高压公司聘请的设计单位中国电力工程顾问集团西南电力设计院于2009年11月5日向案涉输电工程途经的云南省、贵州省境内的26个县区政府及国资委、发改委、城乡建设规划、国土、矿产、资源、林业、交通、通信、气象、水利、文物、地震、环保、机场及沿线驻军等单位发出《关于溪洛渡右岸电站送电广东±500kV同塔双回直流输电工程沿线收资及汇报路径的函》，并附线路路径图，向案涉输电线路沿途单位征询意见，各单位陆续在2009年12月左右在该函上加盖印章同意路线路径。此时，案涉输电线路的可研路径已经确定。

2.2009年7月21日，国务院和中央军委批复毕节飞雄机场立项建设。2009年10月，毕节市规划局颁布毕节市城市总体规划（2009—2030年），以取代上一版本毕节市城市总体规划（2006—2020年，最后一次修订时间为2008年），在第三十条中规定“做好毕节机场建设的前期技术准备工作，积极创造条件，争取近期内启动毕节机场建设”。为了配合毕节飞雄机场建设，获得线路走廊的规划及施工许可，南方电网超高压公司调整了可研路径，将可研路径向北挪移（初设路径及后续的施工路径），避开新的毕节市城市总体规划以及毕节飞雄机场的飞行管控区域。南方电网超高压公司聘请的设计单位中国电力工程顾问集团西南电力设计院于2011年3月4日再次向案涉输电工程途经的云南省、贵州省境内的26个县区政府及国资委、发改委、城乡建设规划、国土、矿产、资源、林业、交通、通信、气象、水利、文物、地震、环保、机场及沿线驻军等单位发出《关于办理溪洛渡右岸电站送电广东±500kV同塔双回直流输电线路工程路径批复意见的函》，并附“线路路径图”及“塔位坐标”，向案涉输电工程沿途单位征询意见。毕节市规划局于2011年5月30日在该报告上签署原则同意路径方案并加盖印章。同时，南方电网超高压公司将向北挪移之后形成的初设路径避让毕节市新城市规划、毕节飞雄机场等区域的图纸向毕节市规划局、毕节市人民政府提交审批，并于2011年6月18日获得同意。

3.2011年2月，国家发展和改革委员会作出《国家发展改革委关于溪洛渡右岸电站送电广东双回±500千伏直流输电工程核准的批复》，批准案涉输电工程可以开工建设。2011年7月29日，贵州电力设计研究院向原贵州省国土资源厅报送了《关于对“溪洛渡右岸电站送电广东±500kV同塔双回直流输电线路工程有关问题的函”的回复》，将案涉输电工程穿越贵州境内的各个塔基的坐标报送原贵州省国土资源厅，原贵州省国土资源厅于当日签收（签收人吴月平，其在2010年9月至2014年11月期间担任原贵州省国土资源厅办公室主任）。2012年5月—2013年5月案涉输电工程完成了在王家坝煤矿范围内的施工。2013年8月8日，案涉输电工程在王家坝煤矿范围内16个塔基进行了验收。案涉输电工程穿越王家坝煤矿7.86公里。

4.2010年3月受南方电网超高压公司委托，贵州省地矿局一0二地质大队（以下简称102地质大队）作出了《溪洛渡右岸送电广东±500kV同塔双回直流输电工程（半边山至箐箕凹段）建设项目用地压覆矿产资源评估报告》，载明工作起止年限：2009年6月2日—2009年7月20日。第27页沿线探矿权勘查情况说明：拟建输电线建设工程在G13－G14段呈南西北东向、G14－G16段呈北西南东向穿过该矿区南西部，与矿区重叠。重叠区为三地系下统永宁镇组第三段，下伏煤层埋深较大，未作资源量估算。不做压覆处理。

（三）压覆后的后续处理情况

为了解决王家坝煤业公司矿山压覆理赔事宜，2015年3月受南方电网超高压公司委托，102地质大队作出《溪洛渡右岸电站送电广东±500kV同塔双回直流输电工程直流线路塔基建设用地压覆贵州省毕节市王家坝煤矿矿产资源评估报告》（以下简称2015年报告），第14页载明：“毕节市王家坝煤矿可采煤层4层，采用煤层群安全系数取值：200”；第15页载明：“矿区内可采煤层2层（C6－1、C7）；局部可采煤层2层（C6－2、C13）”；第16页载明：“矿区内在建项目塔基所在的地段均不可采；安全深度为646米”；第17页载明：“溪洛渡右岸电站送电广东±500kV同塔双回直流输电工程直流线路塔基建设用地压覆毕节市王家坝煤矿（探矿权）无烟煤资源量224万吨〔其中（332）资源量68万吨，（333）资源量66万吨，（334）？资源量90万吨〕”。王家坝煤业公司以该证据证明南方电网超高压公司修建案涉输电线工程压覆其探矿权，但不认可压覆的资源量。南方电网超高压公司不认可该报告中载明的压覆的结论。

（四）一审审理情况

1. 王家坝煤业公司未在法庭要求的时间内提供证据证明其在案涉输电工程压覆王家坝煤矿探矿权的范围内的勘探投资，经法庭反复询问，王家坝煤业公司主张的损失为探矿权资源（矿产资源）损失18182万元，不主张勘探投资损失。其计算标准为：压覆总资源量为1721.8万吨，按照每吨220元计算，乘以20%。

2.2018年9月受南方电网超高压公司委托，102地质大队作出《溪洛渡右岸电站送电广东±500kV同塔双回直流输电工程直流线路塔基建设用地压覆贵州省毕节市王家坝煤矿矿产资源评估报告》（以下简称2018年报告）。第15页载明：“矿区内可采煤层2层（C6－1、C7）；局部可采煤层2层（C6－2、C13）”；第16页载明：“C6－2煤层、C13煤层矿区内在建项目塔基所在的地段均不可采；安全深度为348米”；第17页载明：“在建设项目16个塔基之下的可采煤层（C6－1及C7）埋深较深，煤层底板标高均低于安全深度（348米）所处标高之下。故建设项目中布置于王家坝煤矿矿区范围内的16个塔基均未压覆王家坝煤矿煤炭资源。评估截止时间：2018年9月13日”。

3. 2018年9月19日，102地质大队作出《关于〈溪洛渡右岸电站送电广东±500kV同塔双回直流输电工程直流线路塔基建设用地压覆贵州省毕节市王家坝煤矿矿产资源评估报告〉计算标准的说明》，载明：“在2015年3月编制的《评估报告》中，认为该矿区为探矿权矿区，从安全角度考虑，为防止矿区过度开采，因此对安全系数提高等级考虑，对应的安全系数按照200取值。根据《建筑物、水体、铁路及主要井巷煤柱留设与压煤开采规程》确定的实际保护等级要求及西南电力设计院编制的《穿越王家坝煤矿探矿权区塔位安全稳定分析报告》进行塔基稳定性分析研究，同时根据《溪洛渡右岸电站送电广东±500kV同塔双回直流输电线路工程穿越毕节王家坝煤矿压覆矿产资源研讨会议纪要》（2018年9月5日）的专家意见，对安全系数进行修正，因此在2018年9月编制的《评估报告》中按照保护等级对应的安全系数150进行取值。因此，介于以上计算参数的变化，2018年9月编制的《评估报告》中安全深度为348米。按建设项目保护等级、围护带、移动角、安全深度等确定压覆范围，经作图综合分析，溪洛渡直流线路建设项目16个塔基用地无压覆贵州省毕节市王家坝煤矿矿产资源”。经南方电网超高压公司申请，102地质大队委派其工作人员班国华出庭接受法庭询问及双方当事人质询。

4. 受王家坝煤业公司委托，中煤科工集团南京设计研究院有限公司于2017年9月作出《贵州省毕节市王家坝井田±500kV输电工程塔基保护煤柱设计说明书》，第21页载明：“王家坝井田范围内±500kV输电工程塔基压覆区域内，C6－2、C13煤层均不可采，塔基主要压覆井田C6－1、C7煤资源量，压覆总资源量为1721.8万吨，其中控制的资源量（332）147万吨，推断的资源量（333）329.8万吨，预测的资源量（334）？1245万吨”。南方电网公司、南方电网超高压公司对该结果不予认可。受南方电网超高压公司的委托，天地科技股份有限公司于2018年12月出具了《溪洛渡右岸电站送电广东±500kV同塔双回直流输电工程穿越王家坝井田保护煤柱量计算》，第53页载明：“依据王家坝井田普查和勘探得到的可采煤层范围与输电线塔的井上下对照关系，输电线路下方及周边的C6－2煤、C13煤因赋存条件属于不可采煤层，需要划定保护煤柱的煤层为C6－1煤、C7煤，高压输电线路保护煤柱需划定各个杆塔的独立保护煤柱……根据地质块段法计算了杆塔的保护煤柱资源量；输电线塔15基杆塔下方C6－1煤层保护煤柱总资源量为846.7万吨，C7煤层保护煤柱总资源量为510万吨，合计1356.7万吨。其中（332）资源量132万吨，（333）资源量213.3万吨，（334）？资源量1011.4万吨”。

5. 受南方电网超高压公司的委托，天地科技股份有限公司于2018年12月出具了《溪洛渡右岸电站送电广东±500kV同塔双回直流输电工程穿越王家坝井田开采影响安全性评价》，第54页载明：“输电线塔区域煤层埋深均大于400米，远大于输电线塔荷载对地层的影响深度，因此地面输电线塔荷载（或地面输电线塔的架设）不会对下方煤层正常开采过程中的工作面压力、设备运行等造成影响，不影响王家坝煤矿对输电线塔下方煤层的开采规划、设计及正常开采，不增加开采成本”；第56页载明“综上，王家坝煤矿未来开采C6－1、C7煤层引起的地表倾斜、下沉、水平移动、水平变形均未超出输电线塔安全运行的允许地表移动变形值……输电线塔下王家坝煤矿煤层保护煤柱可正常开采；地面输电线塔荷载也不会对下方煤层正常开采造成影响……溪洛渡右岸电站送电广东±500kV同塔双回直流输电工程穿越毕节市王家坝井田不存在压覆资源量的问题”。同时，天地科技股份有限公司委派其工作人员徐乃忠作为南方电网超高压公司的专家辅助人员出庭接受法庭询问及双方当事人质询。王家坝煤业公司以该报告系南方电网超高压公司单方委托为由否认该报告的客观性。

6. 受南方电网超高压公司的委托，西南电力设计院有限公司于2018年12月作出《溪洛渡右岸电站送电广东±500kV同塔双回直流输电工程直流线路工程穿越王家坝煤矿探矿权区塔位安全稳定分析报告》，第40页载明：“王家坝井田目前为探矿权……最小的采深采厚比为271，最大为1023，均大于200，地表变形满足地基稳定评价的要求……煤矿正常开采不会影响输电线路的安全运行，输电线路也不会对煤矿正常开采产生影响”。同时，西南电力设计院有限公司委派其工作人员黄兴作为南方电网超高压公司的专家辅助人员出庭接受法庭询问及双方当事人质询。王家坝煤业公司以该报告系南方电网超高压公司单方委托为由否认该报告的客观性。

7. 2019年6月13日贵州省自然资源厅向一审法院出具《关于对〈贵州省高级人民法院律师调查令〉〔(2018)黔民初98号〕的复函》载明，王家坝煤矿与建设项目位置关系：根据《批复意见》，建设项目与王家坝煤矿探矿权范围存在重叠，在批复时，由于重叠区“未估算资源量”，作“不压覆”处理。2015年，矿权人在办理该矿探矿权转采矿权划定矿区范围环节时，剔除了探矿权重叠部分区域，该矿划定后的矿区范围与建设项目不重叠。

8. 王家坝煤业公司向一审法院提出鉴定申请。经合议庭合议后，决定就“案涉输电工程是否压覆贵州省毕节市王家坝井田煤矿勘探（保留）煤炭资源及压覆的煤炭资源量进行鉴定”事宜进行评估鉴定。

9. 经王家坝煤业公司、南方电网超高压公司双方共同选择并由一审法院外委办委托117地质大队对案涉输电工程是否压覆王家坝煤矿探矿权及压覆矿产资源量进行评估鉴定。鉴定单位组建由7名具有鉴定资质的鉴定人、3名协助人员组成鉴定工作组开展本次鉴定工作。在鉴定单位派出的两名鉴定人员的参与下，一审法院组织双方当事人就双方提交的鉴定材料进行质证；组织鉴定单位与双方当事人共同到贵州省地质资料馆调取证据材料、到勘验现场进行勘验及测量。鉴定单位经鉴定出具了《鉴定意见（征求意见稿)》。

《鉴定意见（征求意见稿)》运用两种方法进行了鉴定。第一种方法：“安全深度法”。《鉴定意见（征求意见稿)》第73页载明：“①安全深度计算。安全深度是指在所有条件完全相同的情况下，地面建筑物和主要井巷等的变形因采煤深度的加深而减小，因此地面建筑物和主要井巷等可能发生一定限度的变形但不致于损坏。当采用一定的采煤方法、采煤顺序和在一定地质条件下时，应注意各种不同级别的地面建筑物和主要井巷的深度。在此深度以下进行采煤时，才不会使地面建筑物或主要井巷等遭到坍塌或破坏。这个深度称为安全深度”。按照“安全深度法”，案涉输电工程只是穿越了王家坝煤矿，不构成对王家坝煤矿探矿权的压覆。第二种方法：“地表变形法”。本次采空区地表移动变形值预计计算假设王家坝矿区C6－1、C7煤层充分采动条件下进行。按照“地表变形法”，N4065塔基构成对C7煤层的压覆。通过两种方法进行鉴定后得出鉴定意见在第81页：1. N4065塔基压覆C7煤层煤炭资源量（332＋333＋334?）23.16万吨；其中（332）资源量13.45万吨；（333）资源量7.54万吨；（334)?资源量2.17万吨。2. （N4060－N4075）塔基位于探矿权范围内C6－1、

C7 煤层保护煤柱范围内的煤炭资源量（332 + 333 + 334?）总量 1238.51 万吨，其中（332）资源量 118.94 万吨；（333）资源量 202.27 万吨；（334）? 资源量 917.3 万吨。3. 根据 137 号文，《鉴定意见（征求意见稿）》第 2 条中所计算的煤炭资源量可以不作压覆处理；但是，是否作压覆处理，请另择具有煤炭开采设计及安全评价资质的机构进一步论证判定。

鉴定单位根据双方当事人的意见对《鉴定意见（征求意见稿）》进行了修正，并向一审法院出具了《鉴定意见终审稿》。《鉴定意见终审稿》采纳了王家坝煤业公司提出的不能使用“安全深度法”的观点，将按照“安全深度法”评估的这一部分内容予以删除，其余部分未作改变。

王家坝煤业公司申请了一名专家辅助人员出庭就案件的专门性问题进行说明，并申请三名专家证人出庭作证；南方电网超高压公司申请了两名专家辅助人员、南方电网公司申请了一名专家辅助人员出庭就案件的专门性问题进行说明；此外，根据法庭的要求，鉴定单位委派 5 名鉴定人员出庭接受法庭和双方当事人及其聘请的专家辅助人员的询问。

10. 庭审中，王家坝煤业公司、南方电网超高压公司、南方电网公司对于《鉴定意见终审稿》载明的下列事实表示认可：

（1）（N4065）塔基位于探矿权范围的 C7 煤层无烟煤保护煤柱资源量（332 + 333 + 334?）23.16 万吨；其中（332）资源量 13.45 万吨；（333）资源量 7.54 万吨；（334）? 资源量 2.17 万吨。（N4059 – N4064、N4066 – N4075）塔基位于探矿权范围的 C6 – 1、C7 煤层无烟煤保护煤柱资源量（332 + 333 + 334?）总量 1238.51 万吨，其中（332）资源量 118.94 万吨；（333）资源量 202.27 万吨；（334）? 资源量 917.3 万吨。

（2）《鉴定意见终审稿》第 68 页表 23《塔基（N4060 – N4075）下方 C6 – 1 煤层开采后地表移动最大变形值计算结果表》、第 69 页表 24《塔基（N4060 – N4075）下方 C7 煤层开采后地表移动最大变形值计算结果表》的计算结果表示认可。经鉴定人员出庭说明，上述表 23、24 系假定在 C6 – 1、C7 煤层不留任何保护煤柱的情况下，将 C6 – 1、C7 煤层的煤炭资源全部采掘后地表移动最大变形值的计算结果。经计算，C7 煤层开采后地表倾斜值最大的为 N4065 塔处的沉陷盆地，地表倾斜值为 5.04mm/m，大于规范规定的最大允许值 5mm/m，其余塔基处的地表倾斜值均小于规范规定的最大允许值 5mm/m，因此开采 C7 煤层引起的地表倾斜将影响 N4065 塔基输电线塔的正常运行；其余 15 个塔基下即使不留保护煤柱，全部采空以后引起的地表移动最大变形值均不会引起塔基的倾斜从而影响输电线路的安全运行。

11. 王家坝煤业公司当庭表示：“15 个塔基压覆的 1238 万余吨的资源量，对该部分资源量进行补偿在本案中不再主张，待条件成熟后另案主张”，并在庭后提交了《变更诉讼请求申请书》，向一审法院提出：1. 申请撤回第一项诉讼请求：“依法判令南方电网公司、南方电网超高压公司共同赔偿王家坝煤业公司探矿权资源损失及利息损失暂计为 18182 万元（资源损失具体数额以鉴定为准）”中关于案涉输电线路 15 个塔基（塔基编号 N4060、N4061、N4062、N4063、N4064、N4066、N4067、N4068、N4069、N4070、N4071、N4072、N4073、N4074、N4075）侵犯王家坝煤业公司名下探矿权合法权益的诉讼请求；2. 申请将第一项诉讼请求变更为：“依法判决南方电网公司、南方电网超高压公司名下溪洛渡右岸电站送电广东 ±500kV 同塔双回直流输电线路工程塔基（N4065）压覆王家坝煤业公司探矿权范围内无烟煤资源量 23.16 万吨，并按照市场价值计算损失向王家坝煤业公司进行赔偿，赔偿数额以鉴定为准”。南方电网公司、南方电网超高压公司以本案经过两年的诉讼，已经穷尽了所有的方法论证了案涉输电工程并未压覆王家坝煤矿，不同意王家坝煤业公司撤回对于 15 个塔基下保护煤柱进行补偿的诉讼请求，请求人民法院据实依法进行判决。

12. 鉴定人员出庭陈述称，《鉴定意见终审稿》的鉴定结论只有前两条，至于第三条“鉴定意见第 2 条中所计算的煤炭资源量是否可开发利用，建议另择具有煤炭开采设计及安全评价资质的机构进一步论证”只是一个建议，并非鉴定结论，是否采纳，由法院决定。

13. 另查明，南方电网超高压公司系南方电网公司的分公司。

一审法院认为，本案争议焦点为：（一）王家坝煤业公司是否具有原告主体资格；（二）案涉输电工程是否构成对王家坝煤矿探矿权的压覆；（三）本案的法律关系是什么及王家坝煤业公司应该获得补（赔）偿金额的多少；（四）南方电网公司是否承担责任。

（一）关于王家坝煤业公司是否具有原告主体资格的问题

首先，探矿权既是用益物权，亦具有行政许可的法律特征。因此，王家坝煤业公司对王家坝煤矿探矿权自行政许可决定生效之日设定。王家坝煤业公司于 2019 年 2 月 15 日取得王家坝煤矿探矿权经延续以后的新的王家坝煤矿矿产资源勘查许可证（有效期限：2018 年 8 月 2 日至 2020 年 8 月 2 日），该矿产资源勘查许可证属于管理矿产资源的行政机关对王家坝煤矿探矿权延续的审批结果，王家坝煤业公司已经取得王家坝煤矿探矿权延期审批，其取得原告诉讼主体资格。至于相关的行政机关在王家坝煤业公司未足额缴纳探矿权资源价款的情况下，为王家坝煤矿探矿权长达 7 次的延续行政行为是否属于违法审批并非民事诉讼审理范围，南方电网公司、南方电网超高压公司对此如果有异议的话，可以另行向相关行政机关主张或者另案通过诉讼解决。南方电网公司、南方电网超高压公司以王家坝煤业公司系违法取得王家坝煤矿探矿权的延续为由主张其不具有原告主体资格的抗辩理由不能成立，一审法院不予采纳。

其次，王家坝煤业公司于 2012 年 9 月 13 日受让王家坝煤矿探矿权获得批准后即享有探矿权主体资格。虽然案涉输电工程在王家坝煤矿范围内的施工始于 2012 年 5 月，但是到 2013 年 5 月才完成。施工行为延续到王家坝煤业公司取得王家坝煤矿探矿权权利主体以后，王家坝煤业公司享有向南方电网公司、南方电网超高压公司主张的权利；且，王家坝煤业公司从兖矿贵州能化有限公司处受让了王家坝煤矿探矿权，即享有对王家坝煤矿探矿权的权利主体资格，且受让王家坝煤矿探矿权时并不存在所谓的诉讼，双方的交易标的并非诉权。因此，南方电网公司、南方电网超高压公司以本案诉权归属于兖矿贵州能化有限公司，诉权不能转让的抗辩理由不能成立，一审法院不予采纳。

最后，南方电网公司、南方电网超高压公司以矿产资源的所有权人是国家，王家坝煤业公司主张“资源损失”赔偿没有权利基础，其原告主体不适格。一审法院认为，南方电网公司、南方电网超高压公司这一抗辩属于王家坝煤业公司的诉讼请求能否得到支持的一个理由，并非是否拥有原告主体资格的理由。且，王家坝煤业公司虽然不是王家坝煤矿矿产资源的所有权人，但是对王家坝煤矿享有的探矿权是用益物权，该用益物权受法律保护，其价值的多少与矿产资源储量的多少具有一定的联系。因此，王家坝煤业公司提出赔偿探矿权资源损失并无不妥，且通过对王家坝煤业公司提出的诉讼请求进行解读，不能得出王家坝煤业公司主张了矿产资源所有权这一结论。因此，南方电网公司、南方电网超高压公司以王家坝煤业公司主张了王家坝煤矿矿产资源所有权为由主张王家坝煤业公司无原告主体资格的抗辩主张，一审法院不予采纳。

综上，王家坝煤业公司目前拥有王家坝煤矿矿产资源勘查许可证，系王家坝煤矿探矿权的权利主体，属于本案适格的原告。

（二）关于案涉输电工程是否构成对王家坝煤矿探矿权的压覆的问题

王家坝煤业公司以2015年报告为据，主张案涉输电工程构成对王家坝煤矿探矿权的压覆。南方电网超高压公司以2018年报告及计算说明，天地科技股份有限公司、西南电力设计院有限公司出具的相关评估报告为据，主张不构成对王家坝煤矿探矿权的压覆。一审法院认为，102地质大队的相同人员针对同一标的物作出了结论相左的评估报告，虽然102地质大队委派相关人员出庭接受法庭质询且出具了书面说明，但其说明王家坝煤业公司不予认可，且比较牵强，难以使人信服；天地科技股份有限公司、西南电力设计院有限公司虽然具备评估资质，但是该两个评估单位系因本案已经立案以后由南方电网超高压公司单方选择的评估单位，其中立性受到王家坝煤业公司的质疑，两评估单位作出的评估结论在王家坝煤业公司不予认可的情况下，王家坝煤业公司请求一审法院委托中立的第三方对案涉输电工程压覆范围及压覆资源量进行勘查鉴定的鉴定申请应该予以准许。经王家坝煤业公司、南方电网超高压公司双方共同选择，一审法院委托117地质大队进行司法鉴定。117地质大队《鉴定意见（征求意见稿）》采用了两种方法进行鉴定，其一是采用与2018年报告相同的“安全深度法”的鉴定方法进行鉴定，得到的鉴定结论是一致的，即不构成压覆。但是《鉴定意见（征求意见稿）》采用的第二种鉴定方法即“地表变形法”鉴定结论是案涉输电工程N4065塔基压覆王家坝煤矿C7煤层煤炭资源量。鉴定单位依据王家坝煤业公司的要求删除了“安全深度法”的鉴定意见，保留了“地表变形法”的鉴定结论。因此，案涉输电工程已经构成对王家坝煤矿探矿权的压覆。南方电网公司、南方电网超高压公司以案涉输电工程未对王家坝煤矿探矿权构成压覆的抗辩意见不能成立，一审法院不予采纳。

（三）关于本案的法律关系是什么及王家坝煤业公司应该获得补（赔）偿金额的多少的问题

1. 根据《中华人民共和国物权法》（以下简称《物权法》）第一百二十三条“依法取得的探矿权、采矿权、取水权和使用水域、滩涂从事养殖、捕捞的权利受法律保护”的规定，王家坝煤业公司依法取得的探矿权受法律保护。根据《侵权责任法》第六条第一款“行为人因过错侵害他人民事权益，应当承担侵权责任”的规定，王家坝煤业公司主张南方电网超高压公司构成侵权，应当证明南方电网超高压公司实施压覆矿产资源的行为存在过错。根据本案查明事实，案涉输电工程是经国家发展和改革委员会于2008年批复为了贯彻“西电东送”的国家战略建设而实施的工程，其本身具有公益性。早在王家坝煤业公司受让（2011年8月8日受让，2012年9月13日获得审批）王家坝煤矿探矿权之前，原贵州省国土资源厅于2009年12月2日作出了《批复意见》，南方电网超高压公司已经就案涉输电工程的建设对相关矿山压覆矿产资源获得审批，此时，案涉工程输电线路的可研路径已经确定。由于毕节飞雄机场建设，毕节市城市规划进行了调整，致使原有报批的可研路径不得不向北移2公里以后才能获得毕节市人民政府的审批。在修改了建设路径以后，贵州电力设计研究院向原贵州省国土资源厅报送了案涉输电工程穿越贵州境内的各个塔基的坐标，原贵州省国土资源厅签收后未提出异议，在案涉输电工程施工过程中以及施工完成以后均未对南方电网超高压公司的建设行为提出意见。因此，南方电网超高压公司将案涉输电工程可研路径向北移 2 公里进行施工主观上不存在过错，不构成侵权。南方电网超高压公司不具有侵权过错的抗辩理由成立，一审法院予以采纳。

综上，王家坝煤业公司主张南方电网超高压公司构成侵权与一审法院查明的事实不符，不予采纳。南方电网超高压公司修建的案涉输电工程是为了公共利益需要，其压覆王家坝煤业公司矿山，王家坝煤业公司根据《物权法》第一百二十三条等规定应依法得到补偿，本案确定为物权保护纠纷为宜。

2. 根据《鉴定意见终审稿》的鉴定结论，结合鉴定人员出庭陈述的意见，N4065 塔基压覆王家坝煤矿资源量为 23. 16 万吨；因王家坝煤业公司无法提交经行政相关主管部门审核批准的煤矿《开采利用方案》和《安全评价方案》，一审法院委托的鉴定机构因不具备煤炭开采设计及安全评价资质，对余下的 15 个塔基保护煤柱的资源量 1238. 51 万吨是否可开发利用，无法作出判断，需要另择具有煤炭开采设计及安全评价资质的机构进一步论证。虽然鉴定单位作出了“1238. 51 万吨可以不作压覆处理”的鉴定结论，但是，王家坝煤业公司探矿权最终实现其价值必然需要转为采矿权，通过采矿收回成本，是否可开发利用则成为探矿权人必须考量的因素，如果不能开发利用的矿产资源量将成为王家坝煤业公司的损失。因此，本案必须对余下的 15 个塔基保护煤柱的资源量 1238. 51 万吨是否开发利用进行进一步的评估鉴定。鉴于王家坝煤业公司当庭表示“15 个塔基压覆的 1238 万余吨的资源量，对该部分资源量进行补偿在本案中不再主张，待条件成熟后另案主张”，并在庭后提交了《变更诉讼请求申请书》，撤回了对 15 个塔基保护煤柱的资源量 1238. 51 万吨请求赔偿的诉讼请求。王家坝煤业公司的申请符合法律规定，一审法院予以准许，对于王家坝煤业公司该部分诉讼请求在本案中不予处理。因此，案涉输电工程项目压覆王家坝煤矿探矿权的资源量为 23. 16 万吨，其中（332）资源量 13. 45 万吨；（333）资源量 7. 54 万吨；（334）？资源量 2. 17 万吨。

一审法院认为，矿产资源属于国家所有，矿业权人仅有用益物权。本案涉及的压覆行为源于贯彻“西电东送”的国家战略建设而实施的工程，具有极其显著的公共利益特征。虽然如前所述王家坝煤业公司主张南方电网超高压公司构成侵权并不成立，但是南方电网超高压公司修建的输电线路确实部分压覆了王家坝煤业公司矿山，由此给王家坝煤业公司造成的损失南方电网超高压公司依法应该予以补偿。王家坝煤业公司拥有王家坝煤矿的探矿权。对于探矿权而言，能否转换为采矿权尚具不确定性；即便由探矿权转为采矿权，探矿权人亦需为采矿权的实现向国家缴纳必要的使用费以及投入大量的建设和生产经营成本；从市场风险的角度而言，投资采矿权还面临矿产品市场价格变动的风险，采矿权人的预期利润未必能够实现。因此，王家坝煤业公司获得补偿应限于矿业权人被压覆资源储量在当前市场条件下所应缴的价款，以及所压覆的矿区分担的勘查投资、已建的开采设施投入和搬迁相应设施等直接损失。在王家坝煤业公司未主张所压覆的矿区分担的勘查投资、已建的开采设施投入和搬迁相应设施等直接损失的情况下，以被压覆资源储量在当前市场条件下所应缴的价款进行补偿，并补偿压覆的矿区分担的探矿权投资损失，采用填平原则，弥补矿业权人因矿产资源被压覆造成的实际损失，与实现公共利益的价值取向相衡平，公平合理。因此，王家坝煤业公司请求对被压覆的矿产资源量的市场价值及可获得的利润金额进行评估鉴定的申请不予准许。

本案中，为确定王家坝煤业公司应缴纳资源量的探矿权价款，经原贵州省国土资源厅委托，四川天地源土地资源房地产评估有限公司对王家坝煤矿探矿权的评估结论是："根据《模拟开发利用方案》，该矿探明的内蕴经济资源量（331）2154万吨和控制的内蕴经济资源量（332）898万吨全部设计利用，推断的内蕴经济资源量（333）4119万吨按照可信度系数0.8折算，预测的资源量（334）？不参与评估计算。经计算，本项目评估利用的资源储量为6347.2万吨。在评估基准日（2011年7月30日）的价值为17024.67万元"，且原贵州省国土资源厅依据上述评估意见向王家坝煤业公司发出缴纳探矿权价款17024.67万元的通知。因此，王家坝煤业公司向国家相关主管部门缴纳资源量价款的资源量计算方式为：探明的内蕴经济资源量（331）、控制的内蕴经济资源量（332）全部设计利用，推断的内蕴经济资源量（333）按照可信度系数0.8折算，预测的资源量（334）？不参与评估计算，计算出（331）+（332）+（333）×0.8=6347.2万吨，王家坝煤业公司缴纳的每吨资源量价款为17024.67万元÷6347.2万吨=2.68元。

原贵州省国土资源厅根据上述评估意见向王家坝煤业公司发出缴纳探矿权价款17024.67万元的通知，王家坝煤业公司按照通知要求已经缴纳了10224.67万元，虽然至本案诉讼时王家坝煤业公司尚欠6800万元探矿权价款未交，但是王家坝煤业公司并非不再缴纳。因此，南方电网超高压公司以王家坝煤业公司未足额缴纳探矿权价款拒付被压覆资源量价款的抗辩理由不能成立。对于被压覆资源量的补偿按照（331）+（332）+（333）×0.8计算压覆的资源量，并按照每吨2.68元计算资源量价款。综上，王家坝煤业公司应该获得的补偿计算为：（1）被压覆资源量的补偿为：鉴于塔基（N4065）压覆C7煤层无烟煤资源量（332）+（333）+（334）？23.16万吨；其中：（332）资源量13.45万吨；（333）资源量7.54万吨；（334）？资源量2.17万吨。因此，[（331）+（332）+（333）×0.8]×2.68元=19.482万吨×2.68元=522117.6元。（2）探矿权、勘探费用的投资补偿：《划定矿区范围的通知》载明，评审备案的煤矿资源量储量为15352万吨，被压覆资源量为23.16万吨，占15352万吨的0.151%。鉴于王家坝煤业公司购买探矿权支付了5610万元，自王家坝煤业公司于2011年8月8日受让探矿权、2012年9月13日受让获得批准后未对王家坝煤矿进行新的勘探投入。因此，探矿权投资的补偿计算为：5610万元×0.151%=84711元。（3）建矿投入补偿：鉴于王家坝煤业公司未提交证据证明其对王家坝煤矿进行建设投资，故该部分不存在补偿。王家坝煤业公司应该获得的补偿为606828.6元，其中资源量补偿522117.6元、探矿权投资补偿84711元。

同时，南方电网超高压公司理应补偿王家坝煤业公司上述投资损失的同期银行贷款利息。资源量补偿款522117.6元的利息计算方式为：自2013年1月1日起至2019年8月19日止，按照中国人民银行公布的同期同类贷款基准利率计算；自2019年8月20日起至实际履行完毕之日止，按全国银行间同业拆借中心公布的贷款市场报价利率计算。探矿权投资补偿款84711元的利息计算方式为：自2011年8月9日起至2019年8月19日止，按照中国人民银行公布的同期同类贷款基准利率计算；自2019年8月20日起至实际履行完毕之日止，按全国银行间同业拆借中心公布的贷款市场报价利率计算。

（四）关于南方电网公司是否承担责任的问题

依据《中华人民共和国公司法》第十四条“分公司不具有法人资格，其民事责任由公司承担”的规定，南方电网公司作为南方电网超高压公司的总公司，应依法承担本案的民事责任。

综上，王家坝煤业公司的诉讼请求部分成立。一审判决：（一）南方电网超高压公司补偿王家坝煤业公司 606828.6 元（其中：压覆矿产资源量价款为 522117.6 元；探矿权投资补偿为 84711 元）及利息（资源量补偿款 522117.6 元的利息计算方式为：自 2013 年 1 月 1 日起至 2019 年 8 月 19 日止，按照中国人民银行公布的同期同类贷款基准利率计算；自 2019 年 8 月 20 日起至实际履行完毕之日止，按全国银行间同业拆借中心公布的贷款市场报价利率计算。探矿权投资补偿款 84711 元的利息计算方式为：自 2011 年 8 月 9 日起至 2019 年 8 月 19 日止，按照中国人民银行公布的同期同类贷款基准利率计算；自 2019 年 8 月 20 日起至实际履行完毕之日止，按全国银行间同业拆借中心公布的贷款市场报价利率计算）。（二）南方电网公司对南方电网超高压公司不能清偿本案债务的部分承担补充清偿责任。（三）驳回王家坝煤业公司的其他诉讼请求。一审案件受理费 59431.25 元，由南方电网超高压公司负担 9868.29 元，由王家坝煤业公司负担 49562.96 元。鉴定费 350000 元，由南方电网超高压公司负担 21875 元、王家坝煤业公司负担 328125 元。

本院二审期间，王家坝煤业公司围绕上诉请求依法提交了证据。本院组织当事人进行了证据交换和质证。第一份证据为山东泰山资源勘查有限公司作出的《资源储量核实及勘探报告》，拟证明随着对煤矿勘查的进一步深入，一审查明的资源储量已经发生变化，应当按照新勘探报告重新计算压覆资源量。第二份证据为贵州省自然资源厅《关于同意贵州省毕节市王家坝井田煤矿探矿权（保留）变更登记的通知》（以下简称《变更登记通知》），拟证明根据该通知的要求，N4065 塔基下的所有煤层矿产资源都已经被压覆，一审判决仅以 C7 煤层计算压覆资源量明显不当。南方电网公司、南方电网超高压公司对第一份证据真实性无异议，对合法性、关联性不予认可，且认为不能实现证明目的。对第二份证据真实性、合法性无异议，对关联性不予认可，且认为不能实现证明目的。南方电网超高压公司主张，依照《资源储量核实及勘探报告》《变更登记通知》，反而可以证实王家坝煤业公司本次探矿权变更登记后，N4065 塔基已经不在王家坝煤矿勘查区块范围内，不构成对王家坝煤矿的压覆。本院对王家坝煤业公司提交证据的真实性、合法性、关联性予以认定。能否实现证明目的，将在后文一并评述。

对当事人争议的事实，本院认定如下：（一）2021 年 8 月，王家坝煤业公司委托山东泰山资源勘查有限公司作出《资源储量核实及勘探报告》。报告载明本次勘查工作的主要地质目的为：查明王家坝煤矿矿区范围内的煤炭资源储量，为王家坝煤矿探矿权转采矿权，申办 90 万吨/年规模采矿许可证，以及矿井建设可行性研究和初步设计提供地质资料依据。（二）贵州省自然资源厅于 2021 年 11 月作出《变更登记通知》载明：此次申请变更的勘查范围与我厅已入库建设项目——溪洛渡右岸送电广东 ±500kV 同塔双回直流输电工程（半边山至筲箕凹段）边线重叠……按照现行规定，申请“探矿权转采矿权”登记时，采矿权范围应避让建设项目范围。

本院认为，本案二审争议的焦点问题为：（一）N4065 塔基是否压覆王家坝煤矿；（二）南方电网超高压公司应当承担何种责任。

（一）关于 N4065 塔基是否压覆王家坝煤矿的问题

本案一审审理过程中，经王家坝煤业公司、南方电网超高压公司共同选定，一审法院委托 117 地质大队对包括 N4065 在内的 16 个塔基是否压覆王家坝煤矿进行了鉴定。117 地质大队出具了《鉴定意见（征求意见稿）》，并在征求各方意见后形成了《鉴定意见终审稿》。《鉴定意见终审稿》按照“地表变形法”，确认 N4065 塔基构成对 C7 煤层 23.16 万吨煤炭资源的压覆。经鉴定人员出庭说明，在假设煤层不留任何保护煤柱的情况下，C7 煤层开采后地表倾斜值最大的为 N4065 塔处的沉陷盆地，地表倾斜值为 5.04mm/m，大于规范规定的最大允许值 5mm/m。对 117 地质大队据以作出上述鉴定结论的《塔基（N4060 - N4075）下方 C6 - 1 煤层开采后地表移动最大变形值计算结果表》《塔基（N4060 - N4075）下方 C7 煤层开采后地表移动最大变形值计算结果表》，南方电网超高压公司表示认可。本院认为，117 地质大队系经当事人双方共同选定并由法院委托，鉴定机构和人员均具有相应资质。在鉴定过程中，一审法院组织双方当事人就鉴定材料进行了质证，组织鉴定单位与双方当事人共同调取证据材料，到勘验现场进行勘验和测量，鉴定程序合法。鉴定人员依法出庭接受当事人双方质询，应当予以采信。南方电网超高压公司认为，《鉴定意见终审稿》认定构成压覆的前提是煤层的充分采动，而此种情况在实践中难以发生。但对该主张南方电网超高压公司未提交充分证据证明，本院不予采纳。关于煤层充分采动会对塔基安全产生何种影响，《鉴定意见终审稿》进行了科学的分析认证，其证明力明显强于南方电网超高压公司的单方推断。一审法院依据《鉴定意见终审稿》认定 N4065 塔基对 C7 煤层构成压覆并无不当。

（二）关于南方电网超高压公司应当承担何种责任的问题

1.《矿产资源法》第三十三条规定，“在建设铁路、工厂、水库、输油管道、输电工程和各种大型建筑物或者建筑群之前，建设单位必须向所在省、自治区、直辖市地质矿产主管部门了解拟建工程所在地区的矿产资源分布和开采情况。非经国务院授权的部门批准，不得压覆重要矿床。”137 号文规定，“凡建设项目实施后，导致其压覆区内已查明的重要矿产资源不能开发利用的，都应按本通知规定报批。”2009 年 2 月，南方电网超高压公司完成了案涉输电工程输电线路可研工作，并就压覆矿产资源情况报原贵州省国土资源厅批准。后为配合毕节飞雄机场建设，南方电网超高压公司将可研路径向北挪移，避开新的毕节市城市总体规划以及毕节飞雄机场的飞行管控区域，但未就调整后的线路压覆矿产资源情况重新报请审批。本院认为，南方电网超高压公司在首次报请压覆矿产资源审批时案涉输电工程尚不压覆王家坝煤矿矿产资源。而在调整工程线路后，案涉输电工程对王家坝煤矿矿产资源构成压覆。原审批的法律效果并不能及于新的压覆行为，南方电网超高压公司应当重新报请压覆审批。但从本案实际情况来看，工程线路调整是基于毕节飞雄机场修建的正当事由，调整后的线路已经国家发展和改革委员会核准批复，并由贵州电力设计研究院及时向原贵州省国土资源厅报送塔基坐标，可以认定南方电网超高压公司并无规避压覆矿产资源审批的意图。再结合原贵州省国土资源厅在工程施工过程中亦未提出不同意见的事实，一审法院认定南方电网超高压公司不构成侵权并无不当，本院予以维持。

2. 南方电网超高压公司修建的输电工程穿越王家坝煤矿矿区。其中 N4065 塔基的建设在对土地地表利用的同时，客观影响了地下 C7 煤层的开采，限制了王家坝煤矿探矿权的全面行使。由此给王家坝煤业公司造成的损失，南方电网超高压公司应当承担相应责任。但另一方面，案涉输电工程是经国家发展和改革委员会批准的公益性基础设施，对于提高西电东送能力，促进资源优化配置，改善生态环境具有重要意义。南方电网超高压公司是按照国家发展和改革委员会的批复施工建设。如依《侵权责任法》第十九条的规定，由南方电网超高压公司以压覆矿产资源的市场价格赔偿损失，既无法律依据，亦有失公平。

本院认为，案涉输电工程建设使得原本属于王家坝煤业公司的探矿权让位于输电工程所保障的公共利益。因此，对于南方电网超高压公司应当承担何种责任，应当着眼于公共利益与私人利益的平衡，以实际投入成本为依据据实补偿。一审法院参照 137 号文的规定，确定由南方电网超高压公司按照“（1）矿业权人被压覆资源储量在当前市场条件下所应缴的价款（无偿取得的除外）；（2）所压覆的矿产资源分担的勘查投资、已建的开采设施投入和搬迁相应设施等直接损失”的标准补偿王家坝煤业公司的损失，妥当平衡了公共利益和南方电网超高压公司、王家坝煤业公司的民事权益，应予维持。

3. 参照 137 号文的规定，本院就补偿具体金额评析如下：首先，关于探矿权压覆资源储量在当前市场条件下所应缴的价款。经查明，为确定王家坝煤业公司应缴纳资源储量的探矿权价款，经原贵州省国土资源厅委托，由四川天地源土地资源房地产评估有限公司对王家坝煤矿探矿权的价值进行了评估，评估结论载明，“根据《模拟开发利用方案》，该矿探明的内蕴经济资源量（331）2154 万吨和控制的内蕴经济资源量（332）898 万吨全部设计利用，推断的内蕴经济资源量（333）4119 万吨按照可信度系数 0.8 折算，预测的资源量（334）？不参与评估计算。经计算，本项目评估利用的资源储量为 6347.2 万吨。在评估基准日（2011 年 7 月 30 日）的价值为 17024.67 万元”。王家坝煤业公司应计算探矿权价款的资源量(331) + (332) + (333) ×0.8 = 6347.2 万吨，每吨资源量价款为 17024.67 万元 ÷ 6347.2 万吨 = 2.68 元。再结合 N4065 塔基压覆 C7 煤层内蕴经济资源量（332）13.45 万吨、推断的内蕴经济资源量(333)7.54 万吨的事实，可以确定压覆资源量对应探矿权价款为[(332) + (333) ×0.8] ×2.68 元 = 19.482 万吨 ×2.68 元 = 522117.6 元。其次，关于所压覆的矿产资源分担的勘查投资、已建的开采设施投入和搬迁相应设施等直接损失。根据《鉴定意见终审稿》被压覆资源储量 23.16 万吨占总资源储量 15352 万吨的比例 0.151%，结合王家坝煤业公司购买王家坝煤矿投入 5610 万元，且此后未再进行勘查投入的事实，可以确定直接损失金额为 5610 万元 ×0.151% = 84711 元。一审判决据此认定南方电网超高压公司应当补偿王家坝煤业公司 522117.6 元 + 84711 元 = 606828.6 元并无不当。

王家坝煤业公司上诉称，根据对王家坝煤矿最新勘查成果，王家坝煤业公司委托山东泰山资源勘查有限公司编制了《资源储量核实及勘探报告》。该报告证实随着对煤矿勘查的进一步深入，一审查明的资源储量已经发生变化，应当按照新勘探报告重新计算压覆资源量。本院认为，首先，矿产资源因赋存状态而具有隐蔽性和不确定性，必须经过地质勘查科学估算资源量，并报储量评审备案。通过评审的地质勘查报告是矿业权出让的基础和前提，也是确定出让价款的依据，具有较强的公信力，未经法定程序不能变更。经查明，2015 年原贵州省国土资源厅就已作出《划定矿区范围的通知》，确定王家坝煤矿评审备案的煤矿资源量储量为 15352 万吨。王家坝煤业公司单方委托作出的勘查报告未经重新储量评审备案，不足以证实储量已经发生变化。退一步说，即使勘查报告能够实现王家坝煤业公司证明目的，亦不得据此请求南方电网超高压公司就新增资源储量予以补偿。财政部、原国土资源部《矿业权出让收益征收管理暂行办法》第九条规定，探矿权、采矿权增列矿种、增加资源储量的，增列、增加的部分比照协议出让方式征收出让收益。该条规定表明：矿区范围内增列矿种、增加资源储量应属国家所有，发现后由国家出让给采矿权人。探矿权人对该增加矿种和资源储量享有的权利并非始于探矿权设立之时。也就是说，南方电网超高压公司对N4065塔基的物权，相较于王家坝煤业公司对新发现储量的探矿权属于在先权利，具有物权法上的优先效力。王家坝煤业公司以压覆后新发现的储量主张一审法院补偿依据错误，不能成立。此外，王家坝煤业公司此项主张亦违反了其关于南方电网公司、南方电网超高压公司以鉴定结论所确定的23.16万吨为标准赔偿损失的诉讼请求以及上诉请求。

王家坝煤业公司还认为，依据《变更登记通知》关于王家坝煤矿申请“探转采”时应当避让输电工程建设项目范围的要求，N4065塔基重叠区域的所有煤层都已经被压覆，一审判决仅以C7煤层计算压覆资源量明显不当。本院认为，该项主张亦已经超出了其诉讼请求和上诉请求。另根据137号文的规定，建设项目压覆区与勘查区块范围或矿区范围重叠但不影响矿产资源正常勘查开采的，不作压覆处理。因此，对于虽然与N4065塔基重叠，但不受塔基影响仍可正常开采的煤层，不应计入压覆补偿的范围。《鉴定意见终审稿》采用“地表变形法”，确认N4065塔基仅对C7煤层构成压覆。而《变更登记通知》关于“采矿权范围应当避开建设项目范围”的内容属于对将来可能取得采矿权矿区范围划定的原则性规定，不足以推翻《鉴定意见终审稿》对压覆煤层的认定。

南方电网超高压公司上诉认为，依照《资源储量核实及勘探报告》《变更登记通知》，可以显示王家坝煤业公司本次探矿权变更登记后，N4065塔基已经不在王家坝煤矿勘查区块范围内，不构成对王家坝煤矿的压覆。本院认为，本次王家坝煤矿勘查区块范围调整时间是2020年。而在压覆发生时的2011年，N4065塔基所在坐标尚在王家坝煤矿勘查区块范围内，对此节事实，南方电网超高压公司并无不同意见。因此在压覆发生的时点，王家坝煤矿探矿权涵盖了N4065塔基范围内的矿产资源。南方电网超高压公司以王家坝煤矿当前的勘查区块范围，否认王家坝煤业公司以2011年压覆发生时所享有探矿权提起的补偿请求，本院不予支持。

综上，王家坝煤业公司、南方电网超高压公司的上诉请求均不能成立，应予驳回。一审判决认定事实清楚，适用法律正确，应予维持。本院依照《中华人民共和国民事诉讼法》第一百七十条第一款第一项规定，判决如下：

驳回上诉，维持原判。

二审案件受理费59431.25元，由贵州华鼎王家坝煤业有限公司负担49562.96元，中国南方电网有限责任公司超高压输电公司负担9868.29元。

本判决为终审判决。

审　判　长　李明义
审　判　员　李　涛
审　判　员　叶　阳

二〇二一年十二月二十日

法官助理　刘亚男
法官助理　陆　阳
书　记　员　魏　然

上海美匡供应链管理有限公司、先锋出口公司与奥迪塞斯航运贸易公司、海王航运有限公司等海上货物运输合同纠纷案

【裁判要旨】

承运人、代理签发提单的人等系提单签发环节的利害关系人，当两份或以上正本提单的持有人针对承运人承运的同一批货物，各自向承运人主张提取货物时，不能仅以利害关系人的陈述作为辨识提单真伪或区分提单权利顺位的依据，而应根据提单签发的经过、提单持有人持有提单的过程，结合国际贸易背景和航运实践综合分析判断提单权利的优劣。

最高人民法院民事判决书
（2018）最高法民再240号

再审申请人（一审第三人，二审上诉人）：上海美匡供应链管理有限公司（原上海美匡矿业有限公司）。住所地：中华人民共和国上海市嘉定工业区普惠路333号1幢1185室。

法定代表人：马文英，该公司总经理。

委托诉讼代理人：晏圣民，上海斐航律师事务所律师。

委托诉讼代理人：胡小俐，上海汇盛律师事务所律师。

再审申请人（一审原告、二审上诉人）：先锋出口公司（Pioneer Export）。住所地：印度共和国古吉拉特邦巴夫那加尔县纳噶尼拉吗吗汉拉希姆阿塔工厂大院，364001（Mahalaxmi Atta Mill Compound，Nirmal Nagar，Bhavnagar，Gujarat，364001，Republic of India）。

代表人：帕拉弥·凯汉得利伟（PRAMIL KHANDELWAL），该公司董事。

委托诉讼代理人：吴益民，上海市华荣律师事务所律师。

委托诉讼代理人：赵跃生，上海市理合律师事务所律师。

被申请人（一审被告、二审被上诉人）：奥迪塞斯航运贸易公司（Audacious Shipping&Trading S. A.）。住所地：利比里亚共和国蒙罗维亚80宽街（Monrovia 80，Broad Street of the Republic of Liberia）。

代表人：乔治·戈多米查理斯（GEORGE GOURDOMICHALIS），该公司董事长。

委托诉讼代理人：杨柳，上海融孚律师事务所律师。

被申请人（一审被告、二审被上诉人）：海王航运有限公司（Kings Ocean Shipping Co., Ltd.）。住所地：韩国首尔市钟路区新门内路82新门路1街S塔20层F1。Sinmunnol(il)-ga, 20th Fl.,S-Tower,Shinmunro1-ka,82,Saemunan-ro,Jongno-gu,Seoul,Korea。

代表人：崔东生（Choi Dong Sun），该公司董事长。

一审第三人：矿物工业里海有限公司（Mineral Industrial Caspian Company）。住所地：伊朗伊斯兰共和国德黑兰阿根廷广场阿勒万德街阿唯兹巷1号（No. 1 Aviz Alley，Alvand Street，Argentine Sq.，Tehran，Iran）。

代表人：赛义德·戈达兹（Saeid Goudarzi），该公司董事会副主席。

委托诉讼代理人：谈杰，上海斐航律师事务所律师。

再审申请人上海美匡供应链管理有限公司（以下简称美匡公司）、先锋出口公司（以下简称先锋公司）因与被申请人奥迪塞斯航运贸易公司（以下简称奥迪塞斯公司）、海王航运有限公司（以下简称海王公司）及一审第三人矿物工业里海有限公司（以下简称矿物公司）海上货物运输合同纠纷一案，不服上海市高级人民法院（以下简称二审法院）作出的（2016）沪民终119号民事判决，向本院申请再审。本院于2018年6月28日作出（2018）最高法民申571号民事裁定，提审本案。本院提审本案后，依法组成合议庭于2021年9月2日公开开庭审理了本案。美匡公司的委托诉讼代理人晏圣民，先锋公司的委托诉讼代理人吴益民、赵跃生，奥迪塞斯公司的委托诉讼代理人杨柳到庭参加诉讼。矿物公司、海王公司经本院传票传唤，无正当理由未到庭参加诉讼。本案经缺席审理，现已审理终结。

先锋公司向一审法院起诉请求：1. 赔偿先锋公司货物损失17251124元人民币；2. 二被告连带支付先锋公司利息损失，以17251124元为本金，按照一年银行存款利息从2014年4月14日起算至实际执行日为准；3. 二被告承担诉讼费用。一审庭审中，先锋公司变更诉讼请求为：1. 赔偿先锋公司货物损失17251124元人民币；2. 二被告连带支付先锋公司利息损失，以17251124元为本金，按照一年银行存款利息从2014年4月14日起算至判决生效日；3. 二被告承担诉讼费用；4. 判令先锋公司有权取得涉案货物变卖价款人民币6821281.95元。事实和理由："AUDACIOUS"轮于2014年3月4日在伊朗港口装运45475.213吨铁矿石。海王公司装货港代理RAINBOW ATLAS OCEAN MARINE SERVICES LLC（以下简称RAINBOW公司）代表船舶签署了"RM/BN/CH/011"号提单。先锋公司作为提单记载的托运人，取得全套正本提单。涉案货物于2014年4月12日卸于上海港。奥迪塞斯公司作为涉案船舶的船舶所有人，海王公司作为涉案航次的船舶出租人，以涉案货物存在第三人异议为由，拒绝先锋公司提货。其间铁矿石国际交易价格一路下跌，奥迪塞斯公司及海王公司拒绝先锋公司提货导致先锋公司损失惨重。

美匡公司向一审法院提交《追加第三人申请书》，请求判令奥迪塞斯公司、海王公司共同向其交付涉案货物，如不能交付货物则赔偿货价损失人民币6821281.95元、未及时放货而产生的货物市场价值损失人民币9100345.25元及利息。事实和理由：矿物公司是涉案提单项下货物的所有权人及实际托运人/交货托运人，在货物装船后取得了全套正本提单。由于矿物公司拖欠美匡公司款项，矿物公司已经将上述提单项下的货物抵偿给美匡公司，同时将涉案全套正本提单交付给了美匡公司。美匡公司作为持有全套涉案提单的合法持有人，有合法依据和权利要求奥迪塞斯公司、海王公司向其交付涉案提单项下货物。

一审法院认定事实：

2014年2月5日，矿物公司与SACVINAM GLOBAL LIMITED（以下简称SGL公司）签订买卖合同，约定矿物公司出售铁矿粉给SGL公司，数量50000湿吨，+10%由买家选择，原产国伊朗，生产商SABANOORMINES，货物价格59.75美元/干吨。2014年2月19日，双方签订补充协议，约定将货物数量更改为45500湿吨。

2014年2月6日，先锋公司与CBH CORPORATION LIMITED（以下简称CBH公司）签订买卖合同，约定CBH公司出售铁矿粉给先锋公司，数量50000湿吨，+10%由买家选择，原产国伊朗，生产商SABA NOOR MINES，货物价格59.75美元/干吨。

奥迪塞斯公司是“AUDACIOUS”轮的船舶所有人。2013年11月5日，奥迪塞斯公司与海王公司签订期租合同，约定奥迪塞斯公司将“AUDACIOUS”轮期租给海王公司，租期为3-5个月，具体由承租人决定，船员由船舶所有人奥迪塞斯公司配备。期租合同还约定，船舶所有人授权承租人或者其代理人依据大副收据的记载代表船长或者船舶所有人签发提单。海王公司当庭确认在涉案货物运输期间，其仍为“AUDACIOUS”轮的期租承租人。2014年2月10日，海王公司与RADIANT INTERNATIONAL FZC（以下简称RADIANT公司）签订航次租船合同，约定由RADIANT公司租用“AUDACIOUS”轮运输涉案货物。2014年3月4日，“AUDACIOUS”轮签发大副收据，记载托运人为矿物公司。同日，“AUDACIOUS”轮船长DAVID BOLKVADZE代表“AUDACIOUS”轮向RAINBOW公司出具签发提单授权书，授权RAINBOW公司就涉案航次代表船长签发正本提单。

先锋公司依据买卖合同的约定，向CBH公司支付了50%首付款，取得了一套编号为RM/BN/CH/011的全套提单，提单载明：托运人先锋公司，收货人和通知方凭指示，起运港波斯湾港，目的港中国任一主要港口，运输船舶“AUDACIOUS”轮，货物铁矿粉，数量45475.213湿吨。提单由RAINBOW公司于2014年3月4日代表“AUDACIOUS”轮船长签发。先锋公司当庭自述，其持有的提单系RADIANT公司的员工直接到RAINBOW公司位于伊朗的办公室内领取。

SGL公司于2014年2月28日和3月12日两次向矿物公司支付了共计贸易合同50%的货款1359312.50美元，矿物公司确认收到50%货款，并向SGL公司开具了发票。

矿物公司取得了一套编号同为RM/BN/CH/011的全套提单，提单记载内容与先锋公司持有的提单记载内容一致，但部分印刷字体及签章存在细微差别。

2014年4月23日，FOOLAD SABANOOR PRIMARY MATERIALS COMPANY（以下简称SABA公司）发函，称涉案货物系其出售给矿物公司，编号为RM/BN/CH/011的提单项下货物已转让给矿物公司。同日，RADIANT公司的前员工Lelia出具声明，称自己以前是RADIANT公司或SGL公司或ROYALLINE RESOURCESLTD或ROSHAN PARTO QUESHM的员工，在2014年4月12日将包括正本提单在内的全部正本文件交给了矿物公司，其未在2014年4月14日发出所谓的仍持有上述正本文件的电邮。

2014年4月12日，涉案货物运抵上海港。2014年6月3日，先锋公司在口头要求提货被拒后，向一审法院申请查封涉案货物，一审法院于同日作出（2014）沪海法海保字第38号民事裁定书，准许先锋公司的申请，在上港集团罗泾分公司查封了涉案货物铁矿粉45475.213吨。

2014年6月4日，先锋公司持提单向海王公司的上海港代理人上海华港国际船舶代理有限公司要求提货，被拒绝。2014年6月5日，RAINBOW公司向海王公司发函，确认先锋公司持有的提单并非由其签发的正本提单，签章系伪造。

2014年6月4日，美匡公司向中国海事仲裁委员会上海分会（以下简称海仲上海分会）提交书面仲裁申请，提出了矿物公司向其归还5000000美元、利息、律师费等仲裁请求。2014年6月7日，矿物公司与美匡公司达成和解协议。2014年6月30日，海仲上海分会作出了（2014）海仲沪裁字第049号裁决书，裁决矿物公司将涉案提单和编号为RM/BN/CH/012的另案提单交付给美匡公司，由美匡公司向承运人提货，以抵偿拖欠的货款5000000美元及利息。2014年9月24日，海仲上海分会致函一审法院，称“本案仲裁庭并未对货物所有权归属做出判断，仅根据相关证据以及被申请人实际持有相关提单的事实，判断被申请人具有表面提货权。……申请人根据仲裁裁决确认获得的提货权与其他表面记载提货权可能发生的冲突不是本案仲裁庭的审理范围。有关争议，当事人可以通过另案法律程序处理。……至于仲裁裁决中涉及的有关事实，能否作为证据，可由贵院经过实体审理后决定。”

在本案审理过程中，国际铁矿石价格大幅持续下跌，各方当事人均以减少损失、固定货值、减少货物堆存费用等理由向一审法院申请将涉案货物变卖。2014年12月23日，经过竞价，先锋公司以人民币6821281.95元的价格取得涉案货物。先锋公司为提取货物，另支付了进口滞报金人民币20110元和堆存费人民币500000元。

一审法院认为：

本案为海上货物运输合同纠纷，先锋公司、奥迪塞斯公司、海王公司及矿物公司均为境外注册的企业法人，涉案运输的起运港在中国境外，故本案具有涉外因素。关于本案法律适用，当事人均主张适用中国法律。一审法院认为，根据中国法律规定，涉外合同当事人可以就处理涉外合同争议的准据法作出约定，因此，一审法院确定以中华人民共和国法律作为审理本案纠纷的准据法。

根据《中华人民共和国海商法》第七十一条之规定，提单是指用以证明海上货物运输合同和货物已经由承运人接收或者装船，以及承运人保证据以交付货物的单证。可以说，提单就代表着货物。根据物权法上“一物一权原则”，代表货物的权利凭证应当有且只有一套正本海运提单。涉案货物出现了先锋公司和美匡公司各持有一套提单，因此，识别两套提单的真伪系处理涉案纠纷的关键。但在辨别提单真伪之前，应当明确一个前提：本案的审查基础应当建立在海上货物运输合同纠纷之上，即先锋公司和美匡公司谁能够凭持有的正本提单享有提货权。审查中会涉及提单的对价支付等环节，但审查基础一定不是建立在贸易合同上，也不是审查先锋公司和美匡公司谁享有涉案货物的所有权。本案为海上货物运输合同纠纷，先锋公司和美匡公司均针对承运人提出诉请，要求承运人交付货物或者等值的货物价款，并赔偿拒绝交付货物给其造成的损失；本案不是贸易合同纠纷，先锋公司和美匡公司也未针对对方提出确认所有权的诉请。先锋公司和美匡公司虽然都提交了各自的贸易合同，但贸易合同之间不能相互衔接，贸易链条不完整，并且贸易纠纷也不是海上货物运输合同纠纷的审查内容，因此，对于贸易流转的相关事实一审法院在本案中不予认定，先锋公司和美匡公司如有贸易上的诉求应当另案提起贸易诉讼予以解决。

一、两套正本提单的真伪辨别。先锋公司和美匡公司各持有一套正本提单，提单记载内容完全一致，不同之处在于部分印刷字体及签章存在细微差别。就本案各方当事人的举证而言，仅凭现有证据无法推断究竟是谁参与了提单的制假，但是就涉案两套提单的表面形式和内容来看，两份提单几乎是一模一样，可以以假乱真。究竟哪套提单才是承运人出具给托运人的、能够代表涉案货物凭证的合法提单。（一）谁有权确认提单的真伪。首先，提单应当由承运人或者船长或者其代理人签发。本案提单由签单代理 RAINBOW 公司代表船长签发，RAINBOW 公司作为签发者，辨认自己签发的提单的能力明显高于其他方。本案现有证据显示，RAINBOW 公司确认矿物公司持有的提单系真实有效的提单，先锋公司持有的提单系伪造。其次，不论是船长或者签单代理签发提单，因提单而产生的权利义务的承担者始终是承运人，承运人控制着提单的格式和签发，同时负有审查提单真实性和在其控制货物期间妥善管理和交付货物的责任，因此，承运人对于提单的辨识也应当是辨别提单真伪的依据之一。本案奥迪塞斯公司及海王公司都认可了 RAINBOW 公司的意见，认定先锋公司持有的提单系伪造。（二）提单的签发。提单的签发是指制作提单并交付给托运人或其代理人的一种提单行为，由制作、签署和交付提单三种行为构成。其中，交付提单，或者说先锋公司和美匡公司取得提单的途径是本案审查的重要环节。本案矿物公司自述 RAINBOW 公司签发提单后，将提单交给 Lelia，矿物公司从 Lelia 处凭大副收据换取了提单的说法得到了 Lelia 及奥迪塞斯公司及海王公司的确认。而先锋公司自述其持有的提单系 RADIANT 公司的员工到 RAINBOW 公司处拿到，先锋公司的说法并未得到奥迪塞斯公司及海王公司的确认，先锋公司也没有进一步举证证明自己的陈述。根据法律规定，当事人对自己提出的主张有责任提供证据。先锋公司自述其取得提单的途径，并未提交证据予以证明，即先锋公司不能证明其持有的提单是通过正常渠道取得，也不能说明其所持指示提单签发过程的真实情况，因此先锋公司持有提单来源的合法性一审法院无法确认。（三）提单的对价支付。提单持有人在贸易合同中是否支付了对价本非海上货物运输合同履行中应考虑的因素，只需提单持有人出示提单，承运人就应当交货，并无审查贸易流转过程的必要。但在本案就同一货物出现两套正本提单的特殊情况下，为查明提单真伪，提单的取得是否已支付对价构成了考量的因素之一。本案中，先锋公司和矿物公司均确认，先锋公司已向其卖家 CBH 公司支付了 50% 的货款，但根据贸易合同的约定，先锋公司只有在支付了 98% 的货款后，货物所有权才发生移转，并且先锋公司自述其并非从卖家 CBH 公司处取得提单，而是直接从签单代理 RAINBOW 公司处取得，故本案不涉及支付对价后取得提单的情形。综上，奥迪塞斯公司及海王公司及签单代理 RAINBOW 公司均否认了先锋公司持有提单的真实性，先锋公司未能举证证明其从合法有效的途径取得了提单，并支付了贸易合同中约定的 98% 货款，故先锋公司持有的提单不是代表涉案货物的有效权利凭证。美匡公司持有的提单被奥迪塞斯公司及海王公司及签单代理人确认为真实有效的提单，且其取得提单的途径也被奥迪塞斯公司、海王公司和 RAINBOW 公司予以证实，故一审法院确认其所持提单的真实性。

二、奥迪塞斯公司及海王公司的法律地位。即 RAINBOW 公司代表谁签发提单，谁才是涉案海上货物运输的承运人。（一）奥迪塞斯公司及海王公司之间是期租合同关系。奥迪塞斯公司作为船舶所有人，将涉案船舶“AUDACIOUS”轮期租给海王公司使用。在涉案海上货物运输期间，海王公司仍是“AUDACIOUS”轮的期租承租人。（二）奥迪塞斯公司及海王公司自己并没有签发提单，也没有直接授权某签单代理签发涉案提单。根据《中华人民共和国海商法》第七十二条的规定，“货物由承运人接收或者装船后，应托运人的要求，承运人应当签发提单。提单可以由承运人授权的人签发。提单由载货船舶的船长签发的，视为代表承运人签发。”可见，提单的签发人包括承运人、承运人的代理人和船长。根据奥迪塞斯公司提交的证据签发提单授权书的记载，涉案航次由船长授权 RAINBOW 公司签发提单。涉案提单也显示，RAINBOW 公司是代表船长签发了提单。（三）船长代表了出租人还是承租人。根据奥迪塞斯公司及海王公司签订的期租合同约定，出租人奥迪塞斯公司负责配备船长和船员，负责船舶航行和内部管理事务。因此，除非奥迪塞斯公司事先另有明确声明外，船长签发的提单，应当视为代表奥迪塞斯公司签发。即使奥迪塞斯公司一直声称，授权 RAINBOW 公司限于根据大副收据的记载签发提单，但这是奥迪塞斯公司与 RAINBOW 公司之间的内部协议，与对外签发的提单记载的托运人无关。综上，奥迪塞斯公司是涉案海上货物运输的承运人，应当根据提单的记载对托运人承担承运人责任。

三、美匡公司是否因仲裁裁决而取得本由矿物公司持有的提单。美匡公司向海仲上海分会提出仲裁申请时，涉案货物因存在两套正本提单出现争议，已被一审法院查封。矿物公司在明知涉案货物已被法院查封，手中提单提货权存疑，需根据法院判决明确是否存在提单权利的情况下，仍以涉案货物抵偿债务，与美匡公司达成和解协议，其行为属于无权处分。因此，美匡公司不能依据和解协议或者仲裁裁决书取得凭提单提取涉案货物的权利。矿物公司应当在确实享有涉案货物处分权之后，再以提单作为代表涉案货物的有效权利凭证抵偿债务。综上，美匡公司未取得本由矿物公司持有提单记载的货物权利，该提单权利仍由矿物公司享有。

四、是否可以凭其手中已被确认为真实有效的提单向承运人要求提货。指示提单，是指提单上收货人一栏内载明“由某人指示”或者“凭指示”字样的提单，可细分为记名指示和不记名指示。本案中，美匡公司持有的提单即为不记名指示提单，该类提单应当视为由托运人指示，即按照提单记载的托运人的指示通过背书的方式转让提单交付货物。因此，美匡公司持有的提单虽为真实的提单，但应经过提单记载的托运人先锋公司的背书才能凭此向承运人要求提货；否则背书不连续，仍然不能凭此提单向承运人要求提货。

综上，一审法院判决：（一）驳回先锋公司的诉讼请求；（二）驳回美匡公司的诉讼请求。案件受理费人民币 162162 元，由先锋公司负担；第三人案件受理费人民币 117330 元，减半收取58665元，由美匡公司负担。

先锋公司、美匡公司均不服一审判决，向二审法院提起上诉。

先锋公司上诉请求：本案关键在于谁是涉案提单项下权利人及奥迪塞斯公司、海王公司释放给矿物公司持有的提单行为是否合法。一审法院未审理当事人争议焦点，使得先锋公司起诉目的无法实现。矿物公司出售的是FOB货物，未涉及运输事项，亦非提单记载当事人，故其无权得到涉案提单。美匡公司亦无权拥有涉案提单下的任何权利。先锋公司的诉请于法有据。据此，请求二审法院依法改判支持先锋公司一审全部诉请。

美匡公司上诉请求：矿物公司以货抵债的行为是合法有效的，所以美匡公司也是合法取得提单。美匡公司和矿物公司之间并不是贸易合同项下的提单转让关系，而是基于以货抵债的债权转让取得了与债权转让人矿物公司基于提单项下完全相同的权利。据此，请求二审法院依法改判支持美匡公司一审全部诉请。

奥迪塞斯公司辩称：本案为提单引发的提货权纠纷，审查的范围应限于承运人是否应交付货物以及未交付货物是否存在过错，物权归属并非本案审查范围。先锋公司持有的是假提单，作为谨慎的承运人需要凭单放货。在先锋公司未取得正本提单的情况之下，其没有权利要求奥迪塞斯公司来承担未能交付的过错。

美匡公司在事实上是通过与矿物公司达成和解协议，然后通过仲裁的方式获取提单，其提单本身没有经过连续背书，所以承运人拒绝凭单提货完全是合理的。美匡公司主张通过债权转让合法取得提单，其首先要证明矿物公司的提单合法有效取得。但是提单没有背书给矿物公司，故奥迪塞斯公司无法判断矿物公司是否合法持有提单。美匡公司基于此取得的权利也是有瑕疵的。原判判决合理。据此，请求二审法院驳回上诉，维持原判。

海王公司及矿物公司未提交书面意见。

二审法院二审期间，当事人围绕上诉请求依法提交了证据。二审法院组织当事人进行了证据交换和质证。美匡公司提交以下证据材料：矿物公司发给奥迪塞斯公司和海王公司的邮件的打印件，指令船东和海王公司将提单项下的货物交付给美匡公司，证明美匡公司持有三份提单原件。

先锋公司质证认为：一、该份证据的真伪无法辨别，对于真实性不认可；二、矿物公司不是涉案托运人，其指令无效；三、矿物公司将其非法得到的提单转让给美匡公司，属于欺诈。

奥迪塞斯公司质证认为：对该证据材料的真实性、合法性及关联性均不予认可。

二审法院以该证据材料为邮件的打印件，对其真实性无法确认为由，对该证据材料不予采纳。

其他各方当事人未提交新的证据材料。

二审法院对一审查明的其他事实予以确认。

二审法院另查明：上海美匡矿业有限公司现更名为上海美匡供应链管理有限公司。

二审法院认为，根据《中华人民共和国海商法》第七十一条之规定，提单是指用以证明海上货物运输合同和货物已经由承运人接收或者装船，以及承运人保证据以交付货物的单证。根据物权法“一物一权原则”，代表货物的权利凭证应当有且只有一套正本海运提单。

关于两套提单的真伪辨别。首先，提单应当由承运人或者船长或者其代理人签发。本案提单由签单代理 RAINBOW 公司代表船长签发，RAINBOW 公司作为签发者，辨认自己签发的提单的能力明显高于其他各方。本案现有证据显示，RAINBOW 公司确认矿物公司持有的提单系真实有效的提单，先锋公司持有的提单系伪造。其次，不论是船长或者签单代理签发提单，因提单而产生的权利义务的承担者始终是承运人，承运人控制着提单的格式和签发，同时负有审查提单真实性和在其控制货物期间妥善管理和交付货物的责任，因此，承运人对于提单的辨识也应当是辨别提单真伪的依据之一。本案奥迪塞斯公司及海王公司都认可了 RAINBOW 公司的意见，认定先锋公司持有的提单系伪造。再次，取得提单的途径是本案审查的重要环节。本案矿物公司自述 RAINBOW 公司签发提单后，将提单交给 Lelia，矿物公司从 Lelia 处凭大副收据换取了提单的说法得到了 Lelia 及奥迪塞斯公司及海王公司的确认。而先锋公司自述其持有的提单系 RADIANT 公司的员工到 RAINBOW 公司处拿到，先锋公司的说法并未得到奥迪塞斯公司及海王公司的确认，先锋公司也没有进一步举证证明自己的陈述。根据法律规定，当事人对自己提出的主张有责任提供证据。先锋公司自述其取得提单的途径，并未提交证据予以证明，即先锋公司不能证明其持有的提单是通过正常渠道取得，也不能说明其所持指示提单签发过程的真实情况，因此先锋公司持有提单来源的合法性无法确认。第四，提单持有人在贸易合同中是否支付了对价。在本案就同一货物出现两套提单的特殊情况下，为查明提单真伪，提单的取得是否已支付对价构成了考量的因素之一。本案中，先锋公司和矿物公司均确认，先锋公司已向其卖家 CBH 公司支付了 50% 的货款。但根据贸易合同的约定，先锋公司只有在支付了 98% 的货款后，货物所有权才发生移转，并且先锋公司自述其并非从卖家 CBH 公司处取得提单，而是直接从签单代理 RAINBOW 公司处取得，故本案不涉及支付对价后取得提单的情形。综上，奥迪塞斯公司及海王公司及签单代理 RAINBOW 公司均否认了先锋公司持有提单的真实性，先锋公司未能举证证明其从合法有效的途径取得了提单，并支付了贸易合同中约定的 98% 货款，故先锋公司持有的提单不是代表涉案货物的有效权利凭证。

关于美匡公司是否因仲裁裁决而取得本由矿物公司持有的提单。美匡公司向海仲上海分会提出仲裁申请时，涉案货物因存在两套提单出现争议，已被一审法院查封。矿物公司在明知涉案货物已被法院查封，手中提单提货权存疑，需根据法院判决明确是否存在提单权利的情况下，仍以涉案货物抵偿债务，与美匡公司达成和解协议，其行为属于无权处分。因此，美匡公司不能依据和解协议或者仲裁裁决书取得凭提单提取涉案货物的权利。

本案中，美匡公司持有的提单为不记名指示提单，该类提单应当视为由托运人指示，即按照提单记载的托运人的指示通过背书的方式转让提单交付货物。因此，美匡公司持有的提单应经过提单记载的托运人先锋公司的背书才能凭此向承运人要求提货；否则背书不连续，仍然不能凭此提单向承运人要求提货。

综上，先锋公司持有的提单为伪造提单；美匡公司持有的提单未经有效连续背书，故其无权取得提单记载的货物权利。二审法院判决：驳回上诉，维持原判。

美匡公司向本院申请再审本案，请求撤销一、二审判决，改判支持美匡公司全部诉讼请求，奥迪塞斯公司、海王公司、先锋公司承担全部诉讼费用。主要事实和理由：（一）二审判决认定的基本事实缺乏证据证明。美匡公司要求承运人交付货物的依据是海仲上海分会裁决确认的以货抵债协议而非提单；美匡公司二审中提供了一份矿物公司通过邮件出具的

《放货指令》，该邮件经公证取得，二审判决无视公证书，以该材料系邮件的打印件为由对真实性不予认定错误。（二）二审判决适用法律错误。1. 认定矿物公司以货抵债属于无权处分行为错误。矿物公司作为实际托运人有权从承运人处取得全套正本提单，其根据债权转让协议交付提单的行为不属于提单转让行为，无需背书也无法背书。作为合法提单持有人，矿物公司对涉案货物享有的权利不因法院查封而丧失。2. 直接否定仲裁裁决法律效力错误，美匡公司有权依据生效的仲裁裁决向承运人提取货物或取得变价款。3. 二审判决在认定先锋公司持有的提单虚假而无权提取货物的同时，又以美匡公司持有的提单真实但背书不连续为由剥夺美匡公司的提货权，导致案涉货物成为无主物。二审判决强行认定涉案货物权利属于矿物公司，违反“不告不理”的诉讼原则。

先锋公司辩称：（一）美匡公司自认“在本案中系凭债权转让协议而非提单提取货物”，违背法律规定和国际航运惯例。1. 仲裁庭出具的（2014）海仲沪字第589号《回复函》载明，仲裁庭并未对货物所有权归属作出判断，并已在审理过程中向当事人释明转移提单提货权的商业风险。在此情况下，美匡公司仍达成和解协议，具有明显过错。美匡公司在《再审申请书》中自认系凭债权转让协议而非提单提取案涉货物，而本案为海上货物运输合同纠纷，对美匡公司的主张不应予以支持。（二）美匡公司提交的新证据《放货指令》，不符合承认交货的形式要件和前提条件，不具有法律效力。且海王公司在2014年12月23日的《谈话笔录》中称，“我们确认的提单和原告以及美匡持有的提单都不一样”。（三）本案是海上货物运输合同纠纷，美匡公司和其上家矿物公司均不是海上货物运输合同的当事人，也不是涉案提单的合法持有人，无权主张提货。综上，请求驳回美匡公司的再审请求。

先锋公司亦向本院申请再审，请求撤销一审判决第一项及关于案件受理费的判决；撤销二审判决；改判支持先锋公司全部诉讼请求。主要事实和理由：（一）原审法院存在程序瑕疵。原审法院未对两套提单上的签字和印章进行司法鉴定的情况下，仅凭提单签发人的单方陈述认定先锋公司持有的提单系伪造，缺乏事实依据。（二）原审法院认定事实和适用法律错误。案涉提单载明的托运人为先锋公司，根据《中华人民共和国海商法》和《中华人民共和国合同法》的相关规定，承运人应当按照托运人的指示交货。本案中的贸易术语为FOB，由买方进行租船订舱并支付运费、保险费等。先锋公司提交的RADIANT公司出具的租船声明、Sacvianam出具的购买保险声明等四份新证据，可证明先锋公司负责租船订舱、购买保险并支付了相应的费用。先锋公司作为提单持有人，有权向承运人主张提货。奥迪塞斯公司、海王公司以提单虚假为由拒绝交付货物，应承担相应的损失赔偿责任。

奥迪塞斯公司针对美匡公司、先锋公司的再审请求答辩称：一、二审判决认定事实清楚，适用法律正确，请求驳回美匡公司、先锋公司的再审请求。（一）先锋公司持有的提单是伪造的，奥迪塞斯公司拒绝交付货物具有法律依据。虽然原审法院没有对先锋公司持有提单的印章进行鉴定，但是根据RAINBOW公司出具的说明、Leila的函件以及海王公司、矿物公司等之间的往来邮件，可证明先锋公司持有的提单是伪造的。先锋公司再审期间提交的新证据，未经公证认证，真实性无法确认，且即使该证据是真实的，也无法证明先锋公司持有提单是真实的。（二）美匡公司持有的提单未经有效连续背书，奥迪塞斯公司拒绝放货符合法律规定。美匡公司持有的提单是不记名指示提单，承运人应当按照提单记载的托运人的指示通过背书的方式转让提单、交付货物，因此提单应当有效背书方能提货。仲裁庭虽然对美匡公司和矿物公司之间的合同协议作出裁决书，但是仲裁庭已经说明其裁决确认的仅是表面提货权。本案是海上货物运输合同纠纷，承运人依法仅应向合法的提单持有人交付货物。

再审期间，美匡公司、先锋公司向本院提交了新证据。

美匡公司向本院提交了两份证据材料：1.（2016）沪东证经字第12417号《公证书》及二审法院签收凭证，拟证明美匡公司二审提交的放货指令邮件经过了公证，而非二审判决记载的仅为电子邮件的打印件；2. 二审法院送达回证及当事人质证意见，拟证明奥迪塞斯公司、先锋公司对《公证书》发表了质证意见。本院经审查认为，美匡公司提交的上述证据，其在二审期间已经提交，二审法院已经对上述证据进行了质证认证，上述证据不属于新证据。

先锋公司向本院提交新证据：1.《RADIANT公司声明》，拟证明RADIANT系代先锋公司租船；2.《Sacvianam公司声明》，拟证明Sacvianam公司系为先锋公司购买保险；3. 中国人民财产保险股份有限公司货物运输保险单，拟证明奥迪塞斯轮的被保险人为Sacvianam公司；4. 五矿保险经纪（北京）有限责任公司的账单（DEBIT NOTE），拟证明该公司为Sacvianam公司代办海上运输保险；5.《2014年7月8日上海海事法院谈话笔录》《（2020）沪民终427号案庭审笔录》《奥迪塞斯公司在（2020）沪民终427号案中提交的提单》，拟证明奥迪塞斯公司确认RAINBOW公司是其代理人，矿物公司确认其同意将先锋公司记载为托运人，奥迪塞斯公司在（2020）沪民终427号案中还认可其曾签发过三套提单，其中2套记载托运人为先锋公司、1套记载托运人为矿物公司。

美匡公司、奥迪塞斯公司质证认为，《RADIANT公司声明》和《Sacvianam公司声明》未经公证认证，真实性无法确认，即使是真实的，因两公司与先锋公司是关联公司而具有利害关系，上述声明不应采信；先锋公司提交的证据3、4、5与本案无关联性。

本院认为，先锋公司提交的《RADIANT公司声明》经过公证认证，符合《中华人民共和国民事诉讼法》规定的形式要求，结合RADIANT公司与海王公司签订航次租船合同以运输案涉货物，以及先锋公司履行相关合同的有关事实，相关证据之间可形成印证。奥迪塞斯公司、美匡公司虽对该证据提出异议，但并未提供反驳证据，本院对《RADIANT公司声明》予以采信。证据5与其他证据相互印证，可以证明矿物公司同意将先锋公司记载为托运人之事实。证据2《Sacvianam公司声明》未经公证认证，证据3、4与本案无直接关联。

原审法院查明的事实，本院予以确认。

本院另查明，2014年2月10日，RADIANT公司代先锋公司与海王公司签订航次租船合同，并代先锋公司支付了运费。

另，一、二审法院已经查明，2014年2月5日，矿物公司与SGL公司签订买卖合同，2014年2月6日，先锋公司与CBH公司签订买卖合同，两份合同约定的货物均为铁矿粉，原产国均为伊朗，生产商均为SABANOORMINES，货物价格均为59.75美元/干吨。数量均为50000湿吨，+10%由买家选择。从付款情况来看，先锋公司依据其与CBH公司之间买卖合同的约定，支付了50%首付款，SGL公司于2014年2月28日和3月12日两次向矿物公司支付了共计贸易合同50%的货款。从托运人记载变更的情况来看，存在大副收据记载的托运人矿物公司最终变更为提单上记载的托运人先锋公司的变化过程，且该变更经过了矿物公司的同意。综合前述事实，从优势证据的角度，可以认定先锋公司与CBH公司签订的买卖合同与SGL公司和矿物公司签订的买卖合同系指向同一货物。前述合同均系采用FOB贸易术语。相对而言，矿物公司处于卖方地位，先锋公司处于买方地位。

本院认为，海王公司和海王公司住所地、涉及争议提单签发的事实等均位于中华人民共和国领域外，根据《最高人民法院关于适用〈中华人民共和国涉外民事关系法律适用法〉若干问题的解释（一）》第一条的规定，本案具有涉外因素。《中华人民共和国涉外民事关系法律适用法》第八条规定，涉外民事关系的定性，适用法院地法律。先锋公司、美匡公司均以提单为依据请求奥迪塞斯公司和海王公司交付货物，奥迪塞斯公司和海王公司则提出了相应抗辩，依据《中华人民共和国海商法》的规定，一、二审法院将本案定性为海上货物运输合同纠纷正确。关于本案的法律适用。各方当事人在一审期间一致选择适用中华人民共和国法律，根据《中华人民共和国涉外民事关系法律适用法》第三条的规定，一、二审法院适用中华人民共和国法律审理本案正确。

根据美匡公司、先锋公司的再审申请，本案的争议焦点是：一、相关当事人法律地位的识别问题；二、先锋公司和美匡公司依据各自持有的提单请求提货的主张是否应得到支持；三、奥迪塞斯公司、海王公司应否承担相关赔偿责任。

一、相关当事人的法律地位

关于先锋公司与奥迪塞斯公司、海王公司三者之间的法律关系。船舶所有人奥迪塞斯公司与海王公司签订定期租船合同，将船舶期租给海王公司，“AUDACIOUS”轮船长和船员由船舶所有人奥迪塞斯公司配备。奥迪塞斯公司系船舶出租人，海王公司系承租人。海王公司与RADIANT公司签订有航次租船合同，因合同系RADIANT公司受先锋公司委托与海王公司签订，因此，可以认定先锋公司与海王公司之间存在航次租船合同关系，海王公司系出租人，先锋公司系承租人。在奥迪塞斯公司与海王公司签订的定期租船合同中，约定船舶所有人授权承租人或者其代理人依据大副收据的记载代表船长或者船舶所有人签发提单。基于“AUDACIOUS”轮船长代表“AUDACIOUS”轮给予RAINBOW公司的授权，RAINBOW公司代表“AUDACIOUS”轮船长签发了提单。根据《中华人民共和国海商法》第七十二条第二款的规定，案涉提单应视为系奥迪塞斯公司签发。先锋公司系提单上载明的托运人且持有案涉提单，而提单系奥迪塞斯公司而非海王公司签发，可以认定先锋公司与奥迪塞斯公司存在提单运输关系。

关于美匡公司的法律地位。本案中，美匡公司系以有独立请求权第三人的身份参加诉讼。其虽亦持有一份提单，但其取得该提单系因矿物公司向其以物抵债。案涉提单系指示提单，矿物公司既非提单载明的托运人，亦非通过背书流转而取得提单，其系因以物抵债将提单交付给美匡公司，此种交付并不构成指示提单项下的背书流转，美匡公司既非托运人，亦非海上货物运输法律关系中的提单持有人。

二、先锋公司和美匡公司依据各自持有的提单请求提货的主张是否应得到支持

（一）先锋公司所持提单是否系伪造

一、二审法院认为，首先，本案提单由签单代理RAINBOW公司代表船长签发，作为提单的实际签发者，其辨认自己所签发提单的能力明显高于其他各方。而RAINBOW公司确认矿物公司持有的提单为真，先锋公司持有的提单系伪造；其次，承运人控制着提单的格式和签发，同时负有审查提单真实性的义务，其对于提单的辨识也应当是辨别提单真伪的依据之

一。而奥迪塞斯公司及海王公司均认可 RAINBOW 公司关于先锋公司所持提单系伪造的意见。先锋公司虽自述其持有的提单系 RADIANT 公司的员工自 RAINBOW 公司处拿到，但该陈述并未得到奥迪塞斯公司及海王公司的确认，先锋公司亦未进一步提交与自己的陈述相印证的证据。故先锋公司不能证明其持有的提单是通过正常渠道取得。加之先锋公司实际支付的货款尚未达到贸易合同所约定的货物所有权移转至先锋公司的条件。因此，一、二审法院认定先锋公司的提单系伪造。

本院认为，首先，对于先锋公司而言，RAINBOW 公司、奥迪塞斯公司和海王公司均为提单签发环节的利害关系人。航运实践中，货物由承运人或其代理人接收或者装船后，一般会应托运人的要求签发且仅签发一套正本提单，但因失误或其他各方面的原因，其对同一批接收或者装船的货物签发一套以上提单的可能性并不能完全排除。提单是否正确签发，直接关系到参与提单签发的相关方是否应承担相应责任，因此，参与提单签发的相关方，包括承运人或其船长，或其代理人，均为提单签发的利益相关方。本案中，虽然签单代理 RAINBOW 公司称先锋公司持有的提单系伪造，但 RAINBOW 公司系提单签发环节的利害关系人。虽然奥迪塞斯公司和海王公司亦认可 RAINBOW 公司的说法，但奥迪塞斯公司和海王公司亦均为提单签发环节的利害关系人，对于主张权利的提单持有人而言，利害关系人数量的增多仍不能改变其仍同处利害关系链条之事实。

其次，如果认定先锋公司系案涉提单的合法持有人将完全违背航运实践通常合理的做法，先锋公司的主张亦可被否定。但本案中并不存在这样的情形。一、二审法院认为，根据贸易合同的约定，先锋公司只有在支付了 98% 的货款后，货物所有权才发生移转，但先锋公司其时仅向其卖家 CBH 公司支付了 50% 的货款，该事实可作为否定先锋公司所持提单真实性的考量因素。本院认为，在本案就同一货物出现两套正本提单的特殊情况下，将提单持有人是否已支付约定的货物价款作为提单来源合理性、提单真实性的考量因素，有一定的合理性。但是，在考量贸易环节的相关事实时，更应注意到相关贸易术语下提单签发的相关做法。在典型的 FOB 贸易术语之下，买方或其代理人负有与承运人订立运输合同的义务，买方为契约托运人，卖方为实际托运人。《最高人民法院关于审理海上货运代理纠纷案件若干问题的规定》第八条第一款在规定实际托运人有权请求货运代理企业向其交付提单、海运单或者其他运输单证的同时，并未否定契约托运人取得提单的权利。因此，承运人将提单上的托运人记载为与其订立运输合同的人，包括买方、买方指定的代理人，或者买方代理人指定的人，并向其交付提单，并不违背典型 FOB 术语下提单签发的通常做法。

最后，虽然 RAINBOW 公司、奥迪塞斯公司和海王公司均认可美匡公司所持提单的真实性，但由于涉及其他主张提单权利的主体的利益，不能仅依据同属利害关系人的 RAINBOW 公司、奥迪塞斯公司和海王公司的陈述即承认某一方的提单的真实性并否定另一方的提单的真实性，除非存在其他可以相互印证的证据。

综上，矿物公司、奥迪塞斯公司、海王公司和美匡公司并未提供可以证明先锋公司伪造提单的确凿证据，先锋公司持有案涉提单也不存在明显违背航运实践的情形。就现有证据并根据举证责任的分配规则，一、二审法院关于先锋公司所持提单系伪造的结论不能成立。

（二）先锋公司和美匡公司依据各自所持提单请求提货应否得到支持

本院注意到，除了先锋公司所持提单上托运人一栏载明系先锋公司外，即便是美匡公司持有的提单，其上记载的托运人亦为先锋公司。对相关提单参与方的法律后果，分析如下：

对于矿物公司而言，第一，矿物公司一审提交过其被记载为托运人的一份大副收据，奥迪塞斯公司和海王公司对该证据均表示认可。矿物公司对提单上其最终未被记载为托运人而先锋公司被记载为托运人的事实进行了解释，称此举是为了规避贸易管制并满足信用证结算的要求。此外，矿物公司、奥迪塞斯公司和海王公司还提交相关电邮证据，拟证明就提单如何签发各方的协商过程，进而拟证明矿物公司所持提单真实有效。本院认为，将托运人记载为矿物公司的大副收据和已作废提单，固然可以证明提单的签发过程，但矿物公司最终同意放弃在提单上将自己记载为托运人，并同意将先锋公司记载为托运人，意味着矿物公司同意转由先锋公司而非矿物公司来与承运人建立相应运输关系。第二，因案涉提单系指示提单，提单的转让离不开提单载明的托运人的背书，大副收据上已被记载为托运人的矿物公司放弃在提单上将自身记载为托运人，还意味着矿物公司放弃了托运人所享有的通过对提单的背书转让来控制货物流转、保障货款安全的权利。第三，虽然矿物公司于物理形态上仍占有一份纸质提单，但从提单上托运人之记载的演变过程、提单对托运人的最终记载来看，矿物公司未曾具有过托运人和法律规定的提单持有人的身份。

对美匡公司而言，因为矿物公司既非提单上载明的托运人，亦非通过完整的背书流转而取得案涉提单，矿物公司取得案涉提单的来源存在瑕疵。矿物公司将提单交付美匡公司后，虽然美匡公司亦于物理形态上占有一份纸质提单，同理，美匡公司亦非法律规定的提单持有人。由于矿物公司的提单来源本即存在瑕疵，其通过以物抵债的方式交付给美匡公司，美匡公司所获得的权利不可能优于矿物公司。亦无法补足先前已存在的瑕疵。因此，除非作为提单载明的托运人且仍持有提单的先锋公司明确放弃提单项下的权利，否则提单来源存在瑕疵的美匡公司依据其提单所享有的权利将劣后于先锋公司。

综上，根据现有证据，在海上货物运输法律关系下，相比较而言，美匡公司无法凭借其占有的提单对抗、排斥先锋公司持有的提单。先锋公司有权凭借其提单向承运人主张提货。因一审法院已于 2014 年 6 月 3 日查封案涉货物，并于 2014 年 12 月 23 日拍卖案涉货物并提存了拍卖价款 6821281.95 元，先锋公司关于其有权取得涉案货物变卖价款人民币 6821281.95 元的主张，具有事实和法律依据，应予支持。美匡公司的再审请求缺乏事实和法律依据，一、二审法院关于美匡公司所持提单未经有效连续背书，且系采取司法保全措施之后转让，故无权依据提单取得货物为由对美匡公司的提货请求未予支持，认定正确。如果美匡公司因无权提取案涉货物而遭受损失，在满足法定要件的前提下，可以依据其他的法律关系主张权利。

三、关于奥迪塞斯公司、海王公司应否承担相关赔偿责任

先锋公司请求奥迪塞斯公司和海王公司连带赔偿其货物损失人民币 17251124 元，但其在一、二审审理过程中几乎未提交关于损失数额的实质性证据。首先，一审审理过程中，其一度提交过国际铁矿石交易价格之普氏指数报告，拟证明案涉货物在相关时间节点的价值，但后其撤回了该证据。再审过程中，其提交一份 2014 年普氏指数全年均价 96.7 美元/吨的网页打印件，并通过提交代理词的方式陈述了若干时间节点 62% 含铁量铁矿石普氏价格。

其在代理词中称，案涉货物价格在2014年2月13日的普氏价格为119.5美元每干吨，2014年12月17日的普氏价格为68.25美元每干吨，2014年12月31日的普氏价格为71.75美元每干吨。对比可知，先锋公司2014年2月初购买案涉货物的单价为59.75美元/干吨，2014年12月23日案涉货物的拍卖价为人民币6821281.95元。案涉货物系铁矿粉，根据先锋公司自己提供的证据，其购买案涉货物的合同价与同一时段内货物的普氏价格的关系，以及2014年12月23日拍卖案涉货物的拍卖价与其时段内货物的普氏价格不一，对于差异的成因、其对货物的后续实际处理等问题，先锋公司均未提交进一步的证据或给出合理解释。其次，案涉货物于2014年4月12日运抵目的港，先锋公司于2014年6月3日主张提货，在货物运抵仅两个月之后先锋公司方主张提货，即使存在差价损失，该两个月是否存在差价损失、责任方应如何确定等，先锋公司未提交相关证据或进行合理的解释。因此，先锋公司主张海王公司、奥迪塞斯公司赔偿其购买案涉货物的价格与货物拍卖价格之间的差价损失，但所提交的证据不足以支持其主张。综上，其要求海王公司、奥迪塞斯公司连带赔偿其损失17251124元的主张，本院不予支持。相应地，因损失基数的事实依据不足，先锋公司以该基数为依据主张的利息损失，本院亦不予支持。

综上所述，先锋公司的再审请求部分成立，应予支持。一、二审判决认定事实和适用法律错误，应予纠正。本院依照《中华人民共和国民事诉讼法》第二百零七条第一款、第一百七十条第一款第二项规定，判决如下：

一、撤销上海市高级人民法院（2016）沪民终119号民事判决；

二、撤销上海海事法院（2014）沪海法商初字第838号民事判决主文第一项，维持上海海事法院（2014）沪海法商初字第838号民事判决主文第二项；

三、案涉货物的拍卖价款6821281.95元归先锋出口公司（PioneerExport）所有；

四、驳回先锋出口公司（Pioneer Export）的其他诉讼请求；

一审案件受理费279492元，由先锋出口公司（Pioneer Export）负担116211元，由上海美匡供应链管理有限公司负担163281元。二审案件受理费279492元，由先锋出口公司（Pioneer Export）负担116211元，由上海美匡供应链管理有限公司负担163281元。

本判决为终审判决。

审 判 长 奚向阳
审 判 员 马东旭
审 判 员 郭载宇

二〇二二年九月十九日

法官助理 李训民
书 记 员 王 瀚

三普药业有限公司与远东智慧能源股份有限公司等第三人撤销之诉案

【裁判要旨】

有限责任公司股东之间的股权转让价款虽然参考了标的公司的经营情况，但标的公司对股权转让合同订立以及履行不产生约束力，因此，标的公司未参加股权转让双方的诉讼，不构成依法应当撤销的事由，标的公司提起的第三人撤销之诉请求依法应予驳回。

最高人民法院民事判决书
（2022）最高法民终50号

上诉人（原审被告）：远东智慧能源股份有限公司。住所地：青海省西宁市城东区南山东路7号创新创业大厦12楼1202－8。

法定代表人：蒋锡培，该公司董事长。

委托诉讼代理人：王宇，北京大成律师事务所律师。

委托诉讼代理人：汤晓勤，北京大成律师事务所律师。

被上诉人（原审原告）：三普药业有限公司。住所地：青海省西宁市城北区生物园区经二路12号。

法定代表人：徐元元，该公司执行董事。

委托诉讼代理人：夏佳楠，北京市中闻律师事务所律师。

原审被告：西藏荣恩科技有限公司。住所地：青海省格尔木市藏青工业园。

法定代表人：张雪峰，该公司执行董事。

委托诉讼代理人：陈琳，上海段和段（成都）律师事务所律师。

上诉人远东智慧能源股份有限公司（以下简称远东智慧公司）因与被上诉人三普药业有限公司（以下简称三普公司）、原审被告西藏荣恩科技有限公司（以下简称西藏荣恩公司）第三人撤销之诉一案，不服青海省高级人民法院（以下简称青海高院）（2021）青民撤1号民事判决，向本院提起上诉。本院于2022年2月14日立案。本院受理后，依法组成合议庭，开庭进行了审理。远东智慧公司的委托诉讼代理人王宇、汤晓勤、三普公司的委托诉讼代理人夏佳楠、西藏荣恩公司的委托诉讼代理人陈琳到庭参加诉讼。本案现已审理终结。

远东智慧公司上诉请求：1. 撤销一审法院（2021）青民撤1号民事判决第一项、第二项，依法改判驳回三普公司的全部诉讼请求；2. 一、二审诉讼费用由三普公司承担。事实和理由：（一）一审法院立案程序违法，适用法律错误。按照《最高人民法院关于适用〈中华人民共和国民事诉讼法〉的解释》（2020 年修订）第二百九十三条规定，第三人撤销之诉的立案程序不同于普通民事案件，并非立案登记制。一审法院在收到三普公司起诉状后即立案，剥夺了远东智慧公司在立案前提交书面意见的权利，有违第三人撤销之诉制度实质审查、严格立案的精神。（二）三普公司不具备提起第三人撤销之诉的主体资格。1. 三普公司不具备法律上的利害关系。《中华人民共和国民事诉讼法》（2017 年修订）第五十六条第二款规定的法律上的利害关系应为存在直接关联的法律关系并在事实上产生利益影响的情形。（2020）青民终 291 号民事判决和（2017）青 01 民初 52 号民事判决系远东智慧公司与西藏荣恩公司之间的股权转让合同纠纷，《股权收购协议》明确约定远东智慧公司有权向西藏荣恩公司主张 5000 万元，西藏荣恩公司在收购目标公司时进行了必要的尽职调查，确认目标公司存在该 5000 万元债务，并约定了该 5000 万元的具体支付时间，5000 万元是《股权收购协议》项下股权转让款的一部分，实际支付人是西藏荣恩公司，三普公司非《股权收购协议》的当事方，其在该法律关系中不享有权利，亦不承担义务。原诉生效判决仅对远东智慧公司和西藏荣恩公司具有约束力，生效判决的主文并未确定或者直接影响三普公司的权利义务，与三普公司不具有法律上的利害关系，其民事权益并未受到实际损害。2. 案涉《股权收购协议》未给三普公司额外设定债务。三普公司的 5000 万元负债，是《股权收购协议》签订时，远东智慧公司与西藏荣恩公司对原本已经存在的债权债务进行的核算，并未额外给三普公司设定债务，不需三普公司举债。《股权收购协议》不仅未给三普公司设定 5000 万元债务，反而在多处免除其可能还对远东智慧公司负担的债务或约定由远东智慧公司承担三普公司可能承担的债务、支付及赔偿责任。案涉《股权收购协议》在股权变更时备案存在，协议内容公示，三普公司办理了工商变更登记，对该 5000 万元应知情，对其支付方式也是认可的。案涉债务经过审计报告确认，不存在未提供三普公司财务报表一说。3. 三普公司不享有可以提起第三人撤销之诉的民事权益。民事权益通常是指《中华人民共和国侵权责任法》第二条规定的民事权益及法律明确规定给予特别保护的债权，本案三普公司主张的民事权益属于普通的债权债务关系，并不在第三人撤销之诉民事权益保护范围。西藏荣恩公司认可，在三普公司股权过户后，远东智慧公司与西藏荣恩公司就三普公司各项财务进行交接，包括三普公司截至 2015 年 12 月 26 日的资产负债表及利润表，该表有三普公司的盖章。《股权收购协议》不需要西藏荣恩公司与三普公司有借款合意，而是由西藏荣恩公司加入三普公司与远东智慧公司之间的债，对远东智慧公司承担偿还义务。（三）三普公司明知另案诉讼全部情况，怠于行使诉讼权利，对未参加远东智慧公司和西藏荣恩公司的诉讼有明显过错，不符合提起第三人撤销之诉的程序条件。1. 三普公司了解案涉纠纷的全部情况。本案与关联案件均源于远东智慧公司与西藏荣恩公司签订的《股权收购协议》，远东智慧公司诉西藏荣恩公司的股权转让纠纷与三普公司诉远东智慧公司股东出资纠纷的审理几乎同时进行，且 2016 年青海省西宁市中级人民法院（以下简称西宁中院）开庭审理远东智慧公司诉西藏荣恩公司股权转让纠纷案时，西藏荣恩公司与三普公司法定代表人均为张雪峰。三普公司诉远东智慧公司股东出资纠纷中，三普公司认可远东智慧公司提供的远东智慧公司与西藏荣恩公司纠纷案的一审判决真实性，三普公司法定代表人参与案件审理。三普公司两任法定代表人对远东智慧公司与西藏荣恩公司之间因《股权收购协议》涉及的 5000 万元发生纠纷的事实、发展、诉讼情况完全知情。2. 三普公司未参加诉讼有明显过错。自 2016 年至本次三普公司提起第三人撤销之诉长达5年，关联案件经多次审理，三普公司已知原诉正在进行，但未申请参加诉讼，未完成《最高人民法院关于适用〈中华人民共和国民事诉讼法〉的解释》第二百九十二条（2020年修订）规定的证明责任，应当驳回诉讼请求。3. 西藏荣恩公司、远东智慧公司、三普公司之间的关联案件经多次发回重审，三普公司对诉讼结果与其利害关系完全能够作出判断，但三普公司仅因自身错误判断了诉讼结果而放弃自己的诉讼权利，现又以无法判断是否与案件有关为由提起本案诉讼，明显与事实不符。一审法院认为无独立请求权第三人在人民法院未通知其参加诉讼，当事人也未申请参加诉讼，一般不能认定为有明显的过错，该认定错误。

三普公司答辩称：（一）（2020）青民终291号民事判决的处理结果与三普公司有法律上的利害关系，损害了三普公司的民事权益。三普公司符合第三人撤销之诉的主体及实体条件，有权提起本案之诉。1. （2020）青民终291号民事判决系根据《股权收购协议》的约定，判令西藏荣恩公司向远东智慧公司支付5000万元。该款项为三普公司欠付远东智慧公司及其关联方的欠款，并由西藏荣恩公司向三普公司借款支付给远东智慧公司，该生效判决结果与三普公司之间具有明显的法律上的利害关系，三普公司系无独立请求权的第三人。2. 另案生效判决在三普公司既未参与订立《股权收购协议》，又未参加案件审理的情况下，未对三普公司是否欠款以及欠款数额等基本事实进行审查，即认定三普公司欠付远东智慧公司及其关联方5000万元并判令西藏荣恩公司向远东智慧公司支付，明显错误，损害了三普公司的民事权益。3. 另案生效判决强行为三普公司设定了债务，并使三普公司面临巨额的债务追偿，损害了三普公司的财产权益。三普公司系因另案生效判决错误地使其承担5000万元债务、损害其财产权益而提起本案的第三人撤销之诉，属于法律规定的第三人撤销之诉保护的民事权益范围。远东智慧公司提出三普公司所主张的民事权益属于普通的债权债务关系，不受第三人撤销之诉保护，与本案事实不符、没有法律依据。（二）根据最高人民法院的相关指导意见，三普公司作为另案生效判决无独立请求权的第三人，未参加诉讼无明显过错，符合提起第三人撤销之诉的程序条件。1. 三普公司作为无独立请求权第三人即使知道诉讼已经存在，人民法院未通知其参加诉讼，当事人也未申请参加诉讼，一般不能认定具有明显的过错，故三普公司符合提起第三人撤销之诉的程序条件。2. 远东智慧公司主张三普公司有明显过错，应当承担证明三普公司对另案诉讼非常清楚，对诉讼结果与其利害关系能够作出判断的举证证明责任。本案远东智慧公司未完成举证责任，故不能认定三普公司具有明显过错。3. 三普公司的民事权益因另案诉讼的错误判决受到损害，除提起本案第三人撤销之诉外没有其他司法救济途径。一审法院认定“考虑到我国当前诉讼当事人法律知识和诉讼能力还不够高，如果要求第三人无过错，则不利于保护案外第三人的合法权益”，符合最高人民法院相关指导意见，彰显第三人撤销之诉的立法价值，应当予以维持。（三）一审法院虽然没有在立案前向远东智慧公司送达起诉状副本，但远东智慧公司参与本案一审诉讼，充分行使了诉讼权利，其提出书面意见的诉讼权利并未遭受实质损失，一审法院在立案前未送达起诉状和证据材料并非严重程序违法，亦未对案件受理后远东智慧公司的诉讼权利构成障碍，故该程序未影响本案处理结果，且在一审长达四个月的审理期间，远东智慧公司从未就立案程序问题提出异议，远东智慧公司以一审法院剥夺其提出书面意见的权利为由主张立案程序违法的上诉理由，不能成立。请求驳回上诉，维持原判。

西藏荣恩公司答辩称：（一）一审法院是在立案前还是立案后送达起诉状不影响远东智慧公司行使权利，也不影响判决的正确性。（二）远东智慧公司依据（2020）青民终 291 号民事判决申请执行西藏荣恩公司，且已经执行了 1000 多万元，如果该判决不撤销，西藏荣恩公司会向三普公司行使追偿权。（三）案涉《股权收购协议》第 4.1 条以“偿还”“借款”等语句明确了案涉争议的款项性质为借款，借款合同为实践性合同，借贷合同的生效不仅需要借贷合意、还需要实际交付，因三普公司并无借贷意愿，无法成立借款合同。该条约定“以三普财务报表为准”，但在协议签订前，西藏荣恩公司基于远东智慧公司系上市公司的考虑，未核对报表，故在该条款中约定“预计不超过……”，并在该协议第 11.3 条中由远东智慧公司作出承诺：“标的公司财务报表不存在任何虚假记载”；协议签订过程中，远东智慧公司也未向西藏荣恩公司提交标的公司的财务报表供西藏荣恩公司确认。协议签订后，直到远东智慧公司收到股权转让款 3.2 亿元后，将财务电子档移交西藏荣恩公司，西藏荣恩公司才发现财务报表有诸多虚假记载，遂引起一系列纠纷。目前，关于其财务虚假记载导致的西藏荣恩公司要求其补足净资产差额的纠纷尚在进行中。（四）本案各方当事人在一审中已经明确未曾对报表内容达成确认。远东智慧公司认为有关资产负债表已经附在《股权收购协议》，从而认为 5000 万元应得到支持的上诉理由不成立。（五）三普公司系独立法人主体，其自由意志应当得到尊重，西藏荣恩公司未操纵三普公司进行诉讼。《股权收购协议》第 4.1 条反而证明远东智慧公司直接代表其关联公司处分与三普公司的债权债务关系。

三普公司向一审法院提出诉讼请求：1. 依法撤销西宁中院（2017）青 01 民初 52 号民事判决及青海高院（2020）青民终 291 号民事判决；2. 依法确认远东智慧公司与西藏荣恩公司签订的《股权收购协议》中为三普公司设定义务（债务）的条款（4.1 条、6.3 条、6.4 条）无效。本案一审开庭审理时，三普公司将诉讼请求变更为：依法撤销西宁中院（2017）青 01 民初 52 号民事判决第一项、第二项及青海高院（2020）青民终 291 号民事判决中维持（2017）青 01 民初 52 号民事判决第一项、第二项之判项。

（2017）青 01 民初 52 号远东智慧公司诉西藏荣恩公司股权转让纠纷一案，远东智慧公司向西宁中院提出诉讼请求：1. 西藏荣恩公司依约向远东智慧公司支付 5000 万元；2. 按协议约定支付违约金 3615 万元（按照应付未付金额的千分之三/每日计算至付清款项之日，暂计算至 2016 年 7 月 31 日），并承担本案诉讼费、律师费 125 万元；3. 支付其他损失 10282448.78 元。

西宁中院认定事实如下：甲方远东智慧公司与乙方西藏荣恩公司于 2015 年 10 月 21 日签订《股权收购协议》，协议约定：甲方按照本协议的约定向乙方转让收购标的，乙方按照本协议的约定向甲方购买收购标的；本协议项下的收购标的为甲方持有的三普公司 100% 的股权；标的公司截至股权过户日的净资产不低于 2.4 亿元，否则甲方按差异金额向乙方承担补足义务，截至股权过户日的总负债不高于 1.2 亿元，否则差异金额由甲方代为清偿。截至股权过户日，标的公司需偿还的对甲方及其关联方的应付款项不超过 1 亿元，甲方及其关联方对标的公司的应付款项预计不超过 5000 万元，此两项相抵后的净值应当按 5000 万元取值，由乙方借款给标的公司按照本协议第六条支付，按此规定支付完成后，如尚有标的公司欠付甲方款项，由甲方自行处理，标的公司不再承担偿还义务；收购标的的价格为 3.2 亿元，由乙方根据本协议第六条的约定方式支付；自本协议签署之日次日，乙方将 3 亿元作为收购标的的预付款支付给甲方；甲乙方按照本协议第八条所述的公章证照交接手续完成后2个工作日内，乙方向甲方支付剩余的收购标的价款2000万元；本次交易完成股权转让工商变更登记后2个工作日内，乙方通过标的公司向甲方支付3000万元现金，用于偿还标的公司所欠的甲方及其关联方的金额；甲方保证其注入三普公司但仍未办理完毕权属登记的土地使用权及原GSP大楼房产（见披露清单）完成权属变更登记后2个工作日内，乙方通过标的公司向甲方支付2000万元现金，用于偿还标的公司所欠的甲方及其关联方的金额；标的公司的财务会计报表均已经按照中国现行有效的会计制度……真实、准确、完整……不存在任何虚假记载；甲方未能向乙方提供资产已注入标的公司的有关证明文件、交易文件、数据、信息、证据等资料，而致使标的公司或者乙方发生损失时，则该损失应当由甲方全额承担；同时，对违约进行了明确的约定。双方约定的股权收购价款3.2亿元，西藏荣恩公司已向远东智慧公司支付完毕，协议中约定的工商变更登记已于2015年11月17日办理，房产权属于2015年12月17日、土地权属于2015年12月22日变更。

西宁中院一审认为，远东智慧公司与西藏荣恩公司签订的《股权收购协议》及附件均系双方真实意思表示，内容亦不违法，应属有效，双方均应按协议约定的平等、自愿、诚信原则履行各自的义务。根据《股权收购协议》中约定内容，能够证实双方明确约定目标公司三普公司的收购款项由股权收购价格3.2亿元和目标公司应付款项5000万元构成，对此，双方亦在合同中明确了上述3.7亿元的支付条件和期限，现有证据能够证实西藏荣恩公司已经按照约定支付了股权收购款3.2亿元，同时亦能证实远东智慧公司已依约完成了股权转让工商变更登记及目标公司相关的土地权属证书的变更手续，西藏荣恩公司亦应按照协议约定履行支付目标公司应付款项5000万元的付款义务。但西藏荣恩公司怠于履行剩余款项的付款义务，已构成违约，应承担相应的违约责任。远东智慧公司主张支付剩余款项5000万元的请求成立，予以支持。关于违约金，西宁中院酌定按照中国人民银行授权全国银行间同业拆借中心2020年8月20日公布的一年期LPR3.85标准上浮50%后再上浮30%计算。遂判决：（一）西藏荣恩公司于判决生效后三十日内给付远东智慧公司股权收购协议中约定的应付款项5000万元；（二）西藏荣恩公司应支付的3000万元，自2015年11月20日至2016年7月31日，按照中国人民银行授权全国银行间同业拆借中心2020年8月20日公布的一年期LPR3.85标准上浮50%后再上浮30%计算，违约金为1501500元（3000万元×年利率3.85%×8个月÷12×1.5×1.3=1501500元），自2016年8月1日至3000万元款项付清之日止的利息按上述标准计算；西藏荣恩公司应支付的2000万元，自2015年12月25日至2016年7月31日，按照中国人民银行授权全国银行间同业拆借中心2020年8月20日公布的一年期LPR3.85标准上浮50%后再上浮30%计算，违约金为875875元（2000万元×年利率3.85%×7个月÷12×1.5×1.3），自2016年8月1日至2000万元款项付清之日止的利息按上述标准计算；（三）西藏荣恩公司于判决生效后三十日内给付远东智慧公司其他损失及诉讼费损失共计10282448.78元；（四）驳回远东智慧公司主张西藏荣恩公司承担律师费1250000元的诉讼请求。一审案件受理费530212.24元，由远东智慧公司负担106042.45元，西藏荣恩公司负担424169.79元。

上述西宁中院一审判决作出后，远东智慧公司和西藏荣恩公司均不服，上诉至青海高院。远东智慧公司与西藏荣恩公司对一审查明的事实均无异议，青海高院予以确认。关于西藏荣恩公司应否支付远东智慧公司5000万元及违约金如何认定的问题。青海高院认为，双方争议的主要问题是案涉股权转让款的数额是3.2亿元还是3.7亿元。根据查明的事实，《股权收购协议》第六条价款及其他费用支付方式中对于西藏荣恩公司应当支付给远东智慧公司的款项约定明确，即协议签署次日，西藏荣恩公司支付3亿元作为收购标的的预付款；公章证照交接手续完成后2个工作日内，西藏荣恩公司支付剩余收购标的的价款2000万元；股权转让工商变更登记后2个工作日内，西藏荣恩公司通过标的公司向远东智慧公司支付3000万元，用于偿还标的公司所欠远东智慧公司及其关联方的款项；远东智慧公司保证其注入三普公司但仍未办理完毕权属登记的土地使用权及原GSP大楼房产完成权属变更登记后2个工作日内，西藏荣恩公司通过标的公司向远东智慧公司支付2000万元，用于偿还标的公司所欠远东智慧公司及其关联方的款项。从以上约定款项支付情况计算，西藏荣恩公司应支付远东智慧公司的款项总计金额为3.7亿元，其中3.2亿元系股权收购价款，5000万元需西藏荣恩公司通过三普公司支付欠付远东智慧公司及其关联方的款项。该约定内容具体明确，不存在合同内容理解上的歧义，无论该款项是股权收购款还是其他应付费用，不影响西藏荣恩公司依约履行付款义务，西藏荣恩公司应依约履行。对于西藏荣恩公司主张的通过三普公司支付远东智慧公司及其关联方的5000万元需以双方实际存在债权债务关系为前提的抗辩意见。根据《股权收购协议》第4.1条约定，截至股权过户日，标的公司需偿还的对远东智慧公司及其关联方的应付款项不超过1亿元，远东智慧公司及其关联方对标的公司的应付款项预计不超过5000万元，此两项相抵后的净值应当按5000万元取值，由西藏荣恩公司借款给标的公司按照本协议第六条支付，按此规定支付完成后，如尚有标的公司欠付远东智慧公司款项，由远东智慧公司自行处理，标的公司不再承担偿还义务。据此约定，案涉5000万元系远东智慧公司与西藏荣恩公司就远东智慧公司与三普公司债权债务的清理条款，并约定由西藏荣恩公司支付，并未约定附加或支付该款的前提条件，故西藏荣恩公司所持其仅负有向三普公司借款的义务，并无向远东智慧公司支付5000万元的义务的抗辩意见与协议约定不符，不予采纳。关于违约金的认定，青海高院认为西宁中院处理并无不当。故驳回上诉，维持原判。二审案件受理费652969.79元，由远东智慧公司负担228800元，西藏荣恩公司负担424169.79元。

本案一审中当事人围绕诉讼请求依法提交了证据，一审法院组织当事人进行了证据交换和质证，对当事人无异议的证据，一审法院予以确认并在卷佐证。

一审法院认定事实如下：甲方远东智慧公司与乙方西藏荣恩公司于2015年10月21日签订了《股权收购协议》，协议约定："甲方按照本协议的约定向乙方转让收购标的，乙方按照本协议的约定向甲方购买收购标的。本协议项下的收购标的为甲方持有的三普公司100%的股权。标的公司截至股权过户日的净资产不低于2.4亿元，否则甲方按差异金额向乙方承担补足义务，截至股权过户日的总负债不高于1.2亿元，否则差异金额由甲方代为清偿。截至股权过户日，标的公司需偿还的对甲方及其关联方的应付款项不超过1亿元，甲方及其关联方对标的公司的应付款项预计不超过5千万元，此两项相抵后的净值应当按5000万元取值，由乙方借款给标的公司按照本协议第六条支付，按此规定支付完成后，如尚有标的公司欠付甲方款项，由甲方自行处理，标的公司不再承担偿还义务，以上数据以三普公司财务报表为准。收购标的的价格为3.2亿元，由乙方根据本协议第六条的约定方式支付。自本协议签署之日次日，乙方将 3 亿元作为收购标的的预付款支付给甲方；甲乙方按照本协议第八条所述的公章证照交接手续完成后 2 个工作日内，乙方向甲方支付剩余的收购标的价款 2000 万元。本次交易完成股权转让工商变更登记后 2 个工作日内，乙方通过标的公司向甲方支付 3000 万元现金，用于偿还标的公司所欠的甲方及其关联方的金额；甲方保证其注入三普公司但仍未办理完毕权属登记的土地使用权及原 GSP 大楼房产（见披露清单）完成权属变更登记后 2 个工作日内，乙方通过标的公司向甲方支付 2000 万元现金，用于偿还标的公司所欠的剩余全部甲方及其关联方的欠款；乙方通过标的公司向甲方及其关联方累计支付 6.3 及 6.4 所述的 5000 万元后，标的公司无需再向甲方及其关联方清偿任何款项。”依据《股权收购协议》远东智慧公司将西藏荣恩公司诉至西宁中院，西宁中院做出一审判决后，双方均不服上诉于青海高院，青海高院驳回上诉，维持原判。上述判决生效后，三普公司向一审法院提起第三人撤销之诉。

一审法院认为本案争议焦点为：三普公司是否有权提起第三人撤销之诉及（2017）青 01 民初 52 号民事判决第一项、第二项是否错误，（2020）青民终 291 号民事判决维持上述判项的部分是否错误，是否应予撤销。

一审法院认为，远东智慧公司（甲方）与西藏荣恩公司（乙方）所签《股权收购协议》约定：“截至股权过户日，标的公司需偿还的对甲方及其关联方的应付款项不超过 1 亿元，甲方及其关联方对标的公司的应付款项预计不超过 5000 万元，此两项相抵后的净值应当按 5000 万元取值，由乙方借款给标的公司按照本协议第六条支付，按此规定支付完成后，如尚有标的公司欠付甲方款项，由甲方自行处理，标的公司不再承担偿还义务，以上数据以三普公司财务报表为准。”上述约定内容分三个层次，存在以下问题：第一，“截至股权过户日，三普公司需偿还的对远东智慧公司及其关联方的应付款项不超过 1 亿元，远东智慧公司及其关联方对三普公司的应付款项预计不超过 5000 万元，此两项相抵后的净值应当按 5000 万元取值”。在三普公司及远东智慧公司的关联方未参与协议订立的情况下，以上债权债务及金额的确定与三普公司及远东智慧公司的关联方具有法律上的利害关系，有可能损害三普公司及远东智慧公司关联方的民事权益。第二，“由西藏荣恩公司借款给三普公司按照本协议第六条支付给远东智慧公司”。首先，借贷关系的成立需债务人主动举债，在三普公司自身未主动举债的情况下，远东智慧公司即与西藏荣恩公司达成协议，由西藏荣恩公司借款给三普公司，但所借款项又并非支付给三普公司，而是通过三普公司支付给远东智慧公司，远东智慧公司与西藏荣恩公司通过协议的方式为三普公司设定债务，损害了三普公司的民事权益。其次，借款合同为实践性合同，需借贷双方达成合意，即由借款方三普公司与出借方西藏荣恩公司达成借款合意并实际支付款项，在三普公司未举债，西藏荣恩公司不同意出借款项的情况下，远东智慧公司无权要求西藏荣恩公司借款给三普公司，向远东智慧公司支付该笔款项。第三，“以上数据以三普公司财务报表为准”。截至本案一审法庭辩论终结，各方当事人均未提交三普公司财务报表，故以上数据是否准确未有定论。三普公司既未参与《股权收购协议》的订立，又未参加（2017）青 01 民初 52 号及（2020）青民终 291 号案件审理，法院在案件审理中亦未对三普公司是否欠款及欠款金额等情况进行调查核实，即（2017）青 01 民初 52 号及（2020）青民终 291 号案件对三普公司是否欠付远东智慧公司及其关联方 5000 万元的事实并未查清。生效判决在对上述法律关系及各方之间是否存在欠款及金额等事实未予查清的情况下，简单依据《股权收购协议》的约定判决西藏荣恩公司给付远东智慧公司《股权收购协议》中约定的应付款项5000万元及相应违约金错误。该判决虽判令西藏荣恩公司给付远东智慧公司5000万元及违约金，但根据协议约定，该款项系西藏荣恩公司借款给三普公司，通过三普公司支付远东智慧公司，当西藏荣恩公司履行生效判决支付远东智慧公司上述款项后，三普公司将面临被西藏荣恩公司追偿的风险，生效判决存在错误，且损害了三普公司的民事权益。

根据《中华人民共和国民事诉讼法》（2017年修订）第五十六条“对当事人双方的诉讼标的，第三人认为有独立请求权的，有权提起诉讼。对当事人双方的诉讼标的，第三人虽然没有独立请求权，但案件处理结果同他有法律上的利害关系的，可以申请参加诉讼，或者由人民法院通知他参加诉讼。人民法院判决承担民事责任的第三人，有当事人的诉讼权利义务。前两款规定的第三人，因不能归责于本人的事由未参加诉讼，但有证据证明发生法律效力的判决、裁定、调解书的部分或者全部内容错误，损害其民事权益的，可以自知道或者应当知道其民事权益受到损害之日起六个月内，向作出该判决、裁定、调解书的人民法院提起诉讼。人民法院经审理，诉讼请求成立的，应当改变或者撤销原判决、裁定、调解书；诉讼请求不成立的，驳回诉讼请求”之规定，（2017）青01民初52号及（2020）青民终291号案件系远东智慧公司与西藏荣恩公司之间的股权转让纠纷，三普公司没有独立的请求权，但上述案件的处理结果与三普公司具有法律上的利害关系，三普公司属于无独立请求权第三人。（2017）青01民初52号及（2020）青民终291号判决部分内容错误，且损害三普公司民事权益，三普公司自原诉二审判决作出之日起（2021年3月12日）六个月内有权提起第三人撤销之诉。关于远东智慧公司抗辩三普公司知道（2017）青01民初52号及（2020）青民终291号案件，但并未申请参加诉讼，不符合“因不能归责于本人的事由未参加诉讼”之规定，应驳回起诉的理由。一审法院认为，不能归责于本人的事由未参加诉讼，一般是指第三人未参加原诉讼无明显过错的情形，即第三人未参加原诉讼不属于故意、重大过失的情形。无独立请求权的第三人对诉讼标的没有独立的请求权，案件的处理结果同他有法律上的利害关系，因此在诉讼进行过程中、处理结果出来之前，通常难以判断。无独立请求权人即使知道诉讼已经存在，人民法院未通知其参加诉讼，当事人也未申请其参加诉讼，其未申请参加诉讼的，一般不能认定其有明显的过错。考虑到我国当前诉讼当事人法律知识和诉讼能力还不够高，如果要求第三人无过错，则不利于保护案外第三人的合法权益。故对远东智慧公司的该辩解理由，一审法院不予支持。

综上，一审法院认为三普公司作为无独立请求权第三人，案件处理结果同他有法律上的利害关系，（2017）青01民初52号民事判决第一项、第二项错误，（2020）青民终291号民事判决维持上述判项的部分错误，且损害三普公司民事权益，应予撤销。依照《中华人民共和国民事诉讼法》（2017年修订）第五十六条、《最高人民法院关于适用〈中华人民共和国民事诉讼法〉的解释》（2020年修订）第二百九十二条、第二百九十五条、第二百九十六条、第二百九十八条、第三百条之规定，判决如下：（一）撤销西宁中院（2017）青01民初52号民事判决的第一项、第二项，即“一、西藏荣恩公司于判决生效后三十日内给付远东智慧公司股权收购协议中约定的应付款项5000万元；二、西藏荣恩公司应支付的3000万元，自2015年11月20日至2016年7月31日，按照中国人民银行授权全国银行间同业拆借中心2020年8月20日公布的一年期LPR3.85标准上浮50%后再上浮30%计算，违约金为1501500元（3000万元×年利率3.85%×8个月÷12×1.5×1.3=1501500元），自2016年8月1日至3000万元款项付清之日止的利息按上述标准计算；西藏荣恩公司应支付的2000万元，自2015年12月25日至2016年7月31日，按照中国人民银行授权全国银行间同业拆借中心2020年8月20日公布的一年期LPR3.85标准上浮50%后再上浮30%计算，违约金为875875元（2000万元×年利率3.85%×7个月÷12×1.5×1.3），自2016年8月1日至2000万元款项付清之日止的利息按上述标准计算”；（二）撤销青海高院（2020）青民终291号民事判决中维持（2017）青01民初52号民事判决第一项、第二项的部分。一审案件受理费291800元，由远东智慧公司负担145900元，西藏荣恩公司负担145900元。

二审中，远东智慧公司提交了四组证据，本院组织当事人进行了证据交换和质证。

第一组证据：三普公司股东由远东智慧公司变更为西藏荣恩公司时在工商局备案的《股权收购协议》，证明三普公司负责办理股东工商变更登记，对于《股权收购协议》全部的内容完全知情。

第二组证据：（2016）青01民初253号民事判决、（2016）青民终字第163号民事裁定、（2018）青01民初66号民事判决，证明远东智慧公司于2016年7月就案涉5000万元向西宁中院提起诉讼时，三普公司与西藏荣恩公司的法定代表人均为张雪峰，并且张雪峰为案涉《股权收购协议》的签署者，三普公司现任法定代表人徐元元参与了关联案件的审理，三普公司两任法定代表人对远东智慧公司及西藏荣恩公司之间的诉讼完全知情；西藏荣恩公司在本案二审委托的诉讼代理人与三普公司另案委托的诉讼代理人为同一代理人，三普公司对原诉判决是否与三普公司有利害关系或侵害其合法权益可以作出明确判断；三普公司自2016年就知晓相关判决结果，在案件发回重审后也一直未参加诉讼，怠于行使诉讼权利，丧失提起第三人撤销之诉的资格。

第三组证据：（2017）青01民初40号民事判决，西藏荣恩公司在远东智慧公司诉西藏荣恩公司5000万元诉讼过程中提交的证据目录及证据2资产负债表，证明5000万元债务系根据三普公司的资产负债表等财务资料审计计算而来，三普公司应当支付给远东智慧公司的金额为5000万元。

第四组证据：一审法院送达有关本案的应诉通知书、举证通知书、起诉状、送达回证等，证明一审法院违反《最高人民法院关于适用〈中华人民共和国民事诉讼法〉的解释》（2020年修订）第二百九十三条规定的受理第三人撤销之诉的立案程序，程序违法。

针对远东智慧公司提交的上述证据，三普公司认可上述工商登记以及相关法律文书的真实性，对其证明目的不予认可。对另案中西藏荣恩公司提交的证据材料称不知情，也不认可该证据的证明目的。

西藏荣恩公司对上述证据的真实性均予以认可，对证明目的均不予认可。

因上述第三组证据中的有关证据目录系另案中出示，西藏荣恩公司已经认可其真实性，故本院确认另案中三普公司的资产负债表已经作为证据提交的事实。对三普公司工商变更登记、远东智慧公司与西藏荣恩公司股权转让纠纷诉讼的过程、一审法院就本案的立案过程的事实予以确认，对上述事实与本案的关联性问题本院在论理部分结合争议焦点予以阐释。

本院二审查明：（一）三普公司工商变更登记的有关事实。2015年11月17日，三普公司的股东由远东智慧公司变更为西藏荣恩公司，工商变更登记中的备案资料为远东智慧公司与西藏荣恩公司的案涉《股权收购协议》。

（二）与本案相关的其他诉讼案件的情况。1. 本案三普公司拟撤销的原诉生效判决为远东智慧公司与西藏荣恩公司的股权转让纠纷案件，远东智慧公司于2016年7月4日起诉至西宁中院，西宁中院于2016年9月20日作出（2016）青01民初253号民事判决，宣判后，双方均不服一审判决，上诉至青海高院。青海高院于2016年12月14日作出（2016）青民终字第163号民事裁定，以原判决认定事实不清为由，撤销原判，发回重审。西宁中院于2020年9月3日作出（2017）青01民初52号民事判决，宣判后，双方均不服一审判决，上诉至青海高院。青海高院于2021年3月12日作出（2020）青民终291号民事判决，即本案双方争议的应否撤销的生效判决。在该案重审前的一审审理过程中，西藏荣恩公司的法定代表人张雪峰也是三普公司的法定代表人。

2. 三普公司起诉远东智慧公司股东出资纠纷一案，西宁中院于2016年11月8日立案，2017年8月16日作出（2016）青01民初第370号民事判决。三普公司不服，提起上诉，青海高院于2018年1月11日作出（2017）青民终187号民事裁定将该案发回重审。西宁中院于2018年12月28日作出（2018）青01民初66号民事判决。三普公司提起上诉。青海高院于2019年5月29日作出（2019）青民终89号民事裁定将该案再次发回重审。西宁中院于2021年7月7日作出（2019）青01民初373号民事判决，三普公司提起上诉，后撤回上诉。青海高院于2021年12月24日作出（2021）青民终212号民事裁定，准许三普公司撤回上诉。在该案审理过程中，法院依法就远东智慧公司与西藏荣恩公司的（2016）青01民初253号案件诉讼情况进行了查明。

3. 西藏荣恩公司诉远东智慧公司股权转让纠纷案，西宁中院2017年2月17日立案，该案中西藏荣恩公司以远东智慧公司向其转让的三普公司的资产存在差额为由，要求远东智慧公司补足差额并支付违约金等合计1835万余元等。西宁中院于2020年9月3日作出（2017）青01民初40号民事判决，驳回西藏荣恩公司的诉讼请求。西藏荣恩公司提起上诉。青海高院于2021年1月28日作出（2020）青民终289号民事裁定，将该案发回重审。该案尚在审理中。上述（2017）青01民初40号案审理中，西藏荣恩公司提交了远东智慧公司提供给西藏荣恩公司的三普公司的资产负债表、利润表、现金流量表，西藏荣恩公司在该案中提交了三普公司的有关财务记账凭证等。

二审查明的其余事实与一审一致。

本院认为，根据《最高人民法院关于适用〈中华人民共和国民法典〉时间效力的若干规定》第一条第二款“民法典施行前的法律事实引起的民事纠纷案件，适用当时的法律、司法解释的规定，但是法律、司法解释另有规定的除外”的规定，本案诉争事实发生在《中华人民共和国民法典》施行前，故依法应适用当时的法律、司法解释的规定。根据诉讼双方的上诉请求及答辩，本案的主要争议焦点为：（一）三普公司是否为原诉生效判决案中的无独立请求权第三人；（二）原诉生效判决是否损害三普公司权益，应否撤销；（三）三普公司未参加原诉生效判决案件审理过程是否属于不能归责于本人的事由；（四）一审受理程序是否存在重大程序违法。

（一）关于三普公司是否为原诉生效判决案中的无独立请求权第三人问题

本院认为，三普公司依法可以作为原诉生效判决案件的无独立请求权第三人，理由如下：

首先，虽然案涉《股权收购协议》的合同当事人为远东智慧公司和西藏荣恩公司，但双方交易标的为远东智慧公司持有的三普公司100%股权，三普公司系股权转让交易的标的公司，该次交易必然对三普公司的经营和管理产生影响，案涉股权转让纠纷的审理结果和三普公司存在利害关系。三普公司依法可以作为无独立请求权第三人参加诉讼。

其次，从案涉《股权收购协议》约定内容来看，第4.1条约定的5000万元债务系三普公司新老股东对三普公司与远东智慧公司以及其关联公司之间的债权债务核算后确定的数额，约定由受让股东西藏荣恩公司支付，该约定构成西藏荣恩公司对三普公司的债务加入。同时，该协议也约定，该5000万元由西藏荣恩公司借款给三普公司，由三普公司向远东智慧公司支付。按照协议约定的履行方式，远东智慧公司有权要求西藏荣恩公司和三普公司按照此方式履行，因此，该履行方式实际给三普公司设定了义务。原诉股权转让纠纷，远东智慧公司是否起诉请求或法院是否判决各方按照协议约定的方式履行该5000万元债务，和三普公司具有法律上的利害关系，三普公司依法可以作为无独立请求权的第三人参加远东智慧公司与西藏荣恩公司的股权转让诉讼。远东智慧公司称案涉《股权收购协议》与三普公司无关、不涉及三普公司权益、三普公司不是无独立请求权第三人的理由，依据不足，依法不能成立。

（二）关于原诉生效判决是否损害三普公司权益、应否撤销问题

本院认为，虽然三普公司可以作为原诉生效判决案件的无独立请求权第三人参加诉讼，但在三普公司未参加诉讼的情况下，原诉生效判决没有损害三普公司的权益，理由如下：

首先，案涉《股权收购协议》的本质是股权款的支付和股权的交付，三普公司作为交易的标的，其不能阻却也无法约束案涉股权转让。虽然协议约定的股权转让价款为3.2亿元，但双方在第4.1条约定“截至股权过户日，标的公司需偿还的对甲方及其关联方的应付款项不超过1亿元，甲方及其关联方对标的公司的应付款项预计不超过5千万元，此两项相抵后的净值应当按5000万元取值。”“由乙方借款给标的公司按照本协议第六条支付，按此规定支付完成后，如尚有标的公司欠付甲方款项，由甲方自行处理，标的公司不再承担偿还义务，以上数据以三普公司财务报表为准。”即受让方要承担标的公司对转让股东以及关联公司的债务5000万元，并约定该5000万元承担后，如果标的公司还有债务超过5000万元，则转让股东不能再向标的公司主张等，该条款是股权转让双方对于标的公司在转让前的有关债务确认和清理条款，是双方对有关债权债务的一揽子解决方案，并约定由西藏荣恩公司向远东智慧公司支付，该5000万元依法应认定为股权转让的对价。虽然该5000万元是双方对三普公司债务进行的核算，但该数额作为股权转让的对价是否真实、是否显失公平属于西藏荣恩公司依法行使撤销权的范畴，与三普公司并无关联，因此，三普公司称该协议额外给其设定债务的理由，依据不足。

其次，根据本案查明事实，三普公司对案涉《股权收购协议》应当明知。案涉《股权收购协议》签订当时，三普公司的唯一股东为远东智慧公司，远东智慧公司对三普公司的账务作出处理，三普公司应当明知。拟受让的股东西藏荣恩公司也是三普公司将来100%股

权的股东，且《股权收购协议》上签字的西藏荣恩公司的法定代表人也是股权转让后三普公司的法定代表人，因此，不论是股权转让前还是股权转让后，三普公司对于案涉股权转让应当明知。案涉股权转让后，三普公司已经按照协议约定办理了工商变更登记，并将《股权收购协议》作为工商备案资料。三普公司称其未参与协议签订、协议双方擅自给其设定义务的理由，与事实不符，依法不能成立。

再次，《股权收购协议》第六条约定，案涉5000万元由西藏荣恩公司借款给三普公司，再由三普公司支付给远东智慧公司，该条款确对三普公司设定了履行义务。但如前所述，案涉5000万元系远东智慧公司和西藏荣恩公司的股权转让对价，其支付义务主体为西藏荣恩公司，该约定应是5000万元的履行方式。因西藏荣恩公司没有按照协议约定的方式借款给三普公司，三普公司也没有向远东智慧公司支付。在西藏荣恩公司未按照合同约定的方式支付该款项的情况下，远东智慧公司以违约为由起诉西藏荣恩公司直接履行，远东智慧公司在原诉案件中并没有依据协议约定请求由三普公司支付，原诉生效判决依据远东智慧公司的诉讼请求进行审理并依法判决由西藏荣恩公司向远东智慧公司继续支付5000万元并承担违约责任，该判决在论理和判项中均没有给三普公司设定义务和责任，因此，原诉生效判决并不损害三普公司的权益，依法不应撤销。三普公司称原诉生效判决必然导致西藏荣恩公司向三普公司追偿的理由，依据不足，依法不能成立。一审判决认定案涉《股权收购协议》给三普公司设定了5000万元借款债务，而借款尚未履行，故认为原诉生效判决可能损害三普公司权益，认定事实有误，本院依法予以纠正。

最后，就案涉5000万元债务，协议虽然约定“以财务报表为准”，双方在一、二审中没有提交一份名称为“财务报表”的文件，但西藏荣恩公司认可远东智慧公司提交的三普公司的财务审计报告，该审计报告的附件即为三普公司的资产负债表、利润表等财务资料，已经能够体现三普公司的资产负债情况。从三普公司和西藏荣恩公司分别起诉远东智慧公司的相关案件的情况看，股权转让后的三普公司与西藏荣恩公司的相关主张也一致，故三普公司在本案中称双方在股权转让后未提交财务报表，三普公司账务不确定的理由，与事实不符，依法不应支持。另外，就原诉生效判决，当事人西藏荣恩公司已经向本院申请再审，其对原诉生效判决的有关意见，本案不再涉及。

（三）关于三普公司未参加原诉生效判决审理过程是否属于不能归责于本人的事由问题

本院认为，三普公司不构成《中华人民共和国民事诉讼法》第五十九条第三款规定的第三人撤销之诉中“不能归责于本人的事由未参加诉讼”的情形，理由如下：

经查，远东智慧公司诉西藏荣恩公司股权转让纠纷，该案历经西宁中院和青海高院两次审理，审理过程自2016年7月4日至2021年3月12日。2016年西宁中院开庭时，西藏荣恩公司与三普公司法定代表人均为张雪峰，且西藏荣恩公司为三普公司100%控股股东，依法可以认定三普公司知悉原诉案件审理情况。三普公司虽然主张在原诉生效判决作出前，对案件处理结果是否与其有法律上的利害关系难以判断，不能认定为有明显过错，但如前述第二个焦点问题所述，三普公司对于案涉《股权收购协议》的签订过程以及内容明知，其在签约以及履约过程中均未提出异议，且原诉案件审理中，西藏荣恩公司已经提出该笔债务不真实、数额错误的抗辩，该抗辩与三普公司在本案中的抗辩本质并无不同，三普公司如果认为其权利可能受到侵害，其在西藏荣恩公司提出抗辩时即知道或应当知道权利受到侵害，而其并没有申请参加诉讼提出主张，说明其认可或放任另案审理并判决。三普公司称只有在判决生效后其才能知晓其权利是否损害的理由，与事实不符，依法不能成立。一审判决认定三普公司因不可归责于本人的事由未参加诉讼，认定事实有误，适用法律错误，本院依法予以纠正。

（四）关于一审受理程序是否存在重大程序违法问题

根据《最高人民法院关于适用〈中华人民共和国民事诉讼法〉的解释》第二百九十一条规定，就第三人撤销之诉案件，人民法院应当在收到起诉状和证据材料之日起五日内送交对方当事人，对方当事人可以自收到起诉状之日起十日内提出书面意见。人民法院应当对第三人提交的起诉状、证据材料以及对方当事人的书面意见进行审查。必要时，可以询问双方当事人。经审查，符合起诉条件的，人民法院应当在收到起诉状之日起三十日内立案。不符合起诉条件的，应当在收到起诉状之日起三十日内裁定不予受理。

经查，一审法院在立案前并未将起诉状送达给远东智慧公司，就第三人撤销之诉的立案审查确有瑕疵。但本院考虑在本案立案后，远东智慧公司已经参与了案件审理过程，一审法院已经保障了双方陈述和辩论的机会，并未损害当事人发表意见的权利，故依法不影响本案处理，不构成重大程序违法。远东智慧公司的该项上诉理由，不能成立，本院依法不予支持。

综上，远东智慧公司的上述请求成立。一审判决认定事实有误，适用法律错误，本院予以纠正。依照《中华人民共和国民事诉讼法》第五十九条、第一百七十七条第一款第二项之规定，判决如下：

一、撤销青海省高级人民法院（2021）青民撤1号民事判决；

二、驳回三普药业有限公司的诉讼请求。

本案一审案件受理费291800元、二审案件受理费291800元均由三普药业有限公司承担。

本判决为终审判决。

审 判 长 李延忱
审 判 员 董俊武
审 判 员 赵 敏

二〇二二年五月十二日

法官助理 尹 伊
书 记 员 雷婷玉

张雨方与谢钰珉、深圳澳鑫隆投资有限公司等其他合同纠纷案

【裁判要旨】

让与担保作为一种担保措施，属于从合同，只有在主合同存在的情况下，才可能发生让与担保，因此是否存在主合同并以此为基础设定让与担保，是判断相关交易安排是否属于让与担保的重要前提和标准；普通转让合同中双方达成的有关转让方可以在一定期限内回购所转让财产的约定，是当事人约定的一种商事安排，区别于让与担保中转让方应在一定期限届满后回购所转让财产的约定；在判断有关股权的交易安排是让与担保还是股权转让时，应结合受让方的股东权利是否受到限制、是否已享有完整的股东权利等因素综合考虑。

最高人民法院民事判决书
（2020）最高法商初5号

原告：张雨方（ZHANG YUFANG）（中文曾用名张玉方），男，1956年9月25日出生，伯利兹国籍。

委托诉讼代理人：李昭，北京市环球律师事务所律师。

委托诉讼代理人：王成杰，北京市环球律师事务所上海分所律师。

被告：谢钰珉，男，1989年5月17日出生，汉族，住中华人民共和国广东省东莞市东城区。

委托诉讼代理人：吉·布音那森，北京德恒律师事务所律师。

委托诉讼代理人：程艺，北京市君泽君（深圳）律师事务所律师。

被告：深圳澳鑫隆投资有限公司。住所地：中华人民共和国广东省深圳市福田区福田街道金田路3038号皇庭大厦41楼A、E、F单元。

法定代表人：姚坚鸿，该公司总经理。

委托诉讼代理人：赵宇，北京市君泽君（深圳）律师事务所律师。

被告：刘贺超，男，1953年10月3日出生，中华人民共和国香港特别行政区居民，现住中华人民共和国广东省东莞市。

委托诉讼代理人：郑志凡，北京观韬中茂（深圳）律师事务所律师。

被告：陈靖，男，1962年6月6日出生，汉族，住中华人民共和国广东省深圳市福田区。

委托诉讼代理人：江泓，泰和泰（深圳）律师事务所律师。

原告张雨方与被告谢钰琅、深圳澳鑫隆投资有限公司（以下简称澳鑫隆公司）、刘贺超、陈靖其他合同纠纷一案，广东省深圳市中级人民法院（以下简称深圳中院）于2019年7月3日立案受理。本院根据2017年修正的《中华人民共和国民事诉讼法》第三十八条第一款以及《最高人民法院关于设立国际商事法庭若干问题的规定》第二条第五项的规定，于2020年9月29日作出（2020）最高法民辖54号民事裁定，裁定本案由本院第一国际商事法庭审理。本院于2020年12月17日立案后，于2021年12月10日公开开庭对本案进行了审理。原告张雨方的委托诉讼代理人李昭、王成杰，被告谢钰琅的委托诉讼代理人吉·布音那森、程艺，被告澳鑫隆公司的委托诉讼代理人赵宇，被告刘贺超的委托诉讼代理人郑志凡，被告陈靖的委托诉讼代理人江泓到庭参加诉讼。本案现已审理终结。

张雨方向深圳中院提出诉讼请求：1. 确认登记在澳鑫隆公司名下的深圳市美达菲投资发展有限公司（以下简称美达菲公司）99%股权系张雨方向谢钰琅、澳鑫隆公司提供的股权让与担保措施，并形成让与担保关系；2. 确认登记在被告澳鑫隆公司名下的美达菲公司99%股权归张雨方所有；3. 确认谢钰琅、澳鑫隆公司、刘贺超、陈靖连带赔偿因违反《股权回购协议》《承诺函》《和解协议》给张雨方造成的损失人民币50万元（以下均为人民币）；4. 本案诉讼费和保全费由谢钰琅、澳鑫隆公司、刘贺超、陈靖承担。

在本院2021年12月6日召开的庭前会议上，张雨方申请变更诉讼请求为：1. 确认张雨方、鞍山市达菲科技有限公司（以下简称达菲公司）与谢钰琅构成让与担保法律关系，登记在澳鑫隆公司名下的美达菲公司99%股权系张雨方和达菲公司向谢钰琅提供的股权让与担保措施；2. 确认登记在澳鑫隆公司名下的美达菲公司43.86%股权归张雨方所有；3. 谢钰琅、澳鑫隆公司、刘贺超、陈靖连带赔偿张雨方损失50万元；4. 判令本案诉讼费、保全费、担保费由谢钰琅、澳鑫隆公司、刘贺超、陈靖承担。

事实和理由：（一）为偿还开发深圳达利花园项目和美达菲福永项目向陈靖等的6.19亿元借款，张雨方及其控制的达菲系相关主体以美达菲公司100%股权让与担保给深圳市创东方兴地投资企业（有限合伙）（以下简称创东方企业），向创东方企业融资6.1亿元。为偿还对创东方企业的债务，张雨方与刘贺超于2014年11月24日签署《确认书》、2014年12月22日签署《美达菲公司股东达菲科技公司、澳鑫隆公司归还创东方融资款项原则框架协议》（以下简称《原则框架协议》），约定由刘贺超代达菲系偿还对创东方企业的债务，张雨方以美达菲股权提供让与担保，并保证在12个月内以股权溢价购买的方式，清偿刘贺超借款。（二）2014年12月19日、22日，刘贺超代达菲系向创东方企业还款6.82555亿元后，指定谢钰琅作为6.82555亿元的债权人与张雨方等达菲系主体签署《股权回购协议》，约定：（1）将从创东方企业赎回的美达菲公司99%股权登记在谢钰琅指定的澳鑫隆公司名下，作为6.82555亿元借款的让与担保措施；（2）张雨方及达菲公司在12个月内以11亿元溢价方式回购美达菲公司99%的股权，谢钰琅方保证在回购期内不会提前要求回购；（3）如处置美达菲公司99%股权不足以清偿谢钰琅方款项的，由张雨方及达菲公司承担；超过部分余额，归张雨方及达菲公司所有；（4）谢钰琅方持有美达菲公司股权期间，如出现中国信达资产管理股份有限公司深圳分公司（以下简称信达公司）投资美达菲项目的，双方应相互配合实现交易，如交易价款不能覆盖债务，则张雨方及达菲公司必须提供其他有效担保；（5）协议另约定了其他担保措施以及如担保物价值不足，张雨方及达菲公司追加担保的义务。（三）2015 年 9 月 5 日，各方同意回购期限延长至 2016 年 3 月 21 日，回购价格相应增加至 12.57 亿元。2015 年 9 月 6 日，达菲系与创东方企业确认终止《美达菲福永项目合作协议》，创东方企业释放美达菲公司股权，张雨方及达菲公司按照《股权回购协议》安排将美达菲公司 99% 的股权登记在澳鑫隆公司名下。《股权回购协议》签订后，张雨方与信达公司达成美达菲福永项目合作方案，并经信达公司总部审批确认。如该方案得以执行，张雨方完全可以在约定的回购期内向谢钰珉方清偿债务进而赎回美达菲公司股权。但是，为阻挠张雨方向信达公司融资来赎回股权，谢钰珉、刘贺超不仅拒不配合尽调，还伙同陈靖、赵海龙、赵端耿虚假诉讼，恶意查封美达菲公司股权。目前，赵海龙、赵端耿已被深圳市公安局福田分局立案侦查。由于谢钰珉等人的恶意阻挠，张雨方未能在约定的回购期内赎回股权。为维护合法权益，达菲公司于回购期满前 2016 年 3 月 11 日向广东省高级人民法院（以下简称广东高院）提起（2017）粤民初 1 号案（以下简称 1 号案）诉讼。因上述案件不同意张雨方作为共同原告参加诉讼，亦不同意达菲公司撤诉，张雨方另行提起本案诉讼。（四）基于以上事实，张雨方认为，1. 刘贺超、谢钰珉向张雨方、达菲公司提供 6.82555 亿元借款，登记在澳鑫隆公司名下美达菲公司 99% 的股权，系张雨方、达菲公司向谢钰珉提供的股权让与担保措施。(1)《确认书》《原则框架协议》明确了刘贺超与张雨方之间的借款及让与担保关系。(2)《股权回购协议》进一步明确了谢钰珉与张雨方、达菲公司之间的借款及让与担保关系。(3)《股权回购协议》之后的延期、和解等行为，均表明谢钰珉与张雨方、达菲公司之间系借款及让与担保关系，而非股权转让关系。2. 登记在澳鑫隆公司名下美达菲公司 43.86% 的股权归张雨方所有。澳鑫隆公司原由张雨方实际控制，名下持有美达菲公司 43.86% 的股权。《股权回购协议》签署过程中，澳鑫隆公司并无独立意志，而是在其股东安排下，将其 100% 股权作为壳工具，以零对价交谢钰珉持有，便于谢钰珉控制担保物。所以，澳鑫隆公司原持有的美达菲公司 43.86% 股权应始终归张雨方所有。3. 根据《股权回购协议》的约定，谢钰珉及澳鑫隆公司有义务配合完成信达公司投资美达菲公司项目。张雨方一直在积极推进该项目，但谢钰珉、刘贺超、澳鑫隆公司、陈靖通过拒绝配合项目尽调工作、提起虚假诉讼等手段恶意阻挠张雨方向信达公司融资以回购美达菲公司股权，应当连带赔偿张雨方融资成本损失，张雨方保留要求赔偿其他损失的权利。综上所述，张雨方控制的达菲系最初对外负债 6.19 亿元，但持有深圳市宝安区两块核心土地资产，价值上百亿元。为了偿还谢钰珉、陈靖等的高利贷，张雨方已经卖掉了达利花园项目还债。且如按被告主张，美达菲项目也将被非法侵占，这将导致张雨方不仅失去了价值百亿的两个项目，还要再欠谢钰珉 5 个多亿元的非法历史债务，该结果将极其不公和荒谬之极。张雨方请求法院支持其全部诉讼请求。

本院依法准许张雨方增加、变更诉讼请求的申请；对于张雨方申请追加达菲公司作为无独立请求权的第三人参加本案诉讼，不予准许。

谢钰珉辩称，张雨方的全部诉讼请求应予驳回。理由：（一）张雨方起诉时提交的身份证明文件不符合我国法律要求的形式，且民事起诉状的真实性存在重大问题。1. 张雨方未提交符合民事诉讼法规定的身份证明文件及授权文件，其主体身份的真实性存在重大问题。2. 张雨方代理人提交《变更诉讼请求申请书》仅有代理人签名，是否是张雨方的真实意思表示存在重大疑问。（二）张雨方提起的本案与达菲公司在广东高院提起的 1 号案是基于同一事实，核心争议相同，诉求也基本一致，且两案的核心证据都是《股权回购协议》，构成重复诉讼。（三）张雨方以达菲公司的实际控制人身份主张案涉股权为让与担保并请求确认股权归其所有，缺乏必要的请求权基础，其无权提起本案诉讼。1. 张雨方既非案涉股权的转让方，亦非受让方，其与本案诉争的股权在法律上没有直接利害关系；2. 深圳中院（2018）粤03 破申 296 号案件的询问笔录显示，达菲公司的大股东张涛明确表示张雨方不是达菲公司的实际控制人，其与本案连间接利害关系都没有，根本不存在任何权利基础和诉的利益；3. 根据《股权回购协议》的交易安排，澳鑫隆公司在签订协议时已经作为谢钰琨实际持有的公司独立出现，与张雨方不再有任何关系。（四）《股权回购协议》是案涉股权转让的合同依据，通过对《股权回购协议》的条款分析，可真实反映股权交易的背景、交易目的和交易方式，从而认定《股权回购协议》的法律性质为股权转让，不是让与担保。1. 谢钰琨签署《股权回购协议》并支付 6. 82555 亿元的目的是收购美达菲公司股权；2.《股权回购协议》一共九条，其中核心条款为第一、二、三、五、六、七条。第一、二、三条明确约定了此次股权交易模式、款项、支付时间和支付路径，确认了澳鑫隆公司为谢钰琨实际持有。第五条的约定全部是围绕回购权的行使所作的安排。第六条是股权交易中典型的转让方的承诺条款，约定了转让方对于转让标的状态的保证与承诺。第七条是对履行《股权回购协议》、完成案涉股权收购的保障；3. 让与担保是以财产转让为形式、担保主债权为目的的行为。谢钰琨支付的 6. 82555 亿元是收购美达菲公司股权的对价，与张雨方之间没有产生任何借款事实，没有主债权，何来让与担保。另外，协议签订时，张雨方对谢钰琨已经负有5. 4896 亿元的巨额债务，在其尚未清偿之时，谢钰琨不可能再向其提供新的借款；4. 澳鑫隆公司成为美达菲公司股东后，实际对美达菲公司实施了经营管理，包括更换住所地及董监高人员并完成工商变更登记等。根据《最高人民法院民事审判第二庭法官会议纪要》的意见，投资人目的在于取得目标公司股权，且享有参与公司的经营管理权利的，应认定为股权投资，投资人是目标公司的股东。（五）张雨方主张谢钰琨恶意阻挠其行使股权购买权，毫无事实根据。1. 张雨方诉称谢钰琨伙同陈靖、赵端耿等进行虚假诉讼，但（2015）深中法涉外初第 274 号案件是张雨方、达菲公司、陈靖与赵端耿之间的诉争，与谢钰琨毫无关系；2. 澳鑫隆公司和谢钰琨于 2015 年 9 月 5 日给张雨方出具的《承诺函》，因其在实际履行过程中没有满足前置的七项条件而未获得展期。除此之外，谢钰琨对张雨方提出用于信达尽调的盖章申请积极配合，完全不存在恶意阻挠的情形。

澳鑫隆公司辩称，张雨方的全部诉讼请求应予驳回。理由：（一）张雨方并不具备提出本案诉请的权利基础和诉的利益。1. 张雨方并不是案涉股权的转让方，也非美达菲公司的股东，无权提出案涉股权性质的诉争；2. 张雨方是否是美达菲公司的实际控制人有待查明，且公司法人具有独立性，实际控制人在并非公司股东的情况下，也不能获得或处分标的公司股权；3. 本案是否由张雨方真实提起，以及相关主体及授权手续是否合法仍有待核实。（二）案涉法律关系的性质是股权转让而非让与担保。1. 案涉《股权回购协议》的核心条款明确了其股权转让性质。根据《中华人民共和国合同法》第一百二十五条的规定，对案涉协议条款的理解应从文义解释、体系解释及目的解释加以确定，可以发现其与让与担保特征完全不同，在回购期届满后，投资方已实际享有股东权利。虽然协议中包含了附期限购买权、估值调整与风险保障等条款，但这些条款均是当事人在股权转让和股权投资背景下所作出的相关安排，其并不改变甚至恰恰印证案涉股权的转让性质；2. 本案中，受让方不仅明显有成为股东并经营管理公司的意思表示，而且实际对美达菲公司进行了经营管理。案涉股权转让后，美达菲公司的住所及董监高人员等进行了更换，并完成了工商变更手续。此外，新股东和后手投资人也为推动美达菲公司土地项目的开发和避免被政府收回的风险做了大量工作；3. 从交易习惯而言，案涉《股权回购协议》的约定与张雨方及达菲系公司历来在股权让与担保情形下的表述习惯完全不符，其通常习惯性表述为股权代持，并明确约定股权返还，但该表述在案涉《股权回购协议》中未曾出现；4. 从诚实信用而言，谢钰珉方收购案涉股权时，美达菲公司土地项目面临被政府回收的巨大风险，双方都是职业商人，其行为均属于商业的安排和风险的自愿承担，是公平合理的。（三）张雨方称谢钰珉及澳鑫隆公司阻挠其购买案涉股权的说法没有任何事实依据。1. 张雨方提出的由信达公司出具的复函，没有交付凭证，真实意图不明，更没有客观证据予以佐证；2. 张雨方并不能够提出任何证据证明其在协议约定的回购期内主张过股权回购以及澳鑫隆公司有所谓不予配合其进行回购的情形存在。（四）本案是张雨方提起的与广东高院 1 号案争议重复的滥诉案件。关于案涉股权转让性质的争议，达菲公司已经在 1 号案中提起了相关确认之诉。而本案的合同依据、核心事实与主要争议焦点，与 1 号案一致，此行为实际构成了缠诉、滥诉。

刘贺超辩称，张雨方的诉讼请求应予驳回。理由：（一）刘贺超并未参与谢钰珉与张雨方之间基于《股权回购协议》的合作，张雨方所称刘贺超系谢钰珉的实际控制人，是毫无根据的。刘贺超参与签署的《股权收购前置框架协议》与《原则框架协议》并未生效，也未实际履行。（二）刘贺超未参与签署《股权回购协议》《承诺函》和《和解协议》，并非当事方，张雨方以违反该等文件约定为由要求刘贺超连带赔偿 50 万元，显然缺乏事实和法律依据。（三）张雨方极力反对最高人民法院提审本案，足见其滥用诉权。

陈靖辩称，请求驳回张雨方的诉讼请求。理由：（一）陈靖曾与张雨方签订的《合作协议》及其相关补充协议，约定由陈靖出资与张雨方及达菲系公司进行项目合作，但其与《股权回购协议》无关。（二）陈靖不是案涉《股权回购协议》《承诺函》《和解协议》的当事人和签署方，也未因之获得任何收益，并非适格被告，张雨方据之向陈靖主张连带赔偿，无视合同的相对性原则，毫无事实和法律依据。

当事人围绕原告诉讼请求依法提交了证据，本院组织当事人进行了证据交换和质证。对当事人无异议的证据，本院予以确认并在卷佐证。对有争议的证据和事实，本院将结合案件事实综合认定。

根据当事人的陈述和经审查确认的证据，本院认定事实如下：

（一）案涉《股权回购协议》的签订背景

1995 年，美达菲公司成立。2012 年 12 月 30 日前，美达菲公司的股东为达菲公司与澳鑫隆公司，分别持股 56.14% 与 43.86%。根据达菲公司、美达菲公司在先签署的一系列协议内容显示，张雨方为美达菲公司的原实际控制人。

2013 年 9 月 26 日，深圳市创东方投资有限公司、北京中采世纪技术有限公司作为甲方，中信华南（集团）深圳有限公司作为乙方，深圳光电产业控股集团有限公司（以下简称光电公司）、陈靖作为丙方，达菲公司、澳鑫隆公司作为丁方，美达菲公司作为戊方，张雨方作为己方共同签订《美达菲福永项目合作协议》。《美达菲福永项目合作协议》在“鉴于”部分载明：2012 年 12 月 30 日，丙方及关联方与美达菲公司、美达菲公司股东及关联方签订了《合作协议》（以下简称“光电合作协议”）及补充协议，约定丙方向美达菲公司及关联方提供 6.6 亿元借款，作为保障措施，持有美达菲公司 43.86% 股权的澳鑫隆公司 100% 股权转至丙方及谢钰珉名下。“光电合作协议”签订后，丙方已经依约向美达菲公司发放借款 5.61 亿元，丙方及谢钰珉目前持有澳鑫隆公司 100% 股权。《美达菲福永项目合作协议》主要内容为：甲方发起设立创东方企业，对美达菲公司及关联方进行债务重整，为美达菲福永一期项目提供融资服务。

2013 年 11 月 19 日，创东方企业作为甲方之一加入合作，与乙、丙、丁、戊、已各方当事人签订《〈美达菲福永项目合作协议〉之补充协议（二）》，主要内容为：丁方（达菲公司、澳鑫隆公司，当时分别持有美达菲公司股权 56.14%、43.86%）将所持有的美达菲公司 100% 股权登记于创东方企业名下，在性质上属于达菲公司、澳鑫隆公司为创东方企业投资美达菲公司所提供的一种风险保障措施，意在保障创东方企业基金投资风险。同时，创东方企业、北京中采世纪技术有限公司在《承诺函》中承诺，在创东方企业持有美达菲公司 100% 股权期间（2 + 1 年），收益回收之前不得对外转让或者处置所持有的美达菲公司股权。

此后，创东方企业向达菲系合计支付约 6.1 亿元，美达菲公司 100% 股权过户至创东方企业名下。

（二）案涉《股权回购协议》的签订情况与主要内容

2014 年 12 月 18 日，张雨方作为甲方，刘贺超作为乙方，共同签订了《原则框架协议》，主要内容为：由乙方出资代达菲公司、澳鑫隆公司归还创东方企业的借款 7 亿元；创东方企业释放美达菲公司股权时，99% 股权由澳鑫隆公司持有，1% 股权由达菲公司持有；甲方指定乙方购买创东方企业持有的美达菲公司股权的约定取消。

2014 年 12 月 22 日，张雨方、达菲公司作为甲方，澳鑫隆公司作为乙方，谢钰珉作为丙方，张豹臣、张言、深圳裕钫投资有限公司（以下简称裕钫公司）作为丁方，东莞市亿超贸易有限公司（以下简称亿超公司）作为戊方共同签订《股权回购协议》。《股权回购协议》在“鉴于”部分载明：张雨方系美达菲公司与达菲公司的实际控制人；美达菲公司于 2014 年向创东方企业融资，作为保证还款的措施，美达菲公司 100% 股权现登记在创东方企业名下，目前创东方企业要求提前清偿债务；截至 2014 年 12 月 31 日，甲方欠丙方的历史债务为 54896 万元，按照原协议约定，澳鑫隆公司 90% 股权登记在丙方名下，10% 股权登记于光电公司名下，以此作为甲方对丙方上述欠款的担保方式；在美达菲公司 100% 股权过户到创东方企业前，达菲公司持有美达菲公司 56.14% 的股权，澳鑫隆公司持有美达菲公司 43.86% 股权。《股权回购协议》第一条（澳鑫隆公司股权属性问题）：张雨方、丁方同意，因丙方持有澳鑫隆公司 90% 股权，并帮助乙方筹资向创东方企业回购美达菲公司股权，丙方及光电公司持有的澳鑫隆公司股权不再作为前述历史债务的担保方式，澳鑫隆公司 90% 股权正式由丙方实际持有，10% 股权正式由光电公司实际持有。丁方可向丙方及光电公司回购澳鑫隆公司股权，具体条件另行约定。第二条（股权回购条款）：1. 乙方筹资不高于 7 亿元（含信达公司回款 2.3 亿元）用于回购美达菲公司 99% 股权（乙方款项委托戊方支付）。2. 创东方企业释放美达菲公司股权时，99% 股权由澳鑫隆公司持有，1% 股权由达菲公司持有。3. 从回购美达菲公司股权起1年内（及乙方同意的展期期间），乙方保证美达菲公司不得开展其他无关的经营工作，美达菲公司对外合作事宜由甲乙双方协商确定。乙方、美达菲公司相关印信双方共管。第三条（筹资）：双方在本协议签订后，乙方必须于2014年12月24日前将首期支付款65356.93万元分期委托戊方支付至创东方企业账户。第四条（信达公司回款约定）：张雨方保证信达公司支付“达利花园”项目的款项2.3亿元在完成达菲房地产发展（深圳）有限公司（以下简称达菲房地产公司）股权登记手续后3个工作日到达光电公司指定亿超公司账户。该2.3亿元为甲方清偿历史债务的部分款项。第五条（股权购买权）：1. 甲方有权在本次乙方回购美达菲公司股权后12个月内（以付清65356.93万元之日）向乙方购买美达菲公司99%股权，收购价格如下：在本次美达菲公司股权回购完成后6个月内购买的，购买美达菲公司股权价款为10.3亿元；在本次美达菲公司股权回购完成后超过6个月至12个月期间购买的，购买美达菲公司全部股权价款为11亿元。2. 当股权购买款支付至7亿元时，乙方需将美达菲公司40%股权登记至张雨方或其指定方名下，以使得张雨方或其指定方持有美达菲公司40%股权。3. 甲方还清丙方历史债务后，且乙方已经收到甲方支付的美达菲公司股权购买款达到7亿元的，同时美达菲公司6.95万平方米商业用地手续取得土地证的，甲方购买股权期限可展期3个月，展期3个月的股权购买溢价另行商定。4. 乙方回购美达菲公司股权后，在美达菲公司6.95万平方米商住用地的用地手续完善前（或信达公司等实际投资美达菲项目前），甲方同意达利花园交易价款中除补交地价款以外的款项均由乙方收取，如乙方收取的金额超过历史债务金额，则超额部分的款项作为乙方对甲方债务且按照年化20%的标准计算利息，但在本协议规定的甲方股权购买期届满（包括乙方同意的展期期间）时，如美达菲公司6.95万平方米商住土地证仍未办理出来，则上述超额部分资金乙方不承担利息。……5. 双方确认，如发生乙方通过处置美达菲公司股权实现投资所得金额的情况，则有关处置所得金额在乙方应得款项（历史债务+本协议第五条约定的股权购买总价）全部满足后，余额部分均归甲方所有；反之，如处置所得不足以满足乙方应得款项，则不足部分由甲方承担。第六条（各方保证）：1. 甲方保证美达菲公司土地在本协议签订时没有被抵押、查封、扣押、权属纷争等影响土地价值实现的任何情形。2. 截至本协议签署之日，美达菲公司除对创东方企业债务及有可能的对中信相关公司债务外及有可能的原对光电公司及陈靖债务外，不存在未披露的担保及债务，否则甲方应对此承担赔偿责任。3. 张雨方保证在乙方完成回购美达菲公司股权之日起12个月内，清理美达菲公司6.95万平方米商住用地的场地，包括但不限于出租、出借、占用及因该等关系而使土地上存在的所有物品，如不按时清场，则张雨方应赔偿乙方3000万元，赔偿款应于本协议签订期满60天内支付，如有延期或未足额支付的，按未付金额每日仟分之壹标准承担违约责任。4. 乙方保证按本协议约定筹足资金并回购美达菲公司的99%股权，并且在一年内或同意的展期期限内不会提前要求甲方购买，如有，甲方有权拒绝且乙方不得因此对外出售所持美达菲公司股权及资产。5. 乙方回购美达菲公司股权后，如果出现信达公司等投资方投资美达菲项目合作开发房地产项目的，则甲乙双方应当相互配合实现交易，办理有关的股权转让、股权质押、土地抵押等交易手续，但若所支付的交易款项尚不能覆盖债务的，则甲方必须为乙方提供其他有效的担保措施。第七条（保障条款）：……3. 如果出现美达菲公司已批准完善手续的地块由于政策原因被政府按工业用地或土地性质不能变更为商住用地的，张雨方应于6个月内将香港美达国际商务公司持有的成都及沈阳资产抵押给乙方，作为乙方损失不足部分的保障措施。第九条（其他条款）：1. 张雨方与刘贺超在本协议签订日前签订的所有合同无效，一切以本协议约定为准。……

（三）案涉《股权回购协议》的履行情况

案涉《股权回购协议》签订后，2014年11月至12月，美达菲公司向创东方企业付款1744.5万元，东莞市粤稳贸易有限公司代澳鑫隆公司向创东方企业付款2898.57万元，亿超公司代澳鑫隆公司向创东方企业付款6.535693亿元，共计7亿元。

2015年2月3日，光电公司、陈靖作为甲方，谢钰珉作为乙方，达菲公司、澳鑫隆公司作为丙方，张雨方作为丁方，温建和作为戊方共同签署《补充协议》，主要内容为：甲、乙、丙、丁四方已于2014年12月12日签署《协议书》，约定将各原债权方对达菲公司债权54896万元（计算至2014年12月31日）不可撤销的转让给谢钰珉所有，达菲公司今后偿债款项均支付给谢钰珉；2014年12月26日，达菲系已通过达菲房地产公司向谢钰珉归还债务23000万元；各方一致确认，截至2015年2月6日，谢钰珉对丙方及丁方享有剩余债权余额为32510万元；就甲方将其对达菲债权转让乙方事宜，双方之间已就有关事项进行约定，根据该约定，现甲方同意将对乙方享有的收款权利保留2000万元，剩余部分按照约定转让给戊方。

2015年9月5日，澳鑫隆公司和谢钰珉向张雨方和达菲公司出具《承诺函》，在张雨方和达菲公司满足《承诺函》中所列7项条件的情况下，澳鑫隆公司和谢钰珉承诺：1. 配合张雨方和达菲公司出具付款清结书、承诺函等文件以向信达方申请支付达利花园2亿元交易价款，其中1亿元支付给达菲方用于解决经营所需资金问题，1亿元作为谢钰珉的历史债务清偿款；2. 同意张雨方和达菲公司赎回美达菲公司99%股权的期限展期至2016年3月21日。如张雨方和达菲公司满足所列7项条件且在2016年3月21日前赎回美达菲公司99%股权的，则计算至该日期的股权赎回价格为12.57亿元。张雨方和达菲公司在该《承诺函》上签名与盖章，对该《承诺函》的内容表示同意并确认。

张雨方未提交证据证明其已按上述《股权回购协议》与《承诺函》约定的期限与条件，向澳鑫隆公司提示回购美达菲公司案涉股权。

2015年10月23日，创东方企业作为转让方，澳鑫隆公司作为受让方共同签订了《股权转让协议书》，就转让方将美达菲公司99%股权以6.82555亿元转让给受让方的事宜达成协议，并约定该协议生效后双方依法向广东省深圳市市场监督局办理变更登记手续。同日，深圳联合产权交易所对该《股权转让协议书》出具了《股权转让见证书》。

根据广东省深圳市市场监督管理局所登记的信息，2015年10月27日，美达菲公司的法定代表人由杨蔚茹变更为谢钰珉；经营期限由1995年12月26日起至2015年12月26日止变更为至2025年12月26日止；股权构成由创东方企业占100%股权变更为达菲公司占1%股权、澳鑫隆公司占99%股权；董事由杨蔚茹（董事长）、肖水龙、张雨方、陈靖、管斌变更为谢钰珉（董事长）、黄博雅、汤春明；监事由王志民变更为冯健宁；总经理由杨蔚茹变更为谢钰珉。

2016年12月6日，张雨方、达菲公司作为甲方，澳鑫隆公司作为乙方，谢钰珉作为丙方，张豹臣、张言、裕钫公司作为丁方签署《和解协议》，就案涉《股权回购协议》与《承诺函》的履行达成和解，和解总金额22.68亿元。该和解款项通过以下两种途径予以一次性整体解决：第一种途径为香港美达国际商务公司将其所持达菲房地产公司10%股权以1元价格转让给谢钰珉或其指定方，其价值按市场公允价值或协议价评估，最终按照各方确认的价格按同等金额冲抵上述22.68亿元和解金额；第二种途径为各方通过美达菲公司福永项目向信达公司融资合作，所取得的融资用于支付上述第一种途径计算后的和解金额余额。该《和解协议》还约定，本协议签订的目的只用于双方之间的和解，不用于其他对各方不利的目的，用于其他目的无效。现各方未提交证据证明该《和解协议》已经履行完毕。

（四）美达菲公司名下案涉土地的状况

根据2015年11月16日深圳市规划和国土资源委员会宝安管理局向美达菲公司发出的《闲置土地处置方案告知书》载明：美达菲公司名下位于广东省深圳市宝安区福永街道的四宗土地面积约为335708平方米，土地用途为开办工业区、综合楼及生活配套设施，是1996年美达菲公司通过人民法院拍卖取得。该四宗土地被认定为闲置土地，深圳市人民政府审定的处置方案为“按照已同意改商住的，完善手续，继续开发；绿地、道路部分有偿收回，其余有项目则核定用地规模，完善手续继续开发，否则收回”。2020年4月13日深圳市规划和自然资源局宝安管理局向美达菲公司发出的《关于深圳市美达菲投资发展有限公司福永用地有关事项的复函》载明：鉴于福永用地已纳入我市已批未建土地处置专项行动范围内，建议待区政府有明确处置意见后，再按规定办理后续相关手续。现案涉土地仍由美达菲公司持有。

（五）广东高院1号案件处理情况

2017年1月达菲公司为原告，以澳鑫隆公司、谢钰珉、陈靖和光电公司为被告，美达菲公司为第三人，向该院提起一审诉讼，请求确认达菲公司与澳鑫隆公司、谢钰珉之间为借款法律关系，其还款后澳鑫隆公司所持美达菲公司99%股权中的55.14%归达菲公司所有。该院审理认为，根据《股权回购协议》的相关约定，在协议约定的回购期及澳鑫隆公司同意的展期内，澳鑫隆公司持有的争议股权体现了一部分投资担保措施的特征，但在回购期届满后，澳鑫隆公司已真实持有争议股权。该院遂于2021年7月6日作出判决，驳回达菲公司的全部诉讼请求。达菲公司不服，提起上诉，目前该案正在本院二审审理中。

本院认为，张雨方系伯利兹国籍，依照《最高人民法院关于适用〈中华人民共和国涉外民事关系法律适用法〉若干问题的解释（一）》第一条第一项、《最高人民法院关于设立国际商事法庭若干问题的规定》第三条的规定，本案系国际商事案件。庭审中，张雨方与谢钰珉、澳鑫隆公司、刘贺超、陈靖均表示同意本案适用中华人民共和国法律进行审理。根据《中华人民共和国涉外民事关系法律适用法》第三条当事人依照法律规定可以明示选择涉外民事关系适用的法律的规定，本案应适用中华人民共和国法律作为准据法。

根据张雨方的诉讼请求，结合谢钰珉、澳鑫隆公司、刘贺超、陈靖的答辩意见，本案的争议焦点为：1. 本案与广东高院1号案是否构成重复诉讼；2. 原告的起诉主体是否适格以及刘贺超、陈靖能否列为本案被告；3. 本案美达菲公司99%股权交易是民间借贷及让与担保还是股权转让及回购合同纠纷，如果构成让与担保，是否应确认澳鑫隆公司持有的43.86%的美达菲公司股权归原告所有；4. 四被告是否应向原告连带赔偿50万元损失。

一、关于本案是否构成重复诉讼的问题

《最高人民法院关于适用〈中华人民共和国民事诉讼法〉的解释》第二百四十七条第一款规定："当事人就已经提起诉讼的事项在诉讼过程中或者裁判生效后再次起诉，同时符合下列条件的，构成重复起诉：（一）后诉与前诉的当事人相同；（二）后诉与前诉的诉讼标的相同；（三）后诉与前诉的诉讼请求相同，或者后诉的诉讼请求实质上否定前诉裁判结果。"本案的原告是张雨方，广东高院1号案的原告是达菲公司；张雨方在本案中的主要诉讼请求是确认登记在澳鑫隆公司名下的美达菲公司43.86%股权归其所有等，1号案的主要诉讼请求是确认澳鑫隆公司名下的美达菲公司55.14%股权归达菲公司所有等。因此，两案的当事人、诉讼请求均不同，且相互不能替代或涵盖，故本案与1号案不构成重复诉讼。谢钰珉与澳鑫隆公司抗辩认为本案与1号案构成重复诉讼，不能成立。

二、关于原告的起诉主体是否适格以及刘贺超、陈靖能否列为被告的问题

根据《中华人民共和国民事诉讼法》第一百二十二条的规定，除其他条件外，起诉必须符合下列条件：原告是与本案有直接利害关系的公民、法人和其他组织。本案中，原告张雨方是案涉《股权回购协议》等的签署方，在协议中经常与达菲公司作为一个整体承受相关权利义务，现其以自己的名义依据案涉合同主张其民事权益受到侵害或与被告发生民事争议，应视为其原告主体适格。故谢钰珉与澳鑫隆公司抗辩认为张雨方原告主体不适格，本院不予支持。《中华人民共和国民事诉讼法》第一百二十二条规定，原告起诉时必须有明确的被告。因刘贺超是与本案《股权回购协议》密切相关的2014年12月18日《原则框架协议》的缔约方，陈靖是2013年9月26日《美达菲福永项目合作协议》的缔约方，两人同时还系案涉其他合同中的缔约方，故可以被列为被告。因此，刘贺超声称自己不是合同当事方、陈靖主张自己不是适格被告，本院不予支持。至于原告请求被告承担责任的事实和法律依据问题，以及被告是否应承担相应的民事责任，需由人民法院根据查明的案件事实和适用的法律综合判断后作出实体裁判。

三、关于本案美达菲公司99%股权变动性质以及其中43.86%股权应否归张雨方所有的问题

在案涉《股权回购协议》之前，本案当事人以及相关案外人曾签订《合作协议》及一系列补充协议、《美达菲福永项目合作协议》《〈美达菲福永项目合作协议〉之补充协议（二）》，在案涉《股权回购协议》之后，还有《承诺函》以及《和解协议》。本案主要涉及《股权回购协议》的履行，与在此之前的相关协议及补充协议的履行无涉。本案所涉《股权回购协议》，缔约当事人众多，条款约定复杂。从内容上看，合同标的包括美达菲公司股权、5.4896亿元历史债务、澳鑫隆公司股权、信达公司回款、向创东方企业回购美达菲公司股权、达菲公司股权等，包含有数个法律关系，属于复合型、非典型商事合同。

案涉《股权回购协议》虽对数个商事交易进行了安排，但涉及本案争议的焦点问题主要是上述协议中股权变动的性质。对此，张雨方主张，《股权回购协议》名为股权回购协议、实为民间借贷合同，将美达菲公司43.86%的股权变更登记在澳鑫隆公司名下是作为保障债权实现的股权让与担保，美达菲公司案涉股权仍归张雨方所有。澳鑫隆公司、谢钰珉认为，案涉《股权回购协议》是股权转让合同，谢钰珉已出资6.82555亿元收购了美达菲公司99%的股权，澳鑫隆公司受让案涉美达菲公司股权是基于真实的股权转让并设定了回购

条款，而非让与担保。本院认为，区分让与担保和股权转让，主要应从两者的合同目的以及合同是否具有主从性特征来判断。《全国法院民商事审判工作会议纪要》第71条规定：“债务人或第三人与债权人订立合同，约定将财产形式上转让至债权人名下，债务人到期清偿债务，债权人将该财产返还给债务人或第三人，债务人到期没有清偿债务，债权人可以对财产拍卖、变卖、折价偿还债权的，构成让与担保，人民法院应当认定合同有效。”由此可知，让与担保作为一种非典型担保，其目的在于为主债务提供担保，属于从合同范畴，对于受让的财产，受让人在主债务清偿期未届满前不得行使相关权利或处分担保物；财产权转让或股权转让作为一种交易安排，其目的在于转让财产权或股权后获取买受人应当支付的对价款，是通过出卖人根据合同约定交付出让财产用来获取对价款的合同行为。具体可分为以下三点：

第一，合同条款中无让与担保内容，未体现合同的主从性特征。从协议内容看，根据该协议鉴于条款以及第一条、第二条的约定，张雨方及达菲公司原欠谢钰珉的历史债务5.4896亿元，原登记在谢钰珉名下的澳鑫隆公司90%股权、登记在光电公司名下的澳鑫隆公司10%股权，是让与担保方式持有；美达菲公司股权原由达菲公司持有56.14%、澳鑫隆公司持有43.86%，因向创东方企业借款还债而将美达菲公司100%过户登记至创东方企业名下；由于张雨方、达菲公司一方同意谢钰珉帮助澳鑫隆公司筹资向创东方企业回购美达菲公司100%股权，谢钰珉持有澳鑫隆公司90%股权不再是前述“历史债务”欠款的担保方式，而由谢钰珉正式持有；因创东方企业释放美达菲公司股权时，99%股权由澳鑫隆公司持有、1%股权由达菲公司持有，根据《股权回购协议》第一条关于谢钰珉正式持有澳鑫隆公司股权的约定，谢钰珉亦应通过正式持有澳鑫隆公司股权而间接持有美达菲公司股权。由上可知，案涉《股权回购协议》内容中未就张雨方、达菲公司向谢钰珉民间借贷进行约定，亦未就美达菲公司99%股权向谢钰珉、澳鑫隆公司办理让与担保进行安排，更无条款体现合同的主从性特征。因此，张雨方主张登记在澳鑫隆公司名下的美达菲公司99%股权系张雨方和达菲公司向谢钰珉提供的股权让与担保措施，无事实和法律依据，本院不予支持。同时，张雨方关于争议股权价值是认定案涉《股权回购协议》中股权变动法律关系为借款担保关系还是股权转让关系的主张，因区分股权转让和让与担保的决定性因素并非其所称的股权价值，故本院亦不予支持。

第二，案涉《股权回购协议》对股权回购进行了安排。张雨方、达菲公司曾参与签订《合作协议》《美达菲福永合作项目合作协议》及《补充协议二》，在约定股权持有方式时均使用“代持”“风险保障措施”等字样，而张雨方、达菲公司在签订案涉《股权回购协议》中使用的是“正式”“实际”持有，反映出张雨方、达菲公司在本案所涉复杂商事交易中意思表示的重大转变。为了实现各自的商业目的，各方当事人还设定了案涉美达菲公司股权的购买权。《股权回购协议》第五条约定，张雨方、达菲公司有权在本次澳鑫隆公司从创东方企业处回购美达菲公司股权后的12个月内，向澳鑫隆公司购买美达菲公司99%股权；并约定，6个月内购买上述股权的，对价款为10.3亿元；6至12个月内购买的，对价款为11亿元。同时，还约定了澳鑫隆公司通过处置美达菲公司股权实现投资所得金额后的余额与差额处理方法，如果处置金额超出澳鑫隆公司应得款项（历史债务加约定的股权回购总价），超额部分由张雨方、达菲公司享有；如果处置金额不足以满足澳鑫隆公司应得款项，则不足部分由张雨方、达菲公司承担。本院认为，本案所涉美达菲项目标的额巨大，案涉相关合同或协议内容复杂，各方当事人之间的约定非常具体细致，体现了参与主体均为成熟商事交易主体的设计和安排。商事交易的权利与义务主要根据当事人自由意志下的约定来确定，法律并未禁止债权投资与股权投资在一定条件下的转换。张雨方、达菲公司作为独立成熟的商事主体，在原先持有美达菲公司股权过程中曾有让与担保的安排，应当知道让与担保合同与股权转让合同的区别。本案当事人之间对于协议中股权转让以及股权购买权的约定，即在股权转让后通过保留一定期限内回购该部分股权的安排保护自身的利益，而未作让与担保安排，即未约定张雨方、达菲公司偿还谢钰珉、澳鑫隆公司所筹资金并获得美达菲公司股权，应视为商事交易当时情况下其对自身利益最审慎的考量和安排。由于这种商业交易约定系各方当事人真实意思表示且协商一致，在不违反法律法规强制性规定的情况下，各商事主体的约定应当得到尊重，各方应按照约定履行义务，承担民事责任。

第三，回购期满后澳鑫隆公司已正式持有美达菲公司股权并享有完整股东权利。经查，案涉《股权回购协议》签订后，澳鑫隆公司依约筹款并向创东方企业付款，创东方企业收款后释放美达菲公司100%股权，美达菲公司的股权比例变更为澳鑫隆公司占99%股权，达菲公司占1%股权。同时，美达菲公司的法定代表人、总经理变更为谢钰珉，监事、董事也予以了变更。根据案涉《股权回购协议》第二条和第六条约定，在1年回购期及澳鑫隆公司同意的展期（以下统称为回购期）内，澳鑫隆公司保证美达菲公司不得开展其他无关的经营工作，美达菲公司对外合作事宜由达菲公司和澳鑫隆公司协商确定，澳鑫隆公司、美达菲公司相关印信由达菲公司和澳鑫隆公司共管，也不得对外出售所持美达菲公司股权及资产。由上可知，在回购期内，澳鑫隆公司作为美达菲公司股东，其不得对外出售美达菲公司股权，经营权也受到一定限制。且根据《股权回购协议》第五条第5款约定，在回购期内张雨方、达菲公司保留了对争议股权的控制权，并实际承担了争议股权价值变动的风险。但是，回购期满后澳鑫隆公司对其持有美达菲公司股权部分可以行使经营权，也未明确限制处分权。此后，张雨方、达菲公司与谢钰珉、澳鑫隆公司之间还就1年回购期满后，展期回购（或赎回）案涉美达菲公司股权形成了《承诺函》与《和解协议》，这在一方面体现了美达菲项目整体价值上涨后，2016年3月21日前回购股权价格为12.57亿元，2016年12月6日和解总金额为22.68亿元。另一方面，这种安排亦进一步表明案涉股权变动为转让后的回购安排而非让与担保。现因张雨方、达菲公司未能提交证据证明其已按期并提示谢钰珉、澳鑫隆公司行使回购权，故应认定澳鑫隆公司已实际持有本案争议的股权并享有完整股东权利。

此外，张雨方虽为美达菲公司原实际控制人，但美达菲公司股权原为澳鑫隆公司与达菲公司两股东持有，其并未提供曾直接持有美达菲公司股权的证据。且即便张雨方曾为澳鑫隆公司实际控制人，但澳鑫隆公司拥有公司法意义上的独立法人人格，张雨方无理由绕开澳鑫隆公司而直接主张美达菲公司股权。故澳鑫隆公司认为张雨方未持有过美达菲公司股权，缺乏主张案涉股权的请求权基础，理由成立。

综上，张雨方主张澳鑫隆公司所持有美达菲公司99%股权是让与担保措施，其中43.86%应归其所有，没有事实和法律依据，且张雨方也未提供其已归还6.82555亿元的证据，故本院不予支持。

四、关于四被告是否应向原告连带赔偿50万元损失的问题

张雨方主张在案涉合同约定的回购期内，其根据澳鑫隆公司、谢钰珉的回购承诺，与信达公司达成融资合作意向并已支付50万元保证金，因对方恶意阻挠而造成50万元损失，请求四被告连带赔偿。现张雨方提交了信达公司复函及相关裁判文书、材料，试图证明四被告拒不配合尽职调查、恶意阻挠其融资；谢钰珉提交了美达菲公司、澳鑫隆公司及其本人均积极配合用印的证据。本院认为，张雨方提交的证据不足以支持其主张，且双方此后还就回购事项签署《和解协议》，也未能履行。故张雨方主张由四被告连带赔偿50万元损失，缺乏事实和法律依据，不予支持。

综上，依照《中华人民共和国涉外民事关系法律适用法》第三条、《中华人民共和国合同法》第八条的规定，判决如下：

驳回张雨方（ZHANG YUFANG）的全部诉讼请求。

案件受理费人民币2625230元，由张雨方（ZHANGYUFANG）负担。

本判决为终审判决。

审　判　长　王淑梅
审　判　员　奚向阳
审　判　员　孙祥壮
审　判　员　杜　军
审　判　员　黄西武

二〇二二年七月二十七日

法官助理　雷　辉
书　记　员　崔佳宁

知识产权

株式会社纳益其尔与望都县江林化妆品门市部侵害商标权纠纷案

【裁判要旨】

商标侵权案件中，被诉侵权人的合法来源抗辩成立应当具备主、客观两方面要件，客观要件为被诉侵权商品系由销售者合法取得，主观要件为销售者不知道或不应当知道被诉侵权商品构成侵权，主、客观要件相互联系，不可分割，并且客观要件的举证对于主观要件具有推定效果。

人民法院在审查前述主、客观要件时，应当综合考虑销售者所处的市场地位、权利人维权成本以及市场交易习惯等因素，对销售者的举证责任作出合理要求；销售者的经营规模、专业程度、市场交易习惯等，可以作为确定其合理注意义务的证据，销售者提供的合法来源证据与其注意义务程度相当的，可以推定其主观上不知道所销售的系侵权商品。

最高人民法院民事判决书
（2022）最高法民再275号

再审申请人（一审被告、二审上诉人）：望都县江林化妆品门市部。住所地：中华人民共和国河北省保定市望都县新世纪商业街。

经营者：张江超，女，1980年6月15日出生，汉族，住中华人民共和国河北省保定市望都县。

委托诉讼代理人：赵宇，上海申浩（天津）律师事务所律师。

委托诉讼代理人：赵丽君，上海申浩（天津）律师事务所律师。

被申请人（一审原告、二审被上诉人）：株式会社纳益其尔（NATURE REPUBLIC CO.，LTD.）。住所地：大韩民国首尔市江南区大峙洞946－1番地格拉斯大厦24层。

法定代表人：郑芸虎（JUNG WOON HO），该公司代表理事。

委托诉讼代理人：李航，河北航岳律师事务所律师。

委托诉讼代理人：史晗，河北航岳律师事务所律师。

再审申请人望都县江林化妆品门市部（以下简称江林门市部）因与被申请人株式会社纳益其尔（以下简称纳益其尔）侵害商标权纠纷一案，不服河北省高级人民法院（以下简称二审法院）（2021）冀知民终26号民事判决，向本院申请再审。本院于2022年6月24日作出（2021）最高法民申6332号民事裁定，提审本案。提审后，本院依法组成合议庭，公开开庭审理了本案。再审申请人江林门市部的委托诉讼代理人赵宇、赵丽君，被申请人纳益其尔的委托诉讼代理人史晗到庭参加诉讼。本案现已审理终结。

江林门市部申请再审称，1. 江林门市部所提交的证据能够证明被诉侵权商品具有合法来源，且在购进被诉侵权商品过程中已尽到合理注意义务，符合法律、法规及司法解释关于合法来源的相关规定，不应承担赔偿责任。二审法院对江林门市部的注意义务要求过高，对主观方面是善意还是恶意的证明责任分配错误，最终认定江林门市部合法来源抗辩不能成立，认定事实及适用法律错误。2. 二审法院未追加天津众妆供应链管理有限公司（以下简称众妆公司）、天津冠美商贸有限公司（以下简称冠美公司）和青岛一品妆国际贸易有限公司（以下简称一品妆公司）为被告，导致案件事实未查清，影响当事人的权利救济。3. 江林门市部针对一审判决关于其所提交的证据与公证购买的被诉侵权商品是否具有同一性的认定提起上诉，二审法院对此未予审理，却以“未尽到合理注意义务”为由驳回上诉，致使江林门市部未能就“未尽到合理注意义务”的事实进行答辩，损害了江林门市部通过二审进行救济的程序权益。4. 纳益其尔舍弃追究源头侵权人，针对终端门店发起数千起商标侵权诉讼，通过诉讼迫使门店支出数千到万元的赔偿款，获利数千万，属于不当维权，与“源头维权，追究生产者”的司法精神不符，应予规制。综上，江林门市部依据2017年修正的《中华人民共和国民事诉讼法》第二百条第二项、第六项的规定，向本院申请再审，请求：1. 撤销二审判决；2. 撤销一审判决；3. 改判驳回纳益其尔的全部诉讼请求；4. 诉讼费用由纳益其尔承担。

纳益其尔辩称，1. 二审法院认定江林门市部未尽到相应注意义务，所售化妆品不具有合法来源，并无不当；2. 众妆公司、冠美公司和一品妆公司并非本案必要当事人，二审法院未予追加不存在错误。综上，请求驳回江林门市部的再审请求。

纳益其尔向河北省保定市中级人民法院（以下简称一审法院）起诉请求：1. 判令江林门市部立即停止侵害第10494197号“NATURE REPUBLIC”和第9481384号“纳益其尔”商标（以下简称涉案商标）专用权的行为，即停止生产、使用、许诺销售或销售侵害涉案商标专用权的产品，并销毁库存侵权产品；2. 判令江林门市部赔偿纳益其尔经济损失30000元；3. 判令江林门市部支付合理费用合计10000元（调查取证服务费、公证费、差旅费等2000元，律师费8000元）；4. 判令江林门市部承担本案的诉讼费用。

一审法院认定事实：纳益其尔系韩国注册法人，该法人享有第10494197号注册商标“NATURE REPUBLIC”，注册有效期限为2013年5月7日至2023年5月6日，核定使用商品（第3类）有香水、化妆洗液、化妆品等。第9481384号注册商标“纳益其尔”由案外人北京纳益其尔国际贸易有限公司（以下简称北京纳益其尔公司）依法享有，注册有效期限为2012年6月7日至2022年6月6日，核定使用商品（第3类）有香水、化妆品等。2018年1月1日，北京纳益其尔公司与纳益其尔签订《商标排他使用许可合同》，许可纳益其尔在中华人民共和国行政区域内，排他性使用其享有的第9481384号注册商标“纳益其尔”，许可使用期限为 2018 年 1 月 1 日至 2022 年 6 月 5 日。

2019 年 1 月 1 日，纳益其尔与案外人北京纳益其尔公司签订《授权委托书》，授权案外人北京纳益其尔公司代表纳益其尔对中华人民共和国大陆境内的商标侵权行为进行调查取证、证据保全公证。2019 年 1 月 1 日，案外人北京纳益其尔公司与北京瀚汇铭知识产权代理有限公司（以下简称瀚汇铭公司）签订《授权委托书》，将纳益其尔委托事项转委托给瀚汇铭公司。2019 年 9 月 4 日，纳益其尔与北京升祺律师事务所杨伟华律师签订《授权委托书》，委托杨伟华律师作为纳益其尔特别授权诉讼代理人对中国大陆境内的商标侵权行为进行维权。2019 年 7 月 30 日，瀚汇铭公司河北分公司负责人张硕甲赴河北省保定市望都县中华东路的“朵宁江林日化 1 店”，刷卡购买了标识有“NATUREREPUBLIC”的商品一盒，“江林日化 1 店步行街店”出具购物小票，商品购买过程由河北省石家庄市国信公证处进行证据保全公证。北京纳益其尔公司出具《鉴别证明》，认定被诉侵权商品系假冒纳益其尔注册商标的产品。

一审法院判决：1. 江林门市部于判决生效之日起立即停止侵害商标专用权行为，即停止销售侵害涉案商标专用权的产品，并销毁库存侵权产品；2. 江林门市部赔偿纳益其尔维权合理费用支出及经济损失共计 10000 元，自判决发生法律效力之日起十日内履行完毕；3. 驳回纳益其尔的其他诉讼请求。案件受理费 800 元，由纳益其尔负担 600 元，江林门市部负担 200 元。

江林门市部不服一审判决，上诉请求：1. 撤销一审判决；2. 依法改判，驳回纳益其尔在一审中的诉讼请求并由纳益其尔承担本案一、二审诉讼费用。其主要理由为：江林门市部提交的证据能够证明其所售被诉侵权商品系来源于众妆公司，而众妆公司的产品来源于一品妆公司，江林门市部已经尽到合理注意义务，根据《中华人民共和国商标法》（以下简称商标法）第六十四条的规定，不应承担赔偿责任；河北省石家庄市国信公证处（2019）冀石国证民字第 5480 号公证书不能作为本案证据使用。

二审法院对一审法院查明的事实予以确认。

二审法院认为，本案争议焦点为：（一）河北省石家庄市国信公证处（2019）冀石国证民字第 5480 号公证书是否可以作为本案证据使用；（二）江林门市部所售的被诉侵权商品来源是否合法；（三）江林门市部应当如何承担法律责任。

对于第一个问题。根据《中华人民共和国公证法》第三十六条、《最高人民法院关于适用〈中华人民共和国民事诉讼法〉的解释》第九十三条的规定，在江林门市部无相反证据的情况下，纳益其尔向一审法院提交的公证书，二审法院予以采信，并作为本案的定案依据。对于江林门市部上诉提出（2019）冀石国证民字第 5480 号公证书跨区域公证，不能作为侵权的依据的理由，二审法院认为，相关规章规定的属地公证，是为了加强对公证的管理，保证公证工作有序进行，并非对公证程序强制要求，不影响本案公证书的真实性和有效性。

对于第二个问题。商标法第六十四条第二款规定：“销售不知道是侵犯注册商标专用权的商品，能证明该商品是自己合法取得并说明提供者的，不承担赔偿责任。”江林门市部要证明所售商品来源合法，并免除赔偿责任，首先要证明自己无过错。化妆品属于特殊的商品，《化妆品监督管理条例》《化妆品卫生监督条例》对化妆品的进口、检疫、检验作了专门规定，江林门市部作为化妆品经营者，与普通商品销售者相比，具有较高的注意义务，应当对上游商家的资质进行查证，并提供相关证明。虽然一审中江林门市部提供了《青岛增值税专用发票》《天津增值税专用发票》《检验报告》《烟台海关进口关税专用缴款书》《中华人民共和国海关进口货物报关单》《中华人民共和国入境检验检疫入境货物检验检疫证明》复印件，但纳益其尔对上列证据真实性不予认可。根据《最高人民法院关于民事诉讼证据的若干规定》第十一条规定："当事人向人民法院提供证据，应当提供原件或者原物。如需自己保存证据原件、原物或者提供原件、原物确有困难的，可以提供经人民法院核对无异的复制件或者复制品"，江林门市部提供的上述凭证不能证明其上游商家商品来自纳益其尔，也不能证明其具有纳益其尔授权，不能达到证明目的。由于江林门市部未能提供证据证明其尽到了相应的注意义务，应当承担不利后果，不能免除其赔偿责任。

对于第三个问题。根据商标法第六十三条的规定，本案没有证据证明纳益其尔因侵权受到的损失或者江林门市部所获得的利益，一审法院适用法定赔偿具有法律依据。一审判决综合考虑江林门市部的主观过错程度、纳益其尔品牌影响力等因素，酌情确定赔偿额包括制止侵权行为所支付的合理开支在内的各项经济损失10000元，数额适当。

综上，二审法院依照2017年修正的《中华人民共和国民事诉讼法》第一百七十条第一款第一项的规定，判决：驳回上诉，维持原判。二审案件受理费50元，由江林门市部负担。

一、二审法院查明的事实基本属实，本院予以确认。

本院另查明：纳益其尔据以主张权利的第10494197号"NATURE REPUBLIC"商标，经续展专用权期限自2023年5月7日至2033年5月6日；第9481384号"纳益其尔"商标，经续展专用权期限自2022年6月7日至2032年6月6日。

再查明：江林门市部在一审阶段提供了其与上游商家众妆公司签订的产品分销合同、众妆公司营业执照副本、众妆公司出具的出库单；在二审阶段补充提供了江林门市部入库单、江林门市部向众妆公司支付款项的付款凭证，与一审证据一并用以证明其所销售的被诉侵权商品系合法取得。上述证据均为原件。此外，江林门市部还提供了众妆公司从上游商家冠美公司及冠美公司从其上游商家一品妆公司获取纳益其尔芦荟胶商品的有关证据，包括发票、进口货物报关单、入境货物检验检疫证明、进口关税专用缴款书等证据的复印件，用以证明其合法取得被诉侵权商品并尽到了相应注意义务。

纳益其尔对江林门市部与众妆公司上述交易及相关证据的真实性、合法性不持异议，但认为上述证据所涉商品不能与被诉侵权商品一一对应，不能达到证明目的。

在本院再审庭审中，众妆公司明确认可江林门市部销售的被诉侵权商品系来源于众妆公司。

上述已提供原件的证据，由于供货商众妆公司对供货事实表示认可，且纳益其尔对交易的真实性亦表示无异议，本院对其真实性予以确认，对其证明力以及其余仅提供复印件的证据，本院将在下文结合案情予以分析评判。

本院再审认为，本案争议焦点为：（一）江林门市部的合法来源抗辩能否成立以及其应否承担赔偿责任；（二）二审法院未追加相关当事人参加诉讼以及对相关实体问题的审理是否存在违反诉讼程序、损害当事人权利的情形。

（一）关于江林门市部的合法来源抗辩能否成立以及其应否承担赔偿责任的问题

商标法第六十四条第二款规定："销售不知道是侵犯注册商标专用权的商品，能证明该商品是自己合法取得并说明提供者的，不承担赔偿责任。"《最高人民法院关于知识产权民事诉讼证据的若干规定》第四条规定："被告依法主张合法来源抗辩的，应当举证证明合法取得被诉侵权产品、复制品的事实，包括合法的购货渠道、合理的价格和直接的供货方等。被告提供的被诉侵权产品、复制品来源证据与其合理注意义务程度相当的，可以认定其完成前款所称举证，并推定其不知道被诉侵权产品、复制品侵害知识产权。被告的经营规模、专业程度、市场交易习惯等，可以作为确定其合理注意义务的证据。"

根据上述法律和司法解释的规定，合法来源抗辩的成立须同时具备主、客观要件：客观要件为被诉侵权商品系由销售者合法取得，主观要件为销售者不存在过错；上述主、客观要件相互联系，不可分割，并且客观要件的举证对于主观要件具有推定效果。

1. 关于对本案客观要件的审查。本院认为，对于合法来源抗辩客观要件的审查，应当从该制度设计的初衷出发，综合考虑销售者所处的市场地位、权利人维权成本以及市场交易习惯等因素，对于销售者的举证责任作出合理要求，行政法规的相关规定亦可作为认定该客观要件是否成立的参考。《中华人民共和国商标法实施条例》第七十九条规定，"有供货单位合法签章的供货清单和货款收据且经查证属实或者供货单位认可的""有供销双方签订的进货合同且经查证已真实履行的""有合法进货发票且发票记载事项与涉案商品对应的"等情形均属于商标法第六十四条第二款规定的"能证明该商品是自己合法取得"的情形。本案中，被诉侵权商品的销售者江林门市部系个体零售商，在市场经营活动中所处地位较弱，交易方式通常较为灵活，对其证明合法来源的举证责任应予适度减轻，不宜过于苛求证据形式要件的完备，只要其提供的证据符合一般交易习惯，能够指明被诉侵权商品供货商的真实身份信息，以及系通过合法的购货渠道和合理的价格购入被诉侵权商品，就应当认定其所销售的被诉侵权商品具有合法来源。

经审查，江林门市部提供的证据中，产品分销合同、众妆公司营业执照副本等证据显示，众妆公司的经营范围包括销售化妆品，江林门市部与众妆公司之间就纳益其尔芦荟胶商品存在购销合同关系。根据合同约定，由众妆公司向江林门市部提供纳益其尔芦荟胶商品，江林门市部向众妆公司支付货款；而出库单、入库单、付款凭证等证据显示，江林门市部以16元的单价从众妆公司购入了360盒纳益其尔芦荟胶商品，并已向众妆公司支付相关款项。上述证据中的商品名称、商品数量、交易时间、交易金额等均能够与合同相对应，可以证明上述合同已真实履行。此外，众妆公司出具的出库单以及江林门市部入库单均载明纳益其尔芦荟胶商品条码为8806173420377，且出库单上还记载了生产批号和限用日期。经比对，上述信息与被诉侵权商品外包装上印制的条码、批号和限用日期完全一致。故江林门市部提供的上述证据所显示的交易链条完整，交易渠道合法，交易方式符合一般交易习惯，且指明了被诉侵权商品的供货商系众妆公司。亦即，江林门市部所举证据已基本符合法律、法规及司法解释关于合法来源抗辩客观要件证明责任的标准和要求，能够证明江林门市部系合法取得被诉侵权商品。鉴于纳益其尔未提供相反证据予以反驳，且众妆公司对江林门市部销售的被诉侵权商品系来源于众妆公司亦表示认可，本院对江林门市部提供的上述证据予以采信。

2. 关于对本案主观要件的审查。合法来源抗辩成立的主观要件要求销售者主观上不存在过错，即实际不知道且不应当知道其销售的系侵权商品。根据上述司法解释的规定，对销售者主观状态的把握，应从审查被诉侵权商品合法来源的证据着手，结合具体案情和交易习惯综合判断。销售者的经营规模、专业程度、市场交易习惯等，可以作为确定其合理注意义务的证据。通常情况下，小规模零售商与具有一定规模的商业主体相比，对于被诉侵权商品是否侵权的认知能力是不同的，销售者提供的合法来源证据与其注意义务程度相当的，则可以推定其主观上不知道所销售的系侵权商品。

本案中，被诉侵权商品纳益其尔芦荟胶，是一种平价日用化妆品，市场售价及产品利润均较为微薄；而销售者江林门市部系个体工商户，经营规模小，专业程度低，故对其关于所售商品是否侵权的认知能力不宜要求过高。从江林门市部提供证据的情况来看，其所举证据能够证明其在遵从合法、正常的市场交易规则的情况下取得了被诉侵权商品，且商品的来源清晰、渠道合法、价格合理，亦指明了被诉侵权商品的提供者系众妆公司，应视为其对被诉侵权商品的进货尽到了与其经营规模、专业程度等相适应的合理注意义务，从而推定江林门市部实际不知道也不应当知道所销售的商品为侵权商品，其主观上不存在过错。此外，江林门市部还提供了众妆公司从其上游商家冠美公司获取纳益其尔芦荟胶商品的发票以及冠美公司从其上游商家一品妆公司获取纳益其尔芦荟胶商品的进口货物报关单、入境货物检验检疫证明、进口关税专用缴款书等证据的复印件。虽然江林门市部合法来源抗辩成立并不要求其证明所销售的被诉侵权商品源于权利人，但其作为销售者，在不持有上述证据原件的情况下，向人民法院提供上述证据的复印件，对于权利人纳益其尔追溯侵权源头有一定帮助，对于本院进行主观要件的审查亦具有参考作用。因而，对于江林门市部向人民法院积极举证的行为应当予以鼓励和肯定。

综上，江林门市部已完成其关于被诉侵权商品具有合法来源且已尽合理注意义务的证明责任，其合法来源抗辩成立。依照商标法第六十四条第二款规定，江林门市部不应承担赔偿责任。江林门市部的相应再审申请理由成立，本院依法予以支持。二审判决关于江林门市部提供的相关证据不能证明其上游商家的商品来自纳益其尔，也不能证明其具有纳益其尔的授权，因而合法来源抗辩不能成立的认定不当，本院予以纠正。

应当指出的是，适用合法来源抗辩制度的前提是销售被诉侵权商品的行为构成侵权，因此即使合法来源抗辩成立，也并不改变这一行为本身的侵权性质。商标法设置合法来源抗辩制度，系通过免除善意销售者的赔偿责任来激励其披露商品来源信息，促进对侵权源头的打击。故合法来源抗辩的成立并不要求销售者证明商品源于权利人；换言之，如果销售者能够证明其所销售的商品源于权利人，则其销售行为不构成侵权，该情形与合法来源抗辩制度的法律精神相违背，即无须考虑是否适用合法来源抗辩制度。在合法来源抗辩成立的情况下，善意销售者虽然依法不承担侵权损害赔偿责任，但仍应按照法律规定承担其他相应的侵权责任。

3. 关于江林门市部的责任承担问题。根据《中华人民共和国民法典》第一百七十九条的规定，承担民事责任的方式主要有停止侵害、排除妨碍、赔偿损失等。本院认为，由于江林门市部销售被诉侵权商品的行为侵害了纳益其尔涉案商标的专用权，故其应承担停止侵权的民事责任。纳益其尔还主张江林门市部应当承担赔偿相关经济损失及支付维权支出的责任，具体为30000元的经济损失以及2000元的调查取证费和公证费等、8000元代理费的维权支出。对此本院认为，维权支出是权利人为制止侵权行为而产生的费用，系独立于因侵权所遭受的经济损失之外的维权成本，其法律属性与侵权损害赔偿不同；即使本案中江林门市部的合法来源抗辩成立，依照商标法第六十四条的规定不承担赔偿损失的责任，但原则上仍应对权利人为获得停止侵权救济的合理开支承担赔偿责任。

但在本案中，纳益其尔关于维权支出的诉讼主张是否应予支持，应当结合案件的具体情况，并回归合法来源抗辩制度的立法本意加以综合认定。首先，纳益其尔虽然提出应由江林门市部赔偿其维权支出的诉讼主张，但始终未向人民法院提供相关证据，故其应承担对其不利的法律后果。其次，合法来源抗辩制度关于免除善意销售者赔偿责任的规定，一方面系为激励善意销售者积极披露商品来源信息，另一方面也是对善意销售者基于正常市场交易秩序所产生的信赖利益的保护。本案中，被诉侵权商品的进货价格及销售价格较低，侵权情节及侵权后果较为轻微，且江林门市部已经说明了被诉侵权商品的提供者，为纳益其尔追溯侵权源头提供了有利线索，已尽到了合理注意义务，主观上不存在过错。在此情况下，如果仍由江林门市部承担该项维权支出，不但有违公平原则，亦不能充分体现合法来源抗辩制度对善意销售者的激励和保护。再次，根据中国裁判文书网数据，纳益其尔基于与本案相同的侵权商品，在中国大陆十余个省份向大量中小销售商提起诉讼，存在批量维权的情况。鉴于在批量诉讼案件中，权利人为制止侵权行为存在共同支出合理开支的情况，为防止维权支出的赔偿额高于权利人的实际维权支出，致使权利人多重得利，审查认定个案维权支出时，应评估诉讼主张的合理性。由于本案中纳益其尔未能提供其维权支出的相应证据，本院对其在本案的维权支出无法单独核算，其相应诉讼主张缺乏依据。综上，为体现合法来源抗辩制度对善意销售者的激励和保护，同时引导知识产权权利人积极向侵权源头的生产商主张权利，合法、合理进行维权，本院对于纳益其尔有关维权支出的诉讼主张不予支持。

在此需要明确的是，民事主体作为知识产权的权利人，有权合法、合理维护其自身权益；但知识产权保护的目的是倡导、鼓励使用具有创造性的智力成果，并将无形的知识财富转化为有形的物质财富，从而促进生产力的发展；如果将知识产权“维权”作为赚取利润的手段和工具，将“诉讼”作为牟利的途径，不仅不符合知识产权保护的宗旨，也不利于维护市场交易秩序的稳定，同时亦在一定程度上浪费了司法资源，此种行为不应予以鼓励和提倡。

（二）关于二审法院未追加相关当事人参加诉讼以及对相关实体问题的审理是否存在违反诉讼程序、损害当事人权利情形的问题

经审查，江林门市部的上游商家众妆公司、冠美公司、一品妆公司并非本案必要的共同被告，二审法院未支持江林门市部关于追加上述当事人的请求，并无不当。此外，二审法院在审理过程中，对江林门市部是否已尽合理注意义务的审查，其目的同样是查明江林门市部合法来源抗辩能否成立的焦点问题，不存在损害当事人诉讼权利的情形。江林门市部的相应再审申请理由不能成立，本院不予支持。

综上所述，江林门市部的部分再审申请理由成立，本院予以支持；对其余再审申请理由本院予以驳回。二审判决认定事实及适用法律均有不当，本院予以纠正。依照《中华人民共和国民法典》第一百七十九条，《中华人民共和国商标法》第五十七条、第六十四条第二款，《最高人民法院关于知识产权民事诉讼证据的若干规定》第四条，《中华人民共和国民

事诉讼法》第一百七十七条第一款第二项、第二百一十四条第一款的规定，判决如下：

一、撤销河北省高级人民法院（2021）冀知民终26号民事判决；

二、撤销河北省保定市中级人民法院（2020）冀06知民初201号民事判决；

三、望都县江林化妆品门市部于本判决生效之日起立即停止侵害株式会社纳益其尔注册商标专用权的行为，即停止销售侵害株式会社纳益其尔注册商标专用权的产品，并销毁库存侵权产品；

四、驳回株式会社纳益其尔的其他诉讼请求。

一审案件受理费800元，由株式会社纳益其尔负担600元，望都县江林化妆品门市部负担200元。二审案件受理费50元，由株式会社纳益其尔负担。

本判决为终审判决。

审 判 长 晏 景
审 判 员 李 丽
审 判 员 马秀荣

二〇二三年六月十六日

法官助理 曹佳音
书 记 员 彭 静

大连致泰种业有限公司与农业农村部植物新品种复审委员会等植物新品种权无效行政纠纷案

【裁判要旨】

是否存在销售行为是判断申请品种具备新颖性的重要事实。导致申请植物新品种权保护的品种丧失新颖性的销售是指行为人为交易目的将品种繁殖材料交由他人处置，放弃自身对该繁殖材料的处置权的行为。育种者为委托他人制种而交付申请品种繁殖材料，同时约定制成的品种繁殖材料返归育种者，因育种者实质上保留了对该品种繁殖材料的处置权，除非法律另有规定，不会导致申请品种丧失新颖性。

最高人民法院行政判决书
（2022）最高法知行终809号

上诉人（一审原告）：大连致泰种业有限公司。住所地：辽宁省大连市普兰店区丰荣街道办事处金厂村。

法定代表人：宫贤奇，该公司总经理。

委托诉讼代理人：肖春阳，辽宁博信律师事务所律师。

被上诉人（一审被告）：农业农村部植物新品种复审委员会。住所地：北京市朝阳区农展馆南里11号。

负责人：张兴旺，该委员会主任。

委托诉讼代理人：陶伟国，男，农业农村部种业管理司品种管理处处长。

委托诉讼代理人：陈猛，北京天驰君泰律师事务所律师。

一审第三人：衣泰龙，男，1956年1月28日出生，汉族，住辽宁省瓦房店市东岗镇。

委托诉讼代理人：梁顺伟，北京市开越律师事务所律师。

上诉人大连致泰种业有限公司（以下简称致泰公司）与被上诉人农业农村部植物新品种复审委员会（以下简称植物新品种复审委员会）、一审第三人衣泰龙植物新品种权无效行政纠纷一案，涉及品种权人为衣泰龙、名称为“强硕68”的玉米植物新品种（以下简称涉案品种）。针对致泰公司就涉案品种权提出的无效宣告请求，植物新品种复审委员会作出2020年第25号品种权无效宣告审理决定（以下简称被诉决定），维持涉案品种权有效；致泰公司不服，向北京知识产权法院（以下简称一审法院）提起诉讼。一审法院于2022年8月17日作出（2021）京73行初3144号行政判决，判决驳回致泰公司的诉讼请求；致泰公司不服，向本院提起上诉。本院于2022年11月23日立案后，依法组成合议庭，并于2023年2月28日公开开庭审理了本案。上诉人致泰公司的委托诉讼代理人肖春阳，被上诉人植物新品种复审委员会的委托诉讼代理人陶伟国、陈猛，一审第三人衣泰龙的委托诉讼代理人梁顺伟到庭参加诉讼。本案现已审理终结。

本案基本事实如下：涉案品种是名称为“强硕68”、品种权号为CNA20090802.7的玉米植物新品种，品种权人为衣泰龙，申请日为2009年12月9日，授权日为2014年3月1日。

2019年1月24日，致泰公司以涉案品种权不具备新颖性为由，向植物新品种复审委员会请求宣告“强硕68”品种权无效。致泰公司提交了以下10份证据：

1. “强硕68”的《植物新品种权证书》。

2. 张掖市敦煌种业有限公司（以下简称张掖敦煌公司）于2015年10月20日向辽宁省沈阳市中级人民法院出具的《证明函》。其中记载：“我公司接受衣泰龙的委托，从2008年至今为其培育强硕68号玉米种子，根据我公司一直以来的生产经营实际，经核算后我公司以每公斤6.3元的价格将强硕68号玉米种子交付给衣泰龙。”

3. 甘肃省种子管理局于2018年3月13日向大连市普兰店农业行政执法大队出具的《关于甘肃敦煌种业股份有限公司“强硕68”品种许可资质的答复函》。其中记载：“经查询，甘肃敦煌种业股份有限公司原持有的种子生产许可证号为（甘）农种生许字（2006）第0026号，许可证签发日期为2006年10月27日，有效期至2009年10月27日。在许可证有效期内，该企业于2008年6月24日变更增加了玉米品种‘强硕68’。”

4. 辽宁省大连市种子管理站于2008年1月10日呈报辽宁省大连市农村经济委员会的《关于2008年杂交玉米、水稻品种销售管理规定的请示》（大种管字〔2008〕2号）。

5. 辽宁省大连市农村经济委员会于2008年1月15日发布的《关于加强杂交玉米水稻品种销售管理的通知》（大农发〔2008〕7号）。

6. 辽宁省大连市种子管理站于2017年3月1日回复致泰公司的《大连致泰种业有限公司请示书回复函》。

7. 原农业部种子管理局于2015年5月11日发布的《关于撤销“致泰1号”玉米审定品种标准样品的通知》（农种品函〔2015〕20号）。

8. 辽宁省农作物品种审定委员会于2008年2月21日颁发“强硕68”品种审定证书。证书编号：2007－1－35；作物：玉米；审定编号：辽审玉〔2007〕351号；审定命名：强硕68；原名或代号：昊晟6号；选育单位（个人）：衣泰龙。

9. 2001年2月26日原农业部令第48号《农作物种子生产经营许可证管理办法》部分内容。

10. 《中华人民共和国植物新品种保护条例实施细则（农业部分）》（2007年修订）（以下简称条例实施细则）。

2019年1月28日，经形式审查，植物新品种复审委员会向致泰公司出具《受理通知书》。

2019年2月27日，植物新品种复审委员会向致泰公司出具《补正材料通知书》，要求致泰公司在收到通知之日起一个月内，围绕复审请求尤其是生产协议的事实，提供更具信服的证据和证明依据。2019年3月5日，致泰公司向植物新品种复审委员会提交《意见陈述》，认为现有证据的证明力足以证明“强硕68”不具备新颖性。

2019年3月27日，衣泰龙向植物新品种复审委员会提交《强硕68品种“新颖性”有关情况说明》，陈述以下四点答辩意见：（一）“强硕68”于2008年2月21日获得品种审定，当年没有可供生产用的大量繁殖材料，故让张掖敦煌公司帮助安排“强硕68”的小面积试制种，亲本种子免费提供，双方并没有签订种子生产协议。（二）正常情况下小面积试制种，一般不需要办理种子生产许可证，但甘肃敦煌种业股份有限公司（以下简称甘肃敦煌公司）为了承揽2009年制种业务，提前一年将办理“强硕68”种子生产许可证的材料上报当地农业厅。甘肃敦煌公司在种子生产许可证有效期内，于2008年6月24日变更增加了玉米品种“强硕68”，不能证明在此之前衣泰龙与甘肃敦煌公司签订了关于“强硕68”的种子生产协议。（三）衣泰龙自2009年开始大面积制种生产“强硕68”种子，2009年12月9日申请植物新品种保护，涉案品种没有丧失新颖性。（四）衣泰龙曾起诉致泰公司侵害其“强硕68”品种权，案件经过一审、二审以及申请再审，即辽宁省沈阳市中级人民法院作出的（2015）沈中民初字第00240号民事判决书（以下简称第240号判决）、辽宁省高级人民法院作出的（2016）辽民终460号民事判决书及最高人民法院作出的（2017）最高法民申2362号民事裁定书（以下简称第2362号裁定），人民法院均支持了衣泰龙的诉讼请求。此外，2016年6月，致泰公司就曾以“强硕68”不具备新颖性为由，提出过无效宣告请求，植物新品种复审委员会驳回了该无效请求。

随同《强硕68品种“新颖性”有关情况说明》，衣泰龙向植物新品种复审委员会提交了三份反证如下：

反证1，张掖敦煌公司于2019年2月21日出具的《关于强硕68玉米杂交种生产情况的说明》。其中记载张掖敦煌公司与衣泰龙于 2009 年合作生产“强硕 68”玉米种子的具体事宜：1. 张掖敦煌公司于 2008 年协助衣泰龙开始试制两个玉米品种，主要是调试玉米制种花期方案及观察该品种适应性。但生产试制过程中花期未调配好，造成花期不遇，制种失败。2. 通过 2008 年的生产试制观察，“强硕 68”可以在本区域生产，并在试制基础上探索出了制种方案。3. 为下一年度的生产销售需要，提前于 2008 年 6 月向甘肃省种子管理站提交“强硕 68”玉米品种许可资质的申报材料，并于 2008 年 6 月 24 日取得种子生产许可证。4. 2009 年正式开始生产代繁种子合作业务。

反证 2，第 2362 号裁定。其中记载：关于致泰公司所谓“强硕 68”品种权应予无效的申请再审事由，该争议问题属于品种权无效宣告程序应解决的问题，并非该案民事侵权程序应予审查的重点问题，故致泰公司的上述申请再审事由，不予支持。

反证 3，植物新品种复审委员会于 2017 年 5 月 16 日作出的涉及“强硕 68”的品种权无效宣告审理决定（决定号：2017 年第 2 号）。该无效程序的请求人为致泰公司，无效理由为“强硕 68”与“致泰 1 号”是同一品种，不具备特异性和新颖性。致泰公司提交的证据包括：第 240 号判决；北京玉米种子检测中心作出的《（农）中种检字第（2011）第 001 号检验报告》；“致泰 1 号”出库记账单及付货凭证。植物新品种复审委员会最终认定致泰公司提交的证据不能证明“强硕 68”不符合植物新品种特异性、新颖性的要求，故驳回了致泰公司的无效宣告请求。

2019 年 8 月 1 日，植物新品种复审委员会向致泰公司交换衣泰龙提交的《强硕 68 品种“新颖性”有关情况说明》，并出具《意见陈述通知书》，要求致泰公司在收到通知之日起 3 个月内，针对衣泰龙的上述说明提交陈述意见。

2019 年 9 月 17 日，致泰公司向植物新品种复审委员会提交《意见陈述书》认为，张掖敦煌公司向辽宁省沈阳市中级人民法院出具的《证明函》充分证明张掖敦煌公司接受衣泰龙委托，2008 年为其生产“强硕 68”玉米种子，并在当年将种子交付给衣泰龙。且甘肃敦煌公司只有提交品种权人委托生产协议，才能取得“强硕 68”的生产许可。“强硕 68”在其品种权申请日前销售超过一年，已丧失新颖性。

2020 年 6 月 17 日，植物新品种复审委员会秘书处向甘肃省种子管理局出具《关于请协助调查“强硕 68”生产许可档案的函》，请该局调查核实《关于甘肃敦煌种业股份有限公司“强硕 68”品种许可资质的答复函》及“强硕 68”生产许可档案和实际生产情况。2020 年 7 月 20 日，甘肃省种子总站针对上述函件出具《关于“强硕 68”种子生产许可情况的函》。具体回复内容为：（一）甘肃敦煌公司“强硕 68”生产许可情况。经查询，2008 年 6 月甘肃敦煌公司提交了“强硕 68”生产许可申请，经临泽县农业农村局审核、甘肃省政府大厅省农牧厅窗口受理、甘肃省农牧厅审核同意，于 2008 年 6 月 24 日批准该企业主要农作物种子生产许可证变更增加“强硕 68”品种的生产许可。（二）复函大连市普兰店农业行政执法大队情况。大连市普兰店农业行政执法大队于 2018 年 3 月 5 日发函，查询甘肃敦煌公司“强硕 68”生产许可情况，经核查有关许可信息，2018 年 3 月 13 日以《关于甘肃敦煌种业股份有限公司“强硕 68”品种许可资质的答复函》回复大连市普兰店农业行政执法大队。

2020 年 12 月 19 日，植物新品种复审委员会作出被诉决定，驳回致泰公司的无效宣告请求，维持“强硕68”品种权有效。

致泰公司不服，于2021年2月20日向一审法院提起诉讼，请求：判决撤销被诉决定，并判令植物新品种复审委员会重新作出决定。事实和理由为：（一）“强硕68”已于2008年6月24日丧失“新颖性”，不能取得授权。甘肃敦煌公司持有（甘）农种生许字（2006）第0026号种子生产许可证，于2008年6月24日增加了玉米品种“强硕68”的生产许可。2008年至2015年，张掖敦煌公司接受衣泰龙的委托，为衣泰龙培育“强硕68号”玉米种子，根据生产经营实际以每公斤6.3元的价格将“强硕68”玉米种子卖给衣泰龙。甘肃省种子管理局增加种子生产许可需以双方签订生产协议为必备条件。增加生产许可和委托生产，完全可以证明双方已于2008年6月24日前签订委托生产协议的事实。根据《中华人民共和国植物新品种保护条例》（1997年发布）（以下简称植物新品种保护条例）第十四条和条例实施细则的相关规定，“强硕68”已于2008年6月24日经育种者许可，在中国境内销售该品种繁殖材料，到申请日2009年12月9日，已销售该品种繁殖材料1年5个月，超过1年，“强硕68”丧失“新颖性”，不能取得品种权。

植物新品种复审委员会在一审辩称：（一）植物新品种复审委员会具有受理无效宣告请求复审案件的法定职权。被诉决定符合法律法规的程序性规定。（二）致泰公司提交的证据无法证明衣泰龙存在销售“强硕68”或签署相关生产协议的行为，无法证明“强硕68”丧失新颖性。（三）根据植物新品种复审委员会的调查情况，未查询到存在“强硕68”的生产协议或销售证明，致泰公司的主张缺乏事实依据。被诉决定认定事实清楚、适用法律法规正确，致泰公司的诉讼理由不能成立，请求法院驳回其诉讼请求。

衣泰龙在一审述称：致泰公司提起本案诉讼的事实不符合法律的有关规定，“强硕68”并没有丧失新颖性。致泰公司的诉讼请求应予驳回。

一审法院经审理基本认定了上述事实。

一审法院另查明：致泰公司向一审法院提交五份证据，其中证据4未在植物新品种无效宣告程序中提交。证据4为第240号判决，该判决记载原告为衣泰龙，被告为致泰公司，案由为侵害植物新品种权纠纷，衣泰龙主张权利的品种为“强硕68”，被诉侵权的繁殖材料为“致泰1号”玉米种子。该判决认定致泰公司未经品种权人衣泰龙许可，为商业目的以“致泰1号”的名义生产、销售“强硕68”玉米种子的行为，侵犯了衣泰龙享有的“强硕68”植物新品种权，致泰公司依法应承担停止侵害、赔偿损失的民事责任。该判决书第11—12页就确定赔偿数额的焦点问题中记载：“本案中衣泰龙起诉时已主张按照侵权人因侵权所得利益确定赔偿数额，故本院依致泰公司侵权所得利益确定本案赔偿数额。具体数额，因致泰公司拒不向本院提交生产、销售侵权种子的账册材料，本院根据现有证据进行认定。根据衣泰龙提交的大连市种子管理站《2013－2014年度主要农作物种子销售和库存调查表》，酌定致泰公司当时销售侵权种子的平均单价为每公斤10元，平均每月销售数量为5万公斤，销售额为50万元，则2014年3月1日至2014年底十个月的销售数量约为50万公斤，销售总额约为500万元。关于致泰公司销售侵权种子的利润率，因致泰公司拒不提交其生产销售成本的相关账册，参照衣泰龙提交的其他种子生产企业出具的生产‘强硕68’玉米种子的单位成本证明，可以认定每公斤利润为3.7元，则致泰公司销售50万公斤侵权种子的获利酌定为185万元。”

经致泰公司申请，一审法院于2021年12月20日向甘肃省种子总站出具《委托调查函》，委托致泰公司的代理人郑华律师查询并调取2009年12月9日（包含本日）前形成的或标明为2009年12月9日（包含本日）前的“强硕68”玉米品种有关生产许可的全部档案。甘肃省种子总站于2021年12月24日出具了《调查令回执》并提供了《主要农作物种子生产许可证申请表》，其中载明，申请单位为甘肃省敦煌种业股份有限公司，生产地点为张掖市临泽县，作物种类为玉米，品种名称为“强硕68”“金来99”“郝玉318”“郝玉8号”“桥玉1号”。申请时间为2008年5月9日，发证日期为2008年6月24日，许可证编号为（甘）农种生许字（2006）第0026号。致泰公司还提交《持委托调查函调查过程说明》、录音光盘及文字记录，显示甘肃省种子总站口头答复2015年以前申请的只有申请表，没有留存其他档案材料，其他档案材料已销毁。经一审法院核实，上述口头答复情况属实。

针对一审法院调取的证据，致泰公司认可真实性、合法性、关联性，但认为根据《农作物种子生产经营许可证管理办法》第七条第八项的规定，品种为授权品种的，申请领取种子生产许可证还应向审核机关提供品种权人同意的书面证明或品种转让合同。授权品种既包括被授权植物新品种权的品种，也包括审定品种。“强硕68”在申请植物新品种之前已经通过品种审定，说明该品种已经被行政机关授权，属于授权品种。故要获得“强硕68”生产经营许可证应当提交品种权人同意的书面证明。甘肃省种子总站仅提供了《主要农作物种子生产许可证申请表》，显然其他证据材料已经被销毁。植物新品种复审委员会认可真实性、合法性、关联性，但认为授权品种不包括审定品种，仅指被授予植物新品种权的品种，该证据不能支持致泰公司的意见。衣泰龙认可真实性、合法性、关联性，但认为该证据不能支持致泰公司的意见，授权品种特指取得植物新品种权的品种，致泰公司的理解有误。

致泰公司在本案一审程序明确其主张“强硕68”不具备新颖性的理由为“强硕68”繁殖材料经育种者许可在申请日前在中国境内销售已超过1年。具体而言，属于条例实施细则第十五条第二款第一项“育种者自己销售”的情形，具体的销售行为包括条例实施细则第十五条第一款第一项、第二项、第四项的规定情形。致泰公司表示其在无效宣告程序中提交的证据2，即张掖敦煌公司于2015年10月20日向辽宁省沈阳市中级人民法院出具的《证明函》中记载了张掖敦煌公司以每公斤6.3元的价格将“强硕68”玉米种子交付给衣泰龙。致泰公司在一审诉讼中提交的证据4，即第240号判决使用了《证明函》中的6.3元作为单位成本，就意味着认定《证明函》中记载的内容涉及销售行为。故上述两份证据能够证明“强硕68”的繁殖材料在申请日前在中国境内销售已超过1年。此外，一审法院应致泰公司的申请调取的《主要农作物种子生产许可证申请表》显示，甘肃敦煌公司于2008年5月9日已申请包含“强硕68”的种子生产许可证，该申请表说明衣泰龙及甘肃敦煌公司实施了生产行为，且被调取单位承认其他材料已经销毁。根据《农作物种子生产经营许可证管理办法》第七条第八项的规定，还应该有例如生产协议等其他材料，这部分内容应该包含在被销毁的材料中。

一审法院认为：

（一）关于法律适用

涉案品种的申请日为2009年12月9日，本案应适用2004年修正的《中华人民共和国种子法》（以下简称种子法）及1997年发布的植物新品种保护条例、2007年修订的条例实施细则进行审理。

（二）“强硕 68”是否具备新颖性

1. 种子法、植物新品种保护条例中关于新颖性的相关规定及其理解

新颖性是植物品种获得植物新品种权所必须具备的条件之一。2004 年修正的种子法第十二条规定：“国家实行植物新品种保护制度，对经过人工培育的或者发现的野生植物加以开发的植物品种，具备新颖性、特异性、一致性和稳定性的，授予植物新品种权。”

1997 年发布的植物新品种保护条例第十四条对新颖性进行了定义，即“授予品种权的植物新品种应当具备新颖性。新颖性是指申请品种权的植物新品种在申请日前该品种繁殖材料未被销售，或者经育种者许可，在中国境内销售该品种繁殖材料未超过 1 年；在中国境外销售藤本植物、林木、果树和观赏树木品种繁殖材料未超过 6 年，销售其他植物品种繁殖材料未超过 4 年。”

条例实施细则第十五条规定：“具有下列情形之一的，属于《条例》第十四条规定的销售：（一）以买卖方式将申请品种的繁殖材料转移他人；（二）以易货方式将申请品种的繁殖材料转移他人；（三）以入股方式将申请品种的繁殖材料转移他人；（四）以申请品种的繁殖材料签订生产协议；（五）以其他方式销售的情形。具有下列情形之一的，视为《条例》第十四条规定的育种者许可销售：（一）育种者自己销售；（二）育种者内部机构销售；（三）育种者的全资或者参股企业销售；（四）农业部规定的其他情形。”

从上述规定内容来看，首先，植物新品种的新颖性强调的是一个“新”字，新颖性判断的核心在于申请品种繁殖材料的销售情况，即在申请日前申请品种的繁殖材料是否被销售，实质是申请品种的繁殖材料是否进入公有领域为社会公众所获取。其次，根据植物新品种保护条例第十四条的规定，在申请日之前未被销售的申请品种显然是具备新颖性的。同时，出于最大限度地维护申请人权益的考虑，对于经育种者许可的销售规定了宽限期，给予了育种者一定的优惠待遇。再次，就申请品种是在中国境内销售，还是在中国境外销售及申请品种的生物学特性，宽限期有所不同。此外，针对什么行为属于销售行为、什么情形视为经育种者许可的情形，条例实施细则第十五条第一款及第二款分别予以规定。

2. 致泰公司主张“强硕 68”不具备新颖性的理由是否成立

致泰公司主张“强硕 68”不具备新颖性的理由为“强硕 68”繁殖材料经育种者许可在申请日前在中国境内销售已超过 1 年。具体来说，属于条例实施细则第十五条第二款第一项“育种者自己销售”的情形，具体的销售行为包括条例实施细则第十五条第一款第一项、第二项、第四项规定的情形。相关证据为其在无效宣告程序中提交的证据 2，即张掖敦煌公司于 2015 年 10 月 20 日向辽宁省沈阳市中级人民法院出具的《证明函》。对此，一审法院认为，张掖敦煌公司出具的《证明函》仅显示张掖敦煌公司自 2008 年开始为衣泰龙培育“强硕 68”玉米种子，其以每公斤 6.3 元的价格将“强硕 68”玉米种子交付给衣泰龙，仅能体现衣泰龙存在回购委托他人培育的“强硕 68”玉米种子的行为。第 240 号判决为计算赔偿数额参考了衣泰龙回购委托他人培育的“强硕 68”玉米种子的价格作为单位成本，但这并不意味着第 240 号判决认定《证明函》中记载的内容涉及衣泰龙针对“强硕 68”繁殖材料的销售行为。上述《证明函》不能证明在“强硕 68”申请日前，衣泰龙存在以买卖方式或易货方式将“强硕 68”繁殖材料转移他人的情形或以“强硕 68”的繁殖材料签订生产协议

的情形，即《证明函》不能证明在“强硕 68”申请日前，衣泰龙已经在中国境内销售了“强硕 68”的繁殖材料。

致泰公司还主张，一审法院应致泰公司的申请调取的《主要农作物种子生产许可证申请表》显示甘肃敦煌公司于 2008 年 5 月 9 日已申请包含“强硕 68”的种子生产许可证，该申请表说明衣泰龙及甘肃敦煌公司实施了生产行为。且被调取单位承认其他材料已经销毁。根据《农作物种子生产经营许可证管理办法》第七条第八项的规定，还应该有例如生产协议等其他材料，这部分内容应该包含在被销毁的材料中。对此，一审法院认为，《主要农作物种子生产许可证申请表》仅能证明甘肃敦煌公司于 2008 年 6 月 24 日获得了“强硕 68”的种子生产许可证，具备生产“强硕 68”玉米种子的资格，但并不能证明衣泰龙或甘肃敦煌公司对外销售了“强硕 68”的繁殖材料。根据《农作物种子生产经营许可证管理办法》第七条第八项的规定，品种为授权品种的，申请领取种子生产许可证还应向审核机关提供品种权人同意的书面证明或品种转让合同。对其中“授权品种”的理解应与该条中“品种权人”的含义相统一。而“品种权人”系由国务院农业、林业主管部门授予植物新品种权的主体。本案中，甘肃敦煌公司申请“强硕 68”种子生产许可证时，衣泰龙尚未申请“强硕 68”植物新品种权，彼时“强硕 68”尚不属于授权品种。故致泰公司推断被销毁的材料中包含生产协议等材料，进而能够证明“强硕 68”繁殖材料在申请日前已被销售的相关主张不能成立，一审法院不予支持。

综上，依据在案证据，致泰公司关于“强硕 68”不具备新颖性的主张缺乏事实依据。被诉决定关于涉案品种符合新颖性要求的认定结论正确，一审法院予以支持。

一审法院依照《中华人民共和国行政诉讼法》第六十九条之规定判决：驳回大连致泰种业有限公司的诉讼请求。案件受理费 100 元，由大连致泰种业有限公司负担。

致泰公司不服一审判决，向本院提起上诉，请求：1. 撤销一审判决；2. 撤销被诉决定并判令植物新品种复审委员会重新作出决定；3. 植物新品种复审委员会承担本案诉讼费。事实和理由为：（一）张掖敦煌公司于 2015 年 10 月 20 日向辽宁省沈阳市中级人民法院出具的《证明函》证明其 2008 年开始为衣泰龙培育“强硕 68”玉米种子，玉米种植时间为春季，说明衣泰龙已经在 2008 年春季将“强硕 68”种子交给了张掖敦煌公司，该《证明函》的内容即为生产协议的内容。根据办理种子生产许可证需要提供生产协议及上述《证明函》的内容，甘肃敦煌公司于 2008 年 6 月 24 日增加玉米品种“强硕 68”种子生产许可，可以认定衣泰龙已将“强硕 68”繁殖材料在 2008 年 6 月 24 日前交付给了甘肃敦煌公司生产“强硕 68”玉米种子，该行为至植物新品种申请日超过了一年。张掖敦煌公司于 2019 年 2 月 21 日出具的《关于“强硕 68”玉米杂交种生产情况的说明》拟证明其 2008 年生产试制种失败，与《证明函》相矛盾，且张掖敦煌公司、甘肃敦煌公司与衣泰龙有利害关系，即便“2008 年生产试制种”一说存在，试制种也是生产的一种。一审判决有关在案证据不能证明衣泰龙在植物新品种申请日前已经在中国境内销售了“强硕 68”繁育材料的认定存在错误。（二）一审判决适用法律错误。辽宁省农作物品种审定委员会于 2008 年 2 月 21 日已经对“强硕 68”完成审定，若无生产协议，则不可能完成种子生产许可证的办理。结合《证明函》内容，必然存在甘肃敦煌公司申请种子生产许可证之前与衣泰龙签订的生产协议。《农作物种子生产经营许可证管理办法》第七条第八项规定生产“授权品种”指的是两个主体间进行授权生产的品种，该品种即为授权品种，而不是专指“授权”的“植物新品种”。由于新颖性的判断时间以品种繁殖材料的交付、签订生产协议为标准，“强硕68”繁殖材料经衣泰龙许可，在中国境内的销售已经超一年，因此“强硕68”不具备新颖性。

植物新品种复审委员会辩称：（一）新颖性判断的核心在于申请品种繁殖材料的销售情况，即在申请日前申请品种的繁殖材料是否被销售，实质是申请品种的繁殖材料是否进入公有领域为社会公众所获取。对于销售行为的认定要避免与使用行为相混淆，不仅要审查品种的所有权是否转移，还要审查是否存在销售的真实意图。张掖敦煌公司出具的《证明函》仅显示其自2008年开始为衣泰龙制种“强硕68”，其以每公斤6.3元的价格将“强硕68”品种交付给衣泰龙，仅能体现衣泰龙存在回购委托他人培育品种的行为。上述行为本质上是对涉案品种的使用行为而非销售行为，衣泰龙并不存在对涉案品种进行商业销售的意图。致泰公司据此主张衣泰龙存在销售涉案品种的行为，进而主张涉案品种不具备新颖性无事实和法律依据。（二）致泰公司对《农作物种子生产经营许可证管理办法》第七条第八项规定的“授权品种”理解有误。授权品种应与品种权人保持统一。甘肃敦煌公司申请主要农作物种子生产许可证时，“强硕68”尚不属于授权品种。衣泰龙并不存在以签订生产协议的形式对外销售涉案品种的行为和对涉案品种进行商业销售的意图，致泰公司的主张不能成立。综上，被诉决定和一审判决认定事实清楚，适用法律正确，请求驳回上诉，维持原判。

衣泰龙述称：请求驳回上诉，维持原判。

本案二审期间，当事人均未提交新证据，并均对一审判决关于涉案证据真实性、合法性和关联性的认定不持异议。

二审另查明：2015年10月20日，向辽宁省沈阳市中级人民法院出具《证明函》的主体系张掖敦煌公司；甘肃省种子管理局于2018年3月13日向大连市普兰店农业行政执法大队出具的《关于甘肃敦煌种业股份有限公司“强硕68”品种许可资质的答复函》，以及甘肃省种子总站于2020年7月20日出具的《关于“强硕68”种子生产许可情况的函》涉及的主体系甘肃敦煌公司。在本案二审庭审中，各方当事人均认可张掖敦煌公司与甘肃敦煌公司为关联公司。一审判决对两个主体均简写为敦煌公司，未予区分，本院予以纠正。

一审法院认定的其他事实属实，本院予以确认。

本院认为：涉案“强硕68”申请植物新品种权的申请日为2009年12月9日，本案应适用1997年发布的植物新品种保护条例以及2007年修订的条例实施细则。

获得植物新品种权保护的品种应当具备新颖性。根据植物新品种保护条例第二十一条、第二十七条、第二十八条以及条例实施细则第二十一条第四项的规定，申请人在申请植物新品种保护提交的说明书中，应当对品种有关销售情况作出说明。审批机关对品种权申请是否符合新颖性的规定进行初步审查。对经初步审查不合格的品种权申请，审批机关应当通知申请人在3个月内陈述意见或者予以修正；逾期未答复或者修正后仍然不合格的，驳回申请。植物新品种保护条例第三十七条的规定：“自审批机关公告授予品种权之日起，植物新品种复审委员会可以依据职权或者依据任何单位或者个人的书面请求，对不符合本条例第十四条、第十五条、第十六条和第十七条规定的，宣告品种权无效。”针对已经授权的植物新品种提起的无效宣告请求，审批机关一般仅针对无效请求依据的事实和理由进行审查，如果无效宣告请求人主张该品种缺乏新颖性，则其应当提交证据证明。本案系致泰公司不服植物新品种复审委员会对“强硕 68”新颖性作出的被诉决定提起的行政诉讼。根据《中华人民共和国行政诉讼法》第六条的规定，人民法院审理行政案件，对行政行为是否合法进行审查。对于“强硕 68”是否具备新颖性，应当围绕致泰公司提出的事实以及理由是否能够证明其主张，进而对行政行为的合法性进行审查。

本案争议焦点在于，一审判决和被诉决定关于“强硕 68”品种具备新颖性的认定是否正确。致泰公司上诉主张“强硕 68”品种不具备新颖性，其理由为，衣泰龙与甘肃敦煌公司签订涉案品种委托生产协议的时间超过了植物新品种申请日一年，符合条例实施细则第十五条第二款第一项规定的“育种者自己销售”的情形；甘肃敦煌公司于 2008 年 6 月 24 日在其原种子生产许可证上变更增加了涉案品种“强硕 68”，张掖敦煌公司于 2015 年 10 月 20 日向辽宁省沈阳市中级人民法院出具的《证明函》证明其 2008 年开始为衣泰龙培育“强硕 68”，存在条例实施细则第十五条第一款第四项规定的“以申请品种的繁殖材料签订生产协议”。对此，本院分析如下：

第一，关于申请品种是否具备新颖性的判断标准。判断申请植物新品种权的品种是否具备新颖性应当重点审查该植物品种的繁殖材料在申请日前是否由育种者本人或者经育种者许可在中国境内销售超过 1 年以上，在中国境外藤本和木本植物销售超过 6 年，其他植物销售超过 4 年。据此，本案的核心在于判断衣泰龙是否在申请“强硕 68”植物新品种权的 2009 年 12 月 9 日前一年即 2008 年 12 月 9 日前，在中国境内销售了“强硕 68”种子。

第二，关于甘肃敦煌公司在种子生产许可证上变更增加“强硕 68”品种的相关证据及其证明力。致泰公司上诉主张，“强硕 68”在 2008 年 2 月 21 日通过辽宁省品种审定即为授权品种，甘肃敦煌公司在种子生产许可证上变更增加该品种需要得到育种者衣泰龙的授权，因此必然存在衣泰龙与甘肃敦煌公司签署生产协议以及交付“强硕 68”种子的行为。对此，本院认为，审定品种是通过行政管理程序获得审定证书，其与获得作为一项民事权利的植物新品种权不同，通过品种审定并不意味着申请人获得排他性的民事权利。《农作物种子生产经营许可证管理办法》第七条第八项规定所涉及的“品种为授权品种的，申请领取种子生产许可证还应向审核机关提供品种权人同意的书面证明或品种转让合同”，其中的“授权品种”应当是指获得植物新品种权的品种。“强硕 68”品种的授权时间在 2014 年 3 月 1 日，甘肃敦煌公司于 2008 年 6 月 24 日在其原种子生产许可证上变更增加“强硕 68”时，“强硕 68”尚不属于授权品种，显然不属于前述《农作物种子生产经营许可证管理办法》规定的办理种子生产许可证时需要提交品种权人同意的书面证明的情形。致泰公司仅以甘肃敦煌公司在其原种子生产许可证变更增加了“强硕 68”为由，主张衣泰龙与甘肃敦煌公司必然签署了生产协议，尚缺有效证据予以佐证，不足以证明衣泰龙存在销售“强硕 68”繁殖材料的事实。

第三，关于张掖敦煌公司出具的《证明函》及其证明力。致泰公司上诉主张，《证明函》记载张掖敦煌公司从 2008 年生产“强硕 68”玉米种子，该公司接受衣泰龙的委托，从 2008 年起为衣泰龙培育“强硕 68”玉米种子，说明衣泰龙于 2008 年将“强硕 68”繁殖材料交付给张掖敦煌公司，即便是试制种行为也属于生产行为，该《证明函》的内容就是生产协议的内容。对此，本院认为，销售行为是否存在是判断申请品种具备新颖性的重要事实。根据植物新品种保护条例第十四条的规定，导致申请植物新品种权保护的品种丧失新颖性的销售是指行为人为交易目的将品种繁殖材料交由他人处置，放弃自身对该繁殖材料的处置权的行为。育种者为委托他人制种而交付申请品种繁殖材料，同时约定制成的品种繁殖材料返归育种者，因育种者实质上保留了对该品种繁殖材料的处置权，除非法律另有规定，不会导致申请品种丧失新颖性。本案中，根据《证明函》的记载内容，张掖敦煌公司生产的“强硕68”种子要交付给衣泰龙，衣泰龙系委托该公司制种并有义务支付制种款回购张掖敦煌公司生产的“强硕68”种子，双方对委托制种并回购的意思表示明确。致泰公司对该委托制种并回购的事实并未提出相反证据予以推翻。张掖敦煌公司虽然在一定时期内持有、使用了“强硕68”繁殖材料，但其无权对“强硕68”繁殖材料进行处置，作出不符合委托生产合同约定的其他行为。衣泰龙作为委托人并没有放弃对申请品种繁殖材料的处置权。因此，衣泰龙委托张掖敦煌公司生产“强硕68”并回购的行为不属于销售“强硕68”繁殖材料的行为。

致泰公司在本案提交的现有证据不足以证明“强硕68”丧失新颖性。被诉决定以及一审判决对此认定并无不当，本院予以维持。致泰公司关于“强硕68”不具备新颖性的上诉主张均不能成立，本院不予支持。

综上所述，致泰公司的上诉请求不能成立，应予驳回。一审判决认定事实清楚，适用法律正确，应予维持。根据《中华人民共和国行政诉讼法》第八十九条第一款第一项之规定，判决如下：

驳回上诉，维持原判。

二审案件受理费100元，由大连致泰种业有限公司负担。

本判决为终审判决。

审 判 长 罗 霞
审 判 员 胡晓晖
审 判 员 李 艳

二〇二三年三月二十一日

法官助理 徐世超
书 记 员 李思倩

西门子股份公司、西门子（中国）有限公司与宁波奇帅电器有限公司、龚银其等侵害商标权及不正当竞争纠纷案

【裁判要旨】

将与他人有一定影响的企业名称中的字号及他人的注册商标作为自身商标及字号使用，构成商标侵权及不正当竞争行为。

在被诉侵权人拒不提交相关财务证据的情况下，可以参考权利人的主张和提供的证据判定赔偿数额；在案证据足以认定侵权人因侵权获得的利益明显超过反不正当竞争法规定的法定赔偿最高限额时，人民法院应当综合考虑被侵权人的知名度、侵权人的主观恶意程度、侵权行为的具体情节以及被侵权人为维权支出的合理费用等因素，在法定赔偿额以上确定赔偿数额。

最高人民法院民事判决书
（2022）最高法民终312号

上诉人（一审被告）：宁波奇帅电器有限公司。住所地：中华人民共和国浙江省慈溪市慈东工业区。

法定代表人：邱鹏军，该公司总经理。

委托诉讼代理人：李娜，浙江合创律师事务所律师。

委托诉讼代理人：吕甲木，浙江海泰律师事务所律师。

上诉人（一审被告）：龚银其，男，1966年12月13日出生，汉族，住中华人民共和国浙江省慈溪市。

委托诉讼代理人：郑勇，浙江合创律师事务所律师。

上诉人（一审被告）：王琼，女，1969年12月28日出生，汉族，住中华人民共和国浙江省慈溪市。

委托诉讼代理人：郑勇，浙江合创律师事务所律师。

被上诉人（一审原告）：西门子股份公司（SIEMENS AKTIENGSELLSCHAFT）。住所地：德意志联邦共和国慕尼黑维尔纳－冯－西门子路1号（Werner－von－Siemens－Str. 1, 80333 Munich, Germany）。

授权代表人：诺伯特·莫里茨博士（Dr. Norbert Moritz）。

授权代表人：沃克玛·邦博士（Dr. Volkmar Bonn）。

委托诉讼代理人：孙建鸽，上海凯正律师事务所律师。

委托诉讼代理人：孙锐锋，上海凯正律师事务所律师。

被上诉人（一审原告）：西门子（中国）有限公司。住所地：中华人民共和国北京市朝阳区望京中环南路七号。

法定代表人：肖松（Dr. Song Xiao），该公司董事长。

委托诉讼代理人：陈希，男，该公司员工。

委托诉讼代理人：孙建鸽，上海凯正律师事务所律师。

一审被告：昆山新维创电器有限公司。住所地：中华人民共和国江苏省昆山市周市镇友谊南路62号。

法定代表人：武前志，该公司执行董事。

委托诉讼代理人：吕甲木，浙江海泰律师事务所律师。

一审被告：武前志，男，1986年10月5日出生，汉族，住中华人民共和国江苏省昆山市。

委托诉讼代理人：吕甲木，浙江海泰律师事务所律师。

上诉人宁波奇帅电器有限公司（以下简称奇帅公司）、龚银其、王琼因与被上诉人西门子股份公司（以下简称西门子公司）、西门子（中国）有限公司（以下简称西门子中国公司）及一审被告昆山新维创电器有限公司（以下简称新维创公司）、武前志侵害商标权及不正当竞争纠纷一案，不服江苏省高级人民法院（2019）苏民初2号民事判决，向本院提起上诉。本院于2022年7月26日立案后，依法组成合议庭，公开开庭进行了审理。上诉人奇帅公司的委托诉讼代理人李娜、吕甲木，上诉人龚银其、王琼的委托诉讼代理人郑勇，被上诉人西门子公司、西门子中国公司的委托诉讼代理人孙建鸽，一审被告新维创公司、武前志的委托诉讼代理人吕甲木到庭参加诉讼。本案现已审理终结。

奇帅公司上诉称：1. 西门子公司、西门子中国公司一审起诉时间为2017年8月，针对的是起诉前的侵权行为，故本案应当适用1993年施行的《中华人民共和国反不正当竞争法》（以下简称反不正当竞争法），一审法院适用2017年修订的反不正当竞争法错误。2. 一审判决内容存在歧义，判决主文与说理部分之间自相矛盾。（1）同一种被诉侵权行为不能既被认定构成商标侵权，又被认定构成不正当竞争；（2）一审判决说理部分认定奇帅公司使用“SIMBMC”标识构成商标侵权，而对使用“上海西门子电器有限公司”的行为并未认定构成商标侵权，但是判决主文第一项却判决停止使用“上海西门子电器有限公司”，而未判决停止使用“SIMBMC”标识。3. 奇帅公司的行为未侵害西门子公司及西门子中国公司“SIEMENS”注册商标的商标权。（1）奇帅公司经销商实际使用的“SIMBMC”标识与“SiMBMC”注册商标基本无差别，未改变显著特征，该行为依法应由行政主管机关解决，一审法院对此予以审理在实体和程序上均无法律依据；（2）奇帅公司使用的标识绝大部分是经案外人许可的“SiMBMC”注册商标，一审法院认定被诉侵权产品使用“SIMBMC”标识，属事实认定错误；（3）被诉侵权标识“SIMBMC”与第G637074号“SIEMENS”商标不构成近似，不会导致相关公众混淆；（4）一审法院以奇帅公司将“SiMBMC”注册商标与“上海西门子电器有限公司”一起使用弱化“SIEMENS”的识别性，构成《中华人民共和国商标法》（以下简称商标法）第五十七条第七项规定的侵权行为属法律适用错误。4. 奇帅公司的行为未对“西门子”商标及字号构成不正当竞争。（1）奇帅公司系根据授权在被诉侵权产品上规范标注委托厂商名称“上海西门子电器有限公司”，一审法院未对与上海西门子电器有限公司（以下简称上海西门子公司）相关的重要事实予以查明，仅以奇帅公司未提交上海西门子公司股东等其他信息为由，认定奇帅公司的抗辩理由不成立，事实认定不当；（2）西门子公司及西门子中国公司并不在中国境内生产和销售洗衣机，也未在洗衣机产品上使用“西门子”商标及企业名称，该商标及字号在洗衣机产品的相关公众中不具有一定影响力和知名度，故奇帅公司的行为不会造成相关公众的混淆、误认。5. 一审法院确定1亿元的赔偿数额缺乏依据。（1）一审法院以西门子公司及西门子中国公司提交的多篇新闻媒体报道确定奇帅公司每年的销售额为15亿元，酌定每年涉及被诉侵权产品的销售额为十五分之一，即1亿元，远远超出了奇帅公司的实际经营情况；（2）一审法院参照青岛海尔股份有限公司（以下简称海尔公司）及惠而浦（中国）股份有限公司（以下简称惠而浦公司）的利润率确定被诉侵权产品的利润率为35%缺乏依据；（3）按照《最高人民法院关于审理商标民事纠纷案件适用法律若干问题的解释》（以下简称商标民事案件适用法律的解释）第十八条规定，本案侵权时间最多应计算为二年，一审法院对于侵权时间酌定为五年，认定事实不清，适用法律错误；（4）一审法院在计算侵权赔偿数额时未考虑商标或企业名称在商品中的贡献率；（5）本案应在300万元的法定赔偿额范围内判决赔偿金额；（6）一审法院漏审关于奇帅公司召回被诉侵权产品等重要事实和情节，判赔金额明显超高。6. 龚银其、王琼作为奇帅公司的股东，与奇帅公司为不同的法律主体，一审法院认定上述二人与奇帅公司承担连带责任属于法律适用错误。综上，奇帅公司请求：1. 依法撤销一审判决，改判驳回西门子公司、西门子中国公司的诉讼请求或发回重审；2. 一、二审诉讼费用全部由西门子公司、西门子中国公司承担。

龚银其、王琼上诉称：1. 西门子公司、西门子中国公司在一审阶段几次变更诉讼请求，在最后一次变更的诉讼请求中并未要求龚银其、王琼赔偿经济损失，一审法院判决龚银其、王琼连带赔偿西门子公司、西门子中国公司经济损失及合理开支，超出西门子公司、西门子中国公司的诉讼请求，严重违反法定程序。2. 一审法院认定奇帅公司股东龚银其、王琼夫妻二人的财产与公司财产混同、等同于一人有限公司，以及夫妻关系有意思表示的一致性、与奇帅公司具有共同侵权故意，因而构成共同侵权，并据此判决龚银其、王琼承担连带赔偿责任属事实认定错误，且法律依据不足，应当予以撤销或发回重审。3. 一审法院漏审奇帅公司召回被诉侵权产品的事实情节，判决其承担巨额赔偿，有失公平。综上，龚银其、王琼请求：1. 依法撤销一审判决，改判驳回西门子公司、西门子中国公司的诉讼请求或发回重审；2. 一、二审诉讼费用全部由西门子公司、西门子中国公司承担。

西门子公司、西门子中国公司针对奇帅公司、龚银其、王琼的上诉，共同答辩称：1. 2017年修订的反不正当竞争法于2018年1月1日起施行，一审法院立案时间为2019年1月15日，且被诉侵权事实仍在持续，损害结果仍然存在，故一审法院适用2017年修订的反不正当竞争法并无不当。2. 上海西门子公司只是境外空壳公司，是奇帅公司及龚银其、王琼用于侵权的工具，无需列其为当事人即可查清全部事实，其不属于必须追加的共同诉讼当事人；选择诉讼对象是西门子公司、西门子中国公司的权利，奇帅公司无权追加被告，一审法院未列上海西门子公司为当事人并无不当。3. 奇帅公司使用的“SIMBMC”商标模仿抄袭了第G637074号“SIEMENS”商标，与中文“上海西门子”“深圳西门子”“香港西门子”等共同使用，会减弱“SIEMENS”与西门子公司之间的对应关系，造成相关公众混淆。4. 一审法院确定赔偿数额的依据正确，有充分的事实和法律依据。5. 龚银其和王琼应与奇帅公司承担连带责任。(1) 龚银其和王琼系夫妻，二人作为奇帅公司仅有的两位股东，公司资本来源于夫妻共同财产，收益也是夫妻共同共有，夫妻二人的利益高度一致，且奇帅公司股权构成单一，财产极易混同，应视为一人公司；(2) 龚银其和王琼作为奇帅公司的实际控制人，故意将奇帅公司作为侵权平台，二人与奇帅公司共同实施了侵权行为，故应当承担共同侵权责任。6. 一审阶段，西门子公司、西门子中国公司于2019年9月29日向一审法院提交的变更诉讼请求申请书，漏写了请求龚银其、王琼二人承担连带赔偿责任的内容，属于笔误。但在一审庭审中已明确主张二人承担连带赔偿责任（见2020年6月4日庭审笔录第4页），奇帅公司、龚银其、王琼均出席了该次庭审并针对该项诉请进行了答辩、举证、质证并发表辩论意见等，充分行使了全部权利；此外，西门子公司、西门子中国公司的诉状、代理词中也明确主张二人的连带赔偿责任，故西门子公司、西门子中国公司并未放弃对二人连带责任的诉讼请求。7. 西门子公司提交的委托手续符合法律规定，奇帅公司、龚银其、王琼对“受委托人”和“诉讼代理人”的概念理解错误。综上，请求驳回奇帅公司、龚银其、王琼的上诉请求。

新维创公司、武前志述称：1. 西门子中国公司并无证据证明西门子公司将第G683480号“西门子”及第G637074号“SIEMENS”商标许可其使用，故西门子中国公司不具有提起侵害商标权纠纷起诉的原告资格。2. 根据商标民事案件适用法律的解释的规定，对于超过二年起诉的持续侵权行为，侵权损害赔偿数额应当自权利人向人民法院起诉之日起向前推算二年计算，一审法院将奇帅公司的侵权获利时间酌定为五年，判决赔偿1亿元，并认为新维创公司在50万元范围内承担连带责任违反了上述司法解释的规定。3. 新维创公司没有理由知道其销售的商品系侵犯涉案商标权的产品，根据商标法规定，不承担赔偿责任，即使不能免除赔偿责任，也是独立承担赔偿责任，一审法院认定新维创公司主观上存在过错，应承担50万元的连带责任缺乏事实和法律依据，且确定赔偿数额明显过高。

西门子公司、西门子中国公司向一审法院起诉请求：1. 判令五被告立即停止侵害涉案商标专用权的行为，停止侵害西门子公司、西门子中国公司企业名称权的不正当竞争行为，即：停止在生产和销售的洗衣机、产品包装、产品宣传册、合同文书、互联网页面上使用“上海西门子电器有限公司”名称；2. 判令奇帅公司赔偿西门子公司、西门子中国公司经济损失人民币1亿元及合理开支163000元，龚银其、王琼对上述经济损失及合理开支承担连带赔偿责任；新维创公司和武前志在300万元范围内承担连带赔偿责任；3. 判令奇帅公司和新维创公司在《法治日报》刊登公告以消除影响（公告面积不小于15×8CM）；4. 案件诉讼费由五被告承担。

一审法院经审理查明：

（一）西门子公司、西门子中国公司企业知名度及其涉案商标、产品知名度的相关情况

西门子公司于1897年6月18日在德国成立。西门子中国公司于1994年10月6日成立，注册资本9亿欧元，经营范围包括电气、电子、机械工业等领域投资及电气、电子、机械产品的制造经营活动。上述两公司从1993年起，在中国境内大部分主要城市设立多家关

联企业及分公司。2009-2017年间，西门子公司均被《财富》杂志评为世界500强企业，排名在第30位至第71位之间；2013—2018年间，“西门子”均位列福布斯全球最具价值品牌百强排行榜前50；西门子中国公司2011—2014年间，各年度主营收入均超过230亿元，利润均在50亿元以上，曾获得多项奖励及荣誉称号。

西门子公司、西门子中国公司一审提交的证据显示，其注册相关商标时间早、知名度高。商标行政管理机关出具的相关文书记载，两涉案商标均核定使用在第7、9、10、11类等商品或服务上，其中第7类中包括“洗衣物机、洗衣和处理衣物的设备机器”等；“西门子”商标已成为第11类柜式和箱式冷冻机商品上的驰名商标。同时，亦有相关法院生效判决认定上述两涉案商标在第9类控制器商品上达到驰名。

西门子公司、西门子中国公司生产的洗衣机产品主要为滚筒洗衣机且单价在2000元以上，曾在行业内获得诸多荣誉。西门子公司、西门子中国公司提交的多份证据显示，西门子洗衣机的产品知名度及市场占有率较高。

（二）西门子公司、西门子中国公司主张五被告侵权的相关事实

上海西门子公司系在塞舌尔共和国注册的公司，奇帅公司在诉讼中提交了该公司的注册证明书复印件及委托奇帅公司办理洗衣机产品相关3C认证事宜的委托书，但未提交该公司股东等其他信息。

第9845563号“SiMBMC”商标由宁波保税区群鹏贸易有限公司于2011年8月15日申请注册，于2012年10月21日获准注册，指定使用在第7类“洗衣机；干洗机；家用豆浆机”等商品上。该商标于2016年5月13日经核准转让至富士山电器有限公司名下，后又于2019年4月6日经核准转让至慈溪市湖滨塑料喷涂厂名下。西门子公司在诉讼期间针对该商标向国家知识产权局提起无效宣告，国家知识产权局于2021年4月19日作出无效宣告请求裁定书，宣告对该商标予以维持。西门子公司已提起行政诉讼，目前正在审理中。

2017年3月至2018年8月，江苏、四川、陕西、湖南、云南、河南、重庆、贵州、广西、浙江等地行政机关先后对市场上相关销售商销售的标注有“上海西门子电器有限公司”及“SIMBMC”标识的洗衣机进行了查处，其中，部分行政机关认定相关销售行为侵害了西门子公司、西门子中国公司的商标权或构成不正当竞争，并作出了处罚决定，没收违法所得或没收侵权商品，并处罚款。

2018年8月2日，标注来源于家电圈的网络文章“假冒西门子洗衣机退市撤柜，投机者奇帅电器敲响了谁的警钟”中有涉及奇帅公司紧急通知相关家电经销商停售并撤柜“SIMBMC波轮洗衣机”全线产品的内容。西门子公司、西门子中国公司还提交了多份类似内容的报道，奇帅公司对于其召回部分产品的事实认可，但对于报道中认为其傍名牌违法交易等内容不认可。

2014年1月1日，达州晚报报道当地工商机关执法人员查处了110台上海西门子公司生产的“SIMBMC”侵权洗衣机，货值11万余元，该案被评为四川省工商局“红盾春雷行动”十大典型案例。

2013年8月13日的《中国企业报》中，刊登了一篇标题为“西门子洗衣机被山寨却浑然不知?”的报道，报道了该报记者以消费者身份致电奇帅电器全国服务热线，并联系一自称上海西门子授权经销商的情况。据该报道介绍，上海西门子授权经销商向该记者发来一份

上海西门子公司的公司注册证和一个商标注册证，记者看到，上海西门子公司是2012年4月8日于塞舌尔共和国维多利亚市注册；所谓“上海西门子”商标，则是2012年10月21日获得注册的“SIMBMC”商标，商标注册人为宁波保税区群鹏贸易有限公司，该公司法定代表人邱鹏军同样也是奇帅公司的法定代表人。该报道被多家网站平台转载。

2013年8月至2014年4月，在好评家电网、家电消费网、南方农村报等媒体平台中，刊发有多篇文章，内容涉及奇帅公司涉嫌傍名牌，攀附包括“西门子”品牌在内的多个知名品牌等，相关文章在多个网络平台转载。

2013年7月至2018年9月，多个用户在百度贴吧等论坛网站中发帖，称其买到了标有“上海西门子电器有限公司”及“SIMBMC”标识的假冒西门子品牌的洗衣机。

湖南省工商行政管理局网站公布的2015年一季度流通领域商品质量抽查检验通报及江苏省工商行政管理局在2016年、2017年对流通领域洗衣机的抽检结果中，不合格产品包括上海西门子公司生产的“SIMBMC”品牌的洗衣机。

（三）西门子公司、西门子中国公司主张五被告侵权主观恶意及侵权规模大的相关事实

2003年，龚银其与王琼在香港登记设立香港西门子电器（集团）有限公司（以下简称香港西门子公司），两人为公司唯二股东。2011年，龚银其与王琼作为股东投资设立富士山电器有限公司。

深圳金典西门子电器有限公司（以下简称深圳西门子公司）的股东、法定代表人王福根与王琼共同设立有深圳市奇帅电器有限公司（以下简称深圳奇帅公司）、深圳市三凌科技有限公司等6家企业。

2017年4月，广东省工商行政管理局发布公告，认定奇帅公司生产的标称“香港三菱”的洗衣机产品为缺陷商品。奇帅公司在第7类、第11类商品上申请了“飞利浦”“AO史密斯”“富士山及图”“派克及图”等商标，且奇帅公司申请的第3603216号“AO史密斯”商标被北京知识产权法院认定为三年未使用，要求原国家工商行政管理总局商标评审委员会重新作出复审决定。

奇帅公司对于受上海西门子公司委托办理3C认证，并在国内将生产洗衣机产品直接投放市场，同时对生产的产品提供售后服务的事实表示认可；奇帅公司对于受深圳西门子公司委托办理3C认证的事实亦表示认可。

QQ号为1121445843，昵称为达州惠民电器的QQ空间中，展示了其实体店铺销售“SIMBMC”洗衣机的照片若干，型号以波轮为主，也有少量滚筒洗衣机，信息发布时间从2014年9月至2016年9月。在淘宝、京东、一号店等电商平台存在数十家商家销售上海西门子公司洗衣机的配件产品。

根据奇帅公司网站介绍，奇帅公司成立于2003年，占地面积达200余亩，员工1000余人，拥有6条自动化流水线生产设备和完备的质量检测中心，年产能达200万台以上。2016年7月8日，奇帅电器2016年全国营销峰会在宁波泛太平洋成功举办，奇帅电器营销总经理宣布开盘政策后短短3个小时内，奇帅电器实现超3亿的签约额，再次创造了历史性的突破。网站宣传内容还提到奇帅公司通过央视、地方媒体、行业媒体以及58000家位于全国的终端经销网点，进行品牌的宣传和推广。奇帅公司被慈溪市政府评为2013—2018年度百强企业。

2013年8月至9月间，网易新闻、东南商报、浙江在线、凤凰网等媒体报道了宁波奇帅跻身全国洗衣机5强的文章。报道中提到：随着奇声、韩派和上海SIMBMC（上海西门子）三大自主品牌的加盟，宁波奇帅集团以年产300万台洗衣机的生产能力，跻身中国洗衣机生产前5强……公司董事长龚银其说，我们希望通过奇声、韩派和上海西门子三大品牌的加盟，为企业的可持续发展壮大提供强有力的品牌支撑。2014年7月，凤凰财经报道龚银其表示，过去十年间，奇帅电器达到15亿的年产值，100%的增长率。奇帅电器的渠道网络在国内市场已经基本没有空白领域，上千家的代理客户，构建了奇帅电器不同于其他企业的竞争能力。2015年7月20日，中国财经网报道，奇帅集团2015年营销峰会再次实现多项业绩突破，来自全国各地的1500家经销商参加了活动，3个小时实现4.2亿元签约额。中国质量新闻网、网易等平台有类似内容的报道。上述部分媒体还报道了奇帅公司2016年营销峰会3个小时达到3亿元的签约额，2017年一天订单金额达到3.2亿元。奇帅公司在当地购有四块工业用地，面积分别为1.37公顷、1公顷、1.828公顷、1.505公顷，建有二分厂、三分厂。

根据中国质量认证中心的中国国家强制性产品认证证书（3C认证）显示，存在多个证书对应的委托人均为上海西门子公司，生产企业均为奇帅公司，对应的产品涉及双桶洗衣机及全自动洗衣机近1400余个型号，证书有效期至2018年8月。香港西门子公司在2012年10月申请了3C认证证书，生产厂商为奇帅公司，涉及型号200余个，该证书在2014年已撤销。深圳西门子公司在2018年申请了3C认证证书，生产厂商为奇帅公司，涉及型号800余个，该证书目前处于有效状态。涉及奇帅公司作为生产厂商的3C认证证书还包括：海南三洋生活电器有限公司、三星（上海）电气有限公司、松电电器南京有限公司、富士山电气（南京）有限公司、海南小天鹅水魔方电器有限公司、香港三菱电器（集团）有限公司、广州万宝集团有限公司、松下（上海）电气有限公司等，涉及产品均为双桶洗衣机及全自动洗衣机。

2014年好运物流网及慈溪物流网有用户发布需求，显示长期需要慈溪到昆山9.6米以上货车，拉洗衣机、冰箱等，联系人为武前志，电话0512－36696620，通过360搜索，该电话号码为新维创公司联系电话。

（四）五被告情况及奇帅公司的相关抗辩事实

奇帅公司成立于2003年6月11日，注册资本2000万元，为有限责任公司；龚银其与王琼为奇帅公司股东，分别持股60%和40%，二人为夫妻关系。

2012年至2019年，奇帅公司与中视金桥国际传媒集团有限公司、北京尚睫立文化发展中心等签订有广告发布、公关代理、MTV制作、传播策划等合同或合作协议，并邀请相关艺人为代言人。奇帅公司与苏宁云商集团股份有限公司苏宁采购中心、新锐美电子科技（上海）有限公司等公司签订有多份采购合同，涉及奇帅、韩派、派克等品牌洗衣机。奇帅公司还与金羚电器有限公司等十余家公司分别签订了洗衣机产品OEM定牌加工合同、ODM委托生产加工合同、定牌购销合同书、OEM&ODM采购合同等多类合同。奇帅公司在第7类商品上注册有“奇帅”商标，2011年、2017年，浙江省质量技术监督局认定奇帅公司奇帅品牌洗衣机为浙江名牌产品。2015年至2018年期间，龚银其作为发明人、奇帅公司作为专利权人，共申请并获得了19项与洗衣机技术相关的实用新型专利。奇帅公司提交了相关发票，证明2015年、2016年、2017年部分品牌销售额分别达12213115.71元、15095526.28元、8714434.03元；还提交了上海西门子公司在塞舌尔共和国的公司注册证明书复印件及委托其办理洗衣机产品相关3C认证事宜的委托书。

新维创公司成立于2013年5月，注册资本50万元，类型为有限责任公司（自然人独资），股东为武前志；2017年9月19日，该公司类型变更为有限责任公司（自然人投资或控股），股东变更为武前志、王亚莉。

（五）其他事实

根据海尔公司发布的2015年、2016年年度报告显示，海尔洗衣机的产品毛利率2015年为34.33%，2016年为34.64%；根据惠而浦公司2015年、2016年年度报告显示，惠而浦洗衣机产品毛利率2015年为37.49%，2016年为37.40%。

2018年10月15日，宁波市家电行业协会出具《关于宁波市洗衣机行业利润率的专项统计声明》，声明中陈述，2013年至2017年，宁波市洗衣机行业利润率从2.883%至3.054%不等。

西门子公司、西门子中国公司为主张本案合理费用，提交律师费发票158500元及公证费发票14500元。

西门子公司、西门子中国公司在本案中明确主张侵权的产品仅限于标注上海西门子公司的侵权产品。

审理过程中，一审法院依法要求奇帅公司提交其与上海西门子公司之间合作业务往来的完整财务账册、产品生产计划、生产记录（包括具体的产品型号、数量）以及其与新维创公司合作的合同、完整的财务往来账册。同时，要求新维创公司提交与被诉侵权产品相关的进货合同、销售记录及财务账册。奇帅公司及新维创公司无正当理由未提交。

一审法院认为，本案争议焦点为：（一）五被告实施的被诉行为是否侵害了西门子公司、西门子中国公司的注册商标专用权并构成不正当竞争；（二）如构成，五被告应如何承担法律责任。

因本案起诉时间在2019年4月之前，且无证据表明五被告的侵权行为持续至2019年4月之后，故本案适用2013年修正的商标法及2017年修订的反不正当竞争法。

（一）关于被诉侵权行为是否构成商标侵权

西门子公司、西门子中国公司主张五被告构成商标侵权的理由主要包括两个方面：一是奇帅公司所生产的洗衣机产品上标注有“上海西门子电器有限公司”，该公司的名称以较粗字体体现，使用的“西门子”文字与西门子公司、西门子中国公司的“西门子”商标完全相同，使公众会产生混淆和误认，符合2013年修正的商标法第五十七条“给他人的注册商标专用权造成其他损害”的规定；二是奇帅公司将“SIMBMC”商标与“上海西门子电器有限公司”结合使用，会使公众误认为中文“西门子”对应的英文是“SIMBMC”，从而会弱化西门子公司、西门子中国公司中英文商标一一对应的关系。

对此，一审法院认为，首先，本案中奇帅公司虽然将“西门子”商标作为企业名称在相同商品上使用，但其并未突出使用“西门子”或“上海西门子”字号，故奇帅公司在洗衣机产品上标注“上海西门子电器有限公司”的行为不属于2013年修正的商标法第五十七条第七项规定的“给他人的注册商标专用权造成其他损害的”行为。

其次，奇帅公司在洗衣机产品上使用了“SIMBMC”标识，与涉案商标“SIEMENS”核定使用商品类别相同。同时，“SiMBMC”商标申请注册并获核准的字母组合商标中为小写的“i”字母，但奇帅公司在被诉侵权产品上使用的商业标识为“SIMBMC”，与经获准注册商标并不一致，其中“i”变形为大写“I”字母，视觉差异较为明显，该种使用方式已经改变了商标作为标识使用时的显著特征，从一般消费者观察的角度，上述行为在客观上导致“SIMBMC”标识与涉案商标“SIEMENS”商标更加近似，容易导致公众的混淆或误认。“SIMBMC”与“SIEMENS”相比较，两者开头均由“SI”字母组成，且读音开头均是“SIM”发音，当消费者看到“SIMBMC”标识与“上海西门子电器有限公司”一起使用时，显然很容易误认为“SIMBMC”标识就是西门子公司的英文商标，且根据西门子公司、西门子中国公司举证，在实际场景下确实已有用户产生了误认。奇帅公司对于“SIMBMC”商标的解释并不能充分说明其设计思路以及该选择与企业或相关产品、服务在市场经营层面以及价值追求层面的关联，难谓合理。因此，奇帅公司将“SIMBMC”与“上海西门子电器有限公司”一起使用的行为弱化了涉案商标“SIEMENS”的识别性，属于 2013 年修正的商标法第五十七条第七项规定的“给他人的注册商标专用权造成其他损害的”行为，构成商标侵权。

最后，新维创公司作为专业的家电产品销售商，其对西门子公司的涉案商标知名度应有清晰认知，但其仍从奇帅公司处购进被诉侵权洗衣机产品进行销售，主观上存在过错，故其辩称已尽到合理审查义务，不应承担赔偿责任的抗辩理由不能成立，其销售被诉侵权产品的行为仍构成商标侵权。

（二）关于被诉侵权行为是否构成不正当竞争

1. 对西门子公司、西门子中国公司企业名称的不正当竞争行为

2017 年修订的反不正当竞争法第六条第二项规定，经营者不得实施下列混淆行为，引人误认为是他人商品或者与他人存在特定联系：……（二）擅自使用他人有一定影响的企业名称（包括简称、字号等）、社会组织名称（包括简称等）、姓名（包括笔名、艺名、译名等）……

本案中，已查明的事实可以表明，西门子公司及西门子中国公司共同的字号“西门子”已经有一定的影响，其相关的企业名称也属于有一定影响的企业名称。奇帅公司在洗衣机产品上标注“上海西门子电器有限公司”字样的行为，属于擅自使用他人有一定影响的企业名称，构成不正当竞争。虽然奇帅公司辩称其使用上海西门子公司的名称是受上海西门子公司的委托生产被诉侵权洗衣机产品，但综合全案证据看，奇帅公司的该抗辩意见不能成立，理由如下：第一，西门子作为公司企业名称的知名度非常高，作为专业洗衣机生产厂家，奇帅公司不可能不了解西门子相关公司的企业名称知名度，但其仍然接受上海西门子公司的委托生产洗衣机产品，且涉诉之后除提交一份上海西门子公司的注册登记证复印件之外，无法提交任何与上海西门子公司主体相关的证明资料，明显有违商业领域经营活动的一般认知。第二，从奇帅公司生产被诉侵权产品的过程看，除了塞舌尔共和国的一纸公司注册证复印件之外，被诉侵权产品从 3C 认证的申请、生产、销售、售后均由奇帅公司负责，可以说除了名义上属于上海西门子公司委托生产，实际上被诉侵权产品的所有认证、生产、销售、售后等流程均由奇帅公司负责，在此情形下，奇帅公司无法提交任何与上海西门子公司之间的委

托合同、生产合同、资金结算证明等证据，明显不符常理。第三，从奇帅公司实际控制人龚银其与王琼的过往行为看，其在与西门子公司、西门子中国公司无任何关联的情形下，于2003年在香港设立香港西门子公司，以西门子作为字号使用，攀附西门子公司、西门子中国公司企业知名度的主观故意非常明显。王琼还与深圳西门子公司的法定代表人王福根共同设立了深圳奇帅公司。第四，奇帅公司在被诉侵权产品上标注“上海西门子电器有限公司”的行为，容易导致消费者的混淆或误认，认为上海西门子公司与西门子公司、西门子中国公司存在一定的关联，进而误认为被诉侵权产品是西门子公司、西门子中国公司的产品或与其存在特定联系。综上，一审法院认为奇帅公司的被诉侵权行为，主观上存在攀附西门子公司、西门子中国公司商誉的故意，客观上也容易导致消费者误认，构成不正当竞争。

新维创公司作为专业的家电产品销售商，其对西门子作为公司企业名称的知名度显然应有清晰认知，但其仍从奇帅公司处购进标注“上海西门子电器有限公司”的洗衣机产品进行销售，主观上存在过错，客观上销售了擅自使用他人有一定影响的企业名称的产品，其行为同样构成不正当竞争。

2. 对涉案商标的不正当竞争行为

根据2013年修正的商标法第五十八条规定，将他人注册商标、未注册的驰名商标作为企业名称中的字号使用，误导公众，构成不正当竞争行为的，依照2017年修订的反不正当竞争法处理。本案中，“西门子”除了是西门子公司、西门子中国公司企业的字号，还是注册商标。奇帅公司将包含西门子公司、西门子中国公司注册商标的企业名称标注在被诉侵权产品上，误导公众，属于2017年修订的反不正当竞争法第六条第四项中的“其他足以引人误认为是他人商品或者与他人存在特定联系的混淆行为”，构成不正当竞争。亦如前述，新维创公司主观上存在过错，其销售被诉侵权产品亦属于不正当竞争行为。

（三）关于五被告的民事责任应如何承担

奇帅公司、新维创公司实施了商标侵权及不正当竞争行为，应承担相应民事责任。

1. 关于奇帅公司与龚银其、王琼应承担的民事责任

首先，关于具体的赔偿数额。一审法院认为，西门子公司、西门子中国公司主张以新闻报道中年销售额15亿元作为奇帅公司因侵权产品、侵权行为获利予以计算并不适当。因为奇帅公司并非只生产上海西门子公司这一种品牌洗衣机，但具体侵权产品的销售额在其总销售额中的占比并不清楚，且商标侵权行为和不正当竞争行为的侵权获利亦不能清晰区分，故在西门子公司、西门子中国公司因侵权所受损失及奇帅公司因侵权所获利益均无法查清的情况下，应当全面考量西门子公司、西门子中国公司的权利状况、奇帅公司实施被诉侵权行为的主观状态和客观行为，依据在案证据及查明的事实，合理分析并综合确定相关赔偿责任，重点考量下述因素：

（1）西门子商标及企业名称的知名度。西门子公司作为世界500强企业，西门子品牌作为世界百强品牌，其商标和企业名称的知名度非常高。（2）奇帅公司的侵权主观恶意。如前所述，虽然奇帅公司抗辩其生产被诉侵权洗衣机系受上海西门子公司委托，但其相关抗辩意见与市场经营领域的通常情形及一般认知均存在诸多不符常理之处，且结合奇帅公司实际控制人龚银其与王琼在2003年设立香港西门子公司、奇帅公司申请注册“飞利浦”“AO史密斯”等商标、奇帅公司受深圳西门子公司委托进行3C认证、深圳奇帅公司系王琼与深

圳西门子公司法定代表人共同设立等一系列事实看，奇帅公司主观上明显存在攀附知名企业商誉的故意。（3）奇帅公司的侵权规模。通过西门子公司、西门子中国公司举证及奇帅公司部分宣传资料可知，奇帅公司的生产、销售规模巨大，其宣传年销售额达到 15 亿元，2015－2017 年营销峰会均在几个小时内达到三四亿元的签约额，上述数额虽然不能认定为均系被诉侵权产品销售额，但可作为认定赔偿数额的参考。奇帅公司虽然提交证据证明了其 2015 年至 2017 年部分其他品牌的销售额，但其提交发票的总额均不超过 1500 万元，与其宣称的 15 亿元销售额相差甚远。通过各地市场监督管理部门的查处情况可知，奇帅公司生产的标注上海西门子公司的洗衣机产品销售范围非常广，涉及四川、江苏、陕西、湖南、云南、河南、贵州、广西、重庆等全国大部分省、直辖市。同时，奇帅公司宣称其全国经销商 1500 多家，终端经销网点达 58000 家，进一步证明其产品销售范围广。从奇帅公司申请的 3C 认证证书涉及的产品型号数量可知，其生产的产品型号众多，数量较大。虽然奇帅公司抗辩申请的许多型号并未实际生产，但即便按照仅一半型号实际生产来计算，其生产的不同型号产品仍有 700 余个。（4）奇帅公司的侵权持续时间。从新闻报道及西门子公司、西门子中国公司提交的其他佐证可知，奇帅公司使用上海西门子公司名称生产、销售洗衣机的期间至少在 2013 年至 2018 年间，持续时间长达五年之久。（5）洗衣机产品的利润率情况。西门子公司、西门子中国公司提交了海尔公司、惠而浦公司的年度报告，证明洗衣机产品的毛利率在 34%—37%之间，因上市公司年度报告中相关数据均经专业会计部门审核，故该数据可信度较高。虽然奇帅公司提交了宁波市家电行业协会出具的利润率声明，但家电行业协会并不具备专业的财会审计能力，且宁波市家电行业协会亦未提交声明中数据的具体来源，故对该声明中的行业利润率不予采信。（6）一审法院审理过程中明确要求奇帅公司提交其与上海西门子公司之间合作业务往来的完整财务账册、产品生产计划、生产记录以及其与新维创公司合作的合同、完整的财务往来账册，奇帅公司在应该掌握或持有相关合同、账册的情形下，其显然拥有举证条件并持有相关证据，但拒不提交上述资料。（7）西门子公司、西门子中国公司为维权支出的合理费用。西门子公司、西门子中国公司提交律师费发票 158500 元及公证费发票 14500 元，但其在起诉中仅主张合理费用 163000 元，该主张金额低于其发票金额，应视为西门子公司、西门子中国公司放弃其余合理费用的主张。

综上所述，一审法院参考西门子公司、西门子中国公司的主张和提供的证据判定赔偿数额。依据西门子公司、西门子中国公司提交的多篇新闻报道确定奇帅公司每年的销售额为 15 亿元；根据奇帅公司提交的与其他公司签订的 OEM 合同等证据，酌定奇帅公司每年涉及被诉侵权产品的销售额为 15 亿元的十五分之一即 1 亿元；对于被诉侵权产品的利润率参考海尔公司和惠而浦公司公告的利润率酌定为 35%；对于侵权时间酌定为五年，据此，奇帅公司的侵权获利至少为 100000000 × 35% × 5 = 175000000 元，该金额远高于西门子公司、西门子中国公司主张的 1 亿元赔偿额，故一审法院对于西门子公司、西门子中国公司的赔偿请求予以全额支持。同时，西门子公司、西门子中国公司为维权而支出的合理开支 163000 元也一并予以支持。

其次，关于龚银其、王琼是否应当承担连带赔偿责任的问题。一审法院认为，一方面，奇帅公司股东为龚银其和王琼，且二人为夫妻关系，在财产属性上来说，可以视为其等同于一人有限公司，在龚银其、王琼未提交证据证明其夫妻财产独立于公司财产的情况下，龚银其、王琼应对奇帅公司的债务承担连带责任。另一方面，龚银其、王琼基于夫妻关系具有意思表示的一致性，结合龚银其、王琼设立香港西门子公司、通过其他公司申请“SiMBMC”商标、王琼与深圳西门子公司法定代表人共同设立深圳奇帅公司等情形，龚银其、王琼亦系奇帅公司的实际控制人，二人作为自然人的侵权意图明显，在以公司名义的侵权行为实施过程中起到了重要作用，应视为其与奇帅公司具有共同侵权的故意，构成共同侵权。综上，龚银其、王琼与奇帅公司在本案中应承担连带赔偿责任。

2. 关于新维创公司与武前志应承担的民事责任

因新维创公司主观上存在过错，故即便其仅是销售商，仍应在销售侵权产品的范围内与奇帅公司承担部分连带责任。根据新维创公司被查获侵权产品的数量及武前志在网络上发布的物流需求等信息，一审法院酌定新维创公司在50万元范围内与奇帅公司承担连带赔偿责任。

2013年修正的《中华人民共和国公司法》（以下简称公司法）第六十三条规定，一人有限责任公司的股东不能证明公司财产独立于股东自己的财产的，应当对公司债务承担连带责任。在新维创公司被查出侵权产品时，新维创公司属于武前志一人为股东的有限责任公司，武前志亦未提交证据证明新维创公司财产独立于其个人财产，故其对新维创公司的债务应承担连带责任。

3. 关于消除影响

奇帅公司生产销售标注“上海西门子电器有限公司”的洗衣机产品时间长、销售范围广，且已有普通消费者产生了误认，对西门子公司、西门子中国公司商标识别性和商誉产生了不良影响，故西门子公司、西门子中国公司要求奇帅公司在相关报纸媒体刊登公告以消除影响的诉讼请求，具有事实和法律依据，应予支持。奇帅公司应在公告中明确表明“SIMBMC”“上海西门子电器有限公司”标识与西门子公司、西门子中国公司均不存在关联性，奇帅公司生产的标注上述两标识的产品亦与西门子公司、西门子中国公司不存在任何关联性。因奇帅公司刊登公告已足以消除影响，故对于西门子公司、西门子中国公司要求新维创公司刊登公告的诉请不再予以支持。

综上，一审法院依照2013年修正的商标法第五十七条、第五十八条、第六十三条，2017年修订的反不正当竞争法第六条、第十七条，2013年修正的公司法第六十三条，商标民事案件适用法律的解释第一条，《最高人民法院关于审理注册商标、企业名称与在先权利冲突的民事纠纷案件若干问题的规定》第一条，《中华人民共和国民事诉讼法》第一百四十五条的规定，判决：一、新维创公司、奇帅公司立即停止侵害涉案商标专用权及不正当竞争行为，即停止在生产和销售的洗衣机、产品包装、产品宣传册、合同文书、互联网页面上使用“上海西门子电器有限公司”名称。二、奇帅公司、龚银其、王琼自判决生效之日起三十日内，连带赔偿西门子公司、西门子中国公司经济损失1亿元及合理开支163000元；新维创公司、武前志就上述款项在50万元范围内承担连带赔偿责任。三、奇帅公司自判决生效之日起三十日内，在《法治日报》刊登公告以消除影响（内容需经一审法院审核），逾期未登载的，由一审法院选择媒体刊登判决书内容，所需费用由奇帅公司负担。lh/驳回西门子公司、西门子中国公司的其他诉讼请求。案件受理费人民币542615元，由奇帅公司、龚银其、王琼负担533815元，新维创公司、武前志负担8800元。

本案二审立案受理后，本院向各方当事人送达了二审举证通知书，明确告知各方当事人应在收到举证通知书次日起10日内向本院提交证据。逾期提交的证据材料，人民法院审理时不组织质证，但对方当事人同意质证的除外。

奇帅公司于2022年8月30日签收举证通知书，此后分别于2022年10月26日、11月10日、12月7日及2023年1月9日分四次向本院提交了四组、共22份证据，用以证明一审判决确定的赔偿数额过高。

西门子公司、西门子中国公司认为，奇帅公司提交的证据已超过了法院指定的举证期限，故不同意质证；另，认为上述证据均不属于二审新证据，不应纳入二审审理范围，且证据内容亦不能证明奇帅公司的诉讼主张。

新维创公司、武前志在二审阶段亦向本院提交了13份证据，其证明内容与奇帅公司相应证据所要证明的内容基本一致。

西门子公司、西门子中国公司亦以新维创公司及武前志提交证据超过举证期限为由，不同意质证；同时认为，上述证据材料与奇帅公司提交的证据基本一致，新维创公司作为销售商，在诉讼中与生产商形成攻守同盟，故意或受指使帮助生产厂逃避责任，存在不诚信诉讼行为。

对于上述证据，本院认为，相关证据无法证明奇帅公司的诉讼主张，且奇帅公司提交证据材料的时间已远远超过本院指定的举证期限，西门子公司、西门子中国公司对此亦明确表示不同意质证，故本院对奇帅公司所提交证据不予采纳。新维创公司、武前志并未提起上诉，且其提交的证据材料系针对奇帅公司的诉讼主张，故本院对新维创公司、武前志提交的证据材料亦不予采纳。

二审诉讼期间，奇帅公司、龚银其、王琼、新维创公司、武前志均向本院提出异议，认为西门子公司未在民事起诉状中盖章，其委托的受托人不具有诉讼代理人资格，其在起诉状上签字的行为无效，应视为西门子公司未提起诉讼；即使认为上述受托人具有代理人资格，但并未出庭参与诉讼，应按自动撤诉处理。

本院对上述当事人针对西门子公司委托代理人的程序以及该公司诉讼主体资格提出的异议进行了审查。经查，西门子公司委托代理人及委托诉讼代理人的行为符合《中华人民共和国民法典》及《中华人民共和国民事诉讼法》相关规定的程序和条件，该公司具有诉讼主体资格；其委托诉讼代理人亦享有诉讼参与人资格，在本案中有权行使相应诉讼权利。

本院经审理查明，奇帅公司在被诉侵权产品、外包装及宣传材料中使用的英文标识，其中部分为“SIMBMC”，部分为“SiMBMC”。一审法院将被诉侵权行为中使用的英文标识均认定为“SIMBMC”，认定事实存在错误，本院予以指出。一审法院查明的其他事实属实，本院予以确认。

本院另查明，奇帅公司在二审庭审中明确表明，奇帅公司生产被诉侵权产品属为其自身需要生产，并非接受他人委托生产；其在被诉侵权产品上以及经营活动中使用“上海西门子电器有限公司”标识，系出于产品多品牌战略的考虑；上海西门子公司法定代表人范留丹系奇帅公司员工，并由奇帅公司为其缴纳社会保险。

再查明，北京知识产权法院于2023年4月19日作出（2021）京73行初14416号行政判决，认为第9845563号“SiMBMC”商标的注册构成2001年修正的商标法第十三条第二款、第四十一条第一款规定的情形，应当被宣告无效，判决撤销国家知识产权局维持该商标注册的无效宣告请求裁定书，责令国家知识产权局重新作出裁定；该商标的权利人慈溪市湖滨塑料喷涂厂及国家知识产权局均不服上述判决，提起上诉，目前该案正在二审审理中。

西门子公司、西门子中国公司在二审庭审中声明，其本案诉讼请求中的赔偿数额不包括侵害商标权行为的赔偿，即其对于侵害商标权部分不请求赔偿，针对本案涉及的侵害商标权行为，其今后亦不会再另行起诉主张赔偿；此外，对于被诉侵权标识“SiMBMC”“SIMBMC”，西门子公司、西门子中国公司在本案中亦未请求停止使用。

上述事实，有一审在案证据、二审庭审中当事人的陈述及相关法律文书予以证实。

本院认为，根据各方当事人的上诉和答辩，本案二审争议焦点为：（一）一审法院适用2017年修订的反不正当竞争法处理本案是否正确；（二）奇帅公司的被诉行为是否侵害了西门子公司及西门子中国公司的注册商标专用权；（三）奇帅公司的被诉行为是否对西门子公司及西门子中国公司构成不正当竞争；（四）一审法院确定的赔偿数额是否适当；（五）一审法院判决龚银其、王琼与奇帅公司承担连带赔偿责任是否正确。

（一）关于本案适用2017年修订的反不正当竞争法是否正确的问题

经查，本案西门子公司、西门子中国公司首次提起诉讼的时间为2017年8月，早于2017年修订的反不正当竞争法施行日期2018年1月1日，但西门子公司及西门子中国公司提交的证据显示被诉侵权行为于2018年1月1日后仍在持续，故一审法院适用2017年修订的反不正当竞争法处理本案并无不当。奇帅公司关于本案应适用1993年施行的反不正当竞争法，一审法院适用法律错误的主张不能成立。

（二）关于奇帅公司的被诉行为是否侵害西门子公司及西门子中国公司注册商标专用权的问题

本案中，根据西门子公司、西门子中国公司的诉讼主张及在案证据，奇帅公司在被诉侵权产品、产品外包装及相关宣传活动中使用的被诉侵权标识包括“SiMBMC”“SIMBMC”及“上海西门子电器有限公司”。

1. 关于被诉侵权标识“SiMBMC”“SIMBMC”

鉴于西门子公司及西门子中国公司已明确其对于本案涉及的侵害商标权行为不请求赔偿，今后亦不会再另行起诉主张赔偿，且对于被诉侵权标识“SiMBMC”“SIMBMC”，西门子公司、西门子中国公司亦未请求停止使用，可见西门子公司及西门子中国公司针对奇帅公司使用被诉侵权标识“SiMBMC”“SIMBMC”的行为，并无明确的诉讼请求。故本院对该部分行为是否侵害西门子公司及西门子中国公司注册商标专用权的问题不予评述。

2. 关于奇帅公司使用被诉侵权标识“上海西门子电器有限公司”是否侵害西门子公司及西门子中国公司注册商标专用权的问题

奇帅公司在本案中使用“上海西门子电器有限公司”标识的行为，可分为三种情形：一是使用在洗衣机机身上，二是使用在洗衣机外包装上，三是使用在宣传活动中。本院对上述使用情形分别进行分析评判。

（1）在洗衣机机身上使用的情形。首先，该标识使用在机身面板的显著位置，相关公众易将其作为区分商品来源的标识，应属商标性使用。虽然奇帅公司称该标识系案外人的企业名称，其经合法授权使用该企业名称，但根据本院查明的事实，被诉侵权产品系奇帅公司为自身发展所生产，通常说来，企业在自身产品的显著位置标注他人企业名称并不符合常理；且根据奇帅公司二审庭审陈述，其使用该标识系出于多品牌战略考虑，可见，奇帅公司使用该标识的初衷亦系将该标识作为商标使用，而非作为企业名称使用。其次，奇帅公司将“上海西门子电器有限公司”标识使用在洗衣机机身上，与涉案商标“西门子”核定使用的第7类洗衣物机商品属同类商品。再次，“上海西门子电器有限公司”标识中，“上海”属表示行政区划的地理方位词，“电器有限公司”系体现商业主体性质和组成形式的名词，均不具有显著性，但“西门子”具有较强显著性和识别性，属该标识的显著识别部分，该部分与涉案商标“西门子”完全相同。因此从整体上看，该标识与涉案商标“西门子”构成近似商标。综上，奇帅公司在洗衣机机身上将“上海西门子电器有限公司”整体作为商标使用，并与涉案商标“西门子”构成近似，易导致相关公众混淆和误认，其行为符合2013年修正的商标法第五十七条第二项规定的“未经商标注册人的许可，在同一种商品上使用与其注册商标近似的商标，容易导致混淆”的情形，该行为侵害了西门子公司及西门子中国公司的注册商标专用权。

（2）在商品外包装及宣传活动中使用的情形。通常情况下，生产企业会在商品外包装及宣传活动中标注相关企业名称。本案中，奇帅公司声明被诉侵权产品系其自身产品，其接受案外人上海西门子公司的委托对被诉侵权产品申请3C认证，并经授权合法使用该企业名称。奇帅公司上述声明内容与一审诉讼主张以及二审上诉理由存在较大差异，但由于在产品外包装及宣传活动中标注企业名称属正常商业行为，本院亦可采纳其系使用他人企业名称的诉讼主张。根据2013年修正的商标法第五十八条规定，将他人注册商标、未注册的驰名商标作为企业名称中的字号使用，误导公众，构成不正当竞争行为的，依照反不正当竞争法处理。故奇帅公司的被诉行为符合上述法律规定的情形，应按照反不正当竞争法处理。本院将在下文中予以评述。

综上，奇帅公司在被诉侵权产品机身上使用“上海西门子电器有限公司”的行为侵害了西门子公司及西门子中国公司的注册商标专用权。一审判决对该部分的事实认定及法律适用均有所不当，本院予以纠正。

（三）关于奇帅公司的被诉行为是否对西门子公司及西门子中国公司构成不正当竞争的问题

2013年修正的商标法第五十八条规定，将他人注册商标作为企业名称中的字号使用，误导公众，构成不正当竞争行为的，依照反不正当竞争法处理。2017年修订的反不正当竞争法第六条规定，经营者不得实施下列混淆行为，引人误认为是他人商品或者与他人存在特定联系：……（二）擅自使用他人有一定影响的企业名称（包括简称、字号等）、社会组织名称（包括简称等）、姓名（包括笔名、艺名、译名等）……（四）其他足以引人误认为是他人商品或者与他人存在特定联系的混淆行为。《最高人民法院关于适用〈中华人民共和国反不正当竞争法〉若干问题的解释》第十三条规定，经营者实施下列混淆行为之一，足以引人误认为是他人商品或者与他人存在特定联系的，人民法院可以依照反不正当竞争法第六条第四项予以认定：……（二）将他人注册商标、未注册的驰名商标作为企业名称中的字号使用，误导公众。

本案中，根据已查明的事实，西门子公司成立于1897年，距今已有120余年；西门子中国公司成立于1994年，在中国的投资范围包括了电气、电子、机械工业等领域，成立了诸多的关联企业及分公司。西门子中国公司在2011年之后多年的主营收入超过200亿元；2009—2017年，西门子公司均被评为世界500强企业；2013年，西门子品牌在全球最具价值品牌百强榜位于第35位，价值137亿美元；西门子滚筒洗衣机产品获得过诸多荣誉，在2006年市场占有率即已达到第二。上述事实均可以表明，西门子公司及西门子中国公司的字号“西门子”已经有一定的影响，其企业名称也属于有一定影响的企业名称。此外，西门子中、英文商标在1997年、1995年即已在中国注册，原国家工商行政管理总局商标局及法院在既往裁定或判决中均认定过西门子中、英文商标在第9类、第11类商品上驰名。奇帅公司在被诉侵权产品的外包装及宣传活动中使用“上海西门子电器有限公司”的企业名称，由于该企业名称中的字号“西门子”与西门子公司、西门子中国公司的字号及其已注册的中文商标“西门子”均一致，容易使相关公众将被诉侵权产品误认为系西门子公司或西门子中国公司的产品，或误认为与西门子公司或西门子中国公司存在关联关系，故其行为属于擅自使用他人有一定影响的企业名称及将他人的注册商标作为企业名称中的字号使用的行为，符合2017年修订的反不正当竞争法第六条第二项、第四项规定的情形，构成不正当竞争。

奇帅公司主张其使用“上海西门子电器有限公司”的企业名称是经过上海西门子公司的授权，属于规范使用企业名称的行为。对此，本院认为，奇帅公司是否获得他人授权使用该企业名称，均不影响该行为构成不正当竞争的认定和处理。再者，上海西门子公司属境外注册公司，奇帅公司称其经依法授权使用该公司名称，但奇帅公司除提交了一份上海西门子公司的注册登记证和委托书之外，未能提交其他与上海西门子公司主体相关的证明资料以及其与上海西门子公司之间的书面合同等关联证据，既不符合常理，又缺乏充分事实依据。即便奇帅公司所述真实，由于西门子公司及西门子中国公司的企业名称及注册商标知名度较高，奇帅公司作为专业洗衣机生产厂家，应当知晓二公司的相关情况，在此情况下，其仍接受上海西门子公司的授权，在洗衣机产品、产品外包装以及宣传活动中标注上海西门子公司的企业名称，主观上难谓善意。另外，从奇帅公司股东龚银其及王琼的过往行为来看，二人在与西门子公司、西门子中国公司无任何关联的情形下，于2003年在香港以“西门子”作为字号设立了香港西门子公司并生产销售标注该公司名称的产品，上述行为也体现出奇帅公司具有明显的攀附故意。故本院对奇帅公司的相关上诉主张不予支持。

此外，奇帅公司主张同一种被诉侵权行为不能既认定构成侵害商标权行为，又认定构成不正当竞争行为，一审法院将停止侵害商标权行为与不正当竞争行为不加区分、混在一起判决，法律适用错误。本院认为，西门子公司、西门子中国公司对其注册商标“西门子”及企业字号“西门子”分别享有商标权及企业名称权，奇帅公司在不同情形下使用被诉侵权标识“上海西门子电器有限公司”，对西门子公司、西门子中国公司的商标权及企业名称权均构成侵害，西门子公司、西门子中国公司分别依据2013年修正的商标法及2017年修订的反不正当竞争法的规定追究奇帅公司的相应法律责任，人民法院依法分别作出认定并无不当。虽然一审法院未认定奇帅公司单独使用“上海西门子电器有限公司”构成对西门子公司、西门子中国公司注册商标专用权的侵害不当，但因本案中侵害商标权及不正当竞争行为均表现为使用上述标识的行为，因而，一审判决主文第一项一并判决新维创公司、奇帅公司立即停止侵害涉案商标专用权及不正当竞争行为，即停止使用“上海西门子电器有限公司”标识并无不当。

（四）关于一审法院确定的赔偿数额是否适当的问题

鉴于本案二审阶段西门子公司、西门子中国公司明确其仅针对不正当竞争部分主张赔偿，对侵害商标权部分不主张赔偿，故本院仅针对奇帅公司的不正当竞争行为确定赔偿数额。

2017年修订的反不正当竞争法第十七条第三款、第四款规定：“因不正当竞争行为受到损害的经营者的赔偿数额，按照其因被侵权所受到的实际损失确定；实际损失难以计算的，按照侵权人因侵权所获得的利益确定。赔偿数额还应当包括经营者为制止侵权行为所支付的合理开支。经营者违反本法第六条、第九条规定，权利人因被侵权所受到的实际损失、侵权人因侵权所获得的利益难以确定的，由人民法院根据侵权行为的情节判决给予权利人三百万元以下的赔偿。”

本案中，西门子公司、西门子中国公司主张以奇帅公司因侵权行为获得的利益为计算赔偿额的依据。本院认为，奇帅公司因侵权所获得的利益，应当指在被诉侵权期间，奇帅公司因生产、销售被诉侵权产品而获得的利益。鉴于除被诉侵权产品外，奇帅公司还从事其他品牌产品的生产和销售，故在计算侵权获利时，应当在其获利总额的基础上扣除被诉侵权产品以外的生产、销售利润。西门子公司、西门子中国公司除提交了相关新闻报道作为认定赔偿额的依据外，未能提供其他能够证明奇帅公司侵权获利情况的证据。由于上述新闻报道包含的内容是奇帅公司的年销售总额，无法区分被诉侵权产品的销售额在其总销售额中的占比，故以此认定奇帅公司的侵权获利证据不足。

从现有证据情况看，第一，从西门子公司、西门子中国公司提交的奇帅公司部分宣传资料可知，奇帅公司的生产、销售规模巨大，多篇新闻报道显示奇帅公司每年的销售额为15亿元。其中，2015—2017年营销峰会均在几个小时内达到三四亿元的签约额。第二，通过各地市场监督管理部门的查处情况可知，奇帅公司生产的标注“上海西门子电器有限公司”的洗衣机产品销售范围非常广，涉及四川、江苏、陕西、湖南、云南、河南、贵州、广西、重庆等全国大部分省、直辖市。同时，奇帅公司宣称其全国经销商有1500多家，终端经销网点达58000家，进一步证明其产品销售范围广。第三，从奇帅公司申请的3C认证证书涉及的产品型号数量可知，其生产的被诉侵权产品型号众多，数量较大。上述情况结合洗衣机行业的利润率等因素，可以认定奇帅公司因生产、销售被诉侵权产品而获得的利益明显超过2017年修订的反不正当竞争法第十七条第四款规定的法定赔偿最高限额300万元。在此情况下，综合考虑西门子公司及西门子中国公司企业名称具有较高的知名度，奇帅公司具有明显的主观恶意，且侵权规模大、侵权持续时间长，并结合洗衣机产品的利润率以及西门子公司、西门子中国公司为维权支出的合理费用等因素，本案应在法定最高限额以上确定赔偿额。一审法院在奇帅公司拒不提交相关财务证据的情况下，将在案的媒体报道内容作为销售总额的计算依据，并按照十五分之一计算被诉侵权产品的销售额占比，在综合相关案件因素的基础上，在法定最高限额以上裁量性确定本案赔偿数额的做法并无不当。

奇帅公司主张：1. 一审法院依据网站宣传资料认定奇帅公司每年的销售额为15亿元，缺乏事实依据，在此基础上推算被诉侵权产品的销售量，进而确定的赔偿数额亦缺乏依据；

2. 海尔公司、惠而浦公司的业务结构、公司规模、定价策略等均与奇帅公司不同，不能参照上述公司的利润率确定被诉侵权产品的利润率；3. 奇帅公司的生产规模小，与西门子公司、西门子中国公司提交的证据所反映的情况相差甚远。本院认为，首先，奇帅公司虽主张西门子公司及西门子中国公司提交的网站宣传资料等证据与事实不符，但二审庭审中明确表示，其并未对上述媒体报道提出过异议、进行过澄清或诉诸法律途径解决该不实报道，且在本院明确提示其提交相关证据的情况下，仍未能提交与被诉侵权产品相关的财务账册等证据，在没有其他证据证明奇帅公司侵权获利的前提下，人民法院参考上述媒体报道信息确定赔偿数额并无不当；其次，西门子公司与海尔公司、惠而浦公司同属生产洗衣机的头部企业，在确定本案对西门子公司及西门子中国公司的赔偿数额时，上述两公司的利润率具有较强参考性，且该两公司年度报告中反映的洗衣机产品毛利率仅系本案确定赔偿额的参考因素，并非认定的唯一依据，一审法院在认定时亦已经综合考量本案实际情况，并进行了估算和折抵；最后，在案证据材料不足以证明奇帅公司关于其生产规模小、利润率低等诉讼主张。故本院对奇帅公司的上述诉讼主张不予采纳。

需要说明的是，虽然西门子公司、西门子中国公司二审中明确表示，其主张的赔偿数额不包括侵害商标权行为的赔偿，但本案侵害商标权及不正当竞争行为均体现为使用被诉侵权标识“上海西门子电器有限公司”，获利数额亦均体现在被诉侵权产品的生产、营销之上，而被诉侵权产品的生产和销售数量是固定的，且根据前述关于赔偿额的确定方式，即使仅考虑不正当竞争部分，确定1亿元的赔偿数额亦无明显不当。故本院对一审确定的赔偿数额予以维持。

（五）关于一审法院判决龚银其、王琼与奇帅公司承担连带赔偿责任是否正确的问题

首先，关于一审法院判决龚银其、王琼承担连带赔偿责任是否超出诉讼请求的问题。龚银其、王琼上诉主张，西门子公司、西门子中国公司在2019年9月29日最后一次提交的变更诉讼请求书中未主张龚银其、王琼就奇帅公司的赔偿责任承担连带赔偿责任，一审判决超出诉讼请求。经查，西门子公司、西门子中国公司在一审诉讼过程中确存在多次变更诉讼请求的情况，在2019年8月1日提交的变更诉讼请求的民事起诉状中，表明要求龚银其、王琼与奇帅公司承担连带赔偿责任，在2019年9月29日提交的变更诉讼请求书中未主张龚银其、王琼就奇帅公司的赔偿责任承担连带赔偿责任，但其委托诉讼代理人在一审法院于2020年6月4日组织的庭审中，明确表示主张龚银其、王琼就奇帅公司的赔偿责任承担连带赔偿责任，各方当事人对此均未提出异议，并对该主张发表了相应答辩意见。对此，应视为西门子公司及西门子中国公司最终诉讼请求为主张龚银其、王琼承担本案连带赔偿责任，一审法院对此作出审查和判决未超出诉讼请求范围，并无不当。

其次，关于龚银其、王琼是否应与奇帅公司承担连带赔偿责任的问题。根据本案已经查明的事实，龚银其、王琼二人系奇帅公司仅有的两名股东，该二人作为奇帅公司的实际控制人，在奇帅公司侵权行为的实施过程中起到了重要作用；龚银其及王琼曾于2003年在香港以“西门子”作为字号设立香港西门子公司，还通过其他公司申请注册“SiMBMC”商标，实际由奇帅公司使用于被诉侵权产品；此外，王琼还与深圳西门子公司法定代表人共同设立深圳奇帅公司。可见，龚银其、王琼二人在与西门子公司、西门子中国公司无任何关联的情形下，或以奇帅公司名义，或以其他方式从事多项攀附西门子公司、西门子中国公司企业或

注册商标知名度的行为，表现出明显的侵权故意。一审法院认定该二人与奇帅公司具有共同侵权的故意，与奇帅公司构成共同侵权，故龚银其、王琼在本案中应与奇帅公司承担连带赔偿责任并无不当，本院予以维持。但一审判决关于龚银其、王琼二人系夫妻关系，奇帅公司应视为一人公司，龚银其、王琼据此应与奇帅公司承担连带责任的认定，事实依据及法律依据不充分，本院对此予以指出。

综上所述，奇帅公司、龚银其、王琼的上诉请求及理由不能成立，应予驳回。一审判决认定的部分事实不清，适用法律存在不当之处，应予纠正；一审判决结果正确，应予维持。依照2013年修正的《中华人民共和国商标法》第五十七条第二项、第五十八条，2017年修订的《中华人民共和国反不正当竞争法》第六条第二项、第四项及第十七条，《最高人民法院关于适用〈中华人民共和国反不正当竞争法〉若干问题的解释》第十三条第二项，《中华人民共和国民事诉讼法》第一百七十七条第一款第一项，《最高人民法院关于适用〈中华人民共和国民事诉讼法〉的解释》第三百三十二条的规定，判决如下：

驳回上诉，维持原判。

二审案件受理费人民币542615元，由宁波奇帅电器有限公司、龚银其、王琼共同负担。

本判决为终审判决。

审 判 长 晏 景
审 判 员 马秀荣
审 判 员 戴怡婷

二〇二三年七月二十七日

法官助理 曹佳音
书 记 员 韩 阳

中外制药株式会社与温州海鹤药业有限公司确认是否落入专利权保护范围纠纷案

【裁判要旨】

一、仿制药申请人依据《药品专利纠纷早期解决机制实施办法（试行）》第六条的规定，作出其申请的仿制药技术方案不落入被仿制药品专利权保护范围的声明，原则上应当针对被仿制药品所对应的保护范围最大的权利要求，以保证声明的真实性和准确性。中国上市药品专利信息登记平台公开了被仿制药品所对应的两个或者两个以上的独立权利要求时，仿制药申请人应当针对该两个或者两个以上独立权利要求作出声明。

二、在药品专利链接诉讼中，判断仿制药的技术方案是否落入专利权保护范围时，原则上应当以仿制药申请人的申报资料为依据进行比对评判；仿制药申请人实际实施的技术方案与申报资料是否相同，一般不属于药品专利链接诉讼的审查范围。

最高人民法院民事判决书
（2022）最高法知民终905号

上诉人（原审原告）：中外制药株式会社。住所地：日本国东京都北区浮间五丁目5番1号。

代表人：奥田修，该株式会社董事长、总裁兼总经理。

委托诉讼代理人：李斌馨，北京奋讯（上海）律师事务所律师。

委托诉讼代理人：尚广振，北京奋讯（上海）律师事务所律师。

被上诉人（原审被告）：温州海鹤药业有限公司。住所地：中华人民共和国浙江省温州市温州经济技术开发区星海街道滨海二十五路360号。

法定代表人：王仁民，该公司执行董事。

委托诉讼代理人：贺伊博，北京允天律师事务所律师。

委托诉讼代理人：张秋林，北京允天律师事务所律师。

上诉人中外制药株式会社因与被上诉人温州海鹤药业有限公司（以下简称海鹤公司）确认是否落入专利权保护范围纠纷一案，不服中华人民共和国北京知识产权法院（以下简称原审法院）于2022年4月15日作出的（2021）京73民初1438号民事判决，向本院提起上诉。本院于2022年5月23日立案后，依法组成合议庭，因案件涉及商业秘密，于2022年7月5日不公开开庭进行了审理。上诉人中外制药株式会社的委托诉讼代理人李斌馨、尚广振，被上诉人海鹤公司的委托诉讼代理人贺伊博、张秋林到庭参加诉讼。本案现已审理终结。

中外制药株式会社上诉请求：撤销原审判决，改判支持其原审全部诉讼请求。包括：1. 确认海鹤公司申请注册的"艾地骨化醇软胶囊"（以下简称涉案仿制药）落入专利号为200580009877.6、名称为"ED－71制剂"的发明专利权（以下简称涉案专利权）的保护范围；2. 对海鹤公司作出错误专利声明及违反《药品专利纠纷早期解决机制实施办法（试行）》（以下简称药品专利纠纷实施办法）第六条规定的行为予以批评教育。事实和理由为：（一）原审判决遗漏中外制药株式会社原审第二项诉讼请求，违反了《中华人民共和国民事诉讼法》第一百五十五条的规定。第一，海鹤公司仅对涉案专利原权利要求2作出4.2类声明，对涉案专利其他原权利要求（即原权利要求1和3—7）未作任何声明，且在明确知晓其相关专利声明存在错误的情况下，一直不予更正。第二，海鹤公司未将其提交的相应声明及声明依据在法定期限内依法通知上市许可持有人，违反药品专利纠纷实施办法第六条的规定。海鹤公司的上述违规行为明显有违药品专利纠纷早期解决机制的设置初衷和宗旨，更是违反了诚实信用原则，故应对海鹤公司的违规行为予以批评教育。（二）原审判决认定中外制药株式会社认可海鹤公司提交的涉案仿制药上市注册申请材料与原审法院从中华人民共和国国家药品监督管理局（以下简称国家药品监督管理局）调取的涉案仿制药申请材料一致，属于认定事实不清。第一，中外制药株式会社仅认可海鹤公司提交的证据1—5是节选自海鹤公司提交给国家药品监督管理局的涉案仿制药申请材料，但从未认可二者内容完全一致。原审法院从国家药品监督管理局调取的涉案仿制药申请材料中披露了更多与本案相关的信息。第二，原审法院从国家药品监督管理局调取的证据材料显示，海鹤公司在仿制药临床申报阶段处方中使用的药用辅料（抗氧化剂）是dl－α－生育酚，但海鹤公司提交的证据中将相关内容覆盖。原审判决错误认定二者内容一致，进而并未查明涉案仿制药采用的技术方案。（三）原审判决基于海鹤公司提交的涉案仿制药申报材料认定涉案仿制药使用的药用辅料为A'，存在认定事实和适用法律错误。第一，《中华人民共和国专利法》（以下简称专利法）第七十六条中"申请注册的药品相关技术方案"是指向国家药品监督管理局提交的药品注册申请文件中记载的拟申请获批的处方，而非企业针对处方中的各原材料选取的具体物质。海鹤公司仿制药注册申请文件中明确记载，在其处方中使用药用辅料A作为抗氧化剂。原审法院仅以海鹤公司在申请文件中选取特定原料的技术方案，而非拟申请获批的处方所记载的技术方案，与涉案专利修改后的权利要求进行技术比对，属于适用法律错误。此外，依据法律规定，药品注册申请文件应准确反映药品生产企业实际使用的药品技术方案，如果药品注册申请文件中关于药品技术方案的记载存在明显矛盾或错误，则应查明药品生产企业申请注册药品实际使用的技术方案，并据此确认其是否落入相关专利权的保护范围。第二，本案中，涉案仿制药申请注册的处方中实际使用的药用辅料应为dl－α－生育酚，退一步而言，该处方包括使用A'和使用dl－α－生育酚作为抗氧化剂的两个具体技术方案。首先，海鹤公司申请注册的仿制药处方中使用药用辅料A而非A'作为抗氧化剂。基于国家药品监督管理局数据库中登记的药用辅料A的信息及双方证据，在A'和dl－α－生育酚两种物质之间，只有dl－α－生育酚系依法登记用作抗氧化剂的药用辅料A。海鹤公司为规避侵权，故意在其提交的药品注册申请文件中将药用辅料dl－α－生育酚替换为原料药A'，而其实际使用的药用辅料应为 dl－α－生育酚而非 A’。其次，涉案仿制药注册申请文件中显示，海鹤公司在临床申报过程中使用的药用辅料（抗氧化剂）是 dl－α－生育酚。根据相关规定，海鹤公司申请注册的处方应与其临床阶段使用的处方一致。再次，在我国医药领域，A是一类化合物的统称，包括 A’和 dl－α－生育酚。海鹤公司仿制药注册申请的处方中仅指明使用 A 作为辅料，这意味着其技术方案包括使用 A’和使用 dl－α－生育酚两种方案。（四）原审判决认为本案应适用捐献规则，适用法律错误，进而导致认定事实错误。第一，捐献规则旨在解决在专利申请授权阶段未记载于授权权利要求中但被说明书或附图披露的技术方案能否基于等同原则被纳入权利要求保护范围的问题，其在后续专利确权阶段权利要求保护范围发生变化时并无适用余地。第二，涉案专利原权利要求 1 的抗氧化剂包括 A’，这表明专利权人对使用 A’作为抗氧化剂的技术方案主张专利权保护，并未捐献给社会公众，捐献规则在本案中并无适用空间。在涉案专利无效宣告程序中，中外制药株式会社通过修改放弃了原权利要求 2 中的抗氧化剂为二丁基羟基甲苯、丁基羟基茴香醚和没食子酸丙酯的技术方案，但并未放弃抗氧化剂为 dl－α－生育酚的技术方案，更未放弃与 dl－α－生育酚等同的技术方案（包括采用 A’的技术方案）。第三，在案证据充分证明，A’与修改后权利要求 1 中的dl－α－生育酚构成等同技术特征。

海鹤公司辩称：中外制药株式会社的全部诉讼请求均无事实依据和法律依据，请求驳回上诉，维持原判。事实和理由为：（一）原审法院未遗漏诉讼请求。原审法院在庭审中当庭认定中外制药株式会社的第二项诉讼请求于法无据，不能作为单独的诉讼请求。此外，专利声明文件的填写瑕疵系因海鹤公司对药品专利纠纷实施办法理解不到位导致。海鹤公司在本案审理过程中多次致函国家药品监督管理局及其相关单位，申请对专利声明中“登记的权利要求项编号”的内容进行修改。并且海鹤公司在收到原审应诉通知书后的第十天即将相关证据和不落入专利权保护范围的侵权比对材料提交给了原审法院。因此，海鹤公司不存在所谓的不诚信行为。（二）原审判决认定事实清楚。第一，中外制药株式会社已认可海鹤公司提交的仿制药上市注册申请材料和原审法院从国家药品监督管理局调取的仿制药上市注册申请材料的一致性。该事实清楚，原审判决认定准确。第二，在案证据能够证明海鹤公司申请注册的仿制药中使用的是 A’。需要特别说明的是，海鹤公司在临床申报过程中使用的药用辅料相关材料不是本案的在案证据，且其属于海鹤公司的商业秘密，并非公开信息。中外制药株式会社在毫无依据的前提下，捏造了相关“事实”，并基于臆断作出结论，有违诚实信用原则。（三）本案适用捐献规则。第一，涉及捐献规则的相关司法解释并未明确其中的权利要求只能是专利授权文本中的权利要求。第二，参照在先案件确定的裁判规则，捐献规则适用于修改后的权利要求。因此，修改前的权利要求是否包括 A’，以及中外制药株式会社是否有捐献的意愿，均不影响捐献规则在本案中的适用。原审法院以修改后的权利要求作为比对基础，其适用法律正确。第三，基于禁止反悔规则，A’与修改后权利要求 1 中的 dl－α－生育酚不构成等同特征。

中外制药株式会社向原审法院提起诉讼，原审法院于 2021 年 11 月 8 日立案受理。中外制药株式会社起诉请求：确认涉案仿制药落入涉案专利权的保护范围。事实和理由为：中外制药株式会社成立于 1925 年，主要致力于生物和抗体技术的研究及药物开发。2014 年，中外制药株式会社在中国成立了以进口、生产和销售业务为主的日健中外制药有限公司，致力于引进新的产品进入中国市场。中外制药株式会社为涉案专利权的权利人，涉案专利申请日为2005年2月7日，授权日为2010年12月8日，目前处于有效状态。中外制药株式会社为上市专利药品“艾地骨化醇软胶囊（剂型：胶囊剂；规格：0.75μg；批准文号：国药准字HJ20200058）”的上市许可持有人。中外制药株式会社已在中国上市药品专利信息登记平台（以下简称登记平台）就上述药品和专利进行登记，上述药品与涉案专利权利要求1—7均相关。2021年7月2日，中外制药株式会社在中华人民共和国国家知识产权局（以下简称国家知识产权局）的无效宣告程序中对涉案专利权利要求进行了修改，将原权利要求2中的“抗氧化剂是选自dl-α-生育酚”加入权利要求1，删除原权利要求2，对于其他权利要求的序号进行了相应调整，修改后的权利要求包括6项。海鹤公司申请注册的仿制药的药品名称为“艾地骨化醇软胶囊”，剂型为胶囊剂，规格为0.75μg，注册类别为4类。2021年8月16日，海鹤公司在登记平台上明确其仿制的药品为中外制药株式会社的“艾地骨化醇软胶囊（规格：0.75μg，批准文号：国药准字HJ20200058）”，并作出4.2类声明，即仿制药未落入登记平台收录的原研药（即中外制药株式会社的专利药品）相关专利权保护范围。依据国家药品监督管理局发布的《化学药品注册分类及申报资料要求》第一条、第二条的规定，海鹤公司申请注册的仿制药应具有与原研药相同的活性成分、剂型、规格、适应症、给药途径和用法用量，并需要证明质量和疗效与参比制剂一致。因此，涉案仿制药使用了与涉案专利修改后的权利要求1—6相同或等同的技术方案，落入涉案专利权利要求1—6的保护范围。

原审审理过程中，中外制药株式会社增加如下诉讼请求：对海鹤公司作出错误专利声明及违反药品专利纠纷实施办法第六条规定的行为予以批评教育。

海鹤公司原审辩称：（一）涉案专利在本案诉讼期间已被国家知识产权局宣告无效，该无效决定目前处于起诉期限内。鉴于本案为确认是否落入专利权保护范围纠纷案件，而该判断结论并不会因专利权是否有效而发生变化，故在涉案仿制药并未落入涉案专利权保护范围的情况下，本案应进行实体审理，无需驳回中外制药株式会社的起诉。（二）海鹤公司申请注册的涉案仿制药并未落入涉案专利权利要求1的保护范围。根据海鹤公司向国家药品审评机构提供的相关申报材料，涉案仿制药处方中使用的抗氧化剂是A，即A’，而非涉案专利权利要求1中的dl-α-生育酚。此外，涉案专利说明书第〔0029〕段记载，“本发明中所用的‘抗氧化剂’优选从生育酚醋酸酯，二丁基羟基甲苯，天然维生素E，dl-α-生育酚，d-α-生育酚，混合浓缩生育酚，抗坏血酸棕榈酸酯，L-抗坏血酸硬脂酸酯，丁基羟基茴香醚和没食子酸丙酯中选择一种”。其中，A’即海鹤公司申请注册的涉案仿制药处方中的抗氧化剂A。可见，A’属于仅在说明书中描述而在修改后的权利要求1中未记载的技术方案，根据《最高人民法院关于审理侵犯专利权纠纷案件应用法律若干问题的解释》（以下简称侵犯专利权纠纷解释）第五条的规定，中外制药株式会社不能将其纳入涉案专利权的保护范围。因此，涉案仿制药并未落入涉案专利权利要求1的保护范围。涉案专利权利要求2—6是直接或间接引用权利要求1的从属权利要求，基于上述相同理由，涉案仿制药亦未落入权利要求2—6的保护范围。据此，请求法院依法判令驳回中外制药株式会社的全部诉讼请求。

原审法院认定如下事实：

涉案专利申请日为2005年2月7日，授权日为2010年12月8日，专利权人为中外制药株式会社。本案起诉时，涉案专利处于有效状态。

涉案专利的上市药品为“艾地骨化醇软胶囊（剂型：胶囊剂；规格：0.75μg；批准文号：国药准字 HJ20200058）”，适应症为骨质疏松症。中外制药株式会社就上述药品已在登记平台进行登记，上市许可持有人亦为中外制药株式会社。

中外制药株式会社在登记平台针对涉案专利进行了专利信息登记。登记信息中显示，上市药品与涉案专利权利要求的对应关系为1-7，专利类型为化学药品含活性成分的药物组合物专利，上述登记信息已于2021年7月13日公开。

登记平台显示，国家药品监督管理局于2021年8月16日受理了海鹤公司提出的涉案仿制药的注册申请，受理号为 CYHS2101591 国，被仿制药（即原研药）为涉案专利上市药品。针对涉案专利，海鹤公司在登记平台作出4.2类声明，认为涉案仿制药未落入涉案专利权利要求2的保护范围。

2021年12月30日，国家知识产权局针对案外人就涉案专利提出的无效宣告请求，作出了第53498号无效宣告请求审查决定（以下简称第53498号决定），宣告涉案专利权全部无效。该决定在原审判决作出时仍处于起诉期限内。

在该无效宣告程序中，中外制药株式会社对涉案专利权利要求进行了修改，将原权利要求2中的“抗氧化剂是选自 dl-α-生育酚”加入权利要求1，删除原权利要求2，对于其他权利要求的序号进行了相应调整，修改后的权利要求如下：

“1. 一种制剂，其包含：

（1）（5Z，7E）-（1R，2R，3R）-2-（3-羟基丙氧基）-9，10-断胆甾-5，7，10（19）-三烯-1，3，25-三醇；

（2）油脂；和

（3）抗氧化剂；所述抗氧化剂是 dl-α-生育酚；

其中，加入所述抗氧化剂用于抑制（5Z，7E）-（1R，2R，3R）-2-（3-羟基丙氧基）-9，10-断胆甾-5，7，10（19）-三烯-1，3，25-三醇降解为6E-（1R，2R，3R）-2-（3-羟基丙氧基）-9，10-断胆甾-5（10），6，8（9）-三烯-1，3，25-三醇和/或（5E，7E）-（1R，2R，3R）-2-（3-羟基丙氧基）-9，10-断胆甾-5，7，10（19）-三烯-1，3，25-三醇，经遮蔽、室温保存12个月后产生的6E-（1R，2R，3R）-2-（3-羟基丙氧基）-9，10-断胆甾-5（10），6，8（9）-三烯-1，3，25-三醇和/或（5E，7E）-（1R，2R，3R）-2-（3-羟基丙氧基）-9，10-断胆甾-5，7，10（19）-三烯-1，3，25-三醇的量为1%或更少。

2. 根据权利要求1的制剂，其中，制剂是软胶囊，硬胶囊或油性液体制剂。

3. 根据权利要求2的制剂，其中，制剂是软胶囊。

4. 根据权利要求1的制剂，其中，以重量计，制剂含有相对于油脂为0.000001%～0.01重量%的（5Z，7E）-（1R，2R，3R）-2-（3-羟基丙氧基）-9，10-断胆甾-5，7，10（19）-三烯-1，3，25-三醇和相对于油脂为0.0001～12重量%的抗氧化剂。

5. 根据权利要求4的制剂，其中，制剂是软胶囊，硬胶囊或油性液体制剂。

6. 根据权利要求5的制剂，其中，制剂是软胶囊。”

针对涉案专利中的抗氧化剂 dl－α－生育酚，双方当事人确认其结构式如下：×××

此外，针对抗氧化剂的选择，涉案专利说明书第〔0029〕段记载：“抗氧化剂优选从生育酚醋酸酯，二丁基羟基甲苯，天然维生素 E，dl－α－生育酚，d－α－生育酚，混合浓缩生育酚，抗坏血酸棕榈酸酯，L－抗坏血酸硬脂酸酯，丁基羟基茴香醚和没食子酸丙酯中选择一种，更优选从 dl－α－生育酚，二丁基羟基甲苯，丁基羟基茴香醚和没食子酸丙酯中选择一种，最优选选择 dl－α－生育酚。”

为证明涉案仿制药未落入涉案专利权保护范围，海鹤公司向原审法院提交了涉案仿制药上市注册申请材料中与辅料 A 相关内容的复印件，中外制药株式会社认可上述证据与原审法院从国家药品监督管理局所调取的涉案仿制药申请材料一致。上述证据中：证据 1 为涉案仿制药的生产处方，其“表 3.2.P.3－1 批处方”中记载了涉案仿制药中成分 A 的作用为抗氧化剂，执行标准为×××。证据 2 为涉案仿制药处方中的辅料信息，其中“表 3.2.P.4－1 原辅料的来源信息”中记载了辅料 A 的生产厂家为×××，登记号为×××，执行标准为×××。证据 3 为 A 的证明性文件，系证据 2 的附件，其中包括涉案仿制药中 A 的进口药品注册证和进口药品注册标准×××。进口药品注册证中记载的药品名称为 A，注册证号为×××，剂型为×××，生产厂为×××。证据 16 为涉案仿制药中 A 在国家药品监督管理局“原料药登记数据”的登记备案信息，其中 A 的登记号为×××，企业名称为×××，备注为×××。

上述证据显示，涉案仿制药使用的辅料 A 的结构式如下：×××

原审法院认为：根据专利法第七十六条的规定，药品上市审评审批过程中，药品上市许可申请人与有关专利权人或者利害关系人，因申请注册的药品相关的专利权产生纠纷的，相关当事人可以向人民法院起诉，请求就申请注册的药品相关技术方案是否落入他人药品专利权保护范围作出判决。国务院药品监督管理部门在规定的期限内，可以根据人民法院生效裁判作出是否暂停批准相关药品上市的决定。该条款虽规定了相关当事人可依据申请注册的药品相关的专利权提起此类诉讼，但并未进一步规定所涉专利的范围。《最高人民法院关于审理申请注册的药品相关的专利权纠纷民事案件适用法律若干问题的规定》（以下简称药品专利纠纷解释）第二条规定：“专利法第七十六条所称相关的专利，是指适用国务院有关行政部门关于药品上市许可审批与药品上市许可申请阶段专利权纠纷解决的具体衔接办法的专利。”该解释中所称具体衔接办法是指国家药品监督管理局、国家知识产权局共同制定的药品专利纠纷实施办法。该实施办法第五条规定：“化学药上市许可持有人可在中国上市药品专利信息登记平台登记药物活性成分化合物专利、含活性成分的药物组合物专利、医药用途专利。”

本案中，涉案专利为含活性成分的化学药物组合物专利，属于药品专利纠纷实施办法第五条规定的专利类型，符合药品专利纠纷解释第二条的规定。

药品专利纠纷解释第三条规定：“专利权人或者利害关系人依据专利法第七十六条起诉的，应当按照民事诉讼法第一百一十九条第三项的规定提交下列材料：（一）国务院有关行政部门依据衔接办法所设平台中登记的相关专利信息，包括专利名称、专利号、相关的权利要求等；（二）国务院有关行政部门依据衔接办法所设平台中公示的申请注册药品的相关信息，包括药品名称、药品类型、注册类别以及申请注册药品与所涉及的上市药品之间的对应关系等；（三）药品上市许可申请人依据衔接办法作出的四类声明及声明依据。”

本案中，中外制药株式会社为涉案专利的专利权人，其已就涉案专利在登记平台上进行了相关信息登记。海鹤公司的涉案仿制药申请目前已被受理，且该仿制药相关信息已在登记平台公示。针对涉案专利，海鹤公司在登记平台上作了4.2类声明，即涉案仿制药未落入涉案专利权保护范围。基于此，依据前述规定，中外制药株式会社有权就海鹤公司申请注册的涉案仿制药是否落入涉案专利的保护范围提起诉讼。

需要指出的是，涉案专利权虽已被国家知识产权局宣告无效，但该无效决定目前处于起诉期限内。本案中，中外制药株式会社、海鹤公司均主张应进行实体审理，考虑到上述主张并结合本案其他相关因素，现对涉案仿制药是否落入涉案专利保护范围进行判断。

中外制药株式会社主张涉案仿制药落入其在专利无效程序中修改后的权利要求1—6的保护范围，海鹤公司则认为涉案仿制药使用的抗氧化剂是A，即A'，而非涉案专利权利要求1中的dl-α-生育酚，故并未落入涉案专利权利要求1—6的保护范围。

基于海鹤公司提交的涉案仿制药申报材料可以看出，涉案仿制药使用的辅料为A，其执行的是×××进口药品注册标准。将该标准中记载的A的结构式与双方已确认的涉案专利权利要求1中dl-α-生育酚的结构式进行对比可以看出，二者并不相同，中外制药株式会社对此亦予以认可。基于此，涉案仿制药并未使用涉案权利要求1中的dl-α-生育酚，中外制药株式会社有关涉案仿制药使用了与涉案专利权利要求1相同的技术方案的主张不能成立。

中外制药株式会社主张，即便涉案仿制药并未使用与涉案专利权利要求1相同的技术方案，二者亦构成等同的技术方案。侵犯专利权纠纷解释第七条规定：“被诉侵权技术方案包含与权利要求记载的全部技术特征相同或者等同的技术特征的，人民法院应当认定其落入专利权的保护范围。”虽然该条款中将权利要求的保护范围扩大到等同的情形，但需要注意的是，该解释第五条同时规定：“对于仅在说明书或者附图中描述而在权利要求中未记载的技术方案，权利人在侵犯专利权纠纷案件中将其纳入专利权保护范围的，人民法院不予支持。”该规定是捐献规则的具体体现，其目的在于保护公众基于专利文件的公示效力而产生的合理预期。依据该规定，对于仅在说明书或附图中记载但未被纳入权利要求保护范围的技术特征，不能依据等同原则将其纳入权利要求的保护范围内。

虽然侵犯专利权纠纷解释适用于专利侵权案件，而本案为确认是否落入专利权保护范围案件，但该解释确定的规则同样适用于本案。本案中，中外制药株式会社主张涉案仿制药中的A与权利要求中对应的技术特征构成等同。中外制药株式会社认可涉案仿制药申报材料中使用的A为A'，但认为该技术特征与涉案专利中的dl-α-生育酚构成等同的技术特征。海鹤公司则认为以A'作为抗氧化剂的技术方案已被捐献。

由查明事实可以看出，针对A'，涉案专利说明书第〔0029〕段有如下记载，“本发明中所用的抗氧化剂优选从生育酚醋酸酯，二丁基羟基甲苯，天然维生素E，dl-α-生育酚，d-α-生育酚，混合浓缩生育酚，抗坏血酸棕榈酸酯，L-抗坏血酸硬脂酸酯，丁基羟基茴香醚和没食子酸丙酯中选择一种”。基于上述记载可以看出，A'作为抗氧化剂使用的技术方案已被记载于涉案专利说明书中，但该技术方案并未被涵盖在涉案专利权利要求1的范围内（权利要求1中使用的抗氧化剂是dl-α-生育酚）。据此，依据前述规定中体现的捐献规则，涉案仿制药使用的A'与涉案专利中的dl-α-生育酚并不构成等同的技术特征。

中外制药株式会社主张修改前的权利要求1中涵盖了将A'作为抗氧化剂这一技术方案，这表明专利权人并未将使用A'作为抗氧化剂的技术方案进行捐献。因此，捐献规则并不适用于本案。中外制药株式会社这一主张的成立至少需满足以下两个条件：其一，捐献规则所指权利要求是指修改前的权利要求，或者至少包括修改前的权利要求；其二，捐献规则的适用需要以专利权人有捐献意愿为前提。

专利权人在专利确权程序中虽可以对权利要求进行修改，但修改行为并不会使该专利权同时或先后存在两个有效的权利要求，而只是以修改后的权利要求替代修改前的权利要求，修改后的权利要求自始生效。这也就意味着，侵犯专利权纠纷解释第五条中所称的权利要求只能指向修改后的权利要求。此外，前文中已指出，捐献规则保护的是公众基于专利文件的公示效力而产生的合理预期，其与专利权人是否主观有捐献的意愿无关。因此，即使专利权人并无此意愿，亦不影响捐献规则在本案中的适用。由此可知，修改前的权利要求是否包括A'，以及中外制药株式会社是否有捐献的意愿，均不影响捐献规则在本案中的适用。据此，中外制药株式会社有关本案不适用捐献规则的主张不能成立，对此不予支持。

基于上述分析，虽然涉案专利权利要求1的保护范围可以延及等同的技术方案，但具体到dl-α-生育酚这一技术特征，其等同的范围不包括涉案仿制药使用的A'。据此，涉案仿制药中将A'作为抗氧化剂的技术特征与涉案专利权利要求1的相应技术特征不构成等同。

因涉案仿制药使用的A'与涉案专利权利要求1的相应技术特征既不相同，亦不等同，故被诉技术方案未落入涉案专利权利要求1的保护范围。鉴于权利要求2—6为权利要求1的从属权利要求，在涉案仿制药的技术方案未落入权利要求1的保护范围的情况下，尽管海鹤公司在庭审中认可涉案仿制药具有权利要求2—6的附加技术特征，其仍然不落入权利要求2—6的保护范围。据此，中外制药株式会社有关涉案仿制药落入涉案专利权利要求1—6的保护范围的主张不能成立，对此不予支持。

综上，海鹤公司申请注册的涉案仿制药并未落入中外制药株式会社的涉案专利权利要求1—6的保护范围。

原审法院依照《中华人民共和国专利法》第七十六条，《最高人民法院关于审理申请注册的药品相关的专利权纠纷民事案件适用法律若干问题的规定》第二条、第三条，《最高人民法院关于审理侵犯专利权纠纷案件应用法律若干问题的解释》第五条、第七条之规定，判决：驳回中外制药株式会社的诉讼请求。案件受理费750元，由中外制药株式会社负担。

本案二审期间，当事人均未提交新证据，并均对原审判决对于证据真实性、合法性和关联性的认定不持异议。

中外制药株式会社向本院提交了两份调查取证申请。第一份调查取证申请的申请事项为请求法院向海鹤公司收集由其生产的、用于药物临床试验的艾地骨化醇软胶囊（规格：0.75μg/粒）。主要理由为：基于国家药品监督管理局数据库中登记的药用辅料A的信息及双方证据，在A'和dl-α-生育酚中，只有dl-α-生育酚系依法登记用作抗氧化剂的药用辅料的A，故有理由相信海鹤公司为规避侵权，故意在药品注册申请文件中将药用辅料dl-α-生育酚替换为原料药A'，而其实际使用的药用辅料应为dl-α-生育酚。为申请注册涉案仿制药，海鹤公司应当已经开展并完成了药物临床试验，故其生产的用于药物临床试验的艾地骨化醇软胶囊能够证明其申请注册的涉案仿制药实际使用的技术方案。第二份调查取证申请的申请事项为请求法院向国家药品监督管理局调取海鹤公司提交的关于艾地骨化醇软胶囊（规格：0.75μg/粒）仿制药注册申请文件中涉及辅料 A 的资料，包括但不限于原审法院依职权调取的海鹤公司仿制药申报材料目录页载明的药品说明书、样品检验报告书、变更药用辅料种类的补充申请和研究资料、临床试验计划及研究方案。主要理由为：原审法院依职权从国家药品监督管理局调取的证据仅涉及海鹤公司提交的相关证据材料，其中显示海鹤公司并未提交与涉案仿制药所用辅料相关的申报资料，且海鹤公司在其提交的证据材料中故意遮盖与本案相关的药用辅料信息。

本院经审理查明：原审法院认定的事实基本属实，本院予以确认。

另查明：涉案专利授权公告的权利要求如下：

“1. 一种制剂，其包含：

（1）（5Z，7E）－（1R，2R，3R）－2－（3－羟基丙氧基）－9，10－断胆甾－5，7，10（19）－三烯－1，3，25－三醇；

（2）油脂；和

（3）抗氧化剂；

其中，加入所述抗氧化剂用于抑制（5Z，7E）－（1R，2R，3R）－2－（3－羟基丙氧基）－9，10－断胆甾－5，7，10（19）－三烯－1，3，25－三醇降解为6E－（1R，2R，3R）－2－（3－羟基丙氧基）－9，10－断胆甾－5（10），6，8（9）－三烯－1，3，25－三醇和/或（5E，7E）－（1R，2R，3R）－2－（3－羟基丙氧基）－9，10－断胆甾－5，7，10（19）－三烯－1，3，25－三醇，经遮蔽、室温保存 12 个月后产生的6E－（1R，2R，3R）－2－（3－羟基丙氧基）－9，10－断胆甾－5（10），6，8（9）－三烯－1，3，25－三醇和/或（5E，7E）－（1R，2R，3R）－2－（3－羟基丙氧基）－9，10－断胆甾－5，7，10（19）－三烯－1，3，25－三醇的量为1%或更少。

2. 根据权利要求 1 的制剂，其中，抗氧化剂是选择 dl－α－生育酚，二丁基羟基甲苯，丁基羟基茴香醚和没食子酸丙酯中的一种。

3. 根据权利要求 1 或 2 的制剂，其中，制剂是软胶囊，硬胶囊或油性液体制剂。

4. 根据权利要求 3 的制剂，其中，制剂是软胶囊。

5. 根据权利要求 1 或 2 的制剂，其中，以重量计，制剂含有相对于油脂为 0.000001%～0.01 重量%的（5Z，7E）－（1R，2R，3R）－2－（3－羟基丙氧基）－9，10－断胆甾－5，7，10（19）－三烯－1，3，25－三醇和相对于油脂为 0.0001～12 重量%的抗氧化剂。

6. 根据权利要求 5 的制剂，其中，制剂是软胶囊，硬胶囊或油性液体制剂。

7. 根据权利要求 6 的制剂，其中，制剂是软胶囊。”

第 53498 号决定系国家知识产权局针对案外人四川国为制药有限公司（以下简称国为公司）、正大天晴药业集团股份有限公司（以下简称正大天晴公司）就涉案专利提起的无效宣告请求作出的审查决定。根据该决定的记载，针对国为公司提起的无效宣告请求，中外制药株式会社于 2021 年 7 月 2 日提交了权利要求书修改文本；针对正大天晴公司提起的无效宣告请求，中外制药株式会社于 2021 年 8 月 6 日提交了修改的权利要求书。两次提交的权利要求书修改文本内容相同。2021年9月23日，国家知识产权局对两无效宣告请求进行口头审理。第53498号决定依据的审查文本为中外制药株式会社修改后的权利要求1—6和授权公告的说明书、附图和摘要。

海鹤公司向国家药品监督管理局提交的项目名称为“产品开发”的申报资料中记载：“×××”海鹤公司向国家药品监督管理局提交的项目名称为“辅料的控制”的申报资料中记载：“×××”×××进口药品注册标准的药物名称为“A”，分子式为×××。

《中华人民共和国药典2005年版二部》和《中华人民共和国药典2020年版二部》中记载的“A”（合成型）的分子式、化学结构式均与×××进口药品注册标准相同。中华人民共和国卫生部药典委员会编《临床用药须知》中记载了“A（A'）”的相关信息。

原审庭审中，海鹤公司称其于2021年12月9日向国家药品监督管理局申请将所作声明从针对权利要求2修改为针对权利要求1—7，但国家药品监督管理局不允许修改声明。针对中外制药株式会社新增的诉讼请求，原审法院释明称，仿制药申请人应当积极履行药品专利纠纷实施办法规定的义务，但是中外制药株式会社新增的诉讼请求单独作为诉讼请求不适当，不属于本案的审理范围，故不会体现在判决书中。双方当事人对此均表示清楚。

二审庭审中，中外制药株式会社称其在无效宣告程序中对权利要求的修改是为克服权利要求得不到说明书支持的缺陷。海鹤公司称涉案仿制药仍在技术审评中，未转入行政审批。

本院认为：本案为确认是否落入药品专利权保护范围纠纷。该类纠纷是专利法第七十六条规定的特殊类型纠纷，其实体审理的核心是确认被诉技术方案是否落入相关药品专利权保护范围，与侵害专利权纠纷中专利侵权判定部分的审理并无实质不同，故可以适用专利法及相关司法解释关于专利侵权判定的相关规定。

本案中，涉案专利权虽已被国家知识产权局宣告全部无效，但中外制药株式会社、海鹤公司均主张本案应进行实体审理，双方当事人均有在涉案仿制药上市前通过本案诉讼解决专利纠纷的意愿。且海鹤公司在本案中仅以涉案仿制药与涉案专利技术方案不同为由进行抗辩，涉案专利权的稳定性对本案争议问题的审理并无必然影响。因此，本院对本案继续进行实体审理。

根据当事人的诉辩主张，本案二审争议焦点问题为：（一）海鹤公司是否违反药品专利纠纷实施办法的规定及对此应如何处理；（二）涉案仿制药申请中作为本案比对对象的抗氧化剂辅料为何种抗氧化剂；（三）涉案仿制药申请中的抗氧化剂辅料与涉案专利中的dl-α-生育酚是否构成等同技术特征。

（一）海鹤公司是否违反药品专利纠纷实施办法的规定及对此应如何处理

第一，关于仿制药声明与药品专利权利要求的对应性。

根据药品专利纠纷实施办法第六条的规定，化学仿制药申请人提交药品上市许可申请时，应当对照已在登记平台公开的专利信息，针对被仿制药每一件相关的药品专利作出声明。仿制药申请人对相关声明的真实性、准确性负责。该规定仅对仿制药申请人作出声明所针对的专利提出了要求，并未明确声明所应当针对的药品专利的具体权利要求。仿制药申请人作出声明时，通常应该考虑被仿制药品与登记平台公开的专利权利要求的对应关系，即被仿制药品是否实施了登记平台公开的专利权利要求的技术方案。对于4.2类声明而言，该类声明的核心在于申明仿制药申请人申请的仿制药技术方案不落入被仿制药品专利权的保护范围。为保证声明的真实性和准确性，仿制药申请人原则上应该针对被仿制药品所对应的保护范围最大的权利要求作出声明。由于专利独立权利要求的保护范围最大，如果被仿制药品对应着专利独立权利要求，只要仿制药的技术方案不落入独立权利要求的保护范围，必然不落入从属权利要求的保护范围。但是，如果仿制药技术方案不落入药品专利从属权利要求的保护范围，并不能当然得出不落入药品专利权保护范围的结论。因此，对于4.2类不落入专利权保护范围的声明，如果被仿制药品对应着专利独立权利要求，仿制药申请人应当针对独立权利要求作出声明；当被仿制药品所对应的保护范围最大的权利要求存在两个或者两个以上的独立权利要求时，仿制药申请人针对该两个或者两个以上独立权利要求作出声明，才能保证声明的真实性和准确性。

专利权人在登记平台上登记信息之后，有可能在无效宣告程序中修改已登记专利的权利要求，但无论以何种方式修改权利要求，最终被接受的审查文本不得扩大原权利要求的保护范围，故只要仿制药申请人在提出仿制药申请时针对被仿制药品所对应的保护范围最大的权利要求作出4.2类声明，专利权人在无效宣告程序中对权利要求的修改就不会影响声明的真实性和准确性。

本案的特殊之处在于，仿制药申请人海鹤公司未针对修改前被仿制药品所对应的独立权利要求作出声明，而是仅对修改前的从属权利要求2作出声明。对此，本院认为，在无效宣告程序中，专利权人对权利要求的修改并不必然导致审查文本的变化，修改后的审查文本被国家知识产权局接受并公开的最早时点系在口头审理过程中。国家药品监督管理局于2021年8月16日受理海鹤公司提出的涉案仿制药注册申请时，国家知识产权局尚未对涉案专利的无效宣告请求进行口头审理。故海鹤公司申请涉案仿制药上市并作出4.2类声明在前，国家知识产权局进行口头审理在后。海鹤公司在作出4.2类声明之时，未对被仿制药品当时所对应的保护范围最大的独立权利要求作出声明，仅对保护范围更小的从属权利要求作出声明，不具有正当理由，有避重就轻之嫌，其行为难言正当。海鹤公司称其曾向国家药品监督管理局申请修改声明，但该事实发生在中外制药株式会社提起本案诉讼之后，难以证明海鹤公司行为的正当性。

中外制药株式会社在涉案专利权的无效宣告程序中修改权利要求的方式为，将原权利要求2中的部分附加技术特征合并至权利要求1，删除了权利要求2，并相应调整了其他权利要求的序号。海鹤公司作出的4.2类声明所针对的原权利要求2的保护范围大于修改后独立权利要求的保护范围，故海鹤公司的声明所针对的权利要求的保护范围事实上覆盖了修改后涉案专利权的保护范围。考虑到药品专利纠纷实施办法仍处于试行阶段，其仅规定了仿制药申请人针对被仿制药每一件相关的药品专利作出声明，在仿制药申请人的声明所针对的权利要求的保护范围事实上覆盖修改后涉案专利权的保护范围的情况下，人民法院基于修改后的权利要求审理针对该声明提起的诉讼，符合药品专利纠纷早期解决机制的目的。因此，从实际效果来看，海鹤公司作出的4.2类声明虽有不当之处，但并未对中外制药株式会社的实体和诉讼权利造成不利影响。

第二，关于仿制药申请人的通知义务。

药品专利纠纷实施办法第六条还规定："仿制药申请人应当将相应声明及声明依据通知上市许可持有人，上市许可持有人非专利权人的，由上市许可持有人通知专利权人。其中声明未落入相关专利权保护范围的，声明依据应当包括仿制药技术方案与相关专利的相关权利要求对比表及相关技术资料。除纸质资料外，仿制药申请人还应当向上市许可持有人在中国上市药品专利信息登记平台登记的电子邮箱发送声明及声明依据，并留存相关记录。”该规定明确了仿制药申请人的通知义务，海鹤公司在作出声明时应当提供相关权利要求对比表及相关技术资料。同时，中外制药株式会社在登记平台上登记涉案药物的相关信息时亦登记了通讯地址、联系人、联系方式等信息。海鹤公司将声明及声明依据通知中外制药株式会社不存在任何障碍。但是，海鹤公司迟至中外制药株式会社提起本案诉讼后才提交相关材料，且并未给出充分而合理的解释，不符合药品专利纠纷实施办法第六条的规定，其行为明显不当。

综上，海鹤公司未针对被仿制药品专利保护范围最大的权利要求作出声明，未将声明及声明依据及时通知上市许可持有人，其行为确有不当，本院在此特予指出并给予批评。因批评教育不属于民事责任的承担方式，故本院对中外制药株式会社有关批评教育的诉讼请求不予支持。经查，双方当事人在原审审理中对该问题发表了意见，原审法院对此进行了释明。由于该诉讼请求本身因缺乏法律依据而明显不能成立，原审法院未在判决书中予以评述，并不属于遗漏诉讼请求。中外制药株式会社的相关上诉请求缺乏依据，本院不予支持。

（二）涉案仿制药申请中作为本案比对对象的抗氧化剂辅料为何种抗氧化剂

药品上市审评审批过程中，药品上市许可申请人与有关专利权人或者利害关系人之间因申请注册的药品相关的专利权产生的纠纷仅仅是双方之间关于相关专利权的一种特殊形式的纠纷，通常被称为药品专利链接纠纷。对于化学仿制药而言，国务院药品监督管理部门依据仿制药申请人的申报资料进行药品上市审评审批，并在规定的期限内根据人民法院对该类纠纷作出的生效裁判决定是否暂停批准相关药品上市，故在判断仿制药的技术方案是否落入专利权保护范围时，原则上应以仿制药申请人的申报资料为依据进行比对评判。如果仿制药申请人实际实施的技术方案与申报技术方案不一致，其需要依照药品监督管理相关法律法规承担法律责任；如果专利权人或利害关系人认为仿制药申请人实际实施的技术方案构成侵权，亦可另行提起侵害专利权纠纷之诉。因此，仿制药申请人实际实施的技术方案与申报资料是否相同，一般不属于确认落入专利权保护范围纠纷之诉的审查范围。

本案中，原审法院从国家药品监督管理局调取的证据显示，海鹤公司申报的涉案仿制药的生产处方、辅料信息均记载“A”为抗氧化剂，其执行的是×××进口药品注册标准，该标准对应的是名称为“A”、分子式为×××、化学结构式为原审判决所查明之特定化学结构式的药品；辅料控制相关资料记载，辅料采用中国药典收载的对应品种质量标准以及供应商提供的对应品种质量标准，而《中国药典》中记载的“A”（合成型）的分子式、化学结构式均与×××进口药品注册标准相同；权威出版物中以A指代A’。上述证据足以证明，海鹤公司向国家药品监督管理局申报的仿制药技术方案中的抗氧化剂是A’，而非dl－α－生育酚。

对于中外制药株式会社关于涉案仿制药申报资料中的抗氧化剂不是A’的相关主张，本院认为，首先，申报资料中记载的实验内容是分别采用A与α－生育酚作为抗氧化剂的对比实验，中外制药株式会社主张海鹤公司在临床申报过程中使用的药用辅料（抗氧化剂）是dl－α－生育酚缺乏依据。其次，该对比实验的相关记载亦说明海鹤公司所申报的作为抗氧化剂辅料的“A”并非生育酚类物质的上位概念，而是与α－生育酚并列的一种具体的抗氧化剂。再次，海鹤公司将登记为原料药的A’作为涉案仿制药的辅料申报是否符合相关规定，属于国务院药品监督管理部门的审查范围，不影响本院对申报资料真实性和本案比对对象的确认。此外，中外制药株式会社亦无其他证据证明国务院药品监督管理部门审评审批涉案仿制药抗氧化剂的依据发生变化。因此，中外制药株式会社的相关上诉主张缺乏依据，本院不予支持。

对于中外制药株式会社二审提出的两项调查取证申请，本院认为，根据《最高人民法院关于适用〈中华人民共和国民事诉讼法〉的解释》第九十五条的规定，当事人申请调查收集的证据，与待证事实无关联、对证明待证事实无意义或者其他无调查收集必要的，人民法院不予准许。如上所述，作为涉案仿制药技术方案依据的应当是申报材料所体现的内容，而非仿制药申请人实际实施的技术方案，且在案证据已经足以证明涉案仿制药申报的抗氧化剂辅料为A’，本案已无必要从国家药品监督管理局调取申报材料中的其他信息。因此，对中外制药株式会社提出的两项调查取证申请，本院均不予准许。

（三）涉案仿制药申请中的抗氧化剂辅料与涉案专利中的dl－α－生育酚是否构成等同技术特征

本院已确认作为本案比对对象的是海鹤公司向国家药品监督管理局申报的仿制药技术方案，即使用A’作为抗氧化剂的技术方案。涉案仿制药技术方案中的A’与涉案专利权利要求1中的dl－α－生育酚不构成相同的技术特征，双方当事人对此不持异议。中外制药株式会社主张二者构成等同的技术特征；海鹤公司主张不论是基于捐献规则，还是禁止反悔规则，均不应认定二者构成等同的技术特征。

对此，本院认为，捐献规则和禁止反悔规则都可以构成适用等同原则的限制，其目的都是在公平保护专利权人的利益和维护社会公众利益之间实现合理的平衡。如果符合限制适用等同原则的条件，通常无需再判断两特征是否构成手段、功能、效果基本相同以及本领域技术人员是否无需创造性劳动即能联想到。本案中，由于海鹤公司以中外制药株式会社修改权利要求的行为主张适用禁止反悔规则，以作为修改结果的专利文本主张适用捐献规则，故本院首先基于专利权人对权利要求的修改对本案是否应当适用禁止反悔规则作出评判。

根据侵犯专利权纠纷解释第六条的规定，专利申请人、专利权人在专利授权或者无效宣告程序中，通过对权利要求、说明书的修改或者意见陈述而放弃的技术方案，权利人在侵犯专利权纠纷案件中又将其纳入专利权保护范围的，人民法院不予支持。在专利权人修改权利要求的情况下，如果其主张原权利要求和修改后权利要求的保护范围之间的特定技术方案并未被放弃，应当进行举证或者给予合理的说明。本案中，中外制药株式会社在无效宣告程序中合并原权利要求2中的部分附加技术特征至权利要求1，从而将权利要求1的抗氧化剂限定为dl－α－生育酚，并删除原权利要求2，相应修改了其他权利要求的序号和引用关系。该修改方式实质上是放弃了原权利要求1的技术方案，保留原权利要求2并列技术方案中的一个技术方案，使得独立权利要求的技术方案从可以使用任意一种抗氧化剂，变为仅保护使用dl－α－生育酚。此外，涉案专利说明书列举了包括dl－α－生育酚、A’在内的多种抗氧化剂。本领域技术人员结合涉案专利说明书记载的内容及涉案专利权利要求的修改过程可知，中外制药株式会社通过修改权利要求的方式对其要求保护的特定技术方案作出了明确的选择，且其是从原从属权利要求2所记载的并列的四种抗氧化剂中选择了唯一一种抗氧化剂，进一步说明其通过修改放弃采用A'这一特定抗氧化剂的技术方案的意思具体明确。中外制药株式会社既没有对其修改时未纳入采用A'作为抗氧化剂的技术方案作出合理说明，又未主张该修改与维持专利权有效无关，且事实上其也陈述该修改是为了克服权利要求得不到说明书支持的缺陷。因此，中外制药株式会社并无合理理由或者证据证明其并未通过修改权利要求放弃使用其他抗氧化剂的技术方案，故本案应当适用禁止反悔规则，不宜再将采用A'作为抗氧化剂的技术方案纳入涉案专利权的等同保护范围内。

综上，涉案仿制药中采用的抗氧化剂A'与涉案专利权利要求1中的dl－α－生育酚不构成等同的技术特征，涉案仿制药的技术方案不落入涉案专利权的保护范围。鉴于依据上述分析已足以得出该结论，故本院对当事人有关等同特征的其他理由不再赘述。

综上所述，中外制药株式会社的上诉请求不能成立，应予驳回。原审判决认定事实清楚，适用法律正确，应予维持。本院依照《中华人民共和国民事诉讼法》第一百七十七条第一款第一项之规定，判决如下：

驳回上诉，维持原判。

二审案件受理费750元，由中外制药株式会社负担。

本判决为终审判决。

审 判 长 朱 理
审 判 员 崔 宁
审 判 员 柯胥宁

二〇二二年八月五日

法官助理 杨 莹
书 记 员 谭秀娇

四川雅玉科技股份有限公司与云南金禾种业有限公司等侵害植物新品种权纠纷案

【裁判要旨】

对于未经许可重复使用授权品种作为亲本生产其他品种繁殖材料的侵权行为，以侵权人因侵权所获利益计算侵权损害赔偿时，应当考虑授权品种对于因侵权所获利益的贡献率。亲本均为授权品种的，各授权品种贡献率一般可以平均分配。

最高人民法院民事判决书
（2022）最高法知民终789号

上诉人（原审原告）：四川雅玉科技股份有限公司。住所地：中国（四川）自由贸易试验区成都高新区天仁路387号2栋14层1406号。

法定代表人：胡学爱，该公司董事长。

委托诉讼代理人：褚志娟，四川昊通律师事务所律师。

委托诉讼代理人：孙雷，四川昊通律师事务所律师。

上诉人（原审被告）：云南金禾种业有限公司。住所地：中国（云南）自由贸易试验区昆明片区官渡区世纪城华春苑13栋四单元4152。

法定代表人：徐兴春，该公司执行董事兼总经理。

委托诉讼代理人：罗雄，云南双扬律师事务所律师。

被上诉人（原审被告）：云南瑞禾种业有限公司。住所地：云南省普洱市墨江县联珠镇标杆社。

法定代表人：杨超，该公司执行董事。

委托诉讼代理人：罗雄，云南双扬律师事务所律师。

上诉人四川雅玉科技股份有限公司（以下简称雅玉公司）、上诉人云南金禾种业有限公司（以下简称金禾公司）与被上诉人云南瑞禾种业有限公司（以下简称瑞禾公司）因侵害植物新品种权纠纷一案，不服云南省昆明市中级人民法院（以下简称原审法院）于2021年10月22日作出的（2021）云01知民初106号民事判决（以下简称原审判决），向本院提起上诉。本院于2022年4月18日立案后，依法组成合议庭，于2022年7月12日、9月16日询问当事人。上诉人雅玉公司的委托诉讼代理人褚志娟、上诉人金禾公司和被上诉人瑞禾公司共同的委托诉讼代理人罗雄参加了2022年7月12日和9月16日的询问，上诉人雅玉公司的法定代表人胡学爱参加了2022年7月12日的询问。本案现已审理终结。

雅玉公司上诉请求：1. 维持原审判决第一项、第二项；2. 撤销原审判决第三项，改判金禾公司赔偿雅玉公司侵权损失 2284485 元，瑞禾公司承担连带赔偿责任；3. 撤销原审判决第四项，改判金禾公司支付雅玉公司惩罚性赔偿 2284485 元，瑞禾公司承担连带赔偿责任；4. 一审、二审案件受理费由金禾公司、瑞禾公司承担。事实和理由：（一）原审判决采用“批发价单价”扣除“生产成本”后剩余的“利润”来计算“违法所得数额”或“侵权所得利益”，适用法律错误，应予以纠正。第一，根据原农业部制定的《农业植物新品种权侵权案件处理规定》第十六条的规定，应当以销售价格乘以销售数量的结果作为违法所得的计算依据。根据《最高人民法院、最高人民检察院关于办理侵犯知识产权刑事案件具体应用法律若干问题的解释》第十二条的规定，“非法经营数额”的计算方式按照实际销售的价格计算。虽然该规定属于刑事领域的解释，但“举重明轻”，该计算方式可以作为民事侵权案件中计算方式的参考。侵权人的“违法所得数额”或“侵权所得利益”应进行整体评价，如果区分侵权人获利或不获利，将无法有效地追究法律责任。同时，采用毛利润或净利润、营业利润或销售利润均不能得出一致结论。所以，不能把“违法所得数额”或“侵权所得利益”简单地理解为非法利润数额，在计算时扣减侵权人因实施侵权行为而“投入的成本”，既不符合立法本意也不切实际。按照上述计算方法，本案中“违法所得数额”或“侵权所得利益”为 2284485 元（30 元/公斤 ×76149.5 公斤）。第二，即使考虑生产成本，原审判决取值 20 元/公斤也不合理。关于生产成本的扣除项目，仅应该限于生产种子的收购成本和运输、加工及包装成本，而维系公司运营且存在非法经营的情况下，运营成本不应当予以考虑，如果支持在侵权的同时扣除非法运营成本费用，就是变相鼓励侵权行为。考虑地域差异、劳务成本差异、运输价格差异等的不同，玉米种子的生产成本应在 8—12 元/公斤之间。（二）原审法院采纳《玉米育种成果收益分配指导意见》中关于组配者的收益比例得出“YA8201”在被诉侵权种子中的贡献率为 30%，适用法律错误。第一，《玉米育种成果收益分配指导意见》系中国种子协会制定的指导意见，而行业内部意见并不能作为民事案件的裁判依据。第二，关于亲本种子的贡献率，在科研范围内以及正常授权使用亲本材料以及杂交种子情况下确定各方利益分配时才具有实际意义，而在法律逻辑层面，贡献率只有“有”或“无”的差异。第三，不应将侵权主体视为合法法律关系中的主体来对待并对其分配收益。

金禾公司针对雅玉公司的上诉请求辩称：（一）雅玉公司认为不考虑成本的观点不能成立。种子的制种、销售均会产生运营成本，原审法院对利益和数额的划分合理。（二）金禾公司不构成侵权，“金禾 880”使用的是“YA8201”的变异株，与雅玉公司的授权品种为不同品种。原审期间，金禾公司申请进行 DUS 测试和 DNA 检测，原审法院未予准许。金禾公司再次申请对两者进行 DNA 检测。（三）“金禾 880”经过了云南省主要农作物审定，可以进行推广。故，请求驳回雅玉公司的上诉请求。

瑞禾公司针对雅玉公司的上诉请求辩称：瑞禾公司不应承担侵权责任，请求驳回雅玉公司的上诉请求。

金禾公司上诉请求：撤销原审判决，改判驳回雅玉公司的全部诉讼请求；一、二审诉讼费用由雅玉公司承担。事实和理由：（一）原审法院依据“中国种业大数据平台”查询“金禾 880”的生产经营备案信息认定金禾公司截至 2021 年 3 月 25 日销售数量，认定事实错误。第一，金禾公司委托瑞禾公司进行销售备案，根据瑞禾公司提供的证据，其通过种子生产经营许可网上申报系统备案销售数量为 17925 公斤。该备案数量得到种子站确认，客观、真实，具有证明力。第二，金禾公司提交的与西昌垦丰农业科技有限公司（以下简称垦丰公司）玉米种子生产结算单可以证明 2020 年度“金禾 880”的生产数量，与瑞禾公司的种子销售备案系统记载的数量基本相符。第三，金禾公司存放在仓库的“金禾 880”系客户退货，原审法院忽视因退货而库存的种子数量，认定事实错误。第四，雅玉公司提供的备案信息并非金禾公司或瑞禾公司操作，原审法院没有查明操作的主体，并且存在其他一级、二级代理商重复备案的情况。2021 年 3 月 25 日以后该平台仍然有新增备案信息，该备案信息绝对不是金禾公司或瑞禾公司所为，不排除是雅玉公司恶意备案的可能。（二）原审法院依据“金禾 880”在云南省主要农作物品种审定申请表的记载认定“金禾 880”使用的亲本 YA8201 为涉案授权品种，不准许金禾公司进行 DNA 检测和 DUS 测试的申请，导致事实认定错误。金禾公司聘请的育种专家在选育过程中，仅是提取 YA8201 的变异株，不能因为文字描述和名称相同而认定为同一品种。金禾公司依法享有申请鉴定的诉讼权利，只有进行 DNA 检测和 DUS 测试才能查明事实真相。（三）原审判决适用惩罚性赔偿所依据的理由不能成立，适用法律错误。第一，“金禾 880”经云南省农作物品种审定委员会审定，依法可以推广和销售。金禾公司没有生产经营资质，因此委托瑞禾公司进行生产经营销售备案，这是农业农村行政主管部门认可的做法，也是行业惯例。第二，金禾公司和瑞禾公司不存在诉讼中的不诚信行为。瑞禾公司的被诉侵权行为已经停止；申请鉴定是金禾公司依法享有的诉讼权利；举报雅玉公司的法定代表人胡学爱侵占国有资产，是公民的责任和权利。（四）原审法院不准许追加案外人垦丰公司为本案被告，存在程序错误。金禾公司的“金禾 880”系案外人垦丰公司生产，有结算单、植物检疫证书等证据在案佐证。金禾公司原审时提交了证据 1 的原件供核对，原审法院在评判证据时认为无原件核对，明显错误。瑞禾公司原审中申请追加垦丰公司参加诉讼，不以雅玉公司同意为前提。如果存在侵权，作为种子的生产者垦丰公司应当承担连带责任，是必须参加诉讼的共同被告，人民法院应当依职权追加，何况瑞禾公司已经申请。如果雅玉公司明确表示放弃对垦丰公司的请求权，应当只能判决金禾公司承担三分之一的责任。

雅玉公司针对金禾公司的上诉请求辩称：请求驳回金禾公司的上诉请求，支持雅玉公司的上诉请求。

瑞禾公司述称：同意金禾公司的上诉请求。

雅玉公司向原审法院提起诉讼，原审法院于 2021 年 4 月 14 日立案受理。雅玉公司起诉请求：1. 判令金禾公司、瑞禾公司立即停止生产、销售品种名称为“金禾 880”的玉米种子；2. 判令金禾公司、瑞禾公司立即销毁品种名称为“金禾 880”的玉米种子的繁殖材料“YA8201”；3. 判令金禾公司、瑞禾公司立即向雅玉公司支付因其侵犯“YA8201”植物新品种权的惩罚性赔偿金 4568970 元（计算方式：30 元/公斤 ×76149. 5 公斤 ×2 倍，该公斤数量统计截止日期为 2021 年 3 月 25 日）；4. 本案诉讼费用由金禾公司、瑞禾公司承担。

金禾公司在原审中辩称：（一）“金禾 880”是金禾公司在取得营业执照后与科研单位合作十余年才研发的品种，并通过云南省农作物品种审定委员会的审定，属于合法品种。“金禾 880”的亲本“YA8201”仅系与涉案授权品种“YA8201”重名，雅玉公司并无 DNA 鉴定和 DUS 测试的结果证明“金禾 880”构成侵权。（二）涉案授权品种“YA8201”是雅玉公司的法定代表人胡学爱在担任雅安市农业科学研究所（以下简称雅安农科所）副所长期间凭借职务便利培育而成，品种权应属于雅安农科所。（三）对于“金禾880”，金禾公司计划种植200亩，实际种植100多亩，后因受灾实际产量仅为17081公斤；且由于2020年雨水较多、穗腐病严重和诉讼等原因，现尚有16900公斤堆在仓库；“金禾880”的收购价仅为16.85元/公斤。因此，雅玉公司所主张的销售量和赔偿金额没有依据。（四）实践中可能存在备案后没有备货，或者地、县、乡代理商重复备案，或者代理商备案后将没有卖完的种子退回的情况。因此，备案数量不能等同于销售数量。综上，请求人民法院驳回雅玉公司的诉讼请求。

瑞禾公司在原审中辩称：（一）关于雅玉公司是否是玉米品种“YA8201”的植物新品种权人，以及“金禾880”是否使用该“YA8201”作为亲本的观点同金禾公司的意见。（二）“金禾880”由垦丰公司实际生产、销售，本案应追加垦丰公司作为共同被告。（三）瑞禾公司仅在2020年向金禾公司提供种子经营备案资质，仅收取6万元费用，没有共同获利。瑞禾公司提供资质前审核了金禾公司关于“金禾880”的主要农作物品种审定证书，不构成共同侵权。（四）瑞禾公司在接到告知函后，立即停止了与金禾公司的合作，并无侵权故意。综上，请求人民法院驳回对瑞禾公司的诉讼请求。

原审法院认定如下事实：

（一）双方主体信息及相关种子信息

雅玉公司于2003年6月30日注册成立，原名称为四川雅玉科技开发有限公司，后于2018年6月22日变更为现名称，经营范围包括农作物种子研究、开发、服务；销售种子。四川雅玉科技开发有限公司于2010年1月1日取得名称为“YA8201”、品种权号为CNA20060204.7的植物新品种权。该品种权申请日为2006年3月30日，保护期限15年。

金禾公司于2009年4月13日注册成立，经营范围包括种子（不再分装的包装种子）的销售。金禾公司于2019年5月24日取得云南省农作物品种审定委员会就“金禾880”核发的审定编号为滇审玉米2019097号的《主要农作物品种审定证书》。该审定证书记载：审定编号：“滇审玉米2019097”；品种名称：“金禾880”；品种来源为：“金禾880”是金禾公司于2013年在云南省用母本“LSC107”和父本“YA8201”配制杂交组合；申请者和育种者均为金禾公司。

瑞禾公司于2014年4月2日注册成立，经营范围包括杂交玉米、杂交种子及其亲本种子加工、生产、包装、批发、零售。云南省农业厅于2017年5月31日向瑞禾公司核发BCD（滇）农种许字（2014）第0016号《农作物种子生产经营许可证（主证）》，于2020年12月14日核发副本，该副本所列作物的品种包含“金禾880”。

（二）被诉侵权行为

2021年4月23日，雅玉公司向四川省成都市律政公证处申请证据保全，登录“中华人民共和国农业农村部”官网后进入“中国种业大数据平台”，查看“品种审定”栏目中“金禾880”的详情，出现以下信息：审定编号“滇审玉米2019097号”；作物名称“玉米”；申请者、育种者均为金禾公司；品种来源：金禾公司于2013年在云南省用母本“LSC107”和父本“YA8201”配制杂交组合。回到“中国种业大数据平台”，查看“金禾880”的种子生产经营许可信息，点击副证，出现“农作物种子生产经营许可证”，内容为：

企业名称：瑞禾公司；许可证编号：BCD（滇）农种许字（2014）第0016号。回到“中国种业大数据平台”，查看“金禾880”品种信息链，点击“种子生产经营备案”后出现458条生产经营备案详情（期间为2019年12月30日至2021年4月19日），包括备案单位、种子数量（公斤）、备案日期等。经对时间截止为2021年3月25日的444条信息所示种子数量进行统计，总数为76549.5公斤。

雅玉公司登录全国种子市场监测信息发布平台，显示“金禾880”种子规格为1公斤/袋的价格为55元。

再次登录“中华人民共和国农业农村部”官网，重复前述公证取证操作，在“生产经营备案详情”处可见“金禾880”在2021年3月25日之后仍有新增备案信息，最新的备案时间为2021年5月27日。

2021年3月25日，雅玉公司向金禾公司、瑞禾公司发出告知函，要求收函后3日内与其联系协商“YA8201”植物新品种授权使用问题；若未在上述期限内联系且继续使用的，将追究法律责任。2021年4月9日，瑞禾公司复函，称收到告知函后立即约谈金禾公司负责人，并称其于2020年11月12日与金禾公司签订《杂交玉米新品种合作协议》，并查验了金禾公司的审定证书，认为金禾公司取得了“金禾880”和“金禾玉618”（另案处理）的品种权。回复：1. 立即终止履行与金禾公司签订的合作协议，包括备案、生产、销售等工作；2. 瑞禾公司不存在故意或过失侵犯植物新品种权的意思表示，一切法律责任应当由金禾公司承担，瑞禾公司愿意配合雅玉公司维权所需的调查取证。

（三）原审审理期间情况

原审庭审中，金禾公司抗辩“金禾880”的亲本“YA8201”与涉案授权品种“YA8201”仅系名称相同，不是同一品种。据此，原审法院确定由金禾公司承担证明二者不属于同一品种的举证责任，并征询金禾公司是否申请鉴定的意见。金禾公司表示申请鉴定，并提交了鉴定申请。原审法院准许其鉴定申请，决定到农业农村部种业管理司调取相关种子标准样品的情况下，雅玉公司持调查令到云南省种子管理站调取了“金禾880”的云南省主要农作物品种审定申请表。该申请表中关于品种选育过程明确载明：“金禾880”的母本“YA8201”由雅玉公司选育，2011年引入。（对于亲本的表述，申请表中存在母本“YA8201”和父本“LSC107”，以及父本“YA8201”和母本“LSC107”的不一致表述，为统一表述，原审法院以下均表述为“亲本”）。金禾公司及法定代表人均在申请表所附品种真实性承诺书上签字、盖章，表示“本单位、本人知悉和保证提供的杂交玉米种‘金禾880’的真实性，并承担因真实性虚假而产生的法律责任”。鉴于以上情况，原审法院决定不再准许金禾公司的鉴定申请，并告知金禾公司。

（四）其他相关事实

2020年11月2日，金禾公司出具授权书，授权瑞禾公司生产经营金禾公司选育的玉米品种“金禾880”“金禾玉618”，具体权利包括“金禾880”“金禾玉618”的生产、经营、使用、标记、市场维护，授权范围云南省，授权时限2020年11月2日—2021年11月2日。2020年11月12日，瑞禾公司作为甲方、金禾公司作为乙方签订《杂交玉米新品种合作协议》，约定：乙方对“金禾880”“金禾玉618”享有知识产权；甲方协助乙方办理相应的生产经营备案手续，向乙方提供生产经营许可证复印件、营业执照复印件、委托书等相应的备案资料进行种子经营备案；乙方向甲方一次性交纳2020年11月2日至2021年11月2日年度的品种管理费60000元，并承担上述品种的生产、销售、行政合法性、推广等一切费用，甲方除收取上述品种的管理费外，不承担上述品种的任何费用。

登录瑞禾公司的种子生产经营许可网上申报系统，查询“金禾880”，显示2020年1月13日至2021年3月25日期间共备案36条信息，备案的种子数量为17925公斤。经与雅玉公司提交的中国种业大数据平台的数据核对，除“操作”处列明有“撤回”选项的2条信息外，其余34条信息与中国种业大数据平台的数据信息完全一致。

根据金禾公司庭后提交的照片，其仓库内还存放有大量的“金禾880”种子。

雅玉公司以金禾公司、瑞禾公司为共同被告提起两个诉讼，即针对“金禾880”的本案和针对“金禾玉618”的（2021）云01知民初136号案件。

原审法院认为：雅玉公司系植物新品种“YA8201”（CNA20060204.7）的品种权人，其对该植物新品种享有植物新品种权，且该植物新品种现在有效期内，故雅玉公司有权提起本案诉讼。金禾公司认为该品种权应归属于雅安农科所，并无充分理由或有效证据，且该品种权的授权状态稳定，故原审法院对金禾公司的该观点不予采纳。

关于侵权认定。第一，“金禾880”的品种审定信息表明“金禾880”系通过雅玉公司享有植物新品种权的“YA8201”选育的品种。鉴于以上情况，原审法院对金禾公司提出的DNA鉴定和DUS测试申请不予准许。本案中，金禾公司不仅使用“YA8201”选育“金禾880”，还自2019年起以商业为目的持续使用“YA8201”生产“金禾880”并予以销售，根据《最高人民法院关于审理侵害植物新品种权纠纷案件具体应用法律问题的若干规定》第二条第一款、第三款的规定，应认定金禾公司以“YA8201”为亲本生产、销售“金禾880”的行为侵害了雅玉公司的植物新品种权。第二，瑞禾公司在金禾公司生产、销售“金禾880”的过程中，将《农作物种子生产经营许可证》出借给金禾公司，实质上对金禾公司的侵权行为形成了帮助，构成帮助侵权。瑞禾公司抗辩称其已尽到审查义务，但我国实施种子生产经营许可证制度，瑞禾公司出借生产经营许可证本身就具有过错；况且，“金禾880”的品种审定信息已明示其亲本包括“YA8201”，而根据公开信息可查询“YA8201”的品种权信息，可见瑞禾公司并未尽到审查义务。第三，瑞禾公司申请追加垦丰公司为共同被告的问题，本案系雅玉公司提起的侵权诉讼，雅玉公司并不同意对垦丰公司主张权利；垦丰公司是否加入本案诉讼，不影响本案的处理；且没有证据或理由表明垦丰公司属于必须参加诉讼的当事人。因此，原审法院对瑞禾公司的追加申请不予准许。

关于责任承担。首先，对于雅玉公司要求金禾公司、瑞禾公司立即停止生产、销售“金禾880”玉米种子，以及立即销毁“金禾880”的繁殖材料“YA8201”的请求，予以支持。其次，关于赔偿。第一，关于“金禾880”的生产经营数量。根据农业农村部种业大数据平台记载的数据，2019年12月30日至2021年3月25日期间，“金禾880”的生产经营备案数量为76549.5公斤，雅玉公司仅主张了76149.5公斤，原审法院予以准许。第二，关于“金禾880”的利润，在案证据显示“金禾880”的市场价格为每公斤55元。同时，金禾公司系“金禾880”的一手销售主体，即原始批发。一般而言，批发价低于零售价，雅玉公司关于“金禾880”的批发价为每公斤30元的主张合理，原审法院予以确认。考虑金禾公司需要提供亲本种子、委托农户进行生产，需要维系公司运营支出如运输、人工等成本，原审法院酌定总成本为每公斤 20 元。第三，关于“YA8201”对于繁育“金禾 880”的贡献率。根据《玉米育种成果收益分配指导意见》关于父本持有者、母本持有者、组配者的收益比例为 3:3:4，原审法院认定“YA8201”对于繁育“金禾 880”的贡献率应为 30%。综上，可计算得出金禾公司获利为：76149. 5 公斤 ×（30 元 - 20 元）/公斤 × 30% = 228448. 5 元。综上，金禾公司应向雅玉公司赔偿侵权损失 228448. 5 元。再次，关于惩罚性赔偿。根据《中华人民共和国民法典》第一千一百八十五条、《最高人民法院关于审理侵害知识产权民事案件适用惩罚性赔偿的解释》第四条第二款第五项、第七项，《最高人民法院关于审理侵害植物新品种权纠纷案件具体应用法律问题的若干规定（二）》第十七条第一款规定，考虑金禾公司借用瑞禾公司的农作物种子生产经营许可证，持续、大量生产、销售“金禾 880”，自 2019 年起仅中国种业大数据平台显示的备案数量即近 8 万公斤，金禾公司在本案诉讼过程中还存在不诚信，应对金禾公司适用惩罚性赔偿。根据《最高人民法院关于审理侵害植物新品种权纠纷案件具体应用法律问题的若干规定（二）》第十七条第二款的规定，仅金禾公司借用农作物种子生产经营许可证这一情节，即可对金禾公司适用二倍以上的惩罚性赔偿数额，但鉴于雅玉公司除赔偿基数以外，仅额外主张了一倍的惩罚性赔偿，不违反法律规定，应予以准许，故原审法院以前述确认的侵权获利金额 228448. 5 元为基数，对金禾公司适用一倍的惩罚性赔偿，即金禾公司除应向雅玉公司支付 228448. 5 元的侵权损失外，还应支付 228448. 5 元的惩罚性赔偿金。最后，瑞禾公司构成帮助侵权，根据《中华人民共和国民法典》第一千一百六十九条的规定，应对以上金禾公司应承担的侵权损失及惩罚性赔偿金一并承担连带赔偿责任。至于瑞禾公司与金禾公司所签补充协议等，系其内部约定，双方当事人可另行处理。

原审法院依照《中华人民共和国民法典》第一千一百六十九条、第一千一百八十五条，《中华人民共和国种子法》第二十八条、第三十三条第三款、第七十三条第三款、第七十七条第一款第四项，《最高人民法院关于适用〈中华人民共和国民法典〉时间效力的若干规定》第一条第三款、第二十四条，《最高人民法院关于审理侵害植物新品种权纠纷案件具体应用法律问题的若干规定》第二条第一款、第三款，第六条第一款、第二款、第四款，《最高人民法院关于审理侵害植物新品种权纠纷案件具体应用法律问题的若干规定（二）》第六条、第十七条第一款第五项、第二款，《最高人民法院关于审理侵害知识产权民事案件适用惩罚性赔偿的解释》第四条第二款第五项、第七项、第五条第一款之规定，判决：一、云南金禾种业有限公司、云南瑞禾种业有限公司于判决生效之日起立即停止生产、销售品种名称为“金禾 880”的玉米种子；二、云南金禾种业有限公司、云南瑞禾种业有限公司于判决生效之日起立即销毁品种名称为“金禾 880”的繁殖材料“YA8201”；三、云南金禾种业有限公司于判决生效之日起十日内向四川雅玉科技股份有限公司支付侵权损失 228448. 5 元，云南瑞禾种业有限公司对该款承担连带赔偿责任；四、云南金禾种业有限公司于判决生效之日起十日内向四川雅玉科技股份有限公司支付惩罚性赔偿金 228448. 5 元，云南瑞禾种业有限公司对该款承担连带赔偿责任；五、驳回四川雅玉科技股份有限公司的其他诉讼请求。如果未按判决指定的期间履行给付金钱义务，应当依照《中华人民共和国民事诉讼法》（2017 年修正）第二百五十三条之规定，加倍支付迟延履行期间的债务利息。一审案件受理费 43351. 8 元，由四川雅玉科技股份有限公司负担 20000 元，由云南金禾种业有限公司、云南瑞禾种业有限公司共同负担23351.8元。

二审中，雅玉公司向本院提交了如下新证据：1.2022年1月8日临沧市永德县农作物种子销售凭证及“金禾880”玉米种子照片一张；2.（2022）川律公证内民字第30022号公证书及其中的云南鼎程种业有限公司（以下简称鼎程公司）农作物种子生产经营许可证（副本）。共同用于证明原审判决后金禾公司仍继续实施侵权行为，借用鼎程公司生产资质，2021年4月25日至2022年5月31日新增“金禾880”玉米种子生产经营备案数量为39226公斤。金禾公司、瑞禾公司质证认为：“金禾880”不构成侵权，金禾公司有权继续生产、销售。本院经审核认为，涉案被诉侵权行为是金禾公司借用瑞禾公司的种子生产经营许可证截至2021年3月25日生产、销售“金禾880”的行为，鼎程公司的行为可以证明金禾公司在原审判决后是否继续以商业目的使用“YA8201”生产、销售“金禾880”玉米种子，与确定金禾公司的主观状态具有关联。

原审判决查明的事实基本属实，本院予以确认。

二审期间，金禾公司多次明确向本院陈述：作为玉米杂交品种，每一次获得“金禾880”的繁殖材料都需要使用“YA8201”。

金禾公司坚持主张其使用的是“YA8201”的变异株，经本院要求，金禾公司对其所主张使用“YA8201”变异株的具体选育过程进行了说明，并申请对“金禾880”的父本和雅玉公司的“YA8201”进行DNA鉴定，以证明两者不具有同一性。关于“金禾880”亲本的DNA指纹信息来源，金禾公司称其向云南省农作物品种审定委员会申请主要农作物品种审定时提交了亲本信息。本院依职权向云南省农作物品种审定委员会办公室发送调查函了解“金禾880”的育种来源，并收到复函。该复函称“金禾880”（审定编号：滇审玉米2019097号）在申请审定时，申请人没有提交父、母本的DNA指纹信息或父、母本的种子标准样品。本院将上述复函情况告知金禾公司，并询问其是否可以提交其他对照样品，金禾公司答复无法提交其他对照样品用于鉴定。对于金禾公司的上述鉴定申请，本院认为，根据《最高人民法院关于适用〈中华人民共和国民事诉讼法〉的解释》第一百二十一条第一款的规定，当事人申请鉴定，可以在举证期限届满前提出。申请鉴定的事项与待证事实无关联，或者对证明待证事实无意义的，人民法院不予准许。按照云南省农作物品种审定委员会办公室的复函，申请人在申请“金禾880”玉米品种审定时，并未提交父、母本的DNA指纹信息或标准样品。由于缺少可靠的对照样品或DNA指纹信息，无法通过鉴定确定“金禾880”的父本和雅玉公司的“YA8201”的同一性，金禾公司申请鉴定的事项事实上并不具备鉴定条件。鉴此，金禾公司的鉴定申请不具备可行性，本院不予准许。

原审期间，金禾公司为证明其重复使用于生产、繁殖“金禾880”的父本并非涉案授权品种“YA8201”，向原审法院申请进行DNA检测和DUS测试。经审查，金禾公司在原审时并未说明其所称的变异株的具体选育过程，未能充分说明启动鉴定的理由，而其在云南省申请主要农作物品种审定时已经表明“金禾880”是以雅玉公司的“YA8201”为亲本选育的。在此情况下，原审法院不准许其鉴定申请，并无明显不当。

本院另查明：“金禾880”品种审定证书中记载的母本“LSC107”也受品种权保护。

本院认为，涉案被诉侵权行为发生在2021年修正的《中华人民共和国种子法》施行日2022年3月1日以前，2015年修订的《中华人民共和国种子法》施行日2016年1月1日以后，本案应适用2015年修订的《中华人民共和国种子法》等相关规定。根据双方的诉辩主张，本案二审阶段的争议焦点为：（一）金禾公司、瑞禾公司是否构成侵权；（二）如果构成侵权，如何确定赔偿数额；（三）原审是否存在程序问题。

（一）金禾公司、瑞禾公司是否构成侵权

根据《中华人民共和国种子法》第二十八条规定，植物新品种权所有人对其授权品种享有排他的独占权；除另有规定外，任何单位或者个人未经植物新品种权所有人许可，不得为商业目的将授权品种的繁殖材料重复使用于生产另一品种的繁殖材料。根据金禾公司在云南省申请品种审定时提交的申请表，“金禾880”是以雅玉公司的“YA8201”为亲本选育的。二审审理期间，金禾公司明确向本院陈述：作为玉米杂交品种，每一次获得“金禾880”的繁殖材料都需要使用“YA8201”。根据上述事实可以认定金禾公司为商业目的将“YA8201”重复使用于生产“金禾880”，构成对涉案授权品种“YA8201”的品种权的侵害。金禾公司抗辩其使用的是“YA8201”的变异株，并向本院申请进行DNA鉴定，但由于其不能提交对照样本导致鉴定不具备可行性，金禾公司对仅使用了“YA8201”的变异株的主张，未能提交有效证据证明，本院对该主张不予采信。本案中，瑞禾公司出借其种子生产经营许可证，供不具备种子生产经营资质的金禾公司从事种子生产经营活动，并从中获利，为金禾公司实施侵权行为提供帮助，根据《中华人民共和国民法典》第一千一百六十九条第一款规定，构成帮助侵权。据此，原审法院考虑制止侵权，判令金禾公司、瑞禾公司立即停止生产、销售“金禾880”玉米种子，以及立即销毁重复用于繁殖“金禾880”玉米种子的“YA8201”的繁殖材料，并无不当，本院予以维持。原审法院在侵权责任承担部分的分析以及判项中将“YA8201”称为“金禾880”的繁殖材料，但“YA8201”系“金禾880”的亲本，不能将杂交品种的亲本称为杂交品种的繁殖材料，本院对此予以纠正。

（二）如何确定赔偿数额

根据《中华人民共和国种子法》第七十三条第三款规定，侵犯植物新品种权的赔偿数额按照权利人因被侵权所受到的实际损失确定；实际损失难以确定的，可以按照侵权人因侵权所获得的利益确定。权利人的损失或者侵权人获得的利益难以确定的，可以参照该植物新品种权许可使用费的倍数合理确定。赔偿数额应当包括权利人为制止侵权行为所支付的合理开支。侵犯植物新品种权，情节严重的，可以在按照上述方法确定数额的一倍以上三倍以下确定赔偿数额。雅玉公司主张侵权人因侵权所获得的利益，并适用一倍的惩罚性赔偿，本案中需要考察是否符合适用惩罚性赔偿的条件，并确定惩罚性赔偿的基数。

1. 关于惩罚性赔偿的适用

根据《中华人民共和国种子法》第七十三条第三款规定，侵犯植物新品种权，情节严重的，可以适用惩罚性赔偿。根据《中华人民共和国种子法》第三十三条第三款、第七十七条第一款第四项，《最高人民法院关于审理侵害植物新品种权纠纷案件具体应用法律问题的若干规定（二）》第十七条第一款第五项规定，伪造、变造、买卖、租借种子生产经营许可证的，可以认定为侵权行为情节严重。依据上述规定，本案中对金禾公司是否适用惩罚性赔偿可以从如下方面考虑：品种权授权信息要经过公告向社会公众公开，金禾公司使用雅玉公司的“YA8201”作为亲本组配“金禾880”杂交玉米品种，“金禾880”在云南省进行主要农作物品种审定时申请表中写明亲本“YA8201”由雅玉公司选育，于2011年引入。通过上述事实可以认定金禾公司明知“YA8201”为雅玉公司享有品种权的植物新品种，未经品种权人许可仍然为商业目的重复使用“YA8201”生产“金禾880”的繁殖材料。金禾公司抗辩其借用瑞禾公司的种子生产经营许可证是行业内通常做法。但是，我国为保障主要农作物用种安全，对于从事种子生产经营活动设置市场准入制度，借用种子生产经营许可证使得不具备与种子生产经营相适应的生产条件的企业进入种子市场，扰乱了种子市场秩序，明确为种子法所禁止。金禾公司借用瑞禾公司的种子生产经营许可证生产经营“金禾880”，向瑞禾公司支付管理费，属于上述规定所指的“租借种子生产经营许可证”的行为，构成侵权行为情节严重。本案中对金禾公司依法可以适用惩罚性赔偿，本院对于雅玉公司主张适用一倍惩罚性赔偿的请求予以支持。原审法院考虑该情节适用惩罚性赔偿，并无不当，本院予以维持。

2. 关于惩罚性赔偿基数的确定

雅玉公司主张惩罚性赔偿的基数是金禾公司截至2021年3月25日因侵权所获得的利益，并提供了初步证据证明金禾公司上述期间的侵权获利，本案中采用侵权获利作为赔偿数额的计算方法具有可行性，本院对雅玉公司的主张予以支持。因侵权所获得的利益一般是指侵权人因生产经营侵权种子侵害他人品种权所获得的营业利润。根据在案证据情况，本院对雅玉公司主张的侵权获利进行如下计算：

（1）关于“金禾880”的销售数量和销售价格

雅玉公司提供了“中国种业大数据平台”中“金禾880”自2019年12月30日至2021年3月25日期间的备案信息，原审法院以上述备案信息为依据，并考虑雅玉公司在本案中主张的数量少于上述备案数量，从而认定“金禾880”的生产经营数量为76149.5公斤，并无不当。金禾公司对于上述数据提出异议，认为存在多级销售商重复备案，不排除雅玉公司恶意备案的可能，并且因为存在退货实际销售数量少于备案数量。瑞禾公司原审中提交了其种子生产经营许可网上申报系统中2020年1月13日至2021年3月25日期间的36条备案信息。经审查，雅玉公司提交的备案信息起始时间早于瑞禾公司的数据，其中部分重合备案主体涉及的备案信息相同，可以佐证雅玉公司提交的备案信息的真实性。同时，2019年修订的《农作物种子生产经营许可管理办法》第二十三条规定，专门经营不再分装的包装种子或者受具有种子生产经营许可证的企业书面委托代销其种子的，应当在种子销售前向当地县级农业主管部门备案。备案时应当提交种子销售者的营业执照复印件、种子购销凭证或委托代销合同复印件等材料。金禾公司认为存在雅玉公司进行恶意备案的可能，但是进行种子销售备案时需要提交上述规定的材料，金禾公司的主张属于其推断，没有证据加以证明，不能成立。此外，金禾公司主张因存在退货实际销售数量少于备案数量，存在多级代理商重复备案的情况，但金禾公司作为实际生产经营者应掌握详细的销售台账，其未能提供自己掌握的财务账簿等证据证明上述事实，应承担举证不能的不利后果，本院对金禾公司的上述主张不予采信。综上，金禾公司主张原审判决认定的销售数量错误，证据不足，本院不予采信。在确定销售数量的基础上，原审法院确定“金禾880”的批发价格为每公斤30元，双方二审中均未对此提出异议，本院予以确认。通过上述销售数量和价格可以计算出，截至2021年3月25日，金禾公司生产、销售“金禾880”所得的销售收入为2284485元。

（2）关于金禾公司生产经营“金禾880”的利润

在按照侵权获利确定惩罚性赔偿基数时，应考虑侵权人生产经营侵权种子的营业利润，营业利润可以采取销售收入减去销售成本及增值税税金，再减去销售费用、管理费用和财务费用的方式计算；单一类别产品的销售收入和营业利润率可以确定时，营业利润也可以直接以该产品的销售收入乘以营业利润率确定。本案中，在雅玉公司请求以侵权获利确定赔偿数额的情况下，金禾公司未提供证据证明“金禾880”的营业利润或企业的营业利润率等与计算公式相关的数据。特别是，本院在二审期间要求金禾公司提供被诉侵权行为发生期间企业财务会计报表，其以公司没有规范运作为由向本院表示无法提供。依据《最高人民法院关于知识产权民事诉讼证据的若干规定》第二十五条第一款、《最高人民法院关于审理侵害知识产权民事案件适用惩罚性赔偿的解释》第五条第三款规定，金禾公司上述消极执行法院命令、拒不提供自己掌握的相应证据材料的行为，已经构成举证妨碍，导致本院既无法获取金禾公司生产、销售“金禾880”的营业利润，也无法获取金禾公司的整体营业利润率作为“金禾880”的利润率的参考，本院依法以品种权人主张的成本作为计算数据。雅玉公司主张玉米制种的成本为每公斤8—12元，本院取中间数，确定金禾公司的成本为每公斤10元，据此金禾公司生产经营“金禾880”的利润为每公斤20元。同时考虑上述“金禾880”的销售收入，可以计算出金禾公司涉案行为产生的营业利润为1522990元。雅玉公司主张品种权侵权案件中的“侵权获利”不应考虑经营成本，应当按照销售价格乘以销售数量。经审查，在没有证据证明金禾公司构成以侵权为业的情况下，上述主张与《中华人民共和国种子法》第七十三条关于侵权获利的规定不符，本院不予采信。

（3）关于品种权的贡献率

“金禾880”为玉米杂交品种，其他亲本的持有者对于该品种的培育也作出了一定贡献。经审查，“金禾880”的母本“LSC107”也受品种权保护，考虑本案情况，本院确定“YA8201”对于“金禾880”玉米杂交品种的贡献率为50%。

综合上述“金禾880”的销售数量和销售价格、金禾公司生产经营“金禾880”的利润、品种权的贡献率三方面的分析，考虑种业大数据平台自2019年12月30日至2021年3月25日期间“金禾880”的备案数量并结合雅玉公司的主张，可以计算出上述期间金禾公司生产经营“金禾880”产生的销售收入。金禾公司拒不提交其掌握的相应账簿及财务资料，导致无法计算金禾公司上述期间生产、销售“金禾880”的营业利润，构成举证妨碍，应承担举证妨碍的相应后果，本院按照雅玉公司的主张确定“金禾880”的利润为每公斤20元。在此基础上，考虑雅玉公司“YA8201”品种权对“金禾880”的贡献率，可以计算出金禾公司截止到2021年3月25日因生产经营的“金禾880”侵害雅玉公司“YA8201”品种权的侵权获利为761495元。金禾公司应就上述侵权获利向雅玉公司承担赔偿责任。除此以外，金禾公司还应支付一倍的惩罚性赔偿金，共计赔偿雅玉公司1522990元。瑞禾公司作为帮助侵权人，对上述赔偿负连带责任。雅玉公司关于赔偿数额的部分上诉请求成立，本院予以支持。原审判决关于赔偿数额的计算有所不当，本院予以纠正。

金禾公司在本案的侵权认定和赔偿数额确定中都提出抗辩称“金禾880”已经在云南省通过主要农作物审定，金禾公司在组配“金禾880”的过程中付出了大量时间，投入了大量劳动。经审查，“金禾880”于2019年在云南省通过主要农作物品种审定。主要农作物品种审定制度作为种子市场准入的行政管理制度，可以加速育种新成果的推广利用，确保有经济推广价值的品种进入市场。品种权保护与品种审定是两种不同的制度，是否构成侵害植物新品种权，仍要依据种子法的规定进行审查。从事种子生产经营的育种企业要注意尊重他人品种权。对于他人享有品种权的植物新品种繁殖材料，为育种活动和品种审定目的的使用行为可以豁免侵权责任，但为商业目的重复使用于生产繁殖另一品种的繁殖材料时需要经过品种权人许可，否则构成侵害他人品种权的侵权行为。保护品种权和确保有经济价值的作物品种进入市场两者之间相辅相成，只有尊重品种权，才能推动更多有价值的作物进入种子市场，为种业科技创新提供持续动力，促进种业科技自立自强。

（三）原审是否存在程序问题

关于瑞禾公司原审期间申请追加垦丰公司为共同被告的问题，由于雅玉公司作为品种权人明确表示不同意追加，原审法院出于尊重原告诉权的考虑，对瑞禾公司的申请不予准许，并无不当，本院予以维持。即使如瑞禾公司所称，垦丰公司作为“金禾 880”的实际生产者，为共同侵权人，本案也并非必要的共同诉讼，雅玉公司有权选择对共同侵权中的全部或部分侵权人主张权利，并不影响共同侵权的各行为人单独就全部债务对外承担责任。因此，瑞禾公司以此为由认为原审存在程序问题，不能成立，本院不予支持。

关于金禾公司原审时提交的证据1，为垦丰公司出具的结算单。经审查，原审法院对该份证据的认证不仅考虑了证据形式，而且结合金禾公司提交的其他证据中所记载的向案外人销售“金禾 880”的时间和数量，进行综合分析。在综合分析的基础上，原审法院对该份证据的证明力不予采信，并无不当。

综上所述，雅玉公司的部分上诉请求成立，应予支持；金禾公司的上诉请求不能成立，应予驳回。依照《中华人民共和国民事诉讼法》第一百七十七条第一款第二项之规定，判决如下：

一、维持云南省昆明市中级人民法院（2021）云 01 知民初 106 号民事判决第一项；

二、撤销云南省昆明市中级人民法院（2021）云 01 知民初 106 号民事判决第二项、第三项、第四项、第五项；

三、云南金禾种业有限公司、云南瑞禾种业有限公司于本判决生效之日起立即销毁用于繁殖“金禾 880”品种的“YA8201”的繁殖材料；

四、云南金禾种业有限公司于本判决生效之日起十日内赔偿四川雅玉科技股份有限公司经济损失 1522990 元，云南瑞禾种业有限公司对上述赔偿数额承担连带责任；

五、驳回四川雅玉科技股份有限公司的其他诉讼请求；

六、驳回云南金禾种业有限公司的上诉请求。

如果未按本判决指定的期间履行给付金钱义务的，应当依照《中华人民共和国民事诉讼法》第二百六十条规定，加倍支付迟延履行期间的债务利息。

一审案件受理费 43351. 8 元，由四川雅玉科技股份有限公司负担 13351. 8 元，由云南金禾种业有限公司、云南瑞禾种业有限公司负担 30000 元。二审案件受理费 47850. 1 元，由四川雅玉科技股份有限公司负担15000.1元，由云南金禾种业有限公司、云南瑞禾种业有限公司负担32850元。

本判决为终审判决。

审 判 长 罗 霞
审 判 员 雷艳珍
审 判 员 刘晓梅

二〇二二年十二月八日

法官助理 王 亮
书 记 员 李思倩

广东好太太科技集团股份有限公司与国家知识产权局、佛山市凯达能企业管理咨询有限公司商标权无效宣告请求行政纠纷案

【裁判要旨】

商标能否注册应当依据商标法的相关规定进行判断；商标注册申请人拥有的在先驰名商标，并不构成其申请注册的在后商标应予核准注册的当然理由；所谓在先商标权利的合理延伸，并无法律依据。

最高人民法院行政判决书
（2022）最高法行再3号

再审申请人（一审原告、二审上诉人）：广东好太太科技集团股份有限公司。住所地：广东省广州市番禺区化龙镇石化公路21号之一、之二。

法定代表人：沈汉标，该公司董事长。

委托诉讼代理人：张磊，北京市立方律师事务所律师。

委托诉讼代理人：王晓，北京市立方律师事务所律师。

被申请人（一审被告、二审被上诉人）：国家知识产权局。住所地：北京市海淀区蓟门桥西土城路6号。

法定代表人：申长雨，该局局长。

委托诉讼代理人：翟晶晶，该局审查员。

被申请人（原审第三人）：佛山市凯达能企业管理咨询有限公司。住所地：广东省佛山市顺德区容桂街道办事处华口社区居委会高新区（容桂）华天南一路 2 号二座二楼之四。

法定代表人：梁燕嫦，该公司执行董事。

委托诉讼代理人：尹航，浙江天册律师事务所律师。

委托诉讼代理人：叶蕾，浙江天册律师事务所律师。

再审申请人广东好太太科技集团股份有限公司（以下简称好太太公司）因与被申请人国家知识产权局及佛山市凯达能企业管理咨询有限公司（以下简称凯达能公司）商标权无效宣告请求行政纠纷一案，不服北京市高级人民法院（2020）京行终 3563 号行政判决，向本院申请再审。本院于 2021 年 11 月 15 日作出（2021）最高法行申 1357 号行政裁定，提审本案。本院依法组成合议庭，于 2022 年 6 月 16 日通过支云庭审程序在线公开开庭进行了审理。再审申请人好太太公司的委托诉讼代理人张磊、王晓，被申请人国家知识产权局的委托诉讼代理人翟晶晶，凯达能公司的委托诉讼代理人尹航、叶蕾，到庭参加了诉讼。本案现已审理终结。

好太太公司申请再审称：（一）诉争商标具有复制、摹仿好太太公司“好太太”商标的主观恶意。诉争商标的实际控制人及其关联方长期恶意贴靠好太太公司“好太太”品牌商标、字号的知名度，虽早已有生效裁判认定其擅自使用“好太太”作为企业字号进行产品宣传推广等经营活动，但是凯达能公司仍持续、重复侵权。原判决无视凯达能公司侵权使用“好太太”的主观恶意，属于适用法律确有错误。（二）已有多份生效裁判认定凯达能公司关联公司对“好太太”商标的使用构成侵权，凯达能公司第 3563073 号注册商标的存在及取得所谓“商誉”并不能否定或排除商标注册审查的标准，本案诉争商标除拼音外还包含汉字“好太太”，与其在先的第 3563073 号“Haotaitai”商标并不相同，不能因第 3563073 号注册商标的存在及取得商誉而否定或排除商标注册审查的标准。（三）在诉争商标申请日之前，引证商标一已构成晾衣架等商品上的驰名商标。诉争商标是对引证商标一的复制、摹仿，具有明显的主观恶意，其注册使用违反《中华人民共和国商标法》（以下简称商标法）第十三条第三款的规定。（四）“好太太”是好太太公司的字号，经好太太公司长期广泛的商业使用，该字号在中国境内已具有极高知名度。诉争商标核定使用的商品与好太太公司主营产品密切相关，且其注册具有明显的主观恶意，侵害好太太公司享有的在先字号权。诉争商标的注册违反商标法第三十二条的规定。（五）诉争商标与引证商标三构成近似商标，违反商标法第三十条的规定。诉争商标的注册不符合被诉裁定所认定的“合理延伸”所需具备的条件，且诉争商标及其所谓的基础商标的注册及使用本身具有不正当性。请求依法改判，撤销一审、二审行政判决及被诉裁定，并判令国家知识产权局重新作出裁定。

国家知识产权局提交意见称：（一）诉争商标的注册为凯达能公司在先商标权利的合理延伸，并没有复制、摹仿好太太公司“好太太”商标的主观故意，不易造成消费者的混淆误认，未违反商标法第十三条第三款的规定。（二）诉争商标是凯达能公司在先注册且有较高知名度的商标在相关商品上的合理延伸，诉争商标与引证商标三未构成商标法第三十条所指的使用在类似商品上的近似商标。（三）好太太公司提交的证据不足以证明在诉争商标申请注册前在与诉争商标指定使用商品相类似的行业内，好太太公司使用与诉争商标相同或相近的商号并达到有一定影响的程度，诉争商标未违反商标法第三十二条的规定。请求维持原判。

凯达能公司提交意见称：（一）原审法院适用法律无误。凯达能公司注册、使用诉争商标不具有攀附的恶意。诉争商标来源于其长期真实使用及自有品牌，凯达能公司的基础商标构成在厨具等商品上的驰名商标，该品牌已获得独立商誉及影响力。原审法院考量的其商标知名度证据并非“侵权证据”。（二）原审法院认定诉争商标未违反商标法第十三条第三款，适用法律正确。诉争商标并无复制、摹仿引证商标的故意，未违反商标法第十三条第三款的规定。好太太公司的引证商标一虽然有知名度，但对该商标的保护应当与其驰名程度相适应，不宜保护过宽。（三）诉争商标与引证商标三区别明显，且使用的商品不类似，未构成使用在同一种或类似商品上的近似商标，未违反商标法第三十条的规定。（四）诉争商标的注册并未侵犯好太太公司在先商号权，未违反商标法第三十二条前半段的规定。请求驳回好太太公司的再审诉讼请求，维持原判。

一审法院经审理查明：

诉争商标注册人是凯达能公司，注册号9501078，申请日期2011年5月23日，专用期限至2025年12月13日，标志，核定使用商品（第20类）：家具、塑料线卡、碗柜、餐具柜。

引证商标一注册人是好太太公司，注册号1407896，申请日期1999年3月15日，专用期限至2020年6月13日，标志，核定使用商品（第21类）：晾衣架。

引证商标三注册人是好太太公司，注册号4443400，申请日期2004年12月30日，专用期限至2028年4月6日，标志，核定使用商品（第20类）：木板条、写字台（家具）、挂衣架、有抽屉的橱、柜子（台子）、阅书架（家具）、镜子（玻璃镜）、家具门、家具非金属部件、家具。

原国家工商行政管理总局商标评审委员会（以下简称商标评审委员会）于2018年12月14日作出商评字〔2018〕第236749号《关于第9501078号“好太太Haotaitai及图”商标无效宣告请求裁定书》即被诉裁定，认定：诉争商标的注册为凯达能公司在先商标权利的合理延伸，并没有复制、摹仿好太太公司“好太太”商标的主观故意，亦不易造成消费者的混淆误认，故诉争商标的注册未违反商标法第十三条第三款的规定。诉争商标与第4955973号“Good - wife”商标、引证商标三未构成使用在同一种或类似商品上的近似商标。好太太公司提交的证据不足以证明在诉争商标申请注册之前在与诉争商标核定使用商品相类似行业内，好太太公司在中国大陆使用与诉争商标相同或相近似商号并达到有一定影响的程度，故诉争商标的注册未违反商标法第三十二条的规定，裁定诉争商标予以维持。

好太太公司不服被诉裁定，于法定期限提起行政诉讼，请求撤销被诉裁定，并判令商标评审委员会重新作出裁定。

一审法院另查，根据中央机构改革部署，原国家工商行政管理总局商标局、商标评审委员会的相关职责由国家知识产权局统一行使。

一审法院认为：引证商标一和凯达能公司第3563073号“Haotaitai”商标（以下简称第

3563073 号商标）均具有较高知名度，且诉争商标与引证商标一在整体设计、构图、视觉效果上存在一定差异，凯达能公司申请注册诉争商标并没有复制、摹仿引证商标一的主观故意。而且，诉争商标已被核准注册，并经大量使用后形成既定市场格局。因此，诉争商标与引证商标一共存于市场不致误导公众，不致损害好太太公司的利益，诉争商标的注册未违反商标法第十三条第三款的规定。诉争商标与引证商标三在整体设计、构图、视觉效果上差别明显，且诉争商标与具有较高知名度的第 3563073 号商标标志近似，经长期使用已形成既定市场格局。因此，诉争商标与引证商标三未构成使用在同一种或类似商品上的近似商标。好太太公司提交的证据不足以证明在诉争商标申请注册之前，其在与诉争商标核定使用的商品相类似的行业内使用与诉争商标相同或相近的商号并达到有一定影响的程度，故诉争商标的申请注册未损害好太太公司的商号权益。遂判决驳回好太太公司的诉讼请求。一审案件受理费一百元由好太太公司负担。

好太太公司不服一审判决，提起上诉，请求撤销一审判决和被诉裁定，并判令国家知识产权局重新作出裁定。主要上诉理由：（一）引证商标一曾多次被司法机关认定为驰名商标，诉争商标与引证商标一构成近似，是对引证商标一的恶意摹仿，容易误导公众，致使好太太公司权益受损，构成商标法第十三条第三款规定之情形。（二）诉争商标与引证商标三构成使用在同一种或类似商品上的近似商标，一审判决相关认定错误。（三）诉争商标的注册损害了好太太公司的商号权益。诉争商标与第 3563073 号商标并不近似，且一审判决认定第 3563073 号商标具有一定知名度而将其知名度援引至诉争商标，缺乏法律依据。

二审法院对一审法院查明的事实予以确认。

二审法院另查，引证商标一曾多次在司法案件中被认定为晾衣架商品上的驰名商标，其中包括最高人民法院（2018）最高法行再 184 号行政判决书（以下简称第 184 号判决），该判决认定，在该案诉争商标申请注册日 2010 年 1 月 14 日前，引证商标一已经在晾衣架商品上达到驰名程度。此外，北京市高级人民法院（2016）京行终 1320 号、1330 号、1331 号、1343 号以及（2017）京行终 3607 号行政判决书（统称在先系列判决）均曾认定引证商标一在晾衣架商品上达到驰名程度。

凯达能公司的第 3563073 号商标于 2012 年 4 月 27 日被商标局认定为第 11 类厨房用抽油烟机、燃气灶商品上的驰名商标。2015 年 1 月，第 3563073 号商标被评定为厨房用抽油烟机商品上的广东省著名商标，该广东省著名商标证书上记载“第一次认定时间为 2011 年 12 月 21 日”。

好太太公司为证明第 3563073 号商标的驰名商标认定系通过非法手段获得，向一审法院提交了（2018）粤 2071 刑初 55 号刑事判决书。凯达能公司提出该刑事判决仅能证明案件被告人在第 3563073 号商标认定驰名的过程中采取非法手段推进了认定进程，并不能据此否认第 3563073 号商标达到驰名程度的事实。

二审法院认为：诉争商标为图文组合商标，引证商标三为纯文字商标，二者在整体构图、视觉效果方面存在明显差异。二者同时使用在同一种或类似商品上，相关公众能够将其区分，不会导致混淆、误认后果，诉争商标与引证商标三并不构成商标法第三十条规定情形。结合凯达能公司提交的各类宣传广告、媒体报道等证据，以及第 3563073 号商标曾经被评定为厨房用抽油烟机商品上的广东省著名商标的事实，能够认定第 3563073 号商标在厨房用抽油烟机、燃气灶商品上广为公众所熟知。因此，对好太太公司以刑事案件的存在否认第3563073号商标的驰名商标认定，以及诉争商标与引证商标三构成使用在同一种或类似商品上近似商标的上诉主张，该院不予支持。引证商标一在诉争商标申请注册前已经在晾衣架商品上广为公众所熟知，达到驰名程度，但凯达能公司第3563073号商标在厨房用抽油烟机、燃气灶商品上已经达到广为公众所熟知的驰名程度。第3563073号商标与引证商标一已经各自在晾衣架商品和厨房用抽油烟机商品、燃气灶商品领域形成市场影响力和区分度。诉争商标完整包含了第3563073号商标"Haotaitai"，同时也包含了引证商标一的文字部分"好太太"，但由于诉争商标中的"Haotaitai"与第3563073号商标"Haotaitai"形态基本无差别，二者整体视觉效果相近，而诉争商标中的"好太太"与引证商标一中的"好太太"字体不同，且二者的整体构图和视觉效果差异明显。综合考虑诉争商标与第3563073号商标、引证商标一的近似程度，以及诉争商标核定使用的商品与第3563073号商标赖以驰名的商品、引证商标一赖以驰名的商品的关联程度，诉争商标的注册并不会误导公众，致使好太太公司的利益可能受到损害。好太太公司提交的证据不足以证明其在诉争商标申请注册前，在与诉争商标核定使用的相同或类似商品上使用了"好太太"商号，并使之具有一定知名度。而且，考虑到诉争商标中包含的"Haotaitai"与广为公众知晓的第3563073号商标相同。因此，诉争商标并不会导致相关公众将其与好太太公司产生混淆、误认，进而损害好太太公司对"好太太"字号享有的在先权益。一审法院和商标评审委员会有关认定并无不当。遂判决驳回上诉，维持原判。一、二审案件受理费各一百元，均由好太太公司负担（均已交纳）。

再审审理中，好太太公司提供了48份证据，主张其中的部分证据是新证据。凯达能公司认为，上述证据均为原审阶段已经形成、好太太公司知悉且可以在原审中提供的证据，不属于新证据。

凯达能公司没有提供新证据。

本院对原审判决查明的事实予以确认。

本院再审认为，综合好太太公司再审诉讼主张及国家知识产权局、凯达能公司的答辩意见，本案再审审理争议焦点是：（一）诉争商标与引证商标三是否构成商标法第三十条规定的近似商标；（二）诉争商标的申请注册是否存在商标法第十三条第三款规定的情形；（三）诉争商标的申请注册是否存在商标法第三十二条规定的侵害他人在先权利的情形。

关于焦点一，商标法第三十条规定，申请注册的商标，凡不符合本法有关规定或者同他人在同一种商品或者类似商品上已经注册的或者初步审定的商标相同或者近似的，由商标局驳回申请，不予公告。本案诉争商标为拼音"Haotaitai"及汉字"好太太"以及图形组合而成，汉字"好太太"为显著识别部分，引证商标三为汉字"好家好太太"，诉争商标的文字与引证商标三均包含汉字"好太太"，就标识本身而言，二者为近似标识。诉争商标核定使用的第20类"家具、塑料线卡、碗柜、餐具柜"商品，与引证商标三核定使用的第20类"木板条、写字台（家具）、挂衣架、有抽屉的橱、柜子（台子）、阅书架（家具）、镜子（玻璃镜）、家具门、家具非金属部件、家具"商品，在功能、用途、生产部门、销售渠道、消费对象等方面相同，构成相同或类似商品。虽然诉争商标中包含的拼音"Haotaitai"与凯达能公司在先获准注册并曾被认定为驰名商标的第3563073号商标标志相同，但诉争商标显著部分是文字"好太太"，被引证商标三完整包含，在诉争商标与引证商标三核定使用的商品构成相同或类似商品的情形下，若二者同时使用在上述商品上，易造成消费者的混淆误认。因此，诉争商标与引证商标三构成商标法第三十条所规定的近似商标，被诉裁定及原审判决对此认定不当。

关于焦点二，商标法第十三条第三款规定，就不相同或者不相类似商品申请注册的商标是复制、摹仿或者翻译他人已经在中国注册的驰名商标，误导公众，致使该驰名商标注册人的利益可能受到损害的，不予注册并禁止使用。

根据本院第184号判决及二审法院在先系列生效判决的认定，引证商标一在诉争商标申请注册前已经在晾衣架商品上广为公众所熟知，达到驰名程度。虽然凯达能公司第3563073号商标在厨房用抽油烟机、燃气灶商品上业已达到广为公众所熟知的驰名程度，但第3563073号商标的核准注册并非本案诉争商标应予核准注册的当然理由。诉争商标是由拼音“Haotaitai”、中文“好太太”及图形构成，显然与第3563073号商标并不相同，诉争商标能否注册应当依据商标法的相关规定进行判断。被诉裁定认定诉争商标是凯达能公司在先商标权利的合理延伸注册，此认定没有法律依据。原审判决将第3563073号商标作为诉争商标注册的关联关系，并作为诉争商标注册的因素考虑亦缺乏法律依据。

就诉争商标与引证商标一的标识本身而言，诉争商标显著识别部分是文字“好太太”，与引证商标一中的“好太太”文字相同，二者构成近似标识。就二者核定使用的商品而言，诉争商标核定使用的“家具、塑料线卡、碗柜、餐具柜”商品与引证商标一赖以驰名的“晾衣架”商品均为常见的家居用品，同时在家装市场上销售，相关消费群体存在一定重叠，相关商品具有一定的关联。加之凯达能公司曾使用“广东好太太电器有限公司”的名称，而被工商行政机关认定损害好太太公司驰名商标权益而被责令更名，以及在诉争商标申请注册前就有生效裁判认定凯达能公司在经营活动中存在侵害好太太公司引证商标一商标权行为，因此，诉争商标的申请注册构成对好太太公司驰名商标的复制、摹仿，误导公众，致使好太太公司的利益可能受到损害，构成商标法第十三条第三款规定的不予注册的情形。被诉裁定及原审判决对此未予认定系适用法律不当，应予纠正。

关于焦点三，商标法第三十二条规定，申请注册商标不得损害他人现有的在先权利。上述规定中的在先权利包括在先商号权，该在先商号应为在与诉争商标核定使用的相同或类似商品上具有一定的知名度，且诉争商标的使用可能导致相关公众对诉争商标提供者与该商号权益主体产生混淆、误认的后果。经原审及再审审理查明，虽然好太太公司提交的证据能够证明，诉争商标申请注册前，引证商标一在核定使用的晾衣架商品上具有一定知名度，但好太太公司提交的证据不足以证明其在诉争商标申请注册前，在与诉争商标核定使用的相同或类似商品上使用了“好太太”商号，并使之具有一定知名度。因此，被诉裁定及原审判决相关认定并无不当。

综上，再审申请人好太太公司的部分诉讼主张具有事实及法律依据，其再审诉讼请求成立，本院予以支持。被诉裁定及原审判决部分事实认定不清、部分适用法律不当，应予纠正，国家知识产权局应重新作出裁定。依照《中华人民共和国行政诉讼法》第八十九条第一款第二项、《最高人民法院关于适用〈中华人民共和国行政诉讼法〉的解释》第一百一十九条第一款、第一百二十二条的规定，判决如下：

一、撤销北京市高级人民法院（2020）京行终3563号行政判决及北京知识产权法院

（2019）京73行初1730号行政判决；

二、撤销原商标评审委员会商评字〔2018〕第236749号《关于第9501078号“好太太Haotaitai及图”商标无效宣告请求裁定书》；

三、国家知识产权局对第9501078号“好太太Haotaitai及图”商标重新作出裁定。

一审、二审案件受理费合计二百元，由国家知识产权局及佛山市凯达能企业管理咨询有限公司各负担一百元。

本判决为终审判决。

审 判 长 张志弘
审 判 员 李 丽
审 判 员 许常海

二〇二二年六月二十七日

法官助理 张 赫
书 记 员 芦 菲

北京中科奥森科技有限公司与国家知识产权局等发明专利权无效行政纠纷案

【裁判要旨】

专利确权程序中，关于某一权利要求的修改方式是否属于“进一步限定”的审查，应仅以修改后的权利要求是否完整包含了被修改的权利要求的所有技术特征，以及修改后的权利要求相比被修改的权利要求是否增加了技术特征，且增加的技术特征是否均记载于原权利要求书中的其他权利要求为准。权利要求的“进一步限定”式修改，一般应当以回应无效宣告理由为限；以克服无效宣告理由所指缺陷为名，行重构权利要求之实的，可不予接受。

最高人民法院行政判决书
（2021）最高法知行终556号

上诉人（一审原告、专利权人）：北京中科奥森科技有限公司。住所地：北京市海淀区白家疃尚峰园2号楼4层511。

法定代表人：李子青，该公司执行董事。

委托诉讼代理人：付建军，北京市隆安律师事务所律师。

委托诉讼代理人：郑孝军，北京市隆安（株洲）律师事务所律师。

被上诉人（一审被告）：国家知识产权局。住所地：北京市海淀区蓟门桥西土城路6号。

法定代表人：申长雨，该局局长。

委托诉讼代理人：李熙，该局审查员。

委托诉讼代理人：万琦，该局审查员（授权至2021年11月20日止）。

一审第三人（无效宣告请求人）：苹果电脑贸易（上海）有限公司。住所地：上海市中国（上海）自由贸易试验区马吉路88号C区6号楼全幢。

法定代表人：彼得·罗纳德·邓伍德（Peter Ronald Denwood），该公司董事长。

委托诉讼代理人：罗睿，北京市汉坤律师事务所律师。

委托诉讼代理人：张涛，北京市汉坤律师事务所律师。

上诉人北京中科奥森科技有限公司（以下简称中科奥森公司）与被上诉人国家知识产权局、一审第三人苹果电脑贸易（上海）有限公司（以下简称苹果电脑上海公司）发明专利权无效行政纠纷一案，涉及专利权人为中科奥森公司、专利号为200480036270.2、名称为“一种获取人脸图像的方法及人脸识别方法与系统”的发明专利（以下简称本专利）。针对苹果电脑上海公司就本专利权提出的无效宣告请求，国家知识产权局作出第40531号无效宣告请求审查决定（以下简称被诉决定），宣告本专利权全部无效；中科奥森公司不服，向北京知识产权法院（以下简称一审法院）提起诉讼，请求撤销被诉决定，判令国家知识产权局重新作出决定。一审法院于2020年12月30日作出（2018）京73行初10897号行政判决，判决驳回中科奥森公司的诉讼请求；中科奥森公司不服，向本院提起上诉。本院于2021年6月7日立案后，依法组成合议庭，并于2021年9月8日公开开庭审理了本案，上诉人中科奥森公司的委托诉讼代理人付建军、郑孝军，被上诉人国家知识产权局的委托诉讼代理人李熙、万琦，一审第三人苹果电脑上海公司的委托诉讼代理人罗睿、张涛到庭参加诉讼。本案现已审理终结。

本案基本事实如下：

本专利申请日为2004年5月14日，优先权日为2003年12月12日，授权公告日为2008年1月9日。本专利授权公告的权利要求书如下：

“1. 一种利用人脸图像进行识别的方法，包括如下步骤：

步骤一，启动人脸图像识别系统；

步骤二，人体接近所述识别系统，触发主动光源对所述人体的脸部区域进行照射；

步骤三，成像装置对所述主动光源照的脸部区域进行拍摄，获取相应的图像；

步骤四，所述成像装置将捕捉到的至少一帧图像传至图像数据处理系统，所述图像数据处理系统从该帧图像中检测并定位人眼和/或人脸；

步骤五，从所述图像中截取人脸图像，并对人脸图像进行特征提取；

步骤六，与数据库中人脸图像数据进行人脸特征对比；

步骤七，获取识别结果。

2. 根据权利要求1所述利用人脸图像进行识别的方法，其特征在于，所述的主动光源为主动辐射源，包括：红外光源或可见光源，或者是其任意组合。

3. 根据权利要求1所述利用人脸图像进行识别的方法，其特征在于，所述的主动光源为闪光灯。

4. 根据权利要求1或2所述利用人脸图像进行识别的方法，其特征在于，步骤二进一步包括环境光源对所述人体的脸部区域进行照射，所述主动光源和环境光源在人脸部分所产生的成像总能量大于环境光源在人脸部位所产生的成像能量。

5. 根据权利要求4所述利用人脸图像进行识别的方法，其特征在于，所述的主动光源和环境光源在人脸部位所产生的成像总能量大于环境光源在人脸部位所产生成像能量的2倍。

6. 根据权利要求2所述利用人脸图像进行识别的方法，其特征在于，在步骤四后，还包括一判断检测人眼和/或人脸是否成功的步骤，如果成功，则继续执行步骤五，否则执行步骤四。

7. 根据权利要求1、2、5或6所述利用人脸图像进行识别的方法，其特征在于，在步骤四中，还包括检测并定位所述图像中人眼反光所致的高亮点，并利用所述高亮点从所述图像中检测定位人眼位置的步骤。

8. 根据权利要求7所述利用人脸图像进行识别的方法，其特征在于，在步骤三中，还包括所述成像装置随所述主动光源照射区域跟踪人脸进行拍摄的步骤。

9. 一种利用主动光源获取人脸图像的方法，其特征在于，包括如下步骤：

采用一主动光源对被拍摄的人脸区域进行照射；

使用一成像装置对人脸进行拍摄，获取相应的图像，并进一步将所述图像传送到相应的图像数据处理系统进行人脸图像的识别处理；

其中，所述的主动光源和环境光源在人脸部位所产生的成像总能量大于环境光源在人脸部位所产生的成像能量。

10. 根据权利要求9所述的利用主动光源获取人脸图像的方法，其特征在于：所述的主动光源和环境光源在人脸部位所产生的成像总能量大于环境光源在人脸部位所产生成像能量的2倍。

11. 根据权利要求9或10所述的利用主动光源获取人脸图像的方法，其特征在于：所述主动光源与所述成像装置相对位置固定，所述主动光源的投射方向与所述成像装置的摄像镜头轴线成一锐角，即0—90度之间。

12. 根据权利要求9所述的利用主动光源获取人脸图像的方法，其特征在于：所述的主动光源为主动辐射源，包括：红外光源或可见光源，或其组合。

13. 根据权利要求9所述利用主动光源获取人脸图像的方法，其特征在于，所述的主动光源为闪光灯。

14. 根据权利要求12所述的利用主动光源获取人脸图像的方法，其特征在于：当使用主动光源采集图像之后，所述图像数据处理系统检测该主动光源在所述图像中的高亮点，并利用所述高亮点从所述图像中检测到人脸图像。

15. 一种实现权利要求1或9所述方法的人脸图像识别系统，其特征在于，包括：成像装置、主动光源、控制开关和图像数据处理系统；

所述主动光源，用于对所述人体的脸部区域进行照射；

所述控制开关，用于控制主动光源对所述人体的脸部区域进行照射；

所述成像装置，用于对所述主动光源照射的人脸区域进行拍摄，获取相应的图像，将捕捉到的至少一帧图像传至图像数据处理系统；

所述图像数据处理系统，用于接收所述成像装置传输的图像，在所述图像中检测并定位人眼和/或人脸，从所述图像中截取人脸部分图像进行人脸特征提取，并与数据库中人脸图像数据进行人脸特征对比。

16. 根据权利要求15所述的人脸图像识别系统，其特征在于，还进一步包括环境光源，用于对所述人体的脸部区域进行照射；其中，所述的主动光源和环境光源在人脸部位所产生的成像总能量大于环境光源在人脸部位所产生的成像能量。

17. 根据权利要求16所述的人脸图像识别系统，其特征在于，所述主动光源与所述成像装置相对位置固定，所述主动光源的投射方向与所述成像装置的摄像镜头轴线成一锐角，即0—90度之间。

18. 根据权利要求17所述的人脸图像识别系统，其特征在于，所述主动光源的投射方向与所述成像装置的摄像镜头轴线方向平行。

19. 根据权利要求17或18所述的人脸图像识别系统，其特征在于，所述的主动光源为主动辐射源，包括：红外光源或可见光源，或者是其任意组合。

20. 根据权利要求17或18所述人脸图像识别系统，其特征在于，所述的主动光源为闪光灯。

21. 根据权利要求19所述的人脸图像识别系统，其特征在于，所述的红外光源的波长为740nm—4000nm，或者是在所述波长范围内不同波长红外光源的组合。

22. 根据权利要求16、17、18或21所述的人脸图像识别系统，其特征在于，当使用红外光源作为主动光源时，在所述成像装置的摄像镜头前还加设一用于抑制可见光的红外滤光镜片，该红外滤光镜片的通过光线波长与所述红外光源的波长相适应。

23. 根据权利要求22所述的人脸图像识别系统，其特征在于，所述红外滤光镜片为带通型或长通截止型滤光镜片，以抑制可见光而使主动照射的红外光通过。

24. 根据权利要求16、17、18、21或23所述的人脸图像识别系统，其特征在于，所述成像装置的摄像镜头周围还设置有一人脸图像反馈显示装置，所述反馈显示装置用于辅助人脸在水平/垂直方向定位，所述反馈显示装置的法线与所述摄像镜头轴线同轴。

25. 根据权利要求24所述的人脸图像识别系统，其特征在于，所述反馈显示装置为一面镜子，或者为一液晶显示屏幕。

26. 根据权利要求15或25所述的人脸图像识别系统，其特征在于，所述成像装置为电子视频摄像头或数字照相机。

27. 根据权利要求15所述的人脸图像识别系统，其特征在于，所述图像数据处理系统为安装有图像处理软件及PC计算机；或者为嵌入有图像处理软件的数据处理器。

28. 根据权利要求15所述的人脸图像识别系统，其特征在于，所述控制开关为一触发主动光源照明的红外接近开关。

29. 根据权利要求15、16、18、21、23、25、27或28所述的人脸图像识别系统，其特征在于，所述主动光源对称地布置在所述成像装置的周围。

30. 根据权利要求19所述的人脸图像识别系统，其特征在于，所述主动光源对称地布置在所述成像装置的周围。

31. 根据权利要求22所述的人脸图像识别系统，其特征在于，所述主动光源对称地布置在所述成像装置的周围。”

2018年10月8日，苹果电脑上海公司请求国家知识产权局宣告本专利权全部无效。理由主要包括：说明书公开不充分、权利要求未以说明书为依据、权利要求保护范围不清楚、权利要求不具备新颖性、权利要求不具备创造性。

无效宣告行政审查程序中，苹果电脑上海公司提交了对比文件1－11。其中，对比文件1系公开日为2001年10月18日的美国专利US2001/0031072A1及其中文译文。对比文件1公开了一种面部图像识别装置和方法，并具体公开了以下技术特征（参见对比文件1第一实施例对应的说明书第71－117段以及附图1）：图1示意性地示出了根据本发明第一实施例的面部图像识别装置的结构；此面部图像识别装置具有相机101、第一照明部102、第二照明部103和图像处理部104。第一照明部102和第二照明部103可以仅当人类识别对象100靠近本装置时才被点亮；这种情况可以通过感测人类识别对象100是否靠近本装置并打开第一照明部102和第二照明部103来实现（参见对比文件1第87段）。第一照明部102以某个照度从相机101的右上部或左上部向人类识别对象100的面部辐射光照。此第一照明部102是例如荧光灯的照明装置，并以某个照度从相机101的右上部或左上部向人类识别对象100的面部辐射光照；第二照明部103以某个照度从相机101的下部部分向人类识别对象100的面部辐射光照（参见对比文件1第74段）。例如，在第一照明部102的照度为1A、第二照明部103的照度为2A、1A和2A的总值为B（1×）、外部光的照度为C（1×）的情况下，当以下关系式1A＋2A＝B＞C。这里，外部光是除了来自第一照明部102的光和来自第二照明部103的光之外的光，并且是被辐射到人类识别对象100的光；例如，在房间内，人类识别对象100的后上部的天花板照明（荧光灯、白炽灯等）对应于外部光；在室外或窗户附近，太阳光等可以对应于外部光（参见对比文件1第84、86段）。图像处理部104具有图像输入部105、特征值提取部106、识别部107和登记信息保存部108。图像输入部105从相机101输入面部图像，执行A/D转换以将其数字化，并且然后将其发送到特征值提取部106（参见对比文件1第90、91段）。特征值提取部106采用从图像输入部105获得的人类识别对象100的面部图像来提取特征值，诸如强度信息或子空间信息；如图6中所示，特征值提取部106具有面部区域检测部106A、面部局部检测部106B和特征值生成部106C；面部区域检测部106A从在相机101处输入的面部图像检测面部区域；面部局部检测部106B从所检测到的面部区域的部分检测眼睛和鼻子的位置（参见对比文件1第92、94、95段）。特征值生成部106C基于所检测到的面部部分的位置以特定尺寸和形状裁剪面部区域以生成特征值；这里，例如，m个像素乘以n个像素区域的强度值按它原样被用作信息，而m×n维的信息被用作特征向量（参见对比文件1第96段）。识别部107基于特征值生成部106C生成的特征值来执行面部图像的识别处理；识别部107将存储在登记信息保存部108中的识别数据与特征值提取部106中获得的特征值进行核对；因此，识别部107识别谁是相机101中拍摄的人类识别对象100，或者辨识他是否是相应的人；当从所登记的人中识别出相应的人时，可以通过寻求所登记的人中哪个人的数据最相似来完成面部图像的识别处理。因此，为了从所登记的人中识别相应的人，与具有相对于实际拍摄的面部图像的最大相似度的识别数据相对应的人可以是识别结果（参见对比文件 1 第 97、102、104 段）。在第十四实施例中，红外相机 341 是仅在红外波长区域中具有灵敏度的相机。红外照明灯 342 通过处于红外波长区域中的光来照射人类识别对象 100 的面部部分。红外光阻断体 344 阻断处于红外波长区域中的自然光。即使在 700nm 的近红外波长区域或更大波长区域，太阳光也具有相当大的辐射能量。而对于荧光灯来说，在 700nm 的近红外波长区域或更大波长区域中，其辐射能量接近为约“0”。当采用具有从 700nm 或更大的灵敏度的红外相机 341 时，可以几乎完全消除由于用于一般照明的荧光灯引起的外部光的影响。关于由太阳光引起的外部光的影响，将防止处于红外波长区域中的太阳光辐射到人类识别对象 100 的面部。当根据第十四实施例的面部图像识别装置被安装在室内时，为了不从室外辐射 700nm 或更大的波长分量的太阳光（自然光），可以将具有红外切割特性的膜或片制成的红外光阻断体 344 附着在窗户 343 上，或者可以将具有红外切割特征的玻璃附着到窗户 343 上。通过这一点，关于通过窗户 343 进入的太阳光，仅去除了红外波长的太阳光分量并且通过可见光分量，由此不会给人不协调的感觉（参见对比文件 1 第 247—257 段及图 37—39）。对比文件 1 第 259 段记载，可以将第一实施例至第十四实施例进行各种组合来实施。

对比文件 5 系国际公布日为 2003 年 4 月 24 日的按照《专利合作条约》所公布的国际申请（即 PCT 专利申请）WO03/034361A1 及其中文译文。对比文件 5 公开了一种人类面部特征检测识别的系统（参见对比文件 5 中文译文第 11 页第 5 段），其中记载：“在本发明的另一最佳实施例中，可以利用红外（IR）照明进行眼睛检测的方法来对正常人面部上的眼睛进行定位，从而有助于面部检测模块 46。在本方法中，利用 IR 频闪器产生的红外光（burst）照明该目标，该红外光最好与视频摄像机 21 的光轴同轴或近似同轴。该 IR 增加了视频图像上人眼的瞳孔亮度。通过对该增加亮度区域进行定位，面部检测模块 46 就可以快速识别和定位视频图像内的潜在面部。如果 IR 频闪器仅在特定识别的视频帧内闪烁，则可以使用帧减法技术从而更为容易地识别增加亮度的区域，该增加亮度的区域对应于人眼的位置。精确地识别人眼位置具有其他优点，即这类信息还可以极大地提高面部识别软件的精确度”。

中科奥森公司在指定期限内于 2019 年 1 月 18 日提交了本专利权利要求书的修改文本，并于 2019 年 5 月 9 日进行了笔误更正。本专利修改后的权利要求为（含中科奥森公司和苹果电脑上海公司在无效宣告行政审查程序中认可的国家知识产权局对修改后的权利要求 1、5、8 中技术特征的划分）：

“1. 一种利用人脸图像进行识别的方法，包括如下步骤（技术特征 1A）；

步骤一，启动人脸图像识别系统（技术特征 1B）；

步骤二，人体接近所述识别系统，触发主动光源对所述人体的脸部区域进行照射（技术特征 1C）；

步骤三，成像装置对所述主动光源照的脸部区域进行拍摄，获取相应的图像（技术特征 1D）；

步骤四，所述成像装置将捕捉到的至少一帧图像传至图像数据处理系统，所述图像数据处理系统从该帧图像中检测并定位人眼和/或人脸（技术特征1E）；

步骤五，从所述图像中截取人脸图像，并对人脸图像进行特征提取（技术特征1F）；

步骤六，与数据库中人脸图像数据进行人脸特征对比（技术特征1G）；

步骤七，获取识别结果（技术特征1H）；

所述的主动光源为主动辐射源，包括：红外光源或可见光源，或者是其任意组合（技术特征1I）；

步骤二进一步包括环境光源对所述人体的脸部区域进行照射，所述主动光源和环境光源在人脸部分所产生的成像总能量大于环境光源在人脸部位所产生的成像能量（技术特征1J）；

在步骤四后，还包括一判断检测人眼和/或人脸是否成功的步骤，如果成功，则继续执行步骤五，否则执行步骤四（技术特征1K）；

在步骤四中，还包括检测并定位所述图像中人眼反光所致的高亮点，并利用所述高亮点从所述图像中检测定位人眼位置的步骤（技术特征1L）。

2. 根据权利要求1所述利用人脸图像进行识别的方法，其特征在于，所述的主动光源和环境光源在人脸部位所产生的成像总能量大于环境光源在人脸部位所产生成像能量的2倍。

3. 根据权利要求1所述利用人脸图像进行识别的方法，其特征在于，在步骤三中，还包括所述成像装置随所述主动光源照射区域跟踪人脸进行拍摄的步骤。

4. 一种利用人脸图像进行识别的方法，包括如下步骤：

步骤一，启动人脸图像识别系统；

步骤二，人体接近所述识别系统，触发主动光源对所述人体的脸部区域进行照射；

步骤三，成像装置对所述主动光源照的脸部区域进行拍摄，获取相应的图像；

步骤四，所述成像装置将捕捉到的至少一帧图像传至图像数据处理系统，所述图像数据处理系统从该帧图像中检测并定位人眼和/或人脸；

步骤五，从所述图像中截取人脸图像，并对人脸图像进行特征提取；

步骤六，与数据库中人脸图像数据进行人脸特征对比；

步骤七，获取识别结果；

所述的主动光源为闪光灯。

5. 一种利用主动光源获取人脸图像的方法，其特征在于，包括如下步骤（技术特征5A）：

采用一主动光源对被拍摄的人脸区域进行照射（技术特征5B）；

使用一成像装置对人脸进行拍摄，获取相应的图像，并进一步将所述图像传送到相应的图像数据处理系统进行人脸图像的识别处理（技术特征5C）；

其中，所述的主动光源和环境光源在人脸部位所产生的成像总能量大于环境光源在人脸部位所产生的成像能量（技术特征5D）；

所述主动光源与所述成像装置相对位置固定，所述主动光源的投射方向与所述成像装置的摄像镜头轴线成一锐角，即0－90度之间（技术特征5E）；

所述的主动光源为主动辐射源，包括：红外光源或可见光源，或其组合（技术特征

5F)；

当使用主动光源采集图像之后，所述图像数据处理系统检测该主动光源在所述图像中的高亮点，并利用所述高亮点从所述图像中检测到人脸图像（技术特征5G）。

6. 根据权利要求5所述的利用主动光源获取人脸图像的方法，其特征在于：所述的主动光源和环境光源在人脸部位所产生的成像总能量大于环境光源在人脸部位所产生成像能量的2倍。

7. 一种利用主动光源获取人脸图像的方法，其特征在于，包括如下步骤；

采用一主动光源对被拍摄的人脸区域进行照射；

使用一成像装置对人脸进行拍摄，获取相应的图像，并进一步将所述图像传送到相应的图像数据处理系统进行人脸图像的识别处理；

其中，所述的主动光源和环境光源在人脸部位所产生的成像总能量大于环境光源在人脸部位所产生的成像能量；

所述的主动光源为闪光灯。

8. 一种实现权利要求1、4、5或7所述方法的人脸图像识别系统，其特征在于，包括；

成像装置、主动光源、控制开关和图像数据处理系统（技术特征8A）；

所述主动光源，用于对所述人体的脸部区域进行照射（技术特征8B）；

所述控制开关，用于控制主动光源对所述人体的脸部区域进行照射（技术特征8C）；

所述成像装置，用于对所述主动光源照射的人脸区域进行拍摄，获取相应的图像，将捕捉到的至少一帧图像传至图像数据处理系统（技术特征8D）；

所述图像数据处理系统，用于接收所述成像装置传输的图像，在所述图像中检测并定位人眼和/或人脸，从所述图像中截取人脸部分图像进行人脸特征提取，并与数据库中人脸图像数据进行人脸特征对比（技术特征8E）；

还进一步包括环境光源，用于对所述人体的脸部区域进行照射；其中，所述的主动光源和环境光源在人脸部位所产生的成像总能量大于环境光源在人脸部位所产生的成像能量（技术特征8F）；

所述主动光源与所述成像装置相对位置固定，所述主动光源的投射方向与所述成像装置的摄像镜头轴线成一锐角，即0—90度之间（技术特征8G）；

所述的主动光源为主动辐射源，包括：红外光源或可见光源，或者是其任意组合（技术特征8H）；

所述的红外光源的波长为740nm—4000nm，或者是在所述波长范围内不同波长红外光源的组合（技术特征8I）；

当使用红外光源作为主动光源时，在所述成像装置的摄像镜头前还加设一用于抑制可见光的红外滤光镜片，该红外滤光镜片的通过光线波长与所述红外光源的波长相适应（技术特征8J）；

所述红外滤光镜片为带通型或长通截止型滤光镜片，以抑制可见光而使主动照射的红外光通过（技术特征8K）；

所述成像装置的摄像镜头周围还设置有一人脸图像反馈显示装置，所述反馈显示装置用于辅助人脸在水平/垂直方向定位，所述反馈显示装置的法线与所述摄像镜头轴线同轴（技术特征 8L)；

所述反馈显示装置为一面镜子，或者为一液晶显示屏幕（技术特征 8M)；

所述成像装置为电子视频摄像头或数字照相机（技术特征 8N)；

所述图像数据处理系统为安装有图像处理软件及 PC 计算机；或者为嵌入有图像处理软件的数据处理器（技术特征 8O)；

所述控制开关为一触发主动光源照明的红外接近开关（技术特征 8P)。

9. 根据权利要求 8 所述的人脸图像识别系统，其特征在于，所述主动光源的投射方向与所述成像装置的摄像镜头轴线方向平行。

10. 根据权利要求 8 或 9 所述的人脸图像识别系统，其特征在于，所述主动光源对称地布置在所述成像装置的周围。

11. 一种实现权利要求 1、4、5 或 7 所述方法的人脸图像识别系统，其特征在于，包括；

成像装置、主动光源、控制开关和图像数据处理系统；

所述主动光源，用于对所述人体的脸部区域进行照射；

所述控制开关，用于控制主动光源对所述人体的脸部区域进行照射；

所述成像装置，用于对所述主动光源照射的人脸区域进行拍摄，获取相应的图像，将捕捉到的至少一帧图像传至图像数据处理系统；

所述图像数据处理系统，用于接收所述成像装置传输的图像，在所述图像中检测并定位人眼和/或人脸，从所述图像中截取人脸部分图像进行人脸特征提取，并与数据库中人脸图像数据进行人脸特征对比；

还进一步包括环境光源，用于对所述人体的脸部区域进行照射；其中，所述的主动光源和环境光源在人脸部位所产生的成像总能量大于环境光源在人脸部位所产生的成像能量；

所述主动光源与所述成像装置相对位置固定，所述主动光源的投射方向与所述成像装置的摄像镜头轴线成一锐角，即 0—90 度之间；

所述的主动光源为闪光灯。

12. 根据权利要求 11 所述的人脸图像识别系统，其特征在于，所述主动光源的投射方向与所述成像装置的摄像镜头轴线方向平行。”

2019 年 6 月 3 日，国家知识产权局作出被诉决定认为：第一，本专利修改后的权利要求 1—3、5、6 以及权利要求 8—10 中引用权利要求 1、5 的技术方案（即指修改后文本中的相关权利要求，下同）符合《中华人民共和国专利法实施细则》（以下简称专利法实施细则）第六十九条第一款和《专利审查指南》（以下简称专利审查指南）第四部分第三章第 4.6 节的相关规定，但修改后的权利要求 4、7、11、12 及引用权利要求 4、7 的权利要求 8—10不符合上述规定。因此，被诉决定以中科奥森公司于 2019 年 5 月 9 日提交的权利要求书中的权利要求 1—3、5、6 以及权利要求 8—10 中引用权利要求 1、5 的技术方案作为审查基础。其中，国家知识产权局不接受修改后的权利要求 4、7、11、12 及引用权利要求 4、7 的权利要求 8—10 的具体理由为：专利审查指南第四部分第三章第 4.6.2 节规定：“权利要求的进一步限定是指在权利要求中补入其他权利要求中记载的一个或者多个技术特征，以缩小保护范围”。修改后的权利要求 1 系将原权利要求 2、4、6、7 合并到原独立权利要求 1

中，修改后的权利要求4系将原权利要求3合并到原独立权利要求1中。即本次修改中对同一项权利要求（原权利要求1）分别补入不同的技术特征，同时形成多项新的独立权利要求（新权利要求1、4）。但是原权利要求1在经过进一步限定式的修改之后，已经成为一项技术特征增多、保护范围缩小的新权利要求1，此时原权利要求1已经不再存在，因此新权利要求4的修改不再被接受。修改后的权利要求7、11、12及引用权利要求4、7的权利要求8—10存在上述同样的缺陷，因此同样不被接受。第二，本专利权利要求1—3、5、6、8—10请求保护的技术方案，相对于对比文件1、对比文件5和本领域公知常识的结合，不具备《中华人民共和国专利法》（以下简称专利法）第二十二条第三款规定的创造性；权利要求8—10请求保护的技术方案，相对于对比文件1第一、十二、十四实施例之间技术方案的结合以及对比文件1与公知常识的结合，也不具备专利法第二十二条第三款规定的创造性。其中，权利要求1请求保护的技术方案与对比文件1公开的技术方案相比，区别技术特征在于：1.（技术特征1I的并列选择方案）所述主动光源还可以是红外光源或者红外光源与可见光源的组合；2.（技术特征1L）在步骤四中，还包括检测并定位所述图像中人眼反光所致的高亮点，并利用所述高亮点从所述图像中检测定位人眼位置的步骤；3.（技术特征1K）在步骤四后，还包括一判断检测人眼和/或人脸是否成功的步骤，如果成功，则继续执行步骤五，否则执行步骤四。基于上述区别技术特征，权利要求1请求保护的技术方案实际解决的技术问题是：选择适合的主动光源、提高检测的准确度、为可能的检测失败提供处理流程。国家知识产权局决定：宣告本专利权全部无效。

中科奥森公司不服，于2019年9月向一审法院提起诉讼，请求：撤销被诉决定，判令国家知识产权局重新作出决定。事实和理由为：第一，被诉决定适用法律错误，导致被诉决定认定审查基础错误。被诉决定不仅认定进一步限定的并列独立权利要求不能被接受，而且原权利要求书中从属权利要求亦不能被接受，该做法不符合专利法及其实施细则的规定。因此，被诉决定认定修改后的权利要求4、7、11、12及权利要求8—10中引用权利要求4、7的技术方案不被接受属于适用法律错误。即使上述修改不能被接受，在原权利要求书中的从属权利要求没有被审查的情况下，被诉决定直接认定无效也于法无据。第二，被诉决定关于修改后的权利要求1相对对比文件1的区别技术特征认定错误。权利要求1相对对比文件1除了被诉决定认定的区别技术特征外，还应当包括技术特征1E和1F。被诉决定关于对比文件1第十四实施例公开了被认定的区别技术特征1，并且可以与实施例一结合认定错误。被诉决定曲解了对比文件1中太阳光及照明光，对比文件1中第十四实施例明确通过红外相机及红外光阻断体344，完全阻隔环境光源和可见光源。因此，被诉决定认定事实错误，修改后的权利要求1具备创造性。在权利要求1具备创造性的前提下，基于类似的理由，权利要求2、3、5、6以及权利要求8—10中引用权利要求1、5的技术方案也具备创造性。

国家知识产权局辩称：被诉决定认定事实清楚，适用法律、法规正确，作出程序合法，审查结论正确，请求驳回中科奥森公司的诉讼请求。

苹果电脑上海公司述称：被诉决定认定事实正确，审查结论正确，请求驳回中科奥森公司的诉讼请求。

一审法院经审理认定了上述有关本专利修改后的权利要求内容、对比文件1和对比文件5的有关内容以及本专利权利要求1、5、8的技术特征划分等本案基本事实。

一审法院认为：本案的争议焦点为中科奥森公司于2019年5月9日提交的权利要求4、7、11、12以及引用权利要求4、7的权利要求8—10的修改方式能否被接受；被诉决定对本专利修改后的权利要求是否具备专利法第二十二条第三款规定的创造性的认定是否正确。

第一，关于本专利权利要求4、7、11、12以及引用权利要求4、7的权利要求8—10的修改方式能否被接受的问题。

专利法实施细则第六十九条规定，在无效宣告请求的审查过程中，发明或者实用新型专利的专利权人可以修改其权利要求书，但是不得扩大原专利的保护范围。参照专利审查指南第四部分第三章第4.6.2节的规定，权利要求的进一步限定，是指在权利要求中补入其他权利要求中记载的一个或者多个技术特征，以缩小保护范围。

本案中，修改后的权利要求1在原权利要求1的基础上增加了原权利要求2、4、6、7的技术特征，此时原权利要求1经过限定式的修改，已为新修改的权利要求1所替代。而修改后的权利要求4系原权利要求1与原权利要求3的合并，在原权利要求1已因新权利要求1替代而不存在的情况下，修改后的权利要求4不应被接受。若允许修改后的权利要求1、4同时存在，相当于一项独立权利要求同时变为多项独立权利要求，则扩大了原权利要求的保护范围，不符合专利法实施细则和专利审查指南的相关规定。基于前述理由，修改后的权利要求7、11、12及引用权利要求4、7的权利要求8—10亦不应被接受。因此，被诉决定认定修改后的权利要求4、7、11、12及引用权利要求4、7的权利要求8—10不被接受的结论正确，一审法院予以确认。

第二，关于本专利修改后的权利要求是否具备专利法第二十二条第三款规定的创造性问题。

判断要求保护的发明相对于现有技术是否显而易见，通常应当基于最接近的现有技术，分析要求保护的发明与最接近的现有技术相比有哪些区别特征，然后根据该区别特征所能达到的技术效果确定发明实际解决的技术问题，继而从最接近的现有技术和发明实际解决的技术问题出发，确定现有技术整体上是否存在技术启示，使得本领域技术人员在面对该技术问题时，有动机改进最接近的现有技术并获得要求保护的发明。

本案中，被诉决定认定权利要求1请求保护的技术方案与对比文件1公开的技术方案相比，区别技术特征在于：1. 所述主动光源还可以是红外光源或者红外光源与可见光源的组合；2. 在步骤四中，还包括检测并定位所述图像中人眼反光所致的高亮点，并利用所述高亮点从所述图像中检测定位人眼位置的步骤；3. 在步骤四后，还包括一判断检测人眼和/或人脸是否成功的步骤，如果成功，则继续执行步骤五，否则执行步骤四。基于上述区别技术特征，权利要求1请求保护的技术方案实际解决的问题是，选择适合的主动光源、提高检测的准确度、为可能的检测失败提供处理流程。

中科奥森公司在上述区别技术特征的基础上提出，本专利是先通过高亮点检测定位人眼，再通过人眼定位人脸，最后截取人脸图像，并进行特征提取，即本专利先定位局部，再定位整体，最后提取整体特征。而对比文件1是先检测整体，再检查局部，最后裁剪出局部区域提取特征。因此，权利要求1与对比文件1之间的区别技术特征还应当包括1E和1F。

结合本专利权利要求1中1E、1L、1F的技术特征，1E中“检测并定位人眼和/或人脸”的技术特征应被理解为“检测并定位人眼”或“检测并定位人眼和人脸”，而未明确限定检测并定位人眼和人脸的先后顺序，故权利要求 1 中相关技术方案为先检测并定位人眼和/或人脸，再截取人脸图像并对人脸图像进行特征提取。根据对比文件 1 说明书第 92、94—96 段公开的内容，面部区域检测部 106A 从在相机 101 处输入的面部图像检测面部区域，面部局部检测部 106B 从所检测到的面部区域的部分检测眼睛和鼻子的位置，特征值生产部 106C 基于所检测到的面部部分的位置以特定尺寸和形状裁剪面部区域以生成特征值。其中，面部检测区域 106A 和面部局部检测部 106B 执行的操作公开了本专利 1E“检测并定位人眼和/或人脸”的技术特征；特征值生产部 106C 执行的操作公开了本专利 1F“截取人脸图像并对人脸图像进行特征提取”的技术特征，故对比文件 1 中的上述步骤的内容和顺序与本专利权利要求 1 中的 1E、1F 一致，本专利修改后权利要求 1 的 1E、1F 技术特征已被对比文件 1 所公开。因此，中科奥森公司提出被诉决定遗漏区别技术特征的主张，缺乏依据。被诉决定对权利要求 1 和对比文件 1 的区别技术特征认定正确。

对于区别技术特征 1，根据对比文件 1 说明书第 253—255 段公开的内容，红外光阻断体 344 是用于阻断从室外辐射的 700nm 或更大波长分量的太阳光（自然光），即用于阻断太阳光（自然光）中的近红外波长区域或更大波长区域的光，以防止这些光辐射到人类识别对象 100 的面部，影响红外相机的成像质量，进而影响面部图像的识别性能。因此，对比文件 1 第十四实施例的技术方案并不排斥荧光灯和太阳光（自然光），其中的红外光阻断体并不完全阻隔环境光源和可见光源。此外，结合对比文件 1 第 259 段记载的“可以将第一实施例至第十四实施例进行各种组合来实施”，故将对比文件 1 第十四实施例与第一实施例的技术方案相结合不存在技术障碍。在此基础上，日常生活中采用多种主动光源和环境光源配合拍摄更清晰的图像是本领域的公知常识。结合对比文件 1 公开的内容，单独采用红外光源或者采用红外光源与可见光源的组合作为主动光源的技术方案是显而易见的。故中科奥森公司关于对比文件 1 第十四实施例未公开区别技术特征 1 且与第一实施例相互排斥的主张缺乏依据。

鉴于中科奥森公司在起诉状和庭审中未对区别技术特征 2、3 的非显而易见性提出异议，一审法院不再予以评述。因此，权利要求 1 不具备专利法第二十二条第三款规定的创造性。

权利要求 2 引用权利要求 1，其附加技术特征为“所述的主动光源和环境光源在人脸部位所产生的成像总能量大于环境光源在人脸部位所产生成像能量的 2 倍”。根据对比文件 1 公开的第一照明部 102 的照度、第二照明部 103 的照度、外部光的照度，可以确定主动光源和环境光源在人脸部位所产生的成像总能量大于环境光源在人脸部位所产生成像能量的 2 倍。因此，权利要求 2 的附加技术特征已被对比文件 1 公开，在其引用的权利要求 1 不具备创造性的基础上，权利要求 2 也不具备专利法第二十二条第三款规定的创造性。

权利要求 3 引用权利要求 1，其附加技术特征为“在步骤三中，还包括所述成像装置随所述主动光源照射区域跟踪人脸进行拍摄的步骤”。为适应不同人的人脸识别，将成像装置和主动光源设置为能够实现上下移动和左右自动移动是本领域技术人员的常规选择。因此，在其引用的权利要求 1 不具备创造性的情况下，权利要求 3 也不具备专利法第二十二条第三款规定的创造性。

基于与权利要求 1 相同的理由，权利要求 5 亦不具备创造性。

权利要求 6 引用权利要求 5，其附加技术特征为“所述的主动光源和环境光源在人脸部位所产生的成像总能量大于环境光源在人脸部位所产生成像能量的 2 倍”。基于与权利要求 2 相同的理由，在其引用的权利要求不具备创造性的基础上，权利要求 6 也不具备专利法第二十二条第三款规定的创造性。

基于与权利要求 1 相同的理由，引用权利要求 1、5 的权利要求 8 亦不具备创造性。

权利要求 9 引用权利要求 8，其附加技术特征为“所述主动光源的投射方向与所述成像装置的摄像镜头轴线方向平行”。将主动光源的投射方向与相机轴线方向平行，增大主动光源的投射亮度从而提高主动光源在人脸上形成的成像能量是本领域技术人员的常规选择。因此，在其引用的权利要求 8 不具备创造性的情况下，权利要求 9 也不具备专利法第二十二条第三款规定的创造性。

权利要求 10 引用权利要求 8、9，其附加技术特征为“所述主动光源对称地布置在所述成像装置的周围”。为了使主动光源对人脸的照射更加均匀，将主动光源对称地布置在成像装置周围是本领域技术人员的常规选择。因此，在引用的权利要求 8、9 不具备创造性的情况下，权利要求 10 也不具备专利法第二十二条第三款规定的创造性。

综上，一审法院认为，被诉决定认定事实清楚，适用法律、法规正确，审理程序合法。中科奥森公司的诉讼理由不能成立，不予支持。一审法院依据《中华人民共和国行政诉讼法》第六十九条之规定，判决：“驳回原告北京中科奥森科技有限公司的诉讼请求。案件受理费 100 元，由原告北京中科奥森科技有限公司负担。”

中科奥森公司不服一审判决，向本院提起上诉，请求：撤销一审判决和被诉决定，判令国家知识产权局重新作出决定，国家知识产权局负担本案诉讼费用。主要事实和理由为：（一）被诉决定关于修改后的权利要求 4、7、11、12 及引用权利要求 4、7 的权利要求 8—10 因不符合专利法实施细则第六十九条第一款和专利审查指南第四部分第三章第 4.6 节的相关规定而不予接受的认定有误。1. 从文义解释看，专利审查指南关于“权利要求的进一步限定，是指在权利要求中补入其他权利要求中记载的一个或者多个特征，以缩小保护范围”的规定并未禁止将一个独立权利要求进一步限定为两个或者多个并列的独立权利要求。2. 从实际效果看，一个独立权利要求项下存在多个从属权利要求的情形十分常见。依照被诉决定的标准，专利权人在删除原独立权利要求的情况下，只能再选择一个从属权利要求，此种方式实质上违反专利法“公开换保护”的原则。3. 从本案具体情形看，权利要求 4、7 为原权利要求书中的权利要求，而非修改后的权利要求。被诉决定将未经修改的权利要求排除在审查基础外，缺乏依据。同理，引用权利要求 4、7 的权利要求 8—10 亦应被接受。权利要求 11、12 均符合在权利要求中补入其他权利要求所载技术特征并缩小保护范围的规定，不属于修改超范围的情形。（二）权利要求 1—3、5、6 以及权利要求 8—10 中引用权利要求 1、5 的技术方案具备创造性。1. 被诉决定错误认定权利要求 1 与对比文件 1 的区别技术特征，遗漏关于检测过程和提取特征值区域的区别技术特征 1E、1F。2. 被诉决定错误认定权利要求 1 与对比文件 1 的区别技术特征 1 被对比文件 1 第十四实施例公开。3. 基于前述原因，权利要求 5、6、8—10 亦具备创造性。

国家知识产权局辩称：一审判决认定事实清楚，适用法律法规正确，审理程序合法，依法应驳回上诉，维持原判。

苹果电脑上海公司述称：（一）修改后的权利要求 4、7、11、12 及引用权利要求 4、7

的权利要求8—10存在权利要求修改超范围的情形，有关修改不应被接受。（二）即便接受上述权利要求修改，有关权利要求也明显不具备创造性，被诉决定的结论并无不当，为减轻诉累，可以在纠正被诉决定论理的基础上予以维持。（三）被诉决定关于修改后的独立权利要求1、5、8和从属权利要求2、3、6、9、10不具备创造性的认定并无不当。故请求驳回上诉，维持原判。

本案二审期间，当事人均未提交新证据，对一审判决关于涉案证据真实性、合法性和关联性的认定均不持异议。

本院经审理查明：一审法院和被诉决定认定的事实属实，本院予以确认。

本院认为：本专利优先权日（2003年12月12日）在2000年修正的专利法施行日（2001年7月1日）和2002年修订的专利法实施细则施行日（2003年2月1日）之后、2008年修正的专利法施行日（2009年10月1日）和2010年修订的专利法实施细则施行日（2010年2月1日）之前，本专利授权条件的审查应适用2000年修正的专利法和2002年修订的专利法实施细则。本专利权利要求修改（2019年5月9日）发生在2008年修正的专利法施行日（2009年10月1日）和2010年修订的专利法实施细则施行日（2010年2月1日）之后、2020年修正的专利法施行日（2021年6月1日）之前，对本专利权利要求修改条件的审查应适用2008年修正的专利法和2010年修订的专利法实施细则。本案二审争议焦点问题是：应否接受修改后的权利要求4、7、11、12及权利要求8—10中引用权利要求4、7的技术方案，以及如应接受，应否在二审程序中进一步审理其创造性问题；修改后的权利要求1—3、5、6以及权利要求8—10中引用权利要求1、5的技术方案是否具备创造性。

（一）关于应否接受修改后的权利要求4、7、11、12及权利要求8—10中引用权利要求4、7的技术方案，以及如应接受是否应在二审程序中进一步审理上述权利要求的创造性

本案中，对于修改后的权利要求4、7、11、12及权利要求8—10中引用权利要求4、7的技术方案是否应当被接受的审查，应当依据专利法及其实施细则之规定，并考虑专利审查指南的具体指引进行。

1. 关于专利确权程序中权利要求修改的审查维度

允许专利权人在专利确权程序中对权利要求作出修改，有利于实质激励保护创新，能够有效避免具有技术贡献的发明创造仅因权利要求撰写不当而得不到保护；但因此时专利已获授权、有关法律秩序业已稳定，为避免公众信赖利益的严重减损和法律秩序稳定性的持续波动，亦有必要对修改作出限制。故专利确权程序中的权利要求修改，以实质激励保护创新和保护专利权人应然利益为制度目标，而以维持法律秩序稳定性、避免公众信赖利益减损和保障行政审查的可操作性及效率为制度成本。对于权利要求修改的限制，应当以能够实现制度目标为基本遵循，并在此基础上，尽可能控制制度成本。因而，对于专利确权程序中的权利要求修改既不应过于宽纵，以致信赖利益严重受损或者法律秩序持续波动；也不宜过于机械和严苛，若基于制度成本的考虑对修改限制过严，将大大减损制度效果，甚至导致制度目标无法实现，得不偿失。

关于专利确权程序中权利要求修改接受问题的法律规范体系主要由专利法第三十三条、专利法实施细则第六十九条第一款构成；同时，专利审查指南也作出了具体的操作指引。对于权利要求的修改是否应当予以接受，至少涉及以下几个方面的问题：

一是关于修改幅度的要求。专利确权程序中权利要求的修改幅度最大不得超出专利法第三十三条所规定的“信息范围”和专利法实施细则第六十九条第一款规定的“保护范围”。申言之，专利法第三十三条规定：“申请人可以对其专利申请文件进行修改，但是，对发明和实用新型专利申请文件的修改不得超出原说明书和权利要求书记载的范围，对外观设计专利申请文件的修改不得超出原图片或者照片表示的范围。”据此，专利授权程序中的权利要求修改不得超出原说明书和权利要求书所公开的发明创造的全部信息范围。举轻以明重，专利确权程序中的权利要求修改亦当然应以此为限。专利法实施细则第六十九条第一款规定：“在无效宣告请求的审查过程中，发明或者实用新型专利的专利权人可以修改其权利要求书，但是不得扩大原专利的保护范围。”据此，专利确权程序中权利要求的修改还不得超出原专利的保护范围。从“信息范围”和“保护范围”两个维度划定专利确权程序中权利要求修改幅度的法定限度，不仅有利于维护以公开换保护的专利法基本制度逻辑，也有利于平衡确有技术贡献者获得专利授权和社会公众信赖授权专利文本两个方面利益。

二是关于修改方式的要求。前述“信息范围”和“保护范围”只是法定的专利确权程序中权利要求修改的最大限度，但并非只要不超过所谓“信息范围”和“保护范围”的修改都应当被接受，修改能否被接受，还要考虑法律秩序稳定性、公众信赖利益减损和行政审查的可操作性及效率。因此，国家知识产权局可以通过专利审查指南对权利要求修改方式予以明确并适当限制。现行专利审查指南允许的专利确权程序中的权利要求修改方式一般限于权利要求的删除、技术方案的删除、权利要求的进一步限定、明显错误的修正。其中，权利要求的进一步限定相比权利要求的删除、技术方案的删除、明显错误的修正，留给专利权人相对宽松灵活的修改可能性。专利审查指南将进一步限定式修改定义为“在权利要求中补入其他权利要求中记载的一个或多个技术特征，以缩小保护范围”，故判断某一权利要求的修改方式是否属于“进一步限定”时，国家知识产权局仅需审查：（1）修改后的权利要求是否完整包含了被修改的权利要求的所有技术特征；（2）修改后的权利要求相比被修改的权利要求是否新增了技术特征；（3）新增的技术特征是否均源于其他原权利要求。如果修改后的权利要求并未完整包含任一原权利要求或者其相比被修改的权利要求新增的技术特征并非来源于其他原权利要求，则该修改方式可能是对权利要求的“重新撰写”或者“二次概括”而非“进一步限定”。

三是关于修改目的的要求。专利确权程序是在权利要求已获授权后因被他人提起无效宣告请求，依据无效宣告理由检验授权正当性的程序。其既非授权正当性的全面复查程序，又非权利要求撰写的优化程序。故对于专利确权程序中的权利要求修改，一般应当以回应无效宣告理由（包括针对无效宣告请求人提出的无效宣告理由或者补充的证据和国家知识产权局引入的无效宣告请求人未提及的无效宣告理由或者证据）为限。以克服无效宣告理由所指缺陷为名，而行优化权利要求撰写之实的修改，即非回应性的修改，因其不符合专利确权程序的制度定位，可以不予接受。否则，不难设想，一旦非回应性修改可以被接受，则专利确权程序势必异化为授权后额外获取优化权利要求撰写机会的工具。如此既不利于从撰写之初、授权之始即提高质量，也不利于无效宣告请求程序真正作用的发挥，还会引发专利授权后包括相关利益攸关方在内的社会公众利益的失衡。故对于非回应性修改，即便其未超出所谓“信息范围”和“保护范围”且属于专利审查指南所允许的修改方式，也可以不予接受。

例如，权利要求的修改缺乏与修改相对应的无效宣告请求和理由的，一般可以不必再审查其修改范围和修改方式，径行不予接受。又如，在同一行政审查程序中，针对一项权利要求的无效宣告理由已通过对该权利要求的修改给予了回应，且修改后的权利要求已被接受时，对该原权利要求的另行修改及相应获得的更多新权利要求，因一般已不再具有回应对象，故可不予接受。

值得注意的是，专利确权程序中，未经修改的权利要求是当然的审查基础，其不构成对于权利要求修改的法定或者其他限制的评价对象，故确认审查基础时，应当首先明确有关权利要求是原权利要求还是经修改形成的新权利要求。对于权利要求修改与否，应当作实质审查，以修改前后的权利要求保护范围是否发生实质变化为基本依据。一般而言，单纯的权利要求序号变化、从属权利要求和独立权利要求撰写方式的简单转换、含有并列技术方案权利要求的简单拆分等不实质影响保护范围的撰写调整，不构成对权利要求的修改。

2. 关于被诉决定未予接受修改后的权利要求4、7、11、12及权利要求8—10中引用权利要求4、7的技术方案是否正确

（1）关于应否接受修改后的权利要求4、7

被诉决定认为，修改后的权利要求4系将原权利要求3合并到原独立权利要求1中，权利要求7系将原权利要求13合并到原独立权利要求9中。中科奥森公司上诉称，修改后的权利要求4、7均为本专利原有权利要求，因其未经修改故不可能存在修改超范围问题。国家知识产权局辩称、苹果电脑上海公司述称，被诉决定的认定并无不当。

本院认为，修改后的权利要求4、7即为原权利要求3、13，其实质上并非分别由原权利要求1和3、原权利要求9和13合并而来。首先，从属权利要求通常采用“引用部分+限定部分”的撰写方式，特别是引用部分仅明确被引用权利要求的编号而不作全文引述，目的在于精炼文字表述、澄清从属关系。专利权人不欲修改原从属权利要求，但该原从属权利要求所引用的权利要求（独立权利要求或者其他在先从属权利要求）已因修改而不复存在时，既不再有编号指代的对象条件，也不再有澄清从属关系的需要，原从属权利要求中引用部分的表达方式，必然需要由编号指代改为全文引述，但该权利要求的实质内容和保护范围并不因上述表达方式的变化而发生变化。换言之，新的形式上的独立权利要求即为原从属权利要求本身，而非由原从属权利要求修改得来。其次，所谓权利要求的合并，是将被合并的多项权利要求的所有技术特征并入一项权利要求中，属于权利要求的进一步限定的方式之一，修改后的权利要求包含且仅包含被合并各项权利要求的所有技术特征，此时修改后的权利要求的保护范围原则上应当小于而不能大于或等于任一被合并的权利要求的保护范围。从属权利要求本身即包含且仅包含其所引用的权利要求的全部技术特征及其附加技术特征。所谓将从属权利要求与其所引用的权利要求合并而来的所谓新的权利要求，其实质内容和保护范围均与原从属权利要求并无二致，该合并既无必要，也无效果，不符合权利要求合并的基本内涵。本案中，修改后的权利要求4与原权利要求3的实质内容和保护范围完全一致，二者的区别仅在于修改后的权利要求4对原权利要求1对应内容采用了全文表述，而原权利要求3则是采用编号指代的方式表达，故修改后的权利要求4即为原权利要求3，而非由原权利要求1、3合并而来。同理，修改后的权利要求7也即为原权利要求13，而非由原权利要求9、13合并而来。

综上所述，修改后的权利要求4、7均为本专利原有权利要求，并非经过修改而形成的新的权利要求，其是当然的审查基础，不存在因所谓修改而不能被接受的问题。被诉决定对修改后的权利要求4、7不予接受，进而将之排除在审查基础之外，缺乏事实依据。中科奥森公司的有关上诉主张，应予支持。

（2）关于应否接受修改后的权利要求8—10中引用修改后的权利要求4、7的技术方案

被诉决定认为修改后的权利要求8—10引用了不被接受的修改后的权利要求4、7，故权利要求8—10中引用权利要求4、7的技术方案不应予以接受。中科奥森公司上诉认为，修改后的权利要求4、7是本专利原有权利要求，应予接受，修改后的权利要求8—10中引用修改后的权利要求4、7的技术方案亦应被接受。国家知识产权局辩称、苹果电脑上海公司述称，被诉决定的认定并无不当。

本院认为，如前所述，修改后的权利要求4、7即分别为原权利要求3、13，是当然的审查基础。被诉决定以修改后的权利要求4、7不应被接受为由，认定修改后的权利要求8—10中引用权利要求4、7的技术方案不应被接受，缺乏依据。中科奥森公司的有关上诉主张，应予支持。

（3）关于应否接受修改后的权利要求11、12

被诉决定不接受修改后的权利要求4的理由为"原权利要求1在经过了进一步限定式的修改之后，已经成为一项技术特征增多、保护范围缩小的新权利要求1，此时原权利要求1已经不再存在，因此新权利要求4的修改不再被接受"；其不接受修改后的权利要求11、12的理由与之相同。由此可以推知，被诉决定不接受权利要求11的理由为，原权利要求15已经进一步限定式的修改后，形成修改后的权利要求8，此时原独立权利要求15已不复存在，不存在对其再次作进一步限定形成修改后的权利要求11的基础；修改后的权利要求12作为权利要求11的从属权利要求也不应被接受。根据前述专利确权程序中的权利要求修改应当以回应无效宣告理由为限的审查理念，被诉决定对修改后的权利要求11、12的处理并无不妥。

3. 关于二审是否应当进一步审理修改后的权利要求4、7及权利要求8—10中引用权利要求4、7的技术方案的创造性的问题

如前所述，国家知识产权局对修改后的权利要求4、7、8—10应予接受而未予接受，故被诉决定并未评价上述权利要求的创造性。苹果电脑上海公司主张，即便上述权利要求应予接受，其亦显然不具备创造性，二审法院应当审理其创造性，在纠正理由的基础上维持被诉决定。中科奥森公司和国家知识产权局均认为，如果有关权利要求的修改应予接受，不宜继续审理，应当由国家知识产权局重新审查并作出决定。

本院认为，因国家知识产权局未接受修改后的权利要求4、7及权利要求8—10中引用权利要求4、7的技术方案，各方当事人并未就其创造性问题作实质辩论，国家知识产权局亦未对此作出评价。故宜由国家知识产权局重新审查并作出决定。根据《最高人民法院关于审理专利授权确权行政案件适用法律若干问题的规定（一）》第二十四条第一项的规定，被诉决定对于权利要求书中的部分权利要求的认定错误，其余正确的，人民法院可以依照行政诉讼法第七十条的规定，判决部分撤销。因此，本院撤销被诉决定关于宣告本专利权利要求4、7及引用权利要求4、7的权利要求8—10无效的决定，判令国家知识产权局针对苹果

电脑上海公司对本专利修改后的权利要求4、7及引用权利要求4、7的权利要求8—10提出的无效宣告请求重新作出审查决定。

（二）关于修改后的权利要求1—3、5、6以及权利要求8—10中引用权利要求1、5的技术方案是否具备创造性

被诉决定认为：权利要求1请求保护的技术方案与对比文件1公开的技术方案相比，区别技术特征有3个，其中区别技术特征1为：所述主动光源还可以是红外光源或者红外光源与可见光源的组合。权利要求5与对比文件1相比也具有这一区别技术特征。就该区别特征而言，对比文件1的第十四实施例公开了面部图像识别装置可以具有红外照明灯342（参见对比文件1第十四实施例对应的说明书第247—257段）。在此基础上，日常生活中采用多种主动光源和环境光源配合拍摄更清晰的图像是本领域的公知常识。本领域技术人员在对比文件1公开内容的基础上，可以显而易见地得到单独采用红外光源或者采用红外光源与可见光源的组合作为主动光源的技术方案。对比文件1第十四实施例的技术方案中虽然涉及红外光阻断体344，但其仅阻断处于红外波长区域中的自然光，从其说明书第250—255段可看出，并不排斥照明光（诸如荧光灯）、自然光（诸如太阳光）的存在。而且对比文件1中还明确给出"可以将第一实施例至第十四实施例进行各种组合来实施"的技术启示（参见对比文件1第259段）。因此，将对比文件1第十四实施例中有关"红外光源"的技术特征与第一实施例的技术方案相结合，并不存在任何技术障碍。

中科奥森公司上诉认为：1. 修改后的权利要求1具备创造性。首先，被诉决定遗漏了权利要求1与对比文件1关于检测过程和提取特征值区域的区别技术特征1E、1F。本专利权利要求1是先定位局部，再定位整体；对比文件1是先检测整体，再检测局部。其次，被诉决定错误认定区别技术特征1被对比文件1第十四实施例公开。对比文件1中第十四实施例明确通过红外相机及红外光阻断体344，完全阻隔了环境光源和可见光，其并未公开区别技术特征1。2. 修改后的权利要求5、8具备创造性。权利要求5、8亦分别与对比文件1存在所述主动光源还可以是红外光源或者红外光源与可见光源的组合这一区别技术特征，其未被对比文件1第十四实施例公开。3. 基于修改后的权利要求1、5、8的创造性，其从属权利要求，即修改后的权利要求2、3、6、9、10亦具备创造性。

国家知识产权局辩称、苹果电脑上海公司述称，被诉决定关于修改后的独立权利要求1、5、8和从属权利要求2、3、6、9、10不具备创造性的认定并无不当。

本院认为，中科奥森公司关于被诉决定错误认定区别技术特征1被对比文件1第十四实施例公开的主张缺乏依据，其关于修改后的权利要求1—3、5、6以及权利要求8—10引用权利要求1、5的技术方案均具备创造性的上诉主张不能成立。具体分析如下：

1. 关于被诉决定是否遗漏区别技术特征

本专利修改后的权利要求1作出了如下限定：一是"步骤四所述成像装置将捕捉到的至少一帧图像传至图像数据处理系统，所述图像数据处理系统从该帧图像中检测并定位人眼和/或人脸"；二是"步骤五，从所述图像中截取人脸图像，并对人脸图像进行特征提取"；三是"在步骤四中，还包括检测并定位所述图像中人眼反光所致的高亮点，并利用所述高亮点从所述图像中检测定位人眼位置的步骤"。从上述权利要求记载的内容看，步骤四从捕捉的图像中检测并定位的可以是人眼，也可以是人脸，还可以是人眼和人脸，其并未限定人

脸、人眼的检测定位顺序；步骤五以及关于步骤四中人眼反光高亮点的限定，亦不能解读出有关检测顺序。中科奥森公司关于被诉决定遗漏区别技术特征的主张缺乏依据，本院不予支持。

2. 关于区别技术特征1是否被对比文件1第十四实施例公开

首先，对比文件1第十四实施例中的红外相机作用在于感知红外线主动光源；700nm以上的高灵敏度的红外相机，还能够排除荧光灯的影响。对此，对比文件1第249段记载“红外相机341是仅在红外波长区域中具有灵敏度的相机。”第254段明确表述，“当采用具有从700nm或更大的灵敏度的红外相机341时，可以几乎完全消除由于用于一般照明的荧光灯引起的外部光的影响”。其原因在于，根据对比文件1图38、39以及第253段的记载“在700nm的近红外波长区域或更大波长区域中，其（荧光灯）辐射能量接近为约‘0’”。换言之，700nm以上高灵敏度的红外相机之所以能够排除荧光灯的影响，并不是因为限定了使用红外相机就相当于限定了不能有荧光灯光源，而是因为荧光灯光源的辐射范围和高灵敏度的红外相机的感应范围恰好错开，故即便使用环境中有荧光灯，高灵敏度的红外相机也不会受其干扰。

其次，对比文件1第十四实施例中红外光阻断体的作用在于阻断处于红外波长区域中的自然光，其并不能阻断其他波长的自然光。对比文件1第255段对此作出了明确表述，自然光通过红外光阻断体后“仅去除了红外波长的太阳光分量并且通过可见光分量，由此不会给人不协调的感觉”。

综上，基于对比文件1第十四实施例中红外相机和红外光阻断体的限定，难以得出该实施例无法与荧光灯或者自然光结合使用的结论。为此，在对比文件1第259段明确公开“可以将第一实施例至第十四实施例进行各种组合来实施”的情况下，被诉决定关于将对比文件1第十四实施例中有关“红外光源”的技术特征与第一实施例的技术方案相结合，并不存在技术障碍的认定，并无不当。

综上所述，中科奥森公司的上诉请求部分成立，一审判决认定事实基本清楚，但适用法律部分有误，应予撤销。根据《中华人民共和国行政诉讼法》第七十条第二项、第八十九条第一款第二项之规定，判决如下：

（一）撤销北京知识产权法院（2018）京73行初10897号行政判决；

（二）撤销国家知识产权局第40531号无效宣告请求审查决定中关于宣告专利号为200480036270.2、名称为“一种获取人脸图像的方法及人脸识别方法与系统”的发明专利修改后的权利要求4、7及引用权利要求4、7的权利要求8—10无效的决定；

（三）国家知识产权局就苹果电脑贸易（上海）有限公司针对专利号为200480036270.2、名称为“一种获取人脸图像的方法及人脸识别方法与系统”的发明专利修改后的权利要求4、7及引用权利要求4、7的权利要求8—10提出的无效宣告请求重新作出审查决定；

（四）驳回北京中科奥森科技有限公司的其他诉讼请求。

一审案件受理费100元，二审案件受理费100元，分别由北京中科奥森科技有限公司和国家知识产权局各负担50元。

本判决为终审判决。

审 判 长 郃中林
审 判 员 罗 霞
审 判 员 邓 卓

二〇二三年十二月十二日

法官助理 廖继博
法官助理 高 雪
书 记 员 李思倩

行 政

广东省兴宁三建工程有限公司与广东省兴宁市自然资源局土地行政处罚案

【裁判要旨】

行政机关在对历史遗留的未批先建非法占地行为进行处罚时，应当充分考虑全案情况，结合非法占地的原因、过程、时间与各方责任情况，采取既能实现行政管理目的，又能对相对人信赖利益予以保护，对其权益影响和社会资源损害最小的执法方式，相应的行政处罚决定亦应符合过罚相当原则。

最高人民法院行政判决书
（2021）最高法行再249号

申诉人（一审原告、二审上诉人、再审申请人）：广东省兴宁三建工程有限公司。住所地：广东省兴宁市兴南大道近水楼台。

法定代表人：王焕权，总经理。

委托诉讼代理人：郭俊杰，该公司员工。

委托诉讼代理人：冯海龙，北京中银（广州）律师事务所律师。

被申诉人（一审被告、二审被上诉人、被申请人）：广东省兴宁市自然资源局。住所地：广东省兴宁市人民大道。

法定代表人：陈伟东，局长。

委托诉讼代理人：钟伟崇，副局长。

委托诉讼代理人：曾荣松，广东广兴律师事务所律师。

申诉人广东省兴宁三建工程有限公司（以下简称三建公司）因诉被申诉人广东省兴宁市自然资源局（原广东省兴宁市国土资源局，以下简称兴宁市资源局）土地行政处罚一案，不服广东省梅州市中级人民法院（2014）梅中法行终字第70号行政判决，向广东省高级人民法院申请再审。广东省高级人民法院以（2017）粤行申1232号行政裁定驳回三建公司的再审申请后，三建公司向本院申诉。本院以（2021）最高法行监1号行政裁定提审本案，并依法组成合议庭，于2023年4月19日公开开庭审理本案。三建公司的法定代表人王焕权，三建公司的委托诉讼代理人郭俊杰、冯海龙，兴宁市资源局的委托诉讼代理人钟伟崇、曾荣松到庭参加诉讼。本案现已审理终结。

一、二审法院查明：2003年4月11日，兴宁市发展计划局向梅州市发展计划局上报兴计字〔2003〕14号《关于我市茶艺休闲娱乐运动中心项目的立项请示》，载明由三建公司筹资在福兴镇五里村征地80亩建设茶艺休闲娱乐运动中心。梅州市发展计划局于2003年4月28日批复同意兴建上述项目。2003年10月30日，兴宁市招商引资办公室作出兴招字〔2003〕22号《关于兴办五里香茶艺、健身中心项目用地申请的批复》，同意该项目选址为福兴镇五里、锦华村地域，并同意土地补偿费（含安置补偿、青苗补偿等）按三建公司与福兴镇政府协商的价格解决，出让土地价格按征地成本减去本级财政收入部分计算。2003年12月28日，兴宁市建设局（现兴宁市住房和城乡建设局）编号地04规001《广东省建设项目选址意见书》亦同意五里香度假村（包括五里香茶艺馆）选址在兴宁市福兴镇五里村与锦华村地段，用地规模为110亩。2003年9月18日，三建公司向兴宁市建设局为兴宁市五里香度假村茶艺馆的建筑工程施工许可申请报建，报建材料中附有兴宁市国土资源局福兴国土资源所出具的关于五里香度假村建筑工程“兹有五里香度假村全部土地已经我所协助征用。其土地使用证正在办理中，请有关部门给予办理报建手续”的证明和三建公司承诺尽快办理报建材料中所缺的土地使用证、消防许可证等的承诺书。兴宁市建设局于2004年2月12日核发编号为04规006的《建设工程规划许可证》准予建设上述建筑工程，并于同年2月24日核发编号为441425200402240201《建筑工程施工许可证》准予五里香度假村施工，建设规模为4036㎡，建设地址位于兴宁市205国道福兴五里段。其间，兴宁市建设局于2004年2月10日颁发了编号为地04规001的《建设用地规划许可证》，准予办理五里香度假村的征用划拨土地手续。2004年间兴宁市人民政府（以下简称兴宁市政府）以兴市府函〔2004〕2号《关于引资大户项目要求减免报建规费的批复》（以下简称《减免规费批复》），同意对包括五里香度假村在内的项目给予减免建设报建中的有关规费。

三建公司在未取得五里香度假村的国有土地使用权证的情况下，于2004年初开始兴建五里香度假村茶艺馆。2008年7月20日，三建公司与兴宁市丽都假日酒店（以下简称丽都酒店）签订《五里香场地使用合同》，将部分已兴建的五里香度假村茶艺馆建筑及场地（面

积 $3000m^2$，其中建筑面积 $2000m^2$，空地面积 $1000m^2$）租赁给丽都酒店，合同期为10年（自2008年8月1日起至2018年7月31日止），场地每月使用费为10000元。

兴宁市资源局于2014年3月15日开始对三建公司非法占用土地一案进行立案查处，并认定：三建公司以招商引资名义在未取得建设用地批准手续的情况下，在205国道侧福兴五里村黄产桥李屋门口兴建五里香茶艺馆，占地总面积共10216.67平方米。三建公司于2008年7月将五里香茶艺馆租赁给丽都酒店装修经营至今。经勘测，已建成的酒店主楼建筑物占地1468.25平方米，经查核符合土地利用总体规划。兴宁市资源局将《国土资源行政处罚听证告知书》于同年5月5日留置送达给羁押在兴宁市看守所的三建公司时任法定代表人王佛鹏，又于5月6日直接送达给王佛鹏的委托代理人王美玲。5月27日举行了听证会，王美玲参加了听证会。5月28日的行政处罚听证报告书确认了兴宁市资源局查证的事实。5月29日，兴宁市资源局以三建公司在未取得建设用地批准手续情况下占用土地兴建五里香茶艺馆，对三建公司作出兴国土资处罚字〔2014〕第9号《国土资源行政处罚决定书》（以下简称9号处罚决定）：没收三建公司在非法占用10216.67平方米的土地上建成的建筑物和其他设施。兴宁市资源局将上述处罚决定于5月30日留置送达给羁押在兴宁市看守所的王佛鹏，并于6月3日分别直接送达给王美玲和丽都酒店。三建公司不服9号处罚决定，于8月25日提起行政诉讼。主要理由为，案涉五里香度假村所在的土地位于粤国土资（建）字〔2009〕170号《关于兴宁市2008年度第一批次城镇建设用地的批复》的范围，是建设用地而不是农用地。三建公司已支付案涉土地的租赁款交由兴宁市福兴街道办事处五里村民委员会发放给村民，其中5亩已办理土地征用手续且已缴清了土地出让金。

广东省兴宁市人民法院（2014）梅兴法行初字第28号行政判决认为：根据2004年修正的《中华人民共和国土地管理法》（以下简称《土地管理法》）第四十三条“任何单位和个人进行建设，需要使用土地的，必须依法申请使用国有土地”的规定，申请使用国有土地是任何单位和个人进行建设必备的前提条件。三建公司在2004年初以招商引资名义在未取得建设用地批准手续的情况下，在205国道侧福兴街道办事处五里村黄产桥李屋门口占用土地兴建五里香茶艺馆，占地面积共10216.67平方米，并在该土地上兴建茶艺馆建筑物占地1468.25平方米，宿舍工棚建筑物占地706.93平方米。经查，三建公司的上述行为虽符合土地利用总体规划，但这些建筑物均是在没有依法申请使用国有土地的前提下进行的。根据《土地管理法》第四十六条关于“国家征收土地的，依照法定程序批准后，由县级以上地方人民政府予以公告并组织实施”的规定，县级以上人民政府才有征收土地的权力。对案涉土地，兴宁市政府至目前未实施相关的征收行为，可以认定三建公司提供福兴国土资源所出具其协助征用土地的证明与事实不符，其证明行为也明显超越了法定职权。兴宁市发展计划局的请示、梅州市发展计划局的批复、建设工程规划许可证及兴宁市政府的批复等相关证据材料，均不能证明三建公司在案涉土地上实施的建设行为已经进行了依法申请使用国有土地的事实，三建公司也不能基于上述证据材料就免除其建设行为须依法申请使用国有土地的法定义务，由此可以证明三建公司在案涉土地上进行建设没有申请使用国有土地并获得审批的事实是客观存在的。根据《土地管理法》第七十六条“未经批准或者采取欺骗手段骗取批准，非法占用土地的，由县级以上人民政府土地行政主管部门责令退还非法占用的土地，对违反土地利用总体规划擅自将农用地改为建设用地的，限期拆除在非法占用的土地上新建的建筑物和其他设施，恢复土地原状，对符合土地利用总体规划的，没收在非法占用的土地上新建的建筑物和其他设施……”的规定，从兴宁市资源局提供的证据材料来看，三建公司在案涉土地上的建设行为是符合兴宁市土地利用总体规划的，所以兴宁市资源局依上述规定对三建公司作出没收其非法占用10216.67平方米的土地上建成的建筑物和其他设施，符合上述法律规定。

同时，三建公司非法占用案涉农用地的事实，在已生效的广东省梅州市中级人民法院（2014）梅中法刑终字第34号刑事判决中得到确认。该判决认定三建公司于2004年在没有办理建设用地使用审批手续的情况下擅自在福兴街道办事处五里村、锦华村获得的土地上兴建五里香茶艺馆的行为构成非法占用农用地罪。因此，9号处罚决定认定事实和适用法律并无不当之处。

关于处罚程序方面，兴宁市资源局在作出9号处罚决定时，严格遵守《土地违法案件查处办法》和《国土资源听证规定》，依法履行了受理、立案、调查、召开听证会、作出决定、送达及告知救济途径等程序，所以三建公司认为兴宁市资源局处罚程序违法的主张不予采纳。

综上，9号处罚决定认定事实清楚，证据确实、充分，程序合法，三建公司诉请撤销该处罚决定明显缺乏事实依据和法律依据。遂依照《最高人民法院关于执行〈中华人民共和国行政诉讼法〉若干问题的解释》第五十六条第四项的规定，判决：驳回三建公司请求撤销9号处罚决定的诉讼请求。三建公司不服，提起上诉。

广东省梅州市中级人民法院（2014）梅中法行终字第70号二审判决认为：《土地管理法》第四十三条、第四十四条第一款规定，任何单位和个人进行建设，需要使用土地的，必须依法申请使用国有土地；建设占用土地，涉及农用地转为建设用地的，应当办理农用地转用审批手续。案涉土地系兴宁市福兴街道办事处五里村、锦华村的集体土地，用途属于农用地，三建公司在未取得国有土地使用证，未经用地审批情况下擅自在集体农用地上兴建五里香茶艺馆的行为已经构成非法占用农用地，上述事实有已生效的（2014）梅中法刑终字第34号刑事判决予以确认。因此，兴宁市资源局认定三建公司非法占用土地事实清楚，证据确实充分。兴宁市资源局虽然存在程序瑕疵，但不影响三建公司违法行为的定性和处罚，亦没有影响到三建公司的权利行使。综上，9号处罚决定事实清楚，证据充分，符合《土地管理法》第七十六条的规定。三建公司诉请撤销9号处罚决定的诉讼请求无事实根据和法律依据，一审法院判决驳回其诉讼请求并无不当，依法应予维持。遂依照《中华人民共和国行政诉讼法》第六十一条第一项的规定，判决：驳回上诉，维持原判。三建公司不服，申请再审。

广东省高级人民法院（2017）粤行申1232号行政裁定认为：三建公司的案涉建设行为虽然符合土地利用总体规划，但未取得建设用地的批准手续，违反了《土地管理法》第四十三条的规定。兴宁市资源局根据《土地管理法》第七十六条的规定作出9号处罚决定，认定事实清楚，适用法律正确。三建公司申请再审主张，其在案涉土地上建设五里香茶艺馆时已取得建设用地规划许可证、建筑工程施工许可证等相关文件，属于经过相关政府部门批准的合法用地行为，因土地建设规划许可与土地使用许可属于不同性质的行政许可，三建公司虽然取得建设用地规划许可，但并未取得建设用地批准使用手续，其关于案涉用地行为合法的再审申请主张，因缺乏法律依据，不予采纳。三建公司申请再审主张，（2014）梅中法刑终字第34号刑事判决已被撤销，三建公司并没有非法占用农用地的行为，兴宁市资源局9号处罚决定程序违法，其使用案涉土地不属于未经批准的情形，一、二审法院认定事实不清、适用法律错误等，请求撤销二审判决，改判支持其诉讼请求，因缺乏事实根据和法律依据，不予采纳。遂依照《最高人民法院关于适用〈中华人民共和国行政诉讼法〉的解释》第一百一十六条第二款的规定，裁定：驳回三建公司的再审申请。三建公司仍不服，向本院申诉。

三建公司申诉称：1. 五里香度假村茶艺馆经过政府相关部门系列决定、许可、批准以及三建公司的努力才完成，兴宁市资源局也是审批和配合的政府部门之一。兴宁市资源局作出9号处罚决定，属滥用职权，应予撤销。2. 三建公司根据兴宁市招商引资办公室2003年10月30日的《用地申请批复》，按照和福兴镇政府协商的征地成本标准支付了征地补偿款、青苗补偿费、建设投入等款项共39833934.97元，且兴宁市政府《补办用地手续申报表》已确认三建公司已缴纳全部征地补偿款。3. 据以作出一、二审判决的（2014）梅中法刑终字第34号刑事判决已被广东省中山市中级人民法院再审撤销，且刑事再审判决足以推翻一、二审判决对三建公司非法占用农用地的认定。4. 兴宁市资源局对三建公司处以较重的行政处罚未经集体讨论决定，严重违反法定程序。请求：撤销一、二审判决及9号处罚决定。

兴宁市资源局答辩称：1.9号处罚决定认定事实清楚、证据确凿。三建公司在兴建五里香茶艺馆时没有办理相关合法用地手续，没有领取相关的批文及土地使用证，用地不合法。2.9号处罚决定适用法律正确。根据《土地管理法》第四十三条、第七十六条的规定，三建公司没有依法办理合法的用地手续，结合三建公司的建筑物没有违反土地利用总体规划的情形，兴宁市资源局没收案涉土地上的建筑物和其他设施，符合法律规定。3.9号处罚决定程序合法，兴宁市资源局在作出决定前已经履行了受理、立案、调查、召开听证会、作出决定及告知救济途径等程序。4. 三建公司提交的广东省国土资源厅以粤国土资（建）字〔2009〕170号《关于兴宁市2008年度第一批次城镇建设用地的批复》并不涉及五里香茶艺馆项目的用地。五里香茶艺馆也就是丽都酒店用地，直至2017年才取得广东省国土资源厅的征地批复，在2017年前属于农用地。请求维持二审判决。

本院再审查明：五里香度假村项目总用地107.2241亩由三部分组成，分别为东侧的茶艺休闲中心用地（约84.7905亩）、西侧用地（约9.2824亩）、案涉五里香茶艺馆项目用地（10216.67平方米，约15.33亩）。案涉约15.33亩土地中，10.2686亩土地系三建公司2002年通过福兴镇政府、五里村委会以建花圃的名义向五里村村民或村民小组租用；3.8362亩土地系三建公司2002年通过福兴镇政府、锦华村委会以建花圃的名义向锦华村村民租用，后因群众对年付租金不满，改为按照每亩46537元的标准一次性“征用”；其他约1.23亩土地系河堤用地。

兴宁市国土资源局于2003年4月4日作出《关于茶艺休闲娱乐运动中心项目用地预审意见》，同意该项目用地80亩，项目符合兴宁市城市总体规划确定的功能和布局，要求三建公司立项后及时到该局办理用地手续。兴宁市招商引资办公室2004年1月16日对三建公司作出兴招函〔2004〕10号《关于招商引资重点项目上报开工建设进度的函》（以下简称10号函），载明：五里香度假村属于享受兴发〔2003〕6号文给予减免报建规费的项目，希望三建公司接函后，认真做好建设工期计划，尽快完成项目建设，为发展兴宁区域经济而努力，并将建设工期计划及建设进度按月上报该办。2004 年 2 月 11 日，兴宁市政府作出《减免规费批复》，同意减免五里香度假村的报建规费，免除市政建设配套费、工程质量监督费等十项行政事业收费及其他收费，以兑现招商引资优惠政策。2004 年 12 月 28 日，五里香茶艺馆工程被梅州市建设局评定为 2004 年度梅州市安全生产文明施工优良样板工地。

五里香茶艺馆于 2004 年 12 月落成后，兴宁市政府以五里香度假村项目用地系未批先用历史遗留用地的名义，上报申请完善用地手续，广东省国土资源厅 2004 年 10 月 22 日作出粤国土资（利用）函〔2004〕777 号《关于完善历史遗留用地手续问题的复函》（以下简称 777 号复函），同意五里香度假村项目完善历史用地手续，时间和程序按粤国土资电〔2004〕42 号文办理。但是兴宁市政府及其相关职能部门仅对茶艺休闲中心用地（84.7905 亩）上报完善用地手续，案涉的五里香茶艺馆项目及西侧土地一直未按照 777 号复函的要求补办用地手续。2017 年 9 月 1 日，广东省国土资源厅作出粤国土资（建）字〔2017〕470 号《关于兴宁市 2017 年度第一批次城镇建设用地的批复》，批准征收案涉土地中的 14.8185 亩。

又查明：兴宁市资源局 2014 年 5 月 29 日以 9 号处罚决定没收三建公司在案涉土地上建成的建筑物和其他设施后，兴宁市政府 2015 年 6 月 24 日又召开常务会议，以案涉建筑存在安全隐患等为由，决定将案涉土地上的建筑物和其他设施予以拆除，后兴宁市国土资源局委托第三方实施了拆除。案涉土地目前处于闲置状态。

还查明，2015 年 7、8 月间，为解决三建公司已支付的土地费用及填土等费用的退回问题，三建公司、福兴街道办事处、兴宁市资源局、兴宁市土地储备和征地服务中心之间进行了一系列书面函件往来。8 月 25 日兴宁市资源局、兴宁市土地储备和征地服务中心给兴宁市政府《关于退还三建公司涉及有关地块土地补偿及填土等费用的请示》载明，各项费用累计 877 万元（其中土地补偿费 370 万元、同期计息 320 万元、填土费用 95 万元、挡土墙等附着物 89 万元，街道办垫付假日酒店租地款 2.1 万元）。后因故，上述费用未实际退回到三建公司账户。兴宁市资源局 2018 年 12 月 24 日作出《关于三建公司涉案地块的有关情况说明》，载明经福兴街道办核算，三建公司及关联企业就茶艺休闲中心地块、五里香茶艺馆地块及其西侧地块支付土地补偿等费用共 315 万元，其中茶艺休闲中心地块 275 万元。

本院再审期间，曾组织双方就补救措施与赔偿问题开展协调工作，但协调未果。

本院认为，2004 年修正的《土地管理法》第四十三条第一款规定，任何单位和个人进行建设，需要使用土地的，必须依法申请使用国有土地；但是，兴办乡镇企业和村民建设住宅经依法批准使用本集体经济组织农民集体所有的土地的，或者乡（镇）村公共设施和公益事业建设经依法批准使用农民集体所有的土地的除外。第七十六条第一款规定，未经批准或者采取欺骗手段骗取批准，非法占用土地的，由县级以上人民政府土地行政主管部门责令退还非法占用的土地，对符合土地利用总体规划的，没收在非法占用的土地上新建的建筑物和其他设施，可以并处罚款。本案中，三建公司、兴宁市政府、兴宁市资源局、兴宁市建设局等均明知建设五里香茶艺馆，应当依法申请使用国有土地，兴宁市政府、兴宁市资源局等行政机关与案涉集体土地所有权人也均同意三建公司使用案涉土地，也已经收取相应的费用，并已经就案涉集体土地转为国有建设用地办理相应征收与农用地转用报批手续。但是，在 9 号处罚决定作出之时，案涉土地仍未全部完成集体土地征收与农用地转用审批手续，也未依法办理国有土地出让手续。因此，三建公司在案涉土地仍为集体农用地的情况下，即先行建设五里香茶艺馆，显然违法。

但是，被诉处罚决定的合法性还取决于是否违反过罚相当原则，处罚决定与非法占地的事实、性质、情节、社会危害程度是否相适应。即兴宁市资源局作出9号处罚决定，是否应考虑法定的从轻或者减轻情节，是否存在其他可以消除违法状态的处理方式，没收案涉土地上已建成建筑物和其他设施是否需要保护三建公司对政府行政行为产生的信赖利益。

首先，案涉项目虽然未依法办理征收、农用地转用和出让手续，但已办理了其他一系列建设审批、许可手续，案涉项目违法开工建设系在当地行政机关支持和配合下进行。三建公司取得的一系列报建审批，包括用地预审意见、立项批复、项目用地批复、建设用地规划许可证、建设工程规划许可证、建筑工程施工许可证等均说明，兴宁市政府、兴宁市资源局、兴宁市建设局等行政机关在明知案涉土地尚未依法取得征收与农用地转用审批手续、也未依法出让给三建公司的情况下，准许五里香茶艺馆项目实施建设。兴宁市招商引资办公室10号函、兴宁市政府《减免规费批复》，还要求案涉项目尽快完成建设，并减免、免除项目的多种规费、收费。尤其是兴宁市资源局所属的福兴国土资源所为了配合三建公司申请报建，还出具证明“兹有五里香度假村全部土地已经我所协助征用。其土地使用证正在办理中，请有关部门给予办理报建手续”。上述一系列行政行为说明，兴宁市政府及相关职能部门的违法作为，是案涉土地被违法占用的主要原因之一，也是非法占地问题未能及时得以解决并持续十余年的重要原因。

其次，因案涉项目符合当地土地总体规划，原广东省国土资源厅已经同意补办用地手续情况下，兴宁市政府及相关部门长期未及时补办完善审批手续，是造成违法用地状态未及时消除的重要原因。正是由于意识到五里香度假村项目存在未批先用、非法占地建设的问题，兴宁市政府及相关职能部门先后采取了一系列措施，补办与完善用地手续。应兴宁市有关部门申请，梅州市国土资源局于2004年3月25日将五里香度假村项目作为历史遗留的违法用地项目，申请补办农用地转用和征收手续。2004年10月22日，广东省国土资源厅作出777号复函，同意包括案涉项目在内的五里香度假村项目完善历史用地手续，时间和程序按粤国土资电〔2004〕42号文办理。但是，兴宁市政府及其相关部门仅对案涉土地东侧的茶艺休闲中心用地（84.7905亩）上报完善用地手续，但案涉土地一直未按照777号复函的要求补办用地手续。兴宁市政府及相关部门对于三建公司未能依法取得案涉土地使用权明显存有相应责任。

再次，三建公司占用案涉土地建设已经支付部分土地补偿等费用。兴宁市招商引资办公室于2003年10月30日作出兴招字〔2003〕22号《关于兴办五里香茶艺、健身中心项目用地申请的批复》，同意该项目选址，并同意土地补偿费（含安置补偿、青苗补偿等）按三建公司与福兴镇政府协商的价格解决，出让土地价格按征地成本减去本级财政收入部分计算。上述批复要求支付土地补偿费用及确定土地出让金的方式，虽不符合《土地管理法》有关土地征收、补偿和出让的程序规定，但也是三建公司非法占地且未按法律规定支付全部费用的重要原因。原兴宁市国土资源局2018年12月24日作出《关于三建公司涉案地块的有关情况说明》可以证明，三建公司及关联企业支付五里香茶艺馆及西侧地块（共24.6124亩）补偿费用共40万元，再审庭审中兴宁市资源局亦认可三建公司就案涉土地支付了一定补偿费用。

最后，兴宁市资源局对三建公司的处罚应当与其违法事实、主观过错、危害程度相当，做到过罚相当。当时有效的《中华人民共和国行政处罚法》（2009 年 8 月修正）第四条第一、二款规定：“行政处罚遵循公正、公开的原则。设定和实施行政处罚必须以事实为依据，与违法行为的事实、性质、情节以及社会危害程度相当。”行政处罚要坚持过罚相当原则，行政机关对违法行为人适用行政处罚，所科处罚种类和幅度要与违法行为人的违法事实、过错程度、社会危害程度等因素相适应。本案中，三建公司作为房地产开发经营的企业，明知在案涉土地上建设五里香茶艺馆，需要取得相关用地审批手续，但其仍然通过福兴镇政府以建花圃的名义“征用”或租用案涉耕地进行项目建设，构成非法占地；且三建公司在使用案涉土地十年期间，仍未督促相关政府部门补办完善土地征收、出让手续，应当承担相应的法律责任。但是，兴宁市政府及相关职能部门明知三建公司未取得合法用地手续，仍然以招商引资名义支持、协助案涉项目建设，也未按照 777 号复函的要求补办项目用地手续，还默许三建公司以租代征方式先行建设，也应承担相应的法律责任。三建公司对兴宁市政府及相关职能部门的违法行政行为已经形成足够的信赖，因此形成的信赖利益，也应依法予以保护。

因此，兴宁市资源局于 2014 年作出 9 号处罚决定时，应当充分考虑全案情况，结合非法占地的原因、过程、时间与各方责任情况，并在案涉符合土地利用总体规划且省级政府已经同意五里香度假村项目完善历史用地手续的情况下，采取既能实现行政管理目的，又能对相对人权利和社会资源损害最小的执法方式。兴宁市资源局本应对历史遗留的未批先建等非法占地，优先考虑采取补救措施，尽快依法办理案涉土地的征收与农用地转用审批手续，并向三建公司提供通过招拍挂程序依法取得土地使用权的机会，让非法占地能够得以合法化。即使无法采取补救措施，也应当综合考量三建公司和相关政府部门的过错情况，公平合理地作出处理。然而，兴宁市资源局在五里香茶艺馆建成使用近十年后，迳行将其没收，并予以拆除，明显与三建公司的过错和社会危害程度不相当，行政处罚显失公正，既浪费社会资源，又影响法治政府与诚信政府建设，还侵犯了三建公司的信赖利益，不应得到支持。依照《中华人民共和国行政诉讼法》第七十条第六项的规定，9 号处罚决定本应撤销，但是鉴于案涉土地上建筑物和其他设施已被拆除，已不可能恢复原状，故撤销 9 号处罚决定已无意义，故应依照《中华人民共和国行政诉讼法》第七十四条第二款第一项的规定，确认 9 号处罚决定违法。一、二审法院分别判决驳回三建公司的诉讼请求和上诉，认定事实不清，适用法律错误，应予纠正。

需要说明的是，鉴于三建公司在起诉时未提出赔偿请求，双方虽曾就三建公司已支付的土地费用及填土等费用的退回问题进行过协商，但并未就没收与强制拆除造成损失的补救措施或者赔偿进行过协商，故对补救措施问题或赔偿问题，本案依法不予处理。但本判决生效后，兴宁市资源局应当主动与三建公司就违法行为给三建公司造成的损失，协商具体补救措施或者赔偿方式；协商不成的，兴宁市资源局应当依法确定损失金额并结合双方违法过错程度及时作出赔偿决定。三建公司对赔偿决定不服，可依法另行提起诉讼。

综上，9 号处罚决定违反过罚相当原则，显失公正，一、二审判决认定事实不清，适用法律错误，应予纠正。依照《中华人民共和国行政诉讼法》第七十四条第二款第一项、第八十九条第一款第二项，《最高人民法院关于适用〈中华人民共和国行政诉讼法〉的解释》

第一百一十九条的规定，判决如下：

一、撤销广东省梅州市中级人民法院（2014）梅中法行终字第70号行政判决及广东省兴宁市人民法院（2014）梅兴法行初字第28号行政判决；

二、确认广东省兴宁市自然资源局兴国土资处罚字〔2014〕第9号《国土资源行政处罚决定书》违法。

一、二审案件受理费100元，由广东省兴宁市自然资源局负担。

本判决为终审判决。

审 判 长 耿宝建
审 判 员 孙祥壮
审 判 员 贾清林

二〇二三年四月十九日

法官助理 张巧云
法官助理 张 伟
书 记 员 陈丹超

王家琼与湖北省宜昌市伍家岗区人民政府未登记房屋认定案

【裁判要旨】

市、县级人民政府对征收范围内未登记建筑作出的认定意见，对被征收人获得行政补偿的合法权益产生实际影响的，其法律效果可被后续的行政补偿行为吸收。被征收人依法对市、县级人民政府作出的补偿决定提起诉讼的，人民法院对被征收人就认定意见提起的诉讼可不予立案。市、县级人民政府对未登记建筑作出认定意见后，被征收人与房屋征收部门不能达成补偿协议，市、县级人民政府也未及时作出补偿决定的，被征收人难以通过其他法定途径解决争议，其就认定意见单独提起诉讼的，人民法院应予立案。

最高人民法院行政裁定书
（2023）最高法行再16号

再审申请人（一审原告、二审上诉人）：王家琼，女，1958年4月26日出生，汉族，住湖北省宜昌市。

委托诉讼代理人：冯雷，湖北瀛沧律师事务所律师。

委托诉讼代理人：熊万里，湖北瀛沧律师事务所律师。

被申请人（一审被告、二审被上诉人）：湖北省宜昌市伍家岗区人民政府。住所地：湖北省宜昌市伍家岗区八一路2号。

法定代表人：谭志军，区长。

委托诉讼代理人：刘继炎，湖北诚业律师事务所律师。

再审申请人王家琼因诉被申请人湖北省宜昌市伍家岗区人民政府（以下简称伍家岗区政府）未登记房屋认定一案，不服湖北省高级人民法院（2022）鄂行终409号行政裁定，向本院申请再审。本院于2023年7月11日作出（2023）最高法行申55号行政裁定，提审本案。本院依法组成合议庭进行了审理，现已审理终结。

王家琼申请再审称，1. 伍家岗区政府对王家琼案涉房屋不予认定为合法建筑（房屋）的行政行为，不是因征收而实施的过程性行为，而是对房屋性质（是否合法）作出认定的终局性行为，对王家琼的权利义务造成实质影响。一、二审裁定适用法律错误。2. 伍家岗区政府对王家琼案涉建筑（房屋）不予认定为合法建筑（房屋）依据错误，适用法律不当，认定行为明显不当。王家琼案涉建筑（房屋）（原规划为“连廊新建及门面改造”）已经取得建设工程规划许可及施工许可，应依法认定为合法建筑。3. 因伍家岗区政府对王家琼案涉建筑（房屋）不予认定为合法建筑（房屋），导致宜昌市伍家岗区住房保障服务中心（以下简称伍家岗区住保中心）在未予补偿的情况下直接将王家琼案涉房屋强制拆除，直接损害了王家琼的合法权益。故请求裁定将本案发回重审，或者实质化解行政争议。

伍家岗区政府辩称，1. 伍家岗区政府征收王家琼案涉未登记房屋合法。2. 伍家岗区政府对案涉未登记房屋作出认定意见，属于因征收补偿实施的过程性行为，不属于人民法院行政诉讼受案范围。3. 伍家岗区政府作出的《关于未登记建筑（房屋）的认定意见》（以下简称《认定意见》）合法有效，结论正确。4. 王家琼的再审请求及事实理由均不成立，应予驳回。故请求本院依法裁判。

湖北省宜昌市中级人民法院一审查明：因实施宜昌市伍家岗区九码头棚户区改造项目建设，伍家岗区政府于2017年11月13日作出宜伍征决字〔2017〕10号《房屋征收决定书》，决定征收沿江大道、夷陵大道、胜利二路的部分房屋，征收部门为伍家岗区房屋征收与补偿办公室。同日，伍家岗区政府在房屋征收范围内将《房屋征收决定书》及附件《房屋征收范围图》《伍家岗区九码头棚户区改造项目房屋征收补偿方案》予以公告。宜昌市伍家岗区夷陵大道134号的房屋在征收范围内。

2015年，王家琼因诉唐万定、宜昌丰泽实业有限责任公司（以下简称丰泽公司）民间借贷纠纷一案，湖北省宜昌市伍家岗区人民法院于2015年5月10日作出（2015）鄂伍家岗民初字第00689号《民事调解书》，内容为：唐万定、丰泽公司于2015年5月15日前向王家琼支付借款本金880000元、利息58666元，共计938666元。因唐万定、丰泽公司未能履行《民事调解书》确定的义务，王家琼申请强制执行。在执行过程中，王家琼与唐万定、丰泽公司自愿达成和解协议，确定债务938666元，并同意由丰泽公司以其位于宜昌市伍家岗区夷陵路134号的无产权门面房及相应的土地使用权作价600000元，抵偿给王家琼，不足以清偿部分的债务338666元，由人民法院继续执行。湖北省宜昌市伍家岗区人民法院根据前述和解协议，于2015年8月31日作出（2015）鄂伍家岗执字第00251－1号《执行裁定书》，裁定：一、将位于宜昌市伍家岗区夷陵路134号的无产权门面房［面积119.68平方米，土地使用证号为宜市国用（2005）第120302008－2号，土地性质为国有划拨用地］作价600000元，交付给申请执行人王家琼抵偿债务600000元，不足以清偿部分的债务338666元，由人民法院继续执行。自该裁定送达之日起，申请执行人王家琼对该门面享有占有、使用、收益权。二、申请执行人王家琼在该不动产符合办理产权登记条件时可持该裁定到有关机构办理相关产权登记手续。

经宜昌几何测绘科技有限公司测绘，王家琼位于宜昌市伍家岗区夷陵大道134号房屋的面积为167.91平方米。

2021年6月2日，伍家岗区政府召开办公会，宜昌市自然资源和规划局伍家岗区分局、伍家岗区城市管理执法局、伍家岗区住房和城乡建设局、伍家岗区住保中心、大公桥街道办事处及税务、市场监管、评估机构等参加会议，专题研究九码头棚改项目等国有土地上房屋征收未登记建筑（房屋）及改变房屋规划用途的拟认定问题，会议对所涉未登记建筑及改变房屋规划用途的情况进行了核实，形成拟认定意见。其中，对于九码头棚改项目丰泽公司未登记建筑（房屋）拟认定问题形成如下意见：伍家岗区九码头棚户区改造项目范围内丰泽公司A区、B区、C区房屋，经测量，未登记建筑（房屋）面积分别为167.91平方米、271.86平方米、350平方米。针对以上789.77平方米未登记建筑（房屋），丰泽公司未能按照宜府办发〔2015〕42号文件《宜昌市城区国有土地上房屋征收范围内未登记建筑调查认定办法》第五条，提供关于1984年前建造未登记房屋的证明材料，同时被征收人未能按照《宜昌市城区国有土地上房屋征收范围内未登记建筑调查认定办法》第六条，提供土地权属证明或者建设用地批准文件、建设许可文件、乡（镇）人民政府、街道办事处建房批准文件或者其他有关主管部门的建房批准文件中的任一材料，亦未能按照《宜昌市城区国有土地上房屋征收范围内未登记建筑调查认定办法》第七条，同时提供建设用地规划许可证、建设工程规划许可证（永久）、建设工程施工许可文件。故上述未登记房屋不符合认定为合法建筑（房屋）的条件，不予认定为合法建筑（房屋）。伍家岗区政府对此次专题会议内容形成了《伍家岗区国有土地上房屋征收未登记建筑以及改变房屋规划用途拟认定专题会会议纪要》。

2021年6月5日，伍家岗区政府将《伍家岗区国有土地上房屋征收未登记建筑以及改变房屋规划用途拟认定专题会会议纪要》予以张贴、公告。2021年7月19日，房屋征收部门将该专题会议纪要送达王家琼。王家琼对拟认定意见提出异议。伍家岗区政府认为王家琼提出的异议不能成立，于2021年9月15日作出《认定意见》，内容为：依据《国有土地上房屋征收与补偿条例》《宜昌市城区国有土地上房屋征收范围内未登记建筑调查认定办法》规定，经过调查、核实及拟认定意见公示程序，被征收人王家琼位于夷陵大道134号的房屋（原丰泽公司A区）在伍家岗区九码头棚户区改造项目房屋征收范围内，未登记建筑面积为167.91平方米，该处未登记建筑（房屋）不符合认定为合法建筑（房屋）的条件，不予认定为合法建筑（房屋）。

2021年9月16日，伍家岗区政府将《认定意见》送达王家琼。王家琼认为伍家岗区政府作出的该认定意见违法，提起本案诉讼，请求确认伍家岗区政府于2021年9月15日作出的《认定意见》违法，并予以撤销；确认王家琼位于宜昌市夷陵大道134号未登记建筑面积为167.91平方米的房屋为合法建筑物；由伍家岗区政府承担本案诉讼费。

湖北省宜昌市中级人民法院一审认为，《最高人民法院关于适用〈中华人民共和国行政诉讼法〉的解释》第一条第二款第六项规定，行政机关为作出行政行为而实施的准备、论证、研究、层报、咨询等过程性行为，不属于人民法院行政诉讼的受案范围。本案中，伍家岗区政府对王家琼未登记建筑进行的调查、认定行为，其目的是查清征收范围内的房屋情况。即使该调查认定涉及补偿，也仅是对后续评估机构依法作出评估报告，及市、县级人民政府依法决定补偿作出准备、创造条件，其本身并不对征收补偿法律关系产生终局性影响，不在行政机关与被征收人之间直接设定行政法上的权利义务关系，且不对被征收人的权益产生终局性影响，属于因征收而实施的过程性行为，不属于行政诉讼的受案范围。故对王家琼的起诉应裁定驳回。王家琼在庭审结束后，向该院申请开具调查令，以调取闵泽兵、胡金光、陶若海、李巧玲、丰泽公司与伍家岗区住保中心签订的房屋征收补偿协议。因该申请事项与本案所诉并无关联性，且本案应裁定驳回王家琼的起诉，故不予准许。据此，依照《中华人民共和国行政诉讼法》第四十九条第四项、《最高人民法院关于适用〈中华人民共和国行政诉讼法〉的解释》第一条第二款第六项、第六十九条第一款第一项之规定，作出（2021）鄂05行初161号行政裁定：驳回王家琼的起诉。

王家琼不服，提起上诉。

湖北省高级人民法院二审对湖北省宜昌市中级人民法院一审查明的事实予以确认。

湖北省高级人民法院二审认为，《国有土地上房屋征收与补偿条例》第二十四条第二款规定："市、县级人民政府作出房屋征收决定前，应当组织有关部门依法对征收范围内未经登记的建筑进行调查、认定和处理。对认定为合法建筑和未超过批准期限的临时建筑的，应当给予补偿；对认定为违法建筑和超过批准期限的临时建筑的，不予补偿。"在国有土地上房屋征收过程中，有关部门依法对征收范围内未经登记的建筑进行调查、认定和处理，仅是为嗣后评估机构依法作出评估报告，及市、县级人民政府依法决定补偿作出准备、创造条件，其本身并不对征收补偿法律关系产生终局性影响，不在行政机关与被征收人之间直接设定行政法上的权利义务关系，因而不属于行政诉讼的受案范围。本案中，伍家岗区政府对王家琼未登记建筑进行的调查、认定行为，并不对王家琼的征收补偿权益产生终局性影响，属于政府因征收而实施的过程性行为，不属于行政诉讼的受案范围。若王家琼对伍家岗区政府后续的征收补偿行为不服，可依法主张权利。一审法院裁定驳回王家琼的起诉，符合《最高人民法院关于适用〈中华人民共和国行政诉讼法〉的解释》第一条第二款第六项的规定。王家琼的上诉理由不能成立，其上诉请求不予支持。据此，依照《中华人民共和国行政诉讼法》第八十九条第一款第一项之规定，作出（2022）鄂行终409号行政裁定：驳回上诉，维持一审裁定。

在本院再审程序中，再审申请人王家琼、被申请人伍家岗区政府对一、二审法院查明的事实没有提出异议。对一、二审法院查明的事实，本院经审理予以确认。

本院再审另查明：王家琼于2022年7月4日向湖北省宜昌市伍家岗区人民法院提起行政诉讼，请求确认伍家岗区住保中心在未与其签订拆迁补偿协议的情况下拆除其位于宜昌市伍家岗区夷陵路134号建筑面积为167.91平方米（实测面积）房屋的行为违法。该院判决确认伍家岗区住保中心强制拆除位于宜昌市伍家岗区夷陵大道134号王家琼房屋的行为违法。该事实有湖北省宜昌市伍家岗区人民法院（2022）鄂0503行初40号行政判决在卷佐证。

本院再审认为，再审申请人王家琼系对被申请人伍家岗区政府于2021年9月15日作出的《认定意见》提起本案诉讼，请求确认违法并予撤销，及确认其案涉房屋为合法建筑。一、二审法院均认定该意见构成《最高人民法院关于适用〈中华人民共和国行政诉讼法〉的解释》第一条第二款第六项规定的“行政机关为作出行政行为而实施的准备、论证、研究、层报、咨询等过程性行为”之情形，以不属于行政诉讼受案范围为由裁定驳回其起诉及上诉。王家琼向本院申请再审，主张该意见系伍家岗区政府对案涉房屋性质是否合法作出的终局性认定，对其权利义务造成实质影响，一、二审裁定适用法律错误；伍家岗区政府则辩称该意见系伍家岗区政府因征收补偿实施的过程性行为，不属于行政诉讼受案范围，一、二审裁定适用法律准确。故该认定意见是否属于行政诉讼受案范围构成本案的核心争议。

关于行政诉讼的受案范围，依照《中华人民共和国行政诉讼法》第二条第一款“公民、法人或者其他组织认为行政机关和行政机关工作人员的行政行为侵犯其合法权益，有权依照本法向人民法院提起诉讼”、第二款“前款所称行政行为，包括法律、法规、规章授权的组织作出的行政行为”的规定，基本原则是公民、法人或者其他组织对侵犯其合法权益的行政行为，均可依法提起行政诉讼。该法第十二条第一款通过十二项列举的方式对行政诉讼受案范围作出细化，并在该条第二款补充规定“人民法院受理法律、法规规定可以提起诉讼的其他行政案件”。《最高人民法院关于适用〈中华人民共和国行政诉讼法〉的解释》第一条除了在第一款重申《中华人民共和国行政诉讼法》第二条第一款的规定外，还在第二款通过十项列举的方式对不属于行政诉讼受案范围的行为作出消极性的例示。分析这些条款的规定，判断行政机关作出的某个行为是否具备可诉性，根本上取决于该行为是否对公民、法人或者其他组织的人身权、财产权等合法权益产生实际影响。对公民、法人或者其他组织的合法权益产生实际影响的，构成可诉的行政行为。相反，对公民、法人或者其他组织的合法权益不产生实际影响的，则为不可诉的行为。对于伍家岗区政府就王家琼案涉房屋作出的《认定意见》是否属于行政诉讼受案范围的问题，应该以该标准为据进行分析。

在行政行为属性上，市、县级人民政府对征收范围内未登记建筑作出的认定意见属于行政机关作出的行政确认行为，即依照《国有土地上房屋征收与补偿条例》第二十四条第二款“市、县级人民政府作出房屋征收决定前，应当组织有关部门依法对征收范围内未经登记的建筑进行调查、认定和处理……”之规定赋予的行政职权，对未登记建筑的坐落、面积、用途、权属、土地状况、建设年代等有关情况进行核查认定。行政确认服务于特定的行政管理目标，属于一种相对独立的行政行为种类。一般而言，行政确认只是对既存事实进行法律事实性的确认，不直接形成或者处分相对人的权利义务。尽管如此，由于被征收人就未登记建筑能否获得补偿、获得何种标准的补偿，依赖于市、县级人民政府作出的认定，故这种行政确认直接影响被征收人获得行政补偿的法律地位。这就对被征收人的合法权益产生了实际影响。《国有土地上房屋征收与补偿条例》第二十四条第二款在对市、县级人民政府“应当组织有关部门依法对征收范围内未经登记的建筑进行调查、认定和处理”作出规定之后，紧随其后规定："对认定为合法建筑和未超过批准期限的临时建筑的，应当给予补偿；对认定为违法建筑和超过批准期限的临时建筑的，不予补偿。"该规定充分表明了市、县级人民政府作出的这种行政确认对被征收人获得行政补偿的合法权益的影响程度。

市、县级人民政府作出的这种行政确认还直接决定了房地产价格评估机构如何对未登记建筑价值进行评估，是房地产价格评估机构对被征收房屋价值进行评估的根本基础，房地产价格评估机构须遵照执行。《国有土地上房屋征收与补偿条例》第十九条第一款规定："……被征收房屋的价值，由具有相应资质的房地产价格评估机构按照房屋征收评估办法评估确定。"《国有土地上房屋征收评估办法》第九条第二款规定："房屋征收部门应当向受托的房地产价格评估机构提供征收范围内房屋情况，包括已经登记的房屋情况和未经登记建筑的认定、处理结果情况……"；该条第三款规定："……对于未经登记的建筑，应当按照市、县级人民政府的认定、处理结果进行评估。"依照这些规定，对于未登记建筑的价值，房地产价格评估机构只能依据市、县级人民政府作出的认定意见进行价值评估，无权自行对未登记建筑作出认定处理。即使被征收人对价值评估有异议，依照《国有土地上房屋征收与补偿条例》第十九条第二款"对评估确定的被征收房屋价值有异议的，可以向房地产价格评估机构申请复核评估。对复核结果有异议的，可以向房地产价格评估专家委员会申请鉴定"的规定申请复核评估或者申请鉴定，也难以在相关异议程序中有效质疑市、县级人民政府就未登记建筑作出的认定意见。

基于市、县级人民政府对未登记建筑作出的认定意见所具有的行政确认性质，及市、县级人民政府作出认定意见和市、县级人民政府对被征收人履行征收补偿职责之间的先后逻辑关联，认定意见尽管属于一种相对独立的行政行为，但其具有一定的过程性、辅助性，其法律效果可被其后终局性影响被征收人权利义务的行政补偿行为所吸收。依照《国有土地上房屋征收与补偿条例》第十七条第一款第一项"作出房屋征收决定的市、县级人民政府对被征收人给予的补偿包括：（一）被征收房屋价值的补偿"、第十九条第一款"对被征收房屋价值的补偿，不得低于房屋征收决定公告之日被征收房屋类似房地产的市场价格。被征收房屋的价值，由具有相应资质的房地产价格评估机构按照房屋征收评估办法评估确定"的规定，就未登记建筑而言，其价值补偿依据是房地产价格评估机构按照市、县级人民政府作出的认定意见进行的价格评估。房地产价格评估机构确定的未登记建筑的价值是房屋征收部门和被征收人订立补偿协议的基础，也是市、县级人民政府作出补偿决定的基本前提。若被征收人认可认定意见，其后和房屋征收部门就未登记建筑的补偿订立补偿协议，则认定意见对被征收人合法权益的影响就被吸收入所订立的补偿协议中。若市、县级人民政府随后作出补偿决定，由于补偿决定的作出主体和认定意见的作出主体一致，且认定意见是作出补偿决定的事实基础，则认定意见的法律效果客观上已被吸收入后续的补偿决定中，其对被征收人获得行政补偿的合法权益产生的实际影响已融入补偿决定的法律效果，不再独立地对被征收人的合法权益产生实际影响。

对于被征收人不服市、县级人民政府就被征收范围内未登记建筑作出的认定意见提起的诉讼是否立案及如何审理，应当区分情况依法决定。若市、县级人民政府作出认定意见后又及时作出了补偿决定，被征收人均不服，决定通过诉讼方式寻求权利救济，则可仅就补偿决定提起诉讼。由于认定意见的法律效果已被市、县级人民政府其后作出的补偿决定所吸收，则人民法院通过对补偿决定的审理和裁判，便可一次性彻底解决补偿争议，减轻当事人讼累，避免程序空转，实现诉讼经济和纠纷解决的实效。无论是在就补偿决定提起诉讼之前、之中，还是之后，被征收人均没有必要对认定意见提起诉讼。正是由于缺乏权利保护的必要性，被征收人依法可对市、县级人民政府作出的补偿决定提起诉讼的，人民法院对其就认定意见提起的诉讼可不予立案。若市、县级人民政府对未登记建筑作出认定意见后，被征收人与房屋征收部门达不成补偿协议，市、县级人民政府也未及时作出补偿决定，被征收人难以通过其他法定途径解决争议，则认定意见就保持了对被征收人获得行政补偿的合法权益产生的实际影响，具备了独立的可诉性。被征收人对认定意见单独提起诉讼的，人民法院应予立案。如此启动诉讼程序，就保证了救济被征收人合法权益的实效性，也有助于督促市、县级人民政府及时作出补偿决定，还有益于在行政赔偿等其他法定救济途径中依法确定未登记建筑的价值。对于市、县级人民政府在人民法院对被征收人就认定意见提起的诉讼的审理过程中作出补偿决定的情况，由于补偿决定是终局性影响被征收人权利义务的行政行为，被征收人可依法对补偿决定另行提起诉讼，故不宜否定被征收人的诉权，但同时也不宜以其后出现的补偿决定而否定被征收人已在前案对认定意见提起诉讼的正当性。较为可取的做法是，就补偿决定提起的诉讼具备与就认定意见提起的诉讼合并审理条件的，宜将两案合并审理。这样既方便当事人诉讼，又能实现解决争议的集中高效。不具备合并审理条件的，应依照《最高人民法院关于适用〈中华人民共和国行政诉讼法〉的解释》第八十七条第一款第六项“在诉讼过程中，有下列情形之一的，中止诉讼：……（六）案件的审判须以相关民事、刑事或者其他行政案件的审理结果为依据，而相关案件尚未审结的”之规定，对就补偿决定提起的诉讼予以中止，待就认定意见提起的诉讼审结形成生效裁判后再行恢复，以保障关联诉讼的前后承继性，避免矛盾裁判，维护裁判尺度的统一。

具体到本案，一、二审法院认为伍家岗区政府就王家琼案涉房屋作出的《认定意见》不对王家琼获得补偿的权益产生终局性影响，不符合本案实际。在向本院申请再审之前，王家琼与房屋征收部门未订立补偿协议，伍家岗区政府也未就王家琼案涉未登记建筑作出补偿决定。从本院于 2023 年 12 月 26 日组织询问的情况看，王家琼目前仍不认可伍家岗区政府作出的《认定意见》，至今仍未与房屋征收部门订立补偿协议，伍家岗区政府也仍未就王家琼案涉未登记建筑作出补偿决定。换言之，就王家琼案涉未登记房屋的价值补偿而言，至今没有后续的行政补偿行为作出。到目前为止，该认定意见客观上产生了《国有土地上房屋征收与补偿条例》第二十四条第二款规定的“不予补偿”的法律效果。再者，经本院查明，湖北省宜昌市伍家岗区人民法院已以（2022）鄂 0503 行初 40 号行政判决确认伍家岗区住保中心强制拆除王家琼案涉房屋的行为违法。通常情况下，按照行政诉讼与行政赔偿诉讼之间的衔接关系，王家琼可随后提起行政赔偿诉讼。在该行政赔偿诉讼中，王家琼请求赔偿案涉房屋价值，亦可达到权利救济的效果。但是，由于该案行政判决确认的是伍家岗区住保中心强制拆除王家琼案涉房屋的行为违法，由此形成的赔偿义务机关是伍家岗区住保中心，该中心为该行政赔偿诉讼的适格被告，伍家岗区政府并非赔偿义务机关，难以作为被告参加该行政赔偿诉讼，且伍家岗区政府作出的《认定意见》是一个具有法律效力的行政行为，在该行政赔偿诉讼中应当得到尊重，故该行政赔偿诉讼亦难以一并解决王家琼案涉未登记房屋的认定争议。因此，伍家岗区政府作出的《认定意见》在现阶段仍是独立存在的行政行为，保持了对王家琼就案涉房屋获得行政补偿或者行政赔偿的合法权益产生的实际影响，属于行政诉讼受案范围。一、二审裁定构成适用法律错误，依法应予纠正。

综上，基于本案现有证据，再审申请人王家琼对被申请人伍家岗区政府提起的本案诉讼符合《中华人民共和国行政诉讼法》第四十九条规定的起诉条件，未显示存在《最高人民法院关于适用〈中华人民共和国行政诉讼法〉的解释》第六十九条第一款规定的消极情形。一、二审法院裁定驳回王家琼的起诉及上诉适用法律确有错误，依法应予纠正。依照《中华人民共和国行政诉讼法》第八十九条第一款第二项及《最高人民法院关于适用〈中华人民共和国行政诉讼法〉的解释》第一百一十九条第一款、第一百二十三条第三项之规定，裁定如下：

一、撤销湖北省高级人民法院（2022）鄂行终409号行政裁定；

二、撤销湖北省宜昌市中级人民法院（2021）鄂05行初161号行政裁定；

三、指令湖北省宜昌市中级人民法院继续审理。

审 判 长 王晓滨
审 判 员 李纬华
审 判 员 李小梅

二〇二四年二月二十三日

法官助理 章文英
书 记 员 张 馨

执　　行

某信托公司与何杰等合同纠纷执行申诉案

【裁判要旨】

执行程序中，若执行价款尚未发放完毕，则执行程序尚未终结，债权人依法可以申请参与分配。被执行人的其他债权人认为被执行人的财产不足以清偿所有债权的，有权向执行法院提出参与分配申请，此时，不应苛求参与分配申请人必须了解或提供充足证据证明被执行人的财产已不足以清偿所有债权，执行法院应当根据相关执行案件的整体情况，对参与分配申请进行审查并决定是否准许。如确定被执行人现有财产已不能清偿所有债权的，应准许其他债权人申请参与分配。

最高人民法院执行裁定书
（2022）最高法执监109号

申诉人（利害关系人）：某信托公司。住所地：四川省成都市。

申请执行人：何杰，男，1979年9月7日出生，汉族，住湖南省长沙县。

被执行人：赵兴龙，男，1955年11月28日出生，汉族，住云南省昆明市。

被执行人：赵宁，男，1981年1月17日出生，汉族，住云南省昆明市。

某信托公司不服湖南省高级人民法院（以下简称湖南高院）（2021）湘执复15号执行裁定，向本院申诉。本院受理后，依法组成合议庭进行审查，现已审查终结。

湖南省郴州市中级人民法院（以下简称郴州中院）在执行何杰与赵兴龙、赵宁合同纠纷一案中，查封并拍卖了被执行人赵宁名下位于深圳市×××园（一期）××3号、××5号房产（以下简称案涉房产），某信托公司不服，提出书面异议，郴州中院于2020年6月12日作出（2020）湘10执异159号执行裁定，驳回了某信托公司的异议请求。某信托公司不服，向湖南高院申请复议。2020年8月27日，湖南高院作出（2020）湘执复140号执行裁定，撤销郴州中院（2020）湘10执异159号执行裁定，发回该院重新审查。郴州中院于2020年11月12日举行了听证。

某信托公司异议称，在某信托公司与东方金钰股份有限公司（以下简称金钰公司）、赵宁等公证债权文书执行一案中，某信托公司申请成都铁路运输中级人民法院（以下简称成都铁路中院）轮候查封了案涉房产。之后，郴州中院在其办理的（2019）湘10执134号案件中对前述两处房产进行了公开拍卖，并拍卖成交。在知悉此情况后，某信托公司于2019年12月23日向郴州中院申请参与分配，同时协调成都铁路中院向郴州中院发函。郴州中院于2020年1月7日向成都铁路中院回函，称拍卖款已于2019年12月16日分别支付给优先受偿权人及何杰，故某信托公司申请参与分配已无法实现。据此，某信托公司认为，郴州中院在明知某信托公司为轮候查封债权人的情况下，未通知其参与前述两处房产拍卖款的执行分配，不符合参与分配制度的公平保护债权人目的，亦损害了某信托公司的合法权益。请求：一、撤销郴州中院在（2019）湘10执134号案件中对被执行人赵宁名下两处房产拍卖款的执行分配行为；二、将某信托公司债权纳入前述拍卖款分配的债权范围，对该拍卖款重新进行分配。

申请执行人何杰称，一、案涉款项在某信托公司提出参与分配前已经确定分配方案，并作出执行裁定，不符合申请参与分配的期限要求。二、执行案件涉及的其他被执行人名下存在巨额资产尚未完成处置，不符合启动参与分配财产的条件。根据《最高人民法院关于适用〈中华人民共和国民事诉讼法〉的解释》第五百零八条的规定，只有在"被执行人的财产不能清偿所有债权"的，其他债权人才可以向人民法院申请参与分配。三、执行案件被执行人主体资格不符合参与分配程序的条件。（2018）川71执174号案件中，主债务人为金钰公司，在金钰公司继续存续的情况下，不能将赵宁列为拟实施参与分配的被执行人，只能考虑以主债务人金钰公司为主体判断债权人是否能够申请参与分配。而被执行人为法人的，不能实施参与分配程序。

郴州中院查明，一、原告何杰与被告赵兴龙、赵宁合同纠纷一案，湖南高院于2018年10月16日作出（2018）湘民初28号民事判决，主要内容为："一、被告赵兴龙在判决生效后十日内向原告何杰支付1.2432亿元及违约金2486.4万元；二、如被告赵兴龙不能清偿判决第一项所确定的债务，被告赵宁对前述债务承担连带清偿责任；三、被告赵宁在承担担保责任后可向被告赵兴龙进行追偿；四、驳回原告何杰的其他诉讼请求。"

二、湖南高院于2019年4月15日依照该院已生效的（2018）湘民初28号民事判决作出（2019）湘执4-7号执行裁定，指定郴州中院执行本案。该院遂于2019年5月20日作出（2019）湘10执134号执行裁定，查封了案涉房产；并于2019年12月10日作出（2019）湘10执134号之二、（2019）湘10执134号之三执行裁定，将上述两套房产通过淘宝网司法拍卖程序拍卖变现。

三、四川省成都市蜀都公证处（2018）川成蜀证执字第412号执行证书确认某信托公司对金钰公司、云南兴龙实业有限公司（以下简称兴龙实业）、成都瑞欣达企业管理咨询有限公司、赵宁、王瑛琰享有借款本金20180万元及利息等债权。某信托公司遂依据该公证书向成都铁路中院申请执行。在本案听证中，某信托公司陈述成都铁路中院已冻结兴龙实业持有的金钰公司股票，合计约42413万股，为第四顺位轮候冻结，相关标的均已被用于质押融资；第四顺位轮候查封了本案中被法院拍卖的赵宁2套房产；轮候查封了金钰公司、兴龙实业、赵宁、王瑛琰在深圳的公司股权；并于2018年9月11日在昆明、腾冲、瑞丽第二顺位轮候查封了以下资产：1. 轮候查封了赵宁在昆明市的4套不动产；2. 轮候查封了金钰公司、兴龙实业、赵宁、王瑛琰在昆明、腾冲、瑞丽的公司股权。此外，还查封了被执行人其他相关财产。

四、2019年12月22日，某信托公司向郴州中院寄交了《参与分配申请书》，要求参与涉案两套房产的执行拍卖款分配。郴州中院于2020年1月7日向成都铁路中院发出复函，表示某信托公司要求参与分配的申请无法实现。

五、郴州中院执行局于2020年11月17日出具《关于（2019）湘10执134号案件对深圳市×××园（一期）××3、××5号两处房产的执行案款情况说明》："本院在执行申请执行人何杰与被执行人赵宁、赵兴龙合同纠纷一案［执行案号为（2019）湘10执134号］中，于2019年11月12日将被执行人赵宁名下的两套房产［深圳市×××园（一期）××3、××5号］通过司法网络拍卖成功，拍卖价款共47948544元。在拍得价款扣除本次拍卖成功应计算的执行费和网拍辅助费用后，将拍卖价款中优先受偿款于2019年12月16日支付给了该两套房产的优先受偿权人兴业银行股份有限公司深圳分行。而应支付给申请执行人何杰的剩余价款，本院也已拟好领款审批手续，只是由于买受人提出关于拍卖房屋税费支付问题，而搁置了申请执行人的领款手续。截至2020年11月17日，买受人关于拍卖房屋税费支付问题已解决。后因案外人要求参与执行分配而提出执行异议，故拍卖房屋的剩余价款12095606.6元仍在本院执行案款账户中提存，还未支付给申请执行人何杰。"

郴州中院认为，案件争议焦点在于某信托公司能否对案涉房产的拍卖款参与分配。《最高人民法院关于适用〈中华人民共和国民事诉讼法〉的解释》第五百零八条第一款规定："被执行人为公民或者其他组织，在执行程序开始后，被执行人的其他已经取得执行依据的债权人发现被执行人的财产不能清偿所有债权的，可以向人民法院申请参与分配。"根据上述规定，参与分配的适用条件有三个，一是被执行人为公民或者其他组织，二是申请参与分配的债权人已取得执行依据，三是被执行人的财产不能清偿所有债权。本案中，某信托公司还查封、冻结了包括赵宁在内的同案众多债务人名下的其他财产，且金钰公司等具有法人资格的被执行人并没有进入破产程序。因此，某信托公司主张被执行人财产不足以清偿全部债务的证据不足，对其申请参与分配案涉房产拍卖款的请求该院不予支持。《最高人民法院关于适用〈中华人民共和国民事诉讼法〉的解释》第五百零九条规定："申请参与分配，申请人应当提交申请书。申请书应当写明参与分配和被执行人不能清偿所有债权的事实、理由，并附有执行依据。参与分配申请应当在执行程序开始后，被执行人的财产执行终结前提出。"因此，参与分配申请应当在执行程序开始后，被执行人的财产执行终结前提出。另，《中华人民共和国物权法》第二十八条规定："因人民法院、仲裁委员会的法律文书或者人民政府的征收决定等，导致物权设立、变更、转让或者消灭的，自法律文书或者人民政府的征收决定等生效时发生效力。"《最高人民法院关于适用〈中华人民共和国物权法〉若干问题的解释（一）》第七条规定："人民法院、仲裁委员会在分割共有不动产或者动产等案件中作出并依法生效的改变原有物权关系的判决书、裁决书、调解书，以及人民法院在执行程序中作出的拍卖成交裁定书、以物抵债裁定书，应当认定为物权法第二十八条所称导致物权设立、变更、转让或者消灭的人民法院、仲裁委员会的法律文书。"本案中，郴州中院于2019年12月10日作出（2019）湘10执134号之二执行裁定和（2019）湘10执134号之三执行裁定，涉案房产已于此时被执行终结，而某信托公司于2019年12月22日申请对被执行人赵宁名下案涉房产的拍卖款参与分配，故某信托公司亦超出了申请参与分配的期限，对其申请参与分配案涉房产拍卖款的请求该院不予支持。

据此，郴州中院于2020年11月18日作出（2020）湘10执异217号执行裁定，驳回某信托公司的异议申请。

某信托公司不服，向湖南高院申请复议，请求：一、撤销郴州中院（2020）湘10执异217号执行裁定；二、撤销郴州中院（2019）湘10执134号案件中对被执行人赵宁名下两处房产拍卖款的执行分配行为；三、将某信托公司债权纳入前述拍卖款的分配范围，对该拍卖款重新进行分配。主要事实和理由为：一、郴州中院不应苛求该公司必须证明被执行人不能清偿所有债务，且该公司申请人民法院查封、冻结的被执行人财产已属于第三、第四顺位轮候查封、冻结，故其有理由相信被执行人的财产不足以清偿全部债务。二、郴州中院至今仍未对外划付案涉房产的拍卖价款，根据《最高人民法院关于适用〈中华人民共和国民事诉讼法〉的解释》第五百零九条的规定，该公司于2019年12月23日向该院申请参与分配，系在被执行人的财产执行终结前提出的，郴州中院认定其参与分配申请的提出超过法定期限错误。

湖南高院对郴州中院查明的事实予以确认。另查明，2019年5月20日，郴州中院作出（2019）湘10执134号执行裁定，查封案涉房产，并于2019年11月12日成功拍卖上述房产，拍卖价款共计47948544元。2019年12月10日，郴州中院作出（2019）湘10执134号之二执行裁定：一、深圳市×××园（一期）A栋××3号房产的所有权（或其他权利）归买受人旷燕银所有。深圳市×××园（一期）A栋××3号房产的所有权（或其他权利）自本裁定送达买受人旷燕银时起转移；二、买受人旷燕银可持本裁定书到登记机构办理相关产权过户登记手续。同日，郴州中院作出（2019）湘10执134号之三执行裁定：一、深圳市×××园（一期）A栋××5号房产的所有权（或其他权利）归买受人彭仁亚所有。深圳市×××园（一期）A栋××5号房产的所有权（或其他权利）自本裁定送达买受人彭仁亚时起转移；二、买受人彭仁亚可持本裁定书到登记机构办理相关产权过户登记手续。2019年12月16日，郴州中院通过执行案件标的款划转审批手续，确认被执行人赵宁所有的案涉二套房产拍卖价款的分配方案，即支付案涉房产优先受偿权人兴业银行股份有限公司深圳分行［该行与赵宁、王瑛琰借款合同纠纷二案在广东省深圳市中级人民法院立案执行，案号分别为（2019）粤03执709号、710号］共计35569391.37元，案件执行费26361元，网络司法拍卖辅助费用200000元，剩余款项支付本案申请执行人何杰。同日，郴州中院支付案涉房产优先受偿权人兴业银行股份有限公司深圳分行相应款项，并就付款手续相关事宜向广东省深圳市中级人民法院出具《工作联系函》。

湖南高院认为，本案的争议焦点系某信托公司能否对郴州中院执行的案涉房产拍卖价款申请参与分配。

首先，《最高人民法院关于适用〈中华人民共和国民事诉讼法〉的解释》第五百零八条规定：被执行人为公民或者其他组织，在执行程序开始后，被执行人的其他已经取得执行依据的债权人发现被执行人的财产不能清偿所有债权的，可以向人民法院申请参与分配。赵宁作为郴州中院立案执行的（2019）湘10执134号案件的被执行人之一，其被该院拍卖处置的案涉房产仅为其名下财产的一部分。且某信托公司依据四川省成都市蜀都公证处（2018）川成蜀证执字第412号执行证书向成都铁路中院申请强制执行的案件中，赵宁仅为被执行人之一，某信托公司既对赵宁名下除本案案涉房产之外的其他财产采取了查封、冻结等措施，还对其他被执行人名下的财产采取了查封、冻结等措施。即郴州中院处置的案涉房产既非被执行人赵宁的全部或主要财产，同时赵宁仅为某信托公司的债务人之一，某信托公司仍可向其他债务人主张权利。故对某信托公司认为被执行人的财产不能清偿其债务的主张，该院不予认可。

其次，《最高人民法院关于适用〈中华人民共和国民事诉讼法〉的解释》第五百零九条第二款规定：参与分配申请应当在执行程序开始后，被执行人的财产执行终结前提出。本案中，郴州中院通过司法拍卖的方式执行被执行人赵宁名下房产，并于 2019 年 12 月 10 日作出（2019）湘 10 执 134 号之二、（2019）湘 10 执 134 号之三执行裁定，确认拍卖成交。2019 年 12 月 16 日，郴州中院完成执行案件标的款划转审批手续，确认在扣除案件执行费及网络司法拍卖辅助费用后，案涉房产拍卖价款中首先应支付另案申请执行人即案涉房产优先受偿权人兴业银行股份有限公司深圳分行相应款项，剩余款项支付给本案申请执行人何杰，并于同日办理向兴业银行股份有限公司深圳分行付款的手续。应当认为，2019 年 12 月 16 日，郴州中院完成执行案件标的款划转审批手续，并向优先受偿权人支付案款的时间节点即为该院对本案执行案款的分配决定时间。虽然剩余拍卖价款当时因买受人提出拍卖房屋税费支付问题未支付给本案申请执行人何杰，但原分配方案仍然有效，并不影响本案申请执行人何杰作为该时间节点案款受偿债权人的受偿顺位利益，且也符合民事执行应当优先保护在先主张权利的当事人利益原则。某信托公司于 2019 年 12 月 22 日向郴州中院邮寄提交《参与分配申请书》，系在郴州中院对本案案款作出处置分配决定之后，故其请求参与案涉房产拍卖价款的分配应不予支持。

据此，湖南高院于 2021 年 3 月 11 日作出（2021）湘执复 15 号执行裁定，驳回某信托公司的复议申请，维持郴州中院（2020）湘 10 执异 217 号执行裁定。

某信托公司不服，向本院申诉，请求：一、撤销湖南高院（2021）湘执复 15 号执行裁定、郴州中院（2020）湘 10 执异 217 号执行裁定；二、在（2019）湘 10 执 134 号案件中将申诉人某信托公司的债权纳入案款分配范围，并制作分配方案。主要事实和理由为：一、参与分配申请的截止时间为“被执行人的财产执行终结前”，其应理解为被执行人的财产已经完成全部执行程序，在本案中应当是执行款项已实际支付给申请执行人；案涉房产拍卖成交后尚有部分款项仍未分配，申诉人 2019 年 12 月 22 日申请参与分配，显然未超过法定截止日。二、郴州中院以申诉人执行案件中查封冻结了同案众多债务人名下其他财产、被执行人中的企业未进入破产程序为由，认定申诉人主张被执行人财产不足以清偿全部债务的证据不足，是对民事诉讼法解释的严重误读，应予纠正。

本院经审查认为，本案的争议焦点为某信托公司申请参与分配应否予以支持。

一、关于债权人申请参与分配的截止时间问题。《最高人民法院关于适用〈中华人民共和国民事诉讼法〉的解释》第五百零八条规定，被执行人为公民或者其他组织，在执行程序开始后，被执行人的其他已经取得执行依据的债权人发现被执行人的财产不能清偿所有债权的，可以向人民法院申请参与分配；第五百零九条规定，申请参与分配，申请人应当提交申请书。申请书应当写明参与分配和被执行人不能清偿所有债权的事实、理由，并附有执行依据。参与分配申请应当在执行程序开始后，被执行人的财产执行终结前提出。目前法律及司法解释对参与分配程序的规定为，被执行人为公民或者其他组织，在其财产不足以清偿所有债权的情况下，由债权人申请参与分配，按比例受偿，该制度设计，实际上具有类破产的功能。对于“被执行人的财产执行终结前提出”的理解，执行程序对案涉财产处置后裁定过户发生所有权转移，并不意味着执行程序的终结，不动产变价后的清偿分配，也属于执行程序的阶段之一，不能仅以处置财产的所有权发生了转移，即认为执行程序已全部终结。此时，若执行价款尚未发放完毕，执行程序就尚未终结，即在被执行人财产未分配完毕之前，债权人依法可以申请参与分配。

就本案来看，根据查明的事实，执行法院于 2019 年 11 月 12 日将被执行人赵宁名下的两套案涉房产通过网络司法拍卖成功处置。2019 年 12 月 16 日，部分拍卖价款优先支付给优先受偿权人兴业银行股份有限公司深圳分行。剩余拍卖价款，因买受人提出拍卖房屋税费支付等问题尚未分配。某信托公司于 2019 年 12 月 22 日向执行法院提交参与分配申请书时，案涉房产变现的价款仍在执行法院账户，财产并未分配处置完毕，尚未执行终结，某信托公司提出的参与分配申请应当得到支持。

二、关于某信托公司在另案中已查封被执行人其他财产的情况下提出参与分配申请应否予以支持的问题。根据《最高人民法院关于适用〈中华人民共和国民事诉讼法〉的解释》第五百零九条第一款的规定，申请人申请参与分配，只需提交申请书，写明参与分配和被执行人不能清偿所有债权的相关事实、理由，并附有执行依据。执行程序中，被执行人的其他债权人认为被执行人的财产不足以清偿所有债权的，即有权向执行法院提出参与分配申请，此时，不应苛求参与分配申请人必须了解或提供充足证据证明被执行人的财产已不足以清偿所有债权，执行法院应当根据相关执行案件的整体情况，对参与分配申请进行审查并决定是否准许。只要确定被执行人现有财产已不能清偿所有债权的，就应准许其他债权人申请参与分配。某信托公司申请执行金钰公司、赵宁等一案，赵宁作为担保债务人对金钰公司的 2.02 亿元借款承担连带保证责任。该案执行中，成都铁路中院虽对多名被执行人的财产采取了查封、冻结措施，但均系轮候查封、冻结，后该案因未发现被执行人有可供执行财产，该案已于 2018 年 12 月 25 日裁定终结本次执行程序，至今尚未恢复执行。以上事实足以证明被执行人赵宁现有财产不足以清偿所有债权。故某信托公司于本案执行中申请对赵宁名下财产参与分配符合法律及司法解释规定的情形，应予支持。

综上，某信托公司的申诉理由成立，本院予以支持。湖南高院（2021）湘执复 15 号执行裁定认定事实不清，适用法律有误，本院予以纠正。参照《中华人民共和国民事诉讼法》第二百一十一条，依照《最高人民法院关于人民法院执行工作若干问题的规定（试行）》第 71 条规定，裁定如下：

一、撤销湖南省高级人民法院（2021）湘执复 15 号执行裁定；

二、撤销湖南省郴州市中级人民法院（2020）湘 10 执异 217 号执行裁定；

三、由湖南省郴州市中级人民法院对某信托公司参与分配申请依法审查处理。

审 判 长 林 莹
审 判 员 刘慧卓
审 判 员 仲伟珩

二〇二二年九月二十四日

法官助理 苏国梁
书 记 员 常 跃

附：

《中华人民共和国最高人民法院公报》2024年总目录

法律选登

文　献

司法统计

司法解释

司法文件

任免事项

指导性案例

裁判文书选登